龙里年鉴

LONG LI NIAN JIAN

·2016·

中共龙里县委
龙里县人民政府
主管主办

龙里县地方志编纂委员会办公室
《龙里年鉴》编辑部
编

方志出版社
Pubishing House of Local Records

图书在版编目（CIP）数据

龙里年鉴. 2016 / 龙里县地方志编纂委员会办公室,《龙里年鉴》编辑部编. -- 北京 : 方志出版社,2017.11

ISBN 978-7-5144-2677-9

Ⅰ. ①龙… Ⅱ. ①龙… ②龙… Ⅲ. ①龙里县—2016—年鉴 Ⅳ. ①Z527.34

中国版本图书馆CIP数据核字（2017）第280618号

龙里年鉴（2016）

编　　者： 龙里县地方志编纂委员会办公室　《龙里年鉴》编辑部
责任编辑： 朱　姝

出 版 人： 冀祥德
出 版 者： 方志出版社
地址　北京市朝阳区潘家园东里9号（国家方志馆4层）
邮编　100021
网址　http://www.fzph.org
发　　行： 方志出版社图书经销中心
电话（010）67110500
经　　销： 各地新华书店
印　　刷： 成都市金雅迪彩色印刷有限公司

开　　本： 889×1194　1/16
印　　张： 32.75
字　　数： 794千字
版　　次： 2017年11月第1版　2017年11月第1次印刷
印　　数： 001～400册

ISBN 978-7-5144-2677-9　**定价：** 228.00元

2015年龙里县城老城区全景(潘希来 摄)

上级关怀

2015 年 9 月 7—11 日，全国人大常委会老年人权益保障法执法检查组到龙里开展执法检查，图为龙里汇报座谈会现场（王立信 摄）

2015 年 8 月 18 日，省委书记、省长陈敏尔（中）一行到贵州（龙里）快递物流园区调查了解快递物流企业发展情况（王立信 摄）

2015 年 2 月 16 日，省人民检察院常务副检察长何冀（右）、州检察院检察长乔冀安（左）到龙里县人民检察院慰问“全国模范检察官”韩彩云（中）

2015 年 11 月 20 日，省科协党组书记张美圣（右二）向龙里县院士专家创新工作站授牌

（县科协 供图）

2015 年 9 月 2 日，州委副书记、州长向红琼（右），县委书记刘华龙（左）看望慰问抗战老兵解保田（中）

2015 年 9 月 2 日，谷脚镇王关村抗战老兵张富国获颁的抗战纪念章

2015 年 9 月 6 日，抗战老兵解保田（左）、牛春海（右）参加贵州省纪念抗日战争暨世界反法西斯战争胜利 70 周年座谈会

重要会议

2015年1月12日，中共龙里县第十一届委员会第七次全体（扩大）会议暨全县经济工作会

2015年1月21日，龙里县第十六届人民代表大会第四次会议

2015 年 1 月 20 日，中国人民政治协商会议第八届龙里县委员会第四次会议

2015 年 2 月 25 日，中共龙里县第十一届纪律检查委员会第五次全体会议

2015 年 10 月 16 日，黔南州第八届旅游产业发展大会在龙里县召开

2015 年 10 月 30 日，龙里县创建"贵州省同步小康达标县"工作暨黔南州第八届旅发大会（龙里）筹备工作总结表彰大会

经济发展

大数据应用推动农业奔“云”端——建设中的双龙农产品集散中心、双龙物流商贸城（县委宣传部供图）

2015年6月26日，县委书记刘华龙（前）等在龙里谷脚快递物流园申通快递生产线调研

2015 年 6 月 19 日，黔南州（龙里县）2015 年第二批重大项目集中开工

龙里——中国刺梨之乡

国家地理标志保护产品之龙里鲜榨野生刺梨汁

国家地理标志保护产品——龙里刺梨

龙里县湾滩河高效农业产业园区（罗士朝 摄）

龙山镇海花草种植项目

↑科研项目成果

——龙里县高新技术产业园贵州三山研磨有限公司生产的研磨产品

↓专利产品

——贵州(龙里)英吉尔机械制造有限公司生产的供日系日产车的气缸盖

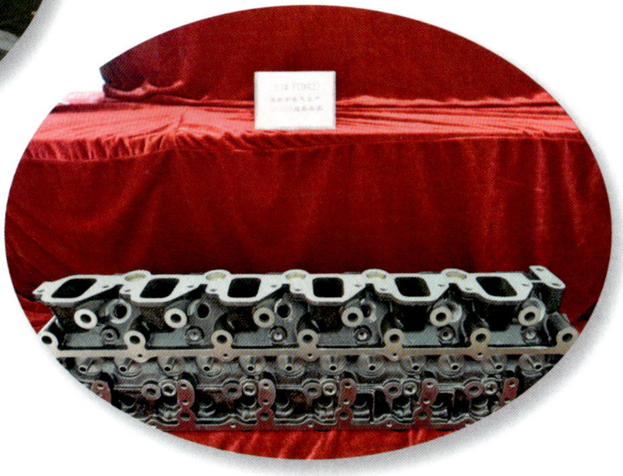

龙里携手电商助推“黔货出山”。图为2015年12月6日，龙里县与飞云鹤舞电子商务集团杭州常春藤实业有限公司签订电子商务合作协议（右三为县长陈曦）

建设中的云栖谷双龙镇

中铁贵州国际旅游体育休闲度假中心一角（潘希来 摄）

英特拉根小镇

龙里草原风电场（赖清 摄）

2015 年 7 月 16 日，贵龙城市大道正式通车

2015 年全面开工建设剩余的通村沥青（水泥）路项目，里程合计 190.45 公里，总投资 14857 万元，年底基本完工。图为通村油路验收现场

2015 年，龙里县共建成投运污水处理厂（站）6 座。图为谷脚镇谷远污水处理厂

2015 年建成的冯家渡码头

贵州 龙里猴子沟风景名胜区总体规划(修编) 2016-2030

LONG LI HOU ZI GOU FENG JING MING SHENG QU ZONG TI GUI HUA

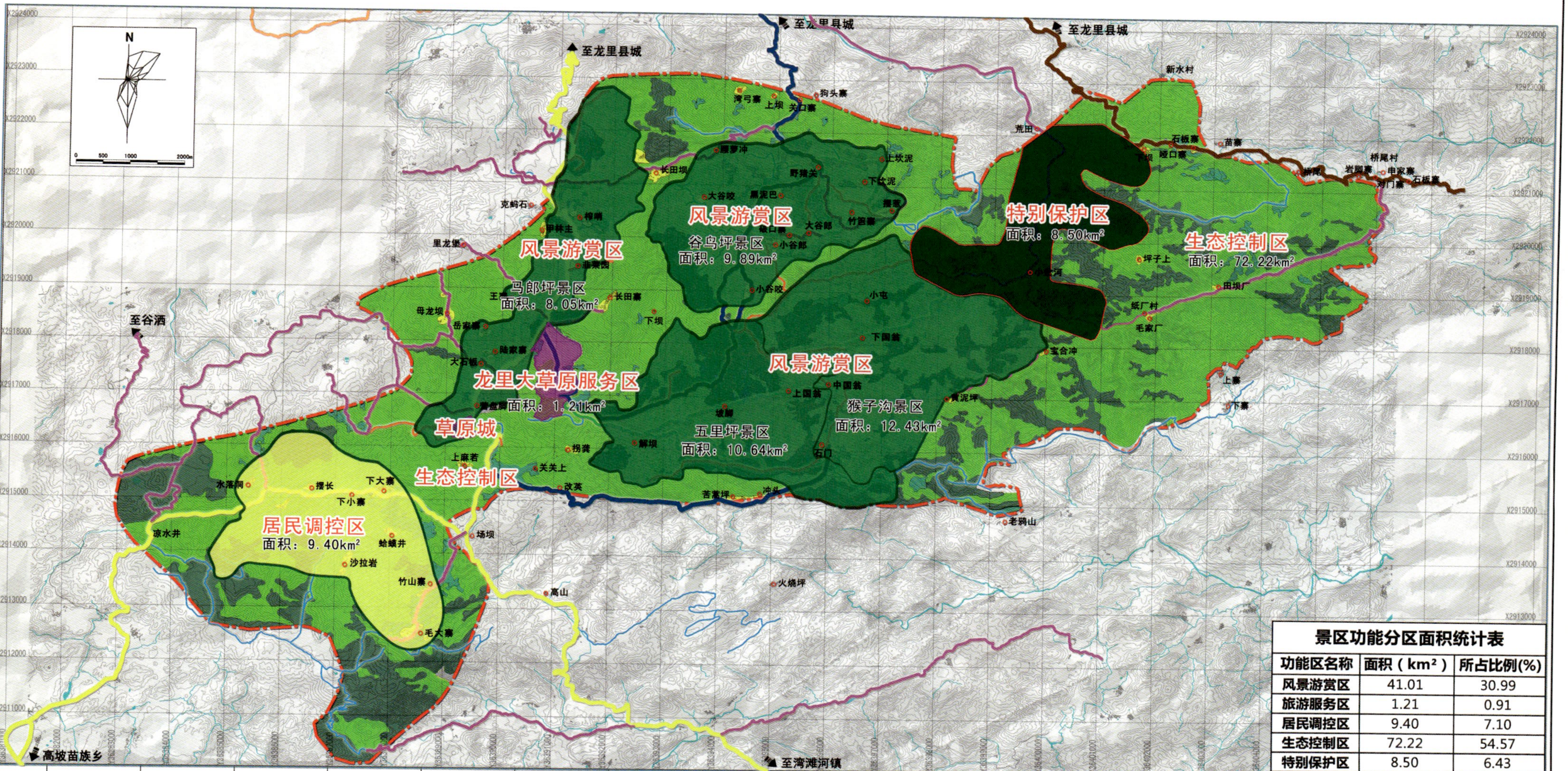

景区功能分区面积统计表

功能区名称	面积（km²）	所占比例(%)
风景游赏区	41.01	30.99
旅游服务区	1.21	0.91
居民调控区	9.40	7.10
生态控制区	72.22	54.57
特别保护区	8.50	6.43

图例

风景名胜区范围线　乡道　游步道　特级保护区　居民调控区　饮用水源一级保护区

河流水域　主游路　通村路　风景游赏区　旅游服务区　景区范围

县道　次游路　风机道路　生态控制区　村寨

组织编制单位：龙里县人民政府

承担编制单位：云南西部智库规划研究院有限公司

功能分区图

《龙里年鉴（2016）》编纂委员会

顾　问：刘华龙（县委书记）
　　　　王永坤（县人大常委会主任）
　　　　莫　涛（县政协主席）
主　任：陈　曦（县委副书记、县政府县长）
副主任：犹永凯（县委常委、县政府常务副县长）
　　　　汪永丽（县委常委、宣传部部长）
　　　　陈　俊（县人大常委会副主任）
　　　　王　煦（县政府副县长）
　　　　金子成（县政协副主席）
成　员：罗宗邦（县委办主任）　罗加骐（县人大办主任）
　　　　杨胜利（县政府办主任）　熊　轶（县政协办主任）
　　　　罗熙秋（县委组织部副部长）
　　　　罗士朝（县委宣传部常务副部长、县文联主席）
　　　　庹朝平（县委宣传部副部长、县文体广电旅游局局长）
　　　　王国祥（县发改局局长）　焦　阳（县工信局常务副局长）
　　　　潘　华（县教育局局长）　左光红（县民政局局长）
　　　　霍贵平（县卫生和计划生育局局长）　肖元辉（县农村工作局局长）
　　　　陈　宏（县林业局局长）　尹光祥（县国土资源局局长）
　　　　李政泉（县住房和城乡建设局局长）　刘　秦（县交通运输局局长）
　　　　刘立新（县统计局局长）　陆永辉（县档案史志局局长）
　　　　龚传贵（县财政局局长）　梁世坪（县水务局局长）

《龙里年鉴（2016）》
编辑部人员名单

主　　任：陆永辉
副 主 任：吴永辉　罗　彪　罗华礼
组稿、编辑：吴永辉　刘晓羽　韦泽秀　罗华礼
罗祥莲　黄尚发　田建平　石绍久
统稿、校订：罗华礼
编　　务：邓小梅　张克勤　饶昌江

《龙里年鉴（2016）》
审查验收组人员名单

组　　长：胡智勇
副 组 长：张慧玲　郭永昌
成　　员：张永淑　陈有富　黄贵平
黄　惠　韦泽秀　罗华礼

序

龙里县人民政府县长、《龙里年鉴》编纂委员会主任

欣闻《龙里年鉴（2016）》公开出版，可喜可贺！

文化是民族的血脉，是人民的精神家园。编史修志，是中华民族独有的优秀文化传统，是长期性的基础文化事业。我县自2014年以来，每年出版1部《龙里年鉴》，旨在全面、系统、翔实、及时地记述全县经济社会发展情况，为决策参考提供可靠依据，为服务发展提供翔实资料，为编史修志积累基础材料。

党的十九大报告深刻阐述了加强文化建设的重要意义，我们在增强经济“硬实力”的同时，决不能偏废文化“软实力”的建设。当今世界正处在大发展大变革大调整时期，在世情、国情、党情和省情、州情、县情发生深刻变化的背景下，史志工作应站在全县文化建设战线前沿，存史、育人、资政，继往开来，再立新功。

编纂出版县级地方综合年鉴，是加强和改进地方志工作的重要现实任务。因此，要将《龙里年鉴》的组稿编纂作为常年全县地方文化建设的一个重要项目抓好落实；要按照《地方志工作条例》《贵州省地方志工作规定》的要求严格执行资料征集、管理、报送制度，推进地方志资料征集制度化、经常化、规范化，力求从根本上解决县志、年鉴历史资料留存少、征集难的问题。

《龙里年鉴》是大型综合地情年刊和资料工具书，其组稿编纂出版是一项政治性、专业性较强且浩繁的工作，是文化工程中的“硬”项目，涉及面广、工作量大，各级各有关部门单位必须坚持“党委领导，政府主持，地方志编纂委员会组织实施”的工作机制，切实做到纳入规划、领导到位、机构到位、经费到位、队伍到位、条件到位，妥善处理好当前经济与文化共同发展中的各种问题，保质保量完成基础资料征集编纂工作，真正将地方志工作抓紧、抓好、抓实、抓出成效，不断提高地方志工作水平。

本书在组稿、撰稿、编辑、评审、验收、出版等过程中，得到各级领导的支持、上级业务部门的指导、各部门（单位）及镇（街道）的配合，以及社会各界热心人士的共同参与。在此，一并深表谢意！

是为序。

2017年11月21日

编辑说明

一、《龙里年鉴》以马克思列宁主义、毛泽东思想、邓小平理论、“三个代表”重要思想和科学发展观为指导，贯彻落实习近平总书记系列重要讲话精神和治国理政新理念新思想新战略，坚持辩证唯物主义和历史唯物主义的立场、观点和方法。旨在全面、系统、翔实地反映上一年龙里县国民经济和社会发展情况，为党、政领导作出决策和制订计划提供可靠依据，为科研、企事业单位研究事业发展提供翔实资料，为各界人士了解龙里、建设龙里服务，为编纂地方史志积累历史资料。

二、《龙里年鉴》主要收录龙里县党政领导机关的重要文件、工作报告、领导讲话，主要工作和重要活动等；记载县属各部门（单位）、镇（街道）的基本情况和发展变化状况；力求准确、科学、广泛地记载和反映全县社会生活的方方面面。

三、《龙里年鉴（2016）》资料收录时限原则上为2015年1月1日至12月31日，少数内容时间根据需要作适当追溯和延伸。

四、本年鉴采用分类编辑法，按部类进行分类编辑，按部类、类目、分目、条目4个层次进行编排，条目一律用加粗字并【】表示。

五、稿件由各有关单位（部门）、镇（街道）指定专人编写，经单位负责人审核同意；有关国民经济和社会发展等的数据，以统计部门核定的为准；如统计部门没有的数据，以各部门（单位）、镇（街道）提供的数据为准。

目　录

特　载

大事记

2015 年大事记

概　述

领导名录

政　治

中共龙里县委员会

龙里县人民代表大会

龙里县人民政府

政协龙里县委员会

工商联与群众团体

法治　军事

经　济

经济综合管理

农　业

工　业

商 贸

财税 金融

城建 城管

交通　邮政　通信

文　化

教育　科技

文化　广电　体育　旅游

社　会

社会事务

医疗卫生

生　态

环境保护

生态修复

街道 镇

街 道

镇

附　录

特载

TE ZAI

2015年县委常委会工作报告

——在县委十一届八次全体（扩大）会议暨全县经济工作会上

中共龙里县委书记　刘华龙

2015年，既是龙里开放、务实、高效发展态势凸显的一年，也是省、州各级领导给予龙里发展极大关心、极大支持的一年。一年来，项目观摩会、小康创建达标评定申报培训会等全省性的重要会议，第八届旅游发展大会及项目建设、小城镇建设、农业结构调整现场推进会等全州性重大会议在我县召开，充分体现了省委、省政府和州委、州政府对我县各项工作的肯定，饱含着省州各级领导对我县经济社会发展的关心与支持，为我县注入了更加强劲的动力。

县委十一届七次全会以来，在省委、省政府和州委、州政府的坚强领导下，县委常委会深入贯彻落实党的十八大，中共十八届三中、四中、五中全会，省委十一届五次、六次全会，州委十届六次、七次全会和中央、省、州经济工作会议及习近平总书记系列重要讲话精神，按照协调推进“四个全面”战略布局要求，紧扣省委“两加一推”主基调和州委“一圈两翼”战略，坚持“守底线、走新路、奔小康”的工作总纲，坚持“项目为纲，民生为本，实干为先”三为工作导向，以小康创建、增比进位、项目观摩会、全州旅发大会四项工作为着力点，强化经济建设“三个一”调度机制，经济建设、政治建设、文化建设、社会建设、生态文明建设和党的建设各项事业取得长足进步，圆满完成既定的目标任务。在全省31个经济强县增比进位综合考评中位列第6位，比2014年的第13位位次前进7位，再创历史新高，继续保持全州第一。

一年来，县委常委会精准部署、统筹安排，集中集体智慧凝聚干群合力突出抓了以下工作。

一、深入学习贯彻中央、省、州精神，把思想和行动统一到加快经济社会发展的决策部署上来

我们始终把学习贯彻中央、省委和州委的指示精神，特别是将学习习近平总书记系列重要讲话精神及省委、州委主要领导的讲话作为首要政治任务，把握各个时间节点，立足各项工作实际，切实做到常学习、真学习、深学习；常领会、真落实、深实践。

（一）坚持以学促能，实现学有所得。以开展“三严三实”专题教育为契机，采取县委中心组集中学习研讨、县委常委会集中学习和个人自学等方式，第一时间学、带着责任学、联系实际学。着重学习党的十八届四中、五中全会，省委十一届五次、六次全会，州委十届六次、七次全会及中央、省、州其他各次重要工作会议精神，深入学习习近平总书记系列重要讲话特别是视察贵州时的重要讲话精神，认真开展学习研讨，并由县委常委带队，分组、分片区、分部门开展集中宣讲，推动了中央、省、州的重要指示精神、

重大决策部署在龙里落地生根。通过学习、研讨、宣讲，推动全县各级领导班子、领导干部武装头脑取得新成效。一是思想作风有了新改进。始终保持对党忠诚、服务人民的坚定信念；始终保持艰苦奋斗、甘于奉献的公仆本色；始终保持坚韧执着、开拓进取的爬坡意识；始终保持清正廉洁、公道正派的优良形象；二是思想认识有了新提高。能够立足县情、工作和个人实际，进一步深化对发展形势、发展战略、发展理念的认识，真正把思想和行动统一到中央、省委、州委和县委对形势的判断和一系列决策部署上来，让各项工作更加符合科学发展的要求、顺应改革发展的形势。三是思想观念有了新转变。把握时代特征，抢抓政策机遇，主动谋求作为，扩大对外开放，深化改革创新成为全县经济社会发展的主导思想；苦干、巧干、实干、大干、快干成为全县各级各部门、广大党员干部干事创业的精神坐标。

（二）坚持以学促改，实现谋有所新。坚持把中央、省委、州委的精神作为做好龙里各项工作的“导航器”“定盘星”，将学习的新认识转化为谋划工作的导向。一是坚持项目为纲的导向。牢固树立和继续发扬“抓经济以项目为纲”的理念，在项目建设尤其是重大项目的建设上抓得实、上得快，夯实了稳定增长的基础，巩固了加快转型的依托，使龙里在转型升级、跨越赶超的征程中迈出了更加坚实的步伐；二是坚持民生为本的导向。始终把践行“以人为本、执政为民”的理念作为本质要求，用实际行动认真回答和解决了“为谁发展、靠谁发展、发展成果由谁共享”的基本问题，使党的群众观点、群众路线得到充分体现；三是坚持实干为先的导向。一年来，县委常委班子在诸多方面有务实之举，主动下工地、进农村调查研究的时间更多了，主动迈步子抓协调、主动挑担子抓统筹的意识更强了，工作作风更加务实、高效、勤勉，也释放出领导班子努力的方向和信号，察实情、办实事成为谋划工作思路的出发点和落脚点。

（三）坚持以学促干，实现干有所值。我们在全面把握、深刻领会中央、省、州战略决策的同时，把战略行动细化为具体任务，统筹部署，全面落实，经济社会发展成果丰硕。全县生产总值完成71.49亿元，同比增长15.0%，其中工业增加值完成36.17亿元，同比增长14.8%；非粮产业增加值占第一产业增加值比重达85.5%，人均生产总值达44658元。固定资产投资完成136.05亿元，同比增长25.3%。税收收入完成15.12亿元，同比增长20.1%。引进省外3000万元以上项目到位资金95.72亿元。人民人均可支配收入呈两位数增长，城镇常住居民人均可支配收入达24177元，同比增长10.6%；农村常住居民人均可支配收入达8392元，同比增长11.7%，实现经济发展速度与质量“双提升”，16项主要经济指标在全省31个经济强县排名中实现增位进位，经济发展群众满意度位列全省第一。

二、坚持用好全面深化改革关键一招，发展质量实现新提升

改革没有完成时，改革永远在路上。改革是发展的动力源，是时代的最强音。一年来，我们坚持把全面深化改革作为实现经济社会发展目标和推进治理体系和治理能力现代化的根本路径、关键一招，加大组织协调力度，全力以赴推进。

（一）围绕完善发展思路抓改革，发展方向进一步明确。一年来，县委常委会始终坚持一切从实际出发，准确把握龙里整体性特点和阶段性特征，集中历届领导班子和全县广大干部群众的智慧，在继承中不断创新和完善了全县总体发展思路，对工业、特色农业、现代服务业、城镇建设、社会管理等重点工作，深化拓展具体思路，完善细化工作措施，形成了较为完整的体系，在实践中发挥了重要的指导作用，为加快小康进程奠定了良好的基础。

（二）围绕关键领域抓改革，发展方式进一步转变。一年来，我们立足经济领域、民生领域、生态领域方面的突出问题，以“十大改革”为重点，坚定不移将全面深化改革抓细抓实。大力推进乡镇、村居行政区划配套改革，政府行政效能提升，服务职能增强。按照“9+X”模式，推行政府部门权力清单、责任清单“两单合一”，行政权力制约和监督进一步强化。财税管理体制改革全面铺开、取得实效，五镇一街道财政税收较上年大幅增加，地方性债务管理体制改革稳步推进，债务资金管理、运作和债务风险防范、化解能力进一步增强。城管执法改革初见成效，城市管理相对集中行政处罚权得到加强。深化医疗体制改革稳步推进，破除“以药补医”机制，医疗服务体系进一步完善。公立医院法人治理结构建设以中医院为试点展开，相关内部治理规则及管理机制初步形成。社会治理体制改革成效凸显，立体社会治理防控机制得到加强。水生态文明试点建设步伐加快，水务部门职能进一步理顺并集中划转，实现“多龙管水”向“一龙管水”转变。

（三）围绕理顺机制抓改革，发展活力进一步增强。实行重大项目每月一调度、招商引资每月一调度、经济运行每月一调度的“三个一”调度机制，统领经济发展的能力进一步增强。进一步理顺经济开发区、国家现代农业示范区管理体制，实行“县区合一、一区多园、镇园合一、交叉任职、统筹资源”模式，园区管理体制和运行机制进一步健全，统一规划、统一管理、统一调度的能力得到提升。创新干部管理机制，实行“四评一考三落实”考评体系，改进干部日常考核评价机制；制定现代农业示范区绩效考评办法、绩效目标管理月考核制度，全县干部职工干事创业热情进一步激发。持续加强作风建设，大力整治“庸、懒、散、乱”等现象，严查严处“吃、拿、卡、要”等问题，发展环境进一步优化。深化项目企业“特派员”制度，全面推广“快递干部”代办模式，切实解决了服务群众“最后一公里”问题。全面实施“一村一警”农村新型警务工作机制，群众安全感和满意度全面提升。

三、突出抓好发展第一要务，经济建设迈上新台阶

县委常委会始终坚持把做大做强传统产业、培育壮大新兴产业作为促进经济增长的根本路径，着力在深化服务、保障要素、打牢基础等方面谋措施、抓落实，经济发展呈现良好势头。

（一）全力以赴抓服务强基础，工业经济运行良好。突出抓好招商引资。依托良好的生态环境、优越的交通区位优势和较强的产业基础，通过开展一系列宽领域、多层次、密集式的招商引资活动，引进了一批科技含量较高、核心竞争力较强、带动能力较大的项目落户我县，招商引资效率与质量实现“双提升”，为壮大工业经济奠定了基础。突出提升服务质量。在畅通政企沟通、加强协调服务、融资牵线搭桥、争取政策支持等方面做文章，服务企业机制逐步健全，通过采取座谈征求意见、进企业收集情况、“背靠背”测评等多种方式，有效解决了一批企业存在的困难和问题。突出强化基础设施。统筹推进工业园区交通保畅、供水保用、电力保供、网络保通等公共配套服务基础设施建设，园区环境进一步改善，承载能力进一步加强。智慧城市规划、申报、建设稳步实施，信息化与工业化“两化”融合示范企业创建取得新成效。通过一系列保障措施，2015年新增认定规模以上企业20户，全县2000万元以上规模企业达到105家，规模企业数量居全州第一位。

（二）千方百计提质量增效益，农业产业生机勃勃。加快国家现代农业示范区建设。出台《龙里县国家现代农业示范区管理办法和工作绩效考核办法》，积极争取项目，全面统筹实施，农业示范区管理步入规范，硬件设施逐步完善。加快农业产业结构调整。蔬菜、刺梨、水果、茶叶等经济作物种植得到科学规划、精准引导和大力扶持，农村群众种植观念逐步由向土地要粮转变为向土地要钱，粮经比例进一步优化，土地种植效益逐步提升。加快扶持壮大新型农业经营主体。瞄准农产品加工企业、农民专业合作社、家庭农场等新型农业经营主体施政施策，既扶上马又送一程，农业产业化、商品化进程加快，农产品加工企业、农民专业合作社等新型经营主体逐渐增多，一批家庭农场被认定为省、州示范农场，农村经济发展活力不断增强。

（三）想方设法调结构壮实力，第三产业活力增强。商贸物流业蓬勃发展。双龙快递物流集聚区综合管理服务平台暨贵州龙里大数据中心已初步运行，普洛斯、中通、申通、圆通、乡飞、万科等一批国内知名物流企业在龙里落户。贵州龙里国际商贸物流城项目正在加快实施，龙里“大商贸、大物流”发展格局初步形成。旅游产业初显成效。不断加快功能配套和要素保障，加大自然景观、人文景观、文化遗产的保护、宣传、包装，休闲度假、康体养生、生态旅游、民族文化和乡村旅游相结合的休闲避暑度假和商务及会议会展旅游基地初见雏形，一批初具接待条件的休闲度假区已进入省内外游客假日旅游度假的行程单，一批民族特色手工艺作品在扶持培育中逐步走向商品化。电商产业雏形初现。“智慧龙里”战略合作协议、电子商务项目战略合作协议、农村电子商务合作意向协议的签订，龙里“云高速”建设步伐加快。启动电子商务进农村工作，电子商务新型业态逐步形成，向“国家电子商务进农村综合示范县”目标迈出了坚实的一步。

（四）竭尽全力抓统筹推进度，城镇建设步伐加快。县城辐射带动作用逐步发挥。大力实施“东优西扩”工程，扎实抓好“城中城”优化、“城边城”孵化，统筹推进城区旧城改造、河道治理、景观建设、综合体育馆等市政设施配套工程和城郊交通连接线建设，贵龙城市大道建成开通，高新园区大道完成铺油并投入使用，210国道改造提质，贵都联络线拓宽等基础设施有力地促进了以县城为中心的辐射带动能力持续增强；小城镇关键支撑作用逐步发挥。新增建成区面积1.20平方公里，以中铁生态城为孵化地的一批高档住宅区及生态特色小镇相继扩容提质，并进一步扩大对外影响力，成为新型特色小镇的典范。醒狮镇示范小城镇“8+X”项目扎实推进，小城镇与周边村庄互动的“1+N”联动发展模式逐步推开；一批排污治污工程、环境绿化工程、生态安居工程、河道治理工程等相继建成发挥效用，城镇产业功能、城市功能、生态功能“一体化”发展向前推进。新型农村社区战略基点作用逐步发挥。小康建设“四在农家·美丽乡村”六个小康工程稳步实施，通信网络、金融网点、邮政投递以镇中心、集镇为“圆心”向周边村寨延伸的服务半径逐步拉长，镇中心、集镇与周边村逐步形成联体式发展。

四、深入实施脱贫攻坚第一民生工程，改善民生取得新成就

县委常委会认为，脱贫攻坚是补齐全面小康“短板”的战略抓手，必须举全县之力，集中一切优势资源，调动一切积极因素，汇聚一切有效力量，精准施策，攻坚拔寨，在有限的时间内改穷貌、换穷业、挪穷窝、拔穷根，才能确保建成更高水平的小康社会。一年来，县委常委会坚持以同步小康创建为载体，立足县情绘蓝图，结合镇情做规划，紧扣村情民情抓落实，把着力点放在基础设施建设、民生事业发展、产业扶贫等方面，全力保障和改善民生。

（一）小康社会实现程度得到整体性提升。始终把小康创建作为全县工作主抓手之一，强化动态监测，统筹工作调度，着力加强核心指标和薄弱环节的攻坚，创建工作破冰前行、成效显著，推动广大人民群众关切的医、食、住、行、学政策普惠度大幅提升，人民群众认可度进一步巩固。开展“盛世奏欢歌、龙城小康行”、“送春联·话发展·奔小康”、“小康在我身边”和“我身边的小康”等主题活动，激活、提振全社会关注、参与小康创建的精气神。9月中旬通过省全面小康办实地验收，并被认定为2014年度贵州省同步小康创建达标县。预计2015年小康社会总体实现程度将达97.3%，经济发展、社会和谐、生活质量、民主法制、文化教育、资源环境等六个方面实现程度都有较大提高，为建成更高水平小康社会奠定了坚实的基础。

（二）扶贫开发工作取得阶段性成效。注重在精准识别上下功夫。坚持以“33668”扶贫攻坚行动计划为抓手，组织全县86个单位889名干部遍访145个行政村7756户农户，为进一步完善贫困户信息开展精准扶贫奠定了基础。注重在产业扶贫上下功夫。积极推进“资源变股权、资金变股金、农民变股民”运作模式，以湾滩河竹鼠养殖项目为试点，“项目+农户+合作社”的股份合作、利益联结运作模式稳步实施。“三位一体”培训、扶贫产业化培训、农村致富带头人培训等“雨露计划”基础工程稳步推进。扶贫资金在蔬菜、花卉苗木种植和竹鼠养殖等项目上开花结果。注重在干群牵手对口帮扶上下功夫。创新开展“德行龙里·一路有你—扶贫牵手·大爱连心”活动，率先在全省启动社会扶贫工作。“圆梦微心愿”“情系贫困儿童·点亮心愿”等志愿服务活动，点燃了社会各界的爱心，帮扶贫困地区、贫困人口的爱心行动持续升温。单位部门对口帮扶、定点帮扶不断深入，“党委主责、政府主抓、干部主帮、基层主推、社会主扶、群众主体”的大扶贫工作格局加快形成。

（三）农村基础设施建设取得实质性进展。着力改善农村交通运输条件。国道G210提级改造工程启动实施并接近尾声，沿线村庄交通运输条件将得到极大改善，4个县乡道路改造工程投入使用，23个通村水泥路项目打通了建制村通水泥（沥青）路的“最后一公里”。121个“一事一议”项目全面完成，农村基础设施进一步夯实。着力改善农村水利基础设施条件。全面推进水利建设“三大会战”，四大骨干水源工程建设梯次推进，窄冲水库已进入蓄水阶段；16个农村饮水安全工程全面完工试运行，一批供水机井、小型农田水利项目建成后在供水、引灌、排涝方面发挥效益；山洪灾害调查评价和山洪灾害非工程措施相关建设基本完成，山洪灾害综合防御能力得到提升；水毁水利工程进一步修复，全县水利基础设施条件进一步改善。着力改善农村通信网络条件。电信网、广播电视网和计算机通信网“三网”延伸及提质工程逐点推进，全县行政村通讯覆盖率达100%，电信4G网络、计算机通信网络实现乡镇全覆盖，数字电视在镇中心、集镇使用面不断扩大，农村群众通信网络条件逐步改善。

（四）社会民生得到持续性改善。深入实施教育提升工程。坚持把教育放在优先发展的位置，统筹推进第二轮“学前三年行动计划”和学前教育突破工程，一批幼儿园在乡村落地建设投用，幼儿教育资源向农村延伸、贴近。深入实施“9+3”计划和“4+2”工程，义务教育“控辍保学”机制进一步健全，农村寄宿制学校“改薄”、新建工程稳步实施，学校办学条件不断改善。中职校通过省级示范校评估复审，招生、招师和“控流提质”等工作全面发展。深入实施就业创业促进工程。贯彻落实积极的就业优惠政策，一大批城镇失业人员、高校毕业生、退役军人、返乡农民工走上公益性岗位、企业管理岗位和生产车间，实现了从业有岗、以业养家的愿望。落实积极的创业扶持政策，微型企业创业“3个15万元”扶持政策成效明显，一大批创业人员当上“小老板”，既激发了全民创业的积极性，又帮助部分农村劳动力实现家门口就业的愿望。深入实施医疗卫生惠民利民工程。整合基层卫生和计生技术服务机构、队伍，基层医疗机构软、硬件设施得到强化。优化医疗资源配置，县、镇、村三级医疗服务网络进一步完善。特别加大对镇中心医院、卫生院、社区卫生服务中心的建设力度，基层群众医疗环境、医疗条件逐步改善，基层医疗机构服务作风、服务水平得到提升。深入实施社会保障兜底工程。“四个社会救助”落实有力，城乡低保减量提标稳步推进，医疗救助“一站式”服务实现向镇中心医院及卫生院全覆盖。城乡居民基本养老保险扩面征缴全面展开，养老保险覆盖面不断扩大。灾情应急服务能力进一步增强。敬老院、社会养老服务中心等民生基础设施项目建设稳步推进。

五、着力筑牢平安和谐的发展根基，文明稳定环境得到进一步巩固

县委常委会认为，平安稳定文明和谐是推动改革发展的基本前提，创造更加安定团结的社会局面，营造更加文明和谐的社会氛围是发展所需、人民所盼，必须进一步加强和创新社会治理，全面加强宣传思想和精神文明建设，确保社会安定有序、人民安居乐业。

（一）抓好信访维稳，社会矛盾得到有效化解。群众工作网络规范化、信访法治化、干部队伍专业化建设取得实效，信访部门“为党分忧、为民解难”作用充分彰显。建立健全领导干部包案化解稳控“三级调度四级责任”机制，领导干部坐班接访、带队下访和包案督访持续开展，有效消除一批处于萌芽状态的不稳定因素。矛盾纠纷和信访维稳“百日攻坚”专项行动取得战果，一批“易燃”问题得到及时稳控调处，群体性事件隐患得到有效预防和消除。一年来，中央、省、州重大会议、重要活动等重要敏感时段和重大节假日期间，全县信访秩序良好，社会秩序稳定。

（二）抓好平安建设，公共安全得到有力保障。“335”平安小区创建开创了“城乡连片、社区连片、村寨连片”的网格化治安管理和社会服务新格局。发动群众参与的村（社区）、规模企业、学校群防群治工作体系进一步完善。“天网工程”二期项目进一步扩大了技防覆盖面。深入开展严打整治专项行动，净化社会治安环境，群众安全感和满意度均由2014年的全州第11位分别上升到第6位和第4位，群众安全感和满意度进一步提升。“135”“三联一动”“一人多岗、一警多能”警务运行模式实现违法犯罪实时控制。“以证管人、以房管人、以业管人”的流动人口管理服务模式初步形成。特殊人群帮教管理，重点人群帮教管控取得实效。网络舆情监管动态预警机制逐步完善，网络舆情环境总体向好。

（三）抓好文明创建，道德风尚得到大力弘扬。深化“德行龙里·一路有你”主题实践活动，全社会礼仪文明之风进一步提升。全面巩固和提升省级文明城市创建成果，开启全国卫生城市创建工作，醒狮镇荣获“全国文明镇”殊荣。依托百姓讲堂“百千万工程”和“宣传部长上讲堂”活动，用好用活各级道德讲堂。深入开展家风家训、村风村训工作，“街头正能量”延伸实现全覆盖，社会主义核心价值观深入人心。以典型引领构筑龙里精神高地，见贤思齐的风气逐步形成，评选表彰了龙里县“十佳美德”少年，继续深入挖掘评选“德行龙里十大年度人物”，部分行业标兵、道德模范入选中国好人榜候选人、贵州好人榜和“2014 黔南骄傲十大年度人物”。围绕全县工作的重点、特点、亮点传播龙里好声音，大宣传格局全面形成，龙里美誉度、知名度逐步提升。

六、全面落实从严治党根本要求，党建工作取得新成效

县委常委会始终严格落实管党治党的政治责任，坚持思想教育从严、干部管理从严、作风要求从严、组织建设从严、制度治党从严、责任落实从严，推动党的建设科学化水平全面提高。

（一）“三严三实”专题教育深入开展。始终把“三严三实”专题教育作为深化作风建设的重要抓手，作为推动龙里跨越发展的重大机遇。坚持落实责任、精心组织，先后召开 8 次县委常委会研究部署，提出“八围绕八带动”工作思路，明确 17 项重点任务精准化推进。坚持以上率下、带头示范，常委班子成员率先讲专题党课，带头开展专题学习研讨，学原著、读原文，始终把自己摆进去，带头查摆“不严不实”突出问题 126 个，提出整改措施 378 条。在县委常委班子的示范带动下，县人大、县政府、县政协班子共查摆出“不严不实”突出问题 36 个，提出整改措施 108 条。坚持立查立改、强化整治，开展“两治一解”专项行动，深化集中整改和“四风”整治“回头看”，全年开展作风督查 124 次，查处违反中央“八项规定”及“四风”突出问题 14 件 15 人，推动党员干部形成“三严三实”良好的思想和工作作风，为新常态下“守底线、走新路、奔小康”奠定了思想基础。

（二）基层组织建设取得明显成效。以“三亮一创”和“党员管理服务年”的系列工作深入开展，党组织和党员先锋模范作用进一步发挥。“领头雁”工程深入推进，村“两委”班子逐步调整优化。大力实施“素质提升”工程，农村骨干党员、村干部素质得到加强。引导农村党组织大力发展“六型”模式经济，58 个“空壳村”有望年内脱壳。“第一书记”和小康驻村工作组在服务农村经济社会发展方面发挥积极作用，助推全县扶贫工作迈上新台阶。深入实施“两带两增奔小康”工程，推动落实“双进双促构和谐”“双万双助促发展”“三立三树育新人”等党建新载体，党组织和党员服务经济社会发展的能力和水平进一步提升，在小康建设、扶贫开发中不断展现新作为。搭建“云端党建”平台，互联网+基层便民服务体系不断完善。健全“快递干部”代办服务长效机制，实现联系服务、带动服务常态化。

（三）干部队伍整体活力不断激发。认真贯彻执行干部任用条例，坚持“好干部”二十字标准，围绕促发展的需要选好干部、配强班子；规范干部选拔任用工作程序，积极探索初始提名建议权下放，进一步强化了单位党委（党组）在干部选拔任用中的责任；实行考察对象廉政事项报告“凡提必核”、干部档案“凡提必审”，干部考察方式进一步改进；结合各职务类别、各层级干部岗位特点、能力差异因材施教、因需施教，干部履职能力得到提高；按计划采取教育培训、实践锻炼、轮岗交流等方式加强科级后备干部培养，后备干部整体素质得到提升。认真落实公务员职务与职级并行制度，顺利完成首批次 412 名干部职级晋升工作。落实《关于加强乡镇干部队伍建设的二十条意见》，乡镇干部队伍结构、素质得到改善。

（四）“人才强县”战略积极稳步实施。深入实施“3223”人才工程，人才总量进一步扩大，人才结构进一步优化。以德为先、以才为本的“骨干人才”队伍建设得到加强，优秀人才的引领作用进一步发挥。坚持科学人才观，“人才工作活动月”持续开展，人才政策保障得到加强，人才生活工作环境不断改善，人才归属感不断提升。采取引进和公开招聘等方式吸收优秀人才 336 人，人才队伍结构不断优化。扎实开展人才资源统计工作，人才资源总量达 19047 人，每万人人才资源数达 1190 人，在省州位居前列。

（五）党风廉政建设持续深入推进。县委自觉把思想和行动统一到中央对党风廉政建设和反腐败斗争形势的研判和决策部署上，深化思想认识不松懈，履行主体责任不松劲，加强执纪监督不松动，以实实在在的行动，促进主体责任落地有声、落地生根。廉政基地教育、监狱参观教育、典型案例教育、廉政党课教育等措施，进一步筑牢预防腐败的思想道德防线；集体约谈、个别约谈、诫勉谈话、签字背书、个人事项报告、述责述廉述德等工作扎实开展，进一步筑牢遏制腐败的预警纠错防线；专项监察、党风廉政建设突出问题集中专项整治、民生监督等持续发力，进一步筑牢严惩腐败的党纪国法防线。

（六）民主政治建设取得重大进展。加强对人大和政协工作的领导，切实为人大和政协行使职权、履行职能提供有力保障、创造良好环境。人大对“一府两院”工作的监督依法推进，代表建议办理质量和基层人大工作水平普遍提高；政协职能作用充分发挥，政治协商更加有方、民主监督更加有力、参政议政更加有为。重视和发挥统一战线的法宝作用，民主党派、工商联、党外知识分子服务发展成效显著。群团组织职能作用充分发挥，工人、青年、妇女、科技工作者和非公有制经济从业人士“参战支前”作用凸显。切实关心支持部队建设，双拥共建取得明显成效，荣获省级“双拥模范城”称号。与时俱进贯彻落实党管武装原则，国防后备力量建设取得较好发展。

同志们，以上报告是县委常委会 2015 年度的主要工作。这些工作的开展和成绩的取得，得益于省、州的正确领导和关心支持，得益于县委全委会全体同志的凝心聚力和共同奋斗，得益于全县干部群众的扎实苦干和奋力拼搏。在此，我代表县委常委会，向各位并通过你们向全县各级党组织和广大党员干部、向全县人民表示衷心的感谢！

在肯定工作成绩的同时，县委常委会也清醒地看到，全县经济社会发展还存在不少困难和问题。主要是：经济总量还不够大，农业现代化程度不深，新型工业化水平不高，三产发力还有待时日，城市功能还不完善，公共服务投入相对不足，少数党员干部思想观念、精神状态、能力水平和工作作风与经济社会发展还不相适应，党风廉政建设还需不断加强等等。这些都需要我们在今后工作中进一步增强危机感、紧迫感、责任感和使命感，以更加负责的态度、更加有力的举措、更加扎实的工作切实加以解决。

2016 年，是“十三五”规划的开局之年，县委常委会将主动认识发展新形势，适应新常态，积极抢抓新机遇，认真研究解决新问题，不断增强统揽全局、协调各方的本领，不断提高执政能力和领导水平，牢固树立创新、协调、绿色、开放、共享的发展理念，按照“守底线、走新路、奔小康”的工作总要求，以“小康提质、六化同步”为目标，大力实施“工业强县、四轮驱动、区域协调、城乡统筹”战略，协调推进“四个全面”战略布局，推动经济社会持续健康发展，努力实现“十三五”良好开局，为开启基本现代化事业新征程，把龙里建成更高水平的小康社会打下坚实的基础。

最后，希望大家对县委常委会的工作提出宝贵意见和建议，不断提高县委决策和服务水平。

名词解释

“四个全面”战略布局：全面建成小康社会、全面深化改革、全面依法治国、全面从严治党。

经济建设“三个一”调度机制：重大项目每月一调度、招商引资每月一调度、经济运行每月一调度。

“9+X”模式：政府行政职权目录梳理的分类方式，包括：①行政许可；②行政处罚；③行政强制；④行政征收；⑤行政给付；⑥行政检查；⑦行政确认；⑧行政奖励；⑨行政裁决；⑩其他类别。

“四评一考三落实”考评体系：干部考核评价的方法概述，“四评”即个人自我评价、领导班子评价、县级领导评价、社会民主评价；“一考”即：工作实绩考核；“三落实”即：将考核结果落实到干部使用管理、落实到干部绩效待遇、落实到干部教育培养中。

示范小城镇“8+X”项目：在贵州省100个示范小城镇建设明确的路网建设、标准卫生院、社区服务中心、农贸市场、市民广场或公园、污水处理设施或垃圾处理设施项目、敬老院、城镇保障性安居工程“8个1”工程和体育馆、产业园区、有机农产品生产基地等项目。

“1+N”联动发展模式：1个示范小城镇带动多个“美丽乡村”建设的发展模式。

“33668”扶贫攻坚行动计划：贵州省扶贫攻坚行动目标、方式、任务的计划内容。“33”即从2015年到2017年，用3年时间减少300万贫困人口；“66”即深入实施精准扶贫“六个到村到户”（结对帮扶干部到村到户、产业扶持到村到户、教育培训到村到户、农村危房改造到村到户、扶贫生态移民到村到户、基础设施到村到户），完成“六个小康建设（小康路建设；小康水建设；小康房建造；小康电建设；小康讯建设；小康寨建设。）”任务；“8”即实现贫困县农村居民人均可支配收入8000元以上。

“八围绕八带动”：我县“三严三实”专题教育的工作思路，“八围绕”即着眼完成规定动作，围绕专题党课、学习培训、专题学习研讨、警示教育、治“慢”专项行动、专题民主生活会和组织生活会、集中整改和四风整治“回头看”、“三亮一创”8项重点开展工作；“八带动”即：着眼建立长效机制，推动全县党员教育、学习培训、政治教育、廉政建设、快干实干、组织生活、作风建设、党员管理服务8个方面内容常态化。

“135”警务运行模式：城区警情1分钟就近警力到达现场核实、3分钟增援警力到位控制、5分钟专业警种到位处置。

“两治一解”专项行动：建设，开展整治党员干部作风“慢”的问题、整治“不作为”“乱作为”的问题，解决损害群众利益问题专项行动。

“六型”模式经济：是指培育壮大村级集体经济的发展思路和方向，即资源开发、资产盘活、为农服务、特色产业、股份合作、乡村旅游等“六型”模式经济。

“两带两增奔小康”：党员带头创业致富、带领群众致富，增强村（社区）党组织凝聚力、战斗力，共同奔小康。

“双进双促构和谐”：党组织进社区、党员进小区，促进凝聚力战斗力提升、促进先锋模范作用发挥，构建和谐社会。

“双万双助促发展”：在非公企业领域开展“万名干部联企助发展、万户企业联村助小康”活动。

“三立三树育新人”：在学校开展以“立德、立言、立行，树教风、树学风、树校风，育一代新人”为主要内容的创建活动。

龙里县人民政府工作报告

（2015年1月21日在龙里县第十六届人大四次会议第一次全体会议上）

龙里县人民政府县长　陈　曦

2014年政府工作回顾

过去一年，在县委的坚强领导和县人大、县政协的监督和支持下，我们以改革统领各项工作，按照“一个坚持、四个突出”的总体工作思路，突出“三条”主线，坚持“三为”工作导向，坚守“两条底线”，以九项重点工作为抓手，大力弘扬新时期龙里精神，扎实开展党的群众路线教育实践活动，紧紧依靠全县各族人民，深入抓好“五个方面”的工作，全县经济社会呈现出经济快速发展、转型升级加快、动力活力增强、民生持续改善、社会和谐稳定的良好态势。

过去一年，我们积极应对全国经济下行压力，全力保增长、促跨越，经济总量不断做大

综合实力明显增强。2014年，在全省31个经济强县增比进位中预排位第13位；21项指标位列全州前3位，其中，11项指标位列全州第一位，综合测评排名居全州经济强县之首。预计完成地区生产总值64.13亿元，同比增长17.1%；财政总收入14.03亿元，同比增长36.4%，其中，公共财政预算收入6.71亿元，同比增长24.87%；财政总支出34.9亿元。项目投资快速增长。完成全社会固定资产投资130亿元，同比增长27%，其中，固定资产投资112.15亿元，同比增长33.51%。完成106个重大工程和重点项目投资113亿元，同比增长6.13%。产业投资占固定资产投资比重达51%。招商引资在建项目265个，到位资金129.4亿元，同比增长23.24%。项目建设要素保障给力，争取上级专项转移支付资金5.41亿元，政府融资到位资金7.4亿元，获批建设用地指标210公顷，招聘和引进各类人才368人。工业经济平稳运行。全县500万元以上规模工业企业达126户，新增38户，其中，2000万元以上规模工业企业73户，新增24户。完成规模工业总产值163亿元，同比增长34.7%，其中，规模工业增加值32.33亿元，同比增长16.5%。在建工业产业项目109个，完成工业投资54.79亿元，同比增长27.78%。经济开发区入驻企业280家，完成税收6.17亿元。新增民贸企业51家，新增优惠贷款4.4亿元。新增微型企业160户。贵州长泰源实现新三板上市。瑞和制药、恒力源、红狮水泥等15家企业成功申报“两化”示范项目。农业农村增产增效。完成农林牧渔业总产值15.9亿元，同比增长22.2%，其中，农林牧渔业增加值8.46亿元，同比增长6.6%。粮经比达30：70。农村居民人均可支配收入达7532元，同比增长

13.5%。城镇居民人均可支配收入达21914元，同比增长10.6%。湾滩河生态农业示范园区蔬菜产值达2亿元，建成供粤港澳蔬菜基地2万亩。引进丰泰、丰盛等龙头企业入驻，农业招商引资到位资金11.28亿元。新增县级及以上龙头企业9家、专业合作社53家，其中，成功申报国家级示范社2家。土地流转面积16.1万亩。深入实施精准扶贫，减少贫困人口9000人，原草原乡和摆省乡实现“脱贫摘帽”。成功申报创建国家现代农业示范区和承办全省刺梨产业发展推进会。服务行业加快发展。完成商贸物流项目投资18.2亿元，贵州双龙现代农副产品集散中心一期、申通快递建成投运。新增限额以上商贸企业及重点服务企业19家，完成社会消费品零售总额8.35亿元，同比增长13.8%。金融服务“村村通”实现行政村全覆盖。引进贵州银行和邮政储蓄支行入驻。中铁国际旅游体育休闲度假中心、龙架山休闲度假区建设进展顺利。成功承办“多彩贵州”龙里户外嘉年华活动。全年共接待游客172万人（次），同比增长23.5%，实现旅游总收入8.7亿元，同比增长26.9%。

过去一年，我们着力推进城乡统筹发展，突出强基础、提品质，生产生活基础不断夯实

规划引领作用增强。完善规划审查审批和监督管理机制。完成《龙里县县城总体规划（2013-2030）》修编和《贵龙城市经济带控制性详细规划》编制，启动各镇总体规划编制。基础设施明显改善。完成把关至巴江、草原至湾寨、羊场至江比等县乡公路升级改造56.8公里。建成通村水泥路165.1公里，全县通水泥路（油路）行政村达141个，行政村通畅率达88.68%、客运通车率达81.71%。成功申报中央财政小型农田水利第六批重点县和省级山区现代水利示范园区。窄冲水库、龙滩水库、笋子塘一期供水工程等水利项目完成投资3.41亿元。建成高标准农田1万亩，治理水土流失12平方公里，新增蓄水能力55.3万立方米，新增灌溉面积0.55万亩，解决1.65万人饮水安全问题。完成经济开发区基础设施投资13.5亿元。城镇建设日新月异。完成城镇基础设施投资23.15亿元，城镇建成区达30.41平方公里，城镇化率达48.95%。新增绿地面积2.8万平方米，县城区绿地率达23.43%。完成县城西区路网建设。龙里北站建成投运，龙里步入“高铁时代”。中铁生态城白晶谷和西南药都城市综合体累计完成投资15.45亿元。完成醒狮镇州级示范小城镇基础设施“8+X”项目投资3983万元。加大违法建筑打击力度，拆除违法建筑1.88万平方米。城市管理日趋规范化、精细化，提前三年成功创建省级文明城市。美丽乡村建设加快推进。投资5.27亿元建设“四在农家·美丽乡村”基础设施六项行动计划项目413个，格老湾、厉家庄等示范村寨面貌焕然一新。完成3350户农村危房改造、320户小康房建设、549户房屋外观立面整治。设置村级邮件接收场所91个，开设农村快递服务网点10个。

过去一年，我们着力强化创新驱动，坚持抓改革、促开放，发展活力不断增强

各项改革稳步推进。加快政府职能转变，突出加强公共服务、市场监管、社会管理、环境保护等职能。完成乡（镇）行政区划调整和新一轮政府机构改革，实行“镇园合一”与大部门制。完成水务一体化管理体制改革。推进行政审批事项清理，取消非行政许可3项，明确社区服务中心审批服务事项97项。推进政务信息公开，开通政府微信平台，推行“三清二晒一评”模式。创新政务服务“一模多印”、手机“民情一点通”和快递干部“固定代办”模式，畅通服务群众“最后一公里”。深化国库集中支付改革，全县预算单位实有资金纳入财政归集户管理。推进“先照后证”改革，工商企业登记注册资本实行认缴登记，市场主体不断壮大。启动医疗救助“一站式”管理服务试点。优化县外个人医疗费用报销补偿方式。启动农村土地承包经营权、集体使用地和宅基地确权登记颁证试点工作。开放合作不断深化。本着资源共享、优势互补、合作双赢的原则，与南明区签订战略合作框架协议，加强基础设施、产业项目等方面的合作。积极用好与广州黄埔区对口帮扶机遇，争取在干部培养、社会民生、驻点招商等方面的支持。加大小分队招商和驻点招商力度，赴长三角、珠三角等地开展招商活动35次，签约项目27个，总投资136.61亿元。科技创新成果丰硕。良济药业、润生制药、盛峰包装3家企业获高新技术企业认证，高新技术企业达10家。自主知识产权数量较快增长，新增专利申请139件。红狮水泥获“贵州省名牌产品”称号。湾滩河生态农业示范园区进入省级农业科技园区行列。全县综合科技进步水平指数达71.9%，居全省第4位。

过去一年，我们大力加强社会建设，切实强保障、惠民生，群众生活不断改善

小康建设顺利推进。强化小康建设监测调度，加强核心指标和薄弱指标攻坚，全面建成小康社会实现程度达95.8%。六大类25项指标实现程度稳步提升，经济发展实现程度达95.7%，社会和谐实现程度达96.1%，生活质量实现程度达98%，民主法治实现程度达94.5%，文化教育实现程度达91.8%，资源环境实现程度达97.9%。民生实事更加惠民。实施民生实事项目16个，完成总投资18.85亿元。贵龙大道、贵龙纵线一期全线贯通。公共体育场投入使用。开通县城至高新技术产业园区和龙里北站2条公交专线。完成东门河治理、铁龙桥和贵都联络线景观等市政工程建设，完成半边街、西关坡、贵都联络线扩建一期等道路建设。县第三幼儿园及哪嗙幼儿园投入使用，实现镇（街道）幼儿园全覆盖，学前儿童入园（班）率达74%。完成2468套保障性住房主体工程。社会事业协调发展。高考创历史新高，二本以上上线人数435人，录取率达42.38%。龙里中职校成功挤进全省中职“百校大战”50强。组建县第三中学。完成广播电视“村村通”工程2920套。新增2个省级和5个州级“非遗”保护项目。城乡低保标准增长15%，发放救助救济、优待抚恤资金4676.4万元。醒狮镇敬老院投入使用。城镇职工基本养老保险参保达1.18万人，基本社会保险覆盖率达93.5%。城镇登记失业率控制在州目标范围内，城镇新增就业人口增速在省、州均排第一位。扎实推进国家卫生应急综合示范县创建工作，完成5个镇中心卫生院标准化建设，县医院挂牌省人民医院龙里分院。新农合参合率达96.11%，支出新农合资金7698.9万元，惠及48.1万人（次）。人口计生工作实现“双降”目标。生态环境持续改善。严格执行森林保护“六个严禁”，完成营造林3.85万亩，森林覆盖率达55.57%。完成煤矿企业兼并重组，集中开展砂石场和农村综合环境整治，环境空气质量优良率达100%。城镇污水处理率达91.4%，城乡生活垃圾无害化处理率达88.9%。我县被列为水利部第二批水生态文明城市重点推进县。莲花水利风景区被列为国家水利风景区。成功举行中国南方喀斯特系列遗产分论坛发布会。社会治理不断加强。成立县群众工作中心和镇（街道）、村（居）群众工作中心（站、室），创新“门诊法”，开展矛盾纠纷调处。安全生产事故死亡人数同比下降9.09%。完成县城“天网工程”一期，推行城乡“四专一统一”、“一村一警”模式，刑事案件同比下降30.38%。

与此同时，国防动员、民兵预备役、人民防空、征兵、优抚安置、双拥共建等工作扎实推进；民族、宗教、外事、侨务等工作有序开展；工会、共青团、妇联、残联等事业稳步发展；统计、气象、邮政、通讯、科普、档案、慈善、新闻传媒等工作取得新进展。

各位代表，过去的一年，我们不折不扣贯彻落实中央、省委、州委和县委相关要求，切实加强作风建设，坚决反对“四风”问题。全力开展行政审批事项清理，完善政府法律顾问工作制度，扎实推进依法行政。建立行政调解与司法调解工作衔接配合机制。出台《龙里县政府规范性文件制定程序和监督管理实施办法》。强化审计监督，完成建设工程项目预决算审计169个，挽回经济损失和节约资金1.32亿元。认真办理人大代表建议79件、政协委员提案92件。

各位代表，过去的一年，我们始终保持“一个坚持、四个突出”总体思路定力，围绕“三为”工作导向着力，紧扣“三条”主线发力，立足九项重点工作加力，以开展党的群众路线教育实践活动聚力，开拓创新、锐意进取，全县综合发展实力显著增强，建设富庶、生态、幸福新龙里迈出了更加坚实的步伐。这些成绩的取得，得益于中央、省、州持续给力，得益于县委领导有力，得益于县人大、县政协和社会各界积极助力，得益于全县干部群众艰苦努力。在此，我谨代表县人民政府，向各位人大代表和政协委员，并通过你们，向全县各族人民和关心支持龙里发展的社会各界人士表示衷心的感谢！

各位代表，成绩属于过去，我们应当看到，当前龙里的经济社会发展和政府工作还存在一些不容忽视的问题。一是我县的经济总量比较小，经济结构还需优化；二是大项目、潜力项目不够多，财政税收缺乏增长后劲；三是交通、水利等基础设施还比较薄弱，土地、资金、人才等要素供给不足；四是少数部门和公职人员“四风”问题整治还不够彻底，工作不够主动，担当不够有力。针对这些问题，我们将采取有效措施，认真加以解决。

2015年政府工作安排

今年，是全面深化改革的关键之年，是全面推进依法治县的重要之年，是全面完成“十二五”规划的收官之年，也是布局“十三五”规划的破题之年。从大环境来看，全国经济发展步入新常态。面对新常态，我们应当把握县情，积极抢抓贵龙大道、贵广高铁黄金通道的优势，抢抓贵州双龙临空经济区辐射带动的优势，抢抓经济强县、全国循环经济示范县、国家现代农业示范区政策支撑的优势，继续扩大投资规模，继续做大经济总量，实现经济总量、质量、均量“三量齐升”，努力推动经济社会持续健康协调发展。

今年政府工作的总体思路是：认真贯彻落实党的十八届三中、四中全会，省委十一届四次、五次全会，州委十届四次、五次全会，县委十一届七次全体（扩大）会议精神和中央、省、州、县经济工作会议精神，始终坚定“一个坚持、四个突出”的总体思路，坚持“三为”工作导向，主动适应新常态，积极抢抓新机遇，全面深化改革，全面推进依法治县，继续抓好“五个方面”重点工作，奋力开启龙里基本现代化事业新征程，为建设富庶、生态、幸福新龙里奠定坚实的基础。

今年国民经济和社会发展的主要预期目标为：

——地区生产总值增长15%以上；

——规模工业增加值增长16%以上；

——全社会固定资产投资增长20%以上，其中，固定资产投资增长33%以上；

——招商引资到位资金增长23%以上；

——财政总收入增长18%以上，其中，公共财政预算收入增长18%以上；

——社会消费品零售总额增长15%以上；

——城镇居民人均可支配收入增长11%以上；

——农村居民人均可支配收入增长14%以上；

——人口自然增长率控制在5.46‰以内；

——城镇登记失业率控制在3.5%以内；

——节能减排目标控制在州下达指标范围内。

完成上述目标任务，我们必须坚定信心、突出重点、强化措施，积极适应新常态，正确把握新机遇，努力实现新作为。

一、抓项目强后劲，始终保持加快发展的良好态势

牢固树立抓项目就是抓经济增长关键环节的理念，借力贵龙大道和贵广高铁，上大项目扩大投资规模，上好项目优化投资结构，着力在投资上取得新突破，进一步增强经济社会发展的后劲。突出重点平台建设。依托贵龙城市经济带发展平台，积极发展总部经济、体育休闲、养生养老、商贸物流等现代服务业，规划建设广东产业园区、双龙现代服务业集聚区和新医药产业园区。着力抓好经济开发区、湾滩河生态农业示范园区等8个省“5个100工程”和州“5个20工程”重点平台建设，完成投资60亿元以上。狠抓项目建设进度。完善项目推进督查机制和“特派员”制度，强化项目协调服务。分类推进续建项目、新建项目，加快推进拟建项目前期工作，确保谷冰沟风电和贾拓山风电等11个亿元以上项目建成投运。实施重大工程和重点项目80个以上，完成投资120亿元以上。加大招商引资力度。围绕新医药大健康、新材料、电子商务、快递物流、现代生态农业、教育文化及旅游等产业，不断加大产业招商力度。紧盯意向性企业的投资动向，重点跟踪引进国药集团、华润制药、顺丰速运、普洛斯物流等企业入驻，确保引进产值亿元以上企业3家以上，产值10亿元以上企业1家以上。完成招商引资到位资金160亿元以上，力争实现新医药大健康产业签约资金30亿元以上。抓好项目储备争取。立足全县国民经济和社会发展实际，科学制定“十三五”规划；认真研究跟踪国家政策，编制好有关专项规划，围绕城镇基础、重大水利、节能环保等重点领域，精心策划和包装项目，确保储备项目630个以上，总投资1300亿元以上。制定项目资金争取考核办法，鼓励镇（街道）、部门积极跑上争取项目资金。争取上级项目80个以上，到位资金2.6亿元以上；完成民贸民品企业优惠贷款5亿元以上。强化重大要素保障。突出抓好土地、资金、人才等要素供给，用足、用活、用好经济强县和省重点项目政策，积极争取建设用地指标。探索融资租赁、PPP等融资模式，着力引入产业发展基金；加快融资平台公司向实体经营公司转型，支持条件成熟的投融资公司新三板上市；主动对接相关机构，积极争取国外优惠贷款支持地方经济发展。加大人才队伍建设力度，招聘和引进各类人才300人以上。

二、抓工业增总量，着力发挥工业经济主导作用

立足做大工业、做强企业，深入实施“双服务”大行动和“百千万”工程，着力扩大工业经济总量，充分发挥工业经济的主导作用。提升经济开发区承载能力。完成高新技术产业园区和龙山园区控制性详细规划。高新技术产业园区新增场平2000亩以上，建成二期路网和综合配套服务区暨生态移民安置区一期；启动谷脚镇综合配套服务区建设，力争建成省级示范综合服务区。完成经济开发区基础设施投资12亿元以上。加快贵龙城市经济带、经济开发区与贵阳同讯化进程。推动工业重点项目建设。抓好龙行制造一期、空港产业园B区等20个在建重点项目建设，良济二期、润生二期等43个续建项目建成投产，完成工业重点项目投资70亿元以上。力争新开工20个5000万元以上、6个亿元以上工业项目。切实加大纳规工作力度，新增2000万元以上规模企业30户以上，实现规模工业总产值195亿元以上、增加值41亿元以上。狠抓工业企业调度服务。加强对雪花啤酒、红狮水泥、瑞和制药、科之杰等重点企业的服务力度，促进企业发挥更大效益。加快上市企业培育，支持有条件的企业在证券市场融资。积极推进恒力源、柏强等企业的技改扩能工作。着力创建全省民贸示范县，发展民贸企业达120家。推进规模以上企业的"两化"融合示范创建工作，申报国家智慧城市试点县和国家级新型工业化产业示范基地。

三、抓三产求突破，全力推动现代服务业快速发展

以发展商贸物流业、旅游业为重点，全力推进第三产业发展，提升第三产业比重。突出发展商贸物流产业。以临空服务为中心，优先发展快递物流、电子商务、总部经济等现代服务业，新增限额以上商贸企业30家以上。加快发展双龙现代服务业集聚区，积极筹建商贸物流协会，引导物流企业开展信息化建设，推进示范物流园区创建工作，申报全国物流节点示范城市，建设西南商贸物流转运枢纽。中通快递、万科仓储物流、宏基中药材电商产业园一期等10个商贸物流项目投运，商贸物流业产值突破100亿元。加快发展旅游产业。以承办全州第八届旅发大会为契机，精心编制《龙里县生态文化旅游产业发展规划》，引领文化旅游产业发展，实现基础设施大建设、景区面貌大改观、对外形象大提升。突出发展以休闲、餐饮、娱乐等为主体的近郊生态旅游业，打造贵龙大道旅游经济带，加快发展文化休闲、康体度假、旅游购物等旅游业态，推进巫山大峡谷景区、旅游风情小镇云栖谷·双龙镇建设，安娜塔纳五星级酒店投入使用；打造贵都联络线旅游经济带，大力发展特色餐饮、旅游购物、休闲养生等旅游产品，抓好厉家庄茶文化（美食文化）商业步行街等休闲旅游景点建设。加快发展塘坊、孔雀寨、格老湾等乡村旅游。加大旅游商品、农特产品的开发力度，完善旅游产业链。力争接待游客200万人（次）以上，实现旅游总收入11亿元以上。大力发展其他服务业。积极发展金融、研发设计、现代商务、节能环保等生产性服务业。加快发展餐饮、酒店、健康等生活性服务业，引进省内外知名酒店管理集团，提升酒店接待档次和服务能力；引进二级以上医疗机构1家以上，不断提高医疗服务水平。

四、抓城镇提品味，加速推进城乡统筹协调发展

坚持做优贵龙城市经济带、做强县城、做特城镇，大力推进山地特色新型城镇化持续健康发展，打造黔中经济区的城乡统筹示范区。力争完成城镇基础设施投资18亿元以上，城镇化率50%以上。突出规划引领作用。按照打造贵阳城市副中心的思路，突出抓好城市规划顶层设计。以县城规划区"一带、两城、三园"为载体，启动县城规划区城市风貌设计，实现建筑风格、色彩、空间、尺度和道路交通的有机结合。完成洗马镇、醒狮镇、湾滩河镇"多规合一"总体规划和三元、麻芝、草原片区村镇建设总体规划，启动洗马镇、湾滩河镇控制性详细规划。完善城市基础设施。继续实施"东优西扩"战略，以贵龙城市经济带和县城西区为重点，不断完善市政公共服务设施。实施物流园区横六路、纵二路工程。规划建设贵龙城市经济带区域教育、医疗、环保等公共服务设施。开通龙里至贵阳公交车。完善龙里北站广场及周边公共服务设施，开工建设汽车客运综合体。推动龙城佳园安置房、天竺雅苑综合体建设，完成大十字、太平寺片区旧城棚户区改造1265户。抢抓水生态文明城市重点推进县机遇，以自然、生态、亲水、宜游为理念，启动城市规划区河道景观工程设计，实施打草河、新民河等河道综合治理工程。精心打造特色集镇。按照“政府主导、企业参与、市场运作”的思路，把小城镇建设与旅游开发、民族文化、产业园区等有机结合起来，突出产业带动，传承传统文化，留住历史记忆，彰显民族特色。结合全国第三批发展改革试点镇建设，推进龙山镇集特色餐饮、康体旅游、休闲养生为一体的特色小镇建设；抢抓省“5个100工程”示范小城镇建设的机遇，推进醒狮镇特色示范小城镇建设；结合交通和地缘优势，以现代服务业为支撑，启动谷脚镇临空小镇建设；利用国家现代农业示范区创建的机遇，推进湾滩河镇集生态旅游、农业观光、民俗风情、休闲度假于一体的特色小城镇建设。强化城市经营管理。牢固树立经营城市理念，强化城市综合执法，建立城市管理互动机制，进一步巩固省级文明城市创建成果。抓好绿化、亮化、美化等市政设施建设，打造金龙路、贵都联络线绿化示范景观大道，采用合同能源管理模式完成城区路灯节能改造，完成3000户居民和20户企业燃气安装。启动“天网工程”二期，开展社区网格化服务管理工作。加大违法建筑打击力度，坚决遏制乱搭乱建行为。启动各镇农村集中建房规划、选址及基础设施建设工作。

五、抓农业调结构，大力提升农业现代化水平

以农业产业园区为载体，以发展现代农业、优化产业结构为核心，高起点、高标准创建具有山地特色的国家现代农业示范区，促进农业增产增效，农民增收致富。完成农林牧渔业总产值18.1亿元，同比增长14%，其中，农林牧渔业增加值9.6亿元，同比增长6%。推进农业“一区五园”建设。重点突破湾滩河生态农业示范园区的转型升级，加快综合展贸区、加工物流区建设，综合展贸中心、数据中心、农资交易中心投入运营；加快智慧农业建设，建成覆盖核心区1万亩的农业物联网工程。着力打造谷脚至洗马“百里刺梨产业带”，茶香生态农业示范园区新增刺梨种植2万亩。在龙架山生态农业示范园区探索建立现代高效农业发展运作新模式。启动洗马和醒狮农业园区规划。提升农业“五化”水平。推进农业特色化。培育壮大刺梨、豌豆尖等特色优势产业，着力打造龙山至湾滩河“万亩豌豆尖产业带”，全县豌豆尖种植达2万亩；创建特色渔业、竹鼠、肉鸽和富硒茶叶等特色种植养殖基地。推进农业标准化。创建绿色、有机农产品生产基地，建设豌豆尖和刺梨标准化种植示范区各2000亩；做好“湾滩河”、“龙里刺梨”商标和地理保护标志产品培育工作；新增高标准农田1.57万亩，提升耕地生产能力。推进农业规模化。进一步调整粮经比例，非粮农业增加值占一产比重85%以上。调优经济作物种类和品质，建设谷脚至洗马“万亩辣椒产业带”，新增蔬菜2万亩，烤烟种植6000亩以上。推进农业市场化。充分用好贵州双龙现代农副产品交易中心平台，发挥产地市场带动产业发展的积极作用。新增农民专业合作社20家以上，支持丰泰公司、小草帽蔬菜配送专业合作社的建设和发展，培育和拓宽农特产品配送销售渠道。推进农业产业化。培育壮大一批综合实力强、科技含量高、市场辐射广的龙头企业，引进农产品深加工、物流配送等企业10家以上，完成农业招商引资10亿元以上；提升农业装备水平，农业生产综合机械化程度45%以上。夯实交通水利基础设施。全面实施G210国道倪儿关至县城段改造。实现行政村客运全覆盖。建成贵阳市域铁路白龙线龙里段。继续推进水利建设“三大会战”，完成大竹芒、枧槽冲水库前期工作，加快龙滩水库建设，启动下把比水库和湾滩河山区现代水利示范园区建设。解决1.2万亩农田灌溉和1.35万人农村饮水安全。

六、抓实事惠民生，积极推动社会事业协调发展

更加注重保障基本民生，更加关注低收入群众生活，更加重视社会大局稳定，让人民群众共享改革发展成果。加快民生实事建设。建成县体育馆和莲花城市湿地公园，开工建设县游泳馆、县综合档案馆。开工建设县第五小学和水桥社区幼儿园，建成农村幼儿园9所。建成窄冲水库和笋子塘供水一期工程。完成草原至高坡、洗马至牛场油路改造；建成通村公路190.45公里，实现行政村通村公路（油路）全覆盖。完成水堤阁公园（三小广场）提质改造，启动龙里北站至高新技术产业园区道路和龙羊立交桥三期建设，完成贵都联络线扩建二期工程。建成县社会养老服务中心、县人民医院内科综合大楼和谷脚镇、洗马镇、湾滩河镇敬老院。完成县城5条主要街道门牌号安装。新建30个以上行政村垃圾收集和转运系统。建成醒狮镇、高新技术产业园区、物流园区和谷远片区污水处理厂，敷设县城西区污水处理管网10公里。统筹社会事业协调发展。稳步推进教育“9+3”计划和“4+2”工程，启动第二轮学前教育“三年行动计划”，实施“薄改项目”，积极推进义务教育均衡发展，支持中职校申报省级示范性中等职业学校。进一步改善农村义务教育阶段学生“营养餐”。继续实施文化惠民工程，积极开展群众性文体活动和文明创建，丰富群众精神文化生活。实施镇卫生院等级评审工作，支持醒狮镇创建全省卫生乡镇。加强新农合政策宣传，确保参合率96%以上。以“双降”为核心，启动社会民生共享管理系统开发试点工作，努力提升人口计生工作服务管理水平。完成村（居）撤并和启动第二轮地名普查工作。提升社会保障水平。建设保障性住房安居工程1585套，完成农村危房改造2233户，建设小康房208户。提升城乡困难群众救助水平，城乡低保标准增长17%以上。建成省救灾物资储备中心。省老年养护实训培训基地完成工程量50%以上。建成县救助站，各镇均建成1个以上公益性墓地。推进精准化扶贫“六个到村到户”工作，减少贫困人口5000人。大力抓好社会保险扩面征缴工作，参加城镇职工基本养老保险达1.19万人。大力开展职业技能和创业培训，抓好各类群体创业就业工作。加强生态文明建设。牢固树立绿色GDP的理念，提升绿色发展内涵。以创建国家循环经济示范县、水生态文明城市重点推进县为契机，大力推进城镇供水、供气、垃圾处置等领域对外开放建设，城镇污水处理率85%以上，城乡生活垃圾无害化处理率88%以上。继续深化“六个一律”环保“利剑”执法专项行动，开展黄标车及老旧车淘汰工作，确保环境信访案件查处率、环评执行率和环保“三同时”执行率95%以上。落实最严格的水资源管理制度，全县用水总量控制在1.27亿立方米以内。深入推进森林保护“六个严禁”执法专项行动，着力推进重大生态修复工程，完成营造林3.5万亩、石漠化综合治理20平方公里，全县森林覆盖率增长1个百分点以上。

七、抓改革促创新，不断增强发展活力和动力

按照中央、省、州关于深化改革的有关要求，加强观念创新、思路创新、方法创新、机制创新、载体创新，持续增强后发赶超的动力与活力。继续深化体制改革。实施扩权强镇改革，优先下放项目投资和民生保障的经济社会管理权限，增强镇（街道）自主发展能力和公共服务能力。认真落实预算改革的相关政策，实行财政全口径预算管理，推进国有资产管理和县镇（街道）财政体制改革试点工作。探索政府向社会购买服务模式。深化“三证合一”登记制度改革。完成县农信社改制农商行工作。完成公车改革。推进户籍制度改革。启动县医院综合改革。以县第四小学为试点，探索建立事业单位法人治理结构。完成醒狮镇农村土地承包经营权确权登记颁证试点工作，积极开展农村集体建设用地、宅基地确权登记颁证工作，全面推进政策性森林保险工作。探索家庭农场直接对接市场新模式，培育家庭农场25家，建成规模示范农场2家。完善水利基层服务体系建设，启动小型水利工程产权制度改革。*加强科技创新*。按照“培育一批、扶持一批、申报一批”的原则，制定科技企业培育计划，抓好恒力源、瑞和、创奇等企业的高新技术认证，新增高新技术企业4家以上。加快企业专利申报工作，力争申请量达320件。

八、抓法治重规范，全面提升依法行政能力和水平

认真贯彻落实《中共中央关于全面推进依法治国若干重大问题的决定》，以建设法治政府为目标，强化严格执法、规范执法、文明执法。*依法履行政府职能*。按照“政企分开、政资分开、政事分开、政府与中介组织分开”的要求，依法调整政府、市场、企业之间的关系，努力从“全能政府”向“有限政府”，从“管理政府”向“服务政府”，从“权力政府”向“责任政府”转变。进一步建立分工明确、职责明晰、行为规范、运转协调、公正透明、廉洁高效的行政管理体制。*推进依法科学决策*。深化政府法律顾问制度，建立健全重大决策咨询、调研、听证、论证、评估、合法性审查机制。坚持问政于民、问需于民、问计于民，按照“谁决策、谁负责”的原则，推行行政决策首长负责制。*坚持规范文明执法*。重点在城市管理、食品药品安全、公共卫生等领域推行综合执法，提高执法和服务水平。进一步精简行政审批事项，坚决取消国家和省、州明令取消的行政许可和行政审批事项。着力减少审批环节，实行“一站式”服务和网上办事服务，提高服务效率。全面落实市场主体“三证一章”并联审批和联席会议制度，理顺代办工作管理机制，规范代办工作。严格规范执法行为，杜绝粗暴执法、侵害执法对象合法权益的行为。*全面推进政务公开*。坚持公开为常态、不公开为例外原则，重点推进财政预决算、公共资源配置、生态环境保护、重大建设项目批准和实施、社会公益事业建设等领域的政府信息公开。加强电子政务平台、政府微信微博平台、公共资源交易平台建设，推进政府信息公开，着力打造阳光政务。自觉接受人大法律监督、工作监督和政协民主监督，认真办理人大建议和政协提案，注重接受社会舆论和人民群众的监督。加强审计监督，维护财经秩序，确保财政资金安全运行。加强政府职能部门自身的执法监督，完善行政行为纠错机制。*着力化解社会矛盾*。充分发挥行政复议功能，多渠道化解行政争议。建立行政复议机构工作建议落实反馈制度，认真办理各类行政复议案件，改进行政复议案件的审理方式，保护行政相对人的合法权益。逐步完善社会矛盾排查调处工作机制，推行“一村一警”、“民情一点通”等服务模式，深化“三级联创”机制，加大矛盾纠纷排查化解力度，构建“平安和谐龙里”。

九、抓作风优服务，全面提高执行力和落实力

以提高政府执行力和落实力为根本出发点和落脚点，进一步转变作风、优化服务，着力打造服务政府、效能政府。*以更加务实的态度转变作风*。巩固和拓展党的群众路线教育实践活动成果，严格执行中央、省、州改进工作作风、密切联系群众的有关规定，恪守“三严三实”，坚决反对“四风”。进一步发扬雷厉风行、立说立行、速决速行、马上就办的工作作风，做到常事快办、急事急办、特事特办，努力把服务经济社会发展的各项工作办快、办实、办好。以更加强劲的力度狠抓落实。牢固树立执行力和落实力就是生命力的理念，坚决贯彻执行县委的决策部署，做到县委有要求、政府有行动，确保同频共振、同向推进。进一步落实首问负责、绩效管理、服务承诺、限时办结和责任追究“五项制度”，严肃查处政令梗阻、推诿扯皮等问题，确保政令畅通、执行有力。认真贯彻落实全州督查落实年的有关要求，健全交办、督办、查办制度，加强庸、懒、散、慢整治力度，严肃查处不作为、慢作为、乱作为和“吃、拿、卡、要、报”等违法违规行为。

各位代表，同志们！回顾过去，成绩令人鼓舞；展望未来，目标催人奋进。让我们紧密团结在以习近平同志为总书记的党中央周围，以邓小平理论、“三个代表”重要思想和科学发展观为指导，在县委的坚强领导下，大力弘扬新时期龙里精神，倍加珍惜来之不易的发展成果，倍加珍惜干事创业的大好环境，紧紧依靠全县人民，凝心聚力、锐意创新，奋力开启龙里基本现代化事业新征程，为全面完成“十二五”规划目标任务和建设富庶、生态、幸福新龙里而努力奋斗！

龙里县人民代表大会常务委员会工作报告

（2015年1月22日在龙里县十六届人大四次会议第二次全体会议上）

龙里县人大常委会主任　上官昌健

2014年的主要工作情况

一年来，在县委的坚强领导下，县人大常委会坚持以邓小平理论、“三个代表”重要思想、科学发展观为指导，深入贯彻习近平总书记系列重要讲话精神，认真贯彻落实党的十八大和十八届三中、四中全会及省委十一届四次、五次全会，州委十届四次、五次全会，县委十一届六次全会精神，扎实开展党的群众路线教育实践活动，紧扣省委“两加一推”主基调和州委“一圈两翼”战略部署，按照县委“一个坚持、四个突出”的总体工作思路，突出“三条”主线，坚持“三为”工作导向，坚持党的领导、人民当家做主和依法治县的有机统一，按照县十六届人大三次会议确定的各项工作任务，认真履行宪法和法律赋予的职权。全年共召开县人大常委会会议11次、县人大常委会主任会议22次，听取审议“一府两院”专项工作报告26项，作出决定、决议21项，开展专题视察调研7次，对8个部门开展工作评议，备案审查规范性文件11件，依法任免国家机关工作人员77名，为提前建成全面小康社会，建设富庶、生态、幸福的新龙里作出了积极贡献。

一、坚决贯彻县委重大决策部署，努力增强监督实效

县人大常委会全力推动县委重大决策部署贯彻落实，把关系改革发展稳定全局、群众关注的热点难点问题作为监督重点，积极在参与中监督，在监督中支持，努力营造人大与“一府两院”各自发挥职能作用、共同推进龙里跨越发展的工作局面。

（一）坚持项目为纲，推进经济转型升级

县人大常委会坚持把项目建设和推进工业化、城镇化、农业产业化进程作为监督工作的重点，加强对项目建设情况的监督。一年来，听取和审议全县重大工程和重点项目建设情况、贵龙城市经济带和县城西区基础设施建设情况、经济开发区基础设施建设和招商引资项目落地及投达产情况、全国现代高效农业产业示范园和现代高效农业示范县创建情况、骨干水源工程建设情况、县乡油路和通村公路建设情况、建设用地管理和使用情况等专项工作报告。向县政府提出了要善于把握投资方向、全力扩大开放招商、加快推进项目建设、多方拓宽融资渠道、节约集约利用土地、完善配套基础设施、优化镇园一体管理、促进特色产业集聚、推进产城深度融合、深化区域合作共赢等意见建议。组织代表视察贵龙

大道、中广核风电、窄冲水库、高铁龙里北站、县体育馆等重点工程建设，督促县政府采取有力措施，切实解决“用地难、融资难”等问题，全力推进项目建设。县政府坚持以项目为纲，全力以赴争、抓、上、建项目，重点工程进展顺利，为全县经济社会跨越发展提供了强力支撑。

常委会还紧扣创建经济强县、经济发展综合测评、提前建成小康社会“三条”主线，加强对县域经济发展情况的监督。听取和审议全县小康指标体系完成情况、“十二五”规划纲要实施中期评估情况、2014年1至9月国民经济和社会发展计划执行情况、循环经济示范县创建情况、规模以上工业经济运行情况、微小企业发展情况等专项工作报告，开展民贸民品优惠政策落实情况专题视察。在充分肯定县政府科学统筹稳增长、促改革、转方式、调结构、惠民生，“十二五”规划纲要实施总体顺利，经济社会发展态势良好的同时，对扩投资稳增长、促改革引创新、转方式促集约、调结构增动力、强调度提品质、重防控化风险、聚要素激活力、夯基础优环境、扩保障惠民生等方面工作提出了审议意见，建议县政府要主动适应经济发展新常态，积极抢抓新机遇，确保全县经济社会快速健康发展。

（二）重视群众关切，推进社会民生改善

县人大常委会积极回应社会关注、群众关切，加强对保障和改善民生工作的监督。一年来，听取和审议乡镇行政区划调整运行专项工作报告，提出强化政策宣传引导、整合社区服务资源、优化便民利民服务等建议，要求县政府要采取有效措施，切实解决好服务群众“最后一公里”等问题；听取和审议救助救灾及城乡低保、民生工程实施等专项工作报告，对健全社会救助体系、完善应急救援机制、动态管理城乡低保、统筹抓好民生实事等工作提出意见建议，要求县政府要进一步完善社会保障和救助机制，促进社会保障公平持续；听取和审议全县教育“9+3”计划实施专项工作报告，对全县学前教育和农村寄宿制学校建设情况进行专题视察，向县政府提出严格控辍保学、建强师资队伍、改善办学条件、深化产教融合等意见建议，并切实采取措施，力促全县城乡教育均衡发展；听取和审议全县公共文化服务体系建设专项工作报告，向县政府提出了要整合公共文化资源、完善文化基础设施、提升镇村文化阵地、培育文化服务队伍等意见建议，全力推进基本公共文化服务均等化；听取和审议人口计生“双诚信·双承诺”及利益导向政策落实专项工作报告，提出完善奖励扶持导向机制、提高优质服务管理水平等意见建议，要求县政府要努力推进人口计生工作管理创新；听取和审议社会治安管理及“天网工程”实施专项工作报告，向县政府提出了要深化社会体制改革、推进平安龙里建设、完善治安防控体系、推广“一村一警”模式、健全综合服务平台等意见建议，大力促进社会治理创新；听取和审议集中饮用水源地保护专项工作报告，提出源头严防、过程严管、后果严惩、治标治本、多管齐下等意见建议，要求县政府要多措并举，切实保障公众饮水安全。

（三）维护司法公正，推进法治龙里建设

县人大常委会着眼尊重法律权威、维护司法公正，加强司法工作监督。一年来，听取和审议县法院加强基层法庭建设、搭建司法为民平台专项工作报告，提出建强法治专业队伍、整合法律服务资源、优化司法为民平台、探索执行工作创新、完备法律服务体系、保障群众参与司法等审议意见，县法院坚持司法为民宗旨，积极落实便民措施，各项工作取得新进展。开展县法院基础设施建设专题视察，对完善司法配套设施、健全调解联动机制、创新法治人才培养、促进便民阳光司法、提升诉讼服务水平等方面工作提出意见建议，督促县法院要在改善司法便民环境上下功夫。听取和审议县检察院民事行政检察专项工作报告，提出依法行使监督职权、增强“两院”沟通协作、拓展多元监督方式、提高执法办案水平等意见建议，督促县检察院要提高民事行政检察的法律监督实效。常委会高度关注社会公平正义，主任包案督办解决信访突出问题，妥善处理群众来信来访108件次，有效化解社会矛盾。常委会还积极参与配合省、州人大对我县扶贫开发、未成年人保护、城乡规划、促进供销合作社发展等方面的执法检查，保障法律法规在我县的贯彻实施。

二、坚持依法讨论决定重大事项，努力促进科学发展

县人大常委会紧紧围绕涉及全县改革发展稳定重大问题，深入调研、充分论证、严格程序、把握关键，依法行使重大事项决定权，对县政府提请决定的重大事项及时作出决议、决定。一年来，听取和审议县政府关于2013年县级财政预算决算和审计等专项工作报告，作出了批准2013年县级财政决算的决议，督促县政府要深化财政改革、完善预算管理、加强财政收入、保证重点支出、防范债务风险。听取和审议县政府关于2014年1至9月财政预算执行专项工作报告，作出了调整2014年财政支出预算的决议，要求县政府要确保重点项目和民生事业投入。将政府性投资、重大项目建设等列入重大事项决定，对县政府提请的关于县医院日常经营周转融资、县交通建设投资公司授信业务融资、窄冲水库融资、尚未支付贵州文远公司投资工程款、贵州文远公司贷款还款差额纳入县财政预算等议案作出了决议，要求县政府要严格按照《预算法》规定，进一步加强项目资金管理，加快项目建设进度，提高资金使用效率，强化资金审计监督，并定期向县人大常委会报告项目实施进度和资金使用情况。

县人大常委会坚持党管干部和依法任免有机统一，依法行使人事任免权。严格执行任前法律考试、任前个人供职、庄严履职承诺制度，并按党的十八届四中全会决定，对新任命的国家机关工作人员向宪法宣誓，增强被任命人员的宗旨意识、法治意识和自觉接受监督意识。一年来，依法任免国家机关工作人员77名。其中，任命县人大常委会工作人员5名，免职3名，接受辞职4名；决定任命县政府工作人员19名，免职12名，接受辞职1名；任命县法院工作人员16名，免职3名；任命县检察院工作人员8名，免职5名，接受辞职1名。补选州人大代表2名，罢免1名，接受辞职1名；终止县人大代表资格4名。并首次对1名县人大代表无故两次不参加代表大会终止其代表资格。

三、充分发挥人大代表作用，大力强化代表工作

一年来，县人大常委会围绕突出代表主体地位、激发代表工作活力，切实加强和改进代表工作，积极支持和保障代表依法履职，充分发挥人大代表了解民情、反映民意、汇集民智的桥梁纽带作用。

（一）改进服务方式，保障代表依法履职

紧扣学习贯彻党的十八届三中、四中全会精神及人大工作新要求，采取集中培训、以会代训、委托培训等方式，开展两期120人次代表履职培训，提升代表履职能力。邀请代表列席常委会会议，向代表寄送常委会公报、政府公报、法院动态、检察要情等政情资料，组织代表开展集中视察、执法检查和专题调研，保障代表知情知政。完善代表联络机制，分编代表小组23个，搭建代表信息管理、网络交流、履职登记等服务平台，增强代表联系沟通。常委会组成人员不定期走访联系代表，通报有关工作情况，倾听代表意见建议。搭建民情联络平台，开通“快递选民信箱”，开展“州、县、镇三级人大代表接待走访选民”活动，征求选民意见建议361条，并交县政府相关部门办理，促进代表联系民众、了解民情、反映民意、汇集民智、排解民忧。

（二）丰富活动内容，搭建代表履职平台

深化“人大代表之家”建设，启动“万名代表听千案庭审”、“万名代表走消防看执法”、“县、镇人大代表向选民述职评议”等主题实践活动，积极探索闭会期间代表作用的发挥。创新代表履职监督，率先在全州开展“州人大代表向原选举单位述职评议”活动，全州各县市人大常委会派代表现场观摩，活动创新得到省、州人大肯定。强化部门履职监督，组织“两代表一委员”，对县水利、交通等8个部门进行工作评议，形成代表积极参与、部门改进工作、合力服务发展的良好氛围。

（三）强化督查督办，增强建议办理实效

县十六届人大三次会议期间收到代表建议、批评和意见82件，其中：转交县政府办理79件，转交县委组织部办理3件，共涉及7个方面45个承办单位。常委会严把责任落实、办理程序、代表反馈三道关口，健全主任牵头督办、工委跟踪督办、代表回访督查机制，对引进股份制金融机构进驻我县、解决醒狮镇饮水困难问题、实施草原至高坡骨干道路改造等10件建议，实行主任牵头重点督办，“面对面”现场查办，全程跟踪反馈落实。县政府和各承办单位加大投入，一批民心工程落到实处。82件代表建议已全部办理完毕，其中：代表建议所提问题已经解决或采纳的31件，占37.8%；所提问题已列入计划拟解决或采纳的39件，占47.56%；所提问题留作参考的12件，占14.64%。建议办复率达100%，代表满意率达98.97%，代表建议办理工作得到新提高。

四、切实提升依法履职能力，不断强化自身建设

一年来，县人大常委会积极适应新时期人大工作的需要，全面强化人大意识、着力改进工作作风、健全规范机关制度、更加注重服务保障，切实加强自身建设，依法履职能力不断增强。

（一）牢把政治方向，抓实思想政治建设

坚持常委会党组中心组集中学习、常委会组成人员专题讲座、周一机关例会学习制度，深入学习贯彻习近平总书记系列重要讲话精神，认真学习贯彻党的十八届三中、四中全会及省委、州委、县委全会精神，认真学习法律法规，牢固树立党的观念和法治理念，始终坚持正确的政治方向，自觉把思想和行动统一到县委的决策部署上来，始终保持与县委在政治上同向、思想上同心、工作上同步、发展上同力，自觉坚定道路自信、理论自信、制度自信，不断提高运用法治思维和法治方式深化改革、推动发展、化解矛盾、维护稳定的能力。

（二）勤勉履职尽责，抓实工作作风建设

扎实开展党的群众路线教育实践活动，严格执行中央八项规定、省委十项规定、州委九项规定和县委七项规定，坚持“三严三实”，坚决反对“四风”，抓紧抓实活动各个环节，聚焦聚力推进各项工作，努力自我净化、自我完善、自我革新、自我提高。认真完成县委交办的九项重点工作推进、项目建设、招商引资、棚户区改造拆迁、小尖高速公路征地拆迁等工作。深入基层、深入群众、深入实际开展调查研究、讲访帮促，走访群众代表260人次，联系企业20余家，帮扶困难家庭9户，协调资金26万元帮扶联系镇（街道）改善基础条件、扶持产业发展。密切与镇（街道）人大的工作联系，指导5个镇召开新一届人民代表大会，督促解决专职人员配备、代表活动经费等问题，形成县镇两级依法监督的强大合力。

（三）严格依法办事，抓实人大制度建设

健全人大讨论决定重大事项制度，对“一府两院”提请研究的重大事项，事前做好调查研究，及时安排审议并作出决议决定。以提高常委会议事质量为目标，修订常委会议事规则，制定常委会专题询问办法，进一步规范监督程序、改进监督方式、增强监督实效，促进人大工作制度化、程序化、规范化。结合党的群众路线教育实践活动，清理并完善财务、接待、公车、考核等机关精细化管理制度，切实提高机关工作的质量和水平。

（四）注重服务保障，抓实人大宣传调研

开展纪念全国人大成立60周年代表座谈、书画摄影展、气排球比赛等系列活动，展示民主法治建设新成就，反映地方人大建设新成果，彰显人大代表履职新风尚。办好龙里人大期刊和网站，提升人大宣传工作影响力，努力营造人大依法履职舆论氛围。加强人大机关建设，在县人大常委会机关增设代表联络办公室和预算审查办公室。围绕全县工作大局和重大项目、重点工程、重大民生事项，开展主任会议专题视察调研，有力监督和支持“一府两院”改进工作。

各位代表！

县人大常委会过去一年工作取得的成绩，是县委正确领导的结果，是全县各级人大代表、常委会组成人员、各工作委员会以及常委会机关全体工作人员辛勤工作的结果，是县政府、县政协、县法院、县检察院密切配合的结果，是全县各镇（街道）人民代表大会（人大工委）共同努力和广大人民群众关心支持的结果。在此，我代表县人大常委会，向大家表示衷心的感谢！

一年来，在取得成绩的同时，我们也清醒地看到，县人大常委会的工作与县委的要求和全县人民的期盼还有一定差距：如监督实效有待进一步增强，讨论决定重大事项有待进一步规范，代表工作有待进一步创新，自身建设有待进一步加强。这些问题和不足，我们将在新的一年里努力工作加以改进。

2015年的主要工作任务

2015年是全面深化改革的关键之年，是全面推进依法治县的开局之年，也是全面完成“十二五”规划的收官之年。县人大常委会工作的总体要求是：在县委的坚强领导下，以邓小平理论、“三个代表”重要思想、科学发展观为指导，深入贯彻习近平总书记系列重要讲话精神，认真贯彻落实党的十八大和十八届三中、四中全会，省委十一届四次、五次全会，州委十届四次、五次全会和县委十一届七次全会精神，坚定不移地走中国特色社会主义法治道路，坚持党的领导、人民当家做主、依法治县有机统一，坚持好、完善好、发展好人民代表大会制度，始终坚定县委“一个坚持、四个突出”的总体工作思路，坚持“项目为纲、民生为本、实干为先”的“三为”工作导向，坚定跨越信念，加快赶超步伐，主动适应新常态，积极抢抓新机遇，全面深化改革，全面推进依法治县，依法履行宪法和法律赋予的职权，扎实做好监督、决定、任免等各项工作，全力推动县委重大决策部署贯彻落实，奋力开启龙里基本现代化事业新征程，为建设富庶、生态、幸福的新龙里做出新贡献。

一、依法监督求实效，认真履职促进发展

坚持在参与中监督、在监督中支持，围绕关系全县改革发展稳定大局、社会和谐稳定、群众普遍关注的热点难点问题开展监督，不断完善监督机制、创新监督方式、增强监督实效，促进“一府两院”依法行政、严格执法、公正司法，全力推动县委重大决策部署贯彻落实。一是围绕大局促发展。加强项目建设监督，听取审议重大工程重点项目及民生工程实施、招商引资、城镇建设、商贸物流业发展、农村交通基础设施建设等专项工作报告，开展综合档案馆建设专题视察调研，推进扩投资稳增长。加强经济运行监督，听取审议国民经济和社会发展计划执行、“十二五”规划完成、“十三五”规划纲要、小康社会建设完成、循环经济示范县创建、生态文明建设、工业经济运行、落实民贸民品优惠政策等专项工作报告，推进全县经济社会持续健康发展。加强全口径预决算监督，听取审议财政预算决算和审计等专项工作报告，推进财政管理体制改革。二是突出重点促民生。加强民生领域监督，听取审议代表建议办理、卫生和计生、文化旅游、养老基础设施建设、水资源开发利用、农村饮水安全、农村土地承包经营权确权登记颁证、规范出租车收费管理等专项工作报告，对学前教育基础设施建设及学前教育发展、县城区门楼牌设置等进行专题调研，积极回应社会关切，推进社会民生改善。三是立足法治促和谐。加强依法行政监督，听取审议政府机构改革运行专项工作报告，督促政府全面履行职能，推进依法行政，提高执行能力，建设法治政府。加强公正司法监督，听取审议行政审判工作、惩治和预防职务犯罪等专项工作报告，开展诉讼服务中心建设、警示教育基地运行情况专题视察调研，推进司法体制改革，完善确保依法独立公正行使审判权和检察权制度，保证公正司法，提高司法公信力。

二、依法决策求常态，讨论决定重大事项

健全县人大常委会讨论决定重大事项制度，完善重大事项决策程序，规范“一府两院”报告重大事项办法，推进科学决策、民主决策、依法决策。自觉把县委关于全县经济社会发展和深化改革、扩大开放的重大决策部署，经过法定程序转变为国家意志和全县人民的共同行动，保证县委的政策主张经过法定程序得以顺利实现。落实宪法实施和监督制度，把所有规范性文件纳入备案审查范围。坚持党管干部和依法任免有机统一，完善常委会任命国家工作人员任前法律考试、供职承诺和宪法宣誓制度，严格按照法定权限和程序行使人事任免权，为全县经济社会发展提供有力组织保障。

三、固本强基求活力，充分发挥代表作用

坚持紧紧依靠代表，突出服务保障、平台搭建、活动常态三个关键，调动代表依法履职积极性，充分发挥代表主体作用。一是优化履职环境。加强代表履职学习培训，拓宽代表知情知政渠道，提高代表依法履职能力。完善常委会组成人员联系人大代表、人大代表联络群众制度，健全代表联络工作机制，为代表履职提供服务保障。注重代表建议提出和办理质量，完善跟踪督办机制，推动热点难点问题解决。二是强化平台建设。推进“人大代表之家”活动平台搭建，深化“万名代表听千案庭审、万名代表走消防看执法、代表接待走访选民”等主题实践活动，全面开展县、镇人大代表向选民述职评议工作，继续深化州人大代表接受选举单位监督工作。继续强化政府部门履职监督，开展部门专项工作民主评议。三是深化代表活动。加强和改进代表小组活动，创新代表活动方式，丰富代表活动内容，增强代表工作活力。继续邀请代表参加视察调研、执法检查、工作评议、列席常委会会议等，保障代表知情权、参与权、表达权、监督权。

四、依法履职求提升，切实加强自身建设

以建设高素质法治队伍为目标，不断加强常委会自身建设，着力提升常委会组成人员运用法治思维和法治方式依法履职能力。一是学习提高增添新能量。坚持把思想政治建设摆在首位，深入贯彻习近平总书记系列重要讲话精神，认真学习贯彻党的十八大和十八届三中、四中全会及省委十一届五次全会、州委十届五次全会、县委十一届七次全会精神，切实把思想和行动统一到中央和省委、州委和县委的重大决策部署上来，自觉坚定道路自信、理论自信、制度自信，增强法治理念、政治素养和履职能力，努力以法治凝聚改革共识、规范发展行为、促进矛盾化解、保障社会和谐。二是健全机制探索新方法。加强常委会机关精细化管理、规范化建设，完善政令畅通、运转协调工作机制，提高制度执行力。坚持严管队伍，狠抓能力素质提升，加强人才培训、交流和实践锻炼，建设政治坚定、业务过硬、勤政廉洁的人大工作队伍。三是改进作风树立新形象。以抓铁有痕和“钉钉子”精神深化“四风整治”，巩固和拓展党的群众路线教育实践活动成果，推动改进作风规范化、常态化、长效化。加强工作联系指导，指导镇、街道人大强责任求实效，提升人大工作整体合力。四是法治宣传力求新常态。将推进全民普法和守法作为依法治县的长期基础性工作，加强法治宣传教育，扎实开展“法律七进”和“入企送法”活动，传播法律知识，培养法律意识，增强法治观念，弘扬法治精神，在全社会形成宪法至上、守法光荣的良好氛围。

各位代表，在全面推进依法治国的新形势下，坚持、发展和完善人民代表大会制度必将迎来广阔前景，充满蓬勃生机。让我们紧密团结在以习近平同志为总书记的党中央周围，在县委的坚强领导下，深化改革，锐意创新，埋头苦干，同心攻坚，坚定不移地走中国特色社会主义法治道路，不断开创依法治县新局面，奋力开启龙里基本现代化事业新征程，为建设富庶、生态、幸福的新龙里而努力奋斗！

中国人民政治协商会议
第八届龙里县委员会常务委员会工作报告

（2015年1月20日在政协第八届龙里县委员会第四次会议上）

政协龙里县委员会主席　王永坤

2014年工作回顾

2014年是我县全面深化改革的开局之年，是提前建成全面小康社会的冲刺之年。一年来，县政协在县委、县政府的领导和关心支持下，按照“一个坚持，四个突出”的总体工作思路，突出“三条”主线，坚持“三为”工作导向，以“党的群众路线教育实践活动”和“作风效能建设拓展年”活动为抓手，大力弘扬新时期龙里精神，牢牢把握团结和民主两大主题，认真履行政治协商、民主监督、参政议政职能，充分发挥协调关系、汇聚力量、建言献策的作用，政协工作在服务改革发展上取得新成绩，推进协商民主上取得新进展，改进工作作风上取得新突破，为推进我县经济社会又好又快发展做出了积极贡献。

一、履职尽责、资政建言，全面提升政协履职水平

积极发挥人民政协协商民主的主渠道作用，把促进发展作为第一要务，以促进民生改善为出发点和落脚点，积极为县委、县政府中心工作献计建言。一是紧扣中心，政治协商谋发展。深入贯彻落实党的十八大、十八届三中全会精神，着力推进协商民主广泛多层制度化发展。县委出台了《关于充分发挥人民政协作为协商民主重要渠道作用的实施意见》，县政协根据县委意见制定了《龙里县政协协商民主工作规程》，紧紧围绕全县改革发展稳定的重大决策和部署，开展了全委会全面协商、常委会专题协商、主席会议重点协商及提案办理协商，协商内容进一步丰富，协商程序进一步规范，协商民主制度逐步健全。精心选择全县经济社会发展中的重点、难点、热点问题作为协商议题，涵盖农业、工业、城镇化、教育、医疗等方面，着力拓展政治协商内容广度。一年来，开展各类政治协商20余次，协商议题30余个，提出各类意见建议100余条，协商成效明显。二是创新机制，民主监督促发展。立足于服务全县发展大局，着力探索有效民主监督方式。建立了“把握一个导向、严把两个关口、创建三个制度、强化四个措施”的“1234”提案工作机制，出台了《龙里县政协提案办理工作制度》，重点开展了提案办理对口协商和民主评议工作，提案办理质量进一步提高；继续实行主席、副主席领衔督办、调研提案机制，并将部分重点提案建议作为县政府领导领衔督办提案，协调解决提案办理中的困难和问题，促进提案办理进一步向“答复落实型”转变。着力拓展民主监督渠道，积极组织“两代表一委员”开展民主评议政府部门工作，对优化服务环境起到了积极作用。组织委员参与相关部门开展的检查、评议、座谈等活动，推荐多名委员担任特约监督员，认真履行监督职责。三是抓住重点，参政议政助发展。从解决党政所思、部门所虑、群众所盼、政协所能的问题入手，通过向“县委领”和“自己提”等形式，开展了镇园共建、农村垃圾处理、关注民生关爱留守儿童等课题调研，形成调研报告报县委、县政府，得到重视和肯定，例如《关于行政区划调整后我县镇街运行情况的调研报告》，县委胡志峰书记阅后批示：“政协工作能够围绕县委中心工作及关系到龙里快速发展的行政区划工作展开调研，找出问题并给予建议，为县委、县政府提供决策参考，问题找得准，建议可操作性强，值得鼓励”。此外还结合群众路线教育实践活动的开展，注重把民情民意反映作为政协履行职能的重要内容，做好《社情民意》的收集编发工作，许多建议得到采纳。

二、围绕中心、服务大局，积极助推经济社会发展

坚持按照“项目为纲、民生为本、实干为先”的“三为”工作导向，把推动经济社会发展作为履行职能的首要任务，发挥政协特色优势，“动口献计、动手出力”。一是积极参与各项中心工作。县政协领导班子成员直接负责或参与了县城西区开发、贵龙城市经济带、铁路建设等重点项目建设工作，协助处理项目建设过程中遇到的各种问题，助推项目建设发展。密切与企业的联系，深入开展“一对一”帮扶活动，明情况、讲形势、话发展、解难题。二是积极参与招商引资工作。按照县委、县政府的安排部署，把招商引资工作作为县政协的主要任务，组织招商引资小分队赴浙江、福建等开展招商引资工作，积极宣传龙里、推介龙里，做好牵线搭桥工作。三是关注民生助力基层经济社会发展。结合群众路线教育实践活动，深入开展挂钩帮扶工作，选派干部担任村支部第一书记，认真开展“结穷亲”活动，扎实开展“计生三结合”帮扶，协调落实物资资金，为帮扶点和帮扶对象解决实际困难。继续开展了“政协公益助学金”活动，募集资金15万余元，帮助30名录取二本以上的贫困学生解决入学资金困难。

三、凝聚合力、广泛联谊，着力做好外联宣传文史工作

充分发挥协调关系、凝聚力量的作用，密切联系社会各界，加强沟通协调，做好宣传教育引导工作，不断扩大对外交流。一是凝聚力量形成发展合力。积极为委员知情明政、建言献策搭建平台，营造融洽、和谐、民主的政治氛围，形成促进发展共识与合力；坚持常委、委员联系制度，形成了互动、合作的工作格局。加强与省州政协联系，完成了省政协副主席李汉宇到龙里宣讲十八届四中全会精神和习近平总书记9·21讲话精神、省政协视察团到龙里视察农村寄宿制学校建设等活动的组织接待工作。加强与兄弟县市政协的联谊交往，学习借鉴先进发展经验。二是着力加强文史文化工作。坚持政协文史工作的统战性质和存史资政作用，强化文史队伍和阵地建设，加大了史料征编力度，协助做好非物质文化遗产传承和保护工作，在丰富史料库藏、繁荣龙里文化、扩大对外宣传等方面发挥了积极作用。三是不断拓展政协宣传渠道。加强与《贵州政协报》等新闻媒体的合作，在各级媒体发表宣传稿件20余篇，《紧紧抓住提案工作牛鼻子，着力发挥政协协商民主主渠道作用》一文被《贵州省人民政协理论研究会第七次理论研讨会文集》收录。积极做好《龙里政协之窗》的编发工作，进一步完善了县政协网站，建立了网上提案办理系统。

四、转变作风、增强活力，切实提升政协自身建设水平

坚持把加强政协自身建设放在重要位置，以群众路线教育实践活动和作风效能建设巩固拓展年活动为抓手，着力转变作风、增强活力，为政协履行职能提供坚实保障。一是着力抓好党的群众路线教育实践活动。严格按照州委的要求和县委的统一部署，切实做到规定动作不走样，自选动作有特色。扎实开展学习教育，积极征求意见，深入开展交心谈心活动，认真开好专题民主生活会，坚持立说立行，扎实抓好整改落实。通过活动的开展，改进了作风，推动了工作。二是着力提升机关作风效能。深入开展“作风效能建设巩固拓展年”活动，创建服务型、廉洁型机关，树立务实、清廉的良好形象；贯彻落实中央、省、州、县作风建设各项规定，建立健全和严格执行各项内部管理制度，确保政协机关规范运行。三是着力增强政协工作活力。在县委重视下，配齐配强了镇（街）联络组及机关专委会人员；注重发挥专委会作用，积极支持专委会开展调查研究、反映社情民意等活动；加强对镇（街道）联络组的指导，组成调研组赴各镇（街）进行调研座谈，对联络组及基层委员履职情况进行了解，听取意见和建议，协调解决困难和问题。加强政协机关干部和政协委员的学习培训工作，举办“全县政协委员、党外干部、无党派知识分子培训会”，组织参加各类培训、学习20余期次，参训人员200余人次。建立健全委员履职档案，着力加强委员动态管理。积极开展机关支部、老干支部、工会和妇委会活动。

各位委员，同志们：过去一年工作成绩的取得，是县委高度重视、坚强领导的结果，是县人大、县政府及各部门和社会各界热情帮助、大力支持的结果，也是全体委员团结奋斗、共同努力的结果。在此，我代表县政协常委会表示诚挚敬意和衷心感谢！

在肯定成绩的同时，我们也清醒地看到，我们的工作与县委的要求、形势的发展、社会各界的希望还有不少差距。比如：有的协商议政活动实效性不够强、质量有待提高，民主监督还比较薄弱，联系服务委员的办法还不够多等。真诚希望各位委员对常委会工作提出批评和建议，帮助我们把今后的工作做得更好。

2015年工作任务

今年，是全面深化改革的关键之年，是全面推进依法治县的开局之年，也是全面完成“十二五”规划的收官之年。今年政协工作的总体要求是：以党的十八大精神为统领，全面贯彻落实十八届三中、四中全会和习近平总书记“9·21”重要讲话精神，按照“一个坚持、四个突出”的总体工作思路，牢牢把握“三条”主线和“三为”工作导向，主动适应新常态，聚焦全面深化改革，着眼增进人民福祉，深入调查研究，积极建言献策，推进协商民主，加强工作创新，不断提升政协工作科学化水平，为建设富庶、生态、幸福新龙里做出更大的贡献。

一、加强政治理论学习促进政协事业发展。要围绕创建学习型政协组织，坚持学习，不断拓宽视野，完善知识结构，提升履行职能水平。一是拓宽学习领域，全面增强自身综合素质。要把学习好、贯彻好党的十八大、十八届三中、四中全会精神、习近平总书记“9·21”重要讲话精神以及县委十一届七次全体（扩大）会议精神作为当前的首要任务；要深入学习贯彻中央和省、州、县关于当前经济社会发展的一系列重要论述，主动认识和把握发展“新常态”，适应经济社会发展转型的要求；要深入学习中国特色社会主义理论体系、社会主义核心价值体系、人民政协理论发展的最新成果，为履行职能打下坚实基础。二是丰富形式，推动学习活动常态化。要贯彻执行好《县政协学习制度》，通过县政协例会、专题学习会、专题讲座、研讨会、培训班、编发学习资料等各种形式，组织委员参加政治理论学习和人民政协理论学习，实现学习的经常化、制度化。三是坚持理论联系实际，努力推动政协的各项工作。要把理论学习与我县改革发展的实际、政协工作的实际以及个人的思想工作实际紧密结合起来，更好地为指导实践、解决问题、推动工作服务。要围绕县情、因地制宜，深入系统地研究和思考我县政协工作面临的新情况，尤其要在更好地开展政治协商、探索民主监督的形式和方法、推进政协工作的规范化、制度化等方面，勇于创新，大胆实践，有所作为。

二、充分发挥政协协商民主重要渠道作用。当前，进一步发挥好协商民主重要渠道作用，汇聚全面深化改革的强大正能量，是县政协和广大政协委员面临的重大课题和紧迫任务。必须本着统筹兼顾、突出重点、循序渐进的原则，推进协商民主广泛多层制度化发展。一是坚持县委的领导，保持正确政治方向。协商民主必须始终与县委同心合力合拍，主动接受县委的领导，坚持年度协商计划提前报告，协商选题提请县委审定，重大的协商活动邀请党政领导参加，及时整理意见建议报县委、县政府决策参考，并按照协商规程促使重要协商成果列入党政议事日程，逐步形成党委重视、政府支持、政协主动、各方配合、社会关注的良好协商格局。二是着力拓宽协商领域，明确协商内容。党的十八届三中全会提出，要围绕“经济社会发展重大问题和涉及群众切身利益的实际问题”开展广泛协商，因此，要紧跟县委“一个坚持、四个突出”的总体工作思路，围绕转变发展方式、推进城乡统筹、实施民生工程、优化生态环境、创新社会管理等重大课题，严格按照县委《关于充分发挥人民政协作为协商民主重要渠道作用的实施意见》，认真制定政协2015年协商工作计划，以政协例会协商、座谈会协商等形式开展协商议政，确保协商计划落到实处。三是丰富协商形式，探索有效的运作模式。要充分利用政协各种例会、视察、调研、提案、反映社情民意等，积极搭建开展协商民主活动的平台。要在不断健全完善政协例会协商的基础上，更加活跃有序地组织专题协商、对口协商、界别协商、提案办理协商活动。要深入探索镇（街）政协联络组协商民主机制，着力搭建镇（街）联络组协商民主平台，推动协商民主向基层延伸。四是增强协商实效，促进成果转化运用。协商前要深入调查研究，注重问题导向，实事求是地提出问题，广泛协商论证；协商中要充分吸纳建议，调动参与协商各方的积极性和主动性，鼓励政协委员敢说话、说真话；协商后要持续跟踪问效，制定办理、跟踪、督办、反馈等有关制度，邀请党政通报办理或采纳情况，重要问题可以采取二次协商、多次协商或分步协商的方式，必要时通过再次视察、调研、座谈等方式进行“回头看”，形成从调研协商、提出建议到监督落实环环相扣的履职链条，使协商意见转化成各界满意的党政决策成果。

三、紧紧围绕中心工作服务改革发展大局。牢牢把握县委提出的“三条主线”和“三为”工作导向，扎实做好凝聚力量、促进和谐、服务大局的工作。一是凝聚各方力量。要始终坚持团结和民主两大主题，发挥政协组织代表性和包容性的优势，最大限度地团结一切可以团结的力量，调动一切积极因素，凝聚全面深化改革共识，为全县经济建设、文化建设、社会建设和生态文明建设服务。积极探索民主监督新形式，着力开展民主评议部门、行风监督等工作，协助优化经济社会发展环境。二是关注民生促进和谐。要坚持以人为本、民生优先，选择县委政府重视、人民群众高度关注的重大民生课题深入调研视察，努力促进县委政府各项惠民政策落到实处。要紧紧围绕群众最关心、最直接、最现实的利益问题，利用提案、社情民意等形式，多建便民之言，多献利民之策，多办惠民之事，协助做好协调关系、理顺情绪、化解矛盾、维护稳定的工作。积极引导政协委员自觉投身改善民生的具体实践，主动参与社会服务活动，帮助群众解决生产生活中的现实困难和问题。动员社会各界组织开展智力支边、扶贫济困等公益活动，继续开展“公益助学”活动，巩固群众路线教育实践活动帮扶成果，真心实意为群众做好事、办实事、解难题。三是着力服务大局。要紧紧围绕县委“一个坚持、四个突出”的总体工作思路，把政协工作放到全县经济社会发展新常态的大背景中去思考、去谋划。要充分发挥政协“智囊团、人才库”的作用，紧紧围绕产业发展、项目建设、城市发展、民生事业等中心工作深入开展调研视察，形成有分量、有质量的调研报告、建议案、提案等，为县委、县政府提供决策参考。要抢抓发展新机遇，主动“领命”，在全县工业化、城镇化、农业产业化建设热潮中勇担重任，全力协助县委、县政府上项目、抓项目，为推动我县“三化”进程提供智力、增添动力、形成合力。要根据县委安排，积极深入企业开展帮扶，主动为企业发展把脉支招、出谋划策，做好协调沟通工作。要继续把招商引资作为重要工作，充分发挥政协资源信息优势，采取多形式“请进来”、“走出去”，广泛联系企业，积极宣传推介龙里，架起招商引资桥梁。

四、以改革创新精神加强履职能力建设。要深入贯彻落实十八届三中、四中全会、习近平总书记“9·21”重要讲话精神，进一步改进履职方式、提高履职能力、增强履职实效，提升工作活力，努力在全县经济社会事业发展中发挥更大作用。一是着力增强专委会、联络组工作活力。要健全和完善专委会学习培训、调研视察、情况通报、信息反馈等各项规章制度，保障专委会工作有章可循、有序开展、程序规范；探索专委会与党政职能部门对口联系与合作机制，支持专委会与各界别进行多方面、多形式的互动，鼓励专委会联合开展活动，形成整体合力。要积极探索镇（街）政协联络组履行职能的新机制，着力把联络组打造成为基层协商民主的重要力量，增强服务基层政协委员的能力，努力形成整体协调、上下联动、优势互补、服务全局的良好局面。二是加强政协委员联络服务。要健全政协闭会期间委员的联络机制，做好委员的管理与服务，依法保护政协委员批评建议、民主监督等权利，为他们履行职责提供便利，执行好政协领导联系委员制度，开展1至2次走访政协委员活动。要进一步执行落实好政协委员管理考核制度，加强委员履职情况动态管理。要通过举办培训班、开展专题讲座、组织参观学习等形式，加强委员业务学习培训，提升委员履职能力；要搭建知情参政平台，积极组织委员列席政协例会、参加视察调研，帮助委员认清形势，熟悉政策，拓宽思路；要搭建活动载体，鼓励委员撰写提案、反映社情民意、献发展良策、为民办实事，激发委员服务经济社会发展的积极性和创造性。三是切实加强政协机关自身建设。要从政协工作全局出发，以新的更高标准全面推进机关各项建设，更好发挥参谋助手、综合协调、服务保障作用；要加强政协机关干部队伍学习培训，不断提高政治把握能力、调查研究能力、联系群众能力、合作共事能力；要巩固群众路线教育实践活动成果，扎实推进政协机关作风建设，践行“三严三实”，革除“四风”之弊，全心全意服务委员、服务群众，努力造就一支政治坚定、作风优良、学识丰富、业务熟练的政协干部队伍。

各位委员，同志们！迈步新起点，我们任重道远；展望新征程，我们豪情满怀。让我们在县委的领导下，以更加坚定的信念、更加进取的精神、更加务实的作风、更加扎实的工作，主动适应新常态，积极抢抓新机遇，同心同德、群策群力、和衷共济，为开启龙里基本现代化事业新征程，建设富庶、生态、幸福新龙里而努力奋斗！

大事记

DA SHI JI

2015年大事记

1月

1日

1日起，龙里县人力资源和社会保障局不再收取人事档案保管费、查阅费、证明费、档案转递费等费用。

8日

贵州省“省级示范性中职学校”评估专家组到龙里县，对“龙里县中等职业学校”申报“省级示范性中职学校”进行达标初步评估。

10日

“首开·紫郡2014中国·贵阳温泉季”子活动——第二届“多彩贵州”温泉旅游度假峰会在龙里县榕御温泉举办。国家一级演员、“苗族歌后”、多彩贵州温泉旅游活动宣传大使阿幼朵现场首发《贵阳温泉之歌》。

龙里县五镇开通婚姻登记网上办理业务。

11日

位于龙里县双龙物流商贸城的贵州省双龙现代农副产品集散中心正式开市。双龙物流商贸城于2013年开工建设，总投资20亿元，总规划占地面积1000亩，中心占地约200亩。

12日

中国共产党龙里县第十一届委员会第七次全体（扩大）会议暨全县经济工作会在县城召开。31名县委委员、5名候补委员出席会议，县纪委委员及有关方面负责人列席会议。会议听取和讨论了县委常委会工作报告。

农业部网站公示第三批国家现代农业示范区名单，龙里县榜上有名。该次经农业部常务会议审议公示的第三批157个市（州）、县（区、旗、场）国家现代农业示范区中，贵州省有龙里县、金沙县、兴义市入选。

14日

龙里县举行“贫困母亲两癌救助”中央专项彩票公益金资金发放仪式，为全县6名患乳腺癌、宫颈癌的农村贫困妇女分别发放1万元救助金。

15日

经贵州省环保厅检测处专家组按照《全国环境监测站建设标准》各项指标核查评估，一致认为龙里县环境监测站标准化建设达到国家三级标准，通过验收。

16日

全州商务粮食工作会议在龙里召开。

17日

来自尼泊尔的多名滑翔伞教练和来自贵阳驼峰航线探险俱乐部的10多名滑翔伞爱好者来到龙里大草原开展冬季滑翔运动。

19日

省委、省人民政府对2012—2014年度1378个贵州省文明城市、文明乡（镇）、文明村、文明单位进行表彰，龙里县获得“全省文明城市”荣誉称号。

21日至23日

龙里县第十六届人民代表大会第四次会议召开。来自全县各条战线的代表147名参会。会议听取和审议县人大常委会工作报告，县人民法院工作报告，县人民检察院工作报告。会上，陈曦当选龙里县人民政府县长，选举葛永昶为龙里县人民检察院检察长。

23日上午，历时4天的中国人民政治协商会议第八届龙里县委员会第四次会议在完成各项议程后闭幕。大会讨论并审议通过政协第八届龙里县委员会常委会工作报告、政协第八届龙里县委员会常委会关于八届三次会议以来的提案工作情况报告、政协龙里县八届四次会议提案审查情况报告、政协龙里县八届四次会议决议，大会表彰2014年度优秀提案和提案承办先进单位、优秀委员。

26日

贵州省农业园区办公室通报2014年省级农业园区建设工作绩效考评结果和2015年新增认定省级园区名单，龙里县湾滩河现代高效生态农业示范园区位列全省213个农业园区第9名，连续两年被评为“省级重点园区”；龙里县龙架山花卉苗木及生态旅游观光示范园区被新增认定为省级园区。

是日19点18分，中央电视台综合频道《新闻联播》栏目以“贵州警务助理进村办实事”为题，报道龙里县公安局探索警务改革新思路，实施农村社会治安警务助理服务管理，实现犯罪实时控制和服务群众在农村的全覆盖。

全面启动龙里县第二次全国地名普查工作。

28日

省养老指导中心办公室主任徐小春到龙里县评估验收麻芝、醒狮2所农村敬老院。

29日

国家发展改革委员会环资司循环经济处调研员赵怀勇到龙里就转方式、调结构、深化改革，实现经济社会发展转型升级进行调研。省发改委副主任张吉兵、州发改委副主任张启院、龙里县委副书记吴应忠陪同调研。

30日

全国总工会党组书记、副主席、书记处第一书记李玉赋到龙里开展调研和慰问。李玉赋先后查看了县总工会职工帮扶中心、县粮油购销公司等单位工作情况，走访并慰问部分困难职工。省人大常委会副主任、省总工会主席袁周，州委副书记吴胜华，县委书记胡志峰等省州县领导陪同调研。

贵州省经济和信息化委对2014年全省111个产业园区进行综合考评，龙里县工业园区以综合总分317.74分排名全省第十位。

晚上8点，龙里县举行2014年度“德行龙里”十大人物颁奖晚会，表彰2014年度典型模范人物：“诚之星”王永政、韩彩云、罗应君；“爱之星”代青珍、“爱心妈妈”巾帼志愿服务队；“礼之星”黄正安；“孝之星”冯文杰、冯文武、陈必英；“仁之星”王万菊、吴国先。

2月

3日

贵州省委副秘书长、省委政研室主任、省委改革办主任李裴，省委政研室副主任罗凌，省委改革办专职副主任郑云跃，黔南州政府副州长陈有德到龙里调研全面深化改革和同步小康创建情况。县领导陈曦、王永坤、吴应忠、罗越飞、黎彤、魏明、仝太东及县委办和相关部门负责人参加座谈会。

4日

县发改、财政、审计、住建等部门对大谷龙经平寨至葫芦田通村公路进行竣工验收。该混凝土公路为四级公路，于2013年9月开工建设，2014年10月正式完工，总长11.05公里，设计车速20公里/小时，解决沿线4000多人口的出行难题。

5日

龙里县学生营养餐所需粮油、蔬菜、调味品等派送招投标在黔南州公共资源交易中心开标，“罗甸县金阳光农产品配送有限公司”中标。

5日至6日

龙里县妇女第十一次代表大会在冠山街道办事处召开，大会选举产生龙里县妇联第十一届执行委员会主席1名、副主席1名、常委7名和执行委员会委员23名。

15日

出台《龙里县强化落实力和执行力建立健全党和国家机关及其工作人员问责问效实施办法》。

16日

省人民检察院常务副检察长何冀、黔南州人民检察院检察长乔冀安到县人民检察院慰问“全国模范检察官”韩彩云。

25日

县十一届纪律检查委员会第五次全体会议召开。

27日

龙里县召开创建小康达标县动员大会。胡志峰、上官昌健、王永坤、吴应忠、汪永丽、王泽勇、犹永凯、罗越飞、谢明元、陈光煜、陈放、侯远等县“四家班子”领导出席。

28日

龙里县启动“绿色贵州”建设三年行动计划暨义务植树活动。620余人参加在冠山街道新体育场举行的县级启动仪式，5个镇同时也在所设立的分会场开展启动仪式暨义务植树活动。

是月

开始改造210国道倪儿关至龙里县城16.99公里，按二级公路标准，路基宽8.5米、桥梁宽9.0米，沥青混凝土路面，项目计划总投资14282万元。

3月

1日

龙里县第二场“春风行动”暨产业园区招聘会在县城集市口举行，50余家县内、外企业为返乡农民工、被征地农民、城镇失业人员和大中专院校毕业生等各类求职人员提供2000余个就业岗位。

龙里县医疗保险智能监控系统正式启用。

4日

英国百泰斯集团考察团到龙里考察康体养生、大健康、休闲旅游地产类项目，参观中铁国际旅游度假区会展中心、休闲运动场、乡村民居等，了解中铁国际旅游度假区总体规划、基础设施建设等情况。省体育局局长蔡国庆，州委常委、黔南副州长李茂国，副县长朱鸿陪同考察。

农业部小浆果领域首席专家李亚东到龙山镇农业科技示范园进行果树品种选育规划，省科技厅生产力促进中心负责人陪同。

5 日

以“盛世奏欢歌·龙城小康行”为主题的元宵节焰火晚会在兴龙广场举行。

龙里县首届春节联欢晚会“我最喜欢的节目”评选结果：杂技《肩上芭蕾》获一等奖；小提琴与古筝合奏《渔舟唱晚》、小品《快递干部》获二等奖；舞蹈《快乐的苗家娃》、魔术《手彩魔术》、舞蹈《加加油》获三等奖。

10 日

共青团贵州省委“多彩贵州·青春绿动”绿化造林活动在龙里县谷脚镇贵龙大道旁举行。省、州、县、镇 300 多名共青团员和志愿者，共青团贵州省委书记涂妍、共青团黔南州委书记艾力、龙里县副县长朱鸿参加。

龙里县召开小康驻村、“第一书记”2014 年度工作总结会暨 2015 年度动员培训会。

11 日

龙里县 2015 年第一批重点工程项目在谷脚镇快递物流园集中开工，项目有贵龙城市经济带纵二路及贵州快递物流园 2 号路、2015 年通村水泥路改造、龙里县人民医院内科综合大楼等共 14 个，总投资 26.03 亿元。

12 日

龙里县林业局联合人民检察院、教育局、环保局 4 个部门在龙里县第三小学举行生态·环保“牵手行动”进校园活动启动仪式。黔南州人民检察院副检察长潘凤敏参加活动。

13 日

广州市黄埔区委副书记、区长张火青率黄埔区考察团到龙里开展产业发展交流考察，主要了解龙里中药材种植、加工、研发、销售等情况和物流产业情况，参观中铁生态城。县委书记胡志峰，县委副书记、县长陈曦，县人大常委会主任上官昌健等陪同。

14 日

县直属机关工委组织开展“党员进讲堂·标兵大宣讲”活动，县“四家班子”办公室等 12 个支部的 100 余名党员参加。

17 日

裸心酒店管理集团董事长高天成到龙里考察，就康体养生、大健康、休闲旅游地产类项目选点进行调研。县委常委、副县长侯远陪同。

靠拾荒和领低保维持生计的 85 周岁老人朱光成将自己唯一的 1 套 75 平方米的房产赠予龙里县慈善总会，为龙里首例公民捐房。

18 日

中央文明委作出表彰命名 2014 年度全国文明单位、文明窗口、文明村镇的决定，龙里县醒狮镇获“全国文明镇”荣誉称号。

国家粮食局副局长吴子丹、粮油质检中心主任总工程师王莉蓉、综合处副处长徐广超一行到龙里县粮油储备库调研。

20 日

浙江大学贵州校友会副会长董壹苇、何素一行，为龙山镇中排、草原、金谷、大谷、塘堡、红星五所小学的 219 名贫困学生送去 6 万余元助学金。

21 日

黔南州第八届旅游产业发展大会暨 2015 年“绿韵双龙”绿丝带大型公益绿化活动启动仪式在中铁国际旅游度假区双龙镇举行。黔南州旅游局局长王明亮，县“四家班子”领导胡志峰、陈曦、上官昌健、王永坤，中铁国际旅游度假区董事长张敏出席。贵阳、龙里两地志愿者，县直机关干部职工 3000 余人参加义务植树，50 多家经营商展销农产品、手工艺品。

23 日

经共青团贵州省委、省志愿服务联合会、省志愿者行动指导中心 1 年多时间的调研、走访、选点，共青团龙里县委与爱恩联盟——IN 49 对接联系，贵州省首期第一间“蓓蕾守护”活动室在龙里县三中正式建成使用。

省民宗委组织考评组和专家组对龙里县省级民族体育基地——龙里武术龙狮训练基地进行交叉考核评估。

24 日

以省“双拥”办副主任、省军区政治部副主任李嵩为组长的创建省级“双拥”模范城（县）评估组到龙里评估“双拥”创建。黔南州民政局局长、州双拥办主任廖小明，县领导胡志峰、陈曦、吴应忠、王泽勇、陈民、肖红、金子成陪同。

作曲家瞿小松到龙里县采风，指导民族文化发展工作，受聘为龙里县民族文化发展顾问，并成为果里村的“荣誉村民”。

25 日

州委组织部到冠山街道办事处开展“新春助学送温暖”活动，为小学生送去 300 套校服，到大新村走访慰问 4 名贫困学生。

26 日

龙里县 100 名“新型农民”到福泉市黄丝镇江边寨、贵定县盘江镇音寨等新农村建设示范点考察学习。

27 日至 28 日

由广州市黄埔区经贸局党组书记罗修明率领的电商企业考察团到龙里考察投资环境。县委常委、副县长谢明元陪同。

是月

在黔南州第 20 个科技活动日表彰大会上，龙里县一批科技、科教人才和先进集体获表彰：龙里中学高级教师王剑平获州优秀科教人才奖；贵州良剂药业有限公司工程师付正友、贵州英吉尔机械制造有限公司工程师蒋勤南、贵州龙缘盛豆业有限公司工程师谭华荣获“全州推动科教进步先进个人”称号；贵州科之杰新材料有限公司技术主管罗小峰获全州科教兴州荣誉奖。

4 月

1 日

省文化厅非物质文化遗产保护工作处到龙里县调研省级非物质文化遗产保护工作。

中国社会科学院学部委员汪同三、中国国际工程咨询公司海外公司副总经理陈文晖一行到龙里县开展“十三五”规划调研。

2 日

落户于贵州双龙临空经济区的龙里万豪商贸总部正式开工建设。该项目计划总投资 30 亿元，其中一期工程投资 12 亿元。县政协主席王永坤，县委常委、副县长谢明元，万豪商贸总部董事长吴乔军等参加。

3 日

龙里县“双拥”工作成员单位、烈士亲属代表、复退军人代表、武警官兵、驻县部队解放军、少先队员等 500 余人到龙里英烈纪念园开展公祭活动。

8 日

经统计，清明节 3 天假期龙里县共接待游客 10.13 万人次，同比增长 54.1%；实现旅游收入 7600 万元，同比增长 62%。

民政部一〇一研究所为该所 3 月 10 日在龙里县龙凤园设立的科研示范基地挂牌为“民政部污染控制重点实验室（贵州）”。

9 日

一季度县财政收入累计完成 42695 万元，占年度任务的25.78%，同比增长24.49%，超序时进度0.78个百分点，实现“首季开门红”目标。

10日

黔南州2015年第一次项目现场观摩会代表到龙里现场观摩。州委书记龙长春，州委副书记、州政府州长向红琼，州人大常委会主任罗毅，州政协主席高金林率队，县领导胡志峰、陈曦、犹永凯、谢明元、朱鸿、魏明、仝太东陪同。

龙里县7名医务人员到广州市黄埔区接受1个月至6个月进修培训。

11日

龙里县召开小康驻村第一书记2015年第一次工作调度会。省政府发展研究中心派驻龙里县同步小康驻村工作队队长杨军、副队长罗用频，县委副书记吴应忠、县委组织部部长罗越飞参加。

13日

黔南州通报全州现代高效农业园区建设2015年第一季度考评情况，龙里县茶香刺梨产业示范园区在50个州级以上高效农业示范园区中排名第二。

15日

醒狮镇获省爱卫会授予“贵州省卫生乡镇”称号。

龙里县迎接全州第八届旅发大会“农家乐”烹饪技能大赛在龙山镇坝上村举办。评选“农家乐”烹饪培训班的100余名学员中的27名参赛。

22日

在贵州省精神文明建设工作表彰大会上，龙里县醒狮镇大岩村、龙山镇坝上村、洗马镇平坡村、谷脚镇茶香村4个村获“全省文明村”称号。

23日

龙里县第十六届人民政府第四次廉政工作会议召开。县领导陈曦、犹永凯、谢明元、侯远、肖红、李健、朱鸿、魏明出席会议。县委常委、县纪委书记陈光煜，县人大常委会副主任莫涛，县政协副主席张忠庆应邀出席。

国家发改委规划司副司长周南、副处长刘春雨一行4人到龙里县开展规划调研。

24日

省委督查室施健中副主任率队到龙里县就学习贯彻习近平总书记系列重要讲话精神情况开展专项督查。

25日

为期2天的“我和龙架山有个约会”户外生态休闲音乐节在龙架山国家森林公园举办。贵州著名歌手欧桑、杨一方、阿娜丹参加活动。

28日

龙里县第十六届人大常委会第三十三次会议召开。会议听取和审议《龙里县人民政府关于商贸物流发展情况的报告》《龙里县人民政府关于社会管理创新及开展“一村一警”工作情况的报告》《龙里县人民政府关于开展妇幼卫生工作情况的报告》《龙里县人民政府关于城镇建设工作情况的报告》《龙里县人民政府关于农村饮水安全工程建设情况的报告》。县人大常委会主任上官昌健，副主任陈民、徐彬、康兴西、陈俊出席。副县长魏明，县人民法院院长、县人民检察院检察长列席。县人大常委会副主任康兴西主持。

29日

州文联原副主席何艺贵、美国手工艺术家Lori Bacigacupi、美国摄影师James Young、华裔设计师蓝焰到洗马镇平坡村，访问当地农民画师探讨农民画艺术。Lori Bacigacupi在一本国外杂志上看到龙里平坡村农民画，专程赶到平坡。

湾滩河镇红岩灌区用水协会第一届理事会选

举大会在湾寨召开，标志着龙里县第一个农民用水户协会正式成立。副县长李健出席，农民用水户协会会员代表35人参加。

5月

1日

新农合报销政策调整后，全县农村户口群众可以以户为单位参合，并在州内国家医院看病按规定比例报销，门诊和住院累计报销封顶线为20万元/人·年。

4日

经统计，“五一”小长假全县共接待游客11.4万人次，实现旅游收入0.79亿元，同比增长40.91%，再次刷新纪录。小长假期间，龙里大草原、龙架山森林公园、中铁国际旅游度假区等景区游客爆满。

6日

湾滩河生态农业示范园区入选全州首批“十强农业园区、十佳美丽农业园区”，茶香刺梨产业示范园区入选全州“十佳美丽农业园区”。

龙里县新推行的“四评一考三落实”日常考核评价办法第一季度考评工作完成，全县72家单位（含二级机构），497名科级干部参加考核。与过去的考核办法相比，新办法在个人自我评价和领导班子评价环节中突出“晒台账、晒实绩、晒得分”的“三晒”，将领导班子和领导干部的工作成效曝光在大众视野中，接受群众监督。

2014年度金融工作表彰会召开，2014年度对龙里县经济社会发展做出突出贡献的县内金融机构获得奖励141万元。

7日

全县领导干部会议召开。宣布省委关于龙里县委主要领导职务调整的决定，刘华龙同志任中共龙里县委书记；胡志峰同志调任中共黔南州委常委、组织部部长，不再担任中共龙里县委书记职务。州委副书记吴胜华，州委组织部常务副部长、党建办主任朱奉余，县委副书记、县长陈曦，县人大常委会主任上官昌健，县政协主席王永坤及其他县“四家班子”领导出席会议。县人民法院院长、县人民检察院检察长，其他在职县级干部，担任过本级正职领导职务的老同志，县委、县人大、县政府、县政协、县纪委，县人民团体、各镇（街道）主要领导参加会议。会议由中共龙里原县委书记胡志峰主持。

台商刘圣哲在龙里县行政服务中心接受县市场监督管理局颁发的个体工商户营业执照，成为龙里县首位台胞个体户。

8日

省委督查室主任石邦林率队到龙里县湾滩河镇，就农业专业合作社发展情况进行详细调研。

人民网消息：龙里县引进和实施双龙物流、宏基中药材、万豪总部城等29个电商物流项目，总投资198.26亿元，占地面积8330亩。

11日

2015年黔南州城乡规划研修班在龙里县开班。省住房和城乡建设厅副厅长宋丽丽，州政府副州长胡晓剑出席开班仪式。

12日

新华网贵州频道报道：龙里县是目前贵州省乃至全国人工种植刺梨规模最大、产量最高的刺梨生产基地，被誉为“中国刺梨之乡”。

经贵州省文联专家和县内评委评审，确定龙里县“我身边的小康”征文的获奖名单。县机关及镇（街道）村组、教师组、高中组、初中组、小学组5个组别，各组一等奖1名、二等奖2名、三等奖3名，优秀奖若干名。徐镔湄等作者获奖。

省统计局副巡视员毛敏、贸经处副调研员董建巍一行到龙里县考察调研商贸物流业发展和消费品市场发展情况。黔南州统计局局长吴定伟、副局长张彪、州商务粮食局总经济师陆英俊等陪同。

黔南州“依法治校示范校”创建活动现场观摩暨依法治校工作推进会在龙里县中等职业学校召开。

13 日

2015 年世界残疾人游泳公开赛于 4 月 20 日至 25 日在巴西圣保罗举行，龙里县 16 周岁残疾人运动员刘道敏获得女子 SB7 级 100 米蛙泳冠军和 50 米蝶泳第三名。由于她的 100 米蛙泳成绩接近女子 SB7 级项目的世界纪录，获得组委会 1000 欧元奖励。刘道敏是黔南州唯一获奖的运动员。该次比赛共有 21 个国家和地区的 300 名运动员参赛，中国派出 23 名国家队运动员参赛。

龙里县发放首批“三证一章”营业执照，3 家企业享受到这种便捷的“一站式”服务。实行“三证一章”后，企业注册工作日将由 17 个缩短为 5 个。“三证一章”是指企业工商营业执照、组织机构代码证、税务登记证、公章备案。

龙里县启动第七次森林资源复查工作。

15 日至 21 日

龙里县医院组织中层干部 20 人到贵州省人民医院学习 5 天。省人民医院院长孙兆林、党委书记赵莉等领导和专家授课。

16 日

中国摄影家协会走进“中国刺梨之乡”龙里县，来自全国各地的摄影家组成“多彩贵州”摄影采风团，在谷脚镇十里刺梨沟采风创作。邀请人文地理作家、摄影家、美丽中国影像报社社长兼总编叶蔚作“贵州少数民族人文摄影基础”专题讲座，贵阳、龙里及周边县（市）摄影爱好者听讲。

17 日

全县“三严三实”专题党课报告会召开，学习贯彻习近平总书记系列重要讲话精神和省委书记赵克志、黔南州委书记龙长春专题党课精神，对全县“三严三实”专题教育工作进行安排部署。县委书记刘华龙作专题党课报告，县委副书记、县长陈曦主持，县政协主席王永坤和县“四家班子”其他领导出席。

人民网以“高效生态农业铺就农民绿色小康路”为题，报道龙里县湾滩河镇高效农业示范园区的生产经营情况。

19 日

龙里县首家村级农民反邪教协会在冠山街道龙云村正式成立。

20 日

贵州省朝阳卫生室落成暨“朝阳西部行”启动仪式在龙山镇中排小学举行。国家关心下一代工作委员会、国家卫计委、教育部、中脉道和基金会，云南、江西、甘肃、宁夏、贵州等省区关工委有关负责人，黔南州委常委、组织部部长胡志峰，龙里县委副书记、县长陈曦，县委副书记吴应忠，县委组织部部长罗越飞，县政府副县长肖红出席启动仪式。

龙里县开启医疗救助“一站式”服务。凡符合条件的病患者，可以直接到定点医院就诊医治，定点医院通过专网确定患者身份，医疗终结后由医院代其直接划拨民政医疗救助金。

全县民政工作调度暨低保提标工作会召开，明确城乡低保减量提标工作实施方案。2015 年，全县农村低保提高至每年 2580 元，提高 29.6%；城市低保提高至每月 440 元，提高 18.9%。

21 日

由省文明办、省委讲师团和贵阳孔学堂主办的全省第三期骨干德师培训班观摩讲座在龙里道德讲堂举办，来自全省各市（州）、贵安新区、省直管县的 60 余名骨干德师参加。

22 日

县委书记刘华龙、副书记吴应忠，县政府副

县长朱鸿到龙架山国家森林公园、草原风景区、湾滩河现代高效生态农业示范园区调研，强调抢抓工期，完善旅游景区基础设施建设，推进相关设施配套，为迎接全省第二次项目观摩会和全州第八届旅发大会做好准备。

龙里县公民韩彩云、代青珍登上“明礼知耻·从德向善”好人评选活动5月贵州好人榜。

23日

龙里县2015年重点项目重大工程暨经济运行调度会召开。县委书记刘华龙，县委副书记、县长陈曦，县政协主席王永坤，吴应忠、汪永丽、王泽勇、犹永凯、罗越飞、谢明元、黎彤、侯远、王永良等县领导出席。

全州城乡广播建设工作现场会在龙里县召开，全州新闻广电负责人参加。州委常委、宣传部部长刘良出席。

27日

黔南州小城镇建设现场推进会在龙里县召开。与会人员到醒狮镇考察观摩。州委书记龙长春，州委副书记、州长向红琼，州委常委、福泉市委书记黄伟，州委常委、都匀市委书记吴丹，州人大常委会副主任陈忆秋，副州长、独山县委书记潘志立，州政协副主席、州委统战部部长刘长江出席会议。副州长胡晓剑主持。

凌晨，龙里县普降暴雨，最大降雨量达到175.2毫米。龙山镇朵花村5名群众受困，经县公安、消防等多部门协作获救。

29日

龙里县举办“龙跃黔中”广场文化暨“盛世小康·快乐童年”文艺活动，庆祝第六十六个“六一”国际儿童节。

31日

由广州市文联和广州市电视艺术家协会主办的第五届“羊城印象”广州国际微电影大赛在广州图书馆举行颁奖典礼。龙里县选送的《回家过年》《你是我的眼》两部微电影入围50强。其中，《回家过年》中龙里演员徐槟楣获最佳女配角提名，《你是我的眼》获最佳摄影提名。共有国内外220多部影片参赛。

是月

黔南州小戏小品大赛举行，全州12个县（市）共23个节目参赛。龙里县代表队参赛的《连心桥》排名第二位，《生日快乐》获一等奖；县文化馆获“最佳创作奖”。

截至5月，共引进贵州美林中药材有限责任公司、贵州大通中药材有限责任公司等43家中药材公司落户龙里西南药都，并成立龙里县安徽亳州商会。

6月

2日

龙里县林业技术人员在冠山街道五里村发现林业有害生物云南松毛虫，系龙里首次发现该病害。

4日

黔南州委书记龙长春率州发改、工信、农委等部门到龙里县督导全省第二次项目观摩会筹备情况，实地督导中铁国际旅游度假区云栖谷双龙小镇、贵州快递物流园、龙里县服务业集聚平台建设中心（大数据）、华润雪花啤酒有限公司4个项目。州委常委、常务副州长罗桂荣，副州长胡晓剑参加。

5日

县委、县政府表彰全县科研、教育、文化、卫生医疗、环保、林业、农业、水利等重点行业30名“骨干人才”，受表彰者每人每月获奖励津贴500元。另表彰9名“富民兴龙”标兵。

7日

高考第一天，凌晨中到大雨，是日共1400

多名考生参加考试。

7日至8日

夜至晨降暴雨，湾寨、羊场监测点达到120毫米以上，水场、草原、摆省、麻芝、县城监测点达到50毫米以上。截至8日12时，全县受灾43个村、82个组，受灾人口18120人，紧急转移安置40人，经济损失共计1240.3万元。

9日

龙里县省级文物保护单位增至3个。继县城冠山1999年被列为省保单位之后，湾滩河镇果里岩洞葬和谷脚镇巫山岩画两处文物被列入省保。

10日

黔南州北部片区经济运行调度会在龙里召开。州委副书记、州长向红琼，州领导罗桂荣、李茂国、闫光锋、陈忆秋、胡晓剑、张全毅、刘长江，龙里、贵定、福泉、瓮安、长顺、惠水6个县（市）党政主要领导和州、县相关部门负责人参加。县委副书记、县长陈曦汇报龙里县上半年经济运行情况。

11日

黔南州剑江控股集团公司董事长唐世东率金融考察组到龙里调研支持项目融资和合作事宜。县领导刘华龙、犹永凯、李健陪同。

12日

国家二级编导、省“十大德师”之一、贵州方言喜剧明星“钟幺爷”扮演者钟中受邀到龙里县作学习读书会专题讲座。县领导王永坤、吴应忠、汪永丽、陈光煜、张忠庆、陈光荣、陈金富、仝太东到会。

14日

广东省湖南冷水滩商会及爱心人士到湾滩河镇为摆省小学及留守学童捐赠价值1.5万余元的教学用品。

17日

夜间至18日上午8时，县境普降暴雨，县城降雨量132毫米，最大降雨量为龙山镇城兴村192.4毫米，洪灾。

17日至19日

全州中考，在龙里县设龙里中学、羊场中学、洗马中学3个考点。

18日

省发改委到龙里县督查2015年省级重大工程和重点项目建设推进情况。龙里县2015年实施省重大工程和重点项目共17个，总投资781.36亿元，年度计划投资84.08亿元。截至6月10日，累计完成投资35.05亿元，占半年时序进度41.68亿元的84.09%，占年度任务的41.69%。

19日

龙里县举办2015年第二批重大项目集中开工仪式。本次集中开工项目有龙里县龙行制造一期、贵州龙里烟草原料废弃物综合利用项目（二期）、龙里县汽车配件生产及维修项目、圆通速递贵州分拣中心等共7个，总投资52.4亿元。其中产业发展3个，总投资6.4亿元；城市建设1个，总投资20亿元；商贸流通2个，总投资6亿元；社会发展1个，总投资20亿元。县委常委、常务副县长犹永凯参加。

省妇联副主席吴爱平、州妇联副主席陈梅到龙里县调研关爱留守儿童工作。副县长、县妇儿工委主任肖红陪同。

23日

截至6月13日，龙里县在建项目139个，合同引资额52.42亿元，6月实际上报到位资金1.15亿元，本年累计上报到位资金10.06亿元，同比增长43.13%，完成州下达17.7亿元任务数的56.84%。

25日

2015年龙里县高考成绩再创新高。一本以上153人，比2014年增加26人；二本以上462人（不含音体美专业生），比2014年增加27人。理工、文史和艺术类考生二本以上上线510人，突破500人大关。龙里中学600分以上6人，数量在全州排名第四位。徐启静以604分获全县理工类考生第一名，郭锡豪以630分获全县文史类考生第一名。

26日

县委书记刘华龙，县委副书记、县长陈曦，县人大常委会主任上官昌健，县政协主席王永坤，县领导吴应忠、王泽勇、犹永凯、罗越飞、朱鸿、魏明等调研龙里县全省第二次项目观摩会项目点：雪花啤酒（黔南）有限公司、双龙镇、大数据信息应用中心等。

第28个国际禁毒日，龙里县举办主题为“远离合成毒品·珍惜美好人生”的“6·26”国际禁毒日禁毒预防教育宣传签名活动。

龙里县召开2015年全县殡葬改革工作推进会。

龙里县举办庆祝中国共产党建党94周年“文明礼仪知识竞赛”，全县18支队伍、90人参赛。

27日

国家体育总局器材装备中心主任李桦一行到龙里县考察全民健身工程实施情况。

28日

龙里县举行“民营企业服务年”专场招聘会，是日共有27家企业提供600余个岗位，其中到场招聘的企业11家。

29日

龙里县召开纪念中国共产党建党94周年表彰座谈会，表彰“五个好”先进基层党组织29个、“三争型”优秀共产党员41名。

县公安局在接到报案3小时内破获1起3人超市现金盗窃案，抓捕犯罪嫌疑人3人，追回被盗现金17万元。

30日

龙里县申报的贵州快递物流集聚区获省发改委认定为省级现代服务业集聚区，成为全省第二批10个省级集聚区之一。

是月

谷脚镇“谷冰大草原景点”介绍发布于中国村镇门户网站——村村乐。

龙里县人力资源和社会保障局为354户小额担保贷款对象兑现2013年、2014年度的贴息资金，累计达259.59万元。

7月

1日

龙里县正式启动旨在简化流程、节省时间、提高效率的“金税三期”工程双轨运行工作。从此，国、地税办税系统实现统一。

3日

全州公安机关“三严三实”学习会和“犯罪实时控制机制建设升级版”现场推进会暨第二季度调度会走进龙里。州委常委、政法委书记陈小刚率观摩团一行到龙里县观摩。

龙里县召开2015年第二次新闻联席会议。全县上半年在中央级媒体刊播稿件12条，省内主流媒体100余条，地州媒体358条。

县委常委、纪委书记陈光煜到中央纪委机关参加“县级纪委内设机构调整座谈会”。

7日

贵州大学与龙里县人民政府举行校地合作协议签署暨授牌仪式，双方建立全面合作关系进入实质性阶段。是日，贵州大学党委书记姚小泉在龙里县开展主题为“如何认识新常态下的中国”的专题讲座。

8日

美丽中国·第三届全国特色生态旅游城市发展论坛组委会宣布，龙里县获“中国最美健康养生旅游名县”称号。

10日

黔南州委副书记、州长向红琼率州政府领导到龙里县督导全省项目观摩会项目建设推进及有关准备工作。项目点有贵龙大道、中铁生态城云栖谷·贵龙纵线、贵州快递物流园、大数据应用中心、贵州现代农副产品批发市场等。

11日

中国妇女发展基金会般若慈善基金向贵州省贫困家庭捐赠奶粉、黔南州捐赠活动暨龙里发放仪式在兴龙广场举行。

14日

民政部中欧社会保障改革项目长期对口专家、波兰劳动与政策部老年政策司司长马哲娜一行到龙里县，调研社会救助制度体系、经办服务机构建设情况。

武汉理工大学艺术与设计学院支教团在县中职校设立“筑梦书屋”，捐赠设计、创意类书籍100多本。

15日

湾滩河镇“最美教师”吴国先入选7月“中国好人榜”敬业奉献类候选人。

洗马镇种植的3920亩烤烟陆续开烤。

16日

下午，贵龙城市大道通车仪式在大道龙里起点处举行。该工程投资约21.5亿元，全长20.6公里（其中，龙里境段长16.6公里），按双向六车道城市快速路标准建设，设计时速80公里，为龙里县投资最多、规模最大、标准最高的道路建设工程。开通后免费通行，从龙里到贵阳需时缩短为20分钟。

黔南州发展和改革委总规划师谢小艺及黔南州“十三五”编制单位组织龙里、贵定、惠水、长顺4县在龙里召开“十三五”规划座谈会。在黔南州“一圈两翼”区域发展新格局中，4个县作为环贵阳经济带“北翼”。

省委统战部副部长、省社会主义学院党组书记何萍，省农科院统战部副部长李建华率专家团到龙里，调研指导贵州商会拟投资的生态养殖、乡村旅游等综合项目建设。

19日

黔南州委书记龙长春等一行到龙里县项目点开展全省项目建设现场观摩会观摩试验。州委秘书长瓦标龙，龙里县领导刘华龙、陈曦、吴应忠、汪永丽等陪同。

20日

龙里县农业物联网系统正式投入使用。该系统建在湾滩河农业示范园区，有远程实时监测系统9套，小气候信息采集观测系统、孢子信息捕捉培养系统、虫情自动采集系统、病虫诱控系统、微生物喷雾系统各1套。

22日

龙里县城市风貌规划专题评审会召开。该次风貌景观设计主要针对老城区、莲花片区、西城区、冠山工业园区。

龙里县在贵州省第八次双拥模范城（县）命名表彰大会上获评为“省级双拥模范县”。

23日

中共龙里县第十一届委员会第112次常委（扩大）会议召开。会议强调，千方百计确保全年增比进位实现保位增位。

24日

黔南州委书记龙长春，州委副书记、州长向红琼率队到龙里观摩重大项目建设情况。州领导罗桂荣、胡晓剑、张全毅，县领导刘华龙、吴应忠、汪永丽、犹永凯、杨浚及州县有关部门负责人参加观摩。

黔南州委常委、组织部部长胡志峰到冠山街道合安村遍访贫困村贫困户。

龙里县参加全省中药材产业发展项目竞争入

围，再获2015年中药材续断种植项目省级财政扶贫资金300万元。至此，2015年龙里县获得各类扶贫资金2638万元。

黔南州（西片区龙里、长顺、惠水）2015年“未来之星”校园足球联赛举行，龙里县第四小学、龙里中学代表队分别获小学组和高中组冠军，获代表西片区参加州联赛决赛资格。县第四小学学生冯光平和龙里中学学生宋伟同获“最佳运动员”称号，县第四小学教师方焱、国洪涛和龙里中学教师向文鉴、金国健获“优秀教练员”称号，县第三中学教师杨勇获“最佳裁判员”称号。县第三中学足球队获“体育道德风尚奖”。

25日

16时10分，小碧变电所在完成牵引空载24小时后开始对白龙铁路贵阳东至龙里北区段接触网送电，实现一次送电成功，为联调联试奠定了基础。

27日

北京海淀区文委到谷脚镇谷远村考察巫山岩画。

启动全县机关事业单位专业技术人员和管理人员继续教育公共科目培训，按4期、8个班次共培训学员3842人次。

29日

龙里县获得省发改委下达的2015年农房抗震改造中央预算内资金995万元。2015年，龙里县改造农户共1300户，贫困户200户。

巴江“字库石塔”修缮工程完工。该次修缮共筹集资金50万元，经过3个多月的施工，用于补配塔基和塔体损毁缺失石条，恢复塔面脊饰，铺设台阶、护坡，裂缝灌浆勾缝及周边环境治理。

龙里县窄冲水库获省发改委、省水利厅下达2015年中型水库中央预算内投资3000万元。

2015年湾滩河镇羊场中学有527名学生参加中考，700分以上5人，600分段33人，500分段74人，高分数段人数占20%以上，创历史新高。

醒狮镇醒狮、进化、凉水、旧寨、大岩、顶水、元宝、平寨8个示范村创建“省级卫生村”达到县级验收标准。

30日

全国政协常委、原贵州省省长林树森一行到龙架山调研森林旅游情况。副省长刘远坤，省林业厅厅长金小麒，县长陈曦，省龙里林场副场长黄德等陪同。

31日

龙里县在兴龙广场举办“八一军旗红”文艺晚会庆祝建军88周年。会上为拥军优属先进单位、拥政爱民先进单位、“双拥”先进个人、“最美老兵”颁奖。

龙里县召开议军会议。县领导刘华龙、陈曦、王永坤、吴应忠、王泽勇、罗越飞、王永良、王煦、徐彬、魏明、金子成、陈金富出席。

是月

龙里县通过黔南州地方病防治“十二五”规划终期评估领导小组开展的“消除碘缺乏病”考核评估。

由龙里县妮朵苗画廊申报的“巴江平坡苗画”商标获得国家工商行政管理总局商标局颁发的商标注册证，注册号为14294393，有效期限10年。

在全州“庆祝建党94周年文艺作品创作评选活动决赛”中，龙里县《水桶舞》获三等奖，《布依浪哨》获优秀奖。

自3月开始的全县2014年度非公有制企业人才资源统计调查工作，完成对1137家企业的调查。

8月

3日

龙里县召开2015年党风廉政警示教育大会和领导干部半年测评会。刘华龙、陈曦、上官昌健、王永坤、吴应忠、汪永丽、罗越飞、谢明元、陈光煜、黎彤、罗用频、王永良、陈强、王煦等县“四家班子”领导出席。5个镇、1个街道、县直各部门党员领导干部和两代表一委员参加。

4日

龙里县洗马商会成立大会召开。会员代表66人，其中企业代表2人，微小企业代表8人，个体工商户代表56人。选举产生第一届执委会执委和会长、副会长、秘书长。洗马镇共有个体工商户455户，微小企业54户。

7日

由县文明办牵头主办的“我的梦·军旅梦”演讲比赛在县文化馆举行。县公安局王静宜获第一名，县武警中队林鹏获第二名，驻县某部队张忠孝获第三名。

全国统一配备民政救灾应急专用车辆贵州省交车仪式在龙里县举行，省民政厅副厅长刘忠平参加仪式，共为65个县配发民政救灾应急专用车。

8日

县委书记刘华龙，县委副书记、县长陈曦，县委常委、常务副县长犹永凯，副县长魏明一行到县人民医院看望慰问在谷脚镇小箐村开展拆除违规建筑大行动中受伤的陈纯江、罗昌君、宋移杨3位工作人员。

江西省进贤县委书记万凯带队到龙里县考察学习项目建设、增比进位等工作。

9日

县卫计局牵头开展以“职场妈妈，‘喂’爱坚持”为主题的宣传服务活动，共发放母乳喂养和科学育儿宣传品600多份，接受群众咨询义诊300多人次。

13日

省人大常委会副主任、省总工会主席袁周，省总工会党组书记杨兴举、副主席杨清源一行到龙里调研基层工会组织建设。州委副书记吴胜华，州人大常委会副主任、州总工会主席符晓钢以及全省各县（市）总工会主席和党组书记参加。县领导刘华龙、陈曦、吴应忠、莫涛陪同。

14日

贵州银行龙里支行正式揭牌开业。

黔南州城乡社区基层民主自治完善率暨同步小康四项指标创建现场会在龙里召开，省民政厅基政处处长古丽亚，州民政局局长廖小明、副局长肖松，副县长肖红及黔南州各县市分管领导参会。

16日

统计上半年龙里县地区生产总值完成32.69亿元，同比增长14.8%；工业增加值完成19.6亿元，同比增长14.5%；固定资产投资完成57.8亿元，同比增长26.1%；社会消费品零售总额完成5.82亿元，同比增长12.2%；城镇居民人均可支配收入完成11825元，同比增长10.5%；农村居民人均可支配收入完成3986元，同比增长12%；全县税收收入完成7.74亿元，占年度任务的21%。各项指标综合排名居全州前列。

16日至19日

2015年全省第二次项目建设现场观摩会走进黔南。省委书记、省长陈敏尔，省政协主席王富玉，省委副书记、政法委书记谌贻琴，省委常委、常务副省长秦如培等省领导率领观摩会三组代表团到龙里、惠水、长顺等县现场观摩。观摩龙里县的云栖谷双龙小镇、快递物流园、大数据应用中心、华润雪花啤酒（黔南）公司4个项目点。州委书记龙长春，州委副书记、州长向红琼等州领导，县委书记刘华龙、县政府县长陈曦、县人大常委会主任上官昌健、县政协主席王永坤等陪同。

20日

第七届“七夕布依情歌节”在湾滩河镇走马村孔雀布依风情园举办。龙里、贵定、花溪、独山、惠水、六枝等县（区）万余群众参加活动。

21日

第十三届“南阳杯”百牛争霸赛在湾滩河镇新营村斗牛场举办。云南、凯里、雷山、麻江、贵阳、龙里、长顺、开阳、惠水等地区100余头“名牛”参与角逐。

23日

谷脚镇为全镇2015年高考录取一本、二本的考生和学生家长召开座谈会，为48名大学新生发放助学奖励金6.9万元。

24日

省信用联社验收组到龙里县验收冠山街道“信用街道”创建工作。街道21个村中，共创建信用村18个，农户建档93.82%，基本达到创建标准。

24日至25日

深圳市汇亚创富资产管理有限公司到湾滩河现代高效生态农业示范区考察投资环境。县政协副主席、县工商联主席马晓红陪同。

25日

由国家统计局贵州调查总队副总队长、省全面小康办副主任杨天禄率队的省同步小康创建实地验收组到龙里验收。验收组到龙山镇坝上村厉家庄、华润雪花啤酒、大数据应用中心、贵州快递物流园、云栖谷·双龙镇实地查看项目建设和小康创建成果，查阅小康达标创建工作资料，召开小康验收汇报会。龙里县同步小康工作42项指标实现程度达100%，总体实现程度达97.3%，居全省第11位，全州第一位，率先通过省级达标验收。

国家农发办副主任何兆斌一行到龙里县调研农业综合开发工作。省财政厅副厅长、省农发办主任冉茂文，州政府副州长陈友德，县委书记刘华龙，副县长朱鸿陪同。

河北省保定市纪委考察组一行到龙里县考察民生监督工作情况。县委常委、纪委书记陈光煜陪同。

26日

龙里县举行2015年“雨露计划·圆梦行动”贫困大学生资助金发放仪式，为2015年考上大学的79名贫困大学生发放资助金共31.6万元。

26日至27日

省财政厅农发评审中心到龙山镇验收一事一议美丽乡村示范村寨项目建设工作。

27日

龙里县经济知识产权战略推进工程项目通过省科学技术厅组织的验收。

28日

龙里县政协举行“公益助学金”发放仪式，共发放公益助学金17万余元，帮助40名贫困学生。

28日至29日

龙里县兰亭茶坊兰亭发海代表队参加由省农业委员会等主办的2015贵州省茶艺职业技能大赛，表演《四世同堂》获团体赛银奖并取得中国西南赛区参赛资格，选手马宁薇获个人赛优秀奖。此前该队通过黔南州预赛，以第二名的身份进入贵州省决赛。

29日

黔南州委副书记、州长向红琼在龙里会见到黔南州考察的佛山市经贸考察团，座谈两地深化区域合作等事宜。考察团由佛山市委常委、常务副市长黄志豪率队。州委常委、副州长刘建民，县领导上官昌健、李健、朱鸿及县相关部门负责人参加座谈会。

31 日

龙里县举行全民阅读暨捐书助学启动仪式，活动募集到爱心基金约 15 万元，拟用于购置图书发放到全县各中小学校。

是月

2 月起开展的全县 2014 年度文化及相关产业统计调查工作完成。经省文改文产办评估，2014 年龙里县文化产业增加值完成 4.71 亿元，文化产业增加值占 GDP 的比重达到 7.31%，位列全州第一位。

9 月

1 日

龙里县举行 2015 年面向社会公开招聘事业单位工作人员和引进急需紧缺人才新聘人员派送会，新聘的 152 名事业单位工作人员和引进的 11 名急需紧缺人才奔赴工作岗位。其中，到镇（街道）见习锻炼 22 人。

1 日至 2 日

龙里县四家班子领导慰问抗战老兵。县委书记刘华龙慰问牛春海，送去慰问金和“中国人民抗日战争胜利 70 周年”纪念章；县委副书记、县长陈曦慰问解保田；县人大常委会主任上官昌健慰问张提忠，送去“中国人民抗日战争胜利 70 周年”纪念章；县政协主席王永坤前去慰问张富国，并送去慰问金。

2 日

龙里县举办“纪念抗战胜利 70 周年”座谈会。县领导刘华龙、上官昌健、吴应忠、汪永丽、王泽勇、罗越飞，抗战老兵牛春海、解保田及部分老干部出席。

龙里县等 10 个县（市）被贵州省大健康医药产业发展领导小组命名为“贵州大健康医药产业发展示范区”。

龙里县开展“纪念抗战胜利 70 周年”革命传统教育主题报告会。

县总工会在龙里中学开展 2015 年“金秋助学”活动，共发放 14.6 万元助学金资助 85 名应届大学生、2 名在读高中生。

州委副书记、州长向红琼代表州“四家班子”到龙里县看望慰问抗战老兵解保田、张富国，分别送去 3000 元慰问金和“中国人民抗日战争胜利 70 周年”纪念章。县委书记刘华龙、县政府副县长肖红，州、县民政局相关负责人陪同。

4 日

龙里县首届帐篷节在龙里大草原景区举办。来自省内和省外广东、广西、湖南、四川、重庆、云南等地的游客 2 万余人参加，帐篷 2000 多顶。

龙里县代表队在 8 月 29 日至 9 月 4 日“我爱足球”民间争霸赛黔南赛区选拔赛上取得第二名。

6 日

龙里县牛春海、解保田两位抗战老兵受邀参加贵州省纪念中国人民抗日战争暨世界反法西斯战争胜利 70 周年座谈会。

7 日

龙里县水生态文明城市建设试点实施方案审查会议在黔南州水务局召开，方案通过审查。

7 日至 11 日

全国人大常委会老年人权益保障法执法检查组沈跃跃一行在龙里县开展《老年人权益保障法》执法检查。省委书记、省长陈敏尔，省委常委、贵阳市委书记陈刚，省人大常委会党组书记、副主任龙超云，省人大常委会副主任张群山，副省长陈鸣明等陪同。州委书记龙长春，州委副书记、州长向红琼，州人大常委会主任罗毅，县委书记刘华龙，县委副书记、县长陈曦，县人大常委会主任上官昌健，县政协主席王永坤等州县领导及相关部门负责人在龙里参加座谈会并陪同调研。

9日

截至9日，龙里县共有16家建筑企业16个工程项目参加工伤保险，共缴纳保险费100万余元，为2113名建筑劳务人员投保。

龙里县“小康在我身边”原创网络摄影大赛评选结果揭晓。大赛分为相机组和手机组。相机组：一等奖1名：《乐开怀》（赖清摄）；二等奖2名：《龙城夜景》（钟顺民摄）、《幸福漫天飞》（岳爱国摄）；三等奖3名：《康庄大道》（罗士朝摄）、《乡村闲暇时光》（李晓芳摄）、《龙里电力20年》（组照，魏洪明摄）；优秀奖46名。手机组：一等奖、二等奖空缺；三等奖1名——《文化墙扮靓小康社区》（叶菲摄）；优秀奖6名。

10日

龙里县召开第31个教师节表彰大会，表彰2014—2015年度县级“优秀教育工作者”18人、“优秀班主任”25人、“优秀教师”40人。

龙里县举办主题为“中国梦·教育梦”的教师节庆祝晚会。刘华龙、陈曦、上官昌健、王永坤等县“四家班子”领导参加。

10日至12日

龙里县委中心组（扩大）“三严三实”专题教育第二次专题学习研讨会在县委大楼召开。刘华龙、陈曦、上官昌健、王永坤、吴应忠、汪永丽、王泽勇、犹永凯、罗越飞、谢明元、陈光煜、黎彤、罗用频、王永良、陈强、王煦等县领导，及部分部门主要负责人，部分驻县单位、县属国有企业主要负责同志等参加。

11日

绥阳县委副书记、县长余航海一行到龙里县考察旅游和大数据产业发展情况。

贵阳中医学院第一附属医院与龙里县中医院达成医联体合作协议。

11日至15日

龙里县举办2015年第三期村（社区）党组织书记、骨干党员村集体经济积累培训班，来自各镇（街道）的100余名村（社区）党组织书记、骨干党员接受培训。

14日

省委常委、副省长慕德贵率省交通、财政、发改、公路等部门负责人到龙里县调研国省干道改造及农村公路建设情况。黔南州委常委、副州长闫光锋，副州长张全毅，县委书记刘华龙，县委副书记、县长陈曦，副县长李健，及州县相关部门负责人参加。

民政部社会事务司副司长范瑜一行到龙里督查殡葬管理服务专项整治活动。县领导吴应忠、肖红及省、州、县相关部门负责人陪同。

在由县委宣传部组织的“宣传部长上讲堂”宣讲大赛活动中，县人社局龙鱼跃获得非宣传文化系统宣讲组一等奖，随后代表龙里县参加全州“宣传部长上讲堂”大赛，获一等奖。

15日

龙里县电子商务发展大会召开。刘华龙等县“四家班子”领导，县直机关、各镇（街道）相关负责人参加。

龙里县召开全省第二次项目观摩会工作表彰大会。表彰21个先进集体：县委办、县政府办、县信访局、县督查督办局、县发改局、县广播电视台（新闻中心）、贵龙指挥部、县公安交警大队、贵州中鼎置业有限公司、醒狮镇等；66位先进个人：丁必艳、王华乔、黄国学等。县领导刘华龙、上官昌健、王永坤、吴应忠、汪永丽、王泽勇、犹永凯、罗越飞、谢明元、陈光煜、黎彤为获奖集体和个人颁奖。

16 日

龙山镇第一批失地农民 45 人领到失地农民保险存折。

中国文明网刊登“德行龙里 2014 十大年度人物孝之星”，冯文杰、冯文武姐弟入选中国好人榜 2015 年 9 月“孝老爱亲”候选人。

草原至高坡公路改造项目开工建设，标志着龙里县最后一条泥路县道进入全面实施硬化阶段。该公路全长 10.62 公里，总投资 2033 万元，设计路基宽 6.5 米，等级为四级，主要路段为沥青混凝土路面，部分路段为水泥混凝土路面。

17 日

以全国政协委员、民族和宗教委员会副主任白玛为组长，马铁山、王正福为副组长的全国政协民族和宗教委员会专题考察组到龙里作“少数民族传统医药的传承发展”专题考察。省政协副主席班程农、民族与宗教委员会专职副主任于俊生，州委书记龙长春、州政协主席高金林，县领导刘华龙、王永坤、陈强、金子成陪同。

黔南州“百县千乡万村无邪教创建示范工程”活动现场推进会在龙里县召开，龙里县被推荐为全国“百县千乡万村无邪教创建示范县”，县防范办被评为“百县千乡万村无邪教创建工作先进单位”。州委常委、副州长刘建民，县委书记刘华龙，全州各县（市）政法委书记及相关部门主要负责人参加。

贵州省 HNT 基金会副理事长徐振刚一行到龙里县回访及资助贫困学生，向 10 名学生发放助学金共 1 万元。

18 日

省政府发展研究中心党组成员、秘书长兼龙里县同步小康驻村工作队队长杨军等一行到谷脚镇小箐村遍访贫困户。

垃圾清运车发放仪式在兴龙广场举行，县城管局将 6 辆垃圾清运车发放给 5 个镇、1 个街道，用于农村生活垃圾无害化处理转运、清运工作。

19 日

在贵州新闻摄影学会 2015 年年会上，县委宣传部获“先进单位”荣誉称号，县广播电视台（新闻中心）2 人获“先进个人”荣誉称号，1 件新闻作品——《大山深处的坚守》获评年度新闻摄影一等奖。

19 日至 29 日

龙里县 2015 年“庆中秋、迎国庆”职工趣味篮球运动会在县体育馆举办，28 个单位的 392 人参赛，共举办 51 场比赛，贵龙城投公司夺冠。

20 日

县公安局举行公开退赃大会，把 20 余万元现金、6 辆摩托车、40 余部手机等赃款赃物返还给失主，集中公开处理犯罪嫌疑人 9 人。

21 日

湾滩河高效生态农业示范园区智能化育苗中心及配套设施基础验槽（坑）通过县农工局等组织的验收。该智能化育苗中心及配套设施建成后占地面积约 1300 平方米，内含育苗、基质栽培、温湿度及水肥智能化控制等多功能系统。

创维集团在兴龙广场举行“善行龙里，扶贫惠民”捐赠仪式，为全县各镇（街道）敬老院共赠送冰箱 8 台、洗衣机 8 台。

22 日

省供销社党组副书记向忠雄一行到龙里县考察旅游、快递物流业及大数据产业发展情况。

23 日

龙里籍抗日空军英烈晏文庄遗骨从醒狮镇谷龙社区乐榨村龙家小坝寨山坡上迁入龙里英烈纪念园。民革贵州省委有关人员参加迁葬仪式。

谷脚镇谷脚村举办“相约中秋·魅力谷脚”中秋文艺演出，村支两委为28位80周岁以上老人发放中秋月饼。

龙里县“醉美外滩·欢庆两节”（中秋、国庆）外滩广场启动暨民营企业家联谊晚会在兴龙广场举行。

由县科协牵头在龙里中学举办以“万众创新拥抱智慧生活”为主题的全国科普日集中宣传活动。

24日

全国政协常委、副秘书长、民革中央副主席何丕杰一行到龙里中铁生态城太阳谷考察养生养老产业发展情况。州人大常委会副主任符晓刚，县人大常委会主任上官昌健、副主任徐彬陪同。

25日

龙里县组织30余名离退休老干部到龙里高新技术产业园和龙里大数据运用中心考察。

龙里县第二届全民科学素质大赛举办，23支代表队参加，醒狮镇代表队获一等奖，拟参加州级大赛。

25日至26日

黔南州“十二五”中小学教师继续教育工程评估验收组到龙里评估验收。

26日

州委书记龙长春到龙里县督查黔南州第八届旅发大会筹备情况。州委常委、副州长刘建民，州委秘书长瓦标龙随行督查，县委书记刘华龙，副县长朱鸿、魏明陪同。

龙里县举办服务行业从业人员礼仪培训迎接黔南州第八届旅游发展大会的召开。培训9天，共有60名学员受训。

28日

龙里县2015年第三批重大项目集中开工，开工项目有贵州龙里县国际生态养老健康城和龙里县天麓1号综合体项目，总投资43.8亿元，年度计划投资4.8亿元。

龙山镇在兴龙广场举办“龙腾盛世·圆梦小康”专场文艺晚会。

龙里县人民法院历时两年的信息化弱电项目建设完成投入应用，成为黔南州首家全面应用信息化技术办案的法院。

冠山街道第一批复员退伍军人优惠证发放完毕，共惠及474名复员退伍军人。

30日

第二个法定烈士公祭日，龙里县在爱国主义教育基地英烈纪念园开展公祭活动，缅怀革命先烈。县领导刘华龙、陈曦、上官昌健、王永坤、汪永丽、王泽勇、陈民、肖红、金子成，武警官兵、烈士家属、优抚对象代表和县“双拥”成员单位参加。

10月

1日

龙里县正式实施“三证合一、一照一码”登记制度改革，共办理“一照一码”企业营业执照182户。

3日

州委副书记、州长向红琼到龙里县督查黔南州第八届旅发大会筹备情况，安排部署旅发大会筹备工作。州委常委、副州长刘建民参加督查，县委书记刘华龙，副县长朱鸿陪同。

11日

《龙里县妇女发展规划（2101—2015）》《龙里县儿童发展规划（2101—2015）》通过省、州终期评估。

民政部委派安徽省民政厅到龙里县开展养老服务业发展政策落实情况督查。

13日

贵州省老龄产业协会到龙里县大健康药食材

产业基地调研。

15 日

下午，出席黔南州第八届旅游产业发展大会的领导和嘉宾参观深高速茵特拉根小镇、中铁国际生态城小球体育公园、太阳谷康养中心。

晚上，参加黔南州第八届旅游产业发展大会的嘉宾在云栖谷·双龙镇，观看“彩韵龙山”文艺演出。是日晚，“舞龙舞狮”焰火晚会在兴龙广场举办。两场晚会互动直播。省人大常委会原副主任肖永安，州委副书记、州长向红琼，县领导刘华龙、陈曦、上官昌健、王永坤和其他出席黔南州第八届旅发大会的省、州、县领导及嘉宾观看演出。

省统计局总统计师彭龙在省统计局主持召开双龙航空港经济区统计工作协调会议，省统计局设管处、贵阳市统计局、黔南州统计局、龙里县政府、南明区统计局和贵州双龙航空港经济区经发局有关负责人参加。

16 日

主题为“健康之旅·养生黔南——游风情小镇·品岩画神韵”的黔南州第八届旅发大会在龙里县中铁国际旅游度假区云栖谷·双龙镇召开。省人大常委会原副主任肖永安，省政协原副主席吴嘉甫，国家旅游局原巡视员、中国旅游报原总编邵春，省旅游局局长傅迎春，州委书记龙长春，州委副书记、州长向红琼，州政协主席高金林，省水利、林业、体育等部门领导，县四家班子领导出席。新华社贵州分社、经济日报、贵州广播电视台、香港商报、中国旅游报、贵州日报、贵州画报社、当代贵州以及柬埔寨国家电视台、老挝国家电视台、泰国经济基础报等 50 多家国内外媒体应邀参加。

在黔南州第八届旅游产业发展大会期间，举办“大健康医药产业”国际高峰论坛，邀请到数名国内医药保健专家和企业家。其间，20 余家医药企业 100 余种医药产品参展。会上，州委副书记、州长向红琼作以“守底线、走新路、奔小康，把黔南打造成为国际知名的健康养生旅游目的地”为主题的主旨演讲。

17 日

“2015 黔南——东南亚国际文化节”举办。活动现场设有美食品鉴、旅游线路展、旅游工艺品展、非遗展示区、国际会演区等。万余名省内外游客到龙里县云栖谷双龙小镇，体验黔南、东南亚美食和文化。来自马来西亚、越南、柬埔寨、泰国等国的 100 余位商家现场烹制东南亚美食，展销异国风味风情。

18 日

完成 2015 年生源地助学贷款工作，发放贷款 538.02 万元，惠及学生 941 人。

19 日

龙里县 2015 年烟叶收购工作关秤。全县共收购合同内烟叶 1.5 万担，完成州下达计划任务的 100%。同时，合同外收购丰产烟叶 92.897 担代为保管。

22 日

龙里县举行“扶贫济困·你我同行”扶贫开发和慈善工作暨“扶贫日”现场捐赠活动仪式。活动现场共收到社会各界捐款 29.695 万元。县领导刘华龙、陈曦、上官昌健、王永坤等参加募捐活动。

山东省淄博市周村区委书记、区人大常委会主任韩昆山率考察团到龙里县参观考察。县领导刘华龙、陈曦、上官昌健、王永坤、汪永丽、陈强及有关部门负责人参加座谈。

龙里县举行 2015 年农民体育健身工程及全民健身路径工程器材发放仪式。2015 年龙里县共争取到乡镇农民体育健身工程 5 个、村级农民体育健身工程 18 个、全民健身路径 5 条。

龙里县举行“敬老爱老·盛世小康”暨

“敬老月”文艺晚会，前去龙里县参加黔南州三届九次老年书画研究会（展）的省州嘉宾和各县市代表参加。县人大常委会主任上官昌健、副主任陈民，县政协副主席金子成出席。

23日

州委常委、都匀军分区司令员罗燕军到龙里督导“三严三实”专题教育工作及贯彻落实习近平总书记在中央政治局第二十六次集体学习时的重要讲话精神情况。县领导上官昌健、王永坤、汪永丽、王泽勇、罗越飞、陈光煜出席督导会。

省体育局副局长肖俊一行4人对龙里县“十二五”期间体育场馆建设情况、农民体育健身工程、全民健身路径进行专题调研。

24日

县教育局、县司法局联合在全县开展第二届中小学“精彩人生路·法律伴我行”演讲比赛。设教师组、小学组和中学组，共有40名师生参赛。第三小学教师龙鱼会、第一小学学生刘睿婕、龙里民中学生赵小庆分别获得冠军。

27日

在全省现代服务业发展推进会暨“十百千”工程启动大会上，贵州省服务业发展领导小组正式授牌龙里贵州快递物流集聚区为贵州省重点现代服务业集聚区。该集聚区西起龙里县贵龙纵线干道，东至谷脚镇观音村，南临贵新高速公路，北靠210国道，总规划面积9700亩。

28日

全县2015年团干部座谈会召开。县委书记刘华龙，县委副书记吴应忠，县委常委、组织部部长罗越飞出席会议。团县委负责人，全县各镇（街道）组织委员、团委书记，东北农业大学支教团，武汉理工大学研究生支教团及县发改局、龙里民中、龙里三中等单位团支部书记参加座谈会。

龙里县刺梨产业商会第一届代表大会在县林业局召开。全县刺梨加工企业、合作社、种植大户、个体工商户等代表参加。大会审议通过《龙里县刺梨产业商会章程》《龙里县刺梨产业商会五年发展规划》《龙里县刺梨产业商会执行委员会选举办法》。选举产生第一届会长、副会长、秘书长。

省政协副主席、省政协书画院顾问左定超组织省内书画家到龙里开展“下基层、送文化、促发展”活动。书画家现场创作22幅作品捐赠给龙里县收藏，左定超向龙里县赠送《贵州省政协书画院作品集》。县领导陈曦、王永坤、汪永丽、张忠庆、张宗毅、马晓红、金子成参加。

全县妇女干部培训班正式开班，全县共50名妇女干部参加培训。贵州财经大学信息学院副院长、电子商务系副教授、阿里巴巴电子商务培训师赵丽授课。

30日

龙里县召开创建“贵州省同步小康达标县”工作暨黔南州第八届旅发大会（龙里）筹备工作总结表彰大会。获创建达标县工作突出贡献奖5人、先进集体38个、先进个人50人；获旅发大会筹备工作先进集体奖34个、先进个人62人。

在贵州省2016年度国家农业综合开发高标准农田建设项目竞争立项陈述会上，龙里县在24个县（市）中获第一名，入选2016年度国家项目县。

中国民主促进会黔南州委龙里支部成立大会召开。民进省委秘书长曾国强，州政协副主席、民进黔南州委主委杨俊，中共黔南州委统战部副部长、州外事侨务和台港澳办主任杨波，刘华龙、陈曦、上官昌健、王永坤、汪永丽、罗越飞等县“四家班子”领导，民进黔南州委有关负责人及龙里支部全体会员出席。

龙里县举行2015年“德行龙里”十佳美德少年颁奖晚会，表彰十佳美德少年：龙里民中七年级（1）班吴龙燕、羊场小学六年级（1）班吴桥洁、龙里中学高三（11）班周红、龙里三中九年级（3）班朱海燕、龙里中学高一（3）班蓬明连、龙里中等职业学校李毓梦、县四小六年级（1）班贺宇宇、县一小六年级（2）班冯雅琪、草原小学六年级倪贵英、巴江小学陈文海。县领导陈曦、上官昌健、汪永丽、陈俊、肖红、马晓红出席。

是月

县妇联、县科技局举办龙里县“小龙女”家政服务技能培训班。贵州黔灵女家政服务中心培训师授课，主要有月嫂、母婴护理、健康护理、道德礼仪、家政服务、家庭烹饪、养老护理等课程。培训一周，有36名学员考试合格获得劳动技能结业证书。

11月

2日

贵州山区现代水利龙里县湾滩河示范园区（龙里县2014年度小型农田水利重点县）项目完工并投入使用，解决5837亩耕地灌溉问题。

4日

贵州省关工委、黔南州关工委“关爱行动”走进龙里，为龙里县第三中学50名贫困学生和10名品学兼优学生分别发放助学金和奖学金共计31000元。

5日

贵阳市·黔南州推动贵州双龙航空港经济区发展会议在龙里召开。省委常委、贵阳市委书记、贵州双龙航空港经济区党工委书记陈刚主持，贵阳市委副书记、市长刘文新，州委书记龙长春，州委副书记、州长向红琼，县委书记刘华龙，县委副书记、县长陈曦，及贵阳市、黔南州、贵州双龙航空港经济区、龙里县相关部门负责人参加。

省委党校社会治理专题研讨班到龙里就社会治理工作进行专题调研。

6日

东北农业大学研究生支教团“刺梨映像”项目观影团带领龙里民中33名留守学生走进电影院圆“电影梦”，鼓励学生像小查理一样用“永不言弃”的精神面对学习与生活。

8日

贵州龙里农村商业银行成立。是日，贵州龙里农村商业银行股份有限公司创立大会暨股东大会第一次会议召开。黔南银监分局党委书记、局长耿晓青，县委常委、常务副县长犹永凯出席。

9日

龙里县“119”消防宣传月活动启动仪式举行，75家社会消防重点单位和20余家消防安全委员会联系成员单位参加。

10日

省人大常委会委员、外事侨务委主任委员王礼全及教育科学文化卫生委员会副主任委员喻培萱，黔南州委副书记、州长向红琼等23名省十二届人大代表集中视察龙里县农村学前教育和社会经济发展工作。副州长吴俊，县人大常委会主任上官昌健、副县长肖红等陪同。

醒狮镇创建国家卫生镇工作通过黔南州创建国家卫生乡镇验收工作组的评审验收。

龙里县消除疟疾工作通过州卫计委消除疟疾考核评估组的考核验收评估。

10日至14日

醒狮镇组织大岩村根雕能人一行7人到福建省考察学习。

11日

龙里县妇联开展“爱心一线牵”活动，19位爱心妈妈将编织的毛衣捐赠给16名孤残儿童。

县政务中心正式开展新农合大病保险报补工作，累计报补143人次，报补96.84万元。经筛查全县符合大病报销患者有689人次，预计支付新农合资金350万元。

13日

黔南州中共十八届五中全会精神宣讲组到龙里宣讲。

贵州刺梨产业发展研讨会暨2015年贵州省刺梨学会学术年会在龙里县贵州龙架山国家森林公园接待中心召开。贵州省刺梨学会会员230余人，省刺梨学会理事长樊卫国、省林业厅营林总站站长张乃春、黔南州政府副秘书长赵院、黔南州林业局副局长王海平、龙里县政府副县长罗用频等参会。

14日

黔南州“精彩人生路·法律伴我行”普法演讲比赛决赛举行，龙里民中赵小庆获中学组冠军，一小刘睿婕获小学组三等奖，三小教师龙鱼会获教师组三等奖，民中教师郑莉筠获优秀指导教师奖，龙里县获优秀组织奖。

15日

龙里县委中心学习组2015年度第八次集中学习读书会召开。

“双十一”购物狂欢节第五天，贵州快递物流园首个物流高峰，日吞吐快件量达80万票以上。其中，中通快递贵州分公司日吞吐快件达40多万票。

17日

农产品电商专家、吉林云飞鹤舞农牧业科技有限公司董事长莫问剑到龙里县开展电商生态建设与模式创新专题讲座。

18日

黔南州2015年度国民经济核算工作培训会在龙里县举行。省统计局副局长冯育毅及国民经济核算专家授课，全州12县（市）统计部门负责人参加。是日，副州长张全毅陪同冯育毅和与会专家到大数据中心、快递物流园、双龙镇调研。

由省林业厅组织的“2015年贵州省森林公园监督检查培训会”在龙架山公园举行。省林业厅营林总站站长张乃春、副站长罗明忠出席，全省各市（州、地）相关负责人及龙里林场场长涂祥闻、副场长黄德（公园法人代表）参加。

19日

贵州省首家县（区）级院士专家创新工作站在龙里县高新技术产业园区成立。龙里县累计聘请36位院士专家为第一批建站专家，涉及生态环境保护、医药健康、大数据电商、精密机械加工、现代山地高效农业、社会与行政管理创新等10余个学科行业。省科协党组书记、副主席张美圣及党组成员、副主席钱斌，州政协副主席张家春，州科协主席程世均，县领导上官昌健、王永坤、吴应忠、罗越飞、陈俊、肖红、张宗毅以及龙里县院士专家创新工作站领导小组成员单位、企业代表出席开站仪式。

广州市政府副秘书长刁爱林一行到龙里县龙山镇科技园、湾滩河高效生态农业示范园、云栖谷·双龙镇、贵州龙里大数据应用中心参观考察，副州长陈有德、副县长朱鸿陪同。

龙里县基层党组织“第一书记”和党建扶贫驻村工作组长培训班开班，60人接受培训。

龙里县新闻通讯工作获贵州日报表彰。3名通讯员获表彰为优秀通讯员，其中1名一等奖、2名二等奖；2名通讯员的作品获评为一等和三等新闻奖；县委宣传部获表彰为2014年度“通讯工作先进集体”，是黔南州唯一连续5年获得贵州日报表彰的单位。

20日

中共龙里县第十一届委员会第121次常委扩大会议召开，传达学习省委书记陈敏尔，省委副书记、代省长孙志刚在全省县域经济发展大会暨2015年全省第三次项目建设现场观摩会总结会上的讲话精神。

21日

中共龙里县纪律检查委员会全体会议召开。会议听取县委常委会、县人大常委会党组、县政府党组、县政协党组、县人民法院党组、县人民检察院党组2015年述责述廉述德工作报告。县“四家班子”领导，县人大常委会党员副主任，县政府党员副县长，县政协党员副主席，县“四家班子”非党领导，县纪委委员，县人民法院、县人民检察院党员领导干部，部分部门主要负责人，部分驻县单位主要负责人，县内企业主要负责人，各镇（街道）党委（党工委）书记参加。

龙里县依法惩治违法违规建筑动员部署会召开。县“四家班子”领导出席，各县直部门、镇(街道)、驻县单位负责人，部分党代表，县城中小学校校长等参加。

26日

龙里县人民法院第二高清法庭内通过使用远程视频网络，公开审理一起行政案件，标志着龙里县人民法院远程视频庭审系统正式运行。与以往庭审不同的是，庄严的审判法庭内只有合议庭成员和书记员端坐在法台上，两台大屏幕显示器显示着龙里人民法院和罗甸人民法院相互传输的实时庭审画面。庭审过程清晰流畅，从技术上解决两地法院实时影音传输问题。

27日

龙里县龙山镇消除“空壳村”壮大村级集体经济龙头企业“贵州翼龙汽车服务有限责任公司”正式启动运营。该公司于2015年11月13日正式成立，注册资金75万元。由龙山工业园区管委会出资20万元，龙山镇的11个“空壳村”各出资5万元。有自购车辆3辆，接收社会私人挂靠车辆11辆。

30日

龙里县提前完成2015年州级公共财政预算收入目标任务，全县财政收入累计完成157752万元，占年度任务的95.26%，同比增长28.38%，超序时进度3.59个百分点。

龙里县结合社区实际，在州委提出“亮身份作示范、亮承诺转作风、亮行动树形象，创党建品牌”（以下简称“三亮一创”）的基础上，又提出“6个1”工作要求，即开展1次以上民情家访，参加1次以上社区活动，开展1次以上政策宣讲，认领1个以上“微心愿”，提1条以上合理化建议，认领1个以上社区工作服务岗位，由县“四家班子”领导率先垂范到社区报到服务，推动全县党员干部扎实开展“三亮一创”工作。截至11月30日，县城区有4215名机关党员、公职人员利用中午、下午的下班时间到小区报到，共领取“扶贫帮困、文化活动、便民服务、医疗救助、维护治安”等服务岗位4215个，“微心愿”5000多个，建立“爱心微信”互动群32个，服务困难群众4300多人。

自5月开展的1%人口抽样调查工作，先后完成样本村摸底调查、小区图绘制、调查员及指导员培训、对16个调查小区4571人调查登记和数据质量抽查审核等工作。

是月

龙里县对2014年符合灵活就业社会保险补贴条件的69户就业困难人员兑现社保补贴金229875.35元。

12月

1日

龙里县在全州“十二五”中小学教师继续教育工程评估检查中获第一名。

2日

为期3天的县委中心组“三严三实”专题教育第三次专题学习研讨（扩大）会议结束。刘华龙、陈曦、上官昌健、王永坤等县“四家班子”领导参加。

贵都联络线扩建二期工程项目的重难点工程——三岔河中桥完成T梁的预制及吊装。该桥桥梁全长100.7米，加宽扩建宽8.5米。桥型设计为T梁桥，设计荷载为城-A级。桥梁上部构造为3-30米装配式预应力T梁，下部构造为U型桥台，基础形式采用桩基，桥墩为圆柱式。

县红十字会携手爱心人士开展“扶贫牵手·大爱连心”活动，在湾滩河镇六广小学、渔洞小学、园区村共发放新棉被100床、苹果20箱、衣物40余袋。

3日

龙里龙滩水库等3座小一型水库集中正式开工建设，计划总投资5.5亿元。

6日

龙里县与飞云鹤舞电子商务集团杭州常春藤实业有限公司签订电子商务战略合作协议。县委副书记、县长陈曦，县委常委、县政府副县长谢明元，县政府副县长朱鸿出席签约仪式。

龙里县召开电子商务领导干部培训会。云飞鹤舞集团董事长、淘宝大学县域电商特聘专家、中国县域“互联网+”行动联盟发起人莫问剑作题为“做贵州电商的加速器·龙里电商顶层设计与模式创新”的专题培训，围绕“县域电商热背景下的龙里机会、龙里如何突破县域路线图设计的‘两难’、建设龙里电商生态系统的五个重点、龙里电商的引爆点与机会点”等方面讲解。县领导上官昌健、谢明元、徐彬、莫涛、康兴西、陈俊、肖红、张忠庆、马晓红、陈金富参加。

农业部农科院信息所所长孙坦一行到龙里县调研“农业走出去及农业信息化经验”工作。县委副书记、县长陈曦，副县长朱鸿，省州县相关部门负责人陪同。

8日

龙里县洗马镇卫华民族初级中学被省教育厅、省民宗委命名为“贵州省第五批民族民间文化教育项目学校”。该校共集中开展近6年的民族民间文化教育工作。

9日

黔南州发改局通报，龙里县申报2016年22个省级重大项目通过省发改委初审，项目总投资713.86亿元，年度计划投资89.73亿元，主要涵盖产业发展、基础设施、民生及其他项目。2016年省级重大工程和重点项目个数、年度投资分别比2015年增加5个、5.65亿元。

龙里县窄冲水库下闸蓄水阶段移民搬迁安置、库底清理、移民资金及档案管理等工作通过州级验收。验收组认为，对移民政策严格把关，移民安置方式创新，尤其是库底清理成为全州最好的典范。

省知识产权局公布，龙里县被国家知识产权局批复为国家开展知识产权质押融资试点，与西安市、芜湖市同为全国38个试点地区之一，是贵州省唯一的试点县。

《龙里年鉴（2014）》《龙里年鉴（2015）》通过县级评审会评审。提交评审的《龙里年鉴（2014）》《龙里年鉴（2015）》初稿共两册60余万字，在全县100余个单位组稿的基础上编纂而成。县委常委、宣传部部长、《龙里年鉴》编纂委员会副主任汪永丽主持评审会议。

9日至13日

龙里县组织邓氏辣子鸡、豌豆尖等系列30余件产品参加在桂林国际会展中心举办的第九届广西名特优农产品交易会。会展期间，邓氏辣子鸡系列产品销售额1万余元。

10日

黔南州“互联网+电子商务”专题培训班学

员到龙里中通快递物流、贵州龙里大数据应用中心、双龙物流商贸城等地，考察龙里县电商物流产业发展情况。统计显示，龙里县引进物流企业共29家，总投资210亿元。

11日

龙里县中铁国际户外休闲旅游综合体项目建设成绩获得省100个旅游景区建设考核组年终考核肯定。县委常委、宣传部长、统战部长汪永丽，县政府副县长朱鸿及相关部门负责人陪同参加。

12日

龙里县举办2015“德行龙里·一路有你（礼）”主题实践活动总结暨2016“德行龙里·一路有你——扶贫牵手·大爱连心”启动仪式。省委宣传部宣教处处长孟麟，州委宣传部副部长、州文联主席黄光兴，州文明办专职副主任雷达，县四家班子领导刘华龙、陈曦、上官昌健、王永坤等出席活动并为“见义勇为者”“文明之星”“爱心使者”颁奖。千名师生诵读国学经典，部分社会团体进行爱心宣誓，并开展“扶贫牵手·大爱连心”微心愿认领和百企帮百村活动。

13日

全县农村淘宝启动暨电子商务推进大会召开。会上，龙里县与阿里巴巴集团签订农村电子商务合作意向协议。刘华龙、陈曦、上官昌健、王永坤等县四家班子领导，人民法院、人民检察院、县委各部门、县级国家机关各部门、各人民团体、驻县单位主要领导，各镇（街道）党政主要领导和分管电子商务相关负责人，全县各村（居、社区）支书和主任参加启动大会。会间，阿里巴巴集团农村淘宝贵州大区副总经理方江伟作电子商务暨农村淘宝工作专题培训。

14日

太平洋建设第四集团到龙里洽谈投资合作项目。县投资促进局、房管局、龙里高新技术产业园区相关负责人参与洽谈并陪同考察。

14日至15日

龙里县举办电子商务进农村知识培训班。中国电子商务协会讲师、淘宝大学创业讲师曹文平授课，全县党政干部、村干部、驻县单位人员等1200人接受培训。

18日

龙里县召开脱贫攻坚工作专题调度会，传达《黔南州脱贫攻坚责任状》，强调“坚决打赢脱贫攻坚这场硬仗”。刘华龙、陈曦、上官昌健、王永坤、汪永丽、王泽勇、犹永凯、罗越飞、谢明元、陈光煜、黎彤、罗用频、王永良、陈强、王煦等县领导，及部分部门主要负责人参加会议。

20日

黔西南州考察团到龙里县碧桂园天麓1号、中铁1%摩都、双龙小镇、快递物流园等项目点考察项目建设。省政协秘书长李月成牵头，黔西南州委常委、副州长邓家富带队，州委书记龙长春、副州长吴俊及县领导刘华龙、陈曦、王永坤、汪永丽、王泽勇、谢明元、魏明陪同考察。

贵州省首届“全彩课堂杯”中小学师生中华优秀传统文化教育系列主题活动征文比赛获奖名单揭晓，龙里县第一小学、第三中学等学校师生共27人次在征文比赛中获奖。

22日

全省同步小康创建达标培训会在龙里召开。龙里县等县（市）介绍同步小康创建达标的主要做法和经验。省委政研室副主任、省全面小康办副主任王瑞军主持，州委常委、常务副州长罗桂荣，县委书记刘华龙，县委副书记、县长陈曦，县委副书记吴应忠及全省创建同步小康的市（州）、县（市、区）相关领导参加。

22日至24日

龙里县举办新任村（社区）“两委”干部专

题培训班。各镇（街道）党（工）委副书记和81个村（社区）“两委”干部168人接受培训。

23日

省委巡视工作领导小组第十二巡视组进驻龙里县开展为期15天的“回头看”巡视工作，就2013年省委第一巡视组反馈意见落实情况进行“回头看”巡视。此次巡视对象和范围是县“四家班子”及成员，县人民法院、县人民检察院党组主要负责人。省委巡视组组长张杰、副组长张燕，州委常委、纪委书记魏明禄，省委巡视组全体人员出席动员会。县“四家班子”领导成员，县纪委（监察局）、县委组织部班子成员，县委办、县政府办主任、副主任，县人大办主任、县政协秘书长，县人民法院院长、县人民检察院检察长及班子成员，在职县级干部，县直部门主要负责人，各镇（街道）党政主要负责人，近5年内退休的副县级干部，县各纪工委主要负责人，县纪委各室主要负责人参加动员会。

龙里县醒狮镇安全农业公园项目开工典礼在该镇高吏目村举行。该重点项目采取“互联网+传统农业+安全食品+个性化服务”的开发经营模式，核心区主要涵盖药膳蔬菜种植基地、传统养殖基地、食品安全加工基地、乡愁怀旧博物馆等。项目由贵州安农农业开发有限公司计划投资6亿元以上，拟用3年时间建成贵州省唯一的集种植、养殖、安全食品加工为一体的安全农业主题公园。

24日

龙里新高中正式开工建设。项目点位于谷脚镇香樟岩贵龙大道旁，距县城约9公里，工程占地385.45亩，计划总投资3.5亿元，预计2017年全部建成；计划建成后的新高中办学规模将增至102个班（现55个班），可满足5000学生（现3000人）的教学、生活、训练需求。

龙里县2015年第四批重点工程项目集中开工仪式在高新技术产业园区雪花啤酒异地搬迁扩能建设项目地举行。集中开工项目有雪花啤酒异地扩能搬迁、贵州轻纺婴童用品产业园等23个，项目总投资158.5亿元。县领导刘华龙、上官昌健、王永坤、犹永凯、谢明元、肖红、李健、朱鸿、魏明出席。

省林业厅直属机关党委书记黄永昌等到省龙里林场调研指导省直机关工会工作委员会在该场建立“贵州省直机关职工生态文明教育培训基地”筹备建设情况。

28日

龙里县旅游行业分会成立。会员涉及经合法经营注册的旅游景区、旅行社、旅游饭店、旅游娱乐场所、旅游购物商店、旅游车船队及旅游科研部门等领域，共有会员13家。

29日

中共龙里县委十一届八次全体（扩大）会暨全县经济工作会召开。县委书记刘华龙代表县委常委会向全会作工作报告。刘华龙、陈曦、上官昌健、王永坤等县“四家班子”领导，十一届县委委员（33人）、十一届县委候补委员（5人），非县委委员的县四家班子领导干部（含非领导职务），其他县级领导，县纪委委员，县人大、县政协各专委会（内设机构）主要负责人，非县委委员的部分部门主要负责人，驻县各单位主要负责人，各镇（街道）党政主要负责人出席。

结合黔南州公务用车制度改革业务培训会要求，启动龙里县公务用车制度改革工作。

龙里县窄冲水库阶段蓄水通过省级验收（12月9日，通过州级验收）。

是月

省文明办、省财政厅、省教育厅联合表彰2015年度全省“十佳乡村学校少年宫”、50名优秀校长、100名优秀辅导员，龙里县羊场、醒狮两所中心学校乡村少年宫获“全省十佳乡村学校少年宫”称号，羊场中心学校乡村少年宫校长方颖获“优秀校长”称号，醒狮中心学校教师罗贤恩获“优秀辅导员”称号。截至2015年底，全县建成乡村学校少年宫6所。

州教育局公布，龙里县获“2015年全州中小学教学常规管理先进县”荣誉称号。此前州教学常规工作检查组于11月17日、18日到龙里检查，随机抽取龙里民中、醒狮中学、洗马中学3所学校。经评定，龙里民族中学、醒狮中学综合得分A等，洗马中学综合得分B等。

是年

龙里县实施省、州重大工程和重点项目32个，计划总投资827.54亿元，年度计划完成投资100.38亿元，年度完成投资108.01亿元，占年度计划的107.61%。龙里万钧包装、上坝（分散式）风电场等16个重大项目基本建成投运。

全面开工建设剩余的通村沥青（水泥）路项目，里程合计190.45公里，总投资14857万元，年底基本完工。

龙里县经济发展综合测评得分81.25分，位列全省31个经济强县第6位，较上年上升7位。地区生产总值增速、工业增加值增速等27项指标位次进入全州前三，其中17项指标位列全州第一。

全县累计完成规模工业产值170亿元，同比增长19.8%，占全年计划的106.2%；完成规模工业增加值42.84亿元，规模工业增加值总量居全州第三位，同比增长14.5%，占全年计划的122.4%；规模工业增加值累计增速高于全州2.2个百分点，排全州第一，在全省增比进位中位列31个经济强县第8位。

由县发改局委托中社科（北京）城乡规划设计研究院贵州分院编制完成《龙里县大健康医药产业发展规划（2016—2020）》。

大事补遗

2014年9月11日，龙里县羊场镇走马村由国家民委明确为“全国民族团结进步创建活动示范单位”之一。

（田建平）

概 述
GAI SHU

地情简介

【地理环境】龙里县地理坐标为东经106°45′18″~107°15′1″、北纬26°10′19″~26°49′33″。地处贵州省中部，贵阳市东南面，黔南州西北部，自古就是贵阳的东大门，是东出三湘南下两广的要津。东与贵定县交界，南与惠水县接壤，西、西北与贵阳市毗邻，北、东北与开阳县、福泉市隔河相望。全县总面积1521平方公里，东西宽36公里，南北长73公里。县城距省会贵阳市中心33公里、龙洞堡国际机场28公里、州府都匀市区137公里。龙里开发区紧邻省会贵阳市，贵新高等级公路，210国道，湘黔、黔桂、珠六铁路复线、厦蓉高速公路和贵广快速铁路等从县城穿过，县域依托交通、区位优势成为贵州双龙临空经济区和黔南州“一圈两翼”环贵阳城市经济带的组成部分。

【建置区划】“龙里”之名始于元代，并名“云从”。明代又名“龙驾”。《贵州图经新志》：“龙驾：本山名，卫治其下，因以为名。”2015年，辖5个镇（龙山镇、谷脚镇、洗马镇、醒狮镇、湾滩河镇）、1个街道（冠山街道）81个村（社区）。

【自然条件】县境地势西南高、东北低，中部隆起，地貌类型主要有台地、丘陵、山地、山原、盆地。海拔一般在1080~1500米。全县地表水年径流量8.426亿立方米，河流总长644公里，天然落差4860米，水能理论蕴藏量46746千瓦。土壤类型主要有黄壤土、石灰土、草甸土、水稻土，其中黄壤土分布最广、面积最大。适宜种植水稻、玉米、小麦、烤烟、油菜和蔬菜、水果、中药材等。天然植被大致分为针叶林、针阔叶混交林、阔叶林、灌丛、灌丛草坡、草坡6种。有龙架山国家AAA景区、猴子沟省级风景名胜区、喀斯特高山台地大草原等旅游景点和成为省城绿色屏障的1.33万公顷集中连片森林。2015年，全县森林覆盖率55.29%。县内共探明的主要矿产资源有煤、硫铁、赤铁、褐铁、重晶石、高岭土、石灰石、白云石、大理石、硅、钾等。亚热带季风湿润气候，温和舒适，日照充沛，冬无严寒、夏无酷暑，年平均气温14.8℃；年降水量1100毫米左右，年日照时数1160小时左右，无霜期280天以上。

【人口民族宗教】2015年年末，总人口232377人。其中，少数民族99144人，占总人口的42.67%。人口出生率9.75‰、人口自然增长率4.27‰、符合政策生育率97.17%。县境世居民族主要有汉族、布依族和苗族，少数民族30个（回族、彝族、侗族、壮族、水族、蒙古族、藏族、满族、白族、土家族、畲族、仡佬族、京族、维吾尔族、瑶族、傣族、黎族、羌族、仫佬族、毛南族等）。苗族主要有白裙苗、红簪苗、青苗、花苗、印苗、海葩苗共六大支系，与布依族共同构成全县世居少数民族主体。2015年，信教群众约2500人，其中佛教2000余人、天主教350余人、道教100余人、基督教50余人。共有正式登记宗教活动场所7个，其中佛教6个、道教1个。

【发展优势】县域经济社会发展经历国家“八五”市场经济启动时期、“九五”“十五”市场经济初步发展时期，“十一五”进入“城市化、工业化和农业产业化”成长快速期。“十二五”时期，成为黔中“区位凸显区、交通密集区、经济成长性潜在强势区、人居环境极佳宜居区和经济社会发展‘两欠’（欠发达、欠开发）区”，实施工业化、城镇化、农业现代化、信息化“四化同步”。为“全国科技进步先进县”、省级“农村社区建设实验全覆盖示范县”、全省首个“国家循环经济示范县”创建县、“国家现代农业示范区”创建县。县域经济以工业为主导，特色工业主要有民族医药产业等。特色农产品主要有龙里刺梨、商品蔬菜、羊场大米、谷龙晚秋黄梨和林下养禽等；特色工艺品有大岩根雕等。2015年，随着贵龙大道、贵广高铁、沪昆高铁的建成通车，标志着龙里县步入高铁时代，拉近龙里开发区与省会贵阳及沿海等发达城市间的距离，为龙里开发区融入省会贵阳、承接东部发达地区产业转移带来新的机遇。

【民族习俗】民族传统节日主要有四月初八、斗牛节、杀鱼节、六月六、七夕情歌节等。苗族在农历四月初八前后几天举行祭祖、射背牌、吹芦笙、跳月、染花米饭、走亲访友、男女青年社交等活动。县内有20多个传统斗牛场，斗牛节活动内容有斗牛、吹唢呐、吹芦笙、跳芦笙舞、打粑粑等。杀鱼节在农历二月月底到三月月初，龙里清水江畔巴江一带与开阳、福泉等县（市）的苗族群众上千人共同举行杀鱼、对歌、野炊等活动，祈求来年风调雨顺、五谷丰登。农历六月初六布依族举行赛歌、包粽子等活动。七夕情歌节源于布依族传统对歌、赛歌习俗，2007年以后固定在县境孔雀寨举办，节日内容有对歌、赛歌、民族商品交易和各种水上活动。

【文化遗产】全国第三次文物普查登记录入县境不可移动文物250余处，其中原有省级文物保护单位1处，原有及新增县级文物保护单位52处，普查录入新发现文物点200余处。普查登记全县非物质文化遗产名录30余项，其中县级名录26项。省级名录有《果里跳洞——数邑》《龙里苗族服饰》和苗族古歌《果乐》，州级名录有《龙山原始草纸制作工艺》《布依族砍典例》《草原跳月》《巴江农民画》《岱林海邑苗正罡》。主要人文景观有巫山岩画、莲花洞、冠山、云台山、苗画、苗族跳月、洞棺葬等。巫山岩画规模、数量为贵州罕见，作画年代据推断为春秋晚期。莲花洞又名“粗糠洞”“观音洞”，疑为清康熙年间陈鼎《黔游记》所述“五百里观音洞”。冠山古建筑群为省级文物保护单位。云台山有明、清云台寺遗址。苗画为苗族在沿袭传统蜡染、刺绣的基础上进行的农民画创作，作品富于装饰性，具有原生态文化色彩。苗族跳月为自古沿袭的重要节庆活动，每年正月初六至十二举行，入载《中华现代节庆大辞典》。果里村苗族洞棺葬现存棺材400多具。

【旅游事业】旅游景点主要有龙架山、大草原、猴子沟、刺梨沟等。贵州龙架山国家森林公园面积6079公顷，园内有贵州高原濒危植物繁育中心、贵州中亚热带珍稀植物园，为“国家生态文明教育基地”。大草原和猴子沟为省级风景名胜区，总面积174.5平方公里，有千亩以上草坪9个，猴子沟峡谷分布在草坪之间。县境谷脚镇茶香村人工种植刺梨连片长达10余里，人称“十里刺梨沟”“刺梨花走廊”。醒狮镇为“根雕艺术之乡”。洗马镇张氏家族传统舞龙耍狮技艺在民族民间体育文化传承中具有典型性，常年举办武术、舞龙耍狮、太极拳等培训班。龙里辣子鸡为黔南州名菜。

经济社会发展

【主要指标完成情况】2015年，在全省31个经济强县增比进位综合考评中位列第6位，比2014年上升7个位次，连续四年居全州经济强县第一。2015年，完成地区生产总值71.49亿元，同比增长15%；规模以上工业增加值41亿元，同比增长14.5%；固定资产投资136.14亿元，同比增长25.37%；财政总收入16.93亿元，同比增长20.65%，其中一般公共财政预算收入

8.25亿元，同比增长23.07%；农村居民人均可支配收入8354元，同比增长11.2%；城镇居民人均可支配收入24155元，同比增长10.5%；社会消费品零售总额14.49亿元，同比增长12.2%；金融机构各项存款余额87.23亿元，同比增长51.5%；金融机构各项贷款余额57.17亿元，同比增长29.2%；招商引资省外3000万元以上项目到位资金95.72亿元，同比增长20.86%。

【提升发展形象】2015年，按照协调推进“四个全面”战略布局要求，紧扣省委“两加一推”主基调和州委“一圈两翼”战略，坚持“守底线、走新路、奔小康”的工作总纲，坚持“三为”工作导向，以小康创建、增比进位、项目观摩会、全州旅发大会四项工作为着力点，强化经济建设“三个一”调度机制，全县经济社会呈现持续健康协调发展的态势，率先通过同步小康建设省级达标验收。成功举办全省第二次项目观摩会、全州第八届旅发大会，成功申报“中国物流实验基地”，获得“中国最美健康养生旅游名县”“全国电子商务进农村综合示范县”等荣誉称号，“国字号”名片的政策红利和品牌效应逐步凸显。

【优化产业结构】坚持立足优势、突出特色，推进传统产业转型升级和新兴产业培育壮大。三次产业比例调整为12.34∶62.77∶24.89。工业化持续推进，全县工业增加值36.17亿元，同比增长14.8%。2000万元以上规模工业企业达105家。实施民营经济“三年倍增计划”，民营经济占生产总值的比重逐步提高。省级高新技术企业达11家，专利申请达400件。全县综合科技进步水平指数达86.1%，居经济强县第5位。以商贸物流为重点的现代服务业加快发展，建成双龙现代农副产品集散中心一期工程、贵州快递物流园，第三产业增加值达17.73亿元，增长18.4%。依托国家现代农业示范区建设，发展现代高效农业，种植蔬菜30.5万亩、刺梨14.2万亩、花卉苗木1.66万亩，粮经比调整到30∶70。

【城乡基础设施建设】坚持实施“东优西扩”战略，城镇化步伐加快，城市建成区达31.61平方公里，城镇化率达50.63%。贵龙纵线一期、贵龙大道建成通车。基本完成贵都联络线二期、县城公共体育馆建设。完成经开区基础设施投资10.22亿元，高新园区大道及龙山园区道路B段建成通车。基本完成210国道（千家卡至县城）改造，建成通村水泥路23条、198公里。建成重点区域污水处理站5个，全县城镇污水处理率达98.1%，城乡生活垃圾无害化处理率达64.4%。窄冲水库下闸蓄水，结束县城供水无调蓄保障能力的历史。实施“四在农家·美丽乡村”和“一事一议”项目197个，投资完成2349.41万元，获得“全省小康寨建设优秀县”称号。

【深化改革开放】完善政府决策机制，在政府工作中引入法律、规划和融资专家顾问制度，完善依法科学民主决策机制。筹建财政投资评审中心，启动财政投资评审改革工作。推进“扩权强镇”，镇（街道）财政体制管理改革全面铺开；以醒狮镇为试点，推进195项行政权力下放。基本完成醒狮镇农村土地承包经营权确权登记颁证工作。以县第四小学为试点，建立事业单位法人治理结构。全县村居优化调整到81个村（社区）。开展“三证合一、一照一码”改革工作。落实经济建设重大项目、招商引资、经济运行“三个一”调度要求，完善项目企业“特派员”制度和项目推进督查机制。深化与贵州双龙航空港经济区、周边区（县）的友好合作。建立贵州高校创新联盟龙里基地，开展科技人才培养、科技创新方面的合作。加强校地合作，建成贵州大学校地合作示范基地。成功申报全国知识产权融资试点，建成全省首家县级院士创新工作站。

【改善民生】实施大扶贫战略，推进扶贫开发工作，争取专项扶贫资金3720万元，减少贫困人口5050人，原哪嗙乡实现“减贫摘帽”，20个贫困村出列。抓好“绿色贵州·美丽龙里”建设，完成营造林38480亩。县城区环境空气质量优良达标率为100%，集中式饮用水源地水质达标率为100%。龙里中等职业学校成功申报省级示范中等职业学校，启动龙里新高中、县第五小学建设，新建、迁建和改扩建公办幼儿园16所。高考成绩再创历史新高，二本以上上线人数突破500人。建成县医院内科综合大楼。新农合参合人数达185507人，参合率达96.32%。城镇新增就业4879人，农村劳动力转移5542人。推进“平安龙里”建设，完善立体化社会治安防控体系，推行全方位、一体化防控警务模式。

标志性事件

【贵龙城市大道正式开通】7月16日下午，贵州省首条跨地区城市干道——贵龙城市大道正式通车，标志着龙里县主动融入贵阳城市经济圈，加快双龙航空港经济区开发建设迈出更加坚实的一步。贵龙城市大道起于龙里县第三中学北侧水桥社区连接金龙西路延伸段，终于贵阳市南明区小碧乡，与贵阳城市主干道东站路延伸段连接，龙里段路线全长16.6千米，按双向6车道城市快速路标准建设，设计时速80公里，从龙里到贵阳只要20分钟左右。

【黔南州第八届旅游产业发展大会在龙里召开】10月16日，主题为“健康之旅·养生黔南——游风情小镇·品岩画神韵”的黔南州第八届旅游产业发展大会在龙里县中铁国际旅游度假区云栖谷·双龙镇召开。会上，国家旅游局原巡视员、中国旅游报原总编邵春为龙里县人民政府颁发了“中国最美健康养生旅游名县——龙里”荣誉牌。

【龙里县2015年经济发展综合测评排经济强县第6位】12月30日，龙里县2015年经济发展综合测评排位得分81.25分，位列全省31个经济强县第6位，较2014年位次提升7位。参与测评的35项指标中，20项指标排位进入经济强县前10位，其中金融机构各项存款余额增速、贫困乡镇发生率、集中式饮用水源地水质达标率、县城环境空气质量达标率、经济发展群众满意度排经济强县第一位。27项指标排全州前3位，其中地区生产总值增速、人均GDP、工业增加值增速、社会消费品零售总额增速、旅游总收入增速、金融机构各项存款余额增速、综合科技进步水平指数、城镇新增就业人数增速、人均公共财政预算收入等17项指标排全州第一位。

【提前实现同步小康创建达标】9月，贵州省全面小康办发布2014年度以县为单位全面小康统计监测结果，龙里县全面小康综合实现程度96.7%，位居黔南州第1位、全省第11位，被认定为“贵州省同步小康达标县”，提前一年实现同步小康创建达标的目标。

【龙里县成为贵州第一个国家知识产权质押融资试点】龙里县被国家知识产权局批复为国家开展知识产权质押融资试点，试点时间自2015年11月起，为期3年，成为全国42个试点地区和单位之一，是贵州省第一个试点县。2014年以来，全县共为企业申请专利660件，其中发明专利361件，实用新型专利299件，专利授权220件，获著名商标5家和“高新技术企业”12家；贵州瑞和制药等10余家企业通过发明专利质押融资贷款3000万元以上。

【贵州龙里双龙快递物流集聚区被认定为“中国物流实验基地”】2015年，贵州龙里双龙快递物流集聚区通过中国物流与采购联合会专家委员会评审，被认定为中国物流实验基地。贵州龙里快递物流集聚区是以物流为支撑，集快递、电商、公路、保税等物流为一体，涵盖主题商业、电商体验运营、商贸物流企业总部、大型电商企业仓储配送基地，最终形成以电商产业为主题，商贸物流为支撑的西南地区现代化综合临空商贸物流服务集聚区。

【龙里县被命名为“贵州大健康医药产业发展示范县”】 9月2日，龙里县等10个县（市、特区）被贵州省大健康医药产业发展领导小组命名为“贵州大健康医药产业发展示范县（市、区）”，这是龙里继获得“中国刺梨之乡”“中国最美健康养生旅游名县”“国家标准康养示范区”等多张名片后，再次增添的一张新名片。

（姬惟、罗华礼）

领导名录

LING DAO MING LU

姓名后面有“*”号的，是在 2015 年因提职、调职、免职、换届、机构调整和离退休及其他原因而离职；没有“*”号的，为年底仍在职。

中共龙里县委

书　记：刘华龙
副书记：陈　曦　吴应忠
常　委：汪永丽（女）王泽勇　犹永凯
　　　　罗越飞　谢明元（京）　陈光煜
　　　　黎　彤（布依族）

县委工作部门

县委办公室

主　任：魏　明*　罗宗邦（布依族）
副主任：闻　豪　王　砚（女）
　　　　宋波波　罗泽勇（布依族）*
　　　　曾　继　蒋光燕（女）

县国家安全工作领导小组办公室

主　任：魏　明*　罗宗邦
专职副主任：刘　峰*　晏　龙

县保密委员会（保密局）

主　任：吴应忠
副主任：汪永丽（女）　犹永凯
　　　　王泽勇　魏　明
保密局局长：王如生（布依族）

县委政策研究室

主　任：罗泽勇（布依族）

县纪律检查委员会（监察局）

书　记：陈光煜
副书记：陈明裕（布依族）　杨　洋
常　委：陈有富（布依族）　余道碧（女）
　　　　田茂军（土家族）　李俊义
第一纪工委书记：田茂军（土家族）
第一纪工委副书记：文秀金（苗族）
第二纪工委书记：余道碧（女）
第二纪工委副书记：杨国凯
第三纪工委书记：陈有富（布依族）
第三纪工委副书记：陈应菊（女）
第四纪工委书记：李俊义
办公室主任：陈有富（布依族）
办公室副主任：刘　相
信访室主任：黄国华
党风政风监督室主任：李俊义
监察局局长：陈明裕（布依族）
监察局副局长：梁晓丽（女）*　田茂军
第一分局局长：文秀金
第二分局局长：杨国凯
第三分局局长：陈应菊（女，布依族）
第四分局局长：梁晓丽（女）
干部室主任：陈应菊（女，布依族）*
宣传教育研究室主任：张玺锟（土家族）
案件监督管理室主任：陈玉平（布依族）
案件审理室主任：王连科
第一纪检监察室主任：涂江忠*
第二纪检监察室主任：吴明玉
县举报中心（非公有制经济发展侵权投诉中心）
主任：朱胜琴*
信息中心主任：黄　燕

县委组织部

部　长：罗越飞
常务副部长：岑　红（布依族）

副部长：宋跃东　罗熙秋（女，布依族）
熊　杰
部务委员：熊明涛　陈　丽（女）　张　车
办公室主任：张　车
党建办主任：熊　杰
党建办副主任：李　娜（女）　张　韵
干部科科长：熊明涛
干部监督科科长：陈　丽（女）
干部考核考评管理办公室主任：胡伟谊
人才办主任：刘雪梅（女）

县关心下一代工作委员会

主　任：罗越飞
常务副主任：康兴鼎　张择武（苗族）
谢贻刚　王继洪
莫　涛（布依族）
金子成（苗族）
副主任：汪永丽（女）　犹永凯　魏　明
肖　红（女）　黄正安
罗熙秋（女，布依族）
秘书长：刘廷学
副秘书长：王　亮（女）

县离退休干部局
局　长：罗熙秋（女，布依族）
副局长：刘廷学　罗时洪（布依族）

县委宣传部

部　　长：汪永丽（女）
常务副部长：罗士朝（布依族）
副　部　长：肖元辉　罗宗斯（布依族）
刘玉红　庹朝平

县精神文明建设指导委员会办公室
主　任：姚　刚

县整脏治乱办公室
主　任：范启麟
副主任：黎耀文

县文化体制改革和文化产业发展办公室
副主任：谭　云

县委统战部

部　长：汪永丽（女）
常务副部长：刘万荣
副部长：龙大海（布依族）　秦昌平（苗族）
台办副主任：宋　梅（女）

县编委办

主　任：沈安春
政务信息管理中心主任：何定昌

县事业单位登记管理局

局　长：王昌林（女，布依族）

县信访局

局　长：罗天相
副局长：卢其政
群工中心主任：罗天相
群工中心副主任：卢其政　冯　平　龚龙孝
纪检组长：杨　蓉（女）

县委党校

校　长：罗越飞
常务副校长：禹启华
副校长：陶朝霞（女）　吴永文（布依族）

县老年大学

校　长：罗时洪（布依族）
副校长：党莉娟

县直属机关工委

书记罗：利　平（女，布依族）
副书记：肖　立
纪工委书记：宋致喜

县督查督办局

局　长：罗祥金（布依族）
副局长：郑　毅＊　陈朝华＊
　　　　王云燕（女）　王高明
纪检组长：宋贞华

县人大常委会

党组书记、主任：王永坤
党组副书记：陈　民（布依族）
副主任：陈　民（布依族）　徐　彬
　　　　康兴西　杨　鸣　陈　俊（女）

县人大常委会办公室

主　任：罗加骐（布依族）
副主任：陈　杨

人大代表联络办公室

主　任：吴永贤（布依族）

信访督查室

主　任：冯秀华（女，土家族）

县人大常委会各工委

代表工作委员会

主　任：徐　权

经济工作委员会

主　任：林更喜（布依族）

教育科学文化卫生委员会

主　任：张　薇（女）

民族宗教事务委员会

主　任：罗永香（女，布依族）

环境与资源保护委员会

主　任：杨家芬（女）

农业与农村工作委员会

主　任：龙沿成

法制工作委员会

主　任：邵朝模

县人民政府

县　长：陈　曦
常务副县长：犹永凯
副县长：谢明元（京）
　　　　侯　远（—2015.07）
　　　　罗用频（2015.04—）
　　　　王永良（2015.04—）
　　　　王　煦（2015.07—）
　　　　陈　强（2015.06—）
　　　　肖　红（女）
　　　　李　健　朱　鸿　魏　明

县人民政府工作部门

县政府办公室

党组书记、主任：杨胜利
副主任：尹光国　朱玉香（女）
罗枢华（布依族）　史文剑
聂吉江　熊　涛　曾　继

县政府法制办公室

主　任：罗添伦（布依族）
副主任：杨德建

县政府应急办

主　任：杨胜利
专职副主任：龙　超

县政府研究室

主　任：兰　予

县政府金融办

副主任：赵兴见

县政府人民防空办公室

主　任：杜丽娟（女）
副主任：曾为娜（女）

县政府“两烟”办公室

主　任：余　勇

县机关事务管理局

局　长：曾　继
副局长：冯舰颖　张登菊（女）

县发展和改革局

党组书记、局长：王国祥
副局长：陈　杰（布依族）
乔雁飞　谢　兰（女）
纪检组长：陆绍明（布依族）
综合监督监察执法大队队长：王海滨

县商贸物流业发展局

常务副局长：梁　华
副局长：彭　浩

县科学技术和知识产权局

副局长：钱洪帮（主持工作）
吴文林（侗族）
纪检组长：赵志钦

县防震减灾局

副局长：刘　斌

县投资促进局

局　长：陈朝华
副局长：何　丽（女）
纪检组长：陈世刚

县教育局

党组书记、局长：潘　华
副局长：何德发　周　勇
罗黔丽（女，布依族）
纪检组长：陈家元（布依族）*
朱胜琴（女，侗族）

县政府教育督导室

督　学：覃业忠
副主任：陈家元（布依族）

县工业和信息化局

局　长：谢明元（京）　罗林富＊

常务副局长：焦　阳

副局长：代劲松　王贵生

纪检组长：陈辉慧（女，布依族）

县民族宗教事务局

党组书记、局长：秦昌平（苗族）

副局长：王国秀（女，苗族）

　　　　罗祥凤（女，布依族）

纪检组长：吴永银（女，布依族）

县审计局

党组书记、局长：郑绍勇

副局长：任　伟　艾泽萍（女）

纪检组长：杨普兵

县民政局

局　长：杨智琴（女，苗族）＊　左光红

副局长：周　海　简远德＊

　　　　罗祥友（布依族）

纪检组长：黄永宁

县社会救助局

局　长：杨玉鸿（女）

县民政执法大队

大队长：林礼超

县老龄委办公室

主　任：杨智琴（女，苗族）＊　左光宏

副主任：郑霞霞（女）

县财政局

党组书记、局长：龚传贵

常务副局长：韩　波（布依族）

副局长：杨　松　韦玉春（女，布依族）

采购办主任：龚传贵

纪检组长：文秀金（苗族）

机关党委专职副书记：陆娅莉（女）

县国有资本营运有限公司

董事长：谢明元（京族）＊

总经理：曹礼林

副总经理：罗忠林（布依族）

县国税局

局　长：周永恒

党组副书记：罗安达

副局长：刘国峰　莫伯涛　吴　玉　龙彦如

纪检组长：张佩林

县地税局

局　长：刘祖宇

副局长：周　伟＊　高　云

纪检组长：黄　皓＊　岳安国

一分局局长：杨　丹

二分局局长：李风雷

三分局局长：肖　健

县人力资源和社会保障局

党组书记、局长：宋跃东

常务副局长：罗显琴（女，布依族）

副局长：郭正龙　刘红梅（女，布依族）

纪检组长：王武兴（布依族）

县社会保险事业局

局　长：郭正龙

县就业局

局　长：汪　劲

县劳动人事争议调解仲裁院

院　长：沈建祥

县国土资源局

局　长：尹光祥

副局长：向晓丽（女）　杨兴隆（布依族）

　　　　陈朝彬

纪检组长：陈恩祥（布依族）

县环境保护局

党组书记、局长：胡　琼（女，回族）

副局长：莫玉红（女）　刘　翔

纪检组长：涂江忠

县城乡规划局

（年末机构改革后隶属于住房和城乡建设局）

副局长：杨　杰　黎　黎（女）

县住房和城乡建设局

党组书记、局长：李政泉

副局长：郑成明　杨春华（女）

纪检组长：李声春

县房地产管理局

（年末机构改革后与房屋产权征收局合署办公）

局　长：罗　勇（布依族）

副局长：扶明军　韩宏宇（布依族）

纪检组长：何　斌

房屋产权征收局

局　长：罗　勇

副局长：莫　文（女）

县城市管理局

党组书记、局长：林　勇

副局长：陈　刚　宋运伦

　　　　陈廷燕（女，布依族）

纪检组长：李忠喜

城市公用事业局

局　长：林　勇

副局长：毛德玲（女）　周　禹

县园林绿化管理局局长：陈　敏（女）

城市管理监察大队大队长：沈安志

县交通运输局

党组书记、局长：刘　秦

副局长：秦秋云（女）　岑　伟（布依族）

　　　　吴吉州（苗族）

海事处处长：顾　颖

道路运输管理局副局长：曹　虎（回族）

农村公路管理局局长：陈龙彪

纪检组长：罗心斌（布依族）

县农村工作局

党组书记、局长：肖元辉＊　朱　鸿

副局长：兰建国（苗族）＊　杨朝慧（女）＊

　　　　莫玉红（女）＊

　　　　罗华玉（女，布依族）　宋　军

纪检组长：吴　明（侗族）

县茶产业办公室

主　任：罗国政（布依族）

副主任：罗华玉（女，布依族）＊

县农业广播电视学校

校　长：杨玉海（苗族）

县农业综合执法大队

大队长：屠国美（女，苗族）

县蔬果办公室

主　任：王　萍（女，苗族）

县动物卫生监督所

所　长：袁双全

县动物疫病控制中心

主　任：夏永波（土家族）

县扶贫开发局

局　长：范玉旭

副局长：陈　松（布依族）　肖崇黔

纪检组长：莫天鹏（布依族）

县水务局

党组书记、局长：梁世坪

副局长：陈大海　彭盛刚　张琦惠（女）

纪检组长：李士贤

县水利水电工程移民局

（年末机构改革后，更名为水库和生态移民局）

党组书记、局长：罗祥刚（布依族）

副局长：陈正林（苗族）　乐举业

纪检组长：戴启荣

县林业局

局　长：陈　宏

副局长：肖　丽（女）　余　沸（女）

王云海（苗）

纪检组长：杨国凯

县气象局

局　长：宋应刚

副局长：江声荣　王红波（土家族）

纪检监察员：邓　珺（女）

县文体广电旅游局

党组书记、局长：庹朝平

副局长：宋　华　杨玉玺（苗族）

冯馨仪（女，布依族）

纪检组长：熊安龙

县广播电视台

台　长：刘玉红

副台长：王立信　王广宁

县新闻中心

主　任：刘玉红

副主任：王立信

县卫生和计划生育局

党组书记、局长：霍贵平

副局长：杨继生　罗黔涛（女，布依族）

纪检组长：袁建明

县疾病预防控制中心

主　任：王洪云

副主任：温同安

县卫生监督所

所　长：李劲松

副所长：田远东

县人民医院

党总支书记：董　永

院　长：杨卫东

副院长：徐茂国　肖和平

县中医院

副院长：赵祖峰（苗族）

胡永生（苗族）　吴　坚

县妇幼保健院

院　长：袁步红（女）

县安全生产监督管理局

局　长：向科艺

副局长：张金坤　苏济文（布依族）

执法大队队长：刘　云

县统计局

党组书记、局长：刘立新（侗族）

党组副书记、纪检组长：宋庆贤

党组成员、副局长：龙婵娟（女）　卢增辉

党组成员、县乡镇统计管理办公室副主任：袁　明

县乡镇统计管理办公室副主任：申道相

县统计执法大队大队长：陈泽理（布依族）

县档案史志局

党组书记、局长：陆永辉（布依族）

副局长：吴永辉（布依族）　罗　彪（布依族）

党史研究室主任：罗华礼（布依族）

纪检组长：刘晓羽（女，布依族）

县供销社

党组书记、主任：杨智琴（女，苗族）

常务副主任：罗传礼（布依族）

副主任：周正平

纪检组长：唐光芬（女，苗族）

县市场监督管理局

党组书记、局长：陈远军

常务副局长：胡　珊（女，回族）

副局长：王吉良　蒋　勇

纪检组长：袁　鑫（女）

规范服务行业办公室副主任：熊　炜

市场监管信息中心主任：唐　茂（女）

机关党委书记：唐定梅（女）

县政府行政服务中心

党组书记：韦俊龙（水族）

主　任：韦俊龙（水族）

常务副主任：陈洪波（女）

副主任：李　平

重大项目代办中心主任：许　冰（女，土家族）

纪检组长：金安利（女）

县政府公共资源交易中心

副主任：肖　艳（女）

纪检组长：陈　文

县经济开发区管理委员会

党工委书记：胡志峰

主　任：陈　曦

副主任：罗林富（布依族）

经济开发区办公室

主　任：谢启林

副主任：宋富荣（女）

经济开发区招商引资局

局　长：冯　波

副局长：赵太宇*

经济开发区产业规划建设局

副局长：蒋玉龙　陈　吉（女）

经济开发区财政审计局

副局长：肖钦蓉（女）

经济开发区社会事务局

局　长：龙明祥

副局长：梁晓红

双龙现代服务业园区管委会办公室

副主任：黄国学

腾龙实业集团有限公司

董事长、总经理：郭　静

副总经理：赵太宇　周平武　郭章俊

工会主席：杜青松

县物资总公司

副总经理：李忠兴

贵龙城市经济带投资开发有限公司

董事长：谢明元（京族）*

副董事长：郑绍峰*

总经理：王明荣

副总经理：何水清*　黄国学*　姜　荣*

投融资管理部主任：陈　懿

财务部副主任：邹明科

工程部副主任：王　伟

办公室副主任：宋佳佳

县金诚担保公司

总经理：李晓红

县铁路建设指挥部办公室

主　任：张忠庆（女）

副主任：杜陈华　王高明　杜　岚（女）

政协龙里县委员会

党组书记、主席：莫　涛（布依族）

副主席：张忠庆（女）　张宗毅
陈光荣（苗族）　金子成（苗族）
马晓红（女，布依族）
陈金富（布依族）　仝太东
李政泉

秘书长：雷安桥

副秘书长：熊　轶（女）　雷　远（苗族）

县政协办公室

主　任：熊　轶（女）

智力支边办公室

主　任：兰建国（苗族）

副主任：杨再刚

县政协各专门委员会

提案和法制委员会

主　任：陈学宇

社会联谊委员会

主　任：李万隆

法制委员会

主　任：罗显安（布依族）

民族宗教委员会

主　任：罗斌祥（布依族）

法　治

县委政法委

书　记：黎　彤（布依族）

副书记、县综治办主任：林卫国

副书记：莫开迅

办公室主任：张冰昱（女）

维稳科科长：王　川（布依族）

综治科科长：徐厚江

执法监督科科长：马　华

县维稳办主任：韦明东（布依族）

县防范办主任：黄　诚

县维稳办副主任：李昌海（布依族）

县综治办副主任：杜劲松

县人民法院

院　长：杨　津（苗族）

副院长：罗　华　杨建中　刘显红（女）

纪检组长：江春枚

县人民检察院

党组书记、检察长：葛永昶

党组副书记、纪检组长：苏正林

党组成员、副检察长：沈安发　吴明洪　王　杰

党组成员、反贪局局长：成瑞平

党组成员、政工科科长：王秋生

党组成员、机关党委专职副书记：罗天明

县公安局

政　委：唐晓宇

局　长：杨　浚

副局长：龚述兵　徐　琦　刘昌柏　罗天桥　李　军（挂职）

龙里消防大队

大队长：章　震

教导员：王启坤

副中队长：罗汝飞

指导员：张　勇

县司法局

局　长：陈家键（布依族）

副局长：龙　虎（苗族）　陈永福

纪检组长：卢文勇

县普法依法治县办公室

主　任：郑厚忠

军　事

县人民武装部

政　委：王泽勇

部　长：席运良

副部长：张建辉

政工科长：崔勇峰

后勤科长：敬　强

武警部队龙里县中队

队　长：杨仕龙

指导员：孔令波

社会组织

县工商业联合会（商会）

党组书记：刘万荣
主　席：马晓红（女，布依族）
常务副主席：肖正惠（女）
副主席：王英朝（布依族）　王高明＊
　　　　黄　惠（女）
兼职副主席：韦玉春（女，布依族）
　　　　　　张金坤　何　丽（女）
　　　　　　韩　莉（女）　邝恩俊
　　　　　　徐　琦
秘书长：肖正惠（女）

县总工会

主　席：莫　涛（布依族）
常务副主席：陈　光（布依族）
副主席：许雪梅（女）

共青团龙里县委

书　记：邝永杰（土家）
副书记：上官田野

县计划生育协会

会　长：肖　红（女）
常务副会长：霍贵平
执行副会长：李奇元
副会长：张宗毅　陈　俊（女）
秘书长：冯树萍（女）

县妇联

主　席：李光采（女，苗族）
副主席：张菊英（女，苗族）

县文联

主　席：罗士朝（布依族）
副主席：罗德魁（布依族）
　　　　韦泽秀（女，布依族）
秘书长：罗德魁（布依族）

县科协

主　席：梁　锋
副主席：杨秀兰（女）

县残联

理事长：李再秀（女，苗族）
副理事长：周林燕（女）

县红十字会

常务副会长：陈明丽（女，布依族）
秘书长：罗安峥（女）

学校（城区）

龙里中学

校　长：田文祥＊
副校长：刘亚明　覃亚夫（土家族）
　　　　赵文荣（苗族）
党总支副书记：刘　江＊　王忠祥

龙里县民族中学

副校长：莫　军（主持工作）
　　　　杨　宁（彝族）　潘兴艺
　　　　文　显（土家族）

龙里县中等职业技术学校

校　长：吴永文（布依族）
副校长：陈培龙（布依族）

陈红英（女，布依族）

龙里县第三中学

校　长：姚鸿松

副校长：熊　芳（女，彝族）　陈朝俊

龙里县第一小学

校　长：陈友芳（女）

副校长：李　桂　卢荣红（女，苗族）

龙里县第二小学

校　长：佘嘉龙　周流发 *

副校长：李泽贵　王慧琼（女，布依族）

龙里县第三小学

校　长：陈廷芬（女，布依族）

副校长：莫天云（布依）　张开玉（女）

龙里县第四小学

校　长：王应彬（布依族）

副校长：陈国梅（女）　王德平（苗）

龙里县实验幼儿园

园　长：沈安鸿（女）

副园长：聂祥英（女）

龙里县第二幼儿园

园　长：龙 菊（女）

副园长：聂祥凤（女）

龙里县第三幼儿园

副园长：陈飞燕（女）　陈　燕（女）

街道　镇

冠山街道

党工委书记：周映龙

办事处主任：吴德富

党工委副书记：吴德富　田文松

纪工委书记：宋泽坤

组织委员：屈兴华（布依族）*　衡海剑

办事处副主任：罗　勇（布依族）　邱　毅

屈兴华（布依族）　刘震东

人大工委主任：罗启龙（布依族）

政法委书记：冯　波

武装部部长：彭金华

宣传委员：刘梅蓉（女）

综治办专职副主任：郝位涛

计生协会专职副会长：王国英（女）

财政局冠山分局局长：李红敏（女）

冠山街道社区综合服务中心专职副主任：犹　翌

三元社区服务中心主任：付　迪

麻芝社区服务中心主任：兰　臻

冠山高新技术产业园区管委会

党工委副书记、主任：周映龙

常务副主任：吴德富

副主任：黄　慧（女）　韩　波 *

冠山高新技术产业园区综合办公室

主　任：刘震东 *

副主任：胡伟谊 *

冠山高新技术产业园区经济发展局

副局长：魏仁良 *

冠山高新技术产业园区规划建设局

副局长：董卫红

冠山高新技术产业园区市政管理局

副局长：张和清（壮族）

冠山高新技术产业园区人力资源局

副局长：谢小明＊

冠山高新技术产业园区征收安置局

副局长：龚龙孝＊

冠山高新技术产业园区社会事务局

副局长：陈　鑫（布依族）

冠山高新技术产业园区科技推广服务中心

副主任：罗安峥（女）＊

冠山高新技术产业园区企业服务中心

主　任：陈国平（布依族）

龙山镇

党委书记：伍　航
镇　　长：翟建明
人大主席：何光祥
党委副书记：翟建明　宋小波
纪委书记：王新奇（苗族）
组织委员：任本钊
宣传委员：宋金阳
政府副镇长：郑　洁　潘海江（苗族）
　　　　　　刘婉萌（女，布依族）
　　　　　　罗华礼（布依族）
政法委书记：何开宏（侗族）
武装部部长：袁家平
综治办专职副主任：潘祖辉（苗族）
财政局龙山分局局长：罗洪莉（女，布依族）
龙山社区综合服务中心副主任：陈　宏
草原社区服务中心主任：陈　宏
水场社区服务中心主任：梁林峰（布依族）

龙山工业园区管委会

党工委副书记、主任：伍　航
常务副主任：熊　波
副主任：熊　波＊　翟建明

谷脚镇

镇党委书记：孟　杰
镇　　长：刘　峰（壮族）
党委副书记：刘　峰（壮族）
　　　　　　翟建明＊　昌德林
纪委书记：刘鹏程
组织委员：杨昌升（苗族）
宣传委员：陈小刚
副镇长：刘乃云　梅　睿
　　　　王　友（女，布依族）
　　　　喻非洲
政法委书记：厉中鑫
武装部长：罗黔宏（布依族）
社区综合服务中心专职副主任：刘　泉

谷脚工业园区管委会

党工委副书记、主任：孟　杰
常务副主任：刘　峰

谷脚工业园区财政审计局

副局长：张津铭（土家族）

谷脚工业园区规划建设局

副局长：梁成模（布依族）

谷脚工业园区第三产业局

副局长：王　飞

醒狮镇

党委书记：熊　波

镇　　长：辜夜明

人大主席：袁益飞

党委副书记：严晓飞

纪委书记：唐德银（苗族）

组织委员：何　超

宣传委员：杨　海

副镇长：冯　俊　袁凤波

叶　菲（女）　黄铭蔚（苗族）

政法委书记：李明先

综治办专职副主任：郭兴富

武装部部长：陈　林

社区综合服务中心副主任：张承贵

社区综合服务中心专职副主任：陈全燚

计生协会专职副会长：蒋　宏（女）

财政分局局长：邵廷祥

醒狮新兴产业园区管委会

常务副主任：辜夜明

醒狮新兴产业园区规划建设局

副局长：邵廷祥

醒狮新兴产业园区经济发展局

副局长：陆品琪

醒狮新兴产业园区市政管理局

副局长：李忠喜

醒狮新兴产业园区社会事务管理局

副局长：夏德刚

醒狮新兴产业园区人力资源局

副局长：杨朝辉（苗族）

醒狮新兴产业园区第三产业局

副局长：李雪容（女）

洗马镇

党委书记：吴明学

镇　　长：蒋光燕（女）

人大主席：李正平

党委副书记：蒋光燕（女）　严正龙

纪委书记：刘　双

组织委员：陈　凯

宣传委员：莫伯平

副镇长：滕代明

杨　璠（布依族）　李　勇

罗心琼（女，布依族）

政法委书记：罗华奎（布依族）

综治办专职副主任：沈安文

武装部部长：王健全（布依族）

哪旁社区服务中心主任：吴明虎

巴江社区服务中心主任：韦文光（布依族）

洗马高效农业综合开发示范区管委会

副主任：苏济文（布依族）

洗马高效农业综合开发示范区经济发展局

副局长：张和清（壮族）*

洗马高效农业综合开发示范区市政管理局

副局长：何　赟

洗马高效农业综合开发示范区征收安置局

副局长：杨普兵*

洗马高效农业综合开发示范区社会事务管理局
局　长：李正平

湾滩河镇

党委书记：熊安平
镇　　长：杨朝慧（女）
人大主席：梁成林（布依族）
党委副书记：尹　祥
纪委书记：申成祥
党委宣传员：余　婷（女，蒙古族）
政府副镇长：国兴文　吴吉阔（苗族）
周吉友　杨伦丽（女）
政法委书记：罗建华（布依族）
综治办专职副主任：张　勋（苗族）
武装部部长：夏繁星
财政分局局长：张育梯
湾寨社区服务中心主任：罗祥禄（布依族）
摆省社区服务中心主任：杨龙坤（苗族）
计生协会专职副会长：罗时华（布依族）

湾滩河现代高效生态农业示范园区管委会

党工委副书记、主任：熊安平

湾滩河现代高效生态农业示范园区规划建设局
副局长：周　勇

湾滩河现代高效生态农业示范园区社会事务管理局
副局长：国兴文

湾滩河现代高效生态农业示范园区企业服务中心
副主任：唐光芬（女，苗族）

湾滩河现代高效生态农业示范园区人力资源局
副局长：余　婷（女，蒙古族）

金融机构

龙里银监办

主　任：郭正沫

人行龙里县支行

行　长：汪洪海＊　杨贵平
副行长：杨　辉　史　敏（女）＊
尤　艳（女）
监察室主任：江常柱

工商银行龙里县支行

行　长：薛　松
副行长：朱亚勤　王家德＊　黄兰蓉（女）
纪检组长：朱亚勤

农行龙里县支行

行　长：陶　凯
副行长：陶　松
纪检员：罗发燕（女，布依族）

建行龙里县支行

行　长：齐　勇＊　宋　刚
副行长：陈　波（布依族）＊
纪检组长：李　龙

龙里国丰村镇银行

行　长：何德明＊　陈巨帅
副行长：汤治芳（女）　杨远荣

农业发展银行龙里县支行

行　长：吴廷松
副行长：闫璐璐

龙里农村商业银行

党委书记、理事长：王　强

监事长、纪委书记：张生才

主　任：邓良芝（女）

副主任：肖　建　王　刚

风险总监：王　清

黔南州住房公积金管理中心龙里分中心

主　任：张红萍（女）

副主任：杨　治

人保财险龙里分公司

副经理：张孟琼（女）

人保寿险龙里分公司

经　理：黄　政

太平洋保险龙里支公司

经　理：陈地霖

邮政通信

龙里邮政局（公司）

局　长：彭千忠＊　蔡杰萍（女）

电信龙里分公司

总经理：高晓华

副总经理：陈　海

移动龙里分公司

经　理：徐永忠

联通龙里分公司

经　理：梁　波

垂管单位

黔南州盐业公司龙里分公司

经　理：余丽煌（女）

副经理：霍　清（女，侗族）

黔南州石油分公司龙里公司

经　理：高嵩光

龙里供电局

局　长：田林江

副局长：郝　丽（女）　吴　冰

总会计师：叶　力

贵州省龙里林场

场　长：涂祥闻

副场长：黄　德

龙里火车站

党支部书记：施　勇

站　长：冉平林

副站长：金　勇

龙里火车北站

站　长：汤志寅＊

黔南州龙里水文站

站　长：张　可

贵州广电网络龙里县分公司

经　理：伍春龙

政 治

ZHENG ZHI

中共龙里县委员会

工作综述

【概况】2015年为全面深化改革关键之年，全面推进依法治县开局之年，贯彻落实中共十八大、十八届四中全会，州委十届六次全会和中央、省、州经济工作会议及习近平总书记系列重要讲话精神，紧扣省委“两加一推”主基调和州委“一圈两翼”战略部署，突出“守底线、走新路、奔小康”的工作总要求，坚持“项目为纲、民生为本、实干为先”的“三为”工作导向，以“三严三实”作风推进各项事业健康稳定持续发展，党的建设凝聚新合力，工业经济实现新增长，农业产业收获新成果，改善民生取得新作为，文化事业呈现新气象，社会治理提升新水平，同步小康打开新局面，全县经济社会发展保持健康快速的良好态势，主要经济指标大幅提升。

【改革和法治】全面深化改革办公室设置在县委政研室，设置经济体制改革、扶贫开发改革、民主法制领域改革、文化体制改革、社会体制改革、生态文明体制机制改革、党的制度建设改革、纪律检查体制改革共8个专项小组和33个专题组。印发《中共龙里县委全面依法治县工作实施方案》，启动全面依法治县工作。

【五个坚持】坚持以引项目、建项目、推项目为抓手，围绕新医药与大健康产业、高新技术与新材料产业、商贸物流与现代服务业、现代生态农业、旅游业共五大产业，统筹规划布局，内抓基础规范，外拓渠道招商，着力提高对外开放水平，经济发展呈现稳中有进、稳中向好、稳中有优的态势。坚持统筹协调推进城乡一体，加快城镇建设步伐。发挥中心城市的辐射带动作用、小城镇的关键支撑作用和新型农村社区的战略基点作用，着力构建协调发展、互促共进的现代城镇体系。坚持以扶贫开发为重点，以同步小康创建为载体，把着力点放在基础设施建设、民生事业发展、扶贫开发、社会环境治理、生态文明建设、精神文明建设等方面，全力做好保障和改善民生工作。坚持更高质量、更高水平，注重系统性、整体性、协同性，立足于当前发展现状和未来发展需求，以更大决心冲破思想观念束缚、突破利益固化的藩篱，坚定不移将全面深化改革抓细抓实，各项改革任务全面推进。坚持把硬化堡垒、优化队伍、强化廉洁贯穿到党建工作始终，以严的标准、严的要求、严的手段全面加强党的基层组织建设、干部队伍建设、党风廉政建设。

工作开展

【项目发展】依托良好的生态环境、优越的交通区位优势和较强的产业基础，通过领导干部带头招商、以商招商、以情招商、门前招商、媒体招商等方式，广开招商路、择优聚商源、择强引商企，招商引资效率与质量实现“双提升”。同时，坚持重大项目每月一调度、招商引资每月一调度、经济运行每月一调度的“三个一”调度机制，及时分析解决项目的困难和问题。进一步细化“四家班子”领导挂包重点项目机制，推进领导干部下企业、上工地发现问题、解决问题。深化项目企业“特派员”制度，架通政企沟通桥梁。抓好政务服务中心、公共资源交易中心等公共服务平台建设，服务项目企业实现一站式受理、一站式办结，确保引进项目和企业平稳着陆、快速推进。至11月中旬，全县招商引资累计到位资金178.3728亿元，完成州下达177亿元任务数的101%，同期增长37.89%。

【工业经济】着力创优内部环境，在畅通政企沟通、加强协调服务、融资牵线搭桥、争取政策支持等方面做文章，服务企业机制逐步健全，解决科之杰、中广核贵州风力发电、红狮水泥等多家企业提出的困难和问题37个，华润雪花、林隆实业、龙里创奇等6家企业技改扩能建成投产。在园区交通、供水、电力、网络及公共配套服务方面加大投入建设力度，完成基础设施投资11.84亿元，同比增长23.19%，园区环境进一步改善、承载能力进一步加强。启动智慧城市规划、申报、建设，抓实信息化与工业化“两化”融合示范企业创建，企业信息化建设基础逐步夯实。先后为润和、红狮、恒力源3家企业争取两化融合示范项目资金15万元。至10月，累计完成规模以上工业增加值35.69亿元，占州计划的101.97%，同比增长14.8%。新增认定规模以上企业20户，全县2000万元以上规模企业达到105家，规模企业数占全州第一位。

【农业经济】以加快建设国家现代农业示范区为核心，巩固优势产业、壮大特色产业、培植新兴产业，全县农业农村经济呈现较好发展势头。农业结构调整成效显著。蔬菜、刺梨、水果、茶叶等经济作物种植得到科学规划、精准引导和大力扶持，粮经比例达到30：70。新型农业经营主体不断壮大。年营业额100万元以上农产品加工企业逐步增多。申报县级及以上龙头企业8家，新增农民专业合作社44个，已获认定的州级示范家庭农场7户，省级示范家庭农场1户。

【第三产业】依托区位和资源优势，以黔中经济区休闲度假、康体养生、生态旅游、民族文化和乡村旅游相结合的休闲避暑度假和商务及会议会展旅游基地为定位，瞄准重点引资做强，突出特色打造包装，追求品味完善配套，积极申报孔雀布依风情园项目、龙架山休闲度假区建设项目，进一步加大云栖谷·双龙镇、巫山峡谷等旅游点投资力度，完成龙里大草原40亿元的引资签约基础工作，一批集体育健身、餐饮住宿、金融通信于一体的配套功能服务体系进一步完善。区域休闲旅游等服务产业项目建设进度加快，中铁国际旅游体育休闲度假中心已初具精品景区功能，深高速“茵特拉根”小镇旅游度假宜居项目一期工程全面建成并对外开放。承办2015“多彩贵州”第二届龙里户外嘉年华系列活动和黔南州第八届旅发大会，旅游发展外在形象进一步提升，获“中国最美健康养生旅游名县”称号。

"双龙"现代服务业集聚区综合管理服务平台暨贵州龙里大数据中心初步运行。商贸物流业发展快速，"普洛斯""中通""申通""圆通""乡飞""万科"等16家快递、物流企业入驻园区且部分投产运营。"双龙"快递物流集聚区通过中国物流与采购联合会专家委员会评审，被认定为中国物流实验基地。

【城镇建设】新增建成区面积1.20平方公里，白晶谷"安拉塔纳"、中铁生态城AB区、双龙镇一期、"茵特拉根"小镇等7个新增建成区实现水电路"三通"。贵龙大道于7月全面建成通车，新增道路10.3公里，完成交通标线、行道树等相应设施建设。围绕"三条主线"，以全省第二次项目观摩会及承办全州旅发大会为契机推动项目建设，莲花湿地公园建设、水提阁公园提质改造工程完工投用，公共体育馆续建工程、贵都联络线二期工程顺利推进，县城区河道治理、景观建设、亮化检修完工。总投资3120万元的"小康房"建设按计划推进，示范小城镇业务指导、招商引资有序推进，14个新开工的"8+X"项目共完工9个。五镇一街道坚持"产城一体"总体思路规划布局，突出引资促产，一批现代农业产业、服务业成为拉动城镇经济的支撑点；突出提质扩优，一批优化城镇布局、强化服务功能的配套工程陆续建成发挥作用。突出宜居宜业，一批排污治污工程、环境绿化工程、生态安居工程、河道治理工程等相继建成发挥效用，城镇产业功能、城市功能、生态功能"一体化"发展向前推进。至10月，完成城镇建设投资32.78亿元，占年度任务的109.27%，城镇化率达50.63%。

【同步小康创建】坚持把同步小康创建作为最根本、最全面的民生工程，强化动态监测，统筹工作调度，着力加强核心指标和薄弱环节的攻坚，9月中旬通过省全面小康办实地验收，被认定为2014年度贵州省同步小康创建达标县，提前实现全面小康创建目标。

【农村基础设施】县乡村公路的改造提质全面推进，完成县乡道路项目4个，总里程31.71公里。完成通村水泥路项目23个、198.60公里，打通建制村通水泥（沥青）路的"最后一公里"，建制村通水泥（沥青）路比重达100%，农村客运通车率达100%。完成121个"一事一议"项目，农村群众生活周边道路环境实现提质美化。水利建设"三大会战"取得战果，全县水利基础设施条件进一步改善，四大骨干水源工程建设梯次推进，16个农村饮水安全工程全面完工试运行。一批供水机井、小型农田水利项目建成后在供水、引灌、排涝方面发挥效益。水毁水利工程进一步修复。山洪灾害调查评价和山洪灾害非工程措施相关建设基本完成，山洪灾害综合防御能力得到提升。新建35千伏和110千伏线路47.2公里，农村电网"干""支"建设趋于优化。农村电视、电话、电脑"三电"网络延伸及提质工程逐点推进，全县行政村通讯覆盖率达100%。

【民生事业】统筹推进"学前三年行动计划"和学前教育突破工程，一批幼儿园在乡村落地建设投用，幼儿教育资源向农村延伸、贴近；实施"9+3"计划和"4+2"工程，义务教育"控辍保学"机制进一步健全，8个"留守儿童之家"在四镇一街道中小学安家落户，农村寄宿制学校"改薄"、新建工程稳步实施，学校办学条件不断改善。中职校"百校大战"项目建设实施完毕，招生、招师和"控流提质"等工作全面发展。着力加强基层医疗机构标准化建设和乡村医生队伍建设，基层群众医疗环境、医疗条件大幅改善，基层医疗机构服务作风、服务水平明显提升。强化社会保障功能，"四个社会救助"落实有力，城乡低保救助金发放1603.99万元，医疗救助“一站式”服务实现向镇中心医院及分院全覆盖。城乡居民基本养老保险完成率102.34%。优抚工作服务水平进一步提升，获省级“双拥”模范县称号。灾情应急服务能力进一步增强。敬老院、社会养老服务中心等民生基础设施项目建设稳步推进。多形式开展就业服务，城镇新增就业6200人，完成州目标任务数的128.07%。“小康房”完成206户，危房改造完成3241户。

【扶贫开发】以科学治贫为主导、精准扶贫为核心、有效脱贫为目标，全面开展“遍访贫困村”“空壳村脱壳”等工作，抓好精准识别建档立卡，争取项目资金支撑，实施“雨露计划”培训，扶贫开发工作取得阶段性成效。全县各级领导干部走访行政村145个，走访贫困户7756户，为深入推进精准扶贫奠定基础。落实2014年财政扶贫资金1493.62万元，完成核桃、蔬菜、花卉苗木种植和竹鼠养殖等一批种养殖产业的落点落户，完成小康水机井、排洪沟等扶贫基础设施建设。争取财政专项扶贫资金3669.3万元，陆续实施一批具有增收脱贫效益的产业项目，开展“三位一体”培训、扶贫产业化培训、农村致富带头人培训等“雨露计划”基础工程，扶贫开发工作按计划推进进展良好。

【综合治理】推行“135”“三联一动”“一人多岗、一警多能”警务运行模式，城区、中心镇、农村三级犯罪实时控制机制常态化运行。深化“335”平安小区连片创建模式，“城乡连片、社区连片、村寨连片”的平安小区、平安村寨、平安园区网状化治安管理和社会服务格局全面形成。发动群众、组织群众、依靠群众，以村（社区）、200人以上规模企业、学校为主体的群防群治工作体系进一步完善。加大技防建设，投入1800万元的“天网工程”二期纳入年度重点建设项目加快推进，技防覆盖面进一步扩大。深化拓展“136”工程，特殊群体管理教育取得实效。着力抓好信访维稳机制建设和“百日攻坚”专项行动，大量问题及时稳控调处，群体性事件隐患得到有效预防和消除。严厉惩治违法犯罪活动，社会治安环境进一步优化，群众安全感和满意度得到巩固和提升。

【生态文明建设】坚持“生态立县”理念，把生态文明建设作为改善龙里生态环境、加快全面小康、实现可持续发展的战略任务，突出“建”“治”“宣”三大抓手，森林植被恢复建设、石漠化综合治理、退耕还林成果巩固有序推进，完成3.848万亩营造林任务，全县森林覆盖率提高到55.29%。不断加强生态环境建设的投入力度、治理力度和宣传力度，工业“三废”治理常态化推进、农村环境综合整治深入实施、集中式饮用水源点保护监管有力、环保“四进”宣传深入人心，全县环境质量状况保持在优良一线，环境空气质量优良达标率100%。

【精神文明创建】“盛世奏欢歌、龙城小康行”“送春联·话发展·奔小康”“小康在我身边”和“我身边的小康”等主题活动深入民心，激活全社会关注、参与小康创建的精气神。发挥百姓宣讲“百千万”工程和道德讲堂的宣传联动作用，以“街头正能量”为主导引领推进社会主义核心价值观从“街头”向“村头”延伸，实现全覆盖。持续开展“明礼知耻·崇德向善——德行龙里·一路有你”主题实践活动，社会文明程度进一步提升。开展身边好人推荐评选活动，有4人入选中国好人榜候选人、4人入选贵州好人榜、1人获评2014黔南骄傲十大年度人物、1人获2014黔南骄傲十大人物提名奖。“微心愿行动”“情系贫困儿童·点亮心愿”等服务活动深入开展，社会各界关注弱势群体、关爱贫困儿童的爱心升温。“农民文化家园”“农村精神文明活动中心”建、管、用发挥效能，进一步丰富了农村群众业余文化生活。

【全面深化改革】 以龙山镇为试点的财政管理体制改革全面铺开、取得实效，五镇一街道财政税收完成情况较上年有大幅增加。地方性债务管理体制改革稳步推进，出台《龙里县财政资金管理办法（暂行）》《龙里县政府性债务管理暂行办法》，建立管理机制，债务资金管理、运作和债务风险防范、化解能力进一步加强。行政体制改革取得突破。针对推行权力清单和责任清单制度进一步落实简政放权工作出台具体实施方案，推行“两单合一”，严格审核把关，行政权力运行流程进一步优化，行政权力的制约和监督进一步强化。经济开发区管理体制和运行机制进一步理顺。县委专门研究出台实施意见，实行“县区合一、一区多园、镇园合一、交叉任职、统筹资源”模式，全县工业园区统一规划、统一管理、统一调度的能力逐步增强。农业产业园区管理体制进一步完善。出台龙里县国家现代农业示范区管理办法和工作绩效考核办法，对机构设置、产业开发、招商引资、建设管理等进行规范，建立起“权”“责”“利”对等的激励机制，产业园区建设合力得到强化，加快做大做强进程。进一步健全目标管理考核和评价体系，激发了全县干部干事创业的热情。城管执法改革初见成效。城管执法局的职责和编制进一步明确，城市管理相对集中行政处罚权得到加强，31 名城管执法人员通过培训全部持证上岗。深化医疗体制改革稳步推进。破除“以药补医”机制，医疗服务体系进一步完善，基本实现大病不出县的目标。公立医院法人治理结构建设以中医院为试点展开，相关内部治理规则及管理机制初步形成。社会治理体制改革成效凸显，立体社会治理防控机制得到加强。水生态文明试点建设步伐加快，水务部门职能进一步理顺并集中划转，实现“多龙管水”向“一龙管水”转变。水利工程引进社会资本参与建设的有益尝试推动水利基础设施建设步伐加快。干部交流轮岗长效机制建设改革以教育系统为试点逐步展开，干部队伍积极性、创造性进一步提升，资源配置进一步优化。把全面推进依法治县与全面深化改革、全面建成小康社会的战略举措统筹起来，紧紧围绕影响改革发展的突出问题、群众反映强烈的突出问题，审视全县法治建设中的薄弱环节，明确重点工作，落实任务分解，强化跟踪督导，推进依法行政，把解决人民群众最关注的热点难点问题，作为深入推进法治建设的重要切入点，不断加强行政职能部门权力运行制度建设和以村民章程、居民公约为蓝本的依法治村民主自治制度建设，推进了各项事业的制度化和法制化，依法行政水平进一步提升。坚持法治教育与精神文明创建有机结合，深入开展法律“七进”活动，法治文化建设进一步加强。

【基层组织建设】 以抓实发展型服务型党组织建设为目标，扎实推进基层党组织建设，形成强基固本常态化、党建工作科学化的良好态势。深入推进“领头雁”“两带两增奔小康”工程，发挥“三高三强”型人才致富带富作用，党组织凝聚力、战斗力进一步增强。引导农村党支部依托资源优势，找准产业定位，着力在能人引资、能人带创上找路子、谋法子，推动“空壳村”清零三年行动计划出成效、见实效。全县 64 个村完成“脱壳”发展规划，33 个村初步实现村级集体经济 5 万元收入，“脱壳”率 51.56%。小康驻村和“第一书记”驻村工作取得实效，255 名小康驻村干部、154 名“第一书记”帮助村级制定各类发展规划 60 多个，争取项目 140 余个，涉及资金 3000 多万元，化解矛盾纠纷 150 余起，解决群众难题 1200 余件次。以机关、社区“三亮一创”“双进双促构和谐”活动，机关党建“一优三化”工程，非公企业“双万双助”活动等为载体，深化创新“快递干部”信息化建设，强化党建“云数据”信息平台建设，实现联系服务、带动服务常态化，党建工作服务功能充分发挥。

【干部队伍建设】把“好干部”标准和“三严三实”要求贯穿选人用人工作始终，着力选拔发展型干部、配备发展型班子、储备发展型人才，不断提高领导班子和干部队伍引领发展、服务发展的能力。通过规范选拔提名程序，权力与责任同步下放，党委（党组）人事“话语权”进一步增强，考察、选拔、任用干部的责任进一步强化；结合党政领导干部、基层一线干部、年轻后备干部、专业技术干部的职业特点、理论水平和能力差异因材施教，开展主体班次培训11期，培训干部1200余人次，教育培训的针对性和实效性有效提高；出台《龙里县科级后备干部培养计划》，采取教育培训、实践锻炼、轮岗交流等方式，多渠道、多层次、多方位培养科级后备干部，干部储备力度进一步加强。出台《加强乡镇干部队伍建设的二十条意见》，通过完善进出机制、强化教育培训、突出人才建设、加强监督管理，切实改善乡镇干部队伍结构、素质，改进工作作风，服务发展的热情进一步激发。

【党风廉政建设】深刻领会党要管党从严治党的精神实质，正视党风廉政建设依然严峻复杂的形势，把思想和行动统一到中央对党风廉政建设和反腐败斗争形势的研判和决策部署上，扛起主体责任不松劲，将党风廉政建设与其他工作同研究、同部署、同考核，在筑牢预防腐败的思想道德防线、筑牢遏制腐败的预警纠错防线、筑牢严惩腐败的党纪国法防线“三道防线”上抓部署、促落实，全县党风廉政建设和反腐败工作取得新进展。县委以“三严三实”专题教育为契机，开展一系列覆盖全县领导干部的警示教育活动，党员领导干部的廉洁自律意识、政治规矩意识进一步增强。坚持把关心干部、爱护干部体现到严格监督、严格管理上，做到苗头问题早提醒、一般问题早纠正、严重问题早查处，遏制腐败、严惩腐败取得新成效。全年县委先后集体约谈、个别约谈78名党委（党组）主体责任人，动真来实推动党风廉政建设突出问题集中专项整治和纠正“四风”工作，问责“两个责任”履责不力的党员领导干部35名。支持纪检监察机关依纪依法履行职责，严肃查处违反中央“八项规定”精神、违反廉洁从政有关规定和发生在群众身边的腐败案件，党政纪处分党员干部67人。

（县委办）

【县委常委会议】

2015年中共龙里县委常委会议纪要一览表

表1

序号	文号	内容
1	十一届〔2015〕1号	1. 传达学习《中共贵州省委关于深入推进党要管党从严治党的决定》。2. 传达学习《中共贵州省委办公厅贵州省人民政府办公厅关于印发〈贵州省实行安全生产党政同责一岗双责齐抓共管暂行规定〉的通知》及州委主要领导批示。3. 传达学习《黔南州督查督办局关于各地贯彻落实州委十届五次全会精神情况的报告》。4. 讨论研究《中共龙里县人民政府党组关于审议〈龙里县县镇（街道）财政管理体制改革实施方案（试行）的请示〉》。5. 讨论研究《中共龙里县人大常委会党组关于召开龙里县第十六届人民代表大会第四次会议的请示》。6. 讨论研究《中共龙里县政协党组关于召开龙里县政协八届四次会议有关事项的请示》。7. 通报《关于全省党委政研系统学习培训会的情况汇报》。8. 通报《中共黔南州委组织部关于转发省委组织部〈关于对六盘水市经信委原副主任、党组成员王宜明突击调整干部问题的通报〉的通知》《中共贵州省委组织部关于转发中央组织部〈关于对河北等10省区市和国家体育总局、中国科学院选人用人工作检查情况的通报〉的通知》《中共黔南州委组织部关于印发〈黔南州州管领导班子和领导干部综合分析研判办法（试行）〉的通知》。9. 通报《龙里县2014年党风廉政建设第一责任人述责述廉述德情况报告》。10. 讨论研究《龙里县"骨干人才"选拔管理暂行办法》。11. 讨论研究《龙里县领导干部联系优秀人才工作制度》。12. 讨论研究《龙里县优秀文艺作品创作评选奖励办法（暂行）》。13. 讨论研究《中共龙里县委统战部关于挂牌成立"龙里县社会主义学院"的请示》。14. 讨论研究《龙里县精神文明建设指导委员会关于表彰"德行龙里"2014十大年度人物的请示》。15. 讨论研究《龙里县科级领导班子和领导干部年度及日常考核评价办法（试行）》《龙里县科级领导班子和领导干部年度及日常考核评价实施细则（试行）》《龙里县领导干部德勤作风专项考核考察实施细则（试行）》《龙里县领导干部年度考核评价加减分实施细则（试行）》
2	十一届〔2015〕2号	1. 传达学习《傅克诚、赵克志同志在2014年度省委常委领导班子民主生活会结束时的讲话》。2. 通报《州委十届六次全会暨全州经济工作会议精神》。3. 讨论研究《中共龙里县人民政府党组关于审定2015年"民生实事"工程的请示》。4. 通报《省保密委员会关于进一步加强党政机关和涉密单位互联网保密管理的通知》。5. 通报《全省组织部长会议精神》《全州优秀年轻干部培养选拔工作会议精神》。6. 通报《中共龙里县人民政府党组关于龙里县"吃空饷"专项治理工作实施方案的报告》。7. 讨论研究《中共龙里县委十一届七次全体（扩大）会议暨全县经济会工作方案（送审稿）》《胡志峰同志在县委十一届七次全体（扩大）会议暨全县经济工作会上的讲话》《中共龙里县委常委会2014年工作报告》《陈曦同志在县委十一届七次全体（扩大）会议暨全县经济工作会上的讲话》《中共龙里县委关于依法治县的实施方案（讨论稿）》《中共龙里县委关于落实全面从严治党要求进一步加强党的建设的决定（讨论稿）》。8. 讨论研究《中共龙里县人大常委会党组关于补选第十六届人大常委会委员的报告》。9. 讨论研究《中共龙里县委组织部中共龙里县委统战部关于调整政协龙里县第八届委员会常委的请示》。10. 讨论研究《中共龙里县委组织部关于群团组织换届选举或补选有关事宜的请示》

续上表

序号	文号	内容
3	十一届〔2015〕3号	1. 传达学习州委书记龙长春同志1月16日在龙里调研座谈会上的讲话精神。2. 讨论研究《中共龙里县人民政府党组关于审查龙里县2014年国民经济与社会发展计划执行情况和2015年国民经济与社会发展计划草案的报告的请示》。3. 讨论研究《中共龙里县人民政府党组关于审查龙里县2014年财政预算执行情况和2015年财政预算草案的报告的请示》。4. 讨论研究《龙里县人民代表大会常务委员会工作报告》《龙里县第十六届人民代表大会第四次会议议程指南》《龙里县第十六届人民代表大会第四次会议议程》。5. 讨论研究《中共龙里县政协党组关于审议县政协八届四次会议相关会议资料的请示》。6. 讨论研究《龙里县人民法院工作报告》。7. 讨论研究《龙里县人民检察院工作报告》。8. 讨论研究《中共龙里县人民政府党组关于审查2015年县政府工作报告的请示》
4	十一届〔2015〕4号	1. 传达学习《省委书记赵克志在县委书记座谈会上的讲话》。2. 传达学习《中共黔南州委关于认真贯彻落实赵克志书记对黔南工作重要指示精神的通知》。3. 传达学习省第十二届人民代表大会第三次会议和省政协第十一届三次会议相关精神。4. 通报州管干部2013年度考核情况。5. 传达学习十一届省纪委四次全会第二次会议省委书记赵克志重要讲话精神。6. 传达学习中央政法工作会议精神。7. 讨论研究“锦绣龙城”春节文体活动策划方案（草案）。8. 讨论研究《中共龙里县委统战部关于成立民进黔南州委龙里支部的请示》。9. 讨论研究《县人民政府党组关于给予湾滩河镇计划生育工作黄牌警告的请示》。10. 讨论研究2014年度综合目标考核工作情况。11. 讨论研究《关于评选2014年度“十佳群众满意单位”和“群众不满意单位”相关情况的报告》。12. 讨论研究2015春节期间相关工作。13. 讨论研究《中共龙里县纪委关于对杨龙坤同志立案检查的请示》。14. 讨论研究《中共龙里县纪委关于对平波同志立案检查的请示》
5	十一届〔2015〕6号	1. 传达学习《州十三届人大五次会议精神》《黔南州政协十一届四次会议精神传达提纲》。2. 传达学习《十届州纪委五次全会精神汇报提纲》。3. 传达学习《2015年省委政法工作会议传达提纲》。4. 通报《中共龙里县人民政府党组关于变更西南药都项目部分用地性质的报告》《中共龙里县人民政府党组关于龙里县建材物流市场项目有关事宜的报告》《中共龙里县人民政府党组关于万科综合物流仓储项目有关事宜的报告》。5. 讨论研究《龙里县招商引资工作领导小组办公室关于退还2014年招商引资工作个人保证金及兑现奖励的请示》。6. 讨论研究《中共龙里县第十一届纪律检查委员会第五次全体会议上的工作报告》。7. 讨论研究《龙里县督查督办局关于提请审定〈龙里县强化落实力和执行力建立健全党和国家机关及其工作人员问责问效实施办法〉的请示》。8. 讨论研究《全县小康社会创建达标动员大会工作方案（草案）》《迎接贵州省同步小康创建达标县验收实施方案》。9. 讨论研究《中共龙里县纪律检查委员会关于对张才友同志立案检查的请示》

续上表

序号	文号	内容
6	十一届〔2015〕7号	1. 传达学习《中共贵州省纪委办公厅关于转发〈中共中央纪委关于8起党风廉政建设责任追究典型案件的通报〉的通知》。2. 传达学习《关于认真学习习近平总书记在省部级主要领导干部学习贯彻党的十八届四中全会精神全面推进依法治国专题研讨班上讲话精神的通知》。3. 传达学习《州委书记龙长春3月8日到龙里县湾滩河生态农业示范园区调研时的讲话精神》。4. 传达学习《全省宣传部长会议精神传达学习提纲》。5. 传达学习《中共黔南州委办公室关于印发〈龙长春同志在州委政法委工作暨深化“平安黔南”建设会议上的讲话〉的通知》。6. 传达学习《州委2015年农业农村工作暨全州扶贫开发工作会传达提纲》。7. 讨论研究《中共龙里县文化和旅游局党组关于审定〈黔南州第八届旅游产业发展大会工作方案〉（送审稿）的请示》。8. 讨论研究《中共龙里县人民政府党组关于审议〈龙里县2015年殡葬改革工作方案〉和〈龙里县2015年农村公益性公墓建设管理实施方案〉的请示》。9. 讨论研究《中共龙里县人民政府党组关于审议龙里县2015年固定资产投资及重大项目考核办法的请示》。10. 讨论研究《中共龙里县委组织部关于审定〈龙里县深化党的建设制度改革实施方案〉和《中共龙里县委组织部2015年工作要点》的请示》。11. 讨论研究《中共龙里县委组织部关于审定〈龙里县2015年干部教育培训工作计划〉的请示》。12. 讨论研究《中共龙里县委组织部关于贯彻落实〈黔南州落实全面从严治党要求深入推进基层发展型服务型党组织建设的意见〉的情况报告》。13. 讨论研究《中共龙里县委组织部关于做好2015年小康驻村工作的请示》。14. 讨论研究《中共龙里县委宣传部2015年宣传思想工作要点》。15. 讨论研究《龙里县“明礼知耻·崇德向善——德行龙里·一路有你”2015主题实践活动实施方案》。16. 讨论研究《龙里县2015年“多彩贵州文明行动”实施方案》。17. 讨论研究《龙里县小康社会建设办公室关于对龙里县小康镇（街道）、村表彰命名的请示》《中共龙里县委龙里县人民政府关于申请认定为“贵州省同步小康创建达标县”的报告》。18. 讨论研究《中共龙里县纪律检查委员会关于对杨龙坤同志警告处分的请示》。19. 讨论研究《中共龙里县纪律检查委员会关于给予雷海同志留党察看一年处分的请示》。20. 讨论研究《中共龙里县纪律检查委员会关于对龙沿成同志违反财经纪律问题进行立案的请示》。21. 讨论研究《中共龙里县纪律检查委员会关于对张津铭同志公车私用问题进行立案的请示》
7	十一届〔2015〕8号	1. 讨论研究《中共龙里县人民政府党组关于审查〈关于2014年固定资产投资年终考核情况的报告〉的请示》。2. 讨论研究《中共龙里县政协党组关于审议龙里县政协2015年工作要点的请示》。3. 讨论研究《中共龙里县委政法委员会关于审定〈中共龙里县委政法委2015年工作要点〉和〈2015年龙里县社会治安综合治理及“平安龙里”建设工作要点〉的请示》。4. 讨论研究《龙里县“五好工商联”创建工作实施方案》。5. 讨论研究《中共龙里县委组织部关于提请审定龙里县科级领导班子和领导干部2014年年度考核等次的请示》。6. 讨论研究《中共龙里县委组织部关于调整基层干部有关政策的请示》。7. 讨论研究《龙里县人力资源和社会保障局关于2015年增补事业单位工作人员的请示》。8. 讨论研究《中共龙里县委组织部关于审定〈龙里县党员管理服务年实施方案（送审稿）〉的情况报告》。9. 通报《中共龙里县人民政府党组关于启动龙里县天网工程二期和交通指挥平台工程进行通报的请示》。10. 通报《中共龙里县人民政府党组关于对龙里县鼓励金融机构支持地方经济发展考核奖励办法进行通报的请示》

续上表

序号	文号	内容
8	十一届〔2015〕9 号	1. 传达学习《州委书记龙长春在全州 2015 年第一次项目建设观摩总结会上的讲话精神传达提纲》。2. 讨论研究《中共龙里县纪律检查委员会关于提请研究印发〈关于认真落实党风廉政建设主体责任和监督责任“两个责任”的实施方案〉（讨论稿）的请示》。3. 讨论研究《中共龙里县财政局党组关于审定龙里县 2015 年部门预算的请示》。4. 讨论研究《龙里县 2015 年度县直机关（含直属单位）目标管理考核方案（送审稿）》《龙里县 2015 年度镇（街道）目标管理考核方案（送审稿）》。5. 讨论研究《中共龙里县委组织部关于免去吕伟同志试任职务的请示》
9	十一届〔2015〕10 号	1. 传达学习《党政领导干部保密工作责任制规定》。2. 传达学习《中共黔南州委组织部关于认真做好州管干部工作纪实有关工作的通知》。3. 传达学习全州党的建设工作推进会议精神。4. 传达学习全州信访维稳工作座谈会议精神。5. 通报《关于 2015 年第一季度党风廉政建设和反腐败工作情况报告》。6. 讨论研究《中共龙里县委关于进一步加强常委会自身建设的意见》《中共龙里县委常委会 2015 年工作要点》。7. 讨论研究《关于审定〈关于贯彻落实贵州省委<关于加大改革创新力度加快农业现代化建设的若干意见>的意见〉的请示》。8. 讨论研究《关于审定龙里县“骨干人才”推荐人选的请示》。9. 讨论研究《关于启动全县“三严三实”专题教育的建议方案》《龙里县开展“三严三实”专题教育实施方案（送审稿）》《龙里县“1+6”发展壮大村级集体经济三年推行计划（征求意见稿）》。10. 讨论研究《关于龙里县参加全省第二次项目建设现场观摩会工作推进方案的请示》。11. 讨论研究《关于审定黔南州第八届旅游产业发展大会主题词和吉祥物的请示》。12. 讨论研究《关于认真做好提升人民群众安全感和政法机关满意度工作的实施意见（送审稿）》《关于开展“百县千乡万村无邪教创建示范工程”活动的实施方案》。13. 讨论研究《龙里县“富民兴龙”标兵推荐工作情况汇报》。14. 讨论研究《中共龙里县委关于进一步支持人民法院依法独立公正行使审判权的实施意见》。15. 讨论研究《中共龙里县委关于进一步支持人民检察院依法独立公正行使检察权的实施意见》。16. 讨论研究《中共龙里县纪律检查委员会关于给予董剑开除党籍处分的请示》。17. 讨论研究《中共龙里县纪律检查委员会关于对罗有权同志立案检查的请示》。18. 讨论研究《中共龙里县纪律检查委员会关于对董玉东同志违纪问题进行立案的请示》。19. 讨论研究《中共龙里县纪律检查委员会关于对刘秦同志违纪问题进行立案的请示》
10	十一届〔2015〕11 号	1. 传达学习全州“三严三实”专题教育党课精神。2. 讨论研究《中共龙里县人民政府党组关于研究审定华润雪花啤酒生产项目异地搬迁扩能建设有关事宜的请示》。3. 讨论研究《中共龙里县人民政府党组关于研究审定〈中国西南医谷战略合作框架协议〉的请示》。4. 讨论研究《中共龙里县人民政府党组关于审定〈龙里大数据应用创新中心项目合同书〉的请示》。5. 讨论研究《龙里县四家班子主要领导、县委常委和党员副县长与党外代表人士交友联谊制度》。6. 讨论研究《龙里县贯彻落实全州扶贫开发工作现场推进会议精神的意见》。7. 讨论研究《龙里县贯彻落实黔南州防汛工作视频会议精神的措施》
11	十一届〔2015〕12 号	1. 讨论研究《中共龙里县人民政府党组关于研究审定〈深国际贵州综合物流港项目合作框架协议〉的请示》。2. 讨论研究《中共龙里县纪律检查委员会关于对罗时荣同志立案检查的请示》

续上表

序号	文号	内容
12	十一届〔2015〕14号	1. 传达学习《中共贵州省委办公厅关于印发〈贵州省严格党员领导干部纪律约束十条规定〉的通知》。2. 传达学习全省涉法涉诉信访改革工作推进会精神。3. 传达学习全州干部监督工作推进会精神。4. 通报《州派挂职干部有关事宜》。5. 通报《中共龙里县委办公室龙里县人民政府办公室关于调整贵龙城市经济带建设指挥部组成人员的通知》。6. 讨论研究《中共龙里县人民政府党组关于审定〈关于贯彻落实贵州省委省政府〈关于以改革创新精神扎实推进扶贫开发工作的实施意见〉的实施方案〉的请示》。7. 讨论研究《中共龙里县人民政府党组关于审定〈棚户区改造项目相关费用缴纳有关事宜〉的请示》。8. 讨论研究《中共龙里县人民政府党组关于成立贵州双龙航空港经济区龙里工作处及有关人选安排的请示》。9. 讨论研究《中共龙里县委关于全面推进依法治县的实施方案（送审稿）》。10. 讨论研究《中共龙里县纪律检查委员会关于对吴永文同志立案检查的请示》。11. 讨论研究《中共龙里县纪律检查委员会关于对孙有明同志立案检查的请示》。12. 讨论研究《中共龙里县纪律检查委员会关于给予张津铭同志党内严重警告处分的请示》。13. 讨论研究《中共龙里县纪律检查委员会关于给予张才友开除党籍处分的请示》
13	十一届〔2015〕15号	1. 讨论研究《龙里县扶贫开发领导小组关于审定龙里县领导干部遍访贫困村贫困户工作方案的请示》。2. 讨论研究《中共龙里县委组织部关于提请审定全县“五个好”先进基层党组织和“三争型”优秀共产党员表彰名单的请示》。3. 传达学习《中共贵州省委办公厅贵州省人民政府办公厅印发〈关于贯彻落实〈领导干部干预司法活动、插手具体案件处理的记录、通报和责任追究规定〉的实施意见〉的通知》。4. 传达学习全州深入开展矛盾纠纷大排查大化解专项整治行动会议精神。5. 通报《中共龙里县委组织部关于干部调动有关情况的报告》
14	十一届〔2015〕16号	1. 传达学习《龙长春书记7月6日在全州领导干部大会上的讲话》《龙长春书记7月17日在全州领导干部大会上的讲话》。2. 传达学习省委工作会议和全省“三严三实”专题教育暨党风廉政建设集中专项整治推进大会精神。3. 传达学习《中共黔南州委办公室关于印发〈中共黔南州委常委十项公开承诺〉的通知》。4. 通报龙里县留守儿童、留守妇女、空巢老人关爱服务工作开展情况。5. 通报《关爱问题青少年工作情况汇报》。6. 讨论研究《中共龙里县人民政府党组关于审定〈龙里县人民政府关于加快建筑业发展的实施意见〉的请示》。7. 讨论研究《中共龙里县人民政府党组关于审定〈龙里县2015年招商引资工作实施意见〉的请示》。8. 讨论研究《中共龙里县人民政府党组关于审查〈羿鸿租赁财务顾问合同〉和〈贵州省龙里县基础设施建设项目合作框架协议〉的请示》。9. 讨论研究《龙里县规范城镇居民和农村村民操办酒席的指导意见》《关于成立龙里县规范城镇居民和农村村民操办酒席工作领导小组的通知》。10. 讨论研究《中共龙里县纪律检查委员会关于给予龙沿成同志警告处分的请示》。11. 讨论研究《中共龙里县纪律检查委员会关于给予刘秦同志警告处分的请示》。12. 讨论研究《中共龙里县纪律检查委员会关于给予平波同志严重警告处分的请示》。13. 讨论研究《中共龙里县纪律检查委员会关于对李明先同志立案检查的请示》。14. 讨论研究《中共龙里县纪律检查委员会关于对罗建华同志立案检查的请示》。15. 讨论研究《中共龙里县纪律检查委员会关于对厉中鑫同志立案检查的请示》

续上表

序号	文号	内容
15	十一届〔2015〕17号	1. 传达学习省委常委、省军区司令员王盛槐到黔南督导“三严三实”专题教育工作开展情况和党风廉政建设集中专项整治情况有关会议精神。2. 传达学习省委书记、省长陈敏尔在省委（扩大）会议上贯彻中央政治局会议精神时的讲话精神。3. 传达学习《贵州省党员干部网络言行规范》文件精神。4. 传达学习《关于加强乡镇干部队伍建设的实施意见》，贯彻落实《干部任用条例》、全州乡镇干部队伍建设工作会议精神。5. 传达学习省、州维稳工作会议精神。6. 传达学习全省产业园区工作推进会暨产业园区负责人会议精神。7. 通报《中共龙里县委关于王煦同志分工的通知》。8. 通报《中共龙里县纪律检查委员会关于2015年第二季度党风廉政建设和反腐败工作情况报告》。9. 讨论研究《中共龙里县人民政府党组关于审定〈龙里县人民政府关于进一步促进我县房地产市场平稳健康发展的实施意见〉的请示》。10. 讨论研究《中共龙里县人民政府党组关于审查贵龙城投公司发行债券相关协议书的请示》。11. 讨论研究《中共龙里县人民政府党组关于审议教师节“优秀教育工作者”“优秀班主任”“优秀教师”拟表彰名单的请示》
16	十一届〔2015〕18号	1. 传达学习2015年全省第二次项目建设现场观摩会精神。2. 传达学习全省产煤县县委书记集体谈心对话座谈会及州委常委扩大会议精神。3. 传达学习《中共贵州省委办公厅关于进一步严肃会风会纪的通知》。4. 传达学习全省电子商务发展大会精神。5. 传达学习黔南州县（市）乡（镇）财政管理体制改革现场推进会会议精神。6. 传达学习全省民生监督工作推进会精神。7. 传达学习黔南州2015年上半年统战工作会议精神。8. 通报关于“贵州省同步小康达标县”创建工作开展情况。9. 通报龙里县发展壮大村级集体经济和领导干部遍访贫困村贫困户情况。10. 讨论研究《中共龙里县人民政府党组关于审定〈龙里县县镇（街道）财政管理体制改革实施方案（试行）〉的请示》。11. 讨论研究《中共龙里县人民政府党组关于审定〈江西中租融信机械设备租赁有限公司融资框架协议书〉的请示》。12. 讨论研究《中共龙里县人民政府党组关于审议规范收入分配和调整工资有关问题的请示》。13. 讨论研究《中共龙里县人民政府党组关于审议〈龙里县县级公立医院综合改革实施方案〉和〈龙里县县级公立医院医疗服务价格调整方案〉的请示》。14. 讨论研究《龙里县机构编制委员会办公室关于审定龙里县学区制教师管理实施方案和龙里县校（园）长教师交流轮岗实施方案的请示》。15. 讨论研究《龙里县机构编制委员会办公室关于审定龙里县基层水利服务体系建设实施方案的请示》。16. 讨论研究《龙里县机构编制委员会办公室关于审定龙里县公共法律服务体系建设实施方案的请示》。17. 讨论研究《龙里县机构编制委员会办公室关于审定龙里县城市管理相对集中行政处罚权工作方案的请示》。18. 讨论研究《龙里县机构编制委员会办公室关于审定龙里县部门职责分工协调办法的请示》

续上表

序号	文号	内容
17	十一届〔2015〕19号	1. 传达学习陈敏尔书记在省委中心组“三严三实”第二次专题学习研讨会上的总结讲话精神。2. 传达学习《中共贵州省委办公厅关于深入开展学习宣传贯彻〈中国共产党巡视工作条例〉的通知》。3. 传达学习《中共贵州省委组织部关于转发中央组织部〈关于广东省茂名市买官卖官典型案例的通报〉的通知》。4. 传达学习《2015年省委统战工作会精神》。5. 通报我县近期开展作风效能建设有关情况。6. 通报《关于龙里县州管干部2014年年度考核情况》。7. 讨论研究《中共龙里县人民政府党组关于审定〈龙里县政府融资平台公司整合重组工作实施方案〉的请示》。8. 讨论研究《中共龙里县人民政府党组关于审定〈龙里县莲花生态湿地休闲体验区项目建设合作开发合同〉的请示》。9. 讨论研究《中共龙里县人民政府党组关于审定〈龙里县龙里中学新建项目工程合作开发建设合同〉的请示》。10. 讨论研究《中共龙里县人民政府党组关于审定〈关于进一步理顺龙里经济开发区管理体制和运行机制的实施意见〉的请示》。11. 讨论研究《中共龙里县人民政府党组关于审定〈龙里县城市管理和规划管控工作实施方案〉的请示》。12. 讨论研究《中共龙里县人民政府党组关于审定〈“绿色龙里”建设三年行动计划实施方案（2015—2017年）〉的请示》。13. 讨论研究《中共龙里县人民政府党组关于审定〈中药材种植示范基地及加工厂建设项目投资合同〉的请示》。14. 讨论研究《中共龙里县人民政府党组关于审定黔南州第八届旅发大会经费预算有关事宜的请示》。15. 讨论研究《中共龙里县人民政府党组关于审定〈贵州卡布国际婴童用品产业园项目投资合同〉的请示》。16. 讨论研究《中共龙里县人民政府党组关于审定〈龙里县双龙现代服务业集聚区横五路项目综合管理服务协议书〉的请示》。17. 讨论研究《中共龙里县人民政府党组关于审定〈贵龙城市经济带道路（纵三路）及王关安置区三期建设工程投资协议书〉的请示》。18. 讨论研究《中共龙里县人民政府党组关于审定〈龙里县政务中心拟搬迁方案〉的请示》。19. 讨论研究《龙里县工商业联合会（商会）关于召开龙里县民营企业家“中秋·国庆两节茶话会”的请示》。20. 讨论研究《中共龙里县委组织部中共龙里县委统战部关于增补县工商联（商会）班子成员的请示》。21. 讨论研究《中共龙里县人力资源和社会保障局党组关于2015年9月增补事业单位工作人员的请示》。22. 讨论研究《中共龙里县委组织部提请审议〈关于加强乡镇干部队伍建设的二十条意见（讨论稿）〉的请示》。23. 讨论研究《中共龙里县委组织部关于干部调动有关情况的报告》。24. 讨论研究《中共龙里县纪律检查委员会关于给予罗有权同志留党察看一年处分的请示》。25. 讨论研究《中共龙里县纪律检查委员会关于给予罗时荣同志党内警告处分的请示》
18	十一届〔2015〕20号	1. 传达学习《陈敏尔、刘晓凯同志在省委统战工作会议上的讲话》精神。2. 传达学习《中共贵州省委关于加强和改进党的群团工作的实施意见》和《陈敏尔、刘晓凯同志在省委党的群团工作会议上的讲话》精神。3. 传达学习《陈敏尔同志在省委全面深化改革领导小组第十五次全体会议上的讲话》精神。4. 传达学习《中共贵州省委办公厅贵州省人民政府办公厅关于印发〈贵州省县以下机关建立公务员职务与职级并行制度的实施意见〉的通知》文件精神。5. 研究重点项目综合协调调度问题。6. 传达学习《吴胜华同志在全州提升群众安全感和满意度工作推进电视电话会议上的讲话》精神。7. 讨论研究《中共龙里县人民政府党组关于审议龙里县行政村（居）区域调整优化有关事宜的请示》
19	十一届〔2015〕21号	关于黔南州第八届旅发大会（龙里）筹备工作安排

续上表

序号	文号	内容
20	十一届〔2015〕22 号	1. 传达学习《全省扶贫开发大会精神》。2. 传达学习《全省小型水利工程管理体制改革经验交流会和全州推进会精神》。3. 传达学习《中共贵州省委〈党风廉政建设主体责任和监督责任清单（试行）〉》文件精神。4. 传达学习《全州“三亮一创”活动推动会精神》。5. 传达学习《全国集中开展危爆物品寄递物流清理整顿和矛盾纠纷排查化解专项行动电视电话会议精神》。6. 通报《贵州省全面小康建设工作领导小组关于认定贵阳市开阳县等 14 个县（市、区）为 2014 年度贵州省同步小康创建达标县的通知》。7. 通报《中纪委转发河南省委通报并强调强化责任追究把从严治党落到实处》《中共贵州省纪委关于认真学习贯彻中央纪委〈强化责任追究把从严治党落到实处〉通报精神的通知》《中共贵州省纪委关于 13 起发生在群众身边的腐败典型问题的通报》。8. 讨论研究《龙里县创建“贵州省同步小康达标县”工作暨黔南州第八届旅发大会（龙里）筹备工作表彰事宜》。9. 讨论研究《龙里县机构编制委员会办公室关于审定〈关于明确农业园区管理体制和运行机制的实施意见〉及其配套文件的请示》。10. 讨论研究《中共龙里县委组织部关于龙里国家现代农业示范园区及下属园区人员配备的请示》。11. 讨论研究《中共龙里县人民政府党组关于审定调整龙里高新区一号路西延伸段道路及场平工程项目总价下浮比例有关事宜的请示》。12. 讨论研究《中共龙里县人民政府党组关于审定〈龙里县规划编制捆绑打包项目规划设计合同〉的请示》。13. 讨论研究《中共龙里县委统战部关于召开中国民主促进会黔南州委员会龙里支部成立大会的报告》《中共龙里县委组织部中共龙里县委统战部关于中国民主促进会黔南州委员会龙里支部人事安排的请示》。14. 讨论研究《中共龙里县纪律检查委员会关于出台〈龙里县党风廉政建设主体责任和监督责任清单（试行）〉的请示》。15. 讨论研究《中共龙里县纪律检查委员会关于出台〈龙里县党员干部及国家公职人员收受礼品礼金登记上交管理实施细则〉的请示》。16. 讨论研究《中共龙里县纪律检查委员会关于召开 2015 年县纪委全委会专题会议的请示》。17. 讨论研究《中共龙里县委组织部关于 2015 年 10 月职务与职级并行有关情况的请示》。18. 讨论研究《中共龙里县委组织部关于贵州双龙实业（集团）发展有限公司、贵州贵龙（集团）投资有限公司领导班子配备的请示》。19. 讨论研究《中共龙里县委组织部关于龙里经济开发区及下属园区人员调配的请示》
21	十一届〔2015〕23 号	1. 传达学习省委副书记、代省长孙志刚视察调研黔南重要指示精神。2. 传达学习《中共贵州省委关于认真学习宣传贯彻党的十八届五中全会精神的通知》文件精神。3. 通报《关于 2015 年第三季度党风廉政建设和反腐败工作情况报告》。4. 讨论研究《中共龙里县人民政府党组关于审定〈龙里县 2015 年度县直机关（含直属单位）目标管理考核方案（送审稿）和龙里县 2015 年度镇（街道）目标管理考核方案（送审稿）〉的请示》《中共龙里县人民政府党组关于审定〈龙里县 2015 年度目标管理月考核奖惩实施方案（送审稿）〉的请示》。5. 讨论研究《中共龙里县人民政府党组关于审定〈龙里县国家现代农业示范区工作绩效考评办法（送审稿）〉的请示》。6. 讨论研究《中共龙里县人民政府党组关于审定〈龙里县国家现代农业示范区管理办法（试行）〉的请示》。7. 讨论研究《中共龙里县人民政府党组关于审定〈龙里县道路建设项目融资+建设合作框架协议〉的请示》。8. 讨论研究《中共龙里县人民政府党组关于审定〈贵州省物流配送中心建设项目〉投资合同的请示》。9. 讨论研究《中共龙里县人民政府党组关于审定〈龙行神洲旅游服务综合体项目投资合同〉的请示》。10. 讨论研究《中共龙里县人民政府党组关于审定〈龙里县龙滩水库工程项目预投资建设协议〉的请示》。11. 讨论研究《中共龙里县人民政府党组关于审定〈龙里县大竹芒水库工程项目预投资建设协议〉的请示》

续上表

序号	文号	内容
22	十一届〔2015〕24号	1. 传达学习全省县域经济发展大会暨2015年第三次项目建设现场观摩总结会精神。2. 传达学习《中共贵州省委办公厅关于认真学习贯彻〈中国共产党廉洁自律准则〉和〈中国共产党纪律处分条例〉的通知》文件精神。3. 传达学习《中共黔南州委党的建设工作领导小组关于印发〈关于在"三严三实"专题教育中持续深入治"慢"的实施方案〉的通知》文件精神。4. 传达学习11月16日全省全州反恐工作紧急视频会议精神。5. 讨论研究《中共龙里县纪律检查委员会关于提请研究〈龙里县国家公职人员参与非法交易土地和违法违规建设责任追究暂行办法〉的请示》。6. 讨论研究《中共龙里县人民政府党组关于审定〈龙里县关于依法打击违法违规建筑的实施方案〉的请示》。7. 讨论研究《中共龙里县人民政府党组关于审定〈（廉租住房购房协议）补充协议〉的请示》。8. 讨论研究《中共龙里县人民政府党组关于审定〈茶叶种植基地及加工厂建设项目投资合同〉的请示》
23	十一届〔2015〕25号	1. 传达学习《陈敏尔书记视察调研黔南重要讲话精神》。2. 传达学习州委十届七次全会精神。3. 传达学习黔南州2015年度同步小康创建活动推进会精神。4. 传达学习黔南州医疗卫生事业改革发展大会精神。5. 传达学习省委《中国共产党廉洁自律准则》《中国共产党纪律处分条例》专题辅导电视电话会议精神。6. 传达学习《中共黔南州委办公室〈关于转发中央领导同志有关重要批示〉的通知》。7. 传达学习全省贯彻中央扶贫开发工作会议精神落实大扶贫战略行动推进大会精神、《黔南州人民政府办公室〈关于扎实做好易地扶贫搬迁有关工作的紧急通知〉》文件精神。8. 通报《龙里县机构编制委员会办公室关于工商总局加强基层建设的指导意见主要精神的报告》。9. 通报《全县各单位各部门党委（党组）和党员领导干部"述责述廉述德"民主评议情况》。10. 通报《中共龙里县人民政府党组关于审定〈龙里县农村淘宝项目建设实施方案〉的请示》。11. 讨论研究《中共龙里县人民政府党组关于审定〈龙里县财政投资项目预算评审及结（决）算审计实施办法（试行）〉的请示》。12. 讨论研究《中共龙里县人民政府党组关于审定〈龙里工业园区（经济开发区）考核办法（送审稿）〉和〈龙里开发区下属工业园区考核办法（试行）（送审稿）〉的请示》。13. 讨论研究《中共龙里县人民政府党组关于审定〈百江西南LPG生产仓储配送中心建设项目投资合同〉的请示》。14. 讨论研究《中共龙里县人民政府党组关于审定〈龙里县镇（街道）集中式饮用水源保护区划分的报告〉的请示》。15. 讨论研究《中共龙里县人民政府党组关于审定〈龙里县政府购买棚户区改造服务工作暂行办法〉〈龙里县棚户区改造货币化安置工作暂行办法〉的请示》。16. 讨论研究《中共龙里县人民政府党组关于审定〈贵州省龙架山国家森林公园经营范围修编建议〉的请示》。17. 讨论研究《中共龙里县人民政府党组关于审定〈龙里县电子商务服务项目战略合作协议书〉的请示》。18. 讨论研究《中共龙里县人民政府党组关于拍卖龙里县妇幼保健院业务用房、原计生局办公用房及计生服务中心业务用房的请示》。19. 讨论研究《龙里县机构编制委员会办公室关于理顺电子商务管理体制有关事宜的请示》。20. 讨论研究《龙里县机构编制委员会办公室关于成立龙里县财政投资评审中心的请示》。21. 讨论研究《中共龙里县纪律检查委员会关于给予吴永文同志党内严重警告处分的请示》。22. 讨论研究《中共龙里县纪律检查委员会关于给予孙有明同志党内警告处分的请示》。23. 讨论研究《中共龙里县纪律检查委员会关于给予罗建华同志党内警告处分的请示》。24. 讨论研究《中共龙里县纪律检查委员会关于给予厉中鑫同志党内警告处分的请示》。25. 讨论研究《中共龙里县纪律检查委员会关于给予李明先同志党内警告处分的请示》

【政策研究】共起草、把关各类文稿171余篇（其中，县委主要领导讲话、报告81篇），整理县委常委会议纪要24期、专题会议纪要9期。完成《龙里县推广政府和社会资本合作模式调研报告》《龙里县医药企业发展情况调研报告》等重点课题调研，撰写《龙里县龙山镇“新规六条”规范孝道行为促进农村养老服务》经验总结文章被省委办公厅刊用于《情况交流》印发到全省县级以上党政机关学习。

【信息调研】共上报省、州党委办公厅（室）信息284条，其中被省委办公厅采用7条，被黔南州委采用41条；编发《龙里信息》19期、《要情专报》62期、《领导参阅》7期；在同步小康考核达标验收工作中共上报有关信息968篇；在全面深化改革和全面依法治县工作中共上报有关信息96篇。

【秘书工作】共办理上级来文739件、密码电报87份，制发各类文件201个；共完成各级接待任务20余次，组织协调县领导重大活动10余场次，协助搞好各类会议后勤会务60余次；收集整理目标管理考核资料50余册，获得州对县目标管理考核一等奖。

（县委办）

纪检监察

【概况】2015年，县纪委监察局贯彻落实中央、省、州纪委全会和国务院、省、州政府廉政工作会议精神以及上级关于党风廉政建设和反腐败工作的重大决策部署，突出抓好体制改革、作风建设、纪律审查、民生监督、宣传教育和队伍建设六项工作，推动全县党风廉政建设和反腐败工作取得新进展。2015年，龙里县民生监督工作位列全省第四位，党风廉政建设和反腐败工作位列全州第三名。

【队伍建设】全年，纪检监察系统提拔干部5人，交流干部7人，系统外到纪检监察系统任职33人，监督力量得到进一步加强。先后安排24人次参加中央、省、州纪委组织的各类培训班，选调3名纪检监察干部到州纪委跟班学习，邀请省、州、县领导、教师、业务骨干开展集中培训4期、260人次，选派镇（街道）、部门纪检干部5期、25人到机关业务室进行跟班轮训。4个纪工委监察分局37个部门纪检组（纪委）开展廉政教育479场次，督促37个部门建立健全制度173个，监督“三重一大”382次，开展监管对象廉政谈话381人。

【党风廉政建设】抓住党委主体责任和纪委监督责任的“牛鼻子”，构建定责、督责、治责、述责、追责“五位一体”的责任链条，把“两个责任”落到实处。精准“定责”。制定《关于认真落实党风廉政建设主体责任和监督责任“两个责任”的实施方案》，厘清“两个责任”边界，分别签订主体责任书、监督责任书，层层“明责”；制定《龙里县党风廉政建设主体责任和监督责任清单（试行）》，精准定责，确保责任主体知责履责。常态“督责”。建立党风廉政建设“两个责任”常态化巡查机制，开展“两个责任”落实情况巡查，倒逼各级党委（党工委、党组）、纪委（纪工委、纪检组）全面落实“两个责任”。共巡查94个单位，发现问题19个，责成整改问题4个，提出意见建议24条。约谈“治责”。以“大约谈”为抓手，针对主体责任的落实问题，县委书记集体约谈78名“一把手”；针对监督责任的落实问题，县纪委书记集体约谈41名纪检干部；县委书记及县“五人小组”开展问题线索约谈科级领导干部7人，县纪委开展问题线索约谈16人，县直部门及镇（街道）开展问题线索约谈17人。通过约谈，4

个单位和18名领导干部上交违纪所得113.14万元。定期"述责"。出台《龙里县党风廉政建设"两个责任"常态化报告制度》，明确党委（党工委、党组）按季度听取同级纪委（纪工委、纪检组）工作汇报，研究党风廉政建设和反腐败工作，及时协调解决工作中的困难和问题。全年，县纪委向县委专题报告党风廉政建设和反腐败工作4次，提请县委专题研究纪委工作事项6个（除案件事项外）。严格"追责"。出台《龙里县党风廉政建设"一案双查"制度》，规定对"两个责任"落实不力的，严格实行责任追究。全年共问责党政领导干部63人。其中，落实党风廉政建设"两个责任"不力被问责35人，工作失职被问责18人，个人有关事项报告失实被免职并被全县通报1人，暂缓提拔6人，不执行作风建设规定被诫勉谈话3人。

【落实中央八项规定和纠正"四风"问题】抓住元旦、春节、清明、"五一"、端午、中秋、国庆等重要时间节点，全县共出动督查人员300余人次，深入旅游景点、餐饮场所、高速路口等开展公车私用、公款大吃大喝等督查124次，共查处违反中央八项规定精神及"四风"突出问题15件16人。其中，给予党政纪处分14人，全县通报批评1人、系统内通报批评1人，清退违规发放津补贴137.25万元。专项检查。4月至5月，对全县76家单位（部门）、镇（街道）2014年以来贯彻落实中央八项规定精神及"四风"突出问题进行专项检查。对轻微的共性问题，发出70份整改通知书责令限期整改，清退违规发放津补贴15.36万元，对1名用公款报销私人物品的干部给予记过处分，对1名单位财务管理混乱的"一把手"诫勉谈话，并对专项检查结果进行全县通报。

【党风廉政宣传教育】延伸课堂。召开全县党风廉政建设警示教育大会，组织县"四家班子"领导、各镇（街道）、部门负责人及家属共230余人到贵州省王武监狱接受警示教育；开展"守纪律、讲规矩"警示教育月活动，编印600本《龙里县反腐倡廉典型案例警示教育读本》发到各单位，开展党风廉政集中宣讲175场次，将党风廉政宣传教育延伸至村"两委"。进一步丰富完善廉政警示教育基地设施、内容，先后组织全县800余名干部到县反腐倡廉教育基地接受警示教育。充分运用媒体廉政广告宣传平台，督促各单位按月建台账、抓宣传，共建立宣传台账350份；运用"1+6"微信公众平台，累计发布党风廉政建设宣传教育内容750余条。认真抓好新修订出台的《中国共产党廉洁自律准则》和《中国共产党纪律处分条例》学习贯彻，购买300余本读本发给全县县级领导干部、单位主要负责人及全体纪检监察干部学习，举办各类专题讲座、辅导培训10余期，对新任领导干部开展知识测试65人。

【案件查办】按照"突出问题再检查""信访问题快核查"的原则，出台龙里县纪委案件线索管理处置意见及工作流程，着力强化监督检查和信访工作问题线索主渠道作用。加强办案队伍建设和办案设施保障，保证信访举报渠道畅通、问题线索渠道不断，确保依纪依法安全办案。全县纪检监察机关共立案92件、92人。其中，县纪委监察局立案35件、35人，镇（街道）纪（工）委立案47件、47人，纪工委（监察分局）立案10件、10人。立案对象涉及乡科级干部16人，一般干部6人，其他人员70人，移送司法机关9人。共审结党政纪案件82件（含2014年度未结案4件），给予党政纪处分82人。受处分人员涉及乡科级干部16人，一般干部7人，其他人员59人。挽回经济损失637.43万元。

【民生监督】以严肃查处发生在群众身边、损害群众利益的腐败问题作为首要工作任务，探索“民生问题三级信访代理”模式、试行“一案一剖析一建议”、建立民生案件快查快结机制等，扎实有效推进民生监督工作。强化设施保障。出资12万余元为6个民生监督组配备摩托车、笔记本电脑、便携式打印机、录音笔等交通工具和办公设备，提高民生监督组工作的独立性、时效性。突出专项监察。结合民生领域整治铸廉三年行动，完成家电下乡补贴、中职校和高中学生资助金管理使用、城乡低保金发放、农机具购置补贴等专项监察，发现问题311个，立案8件。创新举报方式。在“一名代理员”上做文章，指定镇级民生问题举报代理员9名，推选村、组级代理员144名，有效解决基层群众不会访、不愿访、不好访等问题。全年，6个民生监督组共发现问题626个，办结535个；查办民生领域案件78件、78人，给予党政纪处分73人，移送司法机关8件、8人。

【县十一届纪律检查委员会第五次全体会议】 2月25日，中共龙里县第十一届纪律检查委员会第五次全体会议在县城召开，出席会议的有县纪委委员20人，列席207人。全会学习贯彻十八届中央纪委五次全会、十一届省纪委四次全会、十届州纪委五次全会精神，回顾总结2014年全县党风廉政建设和反腐败工作，研究部署2015年工作任务。

会议审议通过县委常委、纪委书记陈光煜代表县纪委常委会所作的《突出主业主责，强化执纪监督，坚定不移推动党风廉政建设和反腐败斗争》的工作报告。县委书记胡志峰与各级党（工）委、党组签订党风廉政建设主体责任书，县委常委、纪委书记陈光煜与各级纪（工）委、纪检组签订党风廉政建设监督责任书。

【党风廉政警示教育大会】 8月3日，龙里县召开2015年党风廉政警示教育大会。上午，全体领导干部到贵州省王武监狱实地观看服刑人员的生活场景，听取职务犯罪服刑人员“现身说法”。下午，在县城召开警示教育大会，全体参会人员观看党风廉政警示教育片；县委常委、纪委书记陈光煜通报上半年全县纪检监察机关查办案件情况；县委副书记吴应忠宣读《关于进一步开展党风廉政建设突出问题集中专项整治的实施方案》。

【案件公开审理】 10月31日，龙里县纪委就龙里中等职业技术学校校长违纪案件进行公开审理。在公开审理中，通过案件主办人对案件进行陈述和举证、质证，被调查人申辩、助辩人助辩，案件主审人、协审人认证等环节，充分保障违纪党员的合法权利，让党员干部享有对违纪党员干部处理的知情权、参与权、监督权，使纪检监察机关处理违纪案件时广泛接受监督，增强了公开性和透明度。公开审理现场，县纪委监察局领导班子成员，县直部门纪委书记、纪检组长，各镇（街道）纪（工）委书记，县教育局领导班子成员及中层干部，被调查人所在党支部班子成员、全体党员及各镇（街道）教办、中小学校长等119人到场旁听。

（县纪委办）

组织工作

【概况】 中共龙里县委组织部设立有办公室、组织科、干部科、干部教育科、干部监督科、公务员管理科、信息科7个股级内设机构及县委党建办等副科级内设机构。2015年，县委组织部围绕全县经济社会发展大局，围绕“三条主线”，突出“一个坚持、四个突出”和“三为”工作导向，按照“一个坚持、四个突出”和“三为”工作导向总体思路，围绕服务全县经济社会发展大局，做好抓基层、打基础，聚人才、建队伍，选干部、配班子各项工作，为全县经济社会发展提供组织支撑。

【“三严三实”专题教育】贯彻省、州及县委相关会议精神，突出问题导向，推进“三严三实”专题教育。健全机制推进专题教育。加强专题教育督导和调度，及时解决活动中遇到的困难和存在的问题，编发《“三严三实”专题教育工作提示》共6期。开展学习教育活动，按照省州要求，牵头完成县委中心组“三严三实”专题教育专题学习研讨方案起草、资料收集和发言材料审核、报送等工作。注重发挥县级领导示范引领作用，全县州管党员领导干部 均在分管部门或联系单位开展“三严三实”专题党课，通过县委中心组研讨学、常委（扩大）会集中学、主要领导点题学等方式，开展集中专题学习8期、700余人次。坚持问题导向，引导州管干部将个人问题纳入专题教育，对照党规党纪、国家法律、正反两方面典型，联系个人思想、工作、生活、作风实际，联系个人成长进步经历及联系群众路线教育实践活动中个人整改措施落实情况，认真查摆“不严不实”突出问题，建立个人不严不实“问题清单”，为开展专项整治奠定坚实基础。重点针对“联系群众不够”问题，开展遍访贫困村贫困户、帮扶空巢老人、留守儿童工作，建立台账、重点帮扶。全县38名县级领导走访贫困村74个、贫困户149户。针对“工作作风不实”问题，规范干部行为，提升机关效能，提振干部精神。开展为期10天的工作纪律、工作作风专项督查，查处违反作风纪律13人次，实现作风转变、效能提升，为新常态下“守底线、走新路、奔小康”提供纪律保障。

【政治思想建设】开展对习近平总书记系列重要讲话精神集中轮训。发挥县委党校主阵地作用，连续举办习近平总书记系列重要讲话精神专题培训班，县委领导带头授课，对全县800余名新任科级领导干部、党务干部、股级干部进行集中轮训；同时，把习近平总书记系列重要讲话精神列入县委党校（行政学校）主体班次及各类学习培训的必修内容，将学习延伸到普通党员干部。实施特色基地建设、特色课程开发、特色名师培育、特色读本编纂“四项特色工程”，抓好科学理论体系建设，发挥红色教育基地作用，组织开展革命传统和理想信念教育。创建龙里县党员干部军事化实训基地，通过开展军事训练、重温誓词、帮扶慰问等活动，锤炼干部能力，激发革命热情，提振干部精神。全年共举办培训班3期，培训干部162人次，接受参观学习5次、857人次。将中央和省、州、县委提出的各项政治纪律和政治规矩作为各类培训班的必修课程，进一步强化党性党风党纪的学习培训，推动党员干部守纪律、讲规矩，真正做到心中有党、心中有民、心中有责、心中有戒。

【队伍建设】执行新修订的《干部任用条例》，把“好干部”标准贯穿选人用人工作始终，着力选拔发展型干部、配发展型班子，不断提高领导班子和干部队伍引领发展、服务发展的能力。着力规范干部选拔任用工作程序。推荐选拔2批共120名政治好、作风硬、素质高的干部组建考察员队伍，加强考察业务培训，着力提高工作水平。改进考察方式，突出干部德和实绩的考察，并注重听取单位党组织书记、社区有关同志的意见，确保选人用人质量。加强领导班子和干部队伍建设。选优配强镇（街道）、县直部门领导班子。全年共呈报县委研究调整干部7批210人次，其中新提拔任用76人，交流103人，领导班子结构进一步优化，素质进一步提高，服务发展的能力进一步增强。培养使用优秀年轻干部。研究印发《龙里县科级后备干部培养计划（2015—2016年）》，深化“四挂”方式（即县直机关干部下挂、乡镇干部上挂、系统之间互挂、到省州和帮扶单位外挂），不断强化后备干部实践锻炼。大胆选拔使用优秀年轻干部，2015年全县新提拔科级领导干部中，35周岁以下年轻干部达到44人，占提拔总数的57%，干部队伍年龄结构得到有效改善。抓好干部基础工作。抓好“五项清理”整改消化工作，完善干部档案管理制度，促进干部人事档案管理工作规范化，深化“三改”干部清理，抓好干部档案专项审核，收集转递各类档案资料350余份，对184名人员档案重要信息重新进行核查认定，接收和转出干部人事档案110本。同时，为39名州管领导干部补充档案缺失材料130余份。完善涉组涉干网宣制度，加强涉组涉干网络舆情监督引导，全年开展专题引导15次，上报涉组涉干舆情114条、影响力文章175篇。抓好干部教育培训工作。出台《龙里县2015年干部教育培训工作计划》，因材施教，分类指导，教育培训的针对性和实效性得到有效提高，全年共指导开展主体班次11期，培训干部1200余人次。

【干部人事制度改革】深化干部人事制度改革，探索创新干部工作新方法，创新基层干部关心关爱机制。开展“乡镇干部队伍建设年”活动，出台《关于加强乡镇干部队伍建设的二十条意见》。大力补充适合乡镇和园区发展需要的人才，通过公务员招考、事业人员招聘，全年为6个镇（街道）补充人员144人。坚持“4个80%”政策，形成干部从基层来、到基层去的导向。落实公务员职务与职级并行制度，严格晋升条件，完善考核程序，平稳实施首批次412名公务员（参公人员）职级晋升工作。完善干部日常考核评价体系。出台《龙里县科级领导班子和领导干部年度及日常考评办法（试行）》及配套制度，对科级领导班子和领导干部进行动态跟踪考核，建立科级领导干部日常考核档案544卷，实行“月纪实、季点评和半年、年度测评”，及时分析纪实、点评和测评情况，作为干部选拔任用、奖励惩戒的重要依据。深入推进干部轮岗交流。坚持“注重流向、把好流量”，创新交流方式，拓宽交流渠道，切实采取城乡互动、岗位互换、资源互补三项举措，推进科级领导干部和一般干部的交流，全年通过科级干部调整、公开遴选、办理调动、人员划转等方式共交流干部1366人次。注重将干部选调到发展一线锻炼使用，选派30名经验丰富的干部到54家企业担任企业特派员，选派14名干部组建招商工作组分赴山东、上海等地招商引资，抽调30名干部参加全省项目观摩会会务服务、68名干部参加州旅发大会会演及会务工作、45名干部到贵州双龙航空港经济区参与征地拆迁工作。

【干部常规管理】落实中央、省州管理规定，向全县副科级以上领导干部发放《贵州省党员领导干部政治纪律和政治规矩“八个绝不允许”和“十严禁十不准”》学习卡544份，让领导干部心存敬畏，手握戒尺。在严格执行任前廉政谈话制度的基础上，全面实行新任领导干部学廉考廉制度。2015年，新任领导干部全部参加廉政知识测试。结合干部考察、基层调研等活动，县委和组织部门有关同志深入各单位开展“六必谈”谈心谈话活动。全年共走访单位81家，开展谈心谈话483人次，收集意见建议21条。规范执行函询及外出请销假制度。认真贯彻落实中组部和省委组织部关于提醒、函询、诫勉实施细则的相关规定。健全《中共龙里县委组织部对领导干部进行提醒、函询和诫勉的实施意见》，进一步提高干部日常管理规范化制度化水平。进一步规范干部请销假程序、严肃请销假纪律，坚决防止干部外出不请假、请“霸王假”、事后才请假的情况，全年，对不假外出的5名干部进行提醒约谈。严肃开展因私出国（境）证件专项清理。严格按照省州文件精神，积极会同出入境管理部门对县管领导干部持有因私出国（境）证件情况进行调查统计，进一步完善备案人员信息库，专项清理工作取得明显成效。经排查，集中管理91本，注销22本，从源头上加大领导干部因私出国（境）的审批、管理和监督。

【干部监督管理】 着力完善干部监督管理体制，推进从严管理干部长效化常态化，确保干部能干事、干成事、不出事。建立完善领导干部个人事项报告抽查核实制度。建立科级干部个人有关事项信息系统，将全县544名科级领导干部、242名副科级后备干部实行入库管理，并分期分批进行抽查核实。牵头会同纪检监察、法检公安、计生、工商、民政、房管、税务、银监等部门组成抽查核实联席小组，充分利用各部门数据资源，准确核查报告信息。共抽查核实科级干部个人有关事项36人，全面核查考察对象个人重大事项报告99人，根据核查情况，取消试任资格并全县通报1人，核查违反计划生育政策取消任职资格1人、函询4人，取消提拔资格1人、暂缓提拔使用6人，有力地维护个人有关事项报告的工作纪律。规范开展领导干部经济责任审计工作。突出重点领域及重点岗位，委托县审计局对4家单位4名主要领导进行任中经济责任审计，召开经济责任审计联席会，认真分析审计结果及审计的事实和问题，加大被审计单位和领导干部对审计结果执行落实情况的督查督办力度，切实发挥经济责任审计“审”“用”结合的监管作用。严格执行四项监督制度。紧紧围绕“科学规范”和“有效监督”两个关键环节，认真组织开展2014年、2015年干部选拔任用“一报告两评议”测评，如实做好结果统计及信息上报工作，加大评议反馈结果的分析研判，切实从提高满意度分值和查找存在突出问题入手，努力提高选人用人公信度。

【干部监管网络建设】 结合干部监督工作新形势新要求，修改完善《龙里县干部监督信息员管理办法》，聘请组建一支政治过硬、忠诚可靠的干部监督信息员队伍，扩大干部监督信息网络，及时准确地了解掌握各镇（街道）、各部门领导班子运行情况以及领导干部遵纪守法、廉洁勤政等方面的情况。全年，干部监督信息员反馈监督信息40余条，部分信息为组织提醒教育干部、及时发现干部问题发挥了积极作用。

【基层党建制度体系】 通过创新和完善工作推进机制，把抓好党建作为“第一责任”和“最大政绩”，构建抓落实的党建工作新格局。抓好《龙里县关于落实全面从严治党要求进一步加强党的建设的决定》的贯彻落实。行业系统党建工作组建了教育工委，落实专职人员和工作经费，理顺党组织关系，划转党员，归口管理，明确责任。全年开展8次党建暗访督查，在政府办公楼前、政府网站、“党建一点通”“晾晒”督查情况。建立党建责任追究“四级约谈”和“三个通报”机制，全年通报批评4家党建工作落实不力单位，集中约谈5镇1街道党（工）委书记1次，警示谈话2名镇党委副书记1次。全年争取并落实党建工作经费1500余万元，积极调整村、社区干部报酬，新建村级活动场所8个。出台支持非公有制企业和社会组织开展党建工作十二条措施，为新建党组织落实2000元工作经费，开展“七个一”赠送活动；对工作成效显著，能在省、州推广的党建示范点，一次性奖励党组织3000元、党组织书记2000元。完善党建信息化机制。全年投入经费50余万元用于信息化党建，运用数字化、信息化手段，强化“云端党建”平台建设，结合电子商务进农村，建设“互联网+基层便民服务”体系，谷脚镇建成贵龙“智慧社区”智能互联平台，湾滩河镇建成产业党建“致富云”平台，龙山镇建成“乐享龙山”智能旅行系统，打造以“龙里红色未来城”

为主品牌的大数据党建综合体。

【基层党建管理机制】坚持抓队伍、强管理，树立基层党建工作新形象。以落实“党员管理服务年”为抓手，不断加强基层党组织和党员队伍建设，党组织的政治功能作用进一步发挥。制作入党程序教学漫画《小龙入党记》，打造“入党体验行”步梯文化楼道，全年发展党员324人，其中35周岁以下党员219人，占68%；大专及以上学历党员133人，占41%。全面推行“党员报告个人事项”制度，党员如实报告“是否参加党内生活、是否存在违法乱纪行为，配偶和子女从业、投资”等情况，自觉接受党组织监督。开展以农村党员教育管理、“三会一课”、党员个人有关事项报告、党员亮身份晒承诺、党员“严进宽出”为主要内容的“1+4”先锋工程创建。创建党员干部军事化实训基地，以“十个一”为载体，分批次组织党员干部进军营、受锤炼。在冠山、龙山、谷脚创办3个园区“网上党校”，开展党员培训200余人次；发挥远程教育功能，在农村建立“小康美”网上党校，开展党员培训8000余人次。全年培训村干部和农村骨干党员500余名，培训入党积极分子110人。结合村（居）调整优化，新成立10个村党委、44个村党总支。成立龙里县航舰出租汽车有限公司党支部，探索窗口行业党建新模式；健全“1+6”工作机制，成立县委非公和社会组织工作委员会，在6个镇（街道）成立非公和社会组织党群服务中心。

【基层党建典型带动】坚持抓典型、强带动，提升基层党建工作新水平。全年，涌现出“文朝荣式好支书”余庆秀等省级先进典型；2个党组荣获全州机关、企事业单位党建工作先进党组；新增州级“五好”基层党组织15个。全县集中评选表彰29个“五好”先进基层党组织和41名“三型”优秀共产党员。教育系统集中表彰“三立三树育新人”活动涌现出的83名“优秀班主任”“优秀教育工作者”和“优秀教师”。在龙里电视台、龙里政府网站开设“龙城正能量”专栏专版，采编11期优秀共产党员典型事迹。在兴龙广场新建“先锋榜”宣传栏，分期宣传“三型”优秀共产党员先进事迹。营造包容创新工作环境，围绕基层党建热点难点问题，镇（街道）分别认领1项至2项工作任务，用3年时间在全县打造50个精品区域基层党建示范点。全年新增州级“双七增辉工程”基层党建示范点3个。

【党建助推扶贫脱贫】坚持抓发展、强功能，实现基层党建工作新突破。不断加强发展型服务型党组织建设，党组织的发展和服务功能作用进一步发挥。发展“六型”经济，推进“空壳村”清零。落实《龙里县“1+6”发展壮大村级集体经济三年推行计划》，引导村党组织发展“资源开发型、资产盘活型、为农服务型、特色产业型、股份合作型、乡村旅游型”“六型”经济。采取“1+X+2”模式，每名县级领导、若干县直部门，包保挂帮2个“空壳村”，全年投入415万元帮扶“脱壳”。推行村级党组织领导，“能人”具体负责，党员群众共同参与、按股分红的利益捆绑式集体经济运作模式。全年61个村“脱壳”，超额完成州目标任务数。结合精准扶贫，实现“两带两增”。推行“两带两增奔小康”623五年计划，通过“N+1”模式，15%的致富党员帮助未致富党员和贫困党员脱贫致富。打造“50个党员创业带富先进典型、50个党员创业带富基地、50个党组织创业带富经济集体强村”，党员领创办专业合作组织201个。对创业规模在50万元以上的建立党员创业带富“能人档案”，实行以奖代补。创新活动载体，广辟服务渠道。开展“双进双促构和谐”“十项行动”，通过承诺践诺评诺“三诺”行动、“1+1”或

"N+1"帮扶方式，党员与联系村（社区）困难党员、贫困群众结成帮扶"对子"。开办党员志愿服务网站，成立"爱心银行"，组建9支1700余名党员参与的服务队伍，采取"爱心储蓄·公益积分"的方式，开展活动50余次。全年有4215名公职人员认领"微心愿"5000多个，服务困难群众4300多人。通过"双联双助促发展""十项主题活动"，选派100名联企（社）干部联系127家企业及社会组织，帮助企业建立"电子档案"，完善"一企一档"，代办和协调事项600余件次。

【人才工作】出台《龙里县骨干人才培养选拔暂行办法》，坚持不唯学历、不唯职称、不唯资历、不唯身份原则。组织卫计、教育、农林水、环保、交通文化等部门熟悉专业技术人才队伍情况的分管领导组成评审小组，对238名推荐人选按行业类别评审出30名候选人选，60名后备人选提交县委常委会研究，最终评选出教育、卫生、制药等行业骨干人才30名。进一步突出优秀人才在科教兴县、人才强县战略中的领军作用。建立骨干人才信息库，协同所在单位动态跟踪管理，组织骨干人才进行学术、技术交流。出台领导干部联系优秀人才制度，采取走访慰问、定期座谈等形式帮助解决实际困难。全面实施高层次人才生活补贴、住房补助、人才公寓等优惠政策，从子女入学、配偶调动等方面为人才解决后顾之忧，组织发放高层次人才补贴35万余元、"骨干人才"津贴10.5万元、学历提升补助19.2万元，为345名年轻人才解决住房问题，春节前夕组织5个慰问团慰问优秀人才。提高人才公寓入住人员就餐补贴额度，同时，对到龙里支教志愿者进行生活补助，由县财政给予每人每月500元的生活补助。以扩大人才总量和优化人才结构为目标，大力开展人才招考及引进相关工作。推进人才集聚工程。招考录用工程规划、城市建设、医疗卫生、教育教学等行业充实人才369名，有效缓解了人才紧缺压力。全县人才资源总量达到19047人，其中党政人才1170人，企业经营管理人才2131人，农村实用人才3042人，专业技术人才6152人，技能人才6552人。每万人人才资源数达1190，在全省经济强县中跃居第12位，在全州位列第2名。科技推优工作再创佳绩。在黔南州第20个科技日推优活动中，高标准、严要求推荐评优候选人。最终，龙里中学高级教师王剑平荣获州优秀科教人才奖；贵州良剂药业有限公司工程师付正友、贵州英吉尔机械制造有限公司工程师蒋勤南、贵州龙缘盛豆业有限公司工程师谭华荣获全州推动科教进步先进个人；贵州科之杰新材料有限公司技术主管罗小峰荣获全州科教兴州荣誉奖。

（县委组织部）

宣传工作

【概况】2015年，围绕建设富庶、生态、幸福新龙里的总体目标，着力宣传普及社会主义核心价值观，巩固壮大主流思想舆论，推动文化大发展大繁荣，提高龙里文化软实力，营造昂扬向上、团结奋进、开拓进取的浓厚氛围，为率先建成小康社会、经济社会和谐跨越发展提供思想保证、精神动力、舆论支撑和文化条件。

【新闻宣传】新增微信公众号"今日龙里"新浪微博"龙里之声"、手机APP"新龙里"等5个发布平台并坚持每天发布新闻。《新龙里》周报从4个版扩展到8个版，全方位多角度展示县委、县政府和各镇（街道）、部门工作的新姿态、新形象。电视《龙里新闻》栏目增加到每周6次12分钟左右，开辟《凝聚正能量，同步奔小康》《不文明行为曝光台》等17个专栏。新增

《龙城视界》《龙城新生活》《龙城警视》《司法之窗》等民生栏目，以更接地气、更贴民心的方式做“有温度”的新闻，提高民众的支持率。调频广播自办节目每天达到11个180分钟，成为重新崛起的传统强势媒体而受到群众和上级好评，全州调频广播现场会于4月在龙里县召开。

【理论宣传】结合“三严三实”专题教育，通过党委（党组）中心组学习、职工集中学习、专家专题讲座、理论宣讲、专题讨论等方式组织开展中共十八届四中、五中全会和习近平总书记系列重要讲话精神的学习宣传和普及。年内，县委中心组集中学习8次20余天，“三严三实”专题学习3场次12天，专题研讨会3场，举办各种培训班11期，开展各类宣讲30余场次、专题讲座20余场次，培训干部8000余人次，赠送辅导学习资料2万余册。以道德讲堂为载体、“六个好”［好课我听、好书我荐、好文我读、好岗我学、好人（事）我讲、好坏我评］为主抓手，创新开展“宣传干部上讲堂”、百姓宣讲和德师宣讲工作。举办全县德师、宣传部长上讲堂、宣传文化干部专题培训各1次，上报宣传部长上讲堂宣讲稿500件。建立“宣传部长上讲堂”讲师（课题）库，组建8支百姓宣讲队伍。全年承办省级“宣传部长上讲堂”、德师培训现场观摩活动各1次，组织全县“宣传部长上讲堂”观摩活动1次，开展“宣传部长上讲堂”活动500余场次，德师宣讲200余场次，道德讲堂开讲2000余场次，累计6万余人次参加宣讲。编辑《冠山文化讲坛》综合理论刊物4期。

【文化艺术工作】以“盛世奏欢歌，龙城小康行”为主题开展各类文体活动100余场。开展“送春联·话发展·奔小康”“送书画下乡”和“全家福”活动，印制发放小康春联5万副，为群众书写、赠送春联1万余副，拍摄“全家福”500余幅。举办龙里第一届“春节联欢晚会”并进行直播，各镇（街道）举办春节联欢晚会、民族山歌比赛等活动。“小康在我身边”网络摄影和“我身边的小康”征文比赛共收到征文1224篇。其中，30篇获等次奖、84篇获优秀奖。组织开展“小康新生活”山歌征集活动，编印《幸福小康新生活民歌集》。组织开展小康龙里成就展、黔南州第八届旅发大会黔南景区图片展和“文化黔南”书画展并分别编印成集。组织开展名家书画摄影展、小康龙里征文、小康龙里微信大赛等系列活动。组织完成2014年度文化产业统计上报工作。全县文化支出占公共财政支出比重1.88%，超出小康标准0.88个百分点；居民文教娱乐服务支出占家庭消费支出城镇居民为14.4%，农村居民为12%，指标达到小康标准。组织县、镇（街道）宣传干部参加第十一届中国（深圳）国际文博会。申报文化产业示范村项目、优秀演出团项目、特色文化产品项目各1个。多幅书法作品入展全国第十一届书法篆刻展、贵州省第六届“茫父杯”书法双年展等展会。组织开展2015美丽中国影像报、中国摄影家协会网全国影友联谊会走进中国刺梨之乡龙里县摄影评奖活动，全县8名作者作品获奖。微电影《回家过年》《你是我的眼》入围第五届广州国际微电影大赛前50强，《回家过年》主演获最佳女配角提名，《你是我的眼》获最佳摄影提名。在黔南州小戏小品大赛中龙里县选送小品《生日快乐》《连心桥》分获一等奖和二等奖，龙里县获最佳“创作奖”。作品《苗寨欢歌》获黔南州特色广场舞蹈大赛优秀奖。邀请40余名全国书画名家到龙里采风。

【对外宣传】外宣新闻从以电视播简讯、报纸“豆腐块”为主逐步过渡为侧重主题报道、经验报道，电视以长消息为主，报纸以整版、半版为重的局面，新闻多次上州以上报纸的头版、二版和电视新闻的提要。组织开展小康达标验收、全省第二次项目观摩会、全州第八届旅发大会环境氛围营造和对外宣传等“三大会战”，组织召开第八届旅发大会新闻发布会，设置广告牌、宣传标语、宣传展板1000余幅，绘制宣传画800余平方米，在报纸、电视、网站发布新闻稿件2000余条次，小康宣传工作创造全省典型经验。邀请“南方卫视”组团到龙里县进行集中采访，节目在南方卫视播出。邀请10余名旅游名博到龙里采风，共发布龙里旅游微博100余条，转发上万次。全年电视完成中央级媒体采用9条、省级68条、州级200余条。平面媒体完成对外宣传央级媒体23条，省级媒体169篇（其中，贵州日报59篇），州级媒体410篇，完成龙里专版6期。连续五年被贵州日报报业集团评为全省20个先进集体之一。

【舆论宣传】完善《龙里县应急事件舆论引导预案》《龙里县互联网舆情监管工作规则》，健全网上网下联动处置工作机制，全年积极妥善处置湾滩河镇殡葬事件等涉县重大网络舆情4起，监测处置一般网络舆情10余起，及时有效阻止负面舆情扩散，维护龙里良好外部形象。配合州积极开展网络舆论引导工作，完成州下达网络评论任务数200余个，累计组织网评员发表网络评论上万条。年内共组织开展网评员培训2次，表彰优秀网评员5名，组织相关人员参加州培训2次。全年共收集上报舆情信息501条，其中中宣部综合采用10余条、省委宣传部采用50余条，州委宣传部采用300余条，被省委宣传部升级为省级舆情信息直报点。2人获评“黔南州优秀舆情信息员”，县委宣传部获评为“黔南州舆情信息先进单位”。撰写意识形态调研报告1篇。

【队伍建设】举办宣传文化干部培训班2期，组织全县宣传文化干部到延安等地接受革命传统教育；组织各类培训6场次、800余人次，安排宣传干部参加省州举办的各类培训班20人次，培训人员覆盖全县各单位、各镇（街道）。

（姚刚）

精神文明建设

【概况】2015年，全县精神文明建设以培育和践行社会主义核心价值观为主线，以“多彩贵州文明行动”和“德行龙里·一路有你”工程为主要抓手，以开展“明礼知耻·崇德向善”“德润黔南”等系列主题活动为载体，推动各项工作向纵深推进。

【文明创建】开展“图说我们的价值观”“街头正能量”等活动，将社会主义核心价值观的宣传普及从“街头”向“村头”延伸。城区建筑施工围墙、公共设施广告位设置公益广告面积达50%以上，城区主次干道的灯箱、道旗和公共交通工具等均张贴公益广告，各镇（街道）也普遍设置核心价值观公益广告，公益广告宣传实现全覆盖。全年申报2014—2015年州级文明单位25个、文明镇（街道）3个、文明村（社区）16个、文明窗口8个。3月，醒狮镇获“全国文明镇”称号。完成洗马镇石板滩村、醒狮镇高吏目村“农民文化家园”建设。

【道德模范学习宣传】全年共推荐身边好人237名，其中县级机关51名，镇（街道）145名，教育系统41名。11月25日，《新龙里》刊布“德行龙里2015十大年度第一批候选人物事迹简介”，分别是：坚韧自强、勇担道义的湾滩河镇羊场初级中学教师陈光豪；心系群众、创新扶贫的县科技局优秀干部李萍；胸怀大爱的交通安全知识义务宣传员王邦全；坚守大山希望38载的谷脚镇大谷冰小学校长罗登福；黔南州水务局干部、龙山镇摆谷六村“第一书记”、优秀驻村干部代表陈安平；充满浓情爱意的冠山街道办事处12位年轻人组成的逐点爱心团；县水务局诚信为民的贴心干部、醒狮镇葫芦田村“第一书记”罗元；醒狮镇谷新村村支书、外出返乡创业致富带头人李建文；龙里县文化馆干部、龙里平坡苗族农民画的领军人物兰群；县人民法院干警、敢于担当的忠孝青年卢凤云。12月2日，《新龙里》刊布“德行龙里2015十大年度第二批候选人物事迹简介”，分别是：靠卖菜为生、85周岁的孤寡老人朱光成；洗马镇烂田湾人、创业致富带头人彭开华；用坚强面对困难，用微笑面对工作和生活的龙里县新场小学教师颜正南；用柔弱身躯托起人间大爱的醒狮镇进化村村民张廷芝老人；潜心致力于龙里教育创新发展的龙里中学教师王剑平；用身教代替言传的谷脚镇茶香村敬老孝星周永富；无怨无悔守护村民健康的白衣天使、湾滩河镇翠微村村医罗木；历经磨难仍拥有大山般脊梁的洗马镇中心校爱心女教师陈娇；苗乡希望的守护神、苗乡教育的“新愚公”，洗马镇落锅村教师王大德；家风孝道的好典型、亲力亲为的好媳妇，谷脚镇谷远村村民孙思琴。在推荐上报的先进模范中冯文杰冯文武（姐弟）、代青珍、吴国先、向汉珍等入选中国好人榜候选人，吴国先、韩彩云、代青珍、冯文杰冯文武（姐弟）等入选贵州好人榜。评选表彰李毓梦、冯雅琪、蓬明连、吴龙燕、吴桥洁、周红、朱海燕、贺宇宇、倪贵英、陈文海为2015年“德行龙里”十佳美德少年，评选表彰“诚之星”——陈安平、罗登福，“爱之星”——颜正南（女）、逐点爱心团（团队），“礼之星”——李建文、王邦全，“孝之星”——周永富、卢凤云（女），“仁之星”——罗木（女）、朱光成为2015年“德行龙里”十大年度人物。在全县中小学创新开展“生德榜”“师德榜”建设，全县建成县级积德榜3个，城区单位建成积德榜40余家，镇（街道）建成镇级积德榜6个，村级、社区积德榜12个，各中小学积德榜30余个。

【道德讲堂建设】落实道德讲堂总堂专项建设经费80余万元，各单位、镇（街道）共建成道德讲堂211个，其中县直部门道德讲堂38个，镇（街道）道德讲堂6个，村（社区）道德讲堂120个，学校道德讲堂47个。全县道德讲堂开讲960余场次，开展宣传部长上讲堂活动440余场次。邀请省内外知名学者、专家举办专题讲座和主题宣讲报告会20余场次。4月，举办宣传部长上讲堂骨干培训班一期。5月，全省道德讲堂观摩会在龙里举办。6月，全省宣传部长上讲堂片区观摩会在龙里举办。6月，举办全县德师培训班一期。8月，举办全县宣传部长上讲堂观摩活动，先后开展巡回宣讲展演16场。9月，举办全县“宣传部长上讲堂大赛”，龙里选手龙鱼跃在黔南州比赛中获得第一名。推进组建民间德师队伍，聘请黄正安等为县级德师，开展德师传德宣讲。开展3次县级德师培训、2次民间德师培训。全县共有德师244人，其中县级德师15人。

【“绿丝带”志愿服务和学雷锋活动】组织开展黔南州第八届旅发大会志愿者招募、培训、管理。开展“3·5”学雷锋做榜样主题活动、“绿韵双龙”绿丝带绿化活动。组织志愿者深入农村、学校开展助力春耕、关爱留守儿童、捐资助学、扶贫济困活动。开展“点亮微心愿·情暖千万家”“情系贫困儿童，点亮心愿”志愿服务活动。全县干部职工志愿者网上注册率超过80%，共组建18支社会服务志愿队伍。

【未成年人思想道德建设】围绕“祖国好·家乡美”开展系列主题活动，开展“网上祭英烈”“做一个有道德的人”“读千古美文·做美德少年”和“学习和争做美德少年”网上签名寄语等活动，开展“童心向党，唱红歌，诵经典”“美德校园·道德讲堂我来讲”比赛和“墨香校园·中华美德颂”书法绘画比赛。截至年底，全县建成乡村学校少年宫4个。

【多彩贵州文明行动和“满意在贵州”主题活动】建成西南药都公厕、体育场公厕并投入使用，基本建成莲花湿地公园2座水冲式公厕。完成城区不清晰交通标志标线划设及城区破损路面维修，安装龙瑞山隧道护栏956米。将整治工作向广大农村延伸，将50个行政村列入2015年农村垃圾无害化处理示范点。组织开展城区车辆乱停乱放专项整治行动，开展环南路场天集贸市场整治。开展曝光不文明行为、“关爱环境·美化家园·文明行动”“抵制不文明行为争做文明学生”等活动，加大“12345”“多彩贵州文明行动”投诉处置平台宣传力度，引导干部群众运用平台反映“脏乱差”问题。2015年，龙里县“多彩贵州文明行动”工作综合考核得分92.48，在全省49个二类县（市）中排名第六。在全省各县市区经济发展满意度测评中，龙里县荣获第1名。

（姚　刚）

统战工作

【概况】重点加强党外干部选拔，及时配齐五镇一办统战委员，镇政府（街道办）主要领导中配备2名正职，各镇政府（街道办）班子成员中均配备1名党外副职，实现中共黔南州委提出的党外干部工作“三个百分之百”的目标；开展理想信念教育工作，抓好全县比、学、赶、超活动，开展党外人士“五学四比三贡献”活动，该项工作处于全州领先水平，使全州现场推进会在龙里举行；开展解民忧、助民富工作，开展龙里、惠水、花溪三个县区交界地带苗族婚姻“高彩礼”调研，主动赴惠水、花溪联络对接，建立联动工作机制，惠及该地区38000多苗族群众。

【民主党派机构】10月，龙里首家民主党派——中国民主促进会龙里支部正式成立，设支部委员7名，其中主任委员1名，副主任委员2名，主任委员由县政协副主席兼任，支部无正式编制，委员均为兼职。主任委员：金子成；副主任委员：韩永高、杨秀熙；委员：黎耀文、刘薇、杨斌、王大勇。首批会员27名，其中教师会员12人，占44%，女会员9人，占33%，高级以上职称9人，占33%。在县行政大楼1014房间设立民进龙里支部办公室。县政府拨付6.6万元作为支部成立及前期工作费用。

【无党派工作】县委统战部邀请省社会主义学院党组书记王国麟到龙里对全县副科级以上干部进行《统战工作条例》专题讲座。开展无党派代表人士“五学四比三贡献”学习实践活动。通过采取集中学、自学、举办培训班、专题讲座和实地参观考察等方式，引导无党派、非公经济人士不断增进中国特色社会主义道路理论制度自信，弘扬主旋律，传播正能量，参与同步小康社会实践。年度共组织无党派、非公经济人士参加“道德讲堂”活动10次，专题讲座10次，赴延安红色革命教育基地和浙大培训学习各1次，把学习实践活动引向深入，不断巩固和扩大党的思想政治基础。

【民族宗教统战工作】协调龙里、惠水、花溪各方力量，举行“革陋习、树新风”民族婚俗联动机制启动仪式，宣传“高彩礼”陋习危害，呼吁三县区地区共同抵制“高彩礼”，倡导苗乡婚俗新风，彩礼从原来的近20万元降到5万~8万元，逐步回归常态，极大减轻苗族同胞负担。依法管理宗教事务，抓好宗教普法宣传教育和干部培训工作，开展宣传活动10余次，发放宣传资料3000多册，依法处理宗教领域乱象，健全宗教行政执法、监察工作机制，依法做好对“五非”问题的处置工作，提高宗教工作法治化水平。年度内申报认定8家企业为民族贸易企业，协调16家民贸企业办理基准利率贷款26930万元，累计贷款8.48亿元，超额完成州目标任务数。

【海外统战工作】协助有关部门完成龙里县外事侨务和台港澳工作办公室机构编制工作。春节期间，按照每户300元的标准，慰问走访侨属、台胞、台商、台属共40户，实现慰问走访“全覆盖”。接待香港陈登社会服务基金会爱心人士赵炯辉、郭锦超到龙里中学开展捐资助学活动，共资助33名贫困学生，发放善款43500元。

【党外代表人士工作】制定出台《龙里县四家班子主要领导、县委常委和党员副县长与党外代表人士交友联谊制度》，通过广交、深交党外代表人士朋友，关心和了解党外人士，协调并帮助党外人士解决各类问题。加大对党外干部培养选拔和安排力度。全县五镇一街道的领导班子中均配备党外干部；醒狮镇和湾滩河镇政府领导班子中由党外干部担任镇长职务；各镇（街道办）统战委员均为副科级干部；人民法院领导班子中配备党外干部，人民检察院提拔党外干部担任副科级职务；政府部门中安排2名正科级党外干部担任领导职务。

【非公有制经济统战工作】继续推行“特派员”服务非公企业制度，树立“把客商当亲人”的服务理念，营造亲商、扶商、富商、安商的环境，把龙里打造成为非公有制经济投资的热土、创业的乐园。召开“五好”工商联创建启动会，发放《守法诚信倡议书》100余份，50名非公经济人士在会上作守法诚信承诺宣誓，从源头上树立非公经济人士的“守法诚信”意识。深入各镇（街道）基层商会、特色商会和行业商会调研，督查指导商会组建工作，发展会员1091人，同比增长230%。协同有关部门开展民营企业服务年工作，主要解决企业建设生产过程中存在的困难和问题，制定《促进企业融资工作方案》，开展企业融资难专题调研，为企业融资搭建沟通平台，帮助企业解决生产经营中的资金难题，用实际工作推动“五好”工商联创建。

（县委统战部）

干部教育培训

【概况】2015年，县委党校编制由2014年20人增加到25人，专职教师增加到8人。实有在编干部20人。其中，中共党员16人；职工中高级职称1人，中级职称6人；具有研究生学历4人，本科以上文化15人。1月14日至15日，全省县级党校体制改革评审委对龙里县委党校进行评审，以97.45分的优异成绩顺利通过评审，在全州第二批县级党校评审中成绩位列第一。集办公、培训于一体的综合大楼设施设备逐步完善，内设机构人员逐步配备到位。

【干部教育】共开办副科级后备干部培训、新任科级干部和部分年轻干部培训、少数民族干部培训、县直机关暨企事业单位党务干部培训、村党组织书记暨骨干党员培训、入党积极分子培训、股级干部培训等8期主体班，培训人数600人，共建主体班学员培训学籍档案600个。邀请省、州有关专家上精品课累计5次。建立教员授课评价标准，交由主体班学员测评，优良率达80%以上。同时，为搞好教学活动，完善课前调研制、课题招标制、集体备课制等10个制度。

【教学创新】根据省委、州委关于干部教育培训特色资源开发的要求，县委党校开发《龙里县工业化带动战略的实施》《龙里与贵阳“同城化”发展》《龙里现代化农业发展的实践与探索》《“德行龙里”工程建设》《龙里“快递干部”代办模式》《龙里“企业特派员”服务模式》《龙里“一村一警”创新社会治理》《龙里非公企业抓党建》《打造耀眼夺目的生态“龙舟”》《追寻红军在龙里的足迹》等特色课程。开发特色读本，出版《龙里干教》期刊两期。

【培训基地】党校结合实际开展干部教育培训体验基地建设，结合现场教学基地主题鲜明，时代特色、地方特色明显，具有典型的代表性和示范性的要求，通过考察，确定中共龙里县委党校干部教育培训工业化体验基地、美丽乡村体验基地、城镇化体验基地、农业产业化体验基地及非公企业党建体验基地等6个基地。

【教育理论研究】围绕政治理论的重点、疑点、热点及政治理论宣传教育方式方法的改进，分别开展教研活动4次、集体备课4次、教学观摩2次、新课试讲4次和课后分析4次。从完善课题招标教学制度、课件制作、素材收集、案例选择、选题内容、宣讲效果等方面提出意见、建议，互相交流，达到共同学习、共同进步的目的。围绕县委、县政府的中心工作，全年开展4次调研，写出《心怀天下，以民为本——谈谈群众路线教育实践活动的几点认识》《县域视角下的农村社会保障体系建设与运行现状调查——以黔南州龙里县为例》《如何提高党的建设科学化水平》《对党校加强领导干部信息素质教育的研究与探索》《试论党建工作中思想、理论建设的重要性》调查报告5篇。完成2015年科研任务，在省部级以上刊物发表文章6篇，其中国家级刊物2篇。

【短期培训】采取与相关单位联合培训的形式，开展镇（街道）股级干部培训、少数民族干部培训等短期培训10期，培训学员1100人次。开展党史进园区送教上门“党史商鉴”系列宣讲活动4场，培训人数800人，冠山高新技术产业园区、湾滩河农业生态产业园区、谷脚工业园区、龙山工业园区4处园区参训。巡回宣讲。开展关于习近平总书记视察贵州重要讲话精神巡回宣讲13场，培训人数达1100人，宣讲范围覆盖宣传文化系统、财税金融系统、政法军警系统、医疗卫生系统、党群政务系统、教育系统、农林水利系统、工业交通及临时机构系统、湾滩河镇、龙山镇、洗马镇、谷脚镇、醒狮镇等。

（县委党校）

保密工作

【概况】贯彻落实《党政领导干部保密工作责任制规定》，突出打好定密管理、网络保密管理和涉密人员管理“三大攻坚战”，抓好保密技术建设、保密宣传教育、保密督促检查、涉密载体管理、涉密网络审批测评、保密制度建设、重大涉密活动保密管理等工作，全县未发生失泄密事件。2015年，县保密技术检查和涉密载体销毁中心有专职技术人员2名。

【保密技术建设】组织专职技术人员到全国保密管理工作先进单位（黔西南州望谟县）和贵阳、遵义、福泉、瓮安等市（县）开展技术交流活动，选派2人到州国家保密局跟班学习。投入5万余元购买保密技术检查工具2套，配备30格手机屏蔽柜1个、屏蔽器12台等保密技术防护设备，用于县委常委会议室、县委视频会议室等要害部门、部位及涉密场所管理，并安装互联网站涉密信息监控平台，对各单位、部门在互联网上发布、公开的信息进行监管。

【保密管理督查】抓好季度常态化检查和专项检查，细化日常管理，指导规范各单位、部门做好日常保密工作。每季度对全县120余个单位（含驻县单位、国有企业、金融机构）进行保密大检查，将检查结果在全县通报4次。联合县武装、工信、国土、人行等部门开展涉及武装工作、人防工作、国有企业、涉密地理信息等方面的保密管理专项检查，落实省、州组织的专项检查和交叉检查等。完成县检察专网、大组工网测评审批，全县保密普查、重大涉密活动保密管理和2014年文件清退等工作任务，确保工作秘密和国家秘密安全。

【保密宣传教育】将保密工作方针、政策、纪律和法律、法规列为县委中心组学习的内容。在县委党校成立中共龙里县委保密教育培训基地，全县公务员及事业单位人员轮训、党校业务培训、干部学习教育等学习内容包括保密业务知识、政策法规等。组织全县各单位、部门参加黔南州保密工作征文活动，4篇稿件分获二等奖、三等奖和优秀奖。制作《龙里县保密工作手册》3000余册、《领导干部使用互联网计算机安全保密提示》2000余张分发至各单位领导干部，通过电信、移动短信平台向全县2000多名领导干部发送保密安全防范警示短信，开展2次全县副科级以上领导干部保密教育培训，对全县股级干部进行轮训，到多个部门开展专题培训。

【保密规范】建立和完善《涉密移动存储介质保密管理制度》《互联网发布信息保密管理制度》《保密监督管理制度》《手机使用保密管理规定》《信息公开保密审查制度》等一系列工作制度，进一步规范保密工作的开展。

（莫如龙）

群众工作

【概况】2014年12月，信访局设立纪检组（监察室）。龙里县信访局和龙里县群众工作中心属县委、县政府管理的正科级单位，划设在县委序列，信访局和群众工作中心主要领导由1人兼任。其中，信访局属于行政机关，未设内设机构，有行政人员5人，机关工勤1人；群众工作中心属于公益一类事业单位，下设办公室、接访科、督查科（信访联席会议办公室）、信息科4个内设机构，有事业在编人员12人。共配备信访干部18人。龙里县信访局（群众工作中心）接访大厅设立10个群众接待窗口，共有14家单位入驻。2015年，共组织召开信访联席会议4次，研究决定和安排重大事项20余项。龙里县信访局（群众工作中心）先后获黔南州“五好”基层党组织、州级文明单位、龙里县2015年度目标考核先进单位、全县先进工会集体等表彰，两名信访干部获贵州省第二次项目观摩会、黔南州第八届旅游产业发展大会筹备工作先进个人的县级表彰。

【案件办理】全年，全县共接待群众来访906批、1645人次（不计重访数），来访案件全部化解或办结。其中，信访局（群众工作中心）接待来访群众275批、1582人次（不计重访数）；办理来信29件；办理上级部门交办案件78件；办理“12345”民心热线网络（电话）投诉事项453件；办理政府门户网站互动交流版块领导信箱诉求499件。群众来信来访主要涉及劳动社保、房屋拆迁与征收及土地征用、涉法涉诉等方面问题。进京非正常上访1批2人次，到省集体访5批111人次，赴州集体访2批14人次。网上信访比重进一步提高，实现让群众少跑路、让数据多跑腿，减少群众信访成本。

【规范接待行为】严格按照“六个一”“十五个环节”规范接待来访群众。接待登记后，能当场答复的，当场答复；不能当场答复的，交由相关责任单位办理，并在来访后15日内出具是否受理告知书，60日之内办结；情况复杂的，可申请延期，但延长期限不能超过30日。按照《信访条例》规定不属信访受理范畴的，出具不予受理告知书；属于不再受理情形的，出具不再受理告知书。同时积极化解信访矛盾纠纷，群工中心实行三级调处机制，窗口调处（一级调处），群工中心调处（二级调处），县级领导调处（三级调处）。

【信访事项复查】 信访事项复查复核坚持“属地管理、分级负责，谁主管，谁负责，依法、及时、就地解决问题与疏导教育相结合”的原则，将群众利益放在首位，做到诉求合理合法的解决到位、诉求不合法不合理的解释疏导到位、信访群众生活困难的帮扶到位。县信访复查复核委员会共受理信访复查事项12件，组织各有关责任单位召开信访复查专题会议12次，开展实地调查10余次，按期向信访群众出具复查意见12份。

【县级领导接访活动】 继续实行县“四家班子”领导到县群众工作中心接处人民群众来访工作制度，即每个工作日和重要节点非工作日安排1名县“四家班子”领导轮流到县群众工作中心接待坐班接访，听取群众意见和建议，协调处理接访期间群众诉求，同时针对部分重点信访问题开展约访、下访活动。共有20名县级领导干部参加接访、下访245次，共接待群众126批、510人次，化解124批、508人次，化解率达98%。其中，1月29日，福建徐某等人来访反映：1月23日，他们从贵阳驾驶一辆货车和皮卡车前往龙山镇桥尾村给风力发电项目部修挖机，修好后在返回途中被桥尾村1组、2组33户194名村民堵路，不让其通行。信访人反映后当日坐班县领导立即协调处理，经县林业局、龙山镇人民政府组织双方调解，村民放行。

【信访信息】 信访局（群众工作中心）结合群众来访反映涉及的重点难点问题，及时开展信访信息研判，通过《信访趋势研判》《今日信访》等形式向县委、县政府报告，为党委、政府领导提供科学的决策依据。共向县政府应急办上报《信访趋势研判》15篇，向领导报送《今日信访》2篇。其中，2月16日，贵阳市花溪区大水沟的王某到县群工中心上访，反映在龙城国际安装不锈钢和玻璃门未得工资一事。来访后信访局及时以《今日信访》形式向县应急办报告，通过县级相关领导出面协调，群众反映事项得到圆满解决。

【信访案件督查】 创新工作机制，出台《龙里县领导包案化解稳控工作机制》，实行“三级调度四级责任”工作调度督查机制，设立案件调度办公室在县信访局（群众工作中心）督查科，联合县督查督办局、县纪委监察室对挂牌督办、集中交办的信访案件和县内突出信访问题办理情况开展专项督查，加强信访工作的督促落实力度。年内，县信访联席办联合县督查督办局开展督查3次、联合县纪委监察局开展督查1次。县纪委对“6·24”1批、53人到省群访事件，启动责任倒查程序，对涉事单位相关人员进行了问责，4个单位主要领导在信访联席会上作检讨发言，5名涉事干部受到纪律处分。

【疑难信访问题化解】 全年，共排查疑难信访案件9件，化解9件。其中，成功化解省委副书记、省长陈敏尔包案督访疑难信访案件2件；成功化解省委副书记、省委政法委书记谌怡琴包案督访疑难信访案件2件；成功化解省、州交办疑难信访案件5件。

【依法终结信访事项】 按照诉访分离工作要求，进一步加强涉法涉诉信访事项办理，在接访大厅设立法律服务窗口，做好信访群众的法律咨询等服务工作，引导上访群众通过法律渠道依法解决涉法涉诉事项，把信访工作纳入法治轨道。同时加强信访工作程序化、法制化建设，严格按照《信访条例》相关规定办理信访事项。通过责任单位答复、县复查复核委员会复查、州人民政府复核的程序，依法终结信访事项5件。

【矛盾纠纷排查化解】矛盾纠纷排查化解工作机制进一步完善，以常规排查和专项排查相结合，实行“日排查、周汇总、周调度”和“横向到边、纵向到底”“地毯式、拉网式”的滚动排查化解工作机制，突出抓好重大矛盾纠纷和苗头性纠纷隐患排查调处，对一时化解不了的逐案落实“七个一”工作责任，将责任明确到人。共排查调处各类矛盾纠纷89件，调处成功87件，调处成功率98%。

【信访维稳工作】抓好信访工作“三无”创建活动。以信访工作“三无镇”“三无村”“三无单位”创建为载体，下发创建工作方案，明确各单位工作责任，“三无”创建实现分别达村70%、镇90%、县直单位95%的目标。全年，共承办上级交办矛盾纠纷信访问题9件。其中，省党政领导包案督访4件，省信访联席会议交办5件，全部化解。县交办115件，化解115件，化解率100%；顺利完成全国、省、州、县两会，生态文明贵阳国际论坛2015年年会、全省第二次项目观摩会、中国人民抗日战争胜利70周年纪念活动、黔南州第八届旅游产业发展大会、第五届中国（贵州）国际酒类博览会等重要时间节点、重大活动期间信访维稳工作，在各个敏感时段未发生进京、到省非正常上访现象，信访秩序良好，顺利实现“五个坚决防范”“六个确保”的工作目标。

【电话网络信访】将2014年5月开设的“12345”民心热线信访事项办理时限缩短至15天，方便群众电话渠道反映信访诉求；4月调整开设领导信箱，实行电话和网络24小时在线服务，受理群众通过网络、电话渠道反映的投诉请求，且将领导信箱办理时限缩短至3天。全年，共受理“12345”民心热线群众网络（电话）投诉事项912件，办理领导信箱事项499件，办结率达100%。

【宣传引导】以《信访条例》修订实施十周年纪念活动为契机，开展《信访条例》法治宣传教育。制定《龙里县信访局2015年信访宣传活动工作方案》，提出“两个受教育”，即信访干部受教育、信访群众受教育的工作目标；投入近2万元制作信访知识漫画口袋书、挂图、服务指南等宣传资料，多形式开展集中法治宣传3场次；积极举开展《国务院信访条例》《贵州省信访条例》宣传活动，县相关单位也结合部门职能抓好行业系统宣传。

【督查考核】2015年，信访局（群工中心）强化工作督查调度和目标管理考核，进一步强化全县各信访责任主体单位的工作责任，使信访工作扎实有效地开展。一方面，加强平时动态监测检查和重要敏感时段期间的专项督查，对重大信访事项由县督查督办局、县政法委、信访局（群众工作中心）联合进行督查督办。另一方面，强化目标管理考核，充分发挥考核“指挥棒”作用，根据州对县群众信访工作考核方案，在上半年结合实际分别制定年度镇（街道）群众信访工作考核方案及评分细则、年度县直机关群众信访工作考核方案及评分细则，为全县各单位做好群众信访工作提供内容和依据。同时，在重要时间节点，召开群工委会议、信访联席会议，部署阶段性信访工作，层层签订信访维稳工作责任书，确保信访工作得到有力有效落实。

（县群众工作中心）

机关工委工作

【概况】县直属机关工委为县委派出正科级机构，内设机构有办公室、党建科、机关党员服务中心、纪工委等。2015年，有在职干部8名。其中，工委书记、副书记、纪工委书记各1名。

截至年底，县直机关工委共下属6个党总支、114个党支部，共有2112名中共党员。按照中央关于“从严治党”的总要求，以州委提出的“三亮一创”活动为统领，开展“双联双促”“双进双促构和谐”活动，树立机关党员言行标杆，提升机关党建工作水平，促进机关党组织以实实在在的行动增进与群众的联系和感情，提高群众满意度。

【组织建设】 理顺所属基层党组织设置。结合机关机构改革，着手理顺涉及的相关部门党组织的设置及撤并工作，重新调整和设置部门基层党组织16个，理顺320名中共党员组织关系。5月成立县教工委后，整体划转5个支部及其所属党员。党务干部、入党积极分子和预备党员培训。整合县委党校教育阵地资源，与县委党校联合举办培训班，组织机关党务干部、入党积极分子和预备党员分期分批到党校参加集中学习培训。培训设置“三个有针对性的课程”，即有针对性地设置理论培训课程、道德品行教育课程、劳动实践课程。共举办培训班2期，参加培训的党务干部共126人、入党积极分子136人。组织开展“植树护绿”“采茶助农”劳动实践活动，组织党务干部到遵义地区开展红色教育和党建交流观摩。党员发展。按照党员发展“控制总量、优化结构、提高质量、发挥作用”新十六字方针，规范党员发展程序，严把党员发展“入口关”。全年共发展预备党员35名，转正预备党员29名。党费收缴、使用及管理。按要求将部门党员应缴党费总额的50%留存到各支部用于开展党的活动，每半年集中收缴一次党费。共收缴党费667509.25元（其中，333754.63元返还各支部留存，333754.63元上缴县委组织部）。严格党费的使用和管理，对返还工委的党费全部用于党员培训、党员活动、慰问老党员及困难党员、帮扶党建挂帮联系村、购置党员活动室设备等党建工作。

【基层党建】 开展“党员进讲堂·标兵大宣讲”活动。按照“每月一堂，每堂宣讲一名党员先进事迹，每堂举行一次党员道德教育讲座，每堂谈一次个人学习感受，每堂参加活动的党员认领一次‘微心愿’”的“五个一”要求，分期分批实现机关党员学习教育的全覆盖。全年共举办10场，县直机关1500余名党员参加学习，聘请莫富元（爱岗敬业邮递员）、韩彩云（优秀检察官）、高传荣（创业劳动模范）、宋云（小康驻村优秀干部）、李建文（优秀村干部）等多名中共党员标兵进行宣讲。开展“党员上党课”活动。进一步丰富“三会一课”的内容，采取“领导带头、顺延授课、人人登台”方式，从党员领导开始，延伸至普通党员。对机关单位制作PPT课件上党课、利用微信平台推出“微E党课”学习模式、开展专题教育活动等好的工作经验和做法进行推介，营造机关党员自觉学习的氛围。开展机关党员志愿服务活动。在县直机关分行业、系统组建72支党员志愿服务队，1500余名在职机关党员网上注册成为党员志愿服务者。发动机关党员、公职人员到小区（社区）报到，亮身份、亮承诺、亮行动，开展志愿服务活动。共计4800余名机关党员、干部分别到冠山街道的各个小区报到，认领服务岗位共9类，共计参与志愿服务活动1.1万余人次。实行报到有回执、活动有记录、承诺有评价的监督机制，“月月有活动、人人参与搞服务”，活动载体形式有春节助民暖春、植树、采茶支农、尊师重教党员先行等。开展机关党员“微心愿在行动”活动。县直各机关部门结合党建帮扶联系村、同步小康驻村帮扶、第一书记驻村帮扶、空壳村帮扶、支部党员进社区等活动，共征集到困难群众各类“微心愿”5000余个，采取“一帮一、多帮一”的方式，共帮助群众实现微心愿4800余个。开展“庆七一”知识竞赛活动。6月26日，举办庆祝建党94周年“党的建设和文明礼仪”知识竞赛，县直机关12支队伍与6个镇（街道）队伍参与角逐。集体经济“空壳村”清零行动。县直机关工委负责龙山镇桥尾村，投入资金1.5万元，采取多个空壳村抱团发展模式，于10月成立“翼龙汽车租赁公司”，实现“脱壳”目标。

（罗丽萍）

离退休干部管理

【概况】 2015年4月，根据新修订的《中共龙里县委离退休干部局主要职责内设机构和人员编制规定》明确中共龙里县委离退休干部局核定行政编制4名（含县关工委1名），机关工勤编制1名。其中，部门领导职数：局长1名；副局长1名。新增内设机构办公室1个，设主任1名。有在职职工7人（含老干部活动中心1人），退休2人，共9人。新修订的《龙里县老干部活动中心主要职责内设机构和人员编制规定》明确龙里县老干部活动中心核定事业编制1名，设主任1名。全县行政事业单位共有离退休干部1560名。其中，离休干部14人、正县级退休干部7人，副县级退休干部55人、科级及以下退休干部1484人。全县离退休干部党员958人，其中，离休干部党员12人、退休干部党员946人，占全县离退休干部总人数的61%。全县共建立离退休干部党支部14个，离退休干部中参与老干管理工作的党员306人，占全县离退休干部党员总数的32%。

【离退休干部党建工作】 组织全县老干党支部认真开展工作。7月，联合县委组织部、县委党校举办“百名老干部进党校”培训班。全县离退休干部党支部支委成员、离退休干部代表150余人参加培训。

【离退休干部生活待遇落实】 做好重大节日和“三必访”工作。春节前夕，先后由县四家班子领导带队组成慰问组逐户走访慰问，给全县1595名离退休干部和遗孀送去节日问候。共发放离退休干部春节慰问金31万元，慰问率达100%。走访和看望生病住院或长期卧床不起的老干部33人次；吊唁去世的老干部8人；走访有特殊困难的老干部26人次，对能解决的问题及时加以解决，不能解决的则做耐心细致的思想政治工作。按照《龙里县特困离退休干部帮扶基金使用管理办法》开展特困离退休干部及遗孀帮扶工作，年内共对何秀英等31位有特殊困难的离退休干部及遗孀发放特困帮扶基金50000元。4月，协调县人社局、县法院、县财政局等部门出资和转借5万元，解决异地居住在贵阳花溪的县人民法院离休干部贾少豪的医药费资金周转问题。6月，组织70余名副县级以上离退休干部到县中医院进行健康体格检查。9月，县“四家班子”领导分别带队慰问龙里县牛春海、张提忠等4位抗战老战士，送去5000元慰问金和中共中央、国务院、中央军委颁发的“中国人民抗日战争胜利70周年”纪念章。

【离退休干部政治待遇落实】 全年共接访离退休干部反映问题5人次，实现老干部零上访目标。9月2日，举行“纪念抗战胜利70周年”革命传统教育主题报告会和离休干部座谈会。全县离休干部代表和学生代表等360余人参加报告会。9月6日，抗战老兵牛春海、解保田应邀出席贵州省纪念中国人民抗日战争暨世界反法西斯战争胜利70周年座谈会。9月25日，召开全县离退休干部经济社会发展运行情况通报会，全县副县级以上离退休干部共60余人参加。同时，组织30余名副县级以上离退休干部到龙里高新技术产业园、龙里大数据应用中心、快递物流企业考察。11月23日至25日，组织50余名副县级以上离退休干部到黔东南州参观考察民族生态旅游业发展。

【发挥老干部作用】 6月30日，召开“德行龙里·书香龙城”全民阅读活动动员会，鼓励号召老干部为读书困难人群和特殊人群捐赠助读，部分老干部在现场慷慨解囊，共募集到爱心款4400元。7月23日，组织开展“我看贵州十二五”主题调研活动。老干部用“走路不湿鞋、吃水不用抬、煮饭不用柴”等通俗的言语畅谈龙里翻天覆地的小康生活，传递正能量，传播好声音。11月，联合县委组织部、县委宣传部组织开展离退休干部“龙里新风尚、我来话小康”征文活动。县人大退休干部张择武的作品《龙里小康我见证》获一等奖。另外，评出二等奖3篇，三等奖6篇，优秀奖18篇。在同步小康驻村工作中开展“携手奔小康”结对帮扶活动，全县有51名“五老”人员就地就近开展与省同步小康驻村工作组结对活动，为全面建成小康社会发挥余热。

【老干部活动中心】 联合县老年大学和县老龄委等部门举办重阳节“敬老爱老、盛世小康”文艺演出活动，组织开展文化健身活动10余次。10月22日至23日，协助举办黔南州三届九次老年书画联谊会（展）。会（展）共展出作品414幅，其中书法作品294件、绘画作品120件。

【开发研究促进会】 围绕生态经济理念，开展湾滩河农业产业园、龙里花卉苗木及生态旅游观光产业发展、茶香刺梨产业示范园的建设等项目调研，编写《龙里龙缘盛豆业有限公司建设情况的调研报告》，与县人大农经委联合调研并编写《茶香刺梨产业示范园区建设的调研报告》《龙里县花卉苗木及生态旅游观光产业发展情况的调研报告》《龙里县国家现代农业示范区建设情况的调研报告》。开展联系小微企业和服务农村基层村寨活动，确定省、州、县三级共同联系服务企业为龙里龙缘盛豆业有限公司，州县联系服务村寨为龙山镇幸福村大草原岳家寨。年内，完成贵州民族民间名特优产品荟萃及项目推荐《龙里卷》资料搜集整理编报工作。

（县离退休干部工作局）

关心下一代工作

【概况】 2015年，全县镇（街道）、村（社区），机关事业单位、学校共建立224个基层关工委；共有“五老”队伍人员472人。县关工委主任由县委常委、组织部部长担任，常务副主任由副县级以上老领导担任，负责主持日常工作。全年，全县各级关工委巩固“五好”基层关工委创建成果，开展各类主题教育活动，不断加大对弱势群体青少年的关爱救助力度，完成各项工作任务。

【干部教育培训】 4月21—23日，全省“朝阳计划——青少年健康守护行动”卫生（保健）室人员培训班在龙里开班。培训围绕“学校卫生政策、制度及职责，卫生室设备使用与管理，学校传染病和公共卫生事件管理，学校食堂卫生管理，学生生长发育监测与健康管理”等8个主题进行讲座。全省六枝特区、钟山区，黔南州荔波、惠水、龙里三县140余名学员参训。8月30—31日，全省“春苗营养计划”项目食堂管理员培训班在龙里开班。培训围绕学校食品安全与责任、学校食品的安全管理、中国儿童生存发展与营养、营养的消化与吸收、春苗营养厨房设备应用解析共5个主题进行。铜仁市万山区，黔南州瓮安县、龙里县等县（市）学校90名学员参培。9月11日，召开关工委系统干部暨“五老”网吧监督员培训会，“五老”人员、关工委成员单位负责人及“五老”网吧监督员60余人参加培训。会议从关工委工作性质、如何做好新形势下的关爱工作、网吧监督职能职责等方面进行了讲解，使网吧监督工作有方向、有目标、有措施。

【法制教育】在青少年中深入开展“宪法至上、守法光荣”活动，推动法治宣传教育进校园。4月上旬，到县第三中学和县第三小学两所学校开展《宪法》宣传及问卷调查，引导师生学习法律知识，树立法治意识，养成守法习惯。5月下旬，参加全县“综治宣传月”“法制宣传月”暨送法下乡、送法进村（社区）活动。中秋节前夕，组成帮教团，赴贵州省未成年犯管教所对龙里籍未成年服刑人员开展帮教活动。全年，积极参与无监护人的未成年人犯罪讯问工作达22人次，有效感化失足青少年5人。

【关爱活动】“六一”儿童节前夕，省关工委到龙山镇中排小学开展慰问活动，为中排小学捐赠了价值2万余元的电脑、打印机、音响等设备。节日期间，县关工委为洗马镇新庄小学65名孩子送去书包、文具、篮球、乒乓球等价值5000元的节日礼物，同时还到县第一小学和第三小学等开展慰问活动。10月20日，联系香港恩慈教育基金会到县中排小学举行奖学金颁奖仪式，香港恩慈教育基金会连续5年为三元小学、哪嗙小学、大新小学、塘堡小学和中排小学累计发放奖学金15万余元，惠及学生1000余人。携手离退休干部开展“老骥爱心传温暖·助力春苗在成长”爱心捐助活动，老干部们为县第三小学、湾滩河镇岱林小学、洗马镇中心校三所学校、80名留守儿童捐献2万余元购买驱寒保暖的衣服和鞋子。11月4日，为县第三中学争取到贵州省关工委2015年农村贫困家庭学生和品学兼优学生“关爱行动”项目3万余元助学金，惠及学生60人。12月7日，在县第一小学举行“新三好”学生表彰大会，全县共评选出100名德、智、体、美全面发展的“新三好”学生。

【重大项目争取】2014年底，争取到中国关工委和南京“中脉道和公益基金会”在贵州省实施的“朝阳计划——青少年健康守护行动”公益项目——38所学校保健室设备，占全省项目总数的27%。2015年3月上旬，该项目为龙里县38所学校提供总价值180余万元的学校保健室设备。8月，争取到中国关工委“春苗营养厨房”项目在龙里县实施，共为15所农村学校配备不锈钢蒸饭柜、双层工作台、三星水池、保温售饭车、切菜机等价值40余万元的厨房设备。从省政府争取到165万元项目资金用于修建羊场中学运动场，改善学校运动场所。

【聚晖集热活动】从9月11日开始，由县关工委和县教育局共同举行的“爱学习、爱劳动、爱祖国”（“三爱”）主题报告会在中等职业学校拉开序幕。“五老”宣讲组结合典型事例和先进个人事迹对“三爱”进行详细而直观的讲解，活动历时1个多月，共作主题教育报告15场，受教育师生达1万余人。“五老”网吧义务监督员按照《龙里县网吧义务监督员管理办法》的规定，每月不定期对网吧进行监督4次以上，对进入网吧的未成年人及时制止教育。全县共有“五老”网吧义务监督员18名，监督全县网吧17家。12月，县关工委围绕传播“五老”事迹、弘扬“五老”精神的核心内容申报王继洪、黄正安和林仁惠3位“五老”人员参加“全州‘五老’先进个人”评选，得到表彰。

（县关工委）

机构编制

【概况】2015年，新组建县农村工作局、县工业和信息化局等8个部门。改革后，县政府共设26个工作机构。其中，政府组成部门23个，直属机构2个，其他机构1个。与改革前相比，机构总数减少9个。镇（街道）党委、政府各设5个内设机构，事业单位统一设置为9个，法律法规明确上级政府部门设在镇（街道）机构8个。此次机构改革，行政编制保持不变，共增加事业编制819名。

【机构改革】将政府机构改革向党群延伸，大力精简机构，全面消除空壳机构，打破以往“设机构必核编制”惯例，实行“先确定人员再按实有数核定编制”。推行大部门制，政府系统内设机构个数核减27%，政府部门下属事业单位核减22%，党群系统内设机构核减22%。事业单位按人员划转安排后的实有人数核定编制，全面消除空壳机构。安排到事业单位的人员原则上不得少于2人，少于2人的，予以整合设置。超出一年仍未安排人员开展工作履行职责的，一律撤销。2014年后，保留政府工作部门19个；调整政府工作部门5个，组建县卫生和计划生育局、县市场监督管理局、县水务局、县城市管理局，县文体广电局更名为县文化和旅游局；保留政府直属事业单位6个；政府其他机构1个；调整政府直属（派出）事业单位4个，分别为：县科学技术局更名为县科学技术和知识产权局，县公共资源交易中心升格为县政府直属正科级事业单位，设立县房屋产业征收局、龙里双龙现代服务业园区管理委员会；调整（新设）部门管理的事业单位11个，分别为：设立县规范服务行业办公室、县市场监管信息中心、县旅游产业管理办公室、县商贸物流业发展局、县茶叶产业化发展办公室、县煤炭安全监督管理局、县防震减灾局、县循环经济发展办公室，县工业和信息化局信息化推进中心升格为副科级，县文化馆及县图书馆升格为副科级事业单位，原县城市公用管理局更名为县城市公用事业局。政府系统原内设机构共301个，至2015年设置220个，在原基础上核减81个，核减27%。政府部门下属事业单位原设置181个，至2015年设置141个，在原基础上核减40个，核减22%。党群系统内设机构原设置55个，至2015年设置43个，在原基础上核减12个，核减22%。将政府职能转变和目标管理考核纳入对各部门及镇（街道）的目标管理考核，强化以考核来推动职能转变和机构改革任务的落实，开创机构编制目标管理考核新常态。

【事业单位改革】根据《中共中央、国务院关于分类推进事业单位改革的指导意见》《国务院办公厅关于印发分类推进事业单位改革配套文件的通知》及省、州文件精神，推进全县事业单位分类改革工作。对全县事业单位机构设置、人员编制、隶属关系、单位职责、履职情况、经营及收费项目进行摸底调查，草拟部分机构的调整方案，形成各事业单位的初步分类意见。其中，行政类事业单位6个，公益一类事业单位448个，公益二类事业单位23个。将县第四小学作为事业单位法人治理结构试点单位，进一步理顺主管部门与公益事业单位关系，打破“政事不分，管办合一”旧常态，进入“政事分开、管办分离，落实事业单位法人自主权”新常态，增强事业单位公益属性，激发内部活力。县第四小学建立理事会，由11名理事和2名监事组成，并推选出理事长、常务副理事长、秘书长，依法按照章程推进各项工作。印发执行《龙里县事业单位法人治理结构工作指导意见》《龙里县事业单位法人治理结构准则》及《章程示范文本》等相关配套文件。

【机构编制管理】全面实行股级领导职数动态管理，改变以往“定机构必定领导职数”的做法，进入“先定人员再定股级领导职数”的新常态。实有在编在岗人数1~3人设1名职数；4~6人设2名职数；7~15人设3名职数；16人以上最多设4名职数（即一正三副）。每增挂一块牌子，可增加1名副职职数，但不得超过一正三副。部门（单位）股级以上总职数原则上不得超过部门（单位）实有在编在岗人数的50%。出台《龙里县机构编制实名制管理办法》，完善机构编制和组织人事、财政等部门协调配合机制，建立定期核查工作机制，形成核查工作常态化，数据更新动态化。出台《龙里县事业单位编制动态管理暂行办法》，事业单位空编全部收回，全面实行编制动态管理，打破编制部门化、私有化，标志着龙里县机构编制管理实现本质性转折：摒弃“单纯增编”的旧常态，进入“编入联调”的新常态。通过“编入联调”，带来3个好处：让职能弱化的部门单位“瘦身”，减少甚至避免人才闲置浪费；让职能强化的部门单位快速“壮身”，连人带编同步到位，迅速补充有工作经验的人才；让闲置或留守的人才充分发挥潜能，实现瘦身部门、壮身部门和交流人员三赢局面。

【事业单位登记管理】严格登记程序，严格把好申请、受理、审核、核准、发证、公告“六关”，做好设立登记和变更登记工作。全年报告登记262个事业单位，办理变更手续82个，新设立31个，注销登记109个。

（县编委办）

老年大学教育

【概况】2015年全县老年大学共25所，其中：县老年大学1所，镇（街道）6所，村（社区）18所，构成龙里县三级老年教育工作网络。全县60岁以上人口30277人，占全县总人口13.65%。常年在校2785人，占老年人口的9.2%。其中，上半年招生1299人；下半年招生1966人。聘请教师9人。按照省、州《关于进一步改进新形势下老年教育工作的意见》的要求，结合龙里县中心工作，贯彻老有所教、老有所学、丰富生活、陶冶情操、促进健康、服务社会的办学宗旨完成各项工作。与镇（街道）、村（社区）及部门互相配合，资源共享，把新农村建设与老年教育有机结合。挂牌成立冠山街道、醒狮镇大岩村老年大学。

【教学管理】设置音乐、舞蹈、剪纸、太极拳、柔力球、时事讲座、布依民歌、农民画等14门课程。全年教学472课时，采取室内与室外相结合，校内与校外互补的教学形式。在文化馆、图书馆、兴龙广场、水堤阁公园、火车站广场均设置教学点，开展分散教学，满足老年人的学习、健身需求。学校干部职工，每人负责1个至3个班级的教学管理，落实岗位职责，确保教学活动正常开展。对全县22所老年学校校长进行课程设置、教学管理等方面的培训。

【教学活动】发挥第二课堂的作用，通过公益活动与才能展示丰富教学内容。2月，组织学员参加县图书馆举办的“迎新春·老少同乐”，传承传统文化剪纸比赛。春节前，组织学员到龙山镇的坝上村、新场村开展送文化、送春联下乡活动为农民书写对联3000多副。春节期间舞蹈班、太极班、柔力球班、布依民歌班学员，到冠山社区、坝上村、余下村、龙云村、定水村、醒狮村等老年学校，参加春节系列文娱活动。7月，与安监局联合举办“庆‘7·1’·唱平安·奔小康”文娱演出活动。国庆节前夕，与发改局、市场监督管理局等7家单位，联合组织龙里县迎国庆“循环经济杯”职工乒乓球联谊赛。

【教研成果】开展对老年教育教学工作的调查研究，写出《龙里县老年教育发展现状、存在问题暨对策》《老年大学学员管理举措的思考》《龙里县老年教育工作的调查报告》《紧跟时代步伐，提升老年学校办学质量》等文章，均在《黔南老年教育》刊载。其中，《老年大学学员管理举措的思考》《龙里县老年教育工作的调查报告》《紧跟时代步伐，提升老年学校办学质量》3 篇参加贵州省调研理论文章评比活动获优秀奖。

【党建扶贫】 组建“夕阳红”志愿者服务队，开展送文化下乡 6 次、参与创小康宣传活动 4 次，帮助贫困调研 26 户，送去价值 7000 余元的慰问物资。帮挂“空壳”村——龙坪村，资助 5000 元发展集体经济。出谋划策，使龙坪村于 10 月“脱壳”。

（县老年大学）

督查督办

【概况】 龙里县于 2014 年 12 月整合县委原督查室、县政府督查室、县作风效能办、县“九项重点工作”督查组工作职能职责，正式组建龙里县督查督办局，为县委、县政府管理的正科级行政机构，列入县委部门序列，同时加挂县委督查室和县政府督查室两块牌子。局机关内设办公室、督查督办一科、督查督办二科、督查督办三科 4 个正股级内设机构；管理龙里县目标管理考核领导小组办公室（副科级）和龙里县督查信息管理中心（正股级）2 个机构。面向全县机关事业单位公开遴选工作人员 10 人，划转工作人员 6 人，县督查督办局在编人员达到 21 人；在全县范围内选择副科级领导干部、部门中层干部、科级后备干部组建一支 40 人的督查督办专员队伍，随时参与对全县重要工作、重大工程和重点项目以及各单位落实力、执行力建设相关工作的督查。6 月 5 日，中共龙里县督查督办局党支部成立。

【服务中心工作】 紧紧围绕全县年度中心工作，按照《龙里县“督查落实年”工作实施方案》，以重大决策落实、同步小康创建、增比进位、旅发大会筹备、重大项目产业发展、全面深化改革、依法治县、作风效能共八个方面为重点，围绕经济建设“三个一”“百日会战”、园区建设、商贸物流产业发展、高铁“快进慢游”“四在农家·美丽乡村”六项行动计划、“绿色贵州”三年行动计划、“控辍保学”、农村危房改造等开展专项督查工作，为县委、县政府决策提供参考，推动县委、县政府重大决策部署的贯彻落实。同时，结合《龙里县强化落实力和执行力建立健全党和国家机关及其工作人员问责问效实施办法》，从党和国家机关及其工作人员的落实力和执行力督查入手，对上级决策部署落实不力、执行不到位，不作为、慢作为、乱作为，工作敷衍塞责，服务态度“生、冷、硬、横、推”，工作时间无故迟到早退、做与工作无关事项等作为效能督查的重中之重，严肃查处一批违规典型。

【决策督查】 先后开展县委常委会、县政府常务会、全县经济工作会等重大决策事项督查 100 余次，报送督查督办信息反馈 200 余期。承担的省州部门需本县贯彻落实事项 30 余件均按要求进行落实或上报，并参与上级部门检查 50 余次。各项督查上报无漏报、迟报现象。

【专项督查】 全省第二次项目建设现场观摩会筹备期间，仅用一个半月时间就实现龙里华润雪花啤酒旧厂换新颜，贵州快递物流园园区道路整体环境的美化、亮化以及 4 家物流公司的建成，云栖谷风情小镇一期全部投入使用和 31 户商家的入驻，农业大数据展示平台的展示运行以及贵龙大道、贵龙纵线等观摩沿线的环境提升改造。全年，共在企业、基层一线现场督办问题 150 余个，均协调解决；报送相关督查信息反馈

200余期，得到县委主要领导批示4件、其他县领导批示4件。

【效能督查】按照《龙里县强化落实力和执行力建立健全党和国家机关及其工作人员问责问效实施办法》，严肃问责一批违规典型。4月3日，县督查督办局组织召开龙里县“督查落实年”部署暨督查督办专员工作安排会，为督查专员颁发“督查专员证”，组织督查专员进行专题培训。全年，共出动督查人员200余人次，前往餐饮企业督查公职人员上班期间吃早餐50余家次，督查单位（部门）上班迟到早退情况50余次、工作期间违反作风纪律60余次。并分别对2名违反工作纪律人员进行全县通报并责令其在县电视台和全镇干部职工大会进行公开检讨；对2名因失察失管和对分管工作不重视导致下属人员违反工作纪律的副科级领导干部进行全县通报，并责令其在全镇干部职工大会作公开检讨；对14名上班迟到人员、1名工作时间外出吃早餐人员、6名上班时间做与工作无关事宜人员进行通报或诫勉谈话，并责令作出书面检查；对全县重要会议无故缺席、迟到、中途退场等21个单位和“双提升”工作不认真履职18个电话接听对象进行全县通报；对重要时期值班电话无人接听的1个单位以及未按时报送材料的23个单位进行全县通报批评。

【信息公开】利用督查督办专刊、公示牌，县政府门户网站、微信平台等渠道，将全县重要工作和重大决策部署、同步小康创建达标县、黔南州第八届旅游发展大会、增比进位“三条主线”和重大工程、重点项目建设等工作进展进行公开，让全县干部群众了解和掌握各项工作推进情况，通过宣传与监督夯实督查督办工作基础。全年，共在县政府门户网站发布督查信息90余条、微信平台上传督查简讯200余则，编辑督查督办专刊4期（双月刊），在上报的调研信息和专报中，被省委督查室采用2篇、被州督查督办局采用2篇。

（涂祥富）

龙里县人民代表大会

工作综述

【概况】2015年，县人大常委会履行宪法和法律赋予的各项职权，推动全县人大工作开展，完成县十六届人大四次会议确定的各项工作任务。全年共召开11次县人大常委会会议、14次县人大常委会主任会议，听取审议“一府两院”26项工作报告，作出13项决定、决议，开展1次专题询问、7项专题调研、2次执法检查，任免58名国家机关工作人员。

【自身建设】坚持党组中心组集中学习和周一人大机关学习制度，巩固和拓展党的群众路线教育实践活动成果，严守党的政治纪律和政治规矩，践行“三严三实”，整治“四风”。树立大局观念，投身中心工作，在重点项目建设、招商引资开发、旧城改造拆迁、小尖高速征拆、临空新区开发、精准脱贫攻坚工作中发挥积极作用。领导班子成员深入基层调研扶贫，挂包镇（街道）人大工作，联系重点项目企业14家，走访慰问贫困群众32户，协调资金110余万元，帮扶联系村改善基础条件、壮大集体经济。以推动常委会工作机制创新为目标，对改进监督方式、增强监督实效、实施专题询问、镇街人大工作、代表联络服务、代表述职评议等方面提出实施意见，进一步推进常委会工作的规范化、制度化、常态化。

【依法监督“一府两院”】听取和审议专项报告，组织代表开展专题视察调研，开展新《中华人民共和国环保法》（以上简称《环保法》）实施情况执法检查，首次开展“国家现代农业示范区”建设专题询问。围绕法治建设进程，尽职司法工作监督，促进依法治县，营造良好法治环境。通过处理群众来信来访联系群众、了解社情民意，共受理群众来信、来访、来电48件、120余人次。完善规范性文件备案审查的接收、登记、分送、审查和流程管理，配合省、州人大开展对劳动合同法、消防法及文物保护法等贯彻情况的执法检查。

重要会议

【县人大常委会第三十次会议】1月13日召开。审议通过《龙里县人大常委会工作报告（征求意见稿）》《龙里县十六届人大四次会议主席团和秘书长名单（草案）》《龙里县十六届人大四次会议列席人员名单》；听取《龙里县人大常委会办公室关于县十六届人大四次会议筹备工作情况的报告》，并审议通过县十六届人大四次会议召开时间及会议议程（草案）；审议通过《县人大常委会主任会议关于提请接受谢华等同志辞去职务的议案》，接受谢华辞去龙里县第十六届人大常委会副主任职务，接受陈明裕、王军、付光华辞去龙里县第十六届人大常委会委员职务；审议通过《龙里县人大常委会代表资格审查委员会关于代表资格审查情况的报告》。

【县人大常委会第三十一次会议】1月21日召开。审议县十六届人大常委会主任会议《关于补选罗燕军等同志为黔南州第十三届人民代表大会代表的议案》，决定补选罗燕军、朱奉余为黔南州第十三届人民代表大会代表。

【县人大常委会第三十二次会议】2月6日召开。审议通过《龙里县人大常委会2015年工作要点》《龙里县人大常委会2015年度各次会议议题安排意见》《龙里县人大常委会2015年度主任会议视察调研议题安排意见》《龙里县人大常委会2015年度开展专题询问议题安排意见》；审议通过《县人大常委会主任会议关于提请调整任命县人大常委会各工作委员会组成人员的议案》《县人民政府关于提名陈明裕同志任职的议案》。

【县人大常委会第三十三次会议】4月28日召开。听取、审议、通过《龙里县人民政府关于商贸物流发展情况的报告》《龙里县人民政府关于社会管理创新及开展“一村一警”工作情况的报告》《龙里县人民政府关于开展妇幼卫生工作情况的报告》《龙里县人民政府关于城镇建设工作情况的报告》《龙里县人民政府关于农村饮水安全工程建设情况的报告》；审议并表决通过《龙里县人民政府关于提请将龙里县谷脚镇观音山农民集中住房建设项目回购资金分年度纳入县财政预算议案》；审议通过《县人大常委会主任会议关于提请何光祥同志免职的议案》《龙里县人民法院关于肖光琴等同志任免职的议案》《龙里县人民检察院关于对章坤等同志任免职的议案》。

【县人大常委会第三十四次会议】6月12日召开。听取、审议、通过《龙里县人民政府关于2014年财政决算情况的报告》《龙里县人民政府关于2014年财政预算执行情况和其他财务收支审计工作情况的报告》《龙里县人民政府关于生态文明建设情况的报告》《龙里县人民政府机构改革运行情况的报告》《龙里县人民政府关于新环保法实施情况的报告》；通过《关于批准2014年县级财政决算的决议（草案）》；审议通过《龙里县人民政府关于提名罗用频等同志挂任职的议案》。

【县人大常委会第三十五次会议】6月25日召开。审议通过《龙里县人民政府关于将贵州省贵龙城市经济带投资开发有限公司“贵龙城市经济带基础设施项目”贷款还本付息分年度纳入县财政预算的议案》《龙里县人民政府关于提名陈强同志挂任职的议案》。

【县人大常委会第三十六次会议】8月5日召开。审议并表决通过《龙里县人民政府关于提请审议县人民医院内科大楼建设融资的议案》《龙里县人民政府关于将龙里县大竹芒水库工程建设项目委托代建政府购买服务协议款分年度纳入财政预算的议案》；审议通过《龙里县人民政府关于提请王煦同志任职的议案》。

【县人大常委会第三十七次会议】 8月27—28日召开。听取和审议《龙里县人民政府关于国民经济和社会发展第十二个五年规划预计完成情况的报告》《龙里县人民政府关于开展水库和生态移民工作情况的报告》《龙里县人民政府关于开展全州第八届旅发大会筹备工作及旅游基础设施建设情况的报告》《龙里县人民政府关于农村交通基础设施建设情况的报告》《龙里县人民法院关于加强行政审判工作、推进依法行政工作情况的报告》；听取和审议《龙里县人民政府关于开展龙里县国家现代农业示范区建设情况的报告》，对报告进行专题询问。对以上6个工作报告进行满意度票决，全部通过。审议并同意《龙里县人民政府关于提请审议将龙里县国有资本营运有限责任公司县城西区旧城棚户区改造项目一期工程贷款还款纳入县财政预算的议案》；审议通过《龙里县人民政府关于提请谢明元等同志任免职的议案》《龙里县人民法院关于张菊英等同志任职的议案》《龙里县人民检察院关于提请杨茂荣等同志任职的议案》。

【县人大常委会第三十八次会议】 10月30日召开。听取、审议、通过《龙里县人民政府关于1—9月国民经济和社会发展计划执行情况的报告》《龙里县人民政府关于2015年1—9月财政预算执行情况及调整预算的报告》《龙里县人民政府关于开展第二轮学前教育“三年行动计划”工作情况的报告》《龙里县人民政府关于农村土地承包经营权确权登记颁证工作情况的报告》《龙里县人民检察院关于惩治和预防职务犯罪工作情况的报告》；审议并表决通过《龙里县人民政府关于提请审议龙里县供排水总公司2015年非公开发行公司债券有关事项议案》《龙里县人民政府关于将龙里县易地扶贫搬迁建设一期项目委托代建政府购买服务协议款分年度纳入财政预算的议案》《龙里县人民政府关于提请审议龙里县国有资本营运有限责任公司为修建湘黔铁路工程、8733工程人员担保申请“养老贷”的议案》《龙里县人民政府关于提请审议龙里县政府与社会资本合作（PPP）项目财政引导基金优先级合伙份额的收益与本金退出兑付全额纳入县财政预算的议案》。

【县人大常委会第三十九次会议】 12月25日召开。听取、审议、通过《龙里县人民政府关于2015年重大工程、重点项目及民生工程实施情况的报告》《龙里县人民政府关于民贸民品优惠政策落实情况的报告》《龙里县人民政府关于小康社会建设完成情况的报告》《龙里县人民政府关于2015年度工业经济运行情况的报告》《龙里县人民政府关于办理县十六届人大四次会议批评、意见、建议工作情况的报告》；审议并通过《龙里县人民政府关于将贵州省龙里县朵花河生态治理工程项目委托代建政府购买服务协议款分年度纳入县财政预算的议案》；审议通过《龙里县人民政府关于提请左光红等同志任免职的议案》《龙里县人民法院关于周霞等同志任职的议案》《龙里县人民检察院关于对廖静等同志任免职的议案》。

职能职责

【人事任免】 关注财政运行情况，依法行使人事任免权。任命县人大常委会工作人员28名，免职1名；任命县政府工作人员10名，免职3名；任命县人民法院工作人员5名，免职3名；任命县人民检察院工作人员6名，免职2名；补选州人大代表2名。

2月6日，龙里县第十六届人民代表大会常务委员会第三十二次会议决定任命陈明裕为龙里县监察局局长；2015年4月28日，龙里县第十六届人民代表大会常务委员会第三十三次会议免去何光祥龙里县人大常委会办公室副主任职务；任命肖光琴为龙里县人民法院审判员，免去杨璠、张涛、杨洋龙里县人民法院审判员职务；任命章坤、王晞、刘雯、胡新梅为龙里县人民检察院检察员，免去徐明龙里县人民检察院检察员职务。

6月12日，龙里县第十六届人民代表大会常务委员会第三十四次会议决定任命罗用频、王永良为龙里县人民政府副县长。

6月25日，龙里县第十六届人民代表大会常务委员会第三十五次会议决定任命陈强为龙里县人民政府副县长。

8月5日，龙里县第十六届人民代表大会常务委员会第三十六次会议决定任命王煦为龙里县人民政府副县长。

8月27日，龙里县第十六届人民代表大会常务委员会第三十七次会议决定任命谢明元为龙里县工业和信息化局局长，朱鸿为龙里县农村工作局局长；免去罗林富龙里县工业和信息化局局长职务，肖元辉龙里县农村工作局局长职务；任命张菊英、周光菊为龙里县人民法院人民陪审员；任命杨茂荣为龙里县人民检察院检察员。

12月25日，龙里县第十六届人民代表大会常务委员会第三十九次会议决定任命左光红为龙里县民政局局长，免去杨智琴龙里县民政局局长职务；议任命周霞、杨腾为龙里县人民法院审判员；任命廖静为龙里县人民检察院检察员，免去张旭龙里县人民检察院检察员职务。

【调研视察】开展调研视察工作，主要形成了《关于县新看守所、武警营房建设情况的调研报告》《关于龙里县养老基础设施建设及运行管理情况的调研报告》《关于农村卫生基础设施建设情况的视察调研报告》《关于龙里县花卉苗木及生态旅游观光产业发展情况的视察调研报告》《关于龙里房地产市场发展情况的调研报告》《关于龙里县国家现代农业示范区建设情况专题调研报告》。

【发挥代表主体作用】规范建设代表联络站6个、代表联络室13个。邀请专家就学习贯彻中共十八届四中全会精神、人民代表大会制度和人大代表履职等专题，开展代表集中培训1期、80余人次。邀请21名人大代表列席县人大常委会会议，组织省、州、县人大代表开展集中视察、执法检查和专题调研11次，形成专题调研报告7篇。推动“一府两院”不定期邀请代表参加座谈、听政、视察、调研，就重大决策和工作征求代表意见，保障代表知情知政。县十六届人大常委会四次会议期间提交的63件代表建议全部办理完毕。其中，代表建议所提问题已经解决或采纳的18件，占28.57%；所提问题已列入计划拟解决或采纳的42件，占66.67%；所提问题留作参考的3件，占4.76%。建议办复率100%，代表满意率98.27%。

（杨再刚）

龙里县人民政府

工作综述

【概况】2015年，龙里县严格按照协调推进“四个全面”战略布局要求，紧扣省委“两加一推”主基调和州委“一圈两翼”战略，坚持“守底线、走新路、奔小康”的工作总纲，坚持“三为”工作导向，以小康创建、增比进位、项目观摩会、全州旅发大会四项工作为着力点，强化经济建设“三个一”调度机制，全县经济社会呈现持续健康协调发展的良好态势，率先通过同步小康建设省级达标验收。在全省31个经济强县增比进位综合考评中位列第6位，比2014年上升7个位次，连续四年居全州经济强县第一。

【经济指标完成情况】完成地区生产总值71.49亿元，同比增长15%；规模以上工业增加值41亿元，同比增长14.5%；固定资产投资136.05亿元，同比增长25.3%；财政总收入16.93亿元，同比增长20.65%。其中，一般公共财政预算收入8.25亿元，同比增长23.07%；农村常住居民人均可支配收入8392元，同比增长11.7%；城镇常住居民人均可支配收入24177元，同比增长10.6%；社会消费品零售总额14.49亿元，同比增长12.2%；金融机构各项存款余额87.23亿元，同比增长51.5%；金融机构各项贷款余额57.17亿元，同比增长29.2%；省外3000万元以上项目到位资金95.72亿元，同比增长25%。

（姬　惟）

【四批重大项目集中开工】通过重点项目“六大会战”“百日会战”等方式，加快推进项目建设，成功完成全省第二次项目观摩活动等各项工作，并得到省、州好评。3月11日，龙里县2015年第一批重大工程项目集中开工，参与开工项目有贵龙城市经济带纵二路及贵州快递物流园2号路、2015年通村水泥路改造、龙里县人民医院内科综合大楼等共14个，总投资26.03亿元，主要涵盖经贸流通、基础建设、产业发展、社会发展等领域。6月19日，第二批重大项目集中开工，参与开工项目有龙里县龙行制造一期、贵州龙里烟草原料废弃物综合利用项目（二期）、龙里县汽车配件生产及维修项目、圆通速递贵州分拣中心等共7个，其中产业发展项目3个、城市建设项目1个、商贸流通项目2个、社会发展项目1个，总投资52.4亿元。9月28日，第三批重大项目集中开工，参与开工项目有贵州龙里县国际生态养老健康城和龙里县天麓1号综合体项目，总投资43.8亿元，年度计划投资4.8亿元。12月24日，第四批重点工程项目集中开工，参与开工项目有雪花啤酒异地扩能搬迁、贵州轻纺婴童用品产业园等23个。其中，农林水利项目6个、工业类项目3个、商贸物流类项目5个、城市建设类项目6个、社会事业类项目3个，总投资158.5亿元，2016年预计完成投资50亿元以上。全年四批次集中开工重大项目共46个，总投资280.73亿元。

（罗华礼）

【人大代表建议和政协委员提案办理】协助提出省人代会代表建议1件，承办省人大代表建议和政协委员提案4件，州人大代表建议和政协委员提案8件；转办县人大代表建议、批评和意见63件，涉及交通、城建、农林水、文教卫、社保等方面工作，办复率100%，落实率90.16%，满意率98.27%。转办县政协委员提案79件，其中，园区及交通建设类22件，城镇建设及管理类21件，科教文卫旅游类12件，社会管理类10件，农林水电类6件，其他8件；答复率100%，解决落实率94.94%，满意率98.67%。

（姬 惟）

【“十件实事”】贵龙纵线一期、贵龙大道建成通车。基本完成贵都联络线二期、县城公共体育馆建设。完成经济开发区基础设施投资10.22亿元，高新园区大道及龙山园区道路B段建成通车。基本完成210国道（千家卡至县城）改造，建成通村水泥路23条198公里。建成重点区域污水处理站5个，完成水堤阁公园（三小广场）提质改造并投入使用，全县城镇污水处理率98.1%，城乡生活垃圾无害化处理率64.4%。完成窄冲水库、笋子塘供水一期工程建设，结束县城供水无调蓄保障能力的历史。实施“四在农家·美丽乡村”和“一事一议”项目197个，完成投资2349.41万元，获“全省小康寨建设优秀县”称号。启动龙里新高中、县第五小学建设，新建、迁建和改扩建公办幼儿园16所。

（姬 惟）

【县政府常务会议】

2015年县政府常务会议一览表

表2

会议名称	会议时间	主持人	议定事项
第十六届人民政府五十八次常务会议	2015年1月29日 20：00	陈曦	研究审定《清理规范税收等优惠政策工作实施方案》
			研究西南药都建材家居大市场有关事宜
			研究审定《龙里县建材物流市场项目投资合同书》补充协议
			研究审定《万科综合仓储物流项目投资协议》补充协议（二）
			研究启动贵龙纵线建设相关事宜
第十六届人民政府五十九次常务会议	2015年2月14日 9：00	陈曦	研究审定《共建智慧龙里战略合作协议》
			研究审定《龙里县行政村（社区）区域调整优化工作指导意见》
			研究审定《龙里县2014年度经济社会发展增比进位奖惩办法》

续上表

会议名称	会议时间	主持人	议定事项
第十六届人民政府六十次常务会议	2015年2月27日 20：30	陈曦	研究谷脚（双龙）市场监管分局业务用房有关事宜
			研究实施路灯节能改造和智能监控系统有关事宜
			研究县体育馆项目外墙及屋面幕墙施工单位有关事宜
第十六届人民政府六十一次常务会议	2015年3月16日 09：00	陈曦	研究审定《关于2014年固定资产投资年终考核情况的报告》
			研究审定《龙里县2015年固定资产投资及重大项目考核暂行办法》
			研究审定《龙里县2015年殡葬改革方案》《龙里2015年农村公益性公墓建设管理实施方案》
			研究审定《贵阳东北绕城高速公路尖坡至小碧段龙里境内建设项目炮损补偿标准》
			研究审定《龙里县易地搬迁扶贫生态移民工程总体规划（2016-2020）》
			研究环南路小团坡建设用地规划、出让有关事宜
第十六届人民政府六十二次常务会议	2015年3月23日 19：30	陈曦	研究审定《龙里县鼓励金融机构支持地方经济发展考核奖励办法》
			研究审定《快递物流园二期场平利用规划设计方案》
			研究减免县人民医院内科大楼基础设施配套费有关事宜
			研究县城公交车站选址与建设有关事宜
			研究全县农村土地承包经营权确权登记颁证工作有关事宜
第十六届人民政府六十三次常务会议	2015年3月31日 14：30	陈曦	研究审定《龙里县综合治税工作实施方案》
			研究审定《谷脚小城镇规划合同补充协议》
			研究启动龙里县天网工程二期和交通指挥平台工程建设有关事宜
			研究窄冲水库移民安置有关事宜
第十六届人民政府六十四次常务会议	2015年4月9日 19：30	陈曦	传达学习国务院贯彻落实《中共中央国务院关于深化供销社综合改革的决定》电视电话会议精神
			传达学习“绿色黔南”建设三年行动计划启动大会暨全州森林防火工作会议精神
			通报龙里县拆违控违工作开展情况
			研究审定《龙里县工业经济综合测评考评办法》
第十六届人民政府六十五次常务会议	2015年4月20日 19：30	陈曦	研究审定《2015年龙里县经济发展综合测评责任分解表》
			研究审定《龙里县高新区技术产业园区锅炉“煤改气”工作实施方案》
			研究审定《龙里县农村生活垃圾无害化处理实施方案》
			研究龙山工业园区大道至大冲村道路建设项目有关事宜
			研究龙里县2016年电网建设线路通道有关事宜
			研究审定《贵龙大道二期工程第三合同标段工程建设补充协议》

续上表

会议名称	会议时间	主持人	议定事项
第十六届人民政府六十六次常务会议	2015 年 4 月 27 日 19：30	陈曦	研究审定《2015 年龙里县经济发展综合测评责任分解表》
			研究审定《龙里县高新区技术产业园区锅炉“煤改气”工作实施方案》
			研究审定《龙里县农村生活垃圾无害化处理实施方案》
			研究龙山工业园区大道至大冲村道路建设项目有关事宜
			研究龙里县 2016 年电网建设线路通道有关事宜
			研究审定《贵龙大道二期工程第三合同标段工程建设补充协议》
第十六届人民政府六十七次常务会议	2015 年 5 月 12 日 19：30	陈曦	研究审定《龙里县推行权力清单和责任清单制度进一步落实简政放权工作方案》
			研究审定《龙里县 2015 年经济社会发展增比进位奖惩办法》
			研究审定《关于贯彻落实贵州省委〈关于加大改革创新力度加快农业现代化建设的若干意见〉的意见》
			研究审定《深国际物流项目框架协议》
			审议龙山工业园生态移民安置项目一期提高容积率有关事宜
第十六届人民政府六十八次常务会议	2015 年 5 月 22 日 09：00	陈曦	研究审定《中国西南医谷战略合作框架协议》
			研究华润雪花啤酒项目扩能有关事宜
			研究审定《龙里县人口计生工作考核激励实施办法（试行）》
			研究审定《龙里县重度残疾人护理补贴实施方案（送审稿）》《龙里县残疾人创业贷款贴息实施方案（送审稿）》
			研究审定《龙里大数据应用创新中心项目合同书》
第十六届人民政府六十九次常务会议	2015 年 6 月 6 日 14：00	陈曦	研究审定《龙里县防汛工作细则》
			研究审定《关于贯彻落实贵州省委省政府〈关于以改革创新精神扎实推进扶贫开发工作的实施意见〉的实施方案》
			研究审定《龙里县专项扶贫资金项目管理办法》
			研究县公安局关于旅发大会交通旅游标识牌设置采取竞争性谈判采购方式有关事宜
			研究审定《配建廉租住房回购协议》
			研究审定《龙里县市场监管局基层分局业务用房建设项目实施方案》

续上表

会议名称	会议时间	主持人	议定事项
第十六届人民政府七十次常务会议	2015年6月13日 10：00	陈曦	研究龙里县石灰产业发展有关事宜
			研究审定《研究笋子塘水厂至县城区应急补水工程及岔河水源取水坝至流云洞水厂管道水毁恢复工程实施方案》
			研究审定《易村通达（北京）网络科技有限公司战略合作框架协议》
			研究审定《贵州大学龙里县人民政府校县全面合作协议》
			研究审定《贵州和瑞丰物流服务有限公司战略合作框架协议书》
			研究棚户区改造项目相关费用缴纳有关事宜
			研究审定《乐华恒业投资控股有限公司共同建设贵州乐华城战略合作框架协议》
第十六届人民政府七十一次常务会议	2015年7月3日 8：30	陈曦	研究审定《龙里县人民政府关于进一步促进我县房地产市场平稳健康发展的实施意见》
			研究审定《龙里县加快建筑业发展实施意见》
			研究审定《贵州省大数据产业发展应用研究院贵大龙里基地合作框架协议书》
			研究审定《新建中广核龙里谷冰风电场110kV线路输出工程龙里县人民政府路径原则协议》
			研究进一步落实黔南州与贵阳市鱼洞峡水库工程建设互利互惠框架协议协商方案有关事宜
			研究审定县城垃圾填埋场整治工作有关事宜
第十六届人民政府七十二次常务会议	2015年7月17日 8：30	陈曦	研究审定《各镇（街道）农村集中建房选址方案》
			研究审定《羿鸿租赁财务顾问合同》《贵州省龙里县基础设施建设项目合作框架协议》
			研究龙里采石场安全生产许可证延期有关事宜
第十六届人民政府七十三次常务会议	2015年8月7日 9：00	陈曦	研究审定《龙里县农村土地承包经营权流转管理暂行办法》
			研究审定《龙里县县级家庭农场申报认定管理办法（试行）》
			研究审定《龙里县新型职业农民培育认定及管理办法（试行）》
			研究审定《贵州双龙航空港经济区龙里县区域内房屋征收与补偿实施方案》
第十六届人民政府七十四次常务会议	2015年8月24日 14：30	陈曦	研究审定《龙里县县镇（街道）财政管理体制改革实施方案（试行）》
			研究审定《龙里县下把比水库工程建设项目法人组建方案》
			研究下把比水库建设工程地方配套资金有关事宜
			研究审定《龙里县县级公立医院综合改革实施方案》《龙里县县级公立医院医疗服务价格调整方案》
			研究审定《江西中租融信机械设备租赁有限公司融资框架协议书》

续上表

会议名称	会议时间	主持人	议定事项
第十六届人民政府七十五次常务会议	2015 年 9 月 1 日 19：30	陈曦	研究审定《龙里县政府融资平台公司整合工作实施方案》
			研究审定《绿色龙里建设三年行动计划行动方案》
			研究审定龙里县双龙现代服务业集聚区横五路项目综合管理服务协议书
			研究审定《县政务服务中心拟搬迁建议方案》
第十六届人民政府七十六次常务会议	2015 年 9 月 15 日 14：30	陈曦	研究审定《龙里县城市管理和规划管控工作实施方案》
			研究审定《新建 GMP 综合车间及配套技改项目投资合同》
			研究审定《贵州钢固商品混凝土临时搅拌站建设项目投资合同》
			研究审定《贵州卡布国际婴童用品产业园项目投资合同》
			研究审定《贵龙城市经济带道路（纵三路）及王关安置区三期建设工程投资协议书》
			研究双龙航空港经济区龙里工作处租赁工作用车有关事宜
			研究贵新公路龙里收费站改扩建涉及土地有关事宜
			研究审定《龙里县智慧旅游第一期合作开发协议》
第十六届人民政府七十七次常务会议	2015 年 9 月 29 日 20：00	陈曦	研究污水处理厂二期建设工程有关事宜
			通报 210 国道倪儿关至龙里县城段改造工程存在问题的整改落实情况
			传达学习全州新农合工作会议精神
			审议《贵州省龙里县湾滩河生态农业示范园区合作开发项目框架协议》
第十六届人民政府七十八次常务会议	2015 年 10 月 21 日 09：00	陈曦	研究审定《龙里县机关公务用车制度改革实施方案》
			研究审定《龙里县涉农项目整合实施办法》
			研究审定《龙里县人民政府废止、宣布失效部分县政府规范性文件和公布现行有效规范性文件的决定》
			研究审定《龙里县规划编制捆绑打包项目规划设计合同》
			研究审定《龙里县关于新增公交线路经营权出让实施方案》
			研究调整龙里高新区一号路西段延伸段道路及场平工程项目总价下浮比例有关事宜
			研究龙架山国家森林公园规划修编事宜

续上表

会议名称	会议时间	主持人	议定事项
第十六届人民政府七十九次常务会议	2015年11月4日 09：00	陈曦	研究审定《龙里县国家现代农业示范区管理办法》
			研究审定《龙里县2015年度县直机关（含直属单位）目标管理考核方案（送审稿）》《龙里县2015年度镇（街道）目标管理考核方案（送审稿）》《龙里县2015年度目标管理月考核奖惩实施方案（送审稿）》《龙里县国家现代农业示范区工作绩效考评办法（送审稿）》
			研究审定《贵州省物流配送中心建设项目投资合同》
			研究大竹芒、龙滩、下把比水库建设征收补偿标准有关事宜
			研究审定《龙行神州旅游服务综合体项目投资合同》
			研究冠山街道凤凰村地质灾害搬迁有关事宜
			研究审定《龙里县道路建设项目融资+建设合作框架协议》
			研究审定《龙滩水库工程项目预投资建设协议》
			研究审定《大竹芒水库工程项目预投资建设协议》
			研究审定《茶叶种植基地及加工厂建设项目投资合同》
第十六届人民政府八十次常务会议	2015年11月14日 09：00	陈曦	研究审定《龙里县财政投资项目预算评审及结（决）算审计实施办法（试行）》
			研究审定《关于严厉打击违法违章建筑的总体方案》《关于县城规划区房屋普查专项方案》《关于依法打击非法买卖土地和进行违章建筑专项方案》《关于县城区乱搭乱建整治专项方案》《关于依法严厉打击违法违章建筑行为的公告》
			研究龙里县砂石土矿山整顿关闭有关事宜
			研究审定《龙里县政府购买棚户区改造服务工作暂行办法》《龙里县棚户区改造货币化安置工作暂行办法》
			研究审定《〈廉租住房购房协议〉补充协议》
			研究审定《龙里县精准扶贫决战决胜同步小康工作实施细则（2015年—2020年）》
			研究审定《原产60万千升啤酒搬迁扩建项目投资合作协议书》
			研究审定《茶叶种植基地及加工厂建设项目投资合同》
			研究冠山街道三元石拱桥水毁修复及重建有关事宜
			研究龙里县大竹芒水库工程建设主体及职责划转有关事宜

续上表

会议名称	会议时间	主持人	议定事项
第十六届人民政府八十一次常务会议	2015年12月2日 20：00	陈曦	研究审定《龙里县第四次森林资源普查工作方案》
			研究审定《龙里县农村淘宝项目建设实施方案》
			研究审定《龙里县电子商务项目战略合作协议书》
			研究审定《龙里县2016云上贵州·大数据招商引智再出发活动工作方案》
			研究龙里县镇（街道）集中式饮用水源保护区划分有关事宜
			研究审定《龙里工业园区（经开区）考核办法》《龙里开发区下属工业园区考核办法（试行）》
			研究审定《百江西南LPG生产仓储配送中心建设项目投资合同》
			研究审定《贵州中鼎资信评估有限公司合作框架协议》
			研究提高县人才公租房入住人员就餐生活补助标准有关事宜
			研究拍卖龙里县妇幼保健院、原计生办公用房及计生服务中心业务用房有关事宜
第十六届人民政府八十二次常务会议	2015年12月31日 14：30	陈曦	研究龙里县权力清单、责任清单及目录审核事宜
			研究审定《龙里县全面推进社区矫正工作实施方案》
			研究《龙里县小型水利工程产权制度改革工作实施方案》
			研究审定《龙里县十字路供水工程方案》《龙里县谷脚镇千家卡工业园区污水处理工程方案》《龙里县笋子塘水厂供水二期工程方案》《贵州省龙里县城污水处理厂二期PPP项目特许经营协议》
			研究审定《贵州快递物流园总部基地建设项目投资建设协议书》
			研究审定《龙里县城乡消费合作社社员股金管理办法》
			研究审定《龙里县综合客运枢纽项目（PPP）合作协议》
			传达学习《黔南州公务用车制度改革领导小组办公室关于做好参改车辆封存驾驶相关工作的通知》文件精神和研究审定《龙里县公务用车制度改革参改车辆留用方案》

【日常管理和政务信息工作】完善机制抓运转工作规范，按照“日清、周查、月考评”的要求推行日常工作“台账化”管理制度，引导全体干部职工掌握科学的工作方法，促进各项工作规范高效有序推进。县政府办承办全国人大常委会副委员长调研龙里县《中华人民共和国老年人权益保障法》（以下简称《老年人权益保障法》）执行情况、省政府领导到龙里县调研等重要活动60余次。县政府办政务信息工作在全省88个县（市、区、特区）中排名第3位，被评为全省政务信息先进单位；在全州13个县（市、区）中排名前列，承办全州政务信息工作现场推进会。政府网站建设成效在全省排名第14位，取得网站成立以来的最佳成绩。

【办文办会】办理各类公文 5400 余份，电子公文处理及时率保持 100%。县政府办被省政府办公厅明确为“厅室共建”工作联系点，通过“县级政府行政服务满意度”省级验收。规范办文。执行《县人民政府办公室公文差错登记制度》《县人民政府办公室公文错情通报制度》《县人民政府办公室公文退文制度》等，规范文稿内容、表述、体例格式，编发《错情通报》3 期；执行保密规定，完善公文办理保密制度，加强对涉密文件的复制、储存、携带、传阅、借阅、销毁等各个环节的监管。严把公文“进出口”关，实行公文办理动态化、台账式管理制度，按文件类别进行梳理，落实跟踪制度，编发《一周收发文情况》50 期，确保各科室和部门间信息畅通，办结公文可查可追溯，做到经办事项不漏项。共收发转办省、州来文 1600 余份，各镇（街道）及部门来文 2245 份，制发各类文件 1500 余份。周全办会。加强办会全过程的统筹，从会前准备、会中服务、会后落实三个环节入手，确保各类会议有序召开、议定事项有效落实；加强会议议题的审查把关力度，常务会议题采取部门申报、分管副主任把关、分管副县长审批的形式，做到审议事项主题明确、内容严谨、材料规范。承办县政府常务会、专题会议等各类会议 572 次。

【信息调研】上报省、州政务信息 770 余条，其中省级采用 26 条，州级采用 60 余条。同时，编发本级《政府公报》3 期、《龙里政务信息》16 期，起草各类重要文稿 120 余篇。增强政务信息公开力度，开通政府微信公众平台，发布信息 932 条，政府网站发布信息 14980 余篇，网站总访问量 1707000 余次。

【应急管理】制定下发《龙里县基层应急管理规范化建设实施方案》，选定乡镇、学校、医院、企业、旅游景区、民族村寨 6 个试点基层单元开展规范化建设。完成全省第二次项目观摩会龙里会场和全州第八届旅发大会（龙里）期间的应急协调及稳控工作。“防震减灾宣传活动周”发放《贵州省防震减灾条例》《龙里县应急知识宣传手册》等宣传资料 5500 余份。上报应急信息 26 期，《汛期相关重特大风险隐患及突发事件动态监测日报表》14 期，《汛期较大以上风险隐患排查监测动态日报表》102 期。

（姬　惟）

政务服务

【概况】2015 年，推行行政审批制度改革，深化行政审批“两集中、两到位”，推动“三集中、三到位”改革；简化办事程序，缩短审批时限，推出“三证一章、一证一码”证照改革。在政务中心设立纪委监察局直属机构监察室，派纪检组长、设监察室副主任“全脱产”监督政务服务工作。共接待咨询服务 290613 次，窗口受理业务 467438 件（行政许可 20102 件，非行政许可 35095 件，服务事项 412241 件），办结 467288 件。完成重大项目代办 52 件，提供网络咨询、预约、预审服务共 1.8 万余件次；特派员共为服务范围内的企业和群众提供咨询和代办服务 568 件次。

【创新服务平台】为合理高效地解决办事群众与窗口发生的矛盾冲突，制定冲突预警调处机制，通过积极应对，分级处理，全程跟踪方式，解决矛盾冲突 10 余次。根据群众诉求，在大厅新建无障碍通道 1 个，将中心干部轮流编排成立特别服务小分队，在电梯口、楼道口为残障群众提供帮助。开通政务微信，采取“安排专人维护、信息实时发送、扩大关注群体”的管理模式，扩宽惠民政策宣传渠道，实现干部与群众实时互动。

【特派员服务企业】政务中心履行企业特派员管理主体责任，对“特派员”实行“周调度、月点评、年考核”管理模式，制定《企业“特派员”考核管理细则》《企业“特派员”月考核实施方案》。并根据“特派员”的能力及特长适时调整所服务的企业，根据企业对“特派员”的需求情况予以适时撤销或增补，实行动态管理。2013—2015年，企业特派员完成项目代办审批事项200余项，协调服务事项500余项，争取项目资金4000余万元，争取贷款1.5亿余元，为企业申报各项专利25项，获批15项。

【评优评先】开展“红旗窗口”“服务之星”评选12次。其中，评选出“红旗窗口”67个，“服务之星”132人次。

（李 梅）

依法行政

【概况】2015年，县法制办按照国务院、省、州简政放权工作会议的要求，贯彻落实中共龙里县委《关于全面推进依法治县的实施方案》等文件精神，推进全县依法行政、加快法治政府建设进程。成立县政府推进职能转变协调小组，下设6个专题组和4个功能组解决改革中遇到的困难和重点难点问题，督促落实改革措施。3月，成立龙里县法制研究中心，为县法制办管理的正股级公益一类事业单位。10月，设置县政府法律总顾问1名，同时在县政府24个工作部门加挂法律顾问室牌子。

【行政许可授权清理】推行权力清单和责任清单制度，出台《龙里县推行权力清单和责任清单制度进一步落实简政放权工作方案》《龙里县推进简政放权放管结合转变政府职能工作方案》。经部门清理，法制办、编委办对权责清单审核，全县32个行政执法部门共清理出行政执法权力事项为3381项。其中行政许可208项，行政处罚2553项，行政强制142项，行政征收16项，行政给付17项，行政检查138项，行政确认75项，行政奖励46项，行政裁决5项，其他权力181项。按照权责一致的原则，行政责任事项为3381项。6月，清理规范涉企行政事业性收费及政府性基金、强制性垄断经营服务性收费和行业协会商会收费项目，全县涉企行政事业性收费及政府性基金收费单位14个，共计收费项目38个；具有经营服务性收费的行政事业单位及下设经营服务性收费单位13个，涉及收费项目27项，行政审批前置性收费事项13项；行业协会商会64个，其中：行业协会62个，商会2个。行业协会中只有4个协会收取会费并严格按照民政部文件要求收取会费。通过清理，未发现擅自立项、自定标准等收费行为。11月，下放行政服务事项8项、行政监督检查1项、行政许可事项4项、行政处罚事项182项至行政管理体制改革试点乡镇醒狮镇。加强对社区（综合）服务中心的规范化建设指导。8月，到谷脚镇调研政协委员关于在园区设立“贵龙分中心”提案。

【依法决策】执行重大行政决策集体决定制度，重大行政决策一律由政府常务会议或部门办公会议讨论决定。执行重大行政决策听证和听取意见制度，对涉及面广、与群众利益密切相关的重大行政决策，按照规定组织听证或通过其他方式听取社会公众意见。如《龙里县农村土地承包经营权流转管理暂行办法》等涉及老百姓切身利益的事项，县政府在多次召开专题会议研究其合理性、可行性的同时，按照《贵州省行政听证规定》的要求召开听证会，广泛征求相关部门和社会公众意见以保证科学民主决策。对重大且专业性强的项目邀请专家论证。如落户龙里县的龙里宏基商贸物流城项目，县委托贵州省水文水资源局对该项目进行灌水分析评估并出具《龙里宏基商贸物流城河道改移论证报告》，保证该项目实施的科学合理性。执行重大行政决策合法性前置审查制度。凡政府落实重大项目和作出重大行政决策前，县法制办或法律顾问合法性审查论证已经形成惯例。执行重大行政决策跟踪反馈和实施后评估制度，检验重大行政决策的实施效果。对房屋征收与补偿、重点项目建设、惠民政策落实等重大行政决策，县政府成立专项工作组实行跟踪督查反馈和实施后评估，促进重大行政决策的科学性、民主性和合法性。严格决策责任追究制度。《龙里县依法行政配套制度体系二》中的“决策责任追究制度”明确决策责任追究应当坚持实事求是、权责一致、有错必究、过责相当、教育与惩戒相结合、对责任人实行无限期责任追究的原则。

【法律顾问】加强法律顾问制度建设和机构建设，发挥法律顾问参谋顾问作用。加强政府法律顾问制度建设。县委《关于全面推进依法治县实施方案》第 14 点中明确规定：积极推行政府法律顾问制度，要求县、镇（街道）两级政府（办事处）应聘请 1 名以上法律顾问，县政府各部门（单位）可以自主选择，也可以组团式聘请 1 名以上法律顾问。凡未经本部门法律顾问初审的规范性文件、重大行政决策事项及合同，县政府法制办不予进行合法性审查。同时，将落实政府法律顾问制度列入依法行政工作年终目标考核内容，实行普遍的政府法律顾问制度。发挥政府法律顾问参谋助手作用，加大政府法律顾问对政府事务的参与率。共审查建设施工、招商引资等各类合同 180 余份、其他涉法文件 60 余件，牵头处理涉及信访等历史问题 4 件，办理领导批转涉法事项 20 余件。

【行政复议】全年收到行政复议案件 8 件。受理行政复议案 6 件，审结 6 件。复议后向法院提起行政诉讼的比率低于 20%。新《中华人民共和国行政诉讼法》（以下简称《行政诉讼法》）实施后，受县政府委托共应诉行政诉讼案 10 件。没有因行政复议案件引发信访或社会不稳定因素的情况，有效化解一批行政争议。

【行政执法与培训】加大对重大行政执法决定法制审查力度，对行政执法机关的重大行政许可、行政处罚、行政强制、行政征收等行政执法决定进行法制审核，纠正违法和不当行政行为 5 起，与监察、督查等部门联合开展 2 次行政执法监督检查。执行行政执法人员资格认证管理制度，落实《贵州省行政执法证管理办法》，对全县执法证件进行全面清理。向省政府申请换发行政执法人员证件 104 个，向省州申领行政执法证件 82 个。举办行政执法证培训班 1 期，培训行政执法人员 180 余人次。4 月派 1 人参加省政府法制办举办的行政诉讼法培训班深入学习新修订的于 5 月 1 日起实施的《行政诉讼法》的基本知识。5 月，派 1 人到清华大学参加黔南州依法行政培训班学习。7 月，派 1 人到重庆参加全省规范性文件制作和监督管理工作骨干力量培训班。全年，共向省州政府法制网站报送依法行政稿件 30 篇，省级政府网站采用 4 篇。

【规范性文件清理】执行《龙里县人民政府规范性文件制定程序和监督管理实施办法》，加大对规范性文件审查力度。抓好规范性文件报备工作，做到“有件必备，有备必审，有错必纠”，审查登记县政府及部门规范性文件及相关文件 20 件，县政府分别向州政府、县人大常委会备案规范性文件 4 件，县政府工作部门向县政府备案规范性文件 1 件。按照省政府、州政府《2015 年政府工作报告》和《龙里县推进简政放权放管结合转变政府职能工作方案》文件精神，对现行有效的规范性文件进行清理。共清理出废止、失效的规范性文件9件，继续有效的部门规范性文件和镇政府规范性文件5件，继续有效的县政府规范性文件75件。

【机构职能审查】出台《中共龙里县委龙里县人民政府关于印发〈龙里县人民政府职能转变和机构改革实施意见〉的通知》《中共龙里县委办公室龙里县人民政府办公室关于印发〈龙里县委县政府部门“三定”工作实施意见〉的通知》，对全县41个政府机构改革部门职能职责进行合法性审查。合法性审查工作涉及县发改局、县财政局等41个政府工作部门（直属事业单位、机构）及其216个内设机构和206个下属（直属、派出）机构，共涉及1226项主要职责。

（县政府法制办）

机关事务管理

【概况】2015年，县机关事务管理局围绕全县中心工作，开展好会务物业、后勤保障、国有资产管理、公务用车管理、公共机构节能管理、县直机关事业单位集中采购和外事接待等重点工作。7月，获“州级五好基层党组织”称号。

【公共机构节能】投入2万余元完成县行政办公楼高能耗设备节能型机构更换，完成前后楼公共部分797组过道灯中的334组改造成红外线感应开关；增加大垃圾桶20个，对楼内垃圾进行分类回收；安装感应水龙头44个、电表17块、户外分类回收桶7个。启动节约型公共机构示范单位创建活动，完成国家节约型公共机构示范单位软件资料的收集和硬件设施的改造，于10月12日报国家机关事务管理局验收。

【机关后勤服务管理】全年，为县两会和县各专题会议、县直各单位会务服务共860场，日均2.4场。其中，100人以上的大型会议60场，全州性现场会议6场；对县行政办公楼内公共部位摆放195盆景盆进行3次大更换；为楼内各机关单位处理电话报修和临时求助632次，解决率为100%；县人才公寓楼实际入住258户、329人。针对人才公寓楼承租户洗浴难和停车难的问题，完成18个天然气热水器的修缮；投入4000余元在公寓楼门口搭建停车棚，进一步规范楼内住户车辆的停放。加强对机关食堂的经营管理，全年补助食堂水电费共计1.5万元，补发人才公寓入住人员就餐补助共计2193元。加强与公安、人事和社会保障、信访、维稳、应急办、工信和城建等部门的密切配合，协调处置各种群体性上访事件126次，共1259人；接待来访办事2048次，3003人。对新聘物管秩序维护人员培训2次。对楼内大宗物品出入登记检查98次，共完成60次登记。组织2次消防现场实操培训活动。

【外事接待】组织举办“四在农家·美丽乡村”农家乐烹饪技能厨师培训班，针对龙里农家菜特色进行专业指导，内容包括食品搭配、菜式特点、烹饪技艺等实用技术，培训烹饪爱好者120名。全年完成公务接待活动160批次，5447人次（含随行人员）。其中，涉及中央级接待6次、309人次，涉及省级接待26次、1203人次，涉及州级接待66次、2044人次，涉及县级接待62次、1891人次。

【国有资产管理】制定《龙里县机关事务管理局暂收代缴待付资金管理制度》《龙里县机关事务管理局财务内控稽核制度》《龙里县县直机关事业单位国有资产管理暂行办法》和下发关于开展县直机关事业单位国有资产清查工作的通知，启动县直机关国有资产管理工作。开展县直机关经营性资产剥离调研工作。

【公车管理】草拟公车改革涉改车辆处置方案，对全县机关事业单位公务用车情况进行摸底调查，于12月31日前完成对全县61家参改单位公务用车的封存停驶工作，共封存车辆142辆。全力保证县重大会议和有关活动的用车需要，全年完成40余次大型会议和活动的用车保障工作。

（县机关事务管理局）

档案史志

【概况】 2015年，推进新建县综合档案馆建设，编制功能设计、装修预算，完成室内装修、密集架采购招标及安装等工作。向社会各界提供查阅利用档案1037卷、143件、2049页，接待707人次。其中，为全县305名干部职工晋升职级提供毕业分配、任职等相关的原始文件依据。参与《四渡赤水志》组稿，完成省、州安排的党史课题研究任务；《龙里县志（1991—2008）》初稿完成增补约25万字，成稿约110万字，已基本成书；《龙里年鉴（2014、2015）》通过县级评审。

【密集架安装项目通过验收】 12月8日，由档案史志局组织，邀请县有关部门组成验收组，对江西金虎保险设备集团有限公司安装的龙里县综合档案馆密集架进行验收。该项目自11月开始实施，工期30天，承建单位是江西金虎保险设备集团有限公司，总投资103.3万元，建设内容为双柱双面6层密集架，规格4600×620×2400，数量934立方米。验收组实地察看了安装好的设备，对照采购合同书上的品牌、规格、数量一一进行核查，均符合采购合同书的要求，验收组一致同意项目通过验收。

【档案宣传培训和执法检查】 于3月举办档案业务培训班，对全县五镇一街道、县直机关、企事业单位80多名新从事档案工作的人员进行档案业务培训。5月22日，到洗马镇集市进行法律法规宣传，共接待咨询群众50余人次，发放《中华人民共和国档案法》《贵州省地方志工作条例》《中华人民共和国保密法》《中华人民共和国村民委员会组织法》和反邪教等宣传资料500余份。8月，开展档案执法检查，到机关、社区、镇（街道）、村、企业开展面对面、“一对一”的档案业务指导和培训，帮助基层提高档案工作水平，到冠山街道办事处城南社区指导档案录入及数字化扫描工作，打造“一户一档”特色档案。到贵州创意产业园、贵州万豪总部等重点建设项目单位指导档案，帮助企业进一步规范项目档案，助推经济发展。

【档案业务】 鉴于馆藏档案卷皮破损、目录混乱，投入档案保护经费11.13万元，完成了馆藏文书114个全宗24000余卷档案破损卷皮的更换。其中，学籍档案409卷、医疗卫生档案377卷、第二轮土地延包档案1433卷、知青档案117卷、民政档案500卷。接收原县计划生育局文书档案78卷、3006件，原县卫生食品药品监督管理局文书档案2049件。新装订全引目录191本，确保每卷档案有目可查，同时能为广大查阅利用者提供有效、快捷的服务。投入3万余元，购置扫描仪2台、电脑4台，改善了信息化设施设备，完成国家重点档案数字化扫描72500余幅，为建成具备为数字档案管理提供“收集、管理、存储、利用”的软件、硬件系统目标打下基础。承接龙里县人民政府网门户网站的建设和维护工作，及时更新维护档案史志信息网，在龙里县档案史志信息网站上传文件材料和图片共145篇，在龙里县人民政府网站上传资料4篇。

【土地确权登记颁证档案工作】 龙里县农村土地承包经营权确权登记颁证工作从2014年10月开始启动，以醒狮镇作为工作试点，在各村收集基础数据。按照农业部、国家档案局印发的《农村土地承包经营权确权登记颁证档案管理办法》，县档案局提前介入，到县农村工作局了解和指导档案预归档工作，对文件材料的归档进行业务培训，确保确权档案收集整理规范，完整安全。

【《龙里年鉴（2014、2015）》通过县级评审】《龙里年鉴（2014、2015）》初稿共两册60余万字，由全县100余个承编组稿单位提供的基础资料编纂而成，12月编纂完成初稿。9日，县级评审会议召开，与会人员在“众手编志、众目审志、众口评志”的基础上，一致同意《龙里年鉴（2014、2015）》通过县级评审。

【参与《四渡赤水志》组稿】完成省、州安排的《四渡赤水志》龙里资料、《扎根大山的工业——三线建设在贵州》龙里资料，县计划的《龙里英烈谱》书籍编写等课题研究。2月6—8日，省委党史研究室、省方志办在习水县土城古镇四渡赤水纪念馆主持召开《四渡赤水志》初评审稿会，龙里县政协文史委、档案史志局受邀参会，就该志入编中央红军长征过龙里史料提交了修订意见。

（罗祥莲）

政协龙里县委员会

工作综述

【概况】2015年，政协龙里县委员会按照县委《关于充分发挥人民政协作为协商民主重要渠道作用的实施意见》，推进协商民主，提高协商实效。就“农村垃圾处理”“刺梨产业发展”开展两次专题协商，提供意见建议10余条；在政协八届第四次会议期间，收集意见建议40余条。继续实行县政府领导督办提案和主席会议调研提案制度，将《关于将农村垃圾集中收集的建议》等9件提案提请县委、县政府领导领衔督办，《关于加快龙里新高中建设的建议》等6件提案由县政协领导牵头调研，协调解决提案办理中的困难和问题，促进提案进一步“答复型”向“落实型”转变。启动网上提案办理工作，逐步实现无纸化、网络化。出台《2015年度部分提案承办单位向政协常委会通报提案办理情况和政协常委会民主评议部分提案承办单位工作方案》。

【民生关注】围绕县委、县政府中心工作和民生实事等重点工作，安排常委会议题及视察课题，开展3次常委会视察活动。通过调研，提出意见建议30余条，编发4期《社情民意》。到贵州润生制药有限公司、贵州威力洗涤用品（集团）有限公司等10余家企业，开展“一对一”帮扶活动，协调解决用水、用电、用工等实际问题。开展智力支边工作，举办“农民画创作与市场开发”“龙里县畜牧养殖业”培训，邀请专业老师现场授课，参训人员160余人次。加强文史资料编撰队伍建设，丰富文史资料库存内容，编辑出版《龙里知青》。

重要会议

【县政协八届第四次会议】1月20日至23日召开。听取并审议中国人民政治协商会议第八届龙里县委员会常务委员会工作报告，并对2015年度政协工作进行安排部署；听取并审议政协龙里县第八届委员会常务委员会关于八届三次会议以来提案工作情况的报告；听取并讨论2014年

《政府工作报告》及其他报告；补选政协龙里县第八届委员会常务委员会组成人员5人；表彰2014年度14名优秀政协委员、优秀提案10件及提案办理先进单位8个。

【县政协八届第十四次常委会】12月31日召开，主席、副主席、常委以及各专委（办）负责人、镇（街道）联络组共35人参加。听取并协商讨论县政府关于2014年烤烟生产及收购情况的通报、县政府关于贵龙经济带区域建设情况的通报、县政府关于提案办理情况的通报、县政府关于提前建成小康社会的实现情况的通报；协商讨论政协第八届龙里县委员会第四次会议召开时间、会议议程、日程等有关事宜；协商讨论通过《政协龙里县第八届委员会常务委员会工作报告（讨论稿）》《政协龙里县第八届委员会常务委员会关于八届三次会议以来提案工作情况的报告（讨论稿）》；协商讨论2014年政协提案办理先进单位、优秀提案、优秀政协委员表彰事宜；协商讨论有关人事事项，因工作需要，增补13人为八届县政协委员，免去11人八届县政协委员职务。

【县政协八届第十五次常委会】3月26日召开，主席、副主席、常委以及各专委（办）负责人、镇（街）联络组共40人参加。会议传达全国政协十二届三次会议精神，学习贯彻《中共中央关于加强社会主义协商民主的意见》（政协部分）；协商讨论《县政协2015年工作要点》《县政协2015年常委会议题》《县政协常委会2015年视察活动安排》《县政协八届四次全会提案审查情况》《提请县委、县政府领导领衔督办提案建议名单》《县政协主席调研提案建议名单》《县政协八届委员会主席、副主席联系界别、常委、委员、镇（街道）政协联络组的安排》《政协龙里县委员会委员考核办法》《政协龙里县委员会关于加强镇（街道）政协联络组工作指导的意见（试行）》；协商讨论人事事项，因工作需要，增补1人为八届县政协委员，同意免去6人八届县政协委员职务，同意《关于调整县政协各专委会兼职副主任、委员的建议名单》，呈请县委审议。

【县政协八届第十六次常委会】6月12日召开，主席、副主席、常委以及各专委（办）负责人、镇（街道）联络组共40人参加。协商讨论并通过《2015年度部分提案承办单位向政协常委会通报提案办理情况和政协常委会民主评议部分提案承办单位工作方案》。听取并协商讨论县政府关于城市建设情况的通报，建议：在项目规划决策时要广泛征求各方意见建议，力争达到科学性、合理性、有效性、可操作性，避免因决策失误引发损失浪费、污染环境等一系列问题；在项目规划及建设中，要吸取教训，坚持高起点规划，高标准建设，高效能管理。听取并协商讨论县政府关于高效农业建设情况的通报，建议：高度重视农业园区的建设与发展，完善组织机构，理顺镇（街道）与园区关系、职能部门与园区关系，明确责任主体和职能职责，规划好农业产业布局，切实有效推动全县高效农业产业建设健康发展。听取县政府通报小康社会达标验收筹备情况。

【县政协八届第十七次常委会】8月27日召开，主席、副主席、常委以及各专委（办）负责人、镇（街道）联络组共34人参加。听取并协商讨论县政府关于黔南州旅发大会筹备情况的通报、县政府关于农村垃圾处理情况的通报；听取县政府关于贵龙大道运行管理情况的通报；会上学习中共中央办公厅《关于加强人民政协协商民主建设的实施意见》。

【县政协八届第十八次常委会】11月26日召开，主席、副主席、常委以及各专委（办）负责人、镇（街道）联络组共36人参加。听取

《刺梨产业发展专题协商情况》；听取并协商讨论县政府关于提案办理情况的通报，建议：各提案承办单位要总结提案办理过程中的经验，加强与委员的沟通，不断拓展办理渠道，充分保证委员对提案办理的“知情权”和“参与权”，提高办理实效；听取县政府关于经济运行情况的通报、县政府关于双龙现代服务业聚集区运行情况的通报；协商讨论有关人事事项，同意免去陈光荣政协龙里县八届委员会副主席、委员职务，报政协龙里县八届委员会五次全会备案，免去2名八届委员会委员职务，增补2名八届委员会委员。

【县政协八届主席年度部分会议】 第二十八次主席会议　2014年12月31日，县政协召开八届第二十八次主席会议，主席、副主席等18人参会。会议协商讨论通过《政协龙里县第八届委员会常务委员会工作报告（讨论稿）》《政协龙里县第八届委员会常务委员会提案工作情况报告（讨论稿）》，并推选在龙里县政协八届四次会议上的报告人；协商讨论2014年政协提案办理先进单位、优秀提案、优秀政协委员表彰事宜和人事事项。

第二十九次主席会议　3月6日，县政协召开八届第二十九次主席会议，主席、副主席等17人参会。会上学习《中共黔南州委办公室关于印发“黔南州州管干部工作纪实、实绩公示和评议办法”的通知》；协商讨论县政协八届四次全会委员所提的意见和建议、县政协八届委员会个别委员履职情况及调整事宜。

第三十次主席会议　3月19日，县政协召开八届第三十次主席会议，主席、副主席等17人参会。协商讨论《县政协2015年度工作要点》《县政协2015年度常委会议题》《县政协常委会2015年度视察活动安排》《县政协常委会2015年度专题协商建议》《县政协主席会议2015年度调研课题》《各专委会（办）2015年度工作计划》；协商讨论召开县政协八届第十五次常委会相关事宜及视察活动安排；协商讨论《县政协八届四次全会提案审查情况》《提请县委、县政府领导领衔督办提案建议名单》《县政协主席调研提案建议名单》《县政协八届委员会主席、副主席联系界别、常委、委员及各镇（街道）政协联络组制度》《政协龙里县委员会委员考核办法》《政协龙里县委员会关于加强镇（街）政协联络组工作指导的意见（试行）》及人事事项。

第三十一次主席会议　6月8日，县政协召开八届第三十一次主席会议，主席、副主席等16人参会。协商讨论召开县政协八届第十六次常委会相关事宜、县政协八届常委会视察相关事宜、2015年度部分提案承办单位向县政协常委会通报提案办理情况和县政协常委会民主评议提案承办单位工作方案。

第三十二次主席会议　8月13日，县政协召开八届第三十一次主席会议，主席、副主席等16人参会。协商讨论召开县政协八届十七次常委会相关事宜、县政协常委会第三季度视察相关事宜、2015年度县政协公益助学金相关事宜、县政协2015年度专题协商工作相关事宜。

第三十三次主席会议　11月9日，县政协召开八届第三十一次主席会议，主席、副主席等17人参会。协商讨论召开县政协八届十八次常委会相关事宜、驻县州政协委员视察相关事宜和人事事项。

工作开展

【视察调研】 围绕县委、县政府的中心工作开展视察调研，形成《关于农村垃圾处理专题协商报告》《关于“刺梨产业发展”专题协商报告》和《关于龙里高新技术产业园企业税收情况》《龙里县城公交车营运现状》《龙里林场场部地区开发建设情况》《龙里园区企业房屋产权登记情况》《龙里加快构建现代公共文化服务体系建设情况》《龙里县少数民族村寨经济社会发展》《龙里县宗教发展现状》《龙里县农村劳动力资源流动情况》《贵龙大道运行管理情况》等调查报告。

【提案工作】转县政府办理提案86件，其中园区及交通建设类22件，城镇建设及管理类21件，科教文卫旅游类12件，社会管理类10件，农林水电类6件，其他15件。提案所提问题已经解决或采纳的（A类）共35件，占总数的40.7%；已列入计划解决或采纳的（B类）共47件，占总数的54.7%；留作参考的（C类）共4件，占总数的4.6%。

【公益助学金活动】8月28日，县政协举行2015年度政协公益助学金发放仪式，分别向20名贫困高中生每人发放助学金3000元，20名本年度考取二本以上大学生每人发放助学金5000元。

【委员建议】关于合理调试及维修县城区内交通信号灯的建议　近年来，有很多群众反映，安置在城区一些十字路的红绿灯，其设置时间不合理，出现故障又得不到及时修复。建议相关部门根据车流、人流的实际通行情况，科学设置红绿灯时间，并及时排除红绿灯故障，减少交通违规现象的发生，确保畅通和安全。

关于解决县直机关干部职工就餐问题的建议　由于食堂经营采取面向社会公开招标的方式，有收费偏高，而饭菜质量又不高的现象，干部职工就餐的质量得不到保障。建议：设立专门面向机关干部职工开放的机关食堂，降低收费标准，提升饭菜质量，切实解决机关干部职工特别是外来干部的后顾之忧。

关于在环南路修建垃圾池的建议　环南路小区没有修建垃圾池，居民只好将垃圾倒在环南路与新场坝路的交界处，夏天苍蝇蚊子到处飞，秋天垃圾纸片满地跑，住在六楼都能闻到熏鼻子的臭味，还常常有人放火焚烧垃圾，这不仅影响一个新城区的文明形象，也给居民的生活环境带来极大的污染。建议：修建一个垃圾池，并每天清除运走垃圾。

关于提高夹山坡隧道灯光亮度并维护好照明设备的建议　夹山坡隧道作为连接东西城区的主要通道之一，过往车辆和行人较多，且隧道较长，存在灯光亮度不高和损坏后不及时修复的现象，给行人带来极大的不便。建议有关部门经常检查检修，确保隧道明亮。

关于尽快解决供销农贸市场内蚊蝇猖獗问题的建议　供销农贸市场位于教师新村旁，由于市场内的畜禽宰杀场不规范，屠宰和居民的垃圾均是露天摆放，热天的蚊蝇和臭气严重影响到市民的身体健康。建议相关部门立即采取有效措施，解决该区域内的蚊蝇繁多问题。

关于加强对县城出租车规范管理的建议　出租车虽然给市民的工作、学习和生活带来方便，但出现乱收费、服务差、拼车、车容车貌差的现象，导致很多市民宁愿等公交车也不愿坐出租车。建议：建立健全出租车监督管理制度，加强对城市客运经营单位和出租车的管理；在车内显眼处公开举报电话，以便群众随时举报一切违章违规现象；严格按照物价部门核定的收费标准，一律实行打表收费，杜绝乱收费现象。

关于提高下南门片区电压的建议　环城南路下南门片区，由于变压器过小，长期处于电压过低状况，供电局工作人员测定电压只有167伏，严重影响了上千人的正常生活、学习和工作。建议龙里供电局及时解决电压过低问题。

关于规范管理南明河清水江流域水产养殖业的建议　随着大花水电站的建成，清水江的水位得到提升，给沿河村民带来了水产养殖的好机会，数年来发展到“1 社和 9 户”。由于制度不健全，致使村级无法行使管理权。为了规范管理和合理使用有限水域，建议：水产养殖管理部门规范项目审批办理程序，明确镇、村参与管理；加强对水产养殖户管理，并向村级缴纳相应的管理费，以壮大村级经济积累，早日脱掉“空壳村”的帽子。

关于提高网速的建议　2015 年以来，按照省州相关要求，全县干部职工积极开展网上培训学习，各单位干部职工在上班期间挤出时间抓紧学习。由于网速太慢、视频太卡，严重影响学习进度和学习效果，造成学习不能按时完成。建议通信部门尽快对网速进行提速，使广大干部职工在线学习取得良好效果。

关于及时启动公交车便民乘车卡的建议　2013 年 9 月 26 日县城开通公交车以来，拓宽了辐射面，提升了龙里城市品位，方便了广大市民。鉴于乘车市民和学生越来越多，为便于快速有序上车，建议尽快启动办理乘坐公交车便民卡。

关于恢复铁龙路一中路段人行道的建议　铁龙路龙里一中围墙路段，因地处小吃街附近，同时也是二中部分学生上学必经之路，人流、车流量较大。由于该路段靠一中围墙一侧人行道废弃，人车混行，交通安全隐患十分突出。建议相关部门予以重视，及时恢复此路段人行道。

关于提升贵龙大道移动网络信号覆盖率的建议　2015 年 7 月 15 日，贵龙大道正式开通，为广大群众出行带来便利，更为龙里经济社会发展带来历史性机遇，但是大道区域移动网络建设未及时跟上，通讯不畅。建议相关部门尽快提升贵龙大道移动网络信号覆盖率，改善通信条件。

关于在公交车站设立遮雨棚和座凳的建议　龙里县城又增开 3 条公交线路，目前已营运 5 个多月，但部分停靠站点未修建遮雨棚和候车座凳，给乘客带来不便。建议相关部门在公交车停靠站点修建遮雨棚和座凳，方便乘客候车。

关于调整龙城国际隧道口公交车站的建议　随着贵龙大道的开通，龙城国际隧道口车流量增大，公交车在隧道口设站，一定程度上导致了车辆拥堵，存在交通安全隐患。建议取消该站，重新设置在附近较为合适之处。

（马朝忠）

工商联与群众团体

工商业联合会

【概况】2015年8月，县委组织部为工商联提拔党组副书记、常务副主席1名，配齐专职副主席2名，工商联领导班子平均年龄从2014年的49周岁下降到46周岁，在职研究生2名，本科以上学历占80%以上。9月，县工商联召开第十届六次执委会，组织补选工商联副主席、职能部门兼职副主席和非公经济副主席37名，工商联执委55名。县机构编制部门下文增加办公室、民营经济服务中心、会员部共3个内设机构，增加事业编制8人。2015年，龙里县商会会员1565个。其中，企业会员占会员数的23%，个人会员占总数的76.3%。龙里县总商会12月8日赴四川南充市西充县出席与西充县总商会、三台县总商会、岳池县总商会及通江县总商会缔结友好商会签约仪式，并与四个县工商联进行交流学习。

【创建“五好”工商联】根据中央统战部、全国工商联要求开展创建“五好”县级工商联活动，以“领导班子好、商会建设好、会员发展好、作用发挥好、组织保障好”5项内容为重点，按照81项指标任务和标准全面推进工商联领导班子建设、干部队伍建设、民间商会建设。4月22日，召开启动大会。成立工作领导小组，做到组织保障到位；县财政增拨25.3万元专项经费，做到经费落实到位；81项“五好”创建指标由11名副县级领导牵头，任务分解到单位，工作落实到人，做到任务落实到位。将“五好”工商联创建工作纳入年终考核；由县督查督办局全程跟进督办，开展工作倒逼机制，确保各项创建指标按照时间规定和质量要求全面推进和保质完成，顺利通过省委验收。

龙里县创建“五好”县级工商联情况统计表

表 3

序号	县（市）名称	领导班子好									会员发展好		
		领导班子成员数（人）			领导班子平均年龄（周岁）			创建前后领导班子（主席、书记及副主席、秘书长、兼职副主席）增加情况	主席、书记是否驻会		会员数（人）		
		创建前	创建后	增长率	创建前	创建后	下降率（%）		创建前	创建后	创建前	创建后	增长率（%）
1	龙里县工商联	4 人	5 人	25%	49	46	6. 50%	增加党组副书记、常务副主席 1 名、配齐 2 名专职副主席	驻会率 60%	驻会率 80%	474	1565	230%

商会建设好			作用发挥好								
商会数（个）			工商联系统在两会期间的提案、建议和意见（件）			非公企业党建情况（党建数、覆盖率）	开展民营经济组织专业技术职务评审工作				
创建前	创建后	增长率（%）	创建前	创建后	增长率	创建前	创建后	增长率	创建前（人）	创建后（人）	增长率（%）
8	11	37. 5%	7	17	142. 8%	50%	78. 30%	56. 60%	30	158	426. 60%

工作保障好												政府支持文件号	“五好”指标完成情况	“五好”指标完成百分比
内设机构			编制数			实有人数			纳入财政预算经费（万元）					
创建前	创建后	增长率	创建前	创建后	增长率	创建前	创建后	增长率	创建前	创建后	增长率			
1 个（会员服务中心）	3 个（办公室、会员部、民营经济服务中心）	200%	4 人	11 人（事业编制 7 人）	175%	3 人	7 人	133. 3%	7	25. 3	261. 4%	龙发（2013）14 号、龙办发（2015）21 号	81 项考核指标前面完成	100%

【会员发展】通过县、镇互动，相继成立龙里县冠山街道商会、龙山商会、醒狮商会、洗马商会、谷脚商会、湾滩河商会共 6 个基层商会；通过部门互动，成立龙里县刺梨商会、龙里县小微企业商会；通过政企互动，进一步强化龙里县浙江商会、龙里县湖南商会、龙里县双龙物流商会的建设工作；指导福建商会、川渝商会、龙里“红星之家”等商会筹建工作。

2015年，龙里县商会会员数量由2014年前的484个增加至1565个，会员总体增长率223%。团体会员增长率22%；企业会员占会员数的23%，企业会员增长率579%；个人会员占总数的76.3%，个人会员增长率183%；并建立会员“一员一档”数据库，实现会员动态化和规范化管理。

【理想信念教育】以“非公经济人士守法诚信教育实践活动”为载体，结合党建工作推进非公经济人士理想信念教育。累计组织300余人次参加省委统战部、省工商联主持的“贵州省优秀民营企业家成长计划”工程33期培训；组织非公经济人士及工商联系统干部42人到浙江大学培训；以“守法诚信”教育实践活为载体，以商会成立为平台，签订“守法诚信”承诺书700余份；与相关部门联合开展新《中华人民共和国安全生产法》新《中华人民共和国环保法》培训及演讲比赛近500人次；与县人民检察院共同举办“服务非公经济发展座谈会暨检察开放日活动”，同时充分利用“道德讲堂”、执委会、培训会、党建扶贫活动等机会，作“理想信念”教育培训10余场次。

【光彩事业】引导非公经济人士参加公益性扶贫捐助活动10余次，共计捐助扶贫济困资金91万多元。贵州恒利源集团下属力创公司出资486万元资助社会公益事业。其中，修建城关三小门前横跨贯城河大桥46万元；为黔南州第八届旅发大会提供礼品、礼服资金26万余元。春节期间，龙里县文化娱乐协会及其他民营企业参与出资54万元用于联欢晚会、篝火晚会、元宵节活动。此外，贵州晋江商会，龙里县浙江商会、冠山商会、醒狮商会及县内部分工业园区企业、房开企业以及社会爱心人士都积极参加县委县政府组织的“慈善一日捐”、贫困学生扶持，天灾人祸及时救助等活动。9月，县工商联主席马晓红通过微信群发动爱心人士为水场社区被牛创伤头部、生命垂危的贫困残疾家庭儿童一次就捐助13.5万元，保住小孩性命。

【服务经济发展】为企业申报人才职称评定33人，其中初级8人，中级21人，高级4人。积极推荐企业参加全州的各种赛事，骨干人才表彰等。2015年，全县有6名企业领导骨干人才、1名小微企业业主和1名个体工商户荣获龙里县第一届“骨干人才”获得表彰，2名小微企业业主荣获“富民兴龙标兵”得到县委表彰。

与县人社局等部门联合为企业开展招聘和培训服务。结合“3个100工程”（深入100家企业、发放100份调查问卷调查收集企业问题，为企业解决100个难题）深入企业调研，为深入了解企业生产经营情况，收集和解决企业困难和问题提供有效服务。县工商联、文化旅游局主办，贵州恒力源集团、贵州力创置业承办民营企业家联谊会暨“醉美外滩·欢庆两节”晚会；召开龙里县企业家欢度“两节”茶话会暨浙江商会成立10周年庆祝大会，帮助企业和商会扩大影响，增强业务，扩大经营。

（县工商联）

工 会

【概况】2015年龙里县总工会编制9人，参公在职6人，事业1人，全县基层工会组织523个，涵盖单位711家。国有和集体企业有11家；私营企业192家；机关单位57家；事业单位43家；村、社区等工会组织形式168家，职工会员42293人。开展“建功立业大竞赛、和谐企业大创建、职工素质大提升、维权帮扶大推进、节能减排大参与”五大行动。

【镇级工会建设】以“镇园合一”为契机，

加强镇（街道）工会工作，在组织建设上采取两种组织形式：以工业产业园为主，经济发达、企业比较集中和职工人数比较多的冠山街道办事处、龙山镇、谷脚镇成立总工会；以农业产业园为主的湾滩河镇、洗马镇、醒狮镇成立工会工作委员会。规范机构设置，配齐配强工会干部。按照县委下发的镇（街道）内设机构和人员编制文件规定和省总工会要求，发挥工会职能作用，使基层工会“活起来”“转起来”。以冠山街道总工会为试点，督促指导严格按照《中国工会章程》《中华人民共和国工会法》召开会员代表大会，规范选举产生第一届总工会委员会、经费审查委员会及女职工委员会。在此基础上，完成全县其余5个镇工会组织规范化建设工作。5个镇、1个街道落实工会办公室，正式挂牌成立工会职工服务中心，完善“六有”（有机构、有场地、有牌子、有制度、有专职人员、有经费）标准建设。8月13日，全省基层工会规范化建设现场观摩会在冠山街道总工会举行。冠山街道总工会紧紧抓住“便民、利民、为民”这一核心，以高效服务为目标，在全省首创“手机终端收集—指挥中心分流—党政领导批办—职能站所落实”的“民情一点通”移动网络服务平台，快速为职工群众提供全方位的服务，得到省、州领导认可，贵州电视台、贵州日报、黔南日报等多家媒体予以关注。创新成立农民工工会联合会。谷脚镇大坡、岩后两村属园中村，大部分农民土地被国家征用，村民80%进厂务工，为更好地维护农民工的合法权益，服务农民工，8月25日谷脚镇大坡、岩后两村建立农民工工会联合会。

【工资集体协商】4月10日下发《龙里县总工会关于聘任专（职）工资集体协商指导员的通知》，组织开展工资集体协商集中要约行动。6月29日，召开龙里县工资集体协商要约启动会议，以区域性签订为主，单独签订为辅开展工资专项集体协商工作。以6个园区管委会为区域，已签区域性工资专项集体协议6份，建立工会企业签订集体合同604份，覆盖企业604家。工资集体协商单独签订合同达290份，覆盖企业425家，覆盖职工17959人，建制率达93%。

【厂务公开】开展创建厂务公开民主管理示范单位活动和继续深入深化“公开解难题、民主促发展”主题活动，在全县逐步推开。6月30日组织开展厂务公开民主管理业务培训会。10月，推荐贵州威力洗涤用品有限公司申报贵州省厂务公开，民主管理示范单位家。通过开展厂务公开实现公有制企业厂务公开、职代会制度企事业单位全覆盖，非公有制企业厂务公开、职代会制度覆盖企业431家，职工19613人，建制率达到93%。

【职工维权】建立健全镇级总工会维权体系，以困难职工帮扶中心为基础，建立农民工维权帮扶、法律援助中心。将镇（街道）工会帮扶站点提升为职工服务中心，充实工会服务内容，推进落实《女职工劳动保护特别规定》，开展2015年女职工维权行动月活动。参加企业69家，涉及职工1779人，其中女职工占1214人；进行集中宣传50次、法律咨询37场、专题讲座12次、知识竞赛4次。推进女职工权益保护，有96个单位签订《女职工权益保护专项集体合同》。配合县人力资源和社会保障局在县城开展两场“2015年‘春风行动’暨产业园区招聘会”。通过招聘会共有88家企业提供2300个以上就业岗位，4000余人（次）到招聘会现场，1000余名求职者现场报名应聘。组织开展专场招聘会2次，发放宣传资料3000余册，成功介绍就业人数1235人，组织参加创业培训112人，组织参加职业技能培训人数856人。同贵州银行龙里支行对接，推行“工会会员服务卡”，发卡6000余张。

【送温暖工程】开展“两节慰问”“金秋助学”“关爱行动”等活动，强化工会帮扶品牌。创新送温暖活动帮扶方式，由单一的节日慰问转变为日常式慰问帮扶。1月31日，中华全国总工会党组书记、副主席、书记处第一书记李玉赋一行专程到龙里县总工会检查指导维权帮扶工作，对龙里县总工会帮扶中心工作的开展较满意，现场支持龙里县总工会30万元帮扶资金。并到困难企业（粮油购销公司）进行慰问，与职工代表亲切交谈，为企业困难职工送上慰问金。

【劳动模范评选】4月，推荐王振丽（谷脚镇观音村村委会）等4名县级劳模参加全州劳模评选，经评选王振丽被推荐为省劳模候选人并通过省级劳模评选，于4月被评为省级劳动模范。选树创建劳模创新工作室2个，分别是王振丽劳模创新工作室和杨朝慧劳模创新工作室。出台《龙里县劳动模范管理办法》，根据管理办法拟定《龙里县2015年“富民兴龙”标兵评选表彰方案》。2015年度“富民兴龙”标兵推荐评选工作有22个部门参加，共推荐42人，最终确定9人为富民兴龙标兵，于6月5日进行表彰。开展职工职业技能大赛，参与企业58家，参与职工216人。在企事业单位和非公企业开展劳动竞赛活动，参与企事业单位57家，职工5664人，参与率76%。在非公企业中参与劳动竞赛的企业有237家，参与职工13353人，参与率65%。

（县总工会）

共青团

【概况】规范原有的县直部门机关团支部建设，对因机构改革新成立的单位，抓好团组织设立，于2015年成立卫计局团支部。对工业园区新入驻的企业和县域内新建立的社会组织，采取全面铺开、以点带面、重点打造的方式，在非公经济组织和新建立社会组织中建团支部14个，全县非公经济团组织达105个。在深圳建立驻外团工委1个。

【学校团建】严格控制初中、高中（职中）阶段毕业班团员比例，分别控制在45%和85%以下，进一步抓好发展团员质量，做好学校基层团组织建设。

【干部培训】组织召开全县团干部座谈会，县委书记出席并讲话，对全县团干部提要求指方向。利用旅发大会志愿者、礼仪培训之机，统筹抓好全县专兼职团干部培训。推荐11名少先队辅导员赴贵州省青少年活动训练营基地和黔南州青少年活动中心接受少先队辅导员培训。

【主题活动】组织动员全县共青团系统在“3·5”“5·4”“6·1”“7·1”“9·3”等节日开展“学雷锋、做榜样”“中国梦”“明礼诚信·崇德向善”“德行龙里”“童心向党”“抗战纪念”等主题活动，累计开展365场次。农历正月初四，与县总工会组织开展“龙城小康行，盛世奏欢歌”过大年活动，有800余名群众到场观看。在“五四”期间，团县委与龙里中学、县文旅局联合开展“中国梦、小康梦、青春梦”主题文艺晚会，全县青少年共计2200余人到场观看。

【关爱活动】组织开展“团干部如何健康成长”“团干部遍访农村创业青年”“青春守护”“关爱留守儿童”等主题活动，团县委结合挂帮、计生“三结合”帮扶、捐资助学等工作，经常性组织武汉理工大学、东北农业大学研究生支教团、西部计划志愿者深入农村，帮助群众抓春耕生产、支持发展壮大村级集体经济、为困难群众送慰问物资、为贫困学生联系爱心人士捐书捐物，1—10月累计募集捐资助学物资43万余元，覆盖困难群众和学生达480余人。

【服务社会】先后组织340人次志愿者为革

陋习、树新风的民族民俗活动、清明祭扫、“我和龙架山有个约会”、全州经促会年会、全省老年人排球比赛、全州茶博会等活动服务。招募组织300名志愿者、100名礼仪人员参与黔南州第八届旅发大会会务服务工作。

3月10日，团省委机关、省直机关工委和龙里县志愿者300余人共同在贵龙大道旁项目区植树500余棵，团省委书记涂妍、团州委原书记艾力和县相关领导参与植树。3月21日，组织150余名志愿者参加由龙里县委、县政府与贵阳交通广播电视台联合组织在双龙镇开展的“绿丝带”大型公益义务植树活动。

【青年就业】推荐42名青年进入恒力源、科之杰、经典玻璃等企业就业；推荐21名青年赴环亚职业技术学院免费学习汽修、厨师等实用技术；推荐12名农村青年赴江西太阳能职业技术学院学习地热安装技术。

【青年创业】协调争取县市场监管局和县农村信用联社在项目、政策、资金上支持青年创办微型企业，组织开展针对创业青年的技能培训，利用网站、QQ、微博、微信等媒体为创业青年做宣传、找合作伙伴，申报并挂牌新成立4个省级青年创业就业见习基地。向团省委青年创业就业指导中心争取创业帮扶资金2万元，重点帮扶龙山镇水场社区创业青年用作创办微型企业。收集整理县域内土特产品的信息，向团省委青农网站推荐辣子鸡、刺梨、富硒红米、根雕、特种野兔共5个龙里特色产品，扩大宣传影响力。继续扶持创业青年谢勇、陈伟、韦吉雄等充分利用龙里在线、淘宝等新媒体发展电商，为醒狮大岩根雕、哪嗙印苗刺绣、高山富硒红米、巴江平坡农民画等农村土特产品拓展市场。

【权益保护】4月，在龙里第三中学建成蓓蕾守护室，集中配备一批书籍、电脑、座椅等设备，定期组织志愿者利用周末和节假日，对青少年开展课业辅导、互动游戏、亲情陪伴等活动。利用微笑小屋、七彩小屋、蓓蕾守护室、自立自强中心等平台累计开展关爱活动110次，覆盖留守学生3400人次。

【志愿者管理】推动全县志愿者联合会的成立，推动部署镇（街道）志愿者组织的成立和注册，推动全县团员注册成为志愿者工作，将原先掌握的在册志愿者信息录入“志愿云”系统，实现志愿者力量的科学化管理。同时，争取新到岗大学生西部计划志愿者22人。

【信息共享】建成全县团组织、少先队和团干部、少先队辅导员QQ、微信群；建成龙里籍在校大学生群，联系龙里籍大学生180余人。利用新兴媒体阵地组织开展“奋斗的青春最美丽”分享活动，分享团员团干走基层、主题团日、青年典型评选、媒体宣传等活动，适时反映共青团工作动态。共青团龙里县委微博、微信和各级团干部微博、微信累计发送共青团工作动态信息1.5万条次，覆盖人数达1.75万余人。

【树立典型】开展优秀青年和优秀青年集体评选。在“五四”期间，组织开展优秀团员、优秀团干、优秀团组织和优秀青年志愿者评选活动，共评选出优秀团员33名，优秀团干21名，优秀团组织24个，优秀青年志愿者18名。

【捐资助学】争取对口帮扶的广州市黄埔区团委为冠山街道大新民族小学捐赠价值2万元的食堂设备；湾滩河镇摆省渔洞中欧AMP9班希望小学捐赠的30万元新建食堂宿舍已经完工投入使用。组织志愿者通过腾讯公益、“旧衣吧”“理工滴滴go”等资助平台广泛联系社会爱心人士开展捐资助学活动，先后联系中交贵都高速联络站、永邦医疗设备有限公司等社会团体和爱心人士到龙里县开展捐资助学活动，捐赠物资金额共计15万余元，惠及4所小学困难学生达240余人。争取“宏立城”“习酒我的大学”“茅台国之栋梁”等助学项目共计24.6万元，资助46名困难大学新生顺利入学。

【春晖行动】号召和组织他乡龙里人、他乡黔南人、黔籍企业家反哺故土，在龙里进行扶贫开发、招商引资和回乡投资兴业。礼聘春晖使者20名，联系东北大学、上海大学、武汉工程大学、山东工商学院、贵州幼儿师范高等专科学校等在校大学生到龙里县开展暑期“三下乡”捐资助学和扶贫帮困活动。动员有技术、有胆识的2名外出务工青年回乡自主创业，发展蔬菜、刺梨、烤烟种植和特种养殖。

（团县委）

妇 联

【概况】以维权扶贫为主线，以关爱留守贫困妇女儿童及空巢老人为中心，开展关爱维护妇女儿童服务。2015年，关爱慰问活动共投入中央、省帮扶和社会机构救助及自筹资金约27.5万元。2月5—6日，召开龙里县妇女第十一次代表大会，完成换届选举。4—8月，落实财政扶贫资金实施蜜蜂养殖项目，注册产品商标，经济效益显著。10月，《龙里县妇女发展规划（2011—2015）》《龙里县儿童发展规划（2011—2015）》通过省、州评估。

【县妇联第十一次代表大会】2月5—6日，龙里县妇女第十一次代表大会在冠山街道办事处召开。到会妇女代表125名，特邀代表15名。州妇联副主席顾海燕、县委副书记吴应忠、县人大常委会副主任陈俊、县政府副县长肖红、县政协副主席陈光荣参加会议。县妇联主席李光采代表第十届执行委员会作题为《凝聚妇女力量、助推科学发展，为实现全面建成小康社会而努力奋斗》的工作报告。大会选举产生龙里县妇联第十一届执行委员会主席1名、副主席1名、常委7名和执行委员会委员23名。主席：李光采（苗族）；副主席：张菊英（苗族）；常委：李光采、张菊英、刘梅蓉（苗族）、杜蓉、杨红霞、岳素萍、史敏；执委：李光采、张菊英、龙婵娟、罗心琼（布依族）、刘红梅、刘梅蓉、郑霞霞、罗兴玲、杨芳、岳素萍、王玲、杨红霞、史敏、李勇忠、杜蓉、何芳、袁步红、余道碧、余丹丹、苏毓华、周光菊、杨丽萍、高明琼。

【基层组织建设】全县五镇一街道分别配备妇联主席、副主席。有妇女11人担任社区正职、4人担任村“两委”正职。县直机关单位成立妇委会46个，企业成立妇委会2个。

【妇女儿童规划实施通过省、州评估】10月11日，省、州妇女儿童工作委员会督导组10人对《龙里县妇女发展规划（2011—2015）》《龙里县儿童发展规划（2011—2015）》进行终期评估，各项指标完成率为99.5%。

【关爱慰问活动】1月14日，获得全国妇联、中国妇女发展基金会“贫困母亲‘两癌’救助”中央专项彩票公益金、中国福利（体育）彩票资金6万元，医疗救助6名“两癌”妇女各1万元。同时县妇联自筹资金2.7万元，医疗救助27名“两癌”妇女各1000元。5月28日，县妇女儿童工作委员会成员单位到洗马镇洗马中心小学开展“圆梦”慰问活动，为355名留守儿童及9名残疾儿童送去价值5万元的礼物。7月11日，中国妇女发展基金会般若慈善基金向龙里县捐赠奶粉190罐，价值7万元，受益儿童42名。8月31日，县妇联捐款2000元参与“德行龙里·书香龙城”爱心捐赠书籍活动。9月8日，获得贵州省妇女儿童发展基金会蒲公英助学资金1万元，资助2名贫困大学生各5000元。自筹资金2.6万元资助26名贫困大学生各1000元。11月11日，组织10多位“爱心妈妈”经过一个多月编织25件“爱心毛衣”，其中19件送给新疆贫困儿童，6件送给该县5名贫困留守儿童。获得儿童口腔疾病综合干预项目中央资金3万元，在县城第三、第四小学和谷脚小学、羊场小学开展预防儿童龋齿的窝沟封闭筛查，筛查385名，有65名儿童需要封闭手术。

【“三八”节活动】2月28日，在县体育馆开展“三八”国际妇女节105周年庆祝活动，全县25支队伍共500余人参加“三八——我型、我秀、我健康”排舞表演展示分别获组织奖，对获州妇联表彰的县妇联“三八”红旗先进集体、2名“三八”红旗手、2户“五好”文明家庭颁奖。

【“双学双比”“巾帼建功”活动】结合党建扶贫等项目的实施，集中举办4期“双学双比”（学文化学技术，比成绩比贡献）和“巾帼建功”（城市妇女在服务窗口争先创优）活动。4月28日，在谷脚镇茶香村举办蜜蜂养殖技能培训，共有学员30人。7月6—10日，在龙山镇高峰村举办苗女刺绣培训班，共有学员60余人。10月26—30日，在县中等职业学校举办家政服务技能培训班，特邀贵州省“黔灵女”家政服务中心老师授课，共有妇女学员56人，其中50人获得劳动技能证书，推荐11人到家政服务行业工作。10月28日，在县国税局举办全县妇女干部电子商务培训班，学员50人。

【扶贫致富】4月28日，落实县财政专项扶贫资金60万元，在谷脚镇茶香村实施蜜蜂养殖项目，购买312箱蜜蜂由30户农户养殖，特邀贵州师范大学教授支崇远博士现场培训指导。经过3个月的养殖，于8月月底共收获蜂蜜315公斤，产值达4.7万元。出资2万元为养殖户完成“乡蜂”产品商标注册。8月27日，县妇联帮扶谷脚镇茶香村4户计生贫困户共4000元。

【妇女儿童维权】共接待来信来访案件24件（其中，家庭暴力5件、家庭纠纷8件、其他11件），处理率100%（其中，法律援助4件、回访2件）。陪审员参与案件陪审4次，信访员参与代理案件审理3件。

（石明珍）

文　联

【文艺活动】围绕全县中心工作开展多项文艺活动，发挥文艺引导的积极作用。筹备、组织和举办“小康路上新龙里——龙里县同步小康示范创建纪实”图片展、“我身边的小康”原创网络摄影大赛。开展“送春联·话发展·奔小康”实践活动，组织创作迎新春楹联作品200余副，印制、发放小康主题春联5万副，为群众义务书写春联10000余副，为200多个农村家庭免费拍摄、赠送“全家福”500余幅。开展“我身边的小康”征文及评选工作，编辑出版《我身边的小康征文获奖作品集》《幸福小康新生活民歌集》《大力实施八大工程、建成全面小康新龙里》大型画册。完成黔南州第八届旅游发展大会“文化黔南·中国名家书画邀请展”、大型歌舞诗《彩韵龙山》的创作编导。在冠山街道社区举办社区网络春晚系列活动。到冠山街道办事处新安村、湾滩河镇走马村、洗马镇平坡村、龙山镇草原村等村寨指导开展春节联欢晚会、民族山歌比赛等活动。办好“道德讲堂”“冠山文化讲坛”“书香龙城”讲座，开办专题讲座15期。在全县11所学校开展“民族文化进校园活动”，在5所学校建立文艺家协会分会组织，选派7名文艺志愿者到学校指导文艺教学工作。

【文艺获奖】冯泽松书法作品入展全国第十一届书法篆刻展，荣宝斋出版社出版《荣宝斋画谱·冯泽松书法专辑》。罗德魁、陈正森、杨泽胜、杨昌海书法作品入展贵州省第六届“茫父杯”书法双年展，罗德魁书法作品获贵州省第八届行草书大赛优秀奖。在2015美丽中国影像报、中国摄影家协会网全国影友联谊会走进中国刺梨之乡龙里县摄影评奖活动中，宋世林等8名作者作品获奖。在黔南州第二届摄影艺术展中，龙里县6名作者的6件作品获奖。选送的微电影《回家过年》《你是我的眼》入围第五届广州国际微电影大赛前50强，《回家过年》主演徐槟椆获最佳女配角提名，《你是我的眼》获最佳摄影提名。

【对外交流】党组书记、主席罗士朝被州文联选派到广州市文联挂职学习两个月，其间，观摩当地多个文艺活动，与黄浦区文联等文艺组织进行交流联谊。邀请作曲家瞿小松、风光摄影家李元、国家画院画家张志民及曹广胜到龙里县采风和指导创作。与广州市摄影家协会共同举办“云上梯田、最美草原”系列采风创作交流活动。与中国摄影家协会网、美丽中国影像报共同举办中国摄影家协会网全国联谊会龙里站采风创作、专题讲座。邀请中国书法家协会会员、贵州民院专职书法教师李茂江举办书法骨干创作研讨专题培训班。在黔南州旅发大会期间，邀请书画家曹宇、王秀琪、李金鹏、夏山河到龙里参加“文化黔南——中国名家书画邀请展”，并开展采风创作交流笔会。

【自身建设】办好《龙里文艺动态》，及时反映全县文艺工作动态、建议和呼声，加强与宣传媒体的沟通与合作。在《新龙里》周报上常年开办“冠山文艺副刊”，在《龙里冠山文化讲坛》季刊上开办“冠山文苑”专栏，在“今日龙里”微信平台上不定期推介摄影、书法等会员的文艺作品，积极推介文艺活动、优秀作品和优秀文艺人才。推荐加入上级文艺组织会员25名，其中省级会员5名，州级会员20名。

（县文联）

残 联

【概况】2015年，发挥“代表、服务、管理”职能，以改善残疾人生活状况为出发点和落脚点，打破残疾人工作常规，创新机制，落实一二级重度残疾人护理补贴制度，为残疾人拓宽工作领域，优化残疾人参与社会生活的环境，完成年度各项工作任务。龙里县残联获全州残工委残疾人五项重点工作评价综合一等奖；获全州残联系统目标管理评价综合一等奖，获残疾人就业工作二等奖和创新奖。

【残疾人康复】与卫计部门相互配合，建立互通信息和工作协调机制，并发挥各自系统内的政策、资源优势，做到平台共享，共同做好残疾人康复工作。推进残疾人康复项目与新农合（新型农村合作医疗）有机结合，全年全额支付农村持证残疾人参加新农合费用24.779万元，一定程度减轻农村残疾人家庭经济负担，基本保证参合残疾人大病有依靠、小病有补助。落实重点康复工作。全县人均0.5元康复工作经费和康复工程经费纳入财政预算，全年投入康复经费17.5万元。一季度组织20名白内障患者到贵阳阳明眼科医院实施复明手术。5月，联合县卫计局、县医院、贵阳阳明眼科医院深入各镇（街道）筛查白内障患者85名，免费手术120例。组织15周岁以下残疾儿童开展康复训练、肢体矫治手术13例，贫困精神病患者住院治疗10例。提供残疾人辅助器具110件。

【残疾人就业】2月，开展就业援助月活动。走访登记残疾失业人员家庭12户，登记失业残疾人15人。与人社局组织专场招聘会1场次，残疾人实名纳入年度培训计划46人，帮助残疾人实现就业登记10人，其中社会用人单位按比例吸纳就业10人，帮助残疾人享受专项扶持政策3人。开展2015年全县按比例安排残疾人就业年审暨残疾人就业保障金征收工作，对未安置残疾人就业的用人单位征收残疾人就业保障金，共计征收保障金161万元，其中，地税代征110万元。

【创业扶持】全年申报残疾人创业就业省级扶持项目2个、州级扶持项目2个，获得省级扶持项目1个资金5万元、州级扶持项目1个资金3万元。开展残疾人创业贷款贴息工作，对残疾人创业贷款20万以下的给予全额贴息。实施农村贫困残疾人家庭危房改造5户、补贴3.5万元，发放肢体残疾人机动车燃油补贴28人、0.728万元。创建示范基地，明确残疾人创业就业扶持的标准、条件、金额和申报程序。培育、扶持湾滩河苗岭茶叶专业合作社、醒狮东圣生态种养殖基地2个残疾人创业就业示范基地，扶持残疾人创业示范户14户，扶持资金35万元。2015年，新增残疾人就业78人。

【宣传与维权】2月23日，在与县妇联、县老年大学、县离退休干部局联合举办的“盛世奏欢歌——龙城小康行”春节文体活动中，开展残疾人法律法规政策相关知识有奖竞答。7月27日上午，做客黔南新闻交通广播电台“午间零距离”节目直播间，就残疾人关注的热点难点问题与广大听众进行互动交流。做好残疾人信访工作，全年接待残疾人来信来访84件次，做到件件有落实、事事有回音，无缠访、越级访事件。

【职业技能培训】开展残疾人实用技术、职业技能、创业等培训110人次。3月，组织60名有创业就业愿望的残疾人在五指登科养殖基地进行现场培训。4月，在龙山镇幸福村进行薏仁米种植现场培训。6月，对公开招聘的6名公益性岗位专职委员，实行一个月上挂学习、岗前培训。6月18日，邀请州残联康复部对全县新选聘的残疾人专职委员进行业务培训，各镇（街道）残联理事长和残疾人专职委员共100人参训。8月，邀请贵州大学管群英老师到龙里县进行创业就业和职业技能培训，30名城镇残疾人和10名创业就业的残疾人参训。9月，选送3名盲人到省盲人按摩中心接受按摩技能培训。

【文化助残活动】7月18日，举办2015年“残疾人文化周”活动，41名残联干部及残疾人朋友参加了活动。其中，10名残疾人参加演讲比赛和K歌比赛，18名盲人参加定向行走训练，6名残疾人展示自己的书法、绘画、雕刻等手工书画艺术作品。开展残疾人“微心愿”活动，利用场天宣传、进村入户发放“残疾人微心愿服务卡”，征集残疾人微心愿，为残疾人实现微心愿31个。

【生活救助】出台《龙里县扶贫开发与农村低保“两项制度”及残疾人“两个体系”建设有效衔接工作实施方案》，开展精准扶贫建档立卡工作。全县有劳动能力的贫困残疾人3930人，2751人纳入全县精准扶贫系统管理，186名城镇残疾人纳入城市低保，2150名农村残疾人纳入农村低保，1101名农村残疾人由民政通过临时救助和其他形式的救助保障基本生活。率先在全省县级残联实施一级、二级重度残疾人护理补贴，并纳入县级财政预算，发放627名重度残疾人每人每月50元护理补贴37.62万元。

【残疾人生活】开展专项调查工作。1—3月，围绕残疾人基本服务状况和需求开展残疾人专项调查工作，共入户调查了解4918名残疾人在生活救助、社会保障、康复服务、辅具服务、接受教育、就业帮扶、托养照料、扶贫开发、住房保障、无障碍改造、权益维护等方面的现有服务状况、兜底服务需求等内容，进一步落实基本公共服务“兜底、补短板”，推进和改善残疾人民生保障。开展送温暖活动。春节期间，组织资金37500元，慰问30户贫困残疾人家庭、6户麻风村困难家庭、

3名残疾人运动员。“全国助残日”期间，走访慰问12户贫困孤独症残疾人家庭，发放慰问金7000元。开展帮扶“空壳村”脱壳、遍访贫困村贫困户工作。与残疾人“坐一条板凳”，畅通交流，共谋发展。走访慰问“空壳村”——龙云村贫困残疾人6户，遍访大谷村贫困户，走访贫困户31户，慰问残疾人家庭18户。

（县残联）

红十字会

【概况】 2015年，龙里县红十字会编制5人，实际人数5人，基层组织6个。完成省、州业务目标，围绕县委、县政府中心工作，开展应急救援、应急救护、人道救助、生命接力工程工作，充分发挥好县委和县政府在人道领域的助手作用，在黔南州红十字会年终目标考核中获一等奖。

【知识培训】 开展救护培训，普及应急救护知识，对特殊行业进行持证培训。4月，聘请省红十字会救护培训指导中心黔南站专业人员在龙里供电局开展救护员持证培训43人，涉及企业、城市管理、公安、交通等行业。9月，分2期对龙里承办的黔南州第八届旅游发展大会的400名志愿者进行应急救护培训。在“5·12”国家防灾减灾日，组织龙里中学高一年级300名学生参加“全国红十字青少年自救互救知识竞赛”，在县城人口密集的地方设立宣传点，对过往行人广泛宣传防灾减灾的知识和技巧，发放资料5000余份；与县科技局、教育局、应急办、县医院联合在县第三中学成功举办“防震减灾应急疏散”演练活动，参加人数达3500人。

【救灾救济】 开展“红十字博爱送万家活动”，共筹集到大米1000公斤、食用油66桶、棉被5床，于春节前发放到50户急需救助的困难群众手中，受益人口156人。4月25日，西藏自治区聂拉木、樟木、定日等地发生强震，组织为西藏地震灾区募捐活动，共募集爱心善款46652.9元，支援地震灾区。深入挂帮联系的冠山街道办事处高坪村开展帮扶活动，资助困难群众4户，每户1000元用于发展生产；慰问困难老中共党员3人，每人200元，慰问困难群众4户，送去2000元物资，改善了困难群众的生产生活条件。多次深入湾滩河镇谷孟村，开展遍访贫困村、贫困户26户，摸清贫困户家中的底数，根据实际情况为湾滩河镇谷孟村贫困户送去价值2500元的日常生活用品。开展“天使阳光基金”和“小天使基金”救助项目宣传和申报，4月9日，成功帮助龙里县一名患白血病年仅12岁的雷童刚获“小天使基金”救助5万元，这是龙里县第一例白血病患儿获得“小天使”基金的救助。

【生命接力工程】 开展无偿献血、造血干细胞捐献、人体器官与细胞组织捐献宣传与推动工作，共开展无偿献血2次，围绕“每一份献血都是生命礼物”主题，会同县卫生和食品药品监督管理局、省血液中心在县中医院组织全县机关单位、乡镇、社区、企业人员、市民群众开展无偿献血活动，共有607名志愿者参加无偿献血，献血量达176400毫升，保障全县医疗机构临床用血需要。9月25日，《贵州省人体器官捐献条例》出台，为扩大人体器官与细胞组织捐献宣传与推动工作，利用“5·8世界红十字日”“6·14世界献血者日”等重要节日，开展造血干细胞捐献、人体器官捐献、细胞组织捐献宣传活动5场次，发放宣传资料5000余份。

【社会公益活动】“5·8世界红十字日”“6·14”世界献血者日，联合县医院、县疾控中心、团县委等单位在县城环南路开展宣传、义诊、咨询活动，抽调出5名医务人员，对日常常规、内科、外科等进行检查，免费检查85人。红十字会工作人员和大学生志愿者现场给群众发放红十字宣传环保手提袋165个，并向群众宣传讲解“红十字精神”，发放红十字运动宣传单和急救知识、防病防灾知识宣传单5000余份。开展实现微心愿活动，为困难家庭送去米和油，为学生送去书包、手表和文具。开展计生“三结合”工作，共慰问4户计生户4000元。12月，“德行龙里、一路有你，扶贫牵手·大爱连心”启动仪式上，红十字干部陈仕燕获“爱心使者”的表彰，组建社会爱心团队参加启动仪式。利用互联网建立微信“爱心群”，发动社会力量参与“大扶贫”，对贫困户、贫困学生、贫困群体开展扶贫帮困工作，为六广小学住校生送去44床棉被，为湾滩河镇困难群众送去56床棉被，为渔洞小学送去一车募捐的衣物。

【组织建设】2月3日，召开龙里县红十字会第一次会员代表大会。根据《中华人民共和国红十字会法》和《中国红十字会章程》的有关规定，各镇（街道）、县直机关单位、学校、医疗机构和企业会员代表95人参加会议，选举产生第一届理事会理事33名。理事会选举出常务理事13名、会长1名、副会长5名；聘请县委书记胡志峰、县长陈曦为名誉会长、聘请县人大常委会副主任陈俊、县政协副主席金子成为名誉副会长。5月，县直属机关工委批复成立龙里县红十字会党支部。

（陈明丽）

科　协

【概况】2015年，县机构改革后，县科协不设内设机构，人员编制4人，年末共有干部职工6名。全县科协系统共有县级学会、协会21个，会员4520人。贯彻落实《全民科学素质行动计划纲要》，履行“龙里县创建贵州省公民科学素质先进县领导小组办公室”工作职责，组织指导各成员单位开展创建工作，成功创建龙里县为贵州省公民科学素质先进县。成功在龙里创建贵州省第一个县级院士专家创新工作站。成功申报“龙里县富农养殖协会、龙里县茶香刺梨种植科普示范基地”两个“科普惠农兴村计划”项目，获得中国科协和财政部“奖补资金”40万元。年底，获黔南州科协系统工作目标管理考核一等奖。

【创建公民科学素质先进县】2014年，龙里县启动创建贵州省公民科学素质先进县工作；2015年，进入资料上报、审核、汇总，迎接省、州验收阶段。根据机构改革及时调整了创建领导小组成员，将《创建》工作与经济工作同安排、同部署、同督促检查，按月调度。加强科普基层网络建设和科普基础设施建设，整合科普资源，开展科普活动，推进创建活动的开展。3月2日至10日，对创建工作资料进行梳理；3月18日上午，龙里县全民科学素质暨创建省级公民科学素质先进县工作推进会在县城召开。3月26日，州科协副主席晏江婷一行到龙里，对龙里创建省级公民科学素质先进县工作进行督查。组织6名干部到部分单位、6个镇（街道）及部分村、社区进行业务指导。并为部分科普活动室配备图书3000余册，为全县30多个宣传栏制作科普宣传专版。建成1个县科普活动中心、1个社区科技馆、2个镇（街道）科普活动室、15个高标准不锈钢电子科普宣传栏、4个LED科普电子彩屏、村（社区）科普宣传栏280个；反邪教警示教育墙159个，各类教育橱窗53个。建立20人的专家科技服务团1个，培育农村科普示范户100户、城镇科普示范家庭100户、科技致富带头人

650名；各社区均成立15人以上的科普志愿者队伍。10月12日，龙里县创建省全民科学素质先进县工作通过州级验收；11月13日，通过省级验收。

【科普活动】各成员单位围绕未成年人、农民、城镇劳动者、领导干部和公务员、社区居民五大重点人群科学素质的提升开展科普活动，加快推进“五大基础工程”建设。以全国科普日、人才活动月、安全生产月、防灾减灾日、环境宣传日、科技活动周、食品安全宣传周、民族传统节日等为平台，组织开展内容丰富的科普宣传、应急演练、知识竞赛等大型主题系列科普活动80场次；开展科普“进校园、进社区、进机关、进企业、下农村”群众性、社会性、经常性的科普活动1500场次，举办各类科普报告12场，到场学习6500多人次。举办法制、交通、安全、卫生、环保教育、城市化面临的挑战和对策、产业结构与贵州工业化等专题讲座130多场次；开展学习伴我成长、雨露计划、新型职业农民、城镇劳动者素质等科技培训480多期，其中培训农民达3万多人次、城镇劳动者2661人次、领导干部和公务员3700多人次；开展科普展览、科普征文、科技宣讲、技能竞赛、科学体验等科普活动2600余场次；举办民族文化调研、万名专家讲科普等活动40多场次；科普演出和播放科普视频60余场，观看市民达32000余人次；利用青少年活动中心科技馆和社区科技馆，共接待市民及青少年12000多人次；利用干部下农村、驻村开展送科技知识、送科学技术、送良种良法下乡活动1200多次，科普活动覆盖面达到常住人口的90%以上。

【科技大赛】6月3日，县科协、县环保局等部门，举办一场以“践行绿色环保生活，助力龙里提前小康”为主题的新环保法知识竞赛活动。共有机关事业单位及部分企业的32支代表队参赛。县教育局获一等奖；组织部、人力资源和社会保障局、省龙里林场获二等奖；民政局、政务中心、湾滩河镇获三等奖。9月25日，举办龙里县第二届全民科学素质大赛，23支代表队参加竞赛，其中6支队伍进入决赛，醒狮镇获一等奖，宣传部、供电局获二等奖，公安局、教育局、谷脚镇获三等奖。醒狮镇代表队代表龙里县参加2015黔南州全民科学素质电视大赛。11月15日，组织全县中小学、科技辅导员参加“贵州省第30届青少年科技创新大赛”。截至12月10日，共收到参赛作品35件。12月15日，县科协组织5名优秀科技辅导员和10名学生代表对参赛作品进行初评。选出26件作品参加州、省大赛。获得省级科技辅导员科技创新成果项目竞赛一等奖3个、青少年科技竞赛项目一等奖2个。

【院士工作站】8—10月，开展筹建以战略咨询、合作攻关、成果转化、专业技术人才培训等服务为主的“龙里县院士专家创新工作站”工作。8月4日，贵州省院士专家服务中心主任杨泳滨、副主任胡铁磊一行到龙里县高新技术产业园调研。10月22日，中国科协企业创新服务中心常务副主任师铎一行3人到龙里县，就贵州省首家县级院士专家创新服务工作站筹备工作进行指导，同意将工作站纳入“全国院士专家服务工作平台”，为龙里县企业提供面对面和国家级院士专家交流学习的机会。11月9日，甘肃省科协党组书记、第一副主席杨兴科，国际部部长魏晓明，对外合作交流中心办公室主任王珍一行，在贵州省科协副主席刘炳银、办公室主任黄远红等的陪同下，到龙里县正在组建的工作站调研，对工作站创建工作给予肯定。11月19日，龙里县院士专家创新工作站正式挂牌，成为全省建立的第一个县级院士专家创新服务工作站。来自省内外的36位专家及龙里县部分企业代表共100余人参加挂牌活动。授牌仪式上，省科协党组书记张美圣向龙里县院士专家创新工作站授牌，并向10家企业赠送专利信息检索系统硬件设备；36位从事生态环境保护、新医药健康、电子商务大数据、精密机械制造、现代山地高效农业等领域研究的院士专家被聘为第一批建站专家。

【科普宣传】2月26日，在水桥社区举办以《过健康年 融中国梦》为主题的科普趣味文体活动，50余名社区科普志愿者、100余名社区科技才艺表演和科普歌舞表演人员、500多名社区居民和相关部门领导及工作人员参加。3月15日至28日开展“人才工作活动月”暨“3·18”科技活动日科普宣传服务，在县城共张贴刊出写真板块10个，涉及科普内容60项；开展“科技下乡、走进基层”活动，共向群众发放各类科普书籍5000余册，科普宣传资料8000余份，生活小物品500件，接待群众8000多人次。

【科普日活动】9月2日，组织召开21个单位参加的科普日活动部门协调工作会议，要求各部门开展2次以上的活动。9月20日，龙里县2015年科普日活动启动仪式在县城举行，30多个单位和社区、农村专业技术协会等基层单位参加。同时，到瓮安参加贵州省2015年全国科普日活动启动仪式。9月21—30日，围绕2015年全国科普日“万众创新拥抱智慧生活”的主题，10多个部门联合开展了“龙里县2015年全国科普日科普进校园活动”。9月22日，与贵定县科协联合开展科普大篷车进校园活动。科普日期间，全县参与的单位和部门60个、镇（街道）6个，参与活动的机关干部及科技人员2600余人次，开展科普演出2场次，开展科普培训和科普讲座6期，培训社区居民和农民250余人次。发放科普宣传资料22000余份，实用技术手册5000册，技术书籍1000册。科普光碟200盘，科普挂图500幅。展出展板300块次，科普挂图1000多幅次，科普图片900多张次，接受宣传的人数达30000余人次，取得较好的活动效果。

【百万公众网络学习工程】龙里县全民科学素质工作领导小组布置在全县机关、镇（街道）、村、社区开展网络学习。科协出资6000元，对中等职业技术学校和第三中学免费阅读站点的计算机进行了维护修理。11月11日，为龙云村民族村寨“免费上网阅读点”授牌，并送去州科协配发的电脑和打印机等设备，龙里县首个民族村寨百万公众网络学习“免费上网阅读点”正式建立。组织科技人员按每季度1次分别深入到水桥社区、中等职业学校等开展活动指导，进行上网答题等操作培训。利用县文体广电局电子阅览室组织青少年读者开展“龙里县百万公众网络学习知识竞赛”活动。通过科普宣传栏、科普网页等平台，向群众开展“百万公众网络学习工程”活动宣传，制作发放宣传资料9600余份，宣传小物品800多件，开展“百万公众网络学习工程”活动宣传咨询达4000多人次。截至11月30日，全县参加百万公众网络学习答题人数为20086人，为全州第二。

【协会、基地建设】4月2日，举办“科技示范户”农业实用技术培训会，全县种植业、养殖业大户和协会、合作社负责人等100人参加培训，并组织学员到福泉市黄丝镇江边寨、贵定县盘江镇音寨等新农村考察学习现代高效农业园区建设与乡村旅游发展模式。4月28日，组织申报“龙里县富农养殖协会、龙里县茶香刺梨种植科普示范基地”2个“科普惠农兴村计划”项目，获得中国科协和财政部的项目资金40万元；“龙里县醒狮镇大坝村兴源种养殖协会”“龙里县豪薇竹鼠养殖协会”于6月开始筹建。12月11日，“龙里县豪薇竹鼠养殖协会”获得社会团体法人登记证书；12月26日，“龙里县醒狮镇大坝村兴源种养殖协会”获得社会团体法人登记证书。组织“农业专题报告会”，聘请专家在五子登科养殖协会、富农养殖协会、豪薇竹鼠养殖协会举办刺梨种植“科技致富二传手”、竹鼠养殖、残疾人种养殖技术等培训8期，培训农村专业技术协会会员及农民500多人。牵头开展农村科普示范基地评选、检查和认定工作，对14个申报创建单位进行实地检查认定，其中龙里甲摆蔬菜种植科普示范基地等12个基地达到标准条件，于8月18日认定命名为县级科普示范基地。

【助力微小企业】5月，到“东圣生态种植园”“龙里谷龙红顺生猪培育基地”等微小企业开展调研，明确“东圣生态种植园”“龙里县兴溢诚豆制品有限公司”两个企业作为龙里县科协2015年科技助力的小微企业。协调投入资金8万元修建沼气池投入使用。组织学会专家和科技人员到10多个微小企业开展技术咨询、技术培训等服务30多次。

（县科协）

法治　军事

政法委及综治

【综述】2015年，县委政法委内设6个机构（副科级）：办公室（研究室）、政工科、执法监督科、社会管理综合治理工作科、维护社会稳定工作科、防范和处理邪教问题工作科。另外，龙里县铁路护路联防领导小组办公室和龙里县见义勇为协会办公室设在政法委，属于综治办管理。县禁毒委员会办公室设于县公安局，与禁毒大队合署办公，在编在岗6人。3月，调整县禁毒委成员，由原来的6人增至8人，增加1名副主任。全县禁毒委员会成员共计38人。坚持深入推进社会矛盾化解、社会稳定创新、公正廉洁执法三项重点工作，加强全县社会治安综合治理基层基础建设，坚持抓基层、打基础，开展“平安龙里”建设活动；开展矛盾纠纷排查调处工作，处理信访突出问题，确保社会持续稳定。

【安保维稳】县委书记、县政府县长直接参与研究部署和处理的重大矛盾纠纷案件达15件；经《龙里县领导包案化解稳控工作机制》协调处理的重大矛盾纠纷信访问题共70件；共排查重大不稳定因素和群体性矛盾纠纷隐患39件，成功化解36件，成功化解率92%。完成“两节”，两会、清明、贵阳生态论坛年会、黔南州第八届旅发大会、中共十八届四中及五中全会等重大节会活动及重要时间节点的安保及信访维稳工作。

【安排部署】3月14日，召开全县政法工作会议，对2015年政法、综治、维稳、防邪和平安建设工作进行安排部署，动员全县各级各部门维护社会稳定，服务经济发展，在创新社会治理、依法治县、公正廉洁执法、提升人民群众安全感和满意度等方面要有新突破。4月，召开全县禁毒工作会议，对2015—2017年禁毒“人民战争三年攻坚会战”和创建“无毒害先进县”工作作动员部署。

【明确目标】明确2015年政法工作“一个目标”（紧紧盯住保稳定这一目标），“二大中心任务”（围绕依法治县和平安龙里建设）、“三项重点工作”（惩治犯罪、严管队伍和严格公正执法）和“四个创新”（思想理念创新、社会管理创新、司法体制改革创新、督导考评机制创新）的总体工作思路。制定《2015年政法工作要点》《2015年综治（平安建设）工作要点》《2015年维护社会稳定工作要点》《2015年防范和处理邪教问题工作要点》等相关文件。与全县各镇（街道）、综治委成员单位、部门签订工作目标责任书。

【检查督促】在要求各街道（镇）、政法各部门认真分解、细化、落实好全县政法工作会议部署的各项工作任务的同时，谋划社区（村）网格化信息化服务管理、“百县千乡万村无邪街示范工程”创建活动、人民群众安全感和对政法机关满意度“双提升”工作、“维稳信访工作跟着项目走”构建和谐劳动关系和创建和谐园区工作及其政法综治宣传等工作，推动全县各项政法工作扎实开展。

【加强领导】县委常委会坚持每月听取政法维稳工作情况汇报，特别是在全国两会，中共十八届四中、五中全会等重要节点，县委、县政府主要领导多次召开重要案件研判会，适时研究部署政法维稳工作。县委书记刘华龙、县政府县长陈曦多次召开维稳安保工作会议，经常过问维护社会稳定工作，研究部署调处重大矛盾纠纷和信访突出问题。处理龙山镇湿地公园、双龙物流劳资纠纷等事件。

【执法评查】建立和完善全县推进涉法涉诉改革的相关配套文件、制度，把案件质量评查工作与处理涉法涉诉信访问题等工作结合起来，推进案件质量评查工作常态化，认真抓好涉法涉诉信访问题的化解工作。组织开展2次案件质量集中评查活动，共计评查案件14件。其中，县人民法院3件、县人民检察院5件、县公安局6件；全县政法机关（含群众工作中心涉法涉诉信访接待窗口）共计接待群众36批、107人次，受理涉法涉诉信访案件15件，办结15件。

【“三级调度四级责任”机制】县委制定《龙里县领导包案化解稳控工作机制》，建立“三级调度四级责任”县领导包案化解稳控工作机制。“三级调度”：一级调度，由县委书记、县长进行调度，每两周进行一次；二级调度，由包案县领导对所包案件的化解稳控工作进行调度，每周一次；三级调度，由化解和稳控工作的责任主体单位主要领导进行调度，每周一次。“四级责任”：县委书记、县长承担一级责任；包案县领导承担二级责任；化解和稳控工作的责任主体单位主要领导承担三级责任；参与化解和稳控工作的协作单位（专班所涉单位）承担四级责任。该工作机制的启动，特别是通过县委书记、县长实施的一级调度，倒逼包案领导主动上手调处重大矛盾纠纷，一定程度上解决以往包案领导及行业主管部门“包而不办、有责不理”的问题。

【“信访维稳跟着项目走”机制】以工会牵头，人社、住建、房管、维稳、信访等部门参与，开展针对重点项目建设领域内重大矛盾纠纷隐患的专题调研，拟定《龙里县“信访维稳跟着项目走”工作机制》。在各重点项目建立临时工会，以临时工会为依托，以每月为1个时间节点，重点跟踪各重大项目支付务工人员工资等情况。人社、住建等行业主管部门视情介入，强化事中监管，防止“两欠”问题集中、累积。下发《龙里县关于开展社会稳定风险评估工作的通知》，将全县93项重点工程项目的社会稳定风险评估工作任务，具体细化到相关责任主体单位，向州报备社会稳定风险评估项目7个。

【综治信访维稳中心“六统一”“四个一”机制】各镇（街道）建立完善综治信访维稳中心，实现“六统一”，即标志统一、制度统一、接访受理总台统一、调解室设置统一、矛盾纠纷排查记录和上报表格统一、工作台账统一；完善“四个一”运作方式，即一个窗口服务群众、一个平台受理反馈、一个流程调解到底、一个制度考核监督。实现社会治安联合防控、矛盾纠纷联合调解、信访工作联勤联动、突出问题联合治理目标。

【综治信访维稳专项行动】 全年排查化解劳资领域内重大矛盾纠纷和群体性事件隐患15起，化解13起，下发责令整改通知书2份，共计追偿拖欠务工人员工资8000万元。在第一轮的“百日攻坚战”中，承办省、州维稳工作领导小组交办重大矛盾纠纷9起，化解9起。其中，承办省委常委包案4件，省联席办交办5件；第二轮“百日攻坚战”于6月4日将省联席办通过全省信访信息系统排查的较为突出的115件案件，按照“三级调度四级责任”县领导包案化解稳控工作机制，进行集中交办化解完毕。按照“三集中”（集中领导、集中力量、集中时间）“六到位”（排查到位、解决到位、疏导到位、扶持到位、稳控到位、追责到位）的要求，制定下发《龙里县2015年矛盾纠纷大排查大化解专项整治行动方案》，成立专项整治工作领导小组，从6月起，用半年时间集中排查化解影响全县社会和谐稳定的突出矛盾纠纷和信访问题。

【重要重点人员稳控】 开展对矛盾纠纷信访问题和重要、重点人员的再排查、再化解工作，共计排查矛盾纠纷122件，涉及重要、重点人员和重点群体25批，并将重要、重点人员和重点群体的稳控工作分解细化到各镇（街道），实行“一日研判，一日一调度”，确保重要、重点人员“吸附”在本地。以贯彻落实《龙里县贯彻落实关于复员退役人员困难帮扶的十条意见实施方案》为重点，组织召开有复员退役人员代表和有关部门参加的贯彻落实“十条意见”调度会，认真解决复员退役人员的现实困难和问题。

【维稳防控体系建设】 将打造犯罪实时控制机制升级版列入全县2015年全面深化改革的重要任务之一，以州公安局犯罪实时控制机制建设“141”工作为主线，按照“一年打基础，二年搭框架，三年见成效”的总体思路，以构建城区、中心乡镇、农村犯罪实时控制机制三级架构为重点。在城区推行“135”（城区警情1分钟就近警力到达现场核实、3分钟增援警力增援到位控制、5分钟专业警种到位处置）警务运行模式。在中心派出所推行“三联一动”（片区联动、所队联勤、警企联防、警民互动）警务模式，在中心警务室推行“一人多岗、一警多能”警务模式。以推进平安小区连片创建完善犯罪实时控制机制建设。按照“以点带面、突出重点、整体推进”的工作思路，将治安管理和社会服务有机融合，借力于物管、居委会和业主住户等社会资源实践“335”平安小区连片创建模式，形成“城乡连片、社区连片、村寨连片”的平安小区、平安村寨、平安园区。通过深化犯罪实时控制机制建设，确保全县城乡社会治安稳定。

【拓展“136”工程】 继续抓好“136”工程，即完善机制推进阳光工程、雨露工程、回归工程、安宁工程和红丝带工程建设。全年，阳光工程基地累计集中安置社区戒毒（康复）吸毒人员达150人；雨露工程学校配备教师2名，有学生21名；过渡性安置刑释人员136人；全县排查登记易肇事肇祸精神病人49人，一并纳入管理；全县艾滋病患者5人。拟在县第三中学常态化开展法制教育，对12周岁至17周岁符合育新工程的未成年人开展思想、文化、纪律、法制、国防等方面的教育。成立以县长为组长的关爱留守儿童、空巢老人和问题青少年工作领导小组，下设3个工作组，组织领导和指导督促各镇（街道）及相关单位开展人员普查、建档和关爱服务等工作。

【壮大群防群治队伍】 全县在村（社区）、200人以上企业、学校分别组建护村队、护厂队、护校队等群防群治队伍；6个镇（街道）、63个村、18个社区和雪花啤酒等大企业95%建立义务巡防队，有巡防队员1500余人。此外，提高城区200人专职治安联防队队员工资和改善巡逻的车辆装备水平。加强单位内部安全保卫工作，全县25个内保重点单位有安保人员50多人。

【技防】加大技防投入，扩大技防覆盖面。在前期投入3800万元天网工程（一期）的基础上，继续投入1800万元天网工程（二期），在城区主要路口、重点要害部位安装摄像头800多个，实行24小时监控。

【“百县千乡万村无邪教创建示范县”】全县率先打造一个街道（冠山街道）、一个村（社区）（龙云村）、一个单位（教育局）、一所学校（职业中学）、一个企业（雪花啤酒厂）、一个宗教场所（天龙寺），以点带面推动全县无邪教创建工作深入开展。严格创建标准，搭建反邪教4个“五个一”工程载体。开展反邪教警示教育活动，在县防范办组织四类讲师团深入村（社区）、学校、企业开展反邪教巡回宣讲的基础上，各镇（街道）、县直各部门组织收看揭批邪教组织专题光碟，通过广播、电视等媒体开展多种形式的宣传。在全县27所中小学举办各种类型的反邪教文艺演出和知识竞赛，通过“学校带老师，老师带学生，学生带家长，家长带社会”的“四带”方式，营造讲科学、讲健康、讲文明、讲和谐的社会环境。全县4年级以上学生24898人，受教育面100%。同时，把反邪教法制教育工作纳入“六五普法”议程。全年共发放各种宣传材料9万余份，警示标语200余条，接受宣传教育面达95%以上。5月19日，龙里县首家村级农民反邪教协会在冠山街道龙云村正式成立。9月17日，全州百县千乡万村无邪教创建示范现场推进会在龙里召开，并被推荐为全国“百县千乡万村无邪教创建示范县”，县防范办被评为“百县千乡万村无邪教创建工作先进单位”。

【创建无毒害先进县】基本实现无种毒、无制毒目标。新增吸毒人数得到有效控制，吸毒人员管控率、就业安置率、阶段性戒断3年巩固率达到要求，无毒创建率、禁毒宣传预防教育普及率、禁毒工作满意率达到标准，复吸率、违法犯罪率大幅度下降。全县167个村（社区）中创建“无毒村（社区）”达到154个，“无毒学校”达100%，“无毒单位”达100%。经黔南州禁毒办考核审定，授予龙山、醒狮、谷脚、洗马、湾滩河5个镇“无毒害乡镇”荣誉称号。

【禁毒宣传教育】采取参观一次禁毒展览、观看一部禁毒影片、上一堂禁毒课、开展一次禁毒征文比赛、开展一次禁毒主题班会“五个一”活动形式开展青少年毒品预防教育。6月25日，在县城兴龙广场举行“远离合成毒品，珍惜美好人生”禁毒宣传签名活动，以县领导发表禁毒讲话、禁毒志愿者发言、展出展板、发放资料、解答咨询、万人签名、滚动播放禁毒宣传短片和警示语等多种形式开展毒品预防集中宣传教育。在县中等职业学校建成“龙里县禁毒教育园地”。由县教育局牵头在全县各中小学校组织开展禁毒征文活动，推选作品参加州级评选获二等奖和三等奖各1名。开展禁毒知识竞赛活动，筛选5名志愿者参加州禁毒知识竞赛获第二名，其中1名志愿者加入州代表队参加全省禁毒知识竞赛获得第1名，被省禁毒办聘为全省禁毒志愿者。全县全年共开展禁毒预防教育宣传30场次，创办黑板报50余期次，设置宣传栏30余个，滚动播放标语100余条次，张贴标语150余条，展板1000余块次，开办禁毒课程10余课时，组织学生参观禁毒教育园地5000余人次，深入镇（街道）、村寨放映禁毒影片50场次，发放宣传资料80000余份，接受咨询8500余人，受教育群众85000余人。编写信息简报87期，被省、州媒体采用

43期。

【惩治毒品犯罪】 开展以“利剑行动”“斩毒行动”“清剿行动”“回归行动”“净土行动”为主要内容的禁毒人民战争攻坚会战。全县共破毒品犯罪案件28起，抓获犯罪嫌疑人33人，缴获各类毒品835克，移送审查起诉21人，查处易制毒化学品案件2起；共组织开展联合清查整顿行动5次，暗访60次，没有发现场所业主、管理人员、从业人员参与毒品违法犯罪活动行为；共开展禁种铲毒踏查70余次，出动人员215人次，未发现种植毒品原植物现象。

【易制毒化学药品和精麻药品管理】 多部门联动加强对医院、制药企业过有效期精麻药品和罂粟壳药材进行监督销毁，防止易制毒化学品流入非法渠道。县禁毒部门共审核通过办理第二类、第三类易制毒化学品购买备案证明72份，注册新用户3家。全县网上注册有易制毒化学品企业用户共54家，正常使用52家，正常使用率96.3%。检查易制毒化学品使用企业25家，下发限期整改通知书3份。销毁过有效期易制毒化学药品106盒，过有效期罂粟壳2.053公斤。

【吸毒人员管控收戒康复】 以“回归行动”为契机，“逢嫌必检”清理排查吸毒人员，采取“收监进厂入院”（依法惩治收进监、安置进入阳光企业、送入特殊医院治疗）3条措施，加强吸毒人员动态管控工作。加强社区戒毒和社区康复管理工作，对符合强制隔离戒毒条件的吸毒人员坚决送强戒，对期满出所人员由县禁毒办组织辖区派出所、司法所、村（社区）、家庭成员等到所接回单位开展社区戒毒社区康复工作，实现100%无缝对接。全年共收戒吸毒人员160人，顺利开展91名社区戒毒康复人员管理服务工作；创办“阳光工程”企业有龙里县阳光工程兴创维建材厂，可集中安置50~100人。

【创建“四型社区·幸福家园”】 组织人员专题调研社区网格化服务管理工作，参与州信息中心组织的赴湖北专题考察活动。制定《龙里县社区网格化信息化服务管理实施方案》，落实网格人员配备及薪酬待遇，拟制“费随事转”等工作运行机制。县政法委与纵横科技有限公司研商了县、镇（街道）、社区三级指挥平台即社区网格化服务管理信息运用系统建设相关事宜。

【铁路护路整治】 全县各级护路联防组织配合铁路部门抓铁路沿线大牲畜挂牌管理工作，实地走访铁路沿线每一户大牲畜养殖户，掌握大牲畜数量，对每一头大牲畜挂牌。排查铁路建设遗留问题，处理沪昆高铁安全隐患31处，涉路矛盾纠纷5起。开展铁路沿线社会治安专项整治行动，共排查安全隐患50余处，清理废旧金属收购站点2次，签订各类责任书、协议书等750份，协调处理矛盾纠纷12起，开展宣传10次，发放宣传资料5000余份，张贴标语30余幅，教育铁路沿线群众学生8000人次。在省护路办举办的“高铁平安行，安全在我心”主题征文活动中，龙里县选送作品获小学组三等奖1名、优秀奖1名，中学组一等奖1名、优秀奖1名。

【见义勇为褒扬扶助】 根据《贵州省见义勇为人员奖励和保护条例》规定，12月7日，县政府授予冠山街道黄明龙、洗马镇杨光勇2人“见义勇为先进个人”荣誉称号，奖金各5000元。开展专项“家庭困难见义勇为人员或子女助学活动”，全年排查出新增见义勇为人员3人（龙山镇莲花村董夏组涂正芸、谷脚镇谷脚邮电支局张方贵、醒狮镇卫生院国兴伦）；谷脚镇哨堡村鄢玉平见义勇为证据待核实。对因见义勇为牺牲、伤残造成家庭生活困难者和见义勇为人员家庭生活特别困难者进行帮扶，其中2人纳入低保。

（李茂祥、罗华礼）

法 院

【概况】2015年，龙里县人民法院围绕“让人民群众在每一个司法案件中都感受到公平正义”的目标，抓住司法为民、公正司法主线，以改革创新为驱动，履行宪法和法律赋予的职责，着力提高群众满意度，提升审判执行质效。全年共受理各类案件2270件，审结2063件，同比分别上升24.31%、20.78%，审结、执结率90.88%，同比下降2.66%，巡回审理260件，法定审限内结案达100%，全年无超审限案件，结案标的金额2.72亿余元。

【刑事审判】全年受理案件184件、247人，审结149件、191人，结案率80.98%，法定审限内结案100%。全年依法严惩严重刑事犯罪，共审结故意杀人、绑架、抢劫、爆炸等严重暴力犯罪案件以及盗窃、抢夺、诈骗等多发性侵财犯罪案件29件，判处罪犯32人。共审结涉毒案件18件，判处罪犯18人，同比下降50%，有力配合县禁毒工作的开展。加强惩治贪污贿赂犯罪和渎职犯罪。严厉打击职务犯罪，推动反腐倡廉，全年共受理并审结该类案件2件，判处被告人2人，同比分别下降84.62%、89.74%。加强未成年人犯罪审判工作，稳妥开展未成年人犯罪案件审理与未成年轻罪封存工作，全年共审结该类案件6件，判处被告人6人，同比均下降50%。

【民商事审判】全年新受理民商事案件1190件，同比上升20.81%；审结1121件，同比上升12.78%，结案率94.20%。从总体上看，民商事案件数量大幅度上升，但总体运行平稳有序。注重保护妇女、老人和未成年人的合法权益，特别是留守儿童、留守妇女以及空巢老人等弱势群体合法权益。全年共审结婚姻家庭和继承纠纷案件345件，同比下降10.16%。倡导构建和谐用工秩序，促进劳动关系和谐稳定。全年共审结劳动争议案件206件，同比上升53.73%。高度重视保护公民的人身权和财产权，全年共受理权属、侵权案件316件，同比下降11.49%，审结290件，诉讼标的额1375.10万元，结案率91.24%。应对房地产市场调控带来的司法问题。受理涉房地产案件56件。切实维护合法有序的民间借贷关系，全年共受理民间借贷案件113件，审结108件，同比分别下降7.38%、4.42%，结案率95.58%，涉案标的1790.42万元，同比增加4.13万元。探寻多元联动化解纠纷，倡导司法确认。司法确认具有“不收费、抗反悔、可执行、促效率”的特点和优势，成为依法化解社会矛盾纠纷的一把“金钥匙”。召开新闻发布会，向社会各界宣传司法确认的特点及操作程序等，推进司法确认广泛使用。开展司法确认30件，同比上升328.57%。

【行政审判】5月1日，经省高级人民法院批准，龙里县人民法院作为行政案件相对集中管辖改革试点法院，管辖贵定、惠水、长顺、罗甸4个县的一审行政案件，行政案件异地审理，减少行政干预，司法公信力得到提高。通过原管辖当地法院代收诉讼材料、邮寄送达、电子缴费、巡回审理、远程开庭、远程接访等方式，加强与非集中管辖法院的协调配合，进一步减轻诉讼当事人诉累，有效降低诉讼成本。全年受理行政案件67件，审结48件，结案率71.64%。其中，公安类案件4件，占收案数的5.97%，同比下降33.33%；资源类案件42件，占收案数的62.69%，同比上升740%；城建类案件6件，占收案数的8.95%；乡镇政府案件1件，占收案数的1.49%；其他类型案件13件，占收案数的19.41%，同比上升116.67%。审查行政非诉执行案件收案7件，审结7件，结案率100%。

【审判监督】全年审结各类申请再审案件2件，与上年持平，审结二审发回重审案件17件。审监审管单元认真审查每一件发回重审和改判案件，找出发回重审和改判原因，认真撰写审查报告，并组织全院干警研究学习，不断提高法官的业务素质和责任意识。加强对重大案件的监督和指导，对辖区内影响较大、社会关注度较高的申请再审案件，加大审查与办理力度，坚持严格依法纠错，对确实存在司法不公的案件，依法裁定再审。探索和创新审判监督纠错机制，不断建立和完善平等保护、调判结合、依法改判、利益平衡、上下联动、提速增效、依法接受监督和效果延伸共八项审判监督纠错机制。

【立案登记信访接待】5月1日，立案工作由立案审查制改为立案登记制，降低立案门槛，扩大法院受案范围，满足“法院不能拒接老百姓诉状”的司法需求，从一定程度上减少了上访、信访事件的发生。群众反映的涉法涉诉信访问题，通过及时登记、转办提高接访效率，强化监督落实，提高接访工作效率，新增远程视频接访，使当事人与上级法院法官“面对面”地表达自身诉求，全年接访2260件、2673人次，其中群体访6件，领导接访25件。

【审判执行】受理执行案件561件，执结491件，结案率87.52%，占全年结案总数的23.80%，涉案标的金额15079.14万元，同比上升135.96%。开展“规范执行行为、促进执行公正”专项整治活动，严格规范每一个执法岗位、每一个执法环节的执法行为，实行案件节点管理。与人民检察院、公安局开展打击拒不执行判决、裁定罪专项行动。全年共开展2次打击“老赖”专项集中执行行动，共拘留6人，罚款3人，罚款金额6.2万元；公布失信被执行人93名；采取拘留措施，促使当事人履行义务金额约56万元，达成和解金额约18万元。

【审判管理】重视审判管理，利用案件信息管理系统、审判流程节点管理系统等，实现审判管理信息化、流程化。采取案件全部评查制度，从工作节点、庭审等方面着手，共评查案件1956件，并将评查案件中查找出来的问题在每月的工作运行态势中进行通报。积极参与上级法院组织的行政、民事、刑事案件庭审评查活动，并荣获行政案件庭审评查全州第一名。实行庭审评查，由分管领导对所分管部门承办的案件进行随机评查，每月抽查3件。全年对376件案件进行了评查，共评查裁判文书1956份，均做到电子卷宗的同步上传。案件从立案、分案、审判到结案各节点均进行监控和管理，全年审批结案2063件；对临近审限案件进行审限提示，全年共发布审限提示25期；全年无超审限案件、超期羁押情况发生。

【司法改革】2015年，是司法改革工作深入推进的重要阶段，龙里县人民法院在四个方面取得新进展。审判权运行机制改革取得新进展。继2014年审判权运行机制改革试点工作开展以来，基本实现“让审理者裁判，由裁判者负责”。推进员额审判形式、去行政化重构，并建立相应的评价机制、问责机制，成为继贵定县法院实施法官试点后的首家法院。行政审判改革取得新进展。5月1日，经省高级人民法院批准，龙里县人民法院作为行政案件相对集中管辖改革试点法院，管辖贵定、惠水、长顺、罗甸四个县的一审行政案件，行政案件异地审理，减少行政干预，司法公信力得到提高。立案改革工作取得新进展。5月1日，立案工作由立案审查制改为立案登记制，降低立案门槛，扩大法院受案范围，维护当事人的诉求，破解“立案难”问题，实现了“法院不能拒接老百姓诉状”的司法需求。人民法庭改革取得新进展。基层人民法庭由原来5个调整为2个，即第一人民法庭和第二人民法庭，并在法庭重新配置审判人员，保留原人民法庭的审判功能，继续保留谷脚、洗马、湾滩河3个审判点，第一人民法庭创新实行“片区法官”制度，到人民群众家门口办理立案，满足人民群众司法需求。

【信息化建设】完成数字化法庭，信访、调解、约谈系统，信息化发布系统，远程视频接访系统，访客安防管理系统，触摸屏查询、纪检投诉系统，查阅室系统，考勤管理系统和廉政课堂系统的调试使用。11月，信息化建设项目验收合格，所有系统进入全面应用阶段，成为黔南州信息化弱电项目全面建设并投入使用的第一家人民法院。办公、办文处理全部实现网上操作；案件全部实现网上流转，审理实现同步录音录像，做到每案必录，全程留痕；对法院大楼、审判法庭实现全监控，对来访者实现安检、来访全管理；案件排期开庭自动化；电子档案方便案件查询；案件实现信息化的管理；车辆使用和监控实现自动化。利用信息化平台传输文件近千份，案件录音录像500余件；排期开庭2000余件，派车2000余次，案件查询2000余次。

【文化建设】加强人民法院物质文化建设，展示司法文明。通过完善新审判大楼建设，打造出符合现代司法理念、富有法院文化内涵的审判环境，同时利用部分公共区域设置“文化长廊”。积极打造学习型法院、学习型法官。投资20余万元建成藏书2万余册职工图书馆，涵盖法律专业图书、政治经典著作、文学名著、各类期刊、工具书等类别。

【社会管理创新】以主动服务大局，定期不定期到工业园区企业走访，征求企业对法院工作的意见和建议，督促企业规范经营，积极回应企业的司法需求，依法维护企业的正常生产与经营，服务县域经济快速健康发展。全年共走访企业150余次，为企业提供法律咨询550余件次，审执结涉企案件387件，为企业追回资金6000余万元。创新司法为民举措，开展平安龙里建设。建立和完善便民服务制度，全年下乡镇开展法律宣传16场、200人次，发放宣传资料万余份，为群众提供法律咨询3000余人次，利用信息平台发送平安建设信息140余条。依法审理涉民生案件。依法妥善处理涉民生案件，全年审结农村土地承包合同纠纷、农村土地补偿费分配纠纷、拖欠民工工资等涉民生案件376件。开展“涉民生”等专项集中执行行动，共执结“涉民生”案件11件，涉案金额27万元，结案率、执行到位率100%。开展法律援助便民服务。积极争取县委县政府的支持，及时提供司法救助，为4个案件11名当事人申请司法救助基金17.5万元。对弱势群体提供帮扶资金5.2万元。对经济确有困难的当事人减、缓、免诉讼费，全年为困难当事人减、缓、免诉讼费34.5万元。

（县人民法院）

检 察

【概况】2015年，龙里县人民检察院围绕龙里经济社会发展大局，服务和保障经济新常态，以执法办案为中心，依法履行法律监督职责，加强队伍建设，集中力量抓重点、抓关键、抓亮点，检察工作保持良好发展态势，各项工作取得新成绩。年内，公诉科科长尤玉艳获“全国巾帼建功标兵”荣誉称号，公诉科刘智娟在黔南州首届公诉人与辩护人辩论赛中获“公诉人最佳辩手”奖，检察委员会专职委员邹英获“黔南州卷烟打假先进个人”和中共龙里县委、龙里县人民政府授予“富民兴龙标兵”称号，侦查监督科科长韩彩云被县委党建办评为2015年度“三争型”优秀共产党员，民事行政检察科科长陈先兴被省人民检察院表彰个人三等功。县人民检察院核定内设职能机构18个，分别为办公室、政工科、纪检组、法律政策研究室、计划财务科、侦查监督科、公诉科、未成年人检察科、监所检察科、民事行政检察科（生态检察）、技术科、反贪污贿赂局（内设侦查科、综合科）、反渎职侵权局（内设综合科、业务科）、职务犯罪预防局（内设犯罪预防科、综合科）、控告申诉检察科、案件管理办公室、法警大队、派驻检察室，在职干警54名。

【刑事检察工作】依法惩治刑事犯罪，营造和谐稳定的社会环境。强化审查批捕和审查起诉工作，加大对暴力、侵财、毒品等犯罪惩治力度。共受理各类审查逮捕刑事案件188件、263人，上期积存2件、12人，审结188件、273人。经审查，批捕113件、163人，不批捕75件、110人。其中，不构成犯罪3件、6人，事实不清、证据不足42件、63人，无社会危险性30件、41人。书面纠正公安机关侦查活动违法4件；监督公安机关立案3件、3人，撤案5件。开展羁押必要性审查，改变强制措施1件、1人。共受理公诉案件213件、308人，上期积存3件、11人。公安机关移送审查起诉206件、300人，反贪污贿赂局移送起诉6件、6人，反渎职侵权局移送起诉1件、2人。审结183件、250人，起诉161件、219人，不起诉20件、29人（其中，法定不起诉2件、2人，相对不起诉16件、21人，存疑不起诉2件、6人），附条件不起诉2件、2人，退回补充侦查28件、42人。移送黔南州检察院审查起诉4件、19人，期末未结1件、8人。

【职务犯罪案件办理】强化查办和预防职务犯罪工作，着力建立廉洁高效的政务环境。坚决贯彻中央和上级检察院关于反腐败斗争的总体部署和要求，积极履行查办职务犯罪工作职责。全年共立案查办职务犯罪案件10件、10人，其中贪污贿赂案件7件、7人，渎职侵权案件3件、3人；要案1件、大案9件，大要案率100%；涉案处级干部1人、科级干部4人、其他5人，主要涉及工程建设、政府采购、私分国有资产和涉农等领域的犯罪，给国家挽回经济损失170万元。

【预防职务犯罪】及时介入龙里县公租房项目、贵龙城市经济带产业项目、下把比水库项目和窄冲水库项目等重点工程开展专项预防工作，开展行贿犯罪档案查询工作642次，参加监督项目招投标会议6次，开展预防调查5次，发出检察建议6份，开展预防宣传和警示教育130次，受教育10000余人次，组织以“正风强企·共同发展”为主题的检察长·董事长“两长”座谈会2次。加强类案预防和前瞻性研究，形成预防调查报告6篇。

【监所检察】在刑罚执行和监管活动监督中，驻所检察251天，对监管场所进行安全检查52次，开展法制教育21次，发出检察建议14份，会同相关部门按《特赦令》规定报请特赦9名罪犯，监督检察社区矫正12次。

【民事行政（生态）检察】民事行政检察工作坚持以生效判决监督为中心，监督程序违法和执行违法并重，共受理民事申诉案件3件。先后督促水务、环保、林业等行政执法部门依法履职23次，发出检察建议23份，被采纳22件，采纳率达95.6%。开展生态环境保护专项行动，推进与环保、林业、国土、农工、城管、卫计等单位建立行政执法与刑事司法衔接长效机制6个。审查逮捕盗伐滥伐林木、失火、非法采矿等案件9件、12人，审查起诉案件19件、33人，查办涉及生态领域职务犯罪案件5件、5人，发出督促行政执法检察建议23份、补植复绿检察建议11份，落实补植面积13亩，集中开展宣传活动5次，发放宣传资料4000册。

【控告申诉】受理群众来信来访41件，其中举报线索14件，受理群众控告申诉20件，普通来访7件。举报线索中，来信举报9件，来访举报2件，电话举报3件。举报线索移送其他人民检察院1件，移送本院自侦部门10件，转其他机关2件，控申部门初核1件。办理不立案审查案件2件，均同意自侦部门的不立案处理意见。受理民事申诉2件，直接答复1件，移送民行科审查处理1件；受理民事执行监督案件3件，移送民行科审查处理3件。

【队伍建设】县人民检察院在职的54名干警90%达到大专以上文化水平。其中，硕士研究生2人，大学本科41人，大专6人，中专以下5人。配合县委组织部办理人事任免工作，就公务员职务与职级并行，有13名干警符合晋升条件。其中，晋升为副处级3人，晋升为正科级8人，晋升为副科级2人。按照省人民检察院相关规定，经过逐级申报批准同意，从贵定法院调入1名法官充实队伍。同时，加强后备干部建设，向组织推荐正科长级后备干部3人，副科长级后备干部6人。

（顾志国）

公安工作

【概况】2015年，县公安局配有局长1名，政治委员1名，副局长4名；内设机构：18个（含3个综合管理机构和15个一线执法勤务机构）；派出机构：6个户籍派出所和1个治安派出所，9个中心警务室；监管场所：2个，龙里县看守所和龙里县拘留所。以犯罪实时控制机制建设为主线，坚持“抓重点、控区域、守周边”的工作思路，以乡镇撤并行政区划调整为契机，以深化推进警务机制改革为牵引，以压警情控发案为抓手，按照优化、重组、调整的思路，全力实施犯罪实时控制、派出所三年攻坚、驻村警务、平安连片创建“四大警务”，着力构建以信息化牵引，技术支撑，基础反哺，打防管控为核心的全域覆盖、立体布局、一体运作、无缝对接的全时空、全方位、立体化治安管控体系，实现全年目标考核全州第一。

【刑事犯罪侦查】全年共立各类刑事案件1094起，同比下降16.02%；破获各类刑事案件509起，其中破获现行刑事案件414起，同比上升10.02%；抓获各类犯罪嫌疑人333人，同比上升9.3%。其中：破获刘××命案、柴××命案共2起，命案连续3年100%全破；破获“纪×超市现金被盗案”“芸苔芷岸电缆线被盗案”“余××故意杀人案”等大案要案；迅速侦破全州旅发大会期间参会贵宾手机被盗案、“11·24”县领导宿舍盗窃案等现行刑事案件。

【惩治“两抢一盗”】近年来，全县“两抢一盗”等多发性侵财案件呈高发态势，因此以“打团伙、打流窜、打系列”为工作重点，归纳总结打击“两抢一盗”案件的成功经验和做法，建立“两抢一盗”发破案分析调度机制，串并案机制。始终将人民群众反映强烈的街头两抢、盗窃摩托车、入室盗窃、扒窃拎包、飞车抢夺、撬盗保险柜、偷盗“三电设施”、偷牛盗马等多发性犯罪行为作为专项重点惩治。全年，共侦破盗窃案305起、抢夺2起、抢劫3起，“两抢一盗”多发性案件占刑事案件总数比例稳中有降，现行案件侦破绝对数逐年上升的良性循环，增强人民群众安全感和满意度。

【经济犯罪侦查】共受理经济案件43起，涉案价值1.12亿元，立案侦查38起，立案数与2014年同期的93起相比下降59.1%。破案42起，破案数与2014年同期的95起相比下降55.78%。破案率提高8.5%。抓获犯罪嫌疑人14

人，与2014年同期的38人相比下降63.15%，挽回经济损失5000余万元，与2014年同期相比上升90.4%。

【禁毒工作】全县共侦破毒品犯罪案件28起（其中，贩卖毒品21起，运输毒品1起，容留他人吸毒5起，非法持有毒品案1起），抓获毒品犯罪嫌疑人33人，完成率118%。缴获各类毒品835克，完成率93%。移送审查起诉21人，完成率100%。查处易制毒化学品案件2起，有力惩治、震慑了毒品违法犯罪活动。制定实施《龙里县公安局吸毒人员大收戒行动工作方案》，要求按照"收监进厂入院"硬举措，做到发现一个、登记一个、录入一个、收戒一个、管控一个。全县共收戒吸毒人员160人。2015年，全县吸毒人员登记数513人，新增吸毒人员36人，其中新滋生10人，占27.8%；新发现26人，占72.2%，新增吸毒人员占全县总人口数的1.59‱。全县累计查处吸毒人员160人次，查处率91%。责令社区戒毒46人次，强制隔离戒毒45人次，强戒执行率95.6%。社区戒毒康复执行率96.92%，91名社区戒毒社区康复人员全部纳入重点人口管控，列管率100%。全县出所未满3年吸毒人员55人，管控50人，出所管控率90.9%；活动在社会面上阿片类吸毒人员210人，就业安置190人，就业安置率90.48%。戒断三年未复吸169人，戒断三年未复吸率40.23%。通过加强与卫计、安监、市监等部门协作配合，以提高易制毒化学品管理能力、发现惩治能力、企业自律能力为重点，进一步完善相关部门联动、异地衔接紧密、覆盖各个环节、全程管理查控。加强对医院、制药企业过有效期精麻药品和罂粟壳药材进行监督销毁，防止易制毒化学品流入非法渠道。全年共审核通过办理第二、三类易制毒化学品购买备案证明72份，注册新用户3家。全县网上注册有易制毒化学品企业用户共54家，正常使用52家，正常使用率96.3%。检查易制毒化学品使用企业25家，下发限期整改通知书3份，销毁过有效期易制毒化学药品106盒，过有效期罂粟壳2.053公斤。

【网络安全监管】完成天网工程项目方案制定、审核、申报、采购等一系列前期准备工作，共落实建设资金1800万元。共建成前端监控点1029个，卡口57个，微卡口22个，违停23个，交通指挥中心平台建设1个，执法办案中心1个。"天网工程"于12月月底完成建设进入联网运行阶段，并通过省、州、专家组的验收。积极开展网上阵地情报工作，截至12月30日，网上巡查约1.26万次，删除、屏蔽各类有害信息9670条；积极参加州局支队组织专项处置任务63次，办理行政案件13起，行政处罚6人，单位7家。办理刑事案件28起，惩治处理28人，配合刑侦、交警、禁毒、森林公安办理案件73起，抓获嫌疑人55人，通过网络安全技术抓获嫌疑人21名，抓获CCIC在逃人员24人。加强对网吧的管理，全年检查网吧96家次，153人次。当场核查二代身份证253张，通过核查比对查出一名重大刑事前科人员，抓获2名网上在逃人员；检查信息重点单位27家，网站备案19家，行政处罚6家，下达整改通知书6家。

【出入境管理】共办理出国出境2456人次，其中办理护照1090人次、办理港澳通行证1175人次、办理大陆证191人次，同比上升40%，同时接待群众咨询2000余人次。共有境外人员47人次，其中有10名为常住境外人员，4名为台胞，在龙山镇居住，1名为尼日利亚人居住在龙山镇火车站，1人为永久居留的加拿大籍人，1人为越南人，1人为斯里兰卡人，2人为印度尼西亚人，其余37人次为临时住宿的境外人员，其中7人次为中国香港人，2名为日本人，1名为越南人，7名为中国台湾人，1名韩国人，2名英国人，10名美国人，1名南非人，3名乌克兰人，2名加拿大人，1名泰国人，对以上境外人员都进行核查管理并进行及时归档。

【户政管理】全面开展进门入户核对工作，共入户核对《常住人口登记表》15.31万张，下达户口催办通知书390份，下达温馨提示书214份；通过为期一个月的专项清理，累计恢复各类户口38人；全县公安机关全年共计清理虚假、重复户口196个。共办理“农转城”户籍业务80人，其中招生2人、录（聘）用5人、务工经商4人、购（租）房20人、投靠亲属49人。重点人口总数为1376人，重新违法犯罪人数6人，重点人口重新犯罪比例为0.28%；肇事肇祸精神病人255人，均录入全国重性精神病人管控系统，并做好派出所日常管控指导工作。出监所人员163人，刑释解教人员签收率和核实率均达100%，刑释解教、解戒人员列管率79.4%，同比提升0.22个百分点；服刑在教在戒人员撤管率82.12%，同比提升1.93个百分点。流动人口总计1.59万人，累计制证总数1.48万人，身份证号空缺数0人、空缺率0%，照片空缺数4人、空缺率0%。派出所每季度适时开展对流动人口和出租房屋清理专项整治行动，全面提高流动人口管理工作和出租房屋签订流动人口管理责任书登记率达到100%、信息准确率达到100%、录入率达到100%的任务目标要求。新登记暂住人口5755人，办理居住证4993人，居住证办证率86.75%，引导农业转移人口就近就地就业创业167人。11月开展社区警务工作以来，“地址核查维护”共核查完成1.79万条，完成率25.12%；房屋核查维护完成2.11万条，完成率27.66%；实口（重口、流口）核查维护7955条，完成率82.85%；单位核查维护完成373条，完成率39.48%。

【车管业务】2015年，龙里县在册登记机动车共4.83万辆，其中小型汽车2.16万辆、大型汽车364辆、普通摩托车2.61万辆、低速汽车210辆。办理机动车业务5.36万笔，其中小型汽车注册登记1.4万辆，五小车注册登记7584辆，转移登记479辆、变更登记2631辆、抵押登记1630辆、注销登记9529辆，档案更正91笔、车辆年检4598辆，其他1.22万笔。机动车驾驶证业务2.01万笔，其中本地初领1.07万本、外地初领1034本、增驾申领1924本、补证换证4784本、满分学习253人、注销登记319本、年度体检110人、驾驶证转出61本，其他958笔。

【道路交通管理】全年共查处交通违法行为3.2万余起，拘留39人。其中，无证驾驶248起、超速行驶3668起、客车超员9起，货车超载75起，饮酒驾驶28起。发生道路交通事故272起，同比下降0.8%；死亡6人，同比下降4%；受伤30人，同比持平。直接经济损失45.32万元，同比上升47%。共排查道路交通安全隐患6起，其中3起隐患县级成文挂牌督办，2起处理完毕，1起未处理。创新“所队联勤”采取以交警为龙头，以派出所为依托，以乡镇交通协管员为触角的县、乡、村三级道路交通安全社会化管理模式，全面提升农村道路交通管理效能。开展3次“六打六治”专项整治行动。主要是在贵新、千家卡、厦蓉、贵龙大道路口等地对客车、危险化学品运输车开展检查，全面加强辖区客运线路和危化品车辆出没路段的巡逻管控，采取错时巡逻、重点时段管控、定点和流动巡逻的执勤方式，严厉打击客运车辆违反夜间停运规定、违反接驳运输规定、严重交通违法、违反动态监控制度的行为以及危险化学品运输车辆非法改装，非法改装伪装普通货车用以运输危化品，运输危化品超载、超速、疲劳驾驶，使用未取得运输许可的车辆和不具备从业资格的人员或无随车押运员、押运员从业资格过期、失效等情况下非法承运危化品，沿途非法装卸危化品，危化品运输车辆标志不齐全、车身反光标识不规范，载运剧毒化学品的车辆未办理剧毒化学品公路运输通行证或未按照规定的时间、路线和速度行驶等严重违法违规行为，做到发现一起、纠正一起，查扣一起、严处一起，在辖区内形成了严管重罚的高压态势。同时组织警力深入辖区客运、危化品运输企业开展安全检查，提高源头管控力度。针对包车客运违法违规运输行为开展打非治违专项整治行动。开展套牌假牌车辆、营运客车、危险货物运输车、校车等的整治和查处。采用定点设卡拦截检查方式，重点对摩托车无牌无证、一车多人、酒（醉）毒驾重点违法行为、未办理交强险、未按规定检验等交通违法行为依法依规查处，并注意加大使用摄像、照相设备做好取证、记录工作。整治期间，共检查摩托车辆3200余辆，查处摩托车交通违法行为1200余起。

【监所管理】全年，龙里县看守所共关押447人（与2014年同期485人相比减少38人，减少率为7.8%）。其中，新增关押人数362人；出所人数298人〔投送监狱78人、取保候审113人、刑满释放25人、缓刑释放4人、临时羁押带走3人、转本省（区、市）其他所3人、转外省（区、市）其他所2人、其他处理65人、投送少年管教所2人、撤案释放3人〕；年末在押149人。龙里县拘留所共拘留481人（新增拘留475人，出所475人，年末在拘6人）。其中，盗窃21人，赌博22人，妨碍交通工具正常行驶2人，妨害社会管理2人，非法限制人身自由4人，非法携带枪支、弹药、管制器具4人，故意损毁财物14人，故意伤害48人，猥亵5人，殴打他人72人，嫖娼7人，卖淫7人，诈骗7人，阻碍执行职务10人，拒不履行人民法院已经发生法律效力的判决裁定8人，其他侵犯他人人身权利、财产权利的行为3人，扰乱单位秩序49人，无证驾驶123人，侮辱1人，为赌博提供条件9人，伪造、变造、买卖公文、证件、证明文件、印章1人，虚构事实扰乱单位秩序1人，寻衅滋事5人，吸毒58人（转强制戒毒5人）。

【执法规范化建设】围绕执法规范化建设和执法质量主线，抓落实、求突破，同时抓队伍管理，强化民警纪律作风教育和素质教育，实现县公安局法制工作的全面提升。强化案件审核把关，防止冤假错案。审核行政案件2817起（其中，一般程序795起、当场处罚106起、一般调解102起、当场调解1814起），办结2335起，拘留（含拘留并处罚款）387人；行政罚款176人。审核刑事案件1094起，刑事拘留337人，取保候审185人，监视居住8人，提请人民检察院批准逮捕220人，人民检察院批准逮捕154人，移送起诉起234人。落实信访工作机制，全力维护社会稳定。推行“横纵向”维稳工作模式，横向加强与县属相关党委沟通协作，实现信息资源共享，共同谋划和统一决策，实现县委、县政府主导的全力维稳、不推诿、不扯皮的工作要求；纵向是县公安局实行局领导、所、队长和社区（责任区）民警包保责任工作机制，对包保对象进行稳控。接待各类信访事项24起，经过走访调查、法制宣传和耐心细致做工作，办结信访事项22起，待办结2起，有力维护辖区社会政治稳定。做好行政复议、行政诉讼工作。共接到行政诉讼案件1起，行政复议案件4起，经严格审核和走访调查，变更行政处罚决定1件，自办行政复议案件3件，做出维持决定3件。

【“平安龙里”创建】建立犯罪实时控制“135”模式，构建城区社会治安防控体系。“135”运行模式，即一分钟就近接警，三分钟快速增援，五分钟专业警种增援处置。树立固本强基理念，强化专业力量队伍建设，夯实基层基础，形成长效机制。在2015年全省公安派出所三年攻坚战中取得全省第 18 名，黔南州第 1 名的好成绩。主要工作措施有：夯实基层基础，打造社会治安防控体系建设根基；坚持问题导向，推进派出所警务机制改革；以谷脚派出所警务机制改革为试点，全面推进农村派出所警务机制改革。借力社会资源，强化“一村一警务助理”驻村警务模式，破解农村社会治安“无人干”问题，将警务延伸到村寨。推行平安小区连片创建，建立平安创建“3536”模式，丰富完善社会治安防控体系。

【农村派出所警务机制改革】以谷脚派出所警务机制改革为试点，全面推进农村派出所警务机制改革。在中心集镇派出所推行“所队合一”，按照“三队一室”（交巡警巡逻队、社区民警队、办案队和勤务指挥室）的模式搭建。以谷脚派出所为试点，推行“三联一动”固化派出所警务运行机制，即片区联勤，以谷脚派出所为中心，将毗邻醒狮、洗马两镇派出所整合为一个警务区，实行警务区派出所所长负责制，直接行使片区警力指挥权，有效整合警力，形成拳头；所队联勤，将派出所、交警中队、刑侦谷脚中队警力全部整合，每天由值班所领导进行指挥调度，有效运用网格化布警、动态巡逻、就近接警、快速增援、办案衔接的勤务模式；警企联防，将企业保安进行有效整合，完善企业自身安保体系，形成“政府牵头、企业参与、派出所监管”的区域大联防格局；警民互动，以一村一警务助理为纽带，群众为基本防控单元的点线面结合的治安防控网格，广泛开展自防自治，实现区域社会治安管理工作全覆盖。

【“一村一警务助理”】继续强化“一村一警务助理”，依托“一村一警务助理”驻村警务平台，对驻村警务助理职能和外延进行拓展，有效支撑犯罪实施控制机制建设向农村的延伸，完善城乡治安防控体系建设。全县警务助理共开展便民服务 1392 人次，送证上门 728 个，救助 45 人次；132 个行政村实现刑事警情零发案，72 个行政村刑事、治安警情零发案；提供线索协助破获刑事案件 26 起，协助抓获犯罪嫌疑人 23 名，协助稳控重点人员 3243 人次，提供不稳定因素苗头 24 条，化解矛盾纠纷 1232 起。“一村一警务助理”驻村警务机制得到省、州、县肯定，在 12 月召开的全省“一村一警务助理”推进会议上作交流发言全省推广。

【“3536”平安小区（村寨）连片创建模式】随着城镇化进程推进，小区（村寨）已经成为社会治理的基础环节。立足建立健全城乡社会治安防控体系的目标，在全县启动平安小区（村寨）连片创建工程。“3536”平安小区（村寨）连片创建模式，即推行全封闭、半封闭、开放式“三种模式”小区创建；整合村（居）委会、警务助理、物管公司、业主委员会、治安积极分子五种力量；打造技防、物防、自防三道防线；依托小区、校园、医院、村寨、园区、集市六种载体。

【典型案例】小纠纷牵出大命案。4 月 27 日，湾滩河摆省新合村警务助理唐光才因调解该村村民余×金、周×秀家庭矛盾纠纷时发现，该夫妇在谈到其母柴×妹（余×金生母）失踪一事上似乎有意隐瞒什么。随后唐光才通过走访了解到，2008 年大年初一晚，曾听到柴×妹家中传来争吵声，第二天便听柴×妹儿子余×金声称因母亲与其吵架，赌气离家出走了。柴×妹离家出走后，其家人表现反常，既不报警也不寻找，村民也因“多一事不如少一事”心理，都没有把柴×妹失踪一事放在心上。根据掌握的情况，唐光才断定柴×妹失踪必有蹊跷，便再次将周×秀找来警务室并追问其婆婆柴×妹失踪下落，这时周×秀显得慌慌张张、顾虑重重，通过唐光才耐心开导，周×秀终于向警务助理坦白其婆婆柴×妹不是失踪而是被丈夫杀害。至此一起命案隐案线索浮出水面，在稳控好周×秀的同时，警务助理唐光才迅速将情况向派出所报告。

派出所接到警务助理的情况报告后，迅速组织警力深入该村开展外围调查核实。根据周×秀交代的线索，余×金将其婆婆柴×妹杀害后，是日晚上就将尸体从家中转移出去了。后来听丈夫讲藏匿在该村山上一个山洞中，具体在哪里不清楚。随后在警务助理唐光才的引领下，民警对该村附近可能藏匿尸体的山洞进行地毯式搜索，终于在该村一个小地名为“猴子坟”的山洞中发现1具尸体。经现场勘查和尸检证实，该尸体为失踪的柴×妹，致死原因系机械性窒息而死。死者尸体用白布包裹藏匿于山洞，所有勘验结果与周×秀提供的情况完全吻合，可以明确柴×妹失踪一案系一起恶性故意杀人案件，余×金是杀害柴×妹并伙同其父余×平抛尸山洞的主要涉案嫌疑人。5月2日，在开展外围调查核实的基础上，成功将嫌疑人余×金（男，40周岁，龙里县湾滩河镇摆省新合村人）、余×平（男，71周岁，龙里县湾滩河镇摆省新合村人）抓获。经审讯，犯罪嫌疑人余×金对故意杀死其生母并抛尸的事实供认不讳。

犯罪嫌疑人余×金因“民不告，官不理”思想作祟，自认为该事做得天衣无缝，没想到天网恢恢、疏而不漏，警务助理从调解一起家庭纠纷中获取村民蹊跷失联线索，揭开了儿子杀死生母并抛尸的事实真相，一起隐匿7年的命案隐案得以成功告破。

（李雪丽）

消防工作

【概况】2015年，消防工作和消防部队建设围绕创建“平安龙里”战略部署，狠抓火灾隐患整治，积极创新社会消防安全治理，加大消防宣传教育力度，全县火灾形势持续稳定。据统计，全县共发生火灾22起，无人员伤亡，直接财产损失93153元，未发生重大及以上火灾事故。

【火灾隐患排查】抓好各项消防监督执法工作的开展，及时排除火灾隐患，并督促责任单位抓好整改。出动监督检查人员2326人次，检查单位场所1163家，下发责令改正通知633份，督促整改隐患或违法行为1197处，实施行政处罚38起，罚款46.43万元，实施临时查封11起，提请县政府挂牌督办重大火灾隐患单位1家。加强对辖区派出所进行消防监督指导，推进派出所消防监督工作，全年派出所监督检查出动12579人次，检查单位场所6152家次，下发责令改正通知书3506份，督促整改隐患或违法行为4254处。

【灭火救援】大、中队开展重点单位、易燃易爆场所、重要公共场所等各类灭火救援演练42次，修订各类预案75个。完成“两节”、两会、生态文明贵阳国际论坛2015年年会、“龙里县第三届老年运动会”、高考、中考、抗战胜利70周年、国庆、第三批正规化建设现场观摩筹备会等安全保卫执勤安保工作任务。全年共接警出动78起，出动车辆126辆，出动警力674人，抢救被困人员50人，疏散被困人员152人，抢救财产价值144.2万元。

【消防培训与宣传】借助新闻媒体、社会单位、消防志愿者“三类平台”广泛开展消防宣传。共悬挂消防安全提示标语16条，播放消防安全提示标语5条，发送消防安全短信3000余条，更新消防宣传微博636条，微信公正平台318条，发放农村防火宣传资料1.5万余份，组织消防站对外开放活动11次，深入单位开展培训15次，深入7所中小学开展消防安全学校创建和“消防安全第一课”活动，有效提高了全县群众消防安全意识。

【灾情典型案例】 3 月 29 日 16 时 40 分，119 值班室接到群众报警称：“龙里县兴龙路麻芝油铺职工宿舍 5 单元 1 楼餐馆厨房着火，房屋内有液化气罐，无人员被困，请求消防官兵立即前往实施处置。”接到报警后，立即出动一辆泡沫水罐消防车 7 名官兵赶赴火灾事故现场实施处置，于 16 时 52 分到达现场后，发现餐馆内有浓烟，在厨房排气管道内有明火，在厨房门口还发现有 3 个液化气罐。根据侦查和询问实际，指挥员立即下令，明确分工，16 时 53 分展开战斗：战斗一组对着火点进行火灾扑救；战斗二组立即将厨房内 3 个液化气罐关气并移至餐馆外。通过两个战斗小组的密切配合，于 16 时 55 分控制火势，16 时 57 分明火熄灭，17 时 00 分战斗结束，17 时 03 分收拾整理器材装备撤离现场，17 时 15 分归队恢复执勤战备工作。

6 月 17 日晚至 6 月 18 日 08 时，龙里县发生强暴雨，降雨量高达 210.4 毫米左右，致使多个乡镇居民楼及乡村道路不同程度受损，导致多名群众被洪水围困。接到人民群众的报警后，立即调派车辆、官兵前往受灾地点进行救援，6 月 18 日 00 时 05 分至 17 时，消防官兵共接警 13 次，出动车辆 15 台次，投入警力 100 人次，共疏散被困人员 77 名，疏通乡村道路 3 条。

11 月 15 日 16 时 49 分，厦蓉高速龙里至都匀方向老鹰嘴隧道口一辆满载液化气瓶货车发生侧翻，情况十分危急。龙里县公安消防大队立即出动赶赴现场救援。17 时 51 分，救援人员到达现场后，迅速利用可燃气体探测仪，对侧翻货车周围进行检测并做好现场警戒工作，禁止周围人员吸烟等。经检测，现场无液化气存在，救援人员立即将货车漏油的地方及现场油渍进行稀释，并对货车内液化气瓶进行逐一排查，检查气瓶内是否存在遗留液化气以及爆炸危险等，随后将其疏散至安全地带。18 时 15 分，救援结束后消防人员安全撤离事故现场。

（李　娟）

司法行政

【概况】 县司法局设 5 个内设机构，即政工科（办公室，副科级）、法制宣传科、基层工作管理科、律师公证及法律援助工作管理科（龙里县公证处、龙里县法律援助中心）、社区矫正科（社区矫正执法大队、安置帮教管理科），6 个司法所（冠山街道、龙山镇、谷脚镇、洗马镇、醒狮镇、湾滩河镇）。行政编制为 34 名（其中，局机关 15 名，司法所 19 名），机关工勤编制 2 名。根据《关于设立龙里县公共法律服务中心的通知》，设立龙里县公共法律服务中心，人、财、物由县司法局统一调配使用。2015 年，全局共有在编在岗干部职工 36 人，其中行政人员 30 人，事业人员 4 人，工勤人员 2 人。

【普法和依法治理】 开展“六五”普法工作，深化法律“七进”［进机关单位、进学校、进社区、进企业、进军营、进镇（街道）、进村组］活动，开展普法活动 30 次，累计发放普法资料 2 万余份，为群众提供咨询 2000 余人次；开展法制课堂 12 期；开展“入企送法”13 次，为企业代理各类诉讼案件 11 件，审查法律合同等事项 15 件。围绕社会普遍关注的司法行政工作重点、难点、热点问题开辟电视主题报道及专栏节目，策划《破解百姓信访难题》《法律援助》《刑释人员帮教》等系列主题报道。在广播电台开设《司法行政之声》节目，每月 2 期，每期时长约 5 分钟至 8 分钟，司法工作人员或律师做客演播室。在“龙城视界”微信平台上发布普法微信、法律条文以及司法工作动态，扩大普法覆盖面。

【法律服务管理】以评查诉讼和公证案件卷宗提升办案质量为总抓手，加强律师公证管理。修订《龙里县司法局法律服务管理办法（暂行）》，规范公证、律师服务。律师参与公益活动4次，共办理各类案件289件。其中，民事案件204件，刑事案件66件，行政代理7件，非诉案件12件。围绕县委、县人民政府的中心工作开展各项公证业务，结合当事人的实际情况开展上门公证服务。共办理各类公证业务248件。其中，经济案件63件，民事案件185件。

【法律援助】面对法律援助需求不断增加、法律援助工作者数量不足的实际，克服困难努力做到应援尽援。发挥镇（街道）法律援助工作站和法律援助联络点的作用，加强对低收入人群、下岗失业人员、农民工、残疾人、零就业家庭、未成年人等法律援助。对因公致残的农民工实行“三优一上”服务，即优先接待、优先审查、优先办理，上门服务，维护农民工的合法权益。通过争取，获得司法部法律援助“1+1”志愿者项目支持，山东青岛照岳律师事务所1名志愿者到龙里县开展援助工作。共办理法律援助案件315件，增长56%，解答群众法律咨询470余人次。

【人民调解】按照“六有”［有牌子、有印章、有调解庭（室）、有档案柜、有报表、工作台账］“四规范”（规范组织网络、规范调解程序、规范调解卷宗、规范工作制度）“三化”（场所固定化、队伍职业化、业务专业化）的要求，加强县、镇、村三级调解组织建设，实现人民调解三级联动机制。加强专业行业调解委员会的组建工作，成立龙里县医疗纠纷调解委员会、消防纠纷调解委员会和林地争议纠纷调解委员会。在“两节”、两会、项目观摩会及旅游发展大会等重要活动期间，开展矛盾纠纷排查，有效维护社会和谐稳定。2015年，全县各级调解组织共调解民间纠纷1696件。其中，道路交通事故124件，医疗纠纷2件，消防纠纷22件，调解率100%；调解成功1677件，成功率98.88%；防止民间纠纷激化12件、78人；化解非正常上访7件、52人。

【刑释人员安置帮教】按照规定要求对“必接”对象实行无缝对接，接回率达100%。全年，共接收安置帮教人员120人（全部通知综治办及家属将其接回），在册人数为339人。刑释人员全部一人一档，录入计算机管理，行政村、社区安置帮教工作站明确帮教责任，落实帮教措施，司法所定期进行回访，预防重新违法犯罪情况发生。

【社区矫正】执行《社区矫正实施办法》《黔南州社区矫正衔接工作细则》等规定，加强社区服刑人员和刑释解教人员的管理。共接收社区矫正人员31人，在册人数为129人。其中，缓刑人员102人、假释27人。每名矫正对象建立个人档案，及时、规范完善相关资料。在每月以及重大节日和社会敏感时期，对矫正对象报到情况、人数、动态、监管措施的落实以及矫正效果等进行抽排查走访，社区服刑人员无托管、漏管现象。10月，与县联通公司合作，开通社区矫正“LBS定位系统终端”管理平台，全面提升了社区矫正工作管理水平。

【司法所建设】在巩固2015年规范司法所创建工作的同时，不断以健全完善基层社会管理和服务体系为目标，继续深入贯彻落实省两办《实施意见》，深化“规范化司法所”创建活动，将规范司法所工作常态化。湾滩河、谷脚、醒狮3个司法所已顺利通过省级规范化司法所创建考核验收并授牌。

【司法宣传教育】着力提高司法工作知晓率，多家媒体对龙里县司法行政工作进行多次正面宣传报道，被《法制生活报》《黔南日报》和新华网、当代先锋网、贵州省司法行政网、黔南州人民政府网、黔南州司法行政网站、龙里县人民政府网等报刊和网络媒体采用稿件188篇。其中，中央级网络采用3篇，省级网络采用30篇，州级报刊采用3篇、州级网络采用56篇，县级网站采用96篇。

（县司法局）

人民武装

【概况】2015年，龙里县人民武装系统围绕强军目标，突出“听党指挥、履行使命、整风整改、安全稳定”四项重点抓工作落实。思想政治建设方面，重点抓“学习践行强军目标、做新一代革命军人”主题教育、“三严三实”专题教育和党委中心组理论学习，同时开展班子和干部队伍建设“三清理三整治”活动。军事工作方面，瞄准强军目标，以提高“应急应战”能力为突破口，从严格战备工作、狠抓军事训练、完成国防潜力调查及民兵整组、推进民兵“四新”建设、完成年度征兵工作任务五个方面入手，确保战斗力稳步提升。后勤保障方面，严格规范装备日常管理，持续开展武器弹药和燃爆物品清理排查工作，实现“四无、三熟悉、四会”目标，全年组织多次实弹射击均无安全事故。

【思想政治建设】重点抓“学习践行强军目标、做新一代革命军人”主题教育、“三严三实”专题教育和党委中心组理论学习，组织生活会、专题民主生活会围绕“四个说清楚”“五个方面问题”进行对照检查、批评帮助，党委存在的5条和班子成员存在的21条问题全部列入整改意见，限期整改落实97%。落实全军政工会议精神，狠抓党委班子和干部队伍建设，开展“三清理三整治”活动。按照“迅速、全面、彻底”要求，肃清徐才厚、郭伯雄案件恶劣影响，持续开展信息清理清查，上交封存书籍、文电资料32份。

【军事训练】首长机关训练突出手枪射击、标图、公文写作等业务技能教习，完成57天400小时。民兵训练突出基础动作、专业技能、应急应战能力三个方面，完成3期60天，230名基干民兵综合成绩合格率为96%以上，其中10名评为优秀学员，3个单位表彰为训练先进单位。专武部长集训完成两期，学习政策法规，强化军事技能，交流工作经验，有效提高军事素养和依法开展国防后备力量建设的能力。

【民兵整组】民兵整组工作以应急应战任务为牵引，以军民融合式发展为途径，以增强基于信息系统的体系作战能力为目标，筑牢民兵组织建设基础。开展民兵组织管理工作软件业务培训，完成300余项国防潜力数据统计、核查，配合县民政局对全县参战和历年来复退军人建立了台账。完成2015年退伍军人登记和编入预备役，编组调整应急、支援、储备3支队伍共18个专业800名基干民兵。

【民兵“四新”建设】按照“深化改革、优化编组、细化任务、强化落实”的思路，围绕“新兴领域、新质力量、新的手段和新的训管模式”，调整编组结构，探索“建、编、训、用”的路子，提升民兵队伍整体水平。把民兵队伍建设纳入全县应急力量建设体系，打造一支“建在身边、抓在手中、用在关键”的应急救援力量，构建点线结合、网状分布的基干民兵布局，侧重建好“三个一线、五类队伍”，即沿主要交通一线，重点编组交通运输、油料保障、保交护路分队；沿水网、电网、油网、气网等城镇“命脉”一线，重点编组管道抢修、电力抢修、设施维护分队；沿雷区地带、森林防火带、洪涝多发带等灾害频发一线，重点编组高炮、森林灭火、抗洪抢险分队。重点在谷脚镇组建防空分队和防生化救援分队，在龙山镇、洗马镇分别组建2支矿难救援分队和汽车运输分队，在湾滩河镇组建农作物供应保障分队，在冠山街道、龙山镇分别组建2支工程抢修分队、2支抗洪抢险分队和2支灭火救援分队，在双龙物流公司组建交通运输分队和物资储备分队。

【应急演练】采取点验和拉练的方式，对民兵预备役人员所编单位整组工作进行全面普查验收，以准确掌握人员在位和流动情况，锤炼检验部队快速反应和机动能力。共完成上级组织的首长机关带分队拉练点验2次，接受上级点验2次，本级组织拉练3次。依据《龙里县重大突发事件总体应急预案》，修订完善龙里县民兵行动方案计划，参加省、州、县三级联合应急指挥演练，进一步衔接配套方案、顺畅指挥关系，提升民兵队伍应急应战能力。全年共完成森林灭火、洪涝救灾、除冰扫雪、应急执勤、维稳处突等急难险重任务10余次。

【征兵工作】立足“早安排部署、早宣传发动、早预征登记、早体检政审、早集结集训”，5月全面展开征兵工作。顺利完成征集任务并达到各项质量指标要求。

【安全稳定工作】每月召开一次安全管理形势分析会，定期开展安全教育，适时组织安全隐患治理排查，重点加强人员、网络、文电管理，枪弹、车辆的动态掌控和武器仓库等重要目标的安全警戒工作。结合“条令学习月”活动，严格作风养成，坚持一日生活管理制度落实，强化正规化，促进科学化。突出节假日和“八小时以外”人员管理，建立与县应急、信访、公安等部门信息互通机制，与城区“110”巡逻指挥系统实现同步联通，协助做好涉军信访和应急维稳工作。全年未发生事故案件，被军分区评为“安全稳定先进单位”。

（崔勇峰）

武警部队

【概况】龙里武警中队隶属于贵州省总队黔南州支队，主要承担龙里县看守所的外围武装警戒任务。2015年，中队有40人。严格经费管理，落实双主官联签，确保经费落到实处；搞好伙食保障，落实伙食管理五项制度；发展农副产业生产，因地制宜种植黄瓜、辣椒等13个品种蔬菜，养殖猪5头、鱼1000余尾，进一步丰富中队官兵生活营养；完成后勤规范化试点任务，共接待基层主官司务长70余人次参观。

（孔令波）

双拥工作

【概况】制定《龙里县贯彻落实关于进一步做好复员退伍军人困难帮扶工作的十条意见实施方案》，组织26名退伍人员进行技能培训，并给予培训补助5.2万元。对135名优抚人员进行医疗救助，发放救助资金17.5万元；对8名复员退伍军人创业帮扶，发放贴息资金2.83万元。开展困难优抚对象危房改造，共改造36户房屋，发放改造维修资金35.5万元；制作“龙里县复员退伍军人免费乘坐县内公交车免费游览县内公益性公园、博物馆证”，并为2168名复退军人办证2168本。2015年，共有退役士兵57人，其中安置5人，对52名自主就业和自谋职业退役士兵发放一次性经济补助金77.76万元。

【复退军人安抚】开展龙里县复员退伍军人基本信息调查统计工作，统计复员退伍军人4261人，发放“光荣之家”牌4261块。发放各类优抚资金，共计发放重点优抚对象抚恤补助金

276.53 万元，“三属”补助金 9.86 万元，参战人员定期补助 120.21 万元；在乡老复员军人补助 53.96 万元，带病回乡军人补助 14.56 万元，伤残军人全年补助 77.94 万元，优待奖励金 87.99 万元。开展复员退伍军人重走军营活动，于 7 月 9 日开展活动，活动的内容有复员退伍老兵创业事迹宣讲、龙架山森林公园徒步训练、唱军歌比赛、“复员退伍军人宣誓”、龙里革命烈士陵园敬献花圈、到中铁生态城、双龙小镇、瓮安猴场会议会址参观学习等，参加活动的退伍军人有 60 余名。开展公祭日及慰问活动，党政军领导、社会各界人士共 200 余人参加公祭，州长向红琼及县长陈曦等对解保田、张富国 2 名抗战老兵进行慰问，慰问金共 1 万元，并发放抗战胜利 70 周年纪念勋章。

【拥政爱民】县人民武装部以参建参治为重点，参与地方抢险救灾、应急维稳、精准扶贫和植树造林。先后 10 余次组织干部职工和应急分队投身“绿色龙里建设三年行动计划”，在城区和龙山镇中坝村植树 500 余亩近 3 万株。军分区及县人武部投入 20 万元帮助湾滩河镇改善卫生条件。协调省委统战部投入 700 余万元，将“拍翼网”引入全县 80 余所学校，优化教育资源，提高教育质量。投入节日慰问军烈属、困难群众 10 万余元，受益 30 余户。在“两节”、两会及中共十八届五中全会等重要时间节点，先后投入 300 余人次执行治安巡逻、安保执勤任务。

【“双拥”模范县创建】开展省级“双拥”模范城（县）创建，3 月 24 日省军区秘群处处长、省双拥办副主任、民政厅优抚安置局副局长潘科带领省“双拥”工作考评验收组对龙里县创建全省第八次“双拥”模范县进行评估验收，7 月，中共贵州省委、贵州省人民政府、贵州省军区将龙里县评为“‘双拥’模范县”。

（县民政局）

经　济

JING　JI

经济综合管理

发展和改革

【概况】2015年，龙里县在全省31个经济强县增比进位综合考评中位列第六位，全州第一位。地区生产总值增速、金融机构人民币各项存款余额增速居全省第一位；金融机构人民币各项贷款余额、农村常住居民人均可支配收入、旅游总收入、城镇常住居民人均可支配收入、固定资产投资、社会消费品零售总额等增速均居全省前八位。全县地区生产总值完成71.49亿元。其中，第一产业增加值8.61亿元、增长6.3%；第二产业增加值44.87亿元、增长14.7%；第三产业增加值18.01亿元、增长18.7%。三次产业结构占比为12.04∶62.77∶25.19。完成固定资产投资136.05亿元、增长25.3%；社会消费品零售总额14.49亿元、增长12.2%；一般公共预算收入完成8.25亿元、增长23.07%；农村、城镇常住居民人均可支配收入分别达到8392元和24177元，增长11.7%和10.6%。

【项目审批】全年，共审查项目131个，总投资168.43亿元。其中，审批制项目68个，总投资96.13亿元；备案制项目62个，总投资71.86亿元；核准制项目1个，总投资4336万元。备案项目中，房开项目20个，总投资37.8亿元；工业项目24个，总投资19.75亿元；服务业项目10个，总投资7.04亿元；物流项目8个，总投资7.27亿元。审批制项目主要以教育、卫生、城市基础设施建设项目为主。完成项目节能审查87件。2015年，获批准的重大项目有：贵州国际旅游体育休闲度假中心悦龙城80组团，位于谷脚镇谷远村，建筑面积约4.3万平方米，总投资1.04亿元；贵州国际旅游体育休闲度假中心白晶谷17-2组团，位于谷脚镇谷远村，建筑面积约5.9万平方米，总投资1.8亿元；碧桂园·天麓1号建设项目，位于谷脚镇中铁生态城，规划用地面积152.7亩，建筑面积6.73万平方米，总投资4.8亿元；龙里县苗都国际大酒店，位于冠山街道荷花井，规划用地面积4619平方米，建筑面积3.75万平方米，总投资2.62亿元；贯城外滩商住楼，位于冠山街道体育路，建筑面积12.97万平方米，总投资3.9亿元；光明大厦，位于冠山街道张家湾，建筑面积9241平方米，总投资1500万元；创力商业广场，位于冠山街道张家湾，规划用地面积33亩，建设汽车4S精品店、二手机交易市场、车辆维修中心及事故车辆理赔中心，总投资3.5亿元；贵州一均物流园，位于谷脚镇哨堡村，建筑面积10.6万平方米，总投资2.5亿元；防水卷材、土工布生产线，位于谷脚镇三宝村关口寨，年产SBS防水卷材约600万卷、年产土工布材料约6000吨，总投资2000万元；龙里县下洞加油站，位于播箕桥下洞，建筑面积4000平方米，建设油罐4个，总库容量120立方，设6台加油机，总投资1500万元；贵龙大道纵线加油一站，位于谷脚镇王关，建筑面积3300平方米，建设油罐6个，设6台加油机，年销售成品油约5000吨，总投资1500万元。

【项目建设】2015年，龙里县获得“中国最美健康养生旅游名县”“国家标准康养示范区”“全国电子商务进农村综合示范县”“国家现代农业示范区”等国字号名片，为争取上级支持创造有利条件。全县共获得中央及省预算内投资项目32个，总投资8.63亿元，获得上级补助资金1.65亿元；获得专项建设基金支持项目15个，总投资64.73亿元，其中专项建设基金4.85亿元。通过“重点项目百日会战”“重要工作专项督查”“重大项目集中开工”等系列活动，突出抓好重大工程和重点项目建设。承办全省第二次项目观摩会，全县90个重点建设项目完成投资125亿元。其中，省州重大工程和重点项目32个，完成投资108.01亿元，占年度计划107.61%；2014年，小型农田水利建设、龙里县万钧包装建设项目、龙里上坝（分散式）风电场、龙里县贾拓山风电等40个项目基本建成投运。

【民生工程】“十大民生工程”共10项、49个项目，计划总投资6.65亿元，累计到位资金5.75亿元，累计完成投资4.8亿元，占计划总投资的72.22%，占累计到位资金的83.46%。“十件民生实事”共14项、19个项目，计划总投资4.03亿元，累计到位资金3.79亿元，累计完成投资3.56亿元，占计划总投资的88.35%，占累计到位资金的94.08%。“民生实事”共9件，涉及项目共26个，除“县游泳馆、龙里北站至高新技术产业园区道路、龙羊立交桥三期建设”3个项目外，其余23个项目年度计划总投资4.61亿元，累计完成投资3.56亿元，占年度计划总投资的77.21%。

【固定资产投资】50万元以上统计口径固定资产投资完成136.05亿元、排全州第4位，增速完成25.37%、排全州第二位；500万元以上统计口径固定资产投资完成95.32亿元、排全州第4位，增速完成25.1%、排全州第二位；产业投资占固定资产投资比重为57.2%。

【节能工作】全面履行节能审查职责职能，对新建、改建和扩建项目实施节能评估与审查，把好项目能耗关。龙里县教育局、龙里中学、龙里县机关事务管理局3家单位获得“全国节约型公共机构示范单位”授牌；全县“十二五”期间的节能目标和“万家企业”节能目标通过州级考核。

【粮食工作】完成稻谷3000吨、大米200吨、菜油200吨县级储备及到期轮换工作；做好2万吨代省储备粮小麦首期入库工作；完成粮油储备库山体滑坡治理工作；安装粮情监测、环流熏蒸、通风等设备；做好军粮供应，保证部队需求。

【物价工作】抓好省、州放开、下放价格管理权限工作，增强价格管理公共服务意识，着力解决涉及民生的突出价费问题，建立农产品平价商品2个、超市平价区1个。推进公立医疗机构改革，调整医疗服务项目343项，调增315项，调减28项。发挥价格举报电话“12358”平台功能，快速打击、调解价费纠纷19件，来人来访3件，协调退款1400余元；价格认证工作共受理各类价格鉴证案件114件，鉴定金额150余万元。

【公务用车改革】 完成节支率初步测算为7.43%，符合州车改办对各县市节支率低于7%的要求；完成《龙里县机关公务用车制度改革实施方案》编制，并通过县政府常务会和县委常委会议审议；完成参改单位、人员、车辆核查工作。经初步核实：龙里县参改单位共72家，参改人员1335人，参改车辆432辆；初步完成取消公务用车封存停驶工作，封存停驶公车181辆。

（县发改局）

招商引资

【概况】 龙里县投资促进局为县人民政府直属的正科级事业单位，内设办公室、投资服务科、招商引资科3个科室，下设1个副科级机构龙里县招商引资项目代办服务中心。核定人员编制共28名，其中，参公事业编制20人（含工勤人员2名），事业编制8人，在职实有人员23人，其中，局长1人，副局长2人，纪检组长1人，主任1人，干部职工18人。2015年，加大招商引资力度，以实施工业化、城镇化带动战略为重点，以临空经济区建设为契机，围绕新医药与大健康产业、高新技术及新材料产业、商贸物流与现代服务业、现代生态农业、旅游业五大产业，不断创新招商手段、完善招商机制，着力提升对外开放水平。全县招商引资在建项目182项，合同引资额574.6亿元，累计到位资金178.37亿元，完成州下达任务数的101%，比上年同期增长37.84%。在全省31个经济强县综合测评排位中，龙里县排名第25位，与上年第26位相比上升1位；在全州业务指标排名第二位，与上年持平。

【外资企业服务与管理】 按照政治素质高、经济工作熟、协调能力强、工作作风硬的标准，从副科级以上干部、后备干部及优秀年轻干部中选拔出“特派员”常驻企业和项目开展服务，派驻期间与原单位工作脱钩，全力帮助企业做好协调工作。共受理98家企业申请代办，代办事项199件，办结199件，办结率100%，包括为贵州龙里维乐物流园有限公司、贵州鸿通现代农业装备有限公司、贵州祥瑞快运服务有限公司等企业全程办理工商营业执照、机构代码证、刻章、税务登记证、发改立项等手续，大大提高项目审批效率，年度内共有25个项目顺利实现投产。

【招商引资项目库建设】 围绕新医药大健康、现代物流、高新技术与新型材料、农业观光旅游、养生养老等产业，充实和完善招商项目库储备，共完成招商引资项目编制48个，其中精包装项目12个，同时制作完善通用版、旅游版、农业版、医药版、商贸物流版招商宣传PPT。

【招商引资项目】 全年，全县新引进项目108个，总投资额213亿元。其中，一产类项目9个，二产类项目58个，三产类项目41个。主要的招商引资项目有机械加工及汽车零配件经济创新发展园项目（3.5亿元）、贵州现代设施农业、农机电商产业园建设项目（1.2亿元）、创力商业广场项目（3.5亿元）、贵州卡布国际婴童用品产业园项目（8.3亿元）、龙里西苑锦润酒店项目（1.7亿元）、龙行神州旅游服务综合体项目（3.0亿元）、新建GMP综合车间及配套技改项目（0.5亿元）、茶叶种植基地及加工厂建设项目（0.5亿元）、贵州物流配送中心建设项目（0.15亿元）、百江西南LPG生产仓储配送中心建设项目（0.6 亿元）、龙里县湾滩河生态农业示范园建设（0.48 亿元）、花卉苗木基地建设项目（0.5 亿元）、液化石油气、甲醚储备站建设项目（0.22 亿元）、高效环保聚羧酸系列减水剂项目（0.1 亿元）、液化石油气、甲醚储备站建设项目（0.2 亿元）、1.5 万吨食用酒精仓储物流建设项目（0.14 亿元）、年产 2400 吨生活用纸生产线建设项目（0.32 亿元）、龙里食用菌基地建设项目（0.3 亿元）、中药材 GMP 示范种植基地及加工项目（0.35 亿元）。另外，引进龙里投资 500 强企业有万科房地产有限公司（10.5 亿元）、深圳碧桂园房地产开发有限公司（4.8 亿元）。

在谈项目共 60 个，计划投资总额超过 200 亿元，其中一产类项目 10 个，二产类项目 25 个，三产类项目 25 个。其中，投资超过 10 亿元的重点洽谈项目有普洛斯贵州现代物流园项目、华润雪花啤酒生产项目异地搬迁扩能建设项目、深国际·贵州综合物流港项目、西南医谷项目、跨境电商孵化大学生产业园项目、高分子材料项目等。

【对外招商活动】 到北京、上海、广州等地开展招商活动 40 余次，参加由省、州组织的 2015 年北京大健康医药产业招商推介会、2015 年黔南州（北京）大健康医药产业招商推介会、2015 年中国（贵州）—韩国友好周活动、2015 年贵阳国际大数据产业博览会暨全球大数据时代贵阳峰会、2015 年黔韩交流合作活动周、中国海外青年贵州创新创业发展大会、渝洽会、全省现代农业示范园区招商引资工作及项目签约活动、中央企业助推贵州经济发展座谈会暨签约仪式、宁波开展面向外贸企业专题招商活动、第五届酒博会等推介活动 10 次。访问华润集团、普洛斯（中国）、阿里巴巴、顺丰速运、腾讯集团等国内知名企业。同时，在派出珠江三角洲地区、成渝经济区驻外招商小分队的同时，组建新医药产业、高新技术产业、商贸服务与现代物流产业、高效生态农业、文化旅游产业、医疗养生与大健康产业 7 个产业招商工作组，进一步优化驻外招商工作组，调动各级领导干部抓招商工作的主动性和积极性，推进形成全县招商、全民招商的局面。

（县投资促进局）

统计工作

【概况】 2015 年，龙里县统计局及其所辖事业机构在册在编 30 人。在抓好常规统计工作基础上，不断加强统计调查、监测、分析和开发统计优质产品工作，为各级政府进行宏观决策和社会各界了解统计信息提供统计服务，进一步提升参谋助手作用。加强增比进位测评指标监测分析，对出现异常和问题的指标进行预警分析，确保各项指标数据符合实际和发展趋势。2015 年，龙里县经济发展综合测评得分 81.25 分，位列全省 31 个经济强县第 6 位，较上年上升 7 位，取得历年来的最好成绩。地区生产总值增速、工业增加值增速等 27 项指标进入全州前三位，其中 17 项指标位列全州第一位。

【同步小康创建统计监测】 建立小康指标统计监测制度，做好统计数据监测、指导和服务。对小康创建相关指标实施动态监测，做到每月有报表、每季度有分析，及时解决存在的问题。积极申报“贵州省同步小康创建达标县”，在实地验收测评中得分 99.3 分，在是年全省 14 个申报达标县中排名第一位；人民群众认可度综合得分 93.68 分，在是年全省 14 个申报达标县中排名第二位。9 月 28 日，龙里县被省全面小康建设领导小组认定为 2014 年度同步小康创建达标县。

【统计分析】加强统计产品开发和信息服务，收集整理上报各月主要经济指标并编辑成《龙里经济要情》印发；完成2014年度统计公报撰写和发布工作，编纂印发《2015年龙里县领导干部手册》（相当于《龙里县统计年鉴》）；收集2015年行政村（居）区域调整优化资料，及时编发简报反馈统计工作动态，先后编发统计工作简报44期，采写上报统计分析报告31篇。

【重点企业纳规入统】加大重点企业纳规入统工作力度，通过反复摸底核查、沟通协调，全县规模以上工业企业、资质以上建筑和房地产企业、限额以上批零住餐企业和规模以上重点服务业企业等“四上”企业认定、核实、申报、入库工作成效明显。全年“四上”企业共214家，其中：规模以上工业企业113家，资质以上建筑和房地产企业34家，限额以上批零住餐企业40家，规模以上重点服务业企业27家。

【统计“四大工程”】国家统计局2012年明确以基本单位名录库建设、一套表调查制度、一套表联网直报系统、一套表数据采集处理平台为统计“四大工程”建设的总体要求，龙里县按照“四大工程”部署，不定期对联网直报企业统计人员进行业务培训和指导，按季度及时更新基本单位名录库，共有法人单位2067家，产业活动单位636家。

【固定资产统计制度改革】根据国家、省固定资产投资统计制度方法改革试点要求，成立改革试点工作领导小组，组织开展固定资产投资统计制度方法改革试点工作，具体由县统计局负责联网直报基层试点数据的催报、审核、验收工作。1月15日，举行全县固定资产投资统计制度改革试点工作培训会；3月，开始组织调查单位上报试点数据，联网直报调查单位通过国家统计联网直报门户采集试点数据，按要求完成相关数据的网络直报工作。

【常规统计和抽样调查】贯彻执行2014年统计年报和2015年定期报表统计制度，完成农业、工业、能源、科技、劳动工资、固定资产投资、贸易经济、服务业、城乡住户家庭收支调查等专业基础数据的收集、整理、审核、上报等工作。加强数据质量审核，确保各项经济指标符合总体发展趋势。抓好抽样调查工作，先后参与完成了2015年文化产业统计暨以县为单位开展全面建设小康社会文化产业统计监测工作，2014年非公企业人才资源统计调查工作、1%人口抽样调查、规模以下工业、规模以下服务业、小微企业抽样调查等工作。

【城乡一体化调查】通过城乡一体化调查，城镇居民人均可支配现金收入为24155元（全州排第3名），同比增长10.5%（全州排第2名）；农村居民人均可支配收入8354元（全州排第2名），同比增长11.2%（全州排第2名）。

【人口1%抽样调查】按照国家、省、州普查方案要求，先后完成样本村摸底调查、小区图绘制、调查员和指导员培训、入户登记、数据质量抽查及数据审核等工作，共涉及16个调查小区4571人的调查登记。通过开展1%人口抽样调查，准确反映了2010年以来龙里县人口在数量、素质、结构、分布和居住环境、人口城镇化进程等方面的变化情况，为制定国民经济和社会发展规划提供了科学准确的统计信息支持。

【统计培训】采取“请进来”“沉下去”等方式加强对专业统计人员、基层统计人员和辅助调查员业务知识技能培训。先后邀请省统计局领导到龙里县开展固定资产投资统计数据联网直报和“双轨制”业务培训1次，以会代训10余场次，深入调查点实地培训40余场次，共培训各行业、各专业统计人员950余人次。通过培训，使企事业单位统计人员进一步掌握统计报表的填报方法、上报时间和国家“一套表”具体的操作流程，统计知识领域得到拓宽，依法统计能力逐步提高，为提升统计数据质量奠定良好基础。同时，加强统计从业资格及继续教育工作，开展统计从业资格及继续教育网上报名、审核及考务等工作，全年承办统计从业资格认定 36 件，统计从业资格年审 50 件。

【统计执法】 按照联网直报企业建立“一企一档”要求，从及时性、准确性和完整性方面对“四上”企业数据质量进行抽查，重点领域企业基本上能够按时提供真实、完整的统计资料，统计人员能够按有关规定取得统计从业资格，能够依法设置和保存统计原始记录和统计台账。对发现部分企业报表填报不规范、签字盖章不全等问题，及时给予批评教育；对不如实填报统计数据的统计违法行为进行查处。编制完善县政府统计部门行政权力和行政责任清单 15 项，其中行政处罚 9 项、行政确认 1 项、行政检查 2 项、行政强制 1 项、行政奖励 1 项、其他权力 1 项，并严格执行权利和履行责任。

（县统计局）

审计工作

【概况】 2015 年，龙里县审计局共有在职干部职工 36 人，其中本科学历 21 人，大专学历 14 人，中专学历 1 人；高级职称 1 人，中级职称 4 人，初级职称 7 人。局机关内设办公室（政策法规科）、纪检监察室、财政金融审计科、经贸基建审计科，下属 8 个事业单位：经济责任审计所、固定资产投资服务中心、冠山分局、龙山分局、谷脚分局、醒狮分局、洗马分局、湾滩河分局，有在编事业人员 24 人。全年，共完成审计项目 182 个。其中，领导干部经济责任审计项目 4 个，专项资金审计项目 10 个，本级预算执行审计及延伸审计项目 5 个，投资审计项目 160 个，稳增长促改革调结构惠民生政策措施落实情况跟踪审计 1 个，城镇保障性安居工程跟踪审计项目 1 个，专项审计调查项目 1 个。查出主要问题金额 2.6 亿元，其中违规金额 878 万元，管理不规范金额 2.51 亿元，应上缴财政 419 万元（已上缴），应调账处理 95 万元（已调处）；非金额计量问题 5 个。提出审计建议 62 条。审计处理中，应减少财政拨款或补贴 1.62 亿元（已减少）；出具审计移送处理书 3 份，移送事项 3 项，移送处理人员 1 人，涉及金额 52.7 万元；向县委、县政府提交专题审计报告 118 个，均被批示和采用；发出审计信息 99 篇，其中国家审计署、中国审计报采用 3 篇，省人民政府采用 3 篇，省审计厅采用 19 篇，州人民政府采用 2 篇，州审计局采用 34 篇，县人民政府采用 21 篇，向社会公告审计结果 1 篇。年内工作获全州审计系统绩效目标考核第一名。

【预算执行情况审计】 重点对预算资金的分配使用进行全面审查，对扶贫专项资金进行审计调查；在对地税局税收征收管理审计中，重点对纳税企业进行延伸调查，检查税收征收管理是否存在“跑、冒、滴、漏”，防止国家税收流失；对县财政局、县文旅局、县国土局执行“约法三章”情况进行调查；对县城乡规划局、县水利水电工程移民局、县林业局等 8 个部门和湾滩河镇人民政府的“三公经费”情况进行调查。共发现问题资金 1368.45 万元，并将审计结果通过县人民政府网站及时向社会公告。

【专项资金审计】 完成专项资金审计项目 10 个，审计发现的主要问题有苗木存活率低、管护不力及未达到预期经济效益和社会效益等，针对存在的问题提出审计建议 6 条。

【固定资产投资审计】 完成工程预算审计和建设工程竣工决（结）算审计项目 160 个［其中

预算审核71个、决（结）算审计87个，跟踪审计2个]，送审金额15.59亿元，审定金额13.97亿元，为国家节约资金1.62亿元。完成重点项目施工合同审查32个，提出审计意见和建议43条，规范合同签订，避免合同签订后造成政府投资损失浪费。

【经济责任审计】 围绕加强对权力的制约，开展了4位领导干部的任期经济责任审计。共发现问题资金1175.21万元。发出移送处理书1份，移送处理事项1项，移送1人，涉及金额33万元。

【其他事项审计】 组织实施国家审计署、贵州省审计厅统一安排的项目2个：稳增长促改革调结构惠民生政策、防风险政策措施落实情况跟踪审计、城镇保障性安居工程跟踪审计。

【审计质量管理】 全面贯彻落实国家审计署《审计机关审计项目质量控制办法》，完善《龙里县审计局审计复合程序和内容实施办法》《龙里县审计局优秀审计项目评选办法》《龙里县审计局审计执法责任追究制度》，进一步加强审计项目管理，提高项目审计质量。年内实施的1个审计项目获得全州“优秀审计项目”表彰，1个审计项目获得全州“表彰审计项目”荣誉。

（县审计局）

市场监督管理

【商事登记制度改革】 2015年5月12日，龙里县正式启动“三证一章”登记制度改革试点，在全县全面实行工商营业执照、组织机构代码证、税务登记证和公章备案“三证一章”登记制度改革。5月13日，颁发首张“三证一章”营业执照，采用“一照三号”登记模式，共办理“一照三号”企业营业执照186户。10月1日，正式实施“三证合一、一照一码”登记制度改革，共办理“一照一码”企业营业执照182户。

【餐饮服务示范创建】 以厉家庄片区餐饮服务单位示范创建与四在农家、文明餐桌行动等活动相结合，打造餐饮服务示范一条街、示范店活动。全县有7家餐饮单位获B级单位称号，厉家庄美食一条街获“省级餐饮服务食品安全示范街”称号。

【应急演练】 11月25日，组织县卫计局、县人民医院、县疾控中心、冠山街道社区卫生服务中心等开展2015年突发食品安全事故应急演练活动。通过演练，提高应对突发食品安全事故的技能。

【特种设备安全监管】 利用贵州省特种设备监督管理平台对特种设备安全监察工作进行指导，全年共接收特种设备安装改造告知197台次，办理特种设备使用登记171台次，将设备信息及时录入特种设备安全监管平台，保证特种设备基本信息的全面、完整和有效，对特种设备实行动态监管。以公园、危险化学品生产企业、车站、商场、住宅小区等领域为重点，开展电梯、游乐设施、气瓶等特种设备专项检查，检查特种设备使用单位191家次、特种设备636台次，排查安全事故隐患64条，督促使用单位对存在的隐患进行整改，隐患整改率为100%。严格特种设备安全生产执法，查办特种设备未经检验使用、未按规定办理使用登记等特种设备违法行为7起，有效惩治特种设备违法违规行为，进一步规范特种设备的使用行为，全年全县特种设备安全运行。

【食品安全监管】 加强隐患排查：共部署各类食品安全专项行动20余次，出动执法人员2163人次，执法车辆705台次，检查食品生产经营户3505户次。针对存在问题的单位，下达责令改正通知书20份；取缔1户面食加工黑窝点、捣毁1个米酒加工黑窝点；立案查处食品案件25件，罚没款12.42万元。重大活动食品安全保障：对24次重大活动开展保障食品安全行动，确保约1.9万人次活动代表的就餐安全，圆满完成特殊监督任务。家庭自办宴席食品安全：共有270家申请家庭自办宴席，其中备案登记266家，备案率99%，指导266家，指导率100%，确保家庭自办宴席活动食品安全。加强监督抽检：共抽检食品162批次，开展快速检测约500余批次，存在13批次不合格样品，对检出不合格样品的食品生产经营单位，依法开展后处理工作。食品安全综合协调：县食安办共组织成员单位召开食品安全联席会议4次，开展食品安全专项联合执法行动4次，开展食品安全集中宣传1次。

【药品医疗器械监管】全年共检查经营企业161家次、使用单位163户次、生产企业45家次，查处药品经营违法案件1件，查封劣质药品18批次，货值金额729.7元，罚没金额1459.4元。查处不合格医疗器械案件3件（其中，2件结案），罚款4万元，没收超过有效期5毫升带针头注射器1367支，过期医疗器械10个品种规格，扣押过体外诊断试剂23个品种规格，货值金额1.47万元（正在处理中）。进一步加强药品的购进、运输、储存、销售等环节监管，确保药械质量安全，先后12次开展各类专项整治，共出动执法车辆173台次、执法人员791人次，检查药械生产企业45家次、经营企业231家次、使用单位245户次，下达责令整改通知书1份，检查过程中未发现有严重违法行为。全年共上报药品不良反应1846例，医疗器械不良反应145例。对辖区内药品生产经营企业实行动态监管，确保注册入网率100%。

【商标监管】引导农副产品及各类商品的商标注册，为企业、社会团体及自然人查询商标33件；指导、帮扶云栖谷双龙镇及图商标等14件商标获得国家工商总局商标局的《注册申请受理通知书》；指导帮扶园干、洗马新寨等68件商标获得国家工商总局商标局的“商标注册证”。培育推荐贵州恒力源林业科技有限公司“力人”、贵州长泰源节能建材有限公司“长泰源”2个商标获得2015年度贵州省著名商标。查处假冒商标案3件，罚款0.8万元。没收并销毁103瓶100毫升假冒“郎”酒。扣押侵权商品“立白”洗洁精224桶、洗衣皂288块，金质“习”酒11瓶、银质“习”酒4瓶，侵权商品案值6891元。

【广告监管】对药品、保健品、医疗、房地产等广告进行专项整治，监管各类广告373条，查处虚假广告宣传案件1件，罚款0.5万元；开展对县城、龙山、湾滩河等政府所在地户外广告的全面治理，检查户外广告166条，规范门牌字号6个，下达整改通知书5份，查处、拆除户外广告招牌129块幅，拆除面积达6076平方米，拆除横幅标语、商业促销、建筑安装、医疗等粘贴式印刷品小广告1033条，有效规范了户外广告秩序。

【合同帮扶工程】共办理合同格式条款备案140件，其中《建筑工程施工合同》备案102件、《建筑工程监理合同》备案5件、《建筑工程招标代理合同》3件；为备案的30户《商品房买卖合同》送达10份《修改建议书》；共办理动产抵押登记、动产抵押变更登记、动产抵押注销登记13件，涉及金额3530万元，其中《动产抵押登记》8件、抵押金额2825万元，《动产抵押变更登记》3件、变更金额535万元，《动产抵押注销登记》2件、注销金额170万元。

【打击传销】累计开展防止传销宣传活动4次，发放宣传资料2000余份；通过建设冠山街道中兴嘉园居民小区、西南药都小区、谷脚镇大坡村3个“无传销社区”，促进打击传销的基层防控和社会共治，使传销组织无立足、藏身、滋生之地；多部门联动，出动执法人员 59 人次，执法车辆 16 台次，摸查重点区域 21 个次，张贴宣传标语 10 条、打击传销宣传画 6 幅，发放宣传资料 300 份，走访检查居民小区 6 个次，发现疑似网络传销行为 2 起，经调查核实不存在传销违法行为。

【助力企业发展】深入企业 100 余次，开展企业帮扶 60 家，协助永蓝防水卷材、华波日化、三山研磨等 8 家公司申办工业产品生产许可证。指导骄子纸业、贝奇乐卫生用品等 10 家重点消费品生产企业完善产品质量管控制度，有效预防产品质量安全事故的发生。指导黔宝食品、新曙光电缆、恒力源木业等 20 家公司名牌产品申报，获贵州省名牌产品 1 件（黔康牌刺梨干）、国家地理标志保护产品 1 件（龙里刺梨干）。

【产品质量监管】完成赣丰农机、蓝图防水卷材、恒力源木业等 10 家公司工业产品生产许可证年度审查；完成全县建材、重点消费品、家具、机电等、15 类 110 家工业产品生产企业 140 个样品监督抽检，其中 135 个样品检验合格，5 个样品检验不合格，合格率达到 96.4%，较上一年度提高 1.2 个百分点；完成县内 120 家重点工业产品生产企业产品质量监督管理，全年未发生区域性系统性产品质量安全事故。

按照州政府质量工作考核方案要求，组织全县各部门开展质量兴县工作，达成年初质量考核目标任务，质量兴县工作得到考核组肯定，考核获一等奖。

【计量监督】完成县内万通机动车检测、黔宏工程质量检测、疾控中心等 6 家实验室监督管理，确保检测机构对外出具的检测报告合法有效，维护一方安全；完成县内 8 个加油站、10 家超市、6 家眼镜店、7 家医疗机构、2 个集贸市场计量监督管理，共检测加油机、配镜仪器、医用检测仪器、民用三表、出租车计价器、电子计价秤等 20 类 1 万余台计量器具的监督检查，确保量值传递准确，有效维护良好的计量秩序。完成县内 43 家自愿性认证、强制性产品认证、有机产品认证企业帮扶与监督，开展帮扶与监督检查 60 次，有效保证企业生产条件持续满足认证要求。

【完善更新质量云数据】指导黔晨化工、泰龙建材等企业制定企业标准 3 份，完成 20 家企业产品执行网上声明公示，完善更新贵州省质量云监管平台企业数据 88 家，龙里县质量云数据得到进一步完善。

【行政执法】全年立案 73 件，结案 69 件，案件办结率 94.5%，罚没款 53.64 万元（执行 51.64 万元）。其中，不正当竞争（虚假宣传）案件 3 件，罚款 3.1 万元；食品案件 31 件，罚款 14.14 万元（执行 12.14 万元）；捣毁米酒制造黑窝点 1 个；药品医疗器械案件 4 件，罚款 7.15 万元；产品质量案件 9 件，罚款 4.58 万元；商标案件 3 件，罚款 0.8 万元，收缴侵权商品习酒 15 瓶、小郎酒 31 瓶、立白洗衣皂（规格 232 克/块）216 块、立白洗洁精（规格 1.5 千克/桶）205 桶；广告案件 1 件，罚款 0.5 万元；合同案件 1 件，罚款 0.7 万元；农资案件 2 件，罚款 0.3 万元；无照经营案件 5 件，罚款 1.97 万元；特种设备案件 7 件，罚款 20 万元；计量器具案件 2 件，罚款 0.4 万元；黑网吧案件 2 件，没收电脑设备 26 台套。

【消费维权】加强“12315”行政执法体系“四个平台”建设，确保“12315”诉求渠道畅通。全年成功调解消费纠纷 56 件，其中受理调解 2 件黔南州“12345”民心热线转办案件。累计涉案金额为 44.43 万元，为消费者挽回经济损失 30.84 万元。

【行政审批服务】全年行政许可办件量达 4591 件次，接受各类咨询服务 1.6 万余次。其中，企业许可 1633 件次，微型企业 200 户，个体许可1759件次，食品流通许可337件次，餐饮服务许可217件次，药品经营许可37件次，组织机构代码证登记1204件次。受州食药监局委派对辖区内25家药品零售企业开展GSP认证工作，辖区内所有乡镇药品零售企业均通过新版GSP认证；新发放6份申报开办药品经营企业“药品经营许可证”，换发20份“药品经营许可证”，变更24份“药品经营许可证”。窗口被县政务服务中心评选为年度“红旗窗口”。其中，获得月“红旗窗口”6次，月“服务之星”12人次，上榜“积德榜人物”1人次，当选年度“文明服务之星”1人次。全年无投诉事件发生。

【服务业发展】全县注册有餐饮服务主体612户，住宿服务主体70余户，休闲娱乐主体50余家，呈现数量多、范围广、地点散的状况。筹办全省第二届项目观摩会和黔南州第八届旅游产业发展大会，着力提升旅游接待能力和水平，培育具有龙里地方特色的服务品牌，做法和措施有：先后对城区餐饮、酒店住宿等服务行业人员开展4期专业服务培训；引进各类餐饮30家，茶室、酒吧等娱乐产品5家，培育打造本土特色美食品牌10家，推出5家药膳养生餐饮店；组织10家餐饮单位组成龙里县代表团参加黔南州第七届旅游发展大会第二届健康美食烹饪大赛，摘得参赛全满贯等多项奖项，达到“以餐饮促旅游，以旅游带餐饮”的目的；指导小微企业提高商标附加值，帮助引导洗马包谷酒注册“洗马新寨”商标、杨汉英注册“谷龙康”果酒商标、醒狮猫酒注册“胭脂塘”白酒商标；策划、组织、规划好刺梨深加工产品、“三元”酥李、平坡农民画等20余个类别的农特产品、20家医药企业、10家特色餐饮参展现场观摩会及旅游发展大会，提高地方产品美誉度。

【知识产权质押融资】12月，龙里县被国家知识产权局批复为国家开展知识产权质押融资试点县，成为西安市等全国42个试点地区和单位之一，是贵州省第一个试点县。自2013年龙里县被确定为贵州省第一批县域经济知识产权战略推进工程县以来，龙里县把加强知识产权运用和保护作为服务企业创新升级的主抓手，先后制定《龙里县知识产权战略推进工程工作方案》《龙里县知识产权战略推进工程年度推进计划》《龙里县专利申请资助管理办法》等，累计投入知识产权经费330余万元。在专利申请增量提质和转化运用中，推动专利申请量和授权量迅速增长，为获批国家开展知识产权质押融资试点工作打下基础。2014—2015年，龙里县共为企业申请专利660件，其中发明专利361件，实用新型专利299件，专利授权220件，获著名商标5家和“高新技术企业”12家；贵州瑞和制药等10余家企业通过发明专利质押融资贷款3000万元以上。

【白酒市场秩序整治】采取四项措施做好白酒专项整治工作。实施全面监管。在全县开展白酒摸底清查工作，对白酒生产经营单位实行一户一档监管。经摸底：全县有白酒生产企业2家、白酒小作坊21家，白酒经营单位463家。强化源头环节监管。对辖区内白酒生产企业、白酒小作坊进行彻底整治，不断规范白酒生产单位的原料采购、贮存、加工等关键环节。严查白酒生产单位添加剂使用情况。不得使用非食品原料生产加工白酒；严禁使用甲醇、工业酒精等非食用原料生产加工白酒；不得违法违规使用甜蜜素、安赛蜜、糖精钠、乙酸乙酯等食品添加剂。督促经营户落实主体责任。统一规范散装白酒的标签标识，要求散装白酒经营者在标签标识上如实标注售卖白酒的生产厂名、厂址、商标等信息，查看酒类经营户是否履行进货查验制度、是否建立进销货台账，进一步落实主体责任，建立健全散装白酒追溯体系。

（县市场监督管理局）

国土资源管理

【概况】县国土资源管理局2015年内设机构：办公室、人事教育股、土地管理股、地质管矿管理股、执法监察股、执法大队。执行国土资源相关的法律、行政法规，经济与技术方法，调整土地关系，监督土地利用，有计划、有组织地搞好协调和控制，提高了土地利用的生态、经济、社会效益。

【土地使用权划拨出让】划拨国有建设用地10宗，面积9.55公顷；协议出让国有建设用地12宗，面积0.15公顷、总价款172.35万元。出让土地76宗，出让总面积240公顷，出让总金额20.15亿元。其中，工业用地11宗，出让总面积61.33公顷，出让总金额1.41亿元；商住用地43宗，出让总面积66.56公顷，出让总金额5.59亿元；商服用地22宗，出让总面积112.1公顷，出让总金额13.15亿元。

【地籍管理】共开展地籍调查工作67宗，调查面积0.75公顷；接待、受理土地登记查询50余人次，土地利用现状数据库查询30余人次，土地评估备案115宗；按照省、州、县关于推进不动产统一登记工作文件要求，完成县不动产统一登记职责和机构整合。按时保质完成2014年度土地变更调查与遥感监测工作，完成2014年年末土地利用现状基础数据库修改工作。2015年，土地变更调查与遥感监测工作完成外业调查，进入内业核查及数据入库工作。

【耕地保护和开发】全面划定永久性基本农田保护范围，严格保护坝区耕地，坚持“六个严禁”和实行“三个不能”。推进非农建设占用耕地剥离耕作层土壤再利用，落实耕地占补平衡“占优补优，占水田补水田”的新要求，扩大坝区耕地保护范围。配合省、州开展龙里县耕地后备资源调查评价和耕地等调查评价工作；开展2006—2013年度龙里县耕地保护情况调研；开展城镇周边、公路沿线、千亩以上坝子耕地未划入基本农田举证。开发项目13个（省级项目3个，州级项目10个），其中5个土地开发项目已验收。13个项目总建设规模为2035.17公顷，建成总规模2028.47公顷，总投资7102.73万元，新增耕地面积为115.75公顷。其中，省级项目建设规模为498.21公顷，建成规模491.51公顷，投资总额3859.79万元，资金到位3859.79万元。州级项目建设规模为1362.74公顷，建成规模1362.74公顷，投资总额4349.79万元，资金到位4349.79万元。

【土地执法检查】土地行政处罚案件共16起。其中，土地矿产卫星图片执法11起，已查处整改到位。共巡查1254次，发现土地违法203起，全部下达责令停止违法行为通知书。加强对违法占地建设行为的巡查整治力度，会同县城管执法局在龙山镇、谷脚镇、醒狮镇等重点区域开展巡查，对发现的违法违章建筑，配合各镇（街道）人民政府依法进行惩治，参加各镇（街道）人民政府牵头的重点地区村民违法占地建房的强拆工作。

【土地登记】办理“国有土地使用证”542本，登记面积共计126.85公顷；“集体土地使用证”3本，登记面积共计0.04公顷；办理“土地他项权利证书”126本，抵押登记面积共计412.04公顷，抵押融资金额共计20.34亿元；土地登记信息公开公告195宗。

【土地利用总体规划】龙里县土地利用总体规划修改方案（2013—2020年）于4月由贵州省国土资源勘测规划研究院编制完成，4月15日获贵州省人民政府《关于龙里县土地利用总体规划修改方案（2013—2020年）的批复》。

【土地资源调查】将低丘缓坡项目、实地已建成的项目、已取得用地批文且未建设的项目、耕地质量较差的项目、即将动工建设的项目，以及规划预留城镇建设用地范围线数据反馈省规划院及州规划院。配合开展省级、州级5000亩以上坝区耕地核实，万亩坝区新增建设项目开工建设使用土地未变更，坝区农村居民点集中安置规划选点核实。开展2011—2014年度建设用地开发利用情况调研。开展2012—2015年土地供应和补交土地出让金清理。开展双龙航空港经济区已批国有建设用地，供应、开发利用清理。整改落实2014年武汉督察局在贵州省开展节约集约用地专项督察时发现的龙里县存在一批闲置土地情况，上报省国土资源厅。开展2007—2013年国务院、省政府批而未用土地情况统计。统计2014年度棚户区改造土地供应情况。开展低效工业用地调查。

【矿产资源储量管理】境内共发现矿种（含亚种）达15种（不包括建筑用砂石等普通矿种），发现各类矿床、矿点（矿化点）108处，共探明资源储量的77处。其中上表的主要资源储量产地28处，该类上表的主要矿产地中，中型矿床2处、小型矿床26处。煤矿、铁矿、硫铁矿、铝土矿、高岭土、重晶石、硅石矿、水泥用灰岩、水泥用砂岩、水泥配料用页岩、饰面用灰岩共11种矿产探明有不同程度的资源储量，其中上表的6种（煤、高岭土、水泥用灰岩部分未上表），上表资源储量1.08亿吨。除建筑用砂石等普通矿种外，其余矿产探明资源量（储量）均需要评审备案。已探明煤矿资源储量1.03亿吨。2011—2013年，贵州省地矿局104地质大队根据中国地质调查局的安排部署，在龙里县开展铝土矿整装勘查，发现龙里大草原的金谷、谷朗、水场一带有较大的铝土矿分布，估算金谷铝土矿矿石资源量（333+3341）1506.6万吨，有较大的找矿潜力；水泥用灰岩、饰面用灰岩、重晶石、高岭土、硅石矿、水泥配料用页岩、水泥配料用砂岩等都得到不同程度的开发利用。为提升中铁国际生态城的服务功能，谷脚镇中坝、谷远等地的地热资源勘查已编入或报请编入贵州省矿产资源总体规划。

【矿产秩序整顿】2005—2008年，全县开展全面整顿和规范矿产资源开发秩序工作，在对非法开采矿产资源进行惩治的同时，对煤矿和非煤矿山进行矿产资源整合。关闭一批不具备安全生产系统的矿山，矿业秩序逐步好转。2012—2013年，煤矿企业经过兼并重组，生产矿井由21对减少到4对。2014—2015年，通过对全县48个砂石土矿山的清理整顿，全县砂石土矿山减少到28个。

【地质灾害防治】2013年，贵州省地矿局地质大队在龙里县开展地质灾害隐患详查，共查明38处地质灾害隐患点。2015年，开展了地质灾害隐患大排查，未发现新的地质灾害隐患点，并就38处地质灾害隐患点开展应急演练。根据地质灾害三年综合治理行动计划，共治理湾滩河镇甲摆赏不稳定斜坡地质灾害隐患点、摆主小学泥石流地质灾害隐患点，以及冠山街道凤凰小院崩塌采取整体搬迁，将湾滩河镇上摆绒不稳定斜坡地质灾害隐患点列入2016年地质灾害三年综合治理行动计划，醒狮镇高坡葫芦田滑坡地质灾害隐患点列为2016年县人民政府出资进行整体搬迁的项目。

【土地储备】计划储备土地总规模13.54公顷，拟入库储备规模为13.54公顷。计划储备土地主要分为住宅用地、工矿仓储用地、商贸服务用地，其中，住宅用地规模为7.3公顷，占储备总量的53.8%；工矿仓储用地1.19公顷，占储备总量的9%；商品住房用地规模5.04公顷，占储备总量的37.2%。储备土地主要分布在龙山镇历家庄、冠山街道吴家庄、谷脚镇。年度实际收储土地总规模为30.82公顷，其中储备新增建设用地为21.75公顷，储备存量建设用地9.07公顷。

（县国土资源局）

安全生产监管

【概况】龙里县安监局在册职工34人，其中持执法证18人。2015年，对全县生产煤矿1对、停建（产）煤矿10对；非煤矿山企业29家，其中证照齐全的28家，建设期企业1家；危险化学品生产企业1家，危险化学品经营企业9家；烟花爆竹批发（经营）企业2家，烟花爆竹零售网点111家；医药企业10家进行执法监管。全年发生交通安全事故5起，死亡5人；无死3人以上事故发生。实现生产经营单位“零事故”规定：全县不发生一次死亡3人以上事故，一般隐患整治率100%、重大隐患限期整治率100%，对辖区内直接监管的重点行业（领域）生产经营单位监督检查覆盖率100%、暗查暗访率20%以上，对群众举报投诉的安全生产事故隐患、安全生产违法行为查处率100%，责令限期整改的生产经营单位到期整改复查率100%的安全生产目标。

【煤矿安全生产管理】对全县1对生产矿井、10对停建（产）矿井执行煤矿三级确认制度，督促煤矿企业认真开展“雨季三防”，对生产煤矿探放水工作进行监管。推动煤矿安全质量标准化建设，全县1对生产煤矿通过州级验收，达到二级安全生产标准化管理水平。对12名驻矿安监员进行业务培训，并考试合格持证上岗。全年对生产煤矿共排查出88条隐患，并按照相关要求全部整改完毕，未发现全县停建（产）煤矿擅自打开密闭违法违规建设、生产行为。

【非煤矿山安全生产管理】全县29家非煤矿山企业全部为露天开采矿山，其中26家矿山被评为三级以上安全生产标准化管理企业。完成28家取得安全生产许可证矿山的网上非煤矿山企业基本信息普查。全年开展“三项监管”、隐患大排查等专项治理工作，出动车辆168辆（次），出动人员670人次，检查非煤矿山企业168家（次），下达执法文书168份；每季度检查均达到全覆盖，共发现隐患429条，全部整改完毕。组织全县非煤矿山企业主要负责人和安全管理人员共100余人到黔南州安全生产培训中心参加安全教育培训，并全部考试合格。

【危险化学品安全生产管理】每季度对辖区9家加油站（1家停产）进行全覆盖检查，全年共查出隐患51条，整改51条。聘请省危化品专家对建涛木业科技有限公司等11家涉及危险化学品罐区企业进行安全隐患排查工作，查出隐患43条，严格要求企业进行整改落实。积极指导全县各镇（街道）及相关部门对企业危化罐区进行彻底排查，9家危化企业取得3级安全生产标准化管理认证。

【烟花爆竹安全生产管理】2家烟花爆竹批发企业取得3级安全生产标准化管理认证。对2家烟花爆竹批发企业及111家烟花爆竹零售网点进行日常监管检查，全年发现隐患55条，整改55条。完成全县烟花爆竹网点规划布局工作，将烟花爆竹零售行政许可委托给镇（街道），同时完成行政执法权力下放工作，并定期进行督查指导。

【“八大行业”安全生产管理】加强冶金、建材、纺织、商贸、轻工、烟草、机械、商贸八大行业安全生产管理工作，聘请省危险化学品专家等对全县所有工业园区企业安全生产状况进行全面摸排，并对所检查的企业进行分类登记。3家小微工贸企业通过县级3级安全生产标准化验收；3家工贸企业申请3级安全生产标准化认证，等待州安监局验收。共检查企业161家（次），查出一般隐患390条，整改390条；对排查情况进行梳理，确定重点隐患企业，对企业隐患及现状情况进行曝光，并严格督促企业按照要求进行整改落实。强化涉粉尘燃爆企业安全监管，对全县工贸企业进行摸底排查，最终确定恒力源科技有限公司为涉粉尘燃爆重点监管对象，加强日常监管检查，杜绝发生粉尘燃爆事故。

【安全生产应急救援】初步形成分类管理、分级负责、条块结合、属地为主的应急管理体制，建立应急管理机构，明确了机构性质、职能、编制。修订《矿山事故应急预案》《危险化学品事故应急预案》《烟花爆竹事故应急预案》。完成煤矿、非煤矿山、危险化学品等应急救援基本参数数据库建设，27家生产（建设）非煤矿山和1对生产煤矿均与救护队签订救护协议。组织开展1次大型非煤矿山综合应急救援演练，全县28家非煤矿山企业主、安全员到现场观摩学习。全年成功处置安全生产突发应急事件5起，40余家农药危险化学品零售经营户负责人和90余家烟花爆竹零售点负责人接受安全知识及应急培训。

【职业安全健康监管】开展企业职业病危害摸底调查工作，共摸排企业161家（其中：生产企业119家，停产企业22家，在建或待建企业18家，试生产企业2家），其中存在职业病危害的121家，职业病危害严重类68家，职业病危害较重类39家，职业病危害一般类14家。开展金属非金属矿山、危险化学品企业职业病危害专项治理工作，专项治理执法检查39次，检查企业34家，下达现场检查记录39份、责令限期整改30份，整改隐患68条。开展职业健康监管执法检查工作，督促企业加强职业病防治管理，共开展检查249次，检查用人单位161家，下达现场检查记录249份、责令整改指令书109份、下达复查意见书106份，整治安全隐患670条，隐患整改率100%。职业病危害因素申报58家，完成备案42家。督促企业开展作业场所职业病危害因素检测工作，22家企业完成检测。开展职业卫生基础设施建设企业36家，企业对员工开展职业卫生培训36家，共建立完善制度、台账、档案36家，落实个体防护用品制度36家，达到基础设施建设合格以上标准企业36家。严格执行新建、改建、扩建建设项目职业卫生“三同时”制度，有14家企业开展职业卫生“三同时”工作。

（县安监局）

经济开发区

【概况】龙里经济开发区（以下简称龙里开发区）创办于1992年，在改革开放形势的推动下，龙里县政府作出将经济发展从以农业为主转向以工业为主的决策，选址谷脚镇创办乡镇科技示范园。1997年，被贵州省人民政府命名为“贵州省谷脚科技城”；2001年，获农业部“全国乡镇企业科技示范园区”称号；2010年，按“一区三园”（谷脚工业园、龙山工业园、水场工业园）进行规划。2011年，获省人民政府批准扩区调位，更名为“贵州龙里经济开发区”。

【建置沿革】起步阶段（1992—2001年）：1992年，龙里县选址谷脚镇创建乡镇科技示范园区，引进首家非公经济医药企业——贵州神奇制药厂，项目于是年7月开工建设，是年10月投产，是底纳税100万元，因其建设工期短、见效快，被誉为“神奇效应”。随后，又先后引进富华、王胎、大成、瑞和、君之堂、良济等18家非公有制医药企业入驻。1996年，园区入驻制药企业数量位居全省首位，形成以谷脚镇为主要聚集地的龙里医药工业科技园区。1997年，省人民政府将园区命名为“贵州省谷脚医药城”。2001年，园区获“全国乡镇企业科技示范园区”称号。同年12月，农业部正式批准成立“贵州省黔南州谷脚乡镇科技园区”。

发展阶段（2002—2006年）：2002年，贵州省黔南州谷脚乡镇科技园区新引进贵州海日生物药厂、贵州金色药业、贵州良济药业、贵州同康药业、贵州弘康、贵州奇凯制药、朝歌制药、贵州康诺制药等一批医药企业落户。2003年1月，成立州县共建工业园区管委会；同年7月，县政府成立龙里医药园区建设指挥部，负责谷脚医药园区的征地拆迁和医药企业招商引资及企业服务工作；同年12月27日，成立工业园区资本运营有限责任公司。

提升阶段（2006—2012年）：2006年3月，县政府挂牌成立龙里工业园区管委会，同年3月20日，经国家发改委审核和省人民政府批准，正式成立“贵州龙里工业园区”（属于省级工业园区），规划面积6.8平方公里，核准面积3.33平方公里。2006年至2009年，国家发改委对工业园区进行专项清理，谷脚医药工业园区作为省级工业园区予以保留。但园区发展受到较大影响。2010年，龙里开发区按“一区三园”，即谷脚工业园、龙山工业园、水场工业园重新规划，规划面积扩展到78.78平方公里，核心区面积9.97平方公里。2011年12月，园区获省人民政府批准扩区调位，更名贵州龙里经济开发区（同时保留贵州龙里工业园区），批复核心区面积9.97平方公里。2012年，龙里开发区开始建设龙山工业园区、水场工业园区核心区。同年，龙里开发区被省经信委命名为省级新型工业化示范基地和“511”民营经济（中小企业）示范培育园区。经过一年多的时间，龙山工业园区核心区“七通一平”基本建成，入住园区企业达49家，再次创造龙里速度。

【区域界定】龙里开发区位于龙里县城周边，地处龙里县的龙山镇、谷脚镇和冠山街道办事处的行政辖区范围内。龙里工业园区（经济开发区）规划范围78.78平方公里，规划建设用地42.89平方公里。分谷脚工业园区、龙里高新技术产业园区和龙山工业园区3个集聚区布局。谷脚工业集聚区规划范围东至谷脚乡的小箐山、芹菜塘、唐家田、鸡场坝、双龙井一线，南至210国道沿线，西、北至龙里与贵阳的分界线。规划范围东西宽9.5公里，南北长8.4公里，规划总用地面积50平方公里，规划建设用地25平方公里。龙里高新技术产业园区（原龙山工业园区）规划范围东起本党，西接大荒土，南邻播箕桥，北与平西接壤。规划范围内总面积16.21平方公里，规划建设用地12.19平方公里。龙山工业园区（原水场园区）规划范围东起高沟，西接牛打场，南邻贵寨，北到场坝小冲。规划范围总面积12.57平方公里，规划建设用地8.37平方公里。

【经济指标】截至年底，工业园区入驻企业256家，完成规模以上工业总产值184.77亿元，占州目标任务数180亿元的102.65%，其中2000万元以上规模工业总产值168.48亿元；完成工业投资79.59亿元，占州目标任务数50亿元的159.18%。其中，完成产业项目投资64.62亿元，占州目标任务数40亿元的161.55%。完成基础设施投资14.97亿元，占州目标任务数10亿元的149.70%；新建成标准厂房面积达16.27万平方米，占州目标任务数15万平方米的108.47%，入驻率达100%；新增入园项目数达42家，占州目标任务数35家的120%；新增投产企业32家，占州目标任务数26家的123.08%；新增规模以上企业20家，占州目标任务数13家的153.85%；完成税收7.61亿元，占州目标任务数

6亿元的126.83%；新增就业2709人，占州目标任务数2200人的123.13%；新增签约项目43个，签约资金93.49亿元，占州目标任务数60亿元的155.82%；实际到位资金35.6亿元，占州目标任务数30亿元的118.67%。

【重点项目】 龙里万钧包装产业园（一期） 项目总投资50000万元，主要建设6670平方米标准厂房，截至2015年底（下同），已建成运营。

龙里县龙行制造产业园区（一期） 项目总投资30000万元，占地300亩左右的中小企业标准化厂房及办公楼建设，共完成场地平整总工程量的70%。

贵州龙里烟草原料废弃物综合利用项目 总投资18000万元，生产规模年处理烟草原料2.4万吨，产烟草提取物1.05万吨。废弃烟梗烟丝发酵后生产有机肥项目：年处理烟草废弃物8万吨，年产有机肥8万吨。办公楼主体基本完工，厂房进行基础浇筑。

龙里县中小企业加工产业园B区项目：总投资30000万元，占地300亩左右的中小企业标准化厂房及办公楼建设。入驻的博通塑胶公司开始试产，部分厂房主体已经完成，部分正在进行基础施工。

龙里县盛达液化石油气站建设项目 总投资15000万元，年生产液化石油气1000立方米；年生产二甲醚液化气500立方米；年生产醇基高清洁燃料5万吨。20个罐子进入管道安装阶段，堡坎已经砌完，办公楼主体施工。

黔中产业园创意平台二期项目 总投资5000万元，占地10亩，修建公共商业配套、公寓楼、文化活动设施配套等，正在进行内装饰。

黔中产业园开发公司标准化厂房建设项目 总投资4500万元，建筑面积60000平方米的厂房，已建成并正在招商入驻中。

龙里县黔鼎小型家用电器生产线建设项目 总投资3000万元，占地面积6.45亩，年产变压器及成套装置（含箱式变电站）50000kVA及其它机电产品生产基地建设。已建成投产。

龙里县昆泰纸板生产线（二期）建设项目 总投资2600万元，新建纸板生产线，年产包装用硬纸板4000万平方米，及其附属设施完善。已建成投产。

龙里县新型建材生产线（二期）建设项目 总投资3000万元，新建新型建材生产线，年产新型商品混凝土6800吨，及其附属设施完善。已建成投产。

贵州华佑金属制品生产线（二期）项目 总投资2800万元，新建金属制品生产线，年产金属制品1200吨，及其附属设施完善。已建成投产。

龙里县兴谛塑料管材生产线建设项目 新建塑料管材生产线，及其附属设施完善。二期厂房基本完工。

贵州鑫达贸易有限公司项目 总投资2500万元，建设1.5万吨酒精仓储及办公所供。已完成地勘和设备预购。

贵州晟庭香纸业有限公司项目 总投资3200万元，建设一次性卫生用品、纸品加工和销售。基本建成厂房。

龙里高新技术产业园区基础设施建设（二期）项目 总投资65000万元，完成高新区二期3500亩场平及二期路网、标准化厂房建设。共完成360米路基及地块挖方23万立方米，填方19万立方米。

龙里县水盂大道改造工程建设项目 总投资2200万元，改造原有水盂大道，新建人行道及其附属设施完善。已建成运营。

龙里县高新产业园生活服务及生态移民安置项目 总投资300000万元，主要建设10万平方米生活服务与生态移民住宅，1.5 公里道路。在建。

（龙里经济开发区办公室）

【贵龙实业（集团）】 贵州贵龙实业（集团）有限公司于 2016 年 1 月经龙里县政府批准成立，公司前身为贵州省贵龙城市经济带投资开发有限公司，下属子公司有贵州龙里经济开发区建设开发有限公司、龙里县交通建设投资有限公司、龙里县现代水利开发有限责任公司、龙里金诚信用担保有限公司、贵州省苗之印民族文化有限公司共 5 家企业。公司主要承担贵龙城市经济带、龙溪经济带、高新技术产业园、谷脚工业园区、水场汽车工业园区约 150 平方公里的土地一、二级开发及城市基础设施建设任务；经营范围涵盖房地产、水利综合业务、快递物流园、工业园区开发等。争取到融资资金 8.8 亿元，是年累计投入资金达 7.4 亿元，其中贵州快递物流园一期、二期项目投资 4.3 亿元，塘坊安置区项目投资 0.5 亿元，贵龙城市经济带纵二路、1 号路、2 号路投资 2.6 亿元。盘活现有土地资源，开发贵龙城市经济带范围内的一级、二级土地，运作了贵州快递物流园项目；入驻快递物流园企业达 11 家，其中申通快递、中通快递、天天快递、万科物流 1 号 4 号库已投产。截至 12 月，共计完成 19 个固定资产投资项目上报入库工作，其中亿元以上项目 14 个；3000 万元以上项目 4 个，累计完成固定资产投资 14.119 亿元，完成年度计划目标 8.8 亿元的 160.44%。截至 12 月，贵龙集团资产总额达 64.86 亿元；实现利润 0.3 亿元，创税达 0.88 亿元。

（陈鸿运）

【龙里金诚担保公司】 龙里金诚信用担保有限公司的前身为龙里工业园区中小企业信用担保有限公司，成立于 2004 年 6 月，目的是解决龙里工业园区中小企业融资担保困难，建立和完善园区内中小企业服务体系，促进中小企业健康发展。2006 年 8 月，增资扩股，注册资本金增到 2500 万元。2015 年 12 月，公司并入贵州贵龙实业集团有限公司成为其子公司。公司内设 5 个部门：业务部、风险部、法务部、财务部、综合部，共有职工 15 名。2015 年，公司累计新增担保项目 27 个，担保金额 5360 万元，担保责任余额 8010 万元。

（廖 涛）

国有资本营运

【概况】 2015 年 12 月 3 日龙里县人民政府批准，由原龙里县国有资本运营有限责任公司作为母公司，整合县内其他 12 家实体或平台公司成立国有独资企业，注册资本金 7.5 亿元的“贵州腾龙实业集团有限公司”。集团公司设有综合部、项目部、财务部、投融资开发部、经营管理部、物管部、资产管理部 7 个部门，共有职工 49 人。

【下属公司】 集团公司下辖龙里县国有资本营运有限责任公司、龙里县供排水总公司、龙里县物资总公司、龙里县粮油购销有限责任公司、龙里县贵龙城市经济带供排水有限责任公司、龙里县金信农业发展投资有限责任公司、龙里县城乡建设发展有限公司、贵州翼轫实业发展有限责任公司、龙里县旅游文化发展投资有限责任公司、龙里县安厦房地产开发有限责任公司、龙里县广厦物业管理有限责任公司、贵州省莲花生态发展有限公司及贵州龙里清沃民族文化有限公司共 13 家子公司，在册职工人数 212 人。

【经营范围】 包含：资产重组、收购、出让、置换和债转股；招商引资、信息开发和中介服务；重大项目建设；城镇及农村基础设施和配套项目建设；项目代建；棚户区改造和农民集中住房、经济适用房、政策性租赁房建设；土地整理、收储、开发；城乡供排水工程、农村饮水工程、城乡防洪和水环境治理、水资源综合开发建设及经营；农业综合开发利用；自来水生产、供应；供水管道加工、安装、维修；房地产开发；物业管理；金属材料、机电产品、化工（轻工）产品（除危险化学品外）、建材产品、包装装潢材料、废旧金属回收，劳务分包；粮油收购、储藏、加工、销售；文化旅游项目开发、配套设施建设及经营。

【重大投资项目】 棚户区改造项目草原小区7号安置房　总建筑面积15612平方米，总投资约3000万元。

县综合档案馆建设项目　总建筑面积约8500平方米，总投资约1800万元。

县残疾人托养中心项目　总建筑面积3000平方米，总投资约600万元。

笋子塘供水（一期）工程　为满足贵龙城市经济带及县城的供水需求，征地113.1亩，建设龙里县笋子塘供水（一期）工程，工程投资1.3亿元。新建日处理能力2.5万吨水处理厂一座及敷设取水管道、输水管道、配水管道共计29.3公里，工程于2月正式投入使用。

谷远片区污水处理及再生水回用工程　总投资5221万元，建设规模为5000吨/日，敷设污水收集及输送管道总长4775米，新建DN400尾水排放管2150米，新建再生水输送管道总长6725米，配套建设高位水池4座，单池池容200立方米。工程采用BOT模式建设，于3月正式投入使用。污水处理工艺为转盘滤布滤池深度处理工艺，污水处理标准达一级A标排放。

高新技术产业园污水处理工程　总投资280万元，建设规模为1000吨/日，采用膜技术污水处理技术，于6月完工。

醒狮污水处理工程　总投资280万元，建设规模为1000吨/日，采用膜技术污水处理技术，于6月完工。

双龙物流园污水处理工程　总投资350万元，建设规模为1500吨/日，采用膜技术污水处理技术，于8月完工。

双龙镇污水处理站　总投资240万元，建设规模为500吨/日，采用膜技术污水处理技术，于11月完工。

【国有产权管理】 集团公司资产总额130亿元。11月挂牌取得5宗土地，分别是：冠山街道西城社区，宗地号C-07-07，土地面积8993平方米，总价为3777.06万元。冠山街道西城社区，宗地号C-07-02，土地面积7977平方米，总价为3039.24万元。冠山街道西城社区，宗地号Y24242010-01，土地面积53088平方米，总价为16457.28万元。冠山街道西城社区，宗地号E-04-03，土地面积8952平方米，总价为3759.84万元。冠山街道西城社区，宗地号2014-8-1，土地面积44549平方米，总价为18710.58万元。12月4日，收回龙里县住房和城乡建设局移交的环南路经济适用房第一层办公用房，建筑总面积为791.61平方米。

【财务监督管理】 全年实现销售收入20784.23万元，其中售房收入243.5万元、租赁收入238.56万元、拆迁补偿收入636.12万元、转让土地收入19664.34万元、其他收入1.71万元，全年实现税利共计14675.25万元，其中利润4727.82万元，上缴税金9947.43万元。全年共计归还贷款本金9050万元，拨付贷款利息3700余万元，拨付项目工程款3000余万元。

龙里县供排水总公司　2015年全年累计完成售水量792.72万吨，其中居民生活用水386.98万吨，非居民生活用水398.34万吨，特种行业用水7.40万吨。同比增长15%。全年累计收入为2294.95万元。实现水费销售收入1960.95万元（其中，县城1173.15万元，千家卡334.61万元，中铁水场片区284.85万元，洗马片区41.20万元，谷脚78.51万元，羊场27.70万元，醒狮20.93万元），比2014年增长14.57%；材料销售收入223.92万元；水立户及管道安装收入96.49万元；房屋租赁收入10.38万元；醒狮镇1－4号门面3.21万元。全年代收排污费241.27万元，代扣税金6.74万元。代收垃圾费83.40万元，代扣税金2.76万元。全年累计实现利润344.06万元，比2014年增加280万元，企业所得税51.61万元。新增用户3045户。其中县城2617户，贵龙（中铁）片区273户，千家卡片区155户。

龙里县粮油购销有限责任公司　全年实现销售收入1435.46万元，同比增长47.04%，实现利润10.74万元，费用（管理、营业、财务）支出339.39万元，同比降低14.82%，其中车辆费用、接待费用分别减少7.13万元和1.74万元。销售粮油3304.26吨，购进粮油6246.40吨。代省储小麦2万吨计划，入库616.73吨。县级储备粮计划稻谷3000吨，大米200吨，实际入库稻谷2265.42吨，大米115.65吨，菜油200吨。

龙里县物资总公司　共计购进和销售各类炸药374吨，销售雷管20万枚，完成销售收入408万元，纯利润4.6万元。

【监事会管理】审计情况：计划进行各类审计30项，实际完成各类审计及专项调查、调研39项，发现问题84条，提出审计意见和建议90条。按照有关规定和集团公司审计计划安排，完成43项各子公司经营效益、财务收支审计。完成23项中层以上任期（离任）经济责任审计。完成集团公司投融资、业务交往费等20项专项审计。完成莲花生态湿地休闲体验区工程项目管理审计。经集团公司董事会批准，完成棚户区改造项目草原小区7号安置房、县综合档案馆建设项目、县残疾人托养中心项目、污水处理项目等建设工程项目审计。

【贷款申请】拨付使用2014年申报获批项目银行贷款资金32364.84万元。具体情况：以龙里县2014年棚户区改造项目向国家开发银行申请贷款33800万元。发放贷款31150万元，共编制资料拨出贷款资金25134.84万元。以龙里县笋子塘水厂供水一期工程向中国农业发展银行申请贷款7230万元。申报贷款项目7个，申报金额167300万元。其中，获批项目3个，金额114300万元，已拨付使用贷款资金2059万元。其中以龙里县城西区旧城棚户区改造项目一期工程向国家开发银行申请贷款23300万元，项目共获批并放款21590万元。以龙里县大竹芒水库工程向中国农业发展银行申请贷款19000万元，项目共获批并放款5000万元，共拨付使用资金2059万元。以异地扶贫搬迁项目向中国农业发展银行申请贷款72000万元，项目已获批。以2014年棚户区改造项目向贵阳银行申请资本金过桥贷款4000万元，申报资料已提供完毕。以县城西区旧城棚户区改造项目二期工程向中国农业发展银行申请贷款11500万元，申报资料已提供完毕。以朵花河治理工程项目向中国农业发展银行申请贷款12500万元，申报资料已提供完毕。以异地扶贫搬迁一期项目向贵州银行申请贷款25000万元，申报资料已提供完毕。

【专项建设基金】承接并到位26320万元，涉及项目12个。其中，经开区综合工业锅炉煤改气项目2300万元。经开区2万吨污水处理及中水回收项目2600万元。贵州快递物流园项目5000万元。县养老公寓建设项目700万元。县草原养老服务中心项目1000万元。县供水扩建工程4000万元。县生活垃圾收运系统工程1000万元。2015年棚户区改造项目2320万元。贵州惠馨夕阳养老综合服务中心建设项目2000万元。县社会养老服务中心1400万元。双龙养老服务中心建设项目2000万元。县龙滩水库工程2000万元。

【供排水总公司融资情况】采取银行贷款、发行债券、银行承兑汇票等方式共申请融资12.68亿元。共落实到账资金6.18亿元，分别为发行债券3亿元、向中国民生银行贵阳分行贷款1.5亿元、获得2015年中国农业发展银行第四批专项建设基金1.34亿元及县信合联社开具承兑汇票0.34亿元。联系州政府、州财政局、州国资公司及州投资公司等相关部门，成功发行私募债券30000万元。

（刘　峰）

水库和生态移民

【概况】2010年12月，组建县水利水电工程移民局，负责全县水利水电工程移民工作。2014年12月，县发展和改革局管理的县扶贫生态移民工程领导小组办公室和县水利水电工程移民局合并组建龙里县水库和生态移民局，组建后设办公室、业务科、计划财务科3个内设机构，核定事业编制23名，其中，部门领导职数：局长1名，副局长3名；部门其他领导职数：纪检组长1名；内设机构领导职数：主任（科长）3名，监察室主任1名（由纪检组长兼任），监察室副主任1名（正股级）。人员编制纳入财政全额预算管理。

【水库移民】窄冲水库　龙里县窄冲水库下闸蓄水阶段移民安置专题验收于12月7日完成县级自验，9日完成州级验收，29日，通过省水利厅、省发改委组织下闸蓄水验收。

鱼洞峡水库　3月至4月，县移民局配合完成省审计厅对鱼洞峡水库2014年度移民资金审计，涉及金额1587万元。完成移民安置点道路、供水、供电、库周交通等专项复建工程竣工验收和审计结算。在鱼洞峡水库龙里库区醒狮镇大岩村举办一期农家乐礼仪接待及厨艺培训，培训30余人。

小型水库　10月，同时启动大竹芒、龙滩、下把比3个水库工程建设和征地补偿。3个水库项目业主分别与黔南州移民局签订移民搬迁安置协议。12月中旬，启动石龙沟水库征地补偿兑现工作。

【易地扶贫搬迁】2015年，无扶贫生态移民搬迁安置任务，主要是消化落实2013年和2014年度扶贫生态移民搬迁安置任务。理顺扶贫生态移民工作相关背景、工作关系及政策措施，把消化落实2013年、2014年省、州发改委已批复的扶贫生态移民工程搬迁任务指标作为2015年度扶贫生态移民重点工作实施，完成龙里县2016年扶贫生态移民工程计划的申报。9月17日，在县司法局公证处、各镇（街道）等部门现场监督下，水库和生态移民局会同贵州韦顺达房地产开发有限公司在冠山高新区扶贫生态移民安置小区为219户扶贫生态移民举行抽签订房活动，并与之签订《抽签订房确认书》。

【大中型水库移民后期扶持】完成鱼洞峡水库72户、207人移民纳入后期扶持的申报工作，上级移民部门已批复。完成2014年第四季度至2015年度前三季度600元后扶资金兑现。完成2015年度后扶项目申报，申报5个项目总投资126万元。实施完成2013、2014年度9个移民后期扶持项目总投资177万元。基本编制完成龙里县大中型水库移民后期扶持“十三五”规划。

（县移民局）

农 业

农业综合管理

【概况】2015年，以加快建设国家现代农业示范区为核心，巩固优势产业、壮大特色产业、培植新兴产业，着力深化农业农村改革，加快转变农业发展方式，加速推进农业产业化进程。坚持农业“接二连三”的发展思路，探索“互联网+农业”，加快农产品物流贸易，推进农业结构调整，提升“农业特色化、标准化、规模化、产业化、现代化”水平。农牧渔业总产值达18.1亿元，同比增长13.83%，非粮增加值达8.8亿元。农村居民可支配收入达8586元，同比增长14.28%。粮经比达到3∶7。完成粮食种植19.87万亩，粮食总产量达7.05万吨，总产值达1.66亿元。完成经济作物种植46.07万亩，总产值达8.94亿元（其中，蔬菜32万亩、刺梨14万亩、水果3万亩、茶叶0.5万亩）。

【惠农政策】加大农业保险、农机补贴、良种补贴等政策宣传，确保各项惠农政策落到实处。其中，全县共完成水稻投保总面积10.27万亩，涉及3.91万户，水稻参保率达100%；能繁母猪投保1308头，育肥猪投保2544头。投入资金共145.3万元。完成各级农机购买补贴资金12.5万元发放，购置各类机具110台（套）。良种补贴按“一折通”形式直接兑现给农户，共兑付农户良种补贴资金293.8万元。

【农村改革】推广“合作社+社员”“合作社+种养大户”“龙头企业+合作社+农户”等多种合作组织模式，不断拓展农业经营主体生产经营及服务范围。全县列入年营业收入100万元以上农产品加工企业17户，完成营业收入总产值32.2亿元。有州级龙头企业2家，县级龙头企业6家。全县累计注册登记农民专业合作社227个，入社成员总数2975人，出资总额达1.9亿元，辐射带动农户1.66万户，年经营收入达4.2亿元。县级以上家庭农场70户，州级示范家庭农场7户，省级示范家庭农场1户。“三品一标”认证数9个，选育出新品种2个，获得国家技术发明专利1项，推广刺梨新品种3个。土地确权试点工作稳步推进，全县农村土地流转累计面积

16.12万亩，其中耕地流转面积7.06万亩，荒山荒坡流转面积9.06万亩。洗马高效农业综合开发示范园区，通过政府集中流转规划区内土地的方式发展中药材种植基地，企业或大户与镇政府签订土地租赁合同后，就可以流转土地，兼顾经营主体与农民的共同利益。

【农技推广】2015年，全县粮食作物种植面积21.53万亩（其中，水稻9.6万亩，玉米5.4万亩，小麦2.6万亩，大豆1.05万亩，马铃薯1.6万亩，其他合计1.28万亩），粮食总产量7.09万吨。完成粮食增产工程项目和水稻高产创建项目实施面积8.32万亩。其中，水稻实施面积5.28万亩，玉米实施面积3.04万亩。

【科技兴农】努力在粮食生产上挖掘新的潜力，在农业发展方式上寻找新突破，适应可持续发展的需要，根据生产需要，组织开展一批农业新技术试验示范，开展粮食绿色增产模式攻关，进一步丰富了粮食综合增产的技术储备。全年开展各类技术培训127期次，培训农民和行政、技术干部1.28万人次，发放技术资料2万多份。创办各类示范点71个，办点面积5870亩。其中，水稻旱育稀植示范点35个，面积2400亩；紧凑型玉米示范点6个，面积400亩；玉米育苗移栽示范点13个，面积1100亩；旱地多熟制示范点6个，面积730亩；优质油菜育苗移栽示范点6个，面积500亩；玉米地膜覆盖栽培示范点2个，面积240亩；脱毒马铃薯高产栽培示范点3个，面积500亩。

【智慧农业】推广“猪—沼—菜”等循环生态农业技术的同时积极探索智慧农业。在湾滩河园区建成农业物联网管理系统，采集农业生产中的大数据，实现智慧化管理，对小气候、土壤肥力、墒情、病虫害远程问诊并远程控制设备进行防控。创建“龙里县农业大数据管理应用平台”，将气象、国土、交通、农业步入定点市场、产地信息等整合进平台，应用云计算功能进行分析预判，发布产销决策参考。建成有日本的电解水绿色防控技术、无土栽培技术的占地5000平方米的文洛式玻璃温室大棚，开展水培和基质栽培试验示范。成功搭建“为米·小草帽”电商平台，全县有200多个规模以上的企业、家庭农场、种养殖大户入驻，并销售龙里县特色农产品，带动了整个湾滩河高效农业示范园区2000多贫困户、8000多人从事蔬菜种植，蔬菜种植面积达6万亩（含复种），3万亩供粤港澳蔬菜产业带已见雏形，实现总产值2.4亿元，大幅提高了农民收入。

（县农村工作局）

农业基础建设

【概况】示范区整合各级财政及项目资金7.78亿元用于完善园区基础设施建设，比2014年高出30%。园区共建设主干道227.8公里、机耕道194.8公里、生产便道240.5公里；沟渠（含管网）688.34公里、冷库50座，容量9.03万立方米；标准圈舍445栋，建筑面积123.73万平方米；温室大棚3453个，建筑面积75.84万平方米。同时，在湾滩河生态农业示范园区建成展示中心、规划模型、多媒体宣传设备、产品展销等设施设备。规模养殖小区配备动物防疫室、病理研究室、无害化处理设施；配套农残监测室、组培快繁育苗室。

【特色农业产业基地】围绕“一区五园”规划布局，探索“县区合一”“镇园合一”新路径，理顺园区管理机制，由县四家班子领导亲自挂帅，将涉农部门班子成员作为园区班子进行管理，加大资金、项目、产业、人才整合力度，推进示范区快速发展。结合国家、省、州示范区考核要求，参照《国家现代农业示范区建设水平监测评价指标体系》，制定出台《龙里县国家现代农业示范区管理办法》，共创建省级农业园区3个，其中湾滩河生态农业示范园区列入首批省级重点示范园区，在2015年全州农业园区评比中位居全州十强园区第一位；茶香刺梨产业示范园区位居全州十佳美丽园区第8位；龙架山花卉苗木及生态旅游观光示范园区被省委改革办列为全省首个改革工作联系点。加强示范区监测力度。编制《龙里县现代农业示范区规划》《谷脚茶香刺梨产业园区规划》《龙架山花卉苗木及观光旅游示范园区规划》，《洗马镇综合农业示范园区规划》和《醒狮镇新兴产业园区规划》进入评审。

【农机发展】机耕面积完成18万亩，完成上级业务部门下达指标17万亩任务数的105.8%。机械化提灌面积3.8万亩，完成目标任务3万亩的127%。新增农机总动力0.48万千瓦，全县农机总动力累计达18.43万千瓦，完成目标任务18万千瓦的100.16%。兑现各级财政农机补贴资金77.42万元。其中，使用2014年结转资金53.42万元，2015年资金23.7万元，购置各类农机具578台（套）。

【新农村建设】围绕“四在农家·美丽乡村”创建活动阶段目标，项目建设包含“三改三治”（改厕、改厨、改圈，整治断墙残壁、整治草堆柴堆粪堆、整治乱搭乱建）、庭院硬化、集中式饮用水源地保护、污水治理、垃圾分类收集处理、公共厕所、文体活动场所及其设施、照明设施等8个方面内容，年度完成投资2203.5万元，占任务数的138%。其中，三改及庭院硬化工程3456户，垃圾收集处理设施1个，集中式饮用水源地保护1个，便民设施20个，文体活动设施23个，污水处理37个，照明设施640套，项目惠及14个自然村寨、411户、受益人口1.57万人。

（县农村工作局）

农业生产经营

【概况】坚持按照“优质、高产、高效、生态、安全”的现代农业发展要求，尊重农户意愿，因地制宜，不断推进农业产业结构调整，使龙里县农业种植由过去的以粮为主，转变为粮食作物与经济作物并重发展，粮经比达到3∶7。全县粮食种植19.87万亩，粮食总产量达7.05万吨，总产值1.66亿元；完成经济作物种植52.3万亩，总产值7.94亿元，其中，蔬菜31万亩、刺梨14.6万亩、水果3万亩、茶叶0.5万亩、花卉1.03万亩。不断优化畜牧养殖结构，加快优良品种改良和繁育基地建设，大力发展现代山地特色畜牧业，引领带动农民增收。全县生猪饲养量22.8万头，同比增长10.5%，其中：生猪出栏11.8万头、同比增长11.7%，存栏11万头、同比增长10.6%；饲养牛5.63万头、同比增长6.15%、饲养羊8.53万只、同比增长11.17%；家禽饲养183.78万羽，同比增长22.7%；肉类总产1.38万吨、增长12%、禽蛋产量2350吨、17.5%。全县有仿生态大鲵繁养殖场5家，有商品大鲵1966尾；有竹鼠养殖339户，饲养竹鼠2.21万只；年出栏2万头生猪养殖企业1家。

【农业产业化经营】列入年营业收入100万元以上农产品加工企业17户，完成营业收入总产值32.2亿元；全年完成推荐申报州级龙头企业2家，县级龙头企业6家；全县累计注册登记农民专业合作社227个（新增农民专业合作社44个），入社成员2975人，出资总额达1.9亿元，辐射带动农户1.66万户。全县共获认定县级示范家庭农场62户，州级示范家庭农场7户，省级示范家庭农场1户。

【畜牧业】全年，全县生猪存栏11.2万头、出栏11.75万头，同比增长分别为16.33%、12.22%；牛存栏4.93万头、出栏0.71万头，同比增长分别为7.8%、6.02%；羊存栏4.3万只、出栏4.33万只，同比增长分别为13.76%、12.56%；家禽存栏79.73万羽、出栏家禽129.08万羽，同比增长分别为50.76%、30.48%。水产品养殖面积80公顷，总产量为1480吨。肉类总产量1.51万吨，同比增长22.77%；禽蛋产量2540吨，同比增长27%。畜牧业产值达8.98亿元，同比增长56.19%，占农业总产值的44.85%。其中，生猪产值为4.18亿元，同比增长40.1%；牛产值0.89亿元，同比增长41.76%；羊产值0.89亿元，同比增长46.41%；禽产值1.65亿元，同比增长73.52%；禽蛋产值0.48亿元，同比增长33.22%。畜牧业净收入5.16亿元，实现农民人均纯收入2313元。

【牧畜改良】畜推广“三元”杂交猪投入配种用种公猪195头，共改良配种母猪1.22万头，占计划任务数的111%；良种猪覆盖率95%以上，推广杂交猪9.16万头，占计划任务数的105.3%，其中“三元”杂交猪6.88万头。全县设有优质肉牛改良点6个，累计改良配种母牛512头，占计划任务数的102.4%；配种受胎332头，占计划任务数的102.2%。本品种选育母牛520头、公牛22头，分别占计划任务数的104%和110%。肉羊种畜改良主要推广波尔山羊、大耳羊、贵州黑山羊、贵州白山羊、南江黄羊等品种。全县设有羊改良点20个，改良配种母羊8218只，占计划任务数的105.4%，出栏杂交羊1.31万只。抓好洗马镇白果、谷脚镇哨堡、冠山街道大竹养鸡场示范点建设，以点带面辐射发展。共完成发展良种家禽推广56.3万羽，占计划任务数的110.4%；良种兔推广9800只，主要分布于龙山镇的草原、湾滩河镇的湾寨及醒狮镇的谷龙等地饲养。

【水产养殖】2015年，完成水产品总产量1480吨（捕捞产量80吨，养殖产量1400吨）。其中：池塘养殖产量33吨，水库养殖产量1099吨，河沟养殖产量202吨，稻田养殖产量66吨；鱼种生产总量42吨，鱼种投放总量高达160吨。共落实养殖面积80公顷（其中，池塘养殖面积5公顷，水库养殖面积47公顷，网箱养殖20公顷，河沟养殖面积28公顷）。在网箱养殖推广方面，主要是推广不投饵网箱养殖模式，以大花水库为重点，主要养殖的品种为鲢、鳙及武昌鱼。大鲵养殖总数为1966尾，其中商品鲵1871尾，亲鲵95尾。

【茶叶产业】茶园建设。完成茶叶种植面积500亩。整合岩溶地区石漠化综合治理工程项目资金712万元，计划在2015—2016年度完成5000亩茶园建设。到12月月底，在湾滩河镇云雾山村完成茶园整地1500多亩。全县有茶叶种植面积1.37万亩，投产茶园1.2万亩，其中低产茶园0.6万亩。茶叶总产量290吨，同比增长11.5%；茶叶总产值9200万元，同比增长31.1%。茶叶企业。全县有茶叶加工企业和合作社7家，安装清洁化茶叶加工生产线5条，共注册茶叶商标5个。其中贵州省福茶贸易有限责任公司的“黔赐”都匀毛尖茶、龙里卧云谷绿茶有限公司的“卧云谷”绿茶商标通过QS认证，全县获无公害茶叶产地认证2400亩。茶文化活动。多次组织茶叶企业参加斗茶大赛、茶艺技能大赛、参观培训等茶事活动。县代表队（兰亭茶坊）参加“尚城壹品”杯2015年贵州省茶艺职业技能大赛（黔南预赛）暨黔南州第四届青年茶艺技能大赛，表演的《四世通堂》在预赛和决赛均获得第二名，并取得参加8月28—29日在贵阳举办的2015年贵州省茶艺职业技能大赛资格；

县职业中学代表队的《如茶清远》获得第八名。兰亭茶坊在2015年贵州省茶艺职业技能大赛中，荣获大赛团体赛银奖、个人赛优秀奖，并代表贵州省参加西南地区茶艺职业技能大赛，获得最佳创意奖。

（县农村工作局）

农业安全监管

【概况】 将“龙里县豌豆尖”申报国家农业部农产品地理标志产品，向黔南州质量技术监督局递交含15个检测参数的蔬菜、水果的农药残留检测的检验检测机构资质认定申请书，对县内基地生产的蔬菜、水果1628个样品开展农药残留快速检测合格率100%，对进入龙里县屠宰场的生猪进行瘦肉精检测，共抽检676份。其中，盐酸克伦特罗267份、莱克多巴胺265份、沙丁胺醇144份，检测结果全部合格。

【农药监管】 在冠山社区的三元、湾滩河镇的羊场翠微、龙山镇的余下、醒狮镇、洗马镇等地的蔬菜种植基地、茶叶生产基地及农民专业合作社进行农业投入品的检查8次，未发现违规使用农药现象。组织开展农药市场检查32场次，累计出动执法人员92人次，检查经营单位37个次，检查农药品种标签758个次，审核农药标签691个次，标签审查合格品种635个次，合格率达91.89%；标签不合格品种已反馈各经营网点，要求下柜停止经营。

【农机安全】 将全县划分为5大片区：龙山片区（龙山、三元、水场等社区）、羊场片区（羊场、摆省、湾寨、草原等）、洗马片区（洗马、巴江、哪旁等）、醒狮片区（醒狮、谷龙等）和谷脚片区。组织安全学习3次，到各片区开展专项宣传12次，发出安全警示短信20余次。检查农机销售企业和专业合作社3家，排查各类隐患20余起，对企业安全排查做到全覆盖；配合公安交警开展道路交通安全宣传活动和联合执法行动，处理违规机车和驾驶员12起。完成机车检验480余台，年检率84%；签订责任书500余份，责任书签订率100%；发出整改通知书40余份，限期整改100%；出具委托书15份，开展汛期安全排查6次，发出各类防汛安全警示短信4次。全年开展安全检查20余次（每月2次，不含各类专项整治行动），会同农机合作社及农机安全协会开展农机具检修10余次，共检修农机具62台，排查处理一般隐患50余起。

【植物保护】 针对油菜、小麦、马铃薯、稻飞虱和稻纵卷叶螟、稻水象甲等开展系统监测，及时编发病虫长短期预报13期、1500份，其中发秋收作物病虫预报9期、1100份，夏收作物病虫预报4期、400份。及时指导农户进行病虫害的防治，完成夏收作物病虫防治5.35万亩，防治挽回损失1926.75吨；马铃薯病虫害发生面积1.61万亩次，防治面积1.55万亩次，防治挽回损失1860吨。水稻、玉米病虫害发生面积18.88万亩次，防治面积18.11万亩次，防治挽回损失1766.75吨，实际损失874.13吨。

【植物检疫】 稻水象甲疫情普查监测。在水稻育秧后于4月10日开始对疫区所有秧田进行普查，共普查6个镇（街道）167个村（社区），普查面积10.45万亩，其中普查秧田面积0.95万亩，秧田普查全覆盖，大田普查面积9.5万亩，有4个镇（街道）、21个村发生稻水象甲疫情。开展各种形式的培训25期次，培训农技干部、农药经营人员、技防服务队员350余人，镇、村、组干部250余人，农民1450人；宣传稻水象甲防控技术25期，张贴宣传标语160条、稻水象甲挂图200张；利用电视媒体宣传报道1次，广播宣传稻水象甲防控技术1次，发放宣传资料、明白纸1.5万份，采用电视宣传报道1次。菜豆象疫情普查与防控。普查6个镇（街道）、167村（社区）、1750户农户，检查农贸市场6个45个摊点，检查豆子共计1.95万公斤，查到染疫豆子1.29万公斤，涉及全县6个镇（街道）、95个村、2380户农户。市场执法检查。在县城内开展蔬菜种子、花卉、果树、苗木市场检查，查豆类、辣椒等蔬菜种子0.5万公斤，查花卉苗木、玉兰、茶花、仙人球、龙须、绿宝、金全花、幸福树等2500个品次，查李子苗、杨梅苗、葡萄苗、枇杷苗、桃苗等780株。两杂种子普遍上市后，对农作物两杂种子经营点进行多次执法检查，共检查市场15次，检查经营单位58个。果蔬实蝇专项检查。通过对龙山镇、冠山街道冠山社区、湾滩河镇、醒狮镇、洗马镇、谷脚镇5镇1社区的果园、蔬菜基地开展普查，全县主要以柑橘小实蝇、柑橘大实蝇、果蔬实蝇发生为害。

（县农村工作局）

烤烟生产

【概况】 2015年，全县合同种植烤烟6000亩，100%完成州、县下达计划任务，实际移栽烤烟702.88万株，折合1172株/每合同亩。其中：洗马镇实际合同种植烤烟3000亩，100%完成县下达计划任务，实际移栽烤烟360.22万株，折合1201株/每合同亩；湾滩河镇实际合同种植烤烟3000亩，100%完成县下达计划任务，实际移栽烤烟342.66万株，折合1143株/每合同亩；全县全年烟叶收购1.5092万担，担均价1137元，等级合格率66.46%，处理丰产烟叶92.897担（代保管），实现顺利关仓；烟农售烟收入1699.11万元，实现烤烟均价22.52元/公斤，可实现烟叶税373.8万元。湾滩河镇摆省片区投入260万元实施谷孟、果里土地整理项目，通过省、州、县三级验收。

【烟叶生产管理】 根据乡（镇）“撤并”及烤烟目标计划实际，将原洗马镇和原巴江乡计划任务划归新的洗马镇，原摆省乡、草原乡烤烟计划任务划归新的湾滩河镇。按照下达的种植计划，通过采取办示范点、引进种烟大户及推广机械化耕作等措施，确保烟地落实到户到丘块和翻犁起垄待栽。全县按生产时限和技术要求，在2月10日全面完成烤烟育苗工作，共计育苗10.38万盘（其中0.38万盘预备苗）。4月11日开始陆续供应烟苗，保证足额提供移栽用苗。全县从4月1日开始移栽烤烟，4月29日完成烤烟移栽工作。

【烤烟生产技术】 着力转变烟叶发展方式，探索符合龙里实际的现代烟草农业发展新路，创建以“小集中、大串联”为特征的“珍珠项链式”建设模式和“种植在户、服务在社”的生产组织模式，基本形成现代烟草农业发展格局，发展水平走在全州前列。改变传统密集烤房工艺的烟叶“焖烤”技术，全国烟草行业唯一具有国内统一刊号的烟草主流媒体《东方烟草报》专题报道。亩栽株数从2014年的850株增加到1010株，基肥使用从2014年53.25千克/亩降低到49.5千克/亩，烟叶生产降氮增密工作有突破性进展，在烟叶收购进度、质量、纯度、样品的管理主动性上得到有效提升，获得全州收购等级合格率第一，烟叶二次调级率和调级损失均为全州最低的成绩。为有效降低上部烟叶挂灰，减少烟农损失，通过实地调研，组织有多年烘烤经验职工对烘烤工艺进行改进，创新推出简单易懂、便于操作的“焖烤”法。对工艺技术要点进行总结和推广应用，惠及惠水、长顺等县，为烟农增加250多万元收入。

（县烟草局、县“两烟”办）

扶贫开发

【概况】2015年，县扶贫开发局围绕减少贫困人口5000人和原哪旁乡“减贫摘帽”的工作目标，以争取项目、实施项目和精准扶贫建档立卡为重点，以产业扶持、雨露计划培训为主线，以财政扶贫资金和其他帮扶资金作为载体，开展和落实各项工作。全年共安排到村项目资金2590万元，项目落实到登记在册的帮扶农户，每个贫困农户参与一个以上的增收项目，实现减贫5050人，原哪旁乡（贫困乡）如期摘帽。

【重点扶贫项目】全年，共争取财政专项扶贫资金3720.3万元。其中，到县财政资金2920.3万元。全县实施的项目主要有：冠山街道大新村竹鼠养殖项目80万元，发展竹鼠1600只；刺梨种植项目500万元，委托贵州同济堂中药材种植有限公司开展育苗；湾滩河镇蔬菜种植项目300万元；“雨露计划”项目83.3万元，培训1667人；谷脚镇蜜蜂养殖项目60万元；谷脚镇新坪村富硒红米产业加工建设项目60万元；洗马镇辣椒种植项目30万元；冠山街道合安村竹鼠养殖项目100万元；湾滩河镇竹鼠养殖项目200万元；洗马镇冷链物流建设项目200万元；洗马镇莲藕种植项目100万元；扶贫小额信贷贴息项目100万元；扶贫龙头企业加工建设项目贷款贴息34万元；2014年度核桃项目管护费用28万元（其中3万元用于核桃辅导员补助，25万元用于田间管护费用）；龙山镇食用菌种植基地建设项目300万元；龙山镇原草原乡肉兔养殖项目100万元；中药材续断种植项目300万元；“减贫摘帽”奖励资金项目260万元；烟草扶贫新村建设项目800万元。

【对口帮扶】根据广州市与黔南州签订的对口帮扶框架协议，2015年，黔南州安排对口帮扶项目1个，帮扶资金100万元，用于龙山镇草原村通组道路建设。

【贷款扶持】扶贫龙头企业加工建设项目贷款贴息34万元；扶贫小额信贷贴息项目100万元。

【精准扶贫】按照贵州省贫困人口全口径识别更新的要求，全县更新识别贫困人口28502人。贵州省扶贫办对全省第一批精准扶贫建档立卡示范点进行信息平台考核验收，原水场乡考核分数92.3，全省排名第11名（全州第一）；原湾寨乡考核分数87.7分，全省排名第64名。均通过了验收。

【“扶贫专线”】电话（0854—5664580）。受理有关扶贫惠农政策、措施的咨询；对扶贫工作中的工作效率、工作质量、工作作风等方面的批评、意见和建议；对有关扶贫工作办事程序的咨询、意见、建议；对财政专项扶贫资金在管理、分配、使用中存在的问题以及扶贫政策执行中的违规问题的举报；接受社会爱心人士的捐款捐物等。“扶贫专线”电话实行限时办结、跟踪管理、回访督查、实名留言，按照“谁承办、谁把关、谁回复、谁负责”的原则，承办单位对咨询、建议类来电，自收到“扶贫专线”办公室转办之日起10个工作日内给出答复意见；对举报类来电，原则上20个工作日内给出答复意见。

（梁志刚）

气 象

【概况】2015年，龙里气象工作秉承“防灾减灾，气象先行”的理念，加强内部管理，履行气象职能，为全县经济发展计划、指挥生产、组织防灾减灾、合理开发利用资源、环境保护和可持续发展等方面科学决策提供多轨道气象信息服务。内设机构有办公室、气象台和防雷中心，中央编制数7人，地方编制数2人，实有在岗正式人员5人，外聘8人。

【气候特点】温度。全县平均气温16.1℃，与历年同期相比偏高1.1℃；年极端最高气温32.6℃，出现在7月13日；年极端最低气温-2.7℃，出现在1月31日。雨量。降水总量为1358.7毫米，与历年同期相比偏多26%；日最大降水量为132.5毫米，出现在6月18日；年内降水分布不均，2—4月降水偏少，而5—6月降水明显偏多且多暴雨天气过程。

【灾害性天气】暴雨洪涝。年内共出现7次暴雨过程，即5月19日、5月26日夜间、6月7日夜间到8日、6月12日夜间、6月17日夜间、8月11日夜间、8月27至28日。降雪及凝冻。年内出现的2次降雪天气分别为：1月9日白天出现雨夹雪，1月30日白天出现零星小雪。1月31日夜间到2月1日凌晨出现零星冻雨及电线积冰，对交通运输和人民生活造成一定影响。

5月19日傍晚县域出现暴雨天气过程。5月18日08时—19日08时，全县出现暴雨8站次、大雨5站次，中雨1站次。最大降水量为县城的90.3毫米。全县受灾33个村、65个组，受灾人口1662人，紧急转移安置16人。受灾损失总计209.5万元，无人员伤亡。5月26日23时开始，县域出现雷雨天气，降水在27日早晨结束。5月26日08时—27日08时，全县气象监测站点出现大暴雨2站次、暴雨1站次，大雨3站次，中雨4站次。最大降水量为龙山镇金谷村的175.2毫米。龙山镇受灾15个村58个组，受灾人口2100人，紧急转移安置85人，经济损失共计116万元。

6月8日凌晨开始，县域出现强降水天气过程，6月7日08时至8日08时全县气象监测站点出现大暴雨6站次，暴雨8站次，其余站点大雨。最大降雨量为甲摆村129.8毫米。导致全县农作物、工矿企业、基础设施、公益设施和群众家庭财产不同程度受灾，经统计受灾89个村、266个组，农作物受灾面积24498亩，受灾人口24348人，其中紧急转移安置64人，经济损失共计2224.945万元。

6月12日23时至13日08时县域普降暴雨，局地大暴雨。最大降水量为羊场105.2毫米。造成冠山街道办、洗马镇、湾滩河镇、谷脚镇农作物、基础设施和群众家庭财产不同程度受灾，经统计受灾43个村87个组，农作物受灾面积4277亩，受灾人口6108人，其中紧急转移安置11人，经济损失共计499.3万元。

6月17日23时开始，县域出现雷雨天气，降水在18日早晨结束。6月17日08时—18日08时，全县气象监测站点出现大暴雨11站次、暴雨4站次，最大降水量为龙山镇城兴村的192.4毫米。全县受灾60个村、121个组，受灾人口4016人，其中紧急转移安置217人，经济损失共计3261万元，无人员伤亡。

8月11日22时开始县域出现强降水天气过程，至12日08时降水强度减弱，全县气象监测站点出现大暴雨2站次、暴雨7站次、大雨13站次、小雨2站次，最大降水量为羊场123.7毫米。全县受灾11个村29个组，受灾人口429人，紧急转移73人。农作物受灾410亩，损失8.2万元；基础设施受灾损失0.55万元；家庭财产损失3.8万元。该次受灾直接损失总计12.55万元。

8月27日至28日县域出现阵雨天气，全县普降中到大雨，局地暴雨。8月27日08时至28日08时，全县气象监测站点出现暴雨4站次，大雨13站次。最大降水量为谷脚79.1毫米。无灾情发生。

【防灾减灾机制】组织修订印发《龙里县气象灾害应急预案》，明确全县突发气象事件应急处置工作组及职责和应急处置流程。深入开展气象服务需求调研，与水务、国土、农业、民政、电视台等部门，建立气象灾害防御会商、信息共享、服务与处置等联动机制，及时做好多部门信息共享和应对研判工作。

【气象服务】多渠道多形式加强对微信、微博等新兴媒体的推广应用。开通微信公众平台，通过手机短信、电子邮件、宣传展板、开展专题宣传活动等形式向相关部门或公众推广。坚持通过气象官方微博发布气象预报预警信息。微信关注人数逾1200人，微博用户近1000人。拓宽公众气象服务信息覆盖面。将公共气象服务预报预警信息发布作为气象部门政府信息公开的主要形式，在龙里县人民政府门户网站发布气象预报预警信息。同时坚持通过《气象信息报告》、龙里县气象局微博和微信等方式对外发布未来一周及未来24小时等气象信息。每天通过邮件、短信等方式为这些单位提供气象服务，并通过其电子显示屏传播气象预报预警信息。此外，完成全县气象信息员库更新工作，实现乡村气象信息员全覆盖。年内共制作发布《重要气象信息专报》9期，《气象信息报告》433期，《气象信息快报》74期，《森林火险重要服务专题》25期，同时做好州旅发大会和春节、清明节、端午节、国庆节等重要节假日以及中高考等重要时段的气象监测预报服务。

【决策气象】制定详细方案，提高决策气象服务针对性。遵循准确、及时、主动、科学、高效原则，认真分析党、政领导和决策部门的需求，及时制作和提供针对性强、质量高的气象服务产品。规范决策气象服务业务流程，确保决策气象服务的质量，制定龙里县气象局2015年度决策气象服务周年方案，内容包括重大灾害警钟、各时期服务重点、灾害性天气造成的主要影响、服务方式、对策以及重点服务单位等，并明确相关工作职责任务。

【专题气象保障服务】初启动春运气象服务，发布总体趋势和每周天气预报；做好县两会期间的气象服务工作；为黔南州第八届旅游产业发展大会（龙里）提供优质气象服务工作。主动与各相关部门沟通，根据需求主动开展各种专题气象服务，多举措做好高考、中考及节假日的气象服务保障工作。

【人影工作】开展人工影响天气作业岗位培训，加强标准化作业设施和作业队伍建设，制定人工影响天气作业计划，推进人工影响天气组织管理、协调指挥、安全监管等体制机制建设。积极开展防雹、增雨作业，降低气象灾害对农作物造成的损失。年内共开展防雹增雨作业15次，发射高炮弹273发，有效减少雹灾损失，增加降水量。

【农业气象服务】与农业部门开展直通式气象服务，由农业部门根据本地实际情况确定直通式气象服务对象，并纳入气象服务用户数据库，通过手机短信、显示屏、网络微信等渠道有针对性地开展气象服务，指导新型农业经营主体合理安排生产，减轻灾害影响和损失。与县烟草公司联合每周一按时发布烤烟气象服务专题，截至10月共制作发布《烤烟气象服务专题》36期。与县林业局合作，开展刺梨种植气象服务，3—9月共制作《龙里县刺梨种植专项气象服务》21期。

（陆紫薇）

水 务

【概况】龙里县位于黔中腹地，地跨长江流域乌江水系和珠江流域红水河水系，境内共有河流、溪涧102条，河流总长度644公里，平均河网密度为每平方公里0.42公里。流域面积在20平方公里以上的河流26条，其中乌江水系24条，红水河水系2条。主要河流有南明河、三元河、湾滩河3条。全县多年平均水资源总量8.43亿立方米，水资源开发利用率为10.6%。全县有山塘、水库434座，其中小（一）型水库3座、小（二）型水库13座，总库容1343万立方米；引水工程146处，引水流7.25立方米/秒；提水工程54处，装机794.5千瓦。有效灌溉面积3.47万亩。小水电站1座（辣子冲水电站），装机容量400千瓦，年发电量180万度。已建成农村集中供水工程545处，供水能力0.47万立方米/日，共计解决农村人口饮水困难15.51万人。全县共建成防洪排涝工程11公里，保护耕地0.5万亩，保护人口4万人；共治理水土流失面积29.47千公顷。全县建成小水池共112处，总容量1.37万立方米，新增灌溉面积1171亩。内设2个机构，即办公室、规划和政策法规科（行政审批服务科）；下属事业单位11个，其中：正科级公益一类事业单位1个，副科级公益一类事业单位1个，正股级公益一类事业单位9个。行政编制7名，其中：领导职数5名（设局长1名，副局长3名，纪检组长1名）；内设机构领导职数设主任（科长）2名，监察室主任1名（由纪检组长兼任），监察室副主任1名（正股级）；机关工勤1名。事业编制在岗62人（专业技术人员32人，管理人员17人，工勤人员13人）。人员编制纳入财政全额预算管理。

【民生水利建设】全县新增解决8.72万名农村人口和0.66万名农村学校师生饮水安全问题；恢复改善灌面4.75万亩，节水灌面2.8万亩，新增灌溉面积1.15万亩，建成高标准示范农田1万亩；完成摆兰水库、摆绒水库、搽耳岩水库、谷港水库、白岩冲水库、茨秋冲水库、摆谷六夹尔坝水库、杨梅冲水库、落锅水库、烂坝水库、下麻若水库、插牌关水库、羊昌水库、花椒水库共14座病险水库除险加固治理任务，占规划目标任务的100%。

【防洪抗旱减灾工程】中小河流治理。完成谷龙河、湾滩河、三元河三元镇河道治理任务，共计完成河道治理5.75公里，新建堤防5.75公里，保护人口2.2万人，保护耕地1.55万亩。防洪抗旱能力。建成县级气象预警服务系统，建成六要素自动气象站2个，配置群测群防手摇报警器88个，完善县级山洪灾害预案1个；乡镇山洪灾害预案14个，村级山洪灾害预案179个。成立179个村级防汛抗旱指挥中心。实施抗旱应急提水工程23处、抗旱应急小型水源工程35个。3. 水文测报系统。建成简易雨量站72处；无线广播46处；自动雨量站14处；自动雨量水位站2处；图像监控4处；视频站1处；简易水位站19个；给各镇（街道）配备计算机、传真机各20台；县机房路由器、交换机各1台；完善会议设备配置，SDH专线升级至10M，固定IP专线升级至20M，各镇办4M固定IP光纤建设；制作宣传栏24块和警示牌48块、横幅36幅，建成2套山洪灾害监测预警系统，使全县监测预警预报体系得到加强，大幅提高水文监测控制率以及水文信息采集、传输、处理和服务能力。

【水利改革】完成水务一体化改革方案报审，实行最严格的水资源管理制度，开展镇（街道）用水量调查，根据州水务局下达的“三条红线”控制指标完成最严格的水资源管理实施方案报政府审批下发；建立水资源计量收费制度、取水许可制度，严格入河排污口设置审批制度，建立饮用水水源保护机制。深化小型水利工程管理体制改革，成立龙里县小型水利工程体制改革领导小组，拟定龙里县小型产权制度改革实施方案，以湾滩河镇为试点，小型水利工程管理体制改革工作取得明显成果。推进水利投融资体制改革：一是通过现有的平台公司进行投融资，专款专用，全部用于水利建设；通过与县入驻企业建立合作机制，引导企业多方式投资水利工程建设，融资总额达3.18亿元，为重大水利工程建设提供强有力的资金保障。水价改革逐步建立符合市场导向的价格机制，用水户协会规范化建设和农业终端水价制度改革取得实质性成效，促进农业水费计收，达到以水养水的目的。水利工程建设管理体制改革，在完善水利工程建设“四制”基础上，推行水利工程设计施工，总承包等模式，进一步加强和规范小型水利工程建设管理。

【水生态文明建设】 整合龙里县贯城河、莲花湿地公园、龙架山国家森林公园、中铁国际生态城申报国家级城市河湖型水利风景区，景区于2014年11月4日获水利部授牌。

【水土流失综合治理】 “十二五”期间，共投入各级财政补助水土流失治理专项资金693万元（其中，中央补助资金210万元，省级补助资金137万元，县级财政补助346万元），5年共治理水土流失面积45.06平方公里，其中，营造水保林0.62平方公里、经果林0.68平方公里，保土耕作0.39平方公里，封禁治理37.75平方公里，植物护坡0.03平方公里，修建垃圾房1座、机耕道（人行便道）11.3公里、引水渠（管）8.01公里、蓄水池3口。

【贵州山区现代水利龙里县湾滩河示范园区】 湾滩河山区现代水利示范园区（试点区域）是依托国家级农业园区和贵州省5个100工程重点园区——湾滩河生态农业示范园区进行试点的“园中园”。园区位于龙里县南部的湾滩河镇，核心区在湾滩河镇政府驻地，距离省会贵阳65公里、县城40公里、厦蓉高速昌明站出口约25公里，有014县道穿越。示范区内有小（二）型水库4座，山塘15座，总库容165万立方米；自流引水工程8处，提水工程4处，农村饮水工程68处。

湾滩河生态农业示范园区自2012年年初开始创建，园区占地12万平方米的综合展贸区、8万平方米的加工物流区，以及技术推广培训中心、农产品质量监测、商务接待、电子多媒体演播、农产品展示、冷链物流和育苗温室大棚等服务区域已经建成并投入使用。核心区建成通村沥青（水泥路）25公里，网格状机耕道10公里，生产便道3公里，基本实现交通运输全覆盖。园区已引进香港丰泰等8家种养殖企业入驻，组建蔬菜种植专业合作社20家，农机服务专业合作社1家。截至2014年年底，农户参加合作社比率达40%，土地流转达1.2万亩，实现生产总值7.5亿元（其中，蔬菜产值3.5亿元）。龙里县湾滩河山区现代水利示范园区自2014年启动试点以来已取得初步成效。一是新建主输水工程2处，铺设ND315~500毫米主干管23公里；修建150~250立方米高位调节池14口，安装给水计量设施和给水栓94个，建成1处50亩喷灌示范点，建成水利信息化及自动化平台并与龙里大数据平台融合，实现远程操控，服务蔬菜种植1.01万亩。二是建成排涝渠7.4公里，河道治理3.1公里，保护企业3家、蔬菜种植专业户9户，保护耕地2750余亩。三是建立健全基层水利服务体系，组建湾滩河镇水务分局，由县水务局直接管理，工资全额纳入县级财政预算；组建2个用水户协会，招聘8名村级水利信息员，示范区用水实现由用水户协会管理全覆盖。四是完成湾滩河现代水利示范园区小型水利工程产权调查摸底和部分工程确权颁证。五是制定出台水利示范园区水价改革、水费征收、阶梯水价、用水管理等相关政策和办法，示范园区用水管理逐步规范化。

【骨干水源工程建设】 完成窄冲水库、石龙沟水库建设，新增供水 1522.3 万立方米，开工建设龙滩水库。对解决龙里县工程性缺水问题迈出一大步，水利对经济社会发展的支撑能力逐步增强，有力支撑了工业化、城镇化发展对水资源的需求。

【水利投资】“十二五”期间完成水利投资达 6.7 亿元，创历史新高。水利投资规模有较大增长主要是由于国家加大对水利建设的支持力度和县委、政府对水利建设的高度重视，不断拓宽水利投融资平台，水利投融资能力显著提升。

【“十三五”水利建设规划】“十三五”期间，规划水利项目 355 个，规划投资 83.94 亿元。其中，骨干水源工程 18 座，年供水量 1.68 亿立方米，投资 51.62 亿元；应急抗旱提水工程 6 个，投资 1.81 亿元；农村饮水巩固提升工程 36 个，解决 8 万人饮水安全巩固提升，投资 1.26 亿元；小型农田水利及灌区渠系配套与节水改造项目 6 个，解决 3 万亩耕地灌溉，新增 2 万亩高效节水灌溉面积，改善灌溉面积 3 万亩，投资 6.65 亿元；病险水库除险加固及山塘扩容增效项目 131 个，投资 1.17 亿元；中小河道治理项目 3 个，生态治理河道 16.3 公里，保护人口 1000 人，农田 1.45 万亩，投资 0.71 亿元；山洪沟治理、涝区治理及防洪非工程措施项目 26 个，投资 9.09 亿元；水源地保护项目 6 个，投资 2.04 亿元；污水处理工程 8 个，日处理污水 3.4 万吨，投资 3.9 亿元；水土保持与河湖生态修复工程 12 个，治理水土流失面积 45 平方公里，投资 4.9 亿元；行业能力及前期工作项目 6 项，投资 0.8 亿元。

【水资源管理】继续按照贯彻落实最严格水资源管理制度要求，有序推进水资源管理各项工作。编制完成《龙里县水资源综合规划》《龙里县城区河道治理规划》《龙里县水生态文明城市建设试点实施方案》等专项规划，为全县水资源开发利用和水生态文明建设提供依据和理论基础，最严格水资源管理制度用水总量、用水效率和水功能区限制纳污“三条红线”和对应“四项制度”初步建立。全县年终保有取水户 15 户，取水总量 1816.37 万立方米。全年，全县用水总量 0.85 亿立方米；农田灌溉水有效利用系数达到 0.45；万元工业增加值用水量 101 立方米；县城以上集中式饮用水源地水质达标率 100%。全年，龙里县水政监察执法大队共巡查河流 32 公里、水库 16 座，调处水事纠纷 2 起，查处水事违法案件 3 起，征收水土保持补偿费、水资源费共 129.02 万元。

【水土保持】强化监督职能，加大对开发建设项目监督管理力度。共检查辖区内各级水行政主管部门审批的项目 24 个，其中省级项目 7 个，州级项目 1 个，县级项目 16 个。开发建设项目水土保持方案的审批扎实推进。共收到生产建设项目业主单位递交的开发建设项目水土保持方案审批申请 14 个，办结 14 个，批复送达及时，审批流程规范。收到开发建设项目水土保持设施专项验收申请 2 个，办结 2 个，验收程序规范，未出现逾期验收、越权验收或者故意刁难建设单位现象，已验收的生产建设项目没有出现严重的水土保持质量问题。顺利完成州政府下达的 9 平方公里水土流失治理任务。4 月完成《龙里县醒狮镇谷龙河小流域（乐榨村）水土保持综合治理工程实施方案》编制工作，并于 5 月启动实施。该项目累计完成投资 88.64 万元，完成新建果园 33.02 公顷；新建机耕道 365 米（其中，265 米为泥结石路面，100 米为水泥路面），布设治理碑 1 座；完成保土耕作 216.34 公顷；修建 30 立方米蓄水池 2 座；共封育治理 652.95 公顷，修建封育碑 1 块。共完成水土流失治理面积 9.02 平方公里，完成治理任务的 100%。国家级水土流失重点治理取得新突破，努力争取并顺利完成

2014年国家级水土保持重点治理工程——龙里县湾滩河生态清洁型小流域项目，完成投资237万元，建成生态河堤1048米、人行便道4748米、生态步道1135米，植物固岸（种植垂柳）7050米、水保林种植47.15公顷、封育治理603.53公顷、植物护坡3.32公顷。

【防汛抗旱】 防汛抗洪。加强防汛物资筹备及维修养护。汛前，投入8个工作日维修并调试抽水机具设备65台（套），保证防洪时拿得出来，派上用场。开展防汛检查工作。对水库、重点山塘、在建工程和水电站进行防汛安全隐患大排查。特别是5—8月，龙里县屡遭强降雨，河水暴涨，山塘水库水位激增，防汛形势严峻，压力巨大。为做到及时防范，消除隐患，水务局采取分管领导、技术人员分片包干制对全县16座小（二）型以上水库，26个重点防洪涉水工程进行不定期检查，联合国土、安监对全县38处隐患点进行汛前、汛中排查，对发现的问题及时采取处置措施，确保安全度汛，杜绝防汛安全事故，实现人员“零死亡”。全年，防汛抗洪共投入抽水机具设备230余台（次）、冲锋舟2艘282人次开展抗洪救援8次，转移人口381人。水毁项目得到修复。完成2014年度湾滩河水毁防洪堤新建重力堤50米，生态堤110米；完成湾滩河生态农业产业园区河道两岸河堤修复786.7米，岸坡绿化309米；有效保护农田320亩。完成投资84.6万元。争取中央特大防汛抗洪补偿资金共计200万元，水毁修复项目方案编制完成并通过审查批复和实施。综合防御能力提升。争取中央补助山洪灾害防治项目资金209万元，山洪灾害调查评价和山洪灾害非工程措施相关建设内容基本完成。完成山洪灾害威胁区112个、沿河村落74个、沿河村落沟道控制断面测量74个和112个自然村的调查评价工作；完成山洪灾害调查评价数据采集终端和审核；完成山洪灾害预警系统及山洪灾害监测预警平台升级；完成县级、五镇一街道及112个行政村山洪灾害防御预案，开展2次山洪灾害培训和1次山洪灾害防御演练。

（县水务局）

2015年龙里县水利建设项目统计表

表4

序号	项目名称	建设规模	建设年限	总投资（亿元）	2015年计划完成投资（亿元）	2015年已完成投资（亿元）	项目形象进度
1	湾滩河生态农业示范园区河道防洪工程	对河道进行清淤，对河堤进行修建以满足该段河道的度汛洪水标准能达到5年一遇（P=20%），以达到保护两岸农田的目的。由《防洪标准》（GB50201—94）及周边产业园区的规划确定防洪标准为V等，排洪重现期标准为5年一遇；根据《堤防工程设计规范》（GB50286—98），确定堤防工程级别为V级	2015	0.01	0.01	0.01	工程已完工
2	龙山镇红岩村排洪渠水毁修复项目	—	2015	0.004	0.004	—	施工前准备
3	贵州省2014年水土保持重点治理工程龙里县湾滩河生态清洁型小流域项目	工程治理水土流失面积654公顷，其中，修建生态河堤1050米，人行便道3460米，宣传碑1座，垃圾房1个，垃圾桶10个，拦污栅3座，排污沟侧墙15米；植物固岸7050米（种植垂柳2350棵），种植水保林47.15公顷，植物护坡3.32公顷；实行封禁治理面积603.53公顷，设封禁碑3座	2015	0.0263	0.0263	0.0263	工程已完工
4	龙里县窄冲水库工程	建设总库容1608万立方米中型水库1座，及输水管道、沟渠建设	2015	3.0275	0.648	0.6480	主体工程基本完工，达到下闸蓄水工程形象面貌，蓄水安全鉴定单位已完成，蓄水阶段移民安置工作通过州级验收，并已向省厅上报下闸蓄水验收申请

续上表

序号	项目名称	建设规模	建设年限	总投资（亿元）	2015年计划完成投资（亿元）	2015年已完成投资（亿元）	项目形象进度
5	龙里县龙滩水库及水厂应急供水工程	—	2015	3.1838	0.12	0.12	龙滩水厂已建成。龙滩水库施工公路：进场公路完成约70%，具备施工交通条件；上料场公路完成70%，基本具备施工条件；导流洞施工道路全部拉通，具备施工通行条件
6	龙里县新民河道治理	工程治理河道全长5.275千米	2015	0.142	0.142	0.052	完成河道治理1.6千米，同时两岸约3千米格宾网安装完成，格老湾段基本完工。重新启动征地工作
7	—龙里县石龙沟水库工程	—	2015		—	—	2013年7月复工建设，州发改委于2014年11月7日对《龙里县石龙沟供水工程调整概算》进行批复，石龙沟水库续建工程累计完成投资840万元，大坝已浇筑至设计高程
8	2014年“中央统筹资金”项目县建设项目	湾滩河农业园区新建引水管道9.85千米，新建排涝渠5.472千米，新建醒狮镇葫芦田山塘一座，总库容8.32万立方米，改造夕阳山渠道1.3千米	2015	0.1	0.1	0.1	工程已完工
9	关于下达2014年中央财政统筹从土地出让收益中计提的农田水利建设资金的通知	龙山镇高峰村灌溉渠道维修，醒狮镇谷汪村渠道维修，谷脚镇山塘维修整治，冠山办合安、光坡渠道维修，湾滩河镇凯卡、长萌渠道维修	2015	0.015	0.015	0.0149	渠道维修已完工，谷脚镇山塘和高峰山塘砌筑中，工程施工进度达95%

续上表

序号	项目名称	建设规模	建设年限	总投资（亿元）	2015年计划完成投资（亿元）	2015年已完成投资（亿元）	项目形象进度
10	龙里县湾滩河场坝村灌溉渠道工程渠道防渗	灌溉渠道工程渠道防渗	2015	0.0015	0.0015	0.0015	已完工
11	龙里县谷龙乡乐榨村烟水工程（新建300亩）	灌溉渠道工程渠道防渗	2015	0.0015	0.0015	0.0015	完工
12	2015年农村饮水安全工程	主要建设内容有：新建水池26口；安装输（配）水管网22.54千米；新建泵站工程3处	2015	0.0713	0.07133	0.071333	已完工
13	2015年地下水开发利用（机井）工程	2015年，机井项目共19口。其中，省级的10口；市级4口；县级6口	2015	0.0475	0.0475	0.0475	已完工

水　文

【概况】 龙里水文站系州直管单位，驻地位于县龙山镇饶钵山三元河旁，北纬26°27′，东经106°57′，设立于1979年12月，基本断面以上集水面积为221平方千米，观测项目有水位、流量、降雨、蒸发等。龙里县总国土面积1517.8平方千米，地处长江流域乌江水系和珠江流域红水河水系的支流分水岭地带，降水量丰富。全县共有河流、溪涧102条，其中长江流域92条，珠江流域10条，河流总长度644千米。流域面积20平方千米以上的主要河流23条，其中乌江水系21条，珠江红水河水系2条，主要河流有南明河、三元河、湾滩河。

龙里县多年平均水资源总量为85499万立方米，其中南明河区25568万立方米；清水河干流区52467万立方米；蒙江区5869万立方米；六硐河区1595万立方米。在可预见期内，河道外可利用水量为26511万立方米，水资源可利用率为30.3%。

【河流资源】 南明河　位于龙里县北面，为龙里县与贵阳市乌当区、开阳县的界河，是乌江一级支流清水河的上游，境内河长39.3平方千米，境内流域面积472.6平方千米，多年平均径流量为4.73亿立方米。清水河发源于平坝县林卡乡竹林寨，全长219千米，流域面积6611平方千米，主要支流有头堡河、独木河、鱼梁河。

三元河　清水河一级支流独木河的最大支流，发源于草原乡金谷村，自西南向东北流经坝上、龙山镇、水桥、三元镇，于狮井汇入独木河，三元河主河道河长为61千米，龙里县境内流域面积为522.1平方千米，多年平均径流量为3.14亿立方米。

湾滩河　发源于贵阳市花溪区高坡乡，自西向东流经摆主、姨妈寨、湾寨、羊场吴兴寨，在贵定县旧司汇入独木河，湾滩河主河道河长为31千米，龙里县境内流域面积为163.8平方千米，多年平均径流量为1.04亿立方米。

【水文监测】全年最高水位为1081.55米，最低水位为1074.32米；年最大流量为516立方米/秒，最小流量为0.165立方米/秒；年降雨量为1313.3毫米，年蒸发量为546.8毫米。

（张　可）

工　业

经济运行

【概况】2015年是“十二五”期间工业经济发展最为困难的一年。上半年，受经济下行影响，全县规模以上工业企业正常生产比例仅达到62%，工业经济增速减缓，完成全年增长任务的压力加大。下半年，随着经济逐步回暖，市场需求略有上升，全县规模以上工业企业正常生产比例提高到80%，但产业层次低、创新能力弱等问题依然突出。面对种种困难，把转方式调结构放到突出位置，搭建和用好工业“百千万”工程和“民营经济服务年”活动平台，帮助企业解决项目落地建设和生产经营中出现的“十难”问题，实现工业经济平稳较快增长。

【支柱产业发展】积极应对经济下行形势，创新工作举措，采取“三个一”调度平台、每月定期召开调度会，有力促进问题的解决，推动一批骨干企业加快发展。全县105户规模以上企业除基业钢构、建荣电子、柏强药业3家企业因企业自身原因停产外，其余企业均实现正常生产。四大支柱产业总体保持良好的发展态势，医药制造行业完成工业总产值26.6亿元，同比增长9.9%；建材行业完成工业总产值50亿元，同比增长15.7%，化学制品制造业完成产值10.8亿元，同比增长11.2%，啤酒制造业完成产值5.5亿元，同比增长41%。主要工业产品中，啤酒产量20亿升、下降11.4%，白酒33.59万升、下降0.6%，硅酸盐水泥245.5万吨、增长38.8%，商品混凝土102.7万立方米、增长100.1%，混凝土电杆5.7万根、下降12.0%，混凝土添加剂15.4万吨、下降3.6%，混凝土排水管75.4千米、增长42.8%，中成药1.3万吨、增长9.3%，人造板31.4万立方米、增长17.6%，刨花板11.6万立方米、增长25.8%，复合木地板125.4万平方米、下降11.2%，家具8万件、增长75.6%，瓦楞纸箱7.7万吨、增长129.8%，合成洗涤剂5.9万吨、下降1.4%，电力电缆0.7万千米、下降5.6%；工业发电量54121.2万千瓦时、增长43.1%，其中红狮水泥自发电9277.8万千瓦时、增长29.7%。

【工业主要指标】全年累计完成规模以上工业产值170亿元，同比增长19.8%，占全年计划（160亿元）的106.2%，超时序进度6.2个百分点。累计完成规模以上工业增加值42.84亿元，同比增长14.5%，占全年计划的122.4%，超时序进度22.4个百分点。规模以上工业增加值累计增速高于全州（12.3%）2.2个百分点，排全州第一位；规模以上工业增加值居全州第三位；在全省增比进位中，龙里县工业增加值增速在31个经济强县中排第8位。完成50万元以上工业投资62.59亿元（上报数，下同），占任务数（62亿元）的100.95%，其中产业投资完成45.5亿元；完成500万元以上工业投资40.9亿元，占任务数（40亿元）的102.25%，其中产业投资完成29.9亿元。社会消费品零售总额在全省增比进位中，龙里县1—11月完成社会消费品零售总额14.49亿元，增速12.2%，在31个经济强县中排第11位。1—11月申报并通过国家、省、州审批限上商贸企业35户（社消类23家、服务业12家），社会消费类限上企业累计47家，仅次于都匀市，总数全州第二位，服务类限上企业累计25家。累计工业用电量5.59亿千瓦时，同比增长34.53%。截至12月30日新增已认定规模以上企业32户（其中，由小变大12户），占年度任务数（30户）的106.6%，2000万元以上规模企业达105户。全县105家规模以上工业企业全年累计实现销售产值165.5亿元，同比增长21.3%。累计产销率为97.4%，同比高1.1个百分点。

【工业发展后劲】定期组织召开全县重点经济运行及工业项目建设调度会，及时分析研判工业投资运行走势，对27个重点工业项目建立精细化调度台账，实行一月一调度、一周一跟踪。尤其是对新引进的重大招商项目，制定“一对一”“一对几”挂钩帮扶名册，倒排时序，强化土地、资金等要素保障，切实解决项目在落地、建设过程中遇到的各种困难和问题。完成500万元口径工业投资40.9亿元、产业投资29.9亿元，分别占年度目标任务数的102.3%、103.1%；完成50万元口径工业投资62.59亿元、产业投资45.5亿元，分别占年度目标任务数的100.9%、101.1%。将企业培育作为盘活企业存量、扩大工业总量、促进工业经济快速增长的重要抓手，全面推进企业纳规工作。新增2000万元以上规模企业32家，全面完成新增规模以上企业30户的目标任务，新增规模以上企业占全州新增规模以上企业总数（80户）的40%。全县2000万元以上规模企业总量达到105户，总数居全州第一。

【技术创新及新产品开发】下半年，贵州龙里创奇装备制造有限公司同贵州大学、中国煤炭科工集团重庆设计研究院等签订技术合作协议，联合组建环保新产品研发团队，投入研发经费300万元，成功研制出平板膜一体化污水处理设备（MBR）、脱硫除尘设备、静电油烟净化器、SF双层油罐等技术含量较高的绿色环保产品，为企业成功转型奠定基础。年末，贵州龙里创奇装备制造有限公司在冠山街道五里村建成平板膜一体化污水处理设备（MBR）应用示范项目。

【助力工业发展】抢抓全省实施工业“百千万”工程机遇，制定《龙里县实施工业“百千万”工程加快新型工业化进程工作方案》，建立县四家班子领导挂钩帮扶企业制度，定期深入企业、项目一线帮助企业解决困难问题。为龙缘盛豆业、科之杰、中广核贵州风力发电、红狮水泥等企业解决实际困难215项。推进“助保贷”“贵园信贷通”工作，协助3家企业获融资贷款450万元。与贵阳银行合作，启动龙里县“贵园信贷通”平台建设。对富华、润生等10户企业进行实地核实授信，共授信贷7100万元。多渠道争取项目资金。为创奇装备制造、英吉尔机械制造等企业争取贷款贴息资金115万元；为神奇药业、润生制药、金桥药业、苗氏医药4家企业争取特色产业发展资金25万元；为荣和酒业、双龙物流公司争取中小企业发展专项资金60万元；争取工业信息化发展专项资金800万元。促进电力直接交易。红狮水泥和三山研磨参加省电力交易中心集中竞价交易和电力直接交易，累计享受优惠90余万元。

【**存在问题**】企业产能释放存在差距。由于市场、资金等因素制约，企业生产、投资持谨慎态度，为避免库存积压现象，多数企业以销定产，企业实际产能虽然从上半年的50%提高到70%左右，但是与设计产能仍有差距，且有少部分企业仍处于停产状态。部分重点骨干企业发展放缓。在国家经济中低速增长的"新常态"下，龙里县工业经济受市场低迷、资金短缺等外部环境影响，从税收情况看，重点行业税收较往年有所下降。重点骨干企业中，红狮水泥有限公司同比下降10.8%、科之杰同比下降48.4%、长通电力同比下降47.2%。一些要素保障仍然不足。其中高新园区部分企业反映停电现象频繁，影响企业正常生产，给企业造成一定经济损失；部分企业反映贵新高速公路出口交通检查处罚频繁，影响企业运输等。

（县工信局）

基础建设

【**工业基础设施**】创新方式，拓宽融资渠道，采取PPP等融资模式加大园区路网、供水、供电等基础设施投入，园区的资源承载能力不断增强。龙里高新技术产业园园区大道、龙山工业园园区道路B段竣工通车；建成继望110千伏输变电工程、马郎110千伏输变电工程项目，年底前完成龙山园区10千伏孟水线花果园支线23#至39#杆迁改；园区通讯已实现全覆盖，园区企业宽带逐步提升为20M，重点区域无线带宽达到50M；完成龙里高新技术产业园区商业配套服务区（一期）场平工程、高新区（二期）场平及道路工程项目场平800亩；建成龙里县高新产业园区污水处理站；年底建成园区标准厂房16万平方米。

【**投资及技术改造**】完成500万元口径工业投资40.9亿元，占年度目标任务数的102.3%；产业投资29.9亿元，占年度目标任务数的103.1%。完成50万元口径工业投资62.59亿元，占年度目标任务数的100.9%；产业投资45.5亿元，占年度目标任务数的101.1%。全县备案工业技术改造项目10个，总投资3.07亿元。其中年内开始实施原计划在2016年完成的项目3个，计划在2017年完成的项目4个。贵州龙里荣和酒业有限公司年产白酒300吨技改、贵州晶田食品产业发展有限公司1280平方米生产厂房及无菌车间环境改造、贵州福斯特磨料磨具有限公司磨具成型机自动化技改、华润雪花啤酒（黔南）有限公司燃煤改燃气锅炉、贵州建涛木业科技有限公司年产8万立方米刨花板等5个项目年内完成技改，总投资9181万元。

（县工信局）

产业结构

【**概况**】产业发展已基本形成民族医药、新型建材、高新技术、商贸物流等为主的产业集群，产业结构趋于合理，呈多元发展态势。医药、新型建材、特色轻工（啤酒、食品）、化学原料及化学制品成为支撑工业经济快速发展的四大支柱产业，其产值是规模以上工业总产值的70%。谋划“十三五”构建现代产业体系。聘请专家团队，高起点、高标准编制完成“十三五”工业、战略新兴产业、商贸物流业3个专项子规划。

【商贸物流产业成长】以商贸、物流为龙头，以快递服务、电子商务为依托，发展园中园、产业带，成功将龙里打造成为“全省现代服务业集聚区”，2015年获批“中国物流示范基地”。成功引进贵州双龙物流商贸城、宏基中药材电子商务产业园、贵州省快递物流枢纽园区、贵州龙里万豪总部城、西南药都物流园、万科综合物流仓储项目等商贸物流项目，总投资198.26亿元，总占地面积8330余亩。全县正常运营物流企业11家，其中危险货物运输企业3家、普通货物运输企业8家。发展电子商务，获全国“电子商务进农村示范县”称号，争取电子商务进农村项目资金2000万元。做大社会消费类企业规模。新增限上商贸企业35户，社会消费类限上企业累计46户，总数居全州第二。

【规模以上企业选介】年末，全县规模以上企业数达105家，累计完成产值170.0亿元、同比增长19.8%，累计完成销售产值165.6亿元、同比增长21.3%，产品累计产销率97.4%。

华润雪花啤酒（黔南）有限公司　2011年3月成立，位于冠山街道水桥村，是华润雪花啤酒（中国）有限公司下属企业，主要生产雪花系列品牌啤酒，共建成两条生产线，是贵州省规模最大、设备最先进的啤酒生产企业；2015年华润雪花啤酒（黔南）有限公司生产啤酒20万千升，实现销售收入5亿元、纳税1.2亿元，销售收入、税收分别增长13.6%、9.1%。

中广核贵州龙里风力发电有限公司　隶属于中广核发电有限公司贵州分公司，共建成龙里草原、坪子、大坪子、马郎坡、贾拓山、苦蒿坪、上坝等分散式风电场7处，安装186台风力发电机，总装机容量322MW；全5年，公司发电44843.4万千瓦时、实现产值2.31亿元，较上年分别增长46.2%、31.2%。

贵州科之杰新材料有限公司　位于谷脚工业园区，占地44亩，是福建厦门建研集团下属的科技先导型企业，是贵州省生产规模最大、生产设施最先进的混凝土添加剂生产与应用技术集成方案提供商，拥有多化工合成生产线、水剂复配生产线和粉剂复配生产线，可提供聚羧酸、脂肪族、萘系等系列减水剂产品；公司生产过程采用国内最先进的全自动控制系统，同时可根据混凝土工程的实际需要进行技术攻关和定制化生产复配；受房地产市场下行影响，全年公司完成销售收入1.5亿元、纳税1400万元，分别较上年下降41.2%、56.2%。

龙里铁建建筑材料有限责任公司　位于谷脚工业园区，为中铁五局集团路桥工程有限责任公司控股企业，拥有120商混拌和楼两座。受房地产市场下行影响，公司完成销售收入633万元、纳税19万元，分别较上年下降59.0%、58.9%。

贵州黔桂拓达黔龙商砼有限公司　位于龙山工业园区，是由贵州黔桂拓达商砼有限公司投资的子公司，项目总投资近5000万元，项目一期2条拌和能力为180立方米每小时的生产线已建成投产；公司配置有柴油发电机、标准实验室、密封式砂石料场、臂架泵、车载泵、柴油泵、电泵、砼运输车及服务车辆，并根据客户需求及时增加有关设备以保证服务质量。完成产值6000万元、纳税434万元，分别较上年下降11.1%、32.0%。

贵州睿邦建材有限公司　是中铁五局属下的子公司，占地面积3.5万平方米，专业生产各强度等级混凝土、特种混凝土、兼营市政工程方砖、道牙、隔离墩、地面砖、建筑用标砖、砂、石，有三一重工全自动电脑控制180混凝土生产线2条、利勃海尔R944B及卡特320D挖机各1台、福田雷沃956装载机2台、徐工装载机1台、三一重工混凝土运输车20台、52米混凝土泵车2台、矿山载重货车4台，年产商品混凝土80万立方米、砂石300万立方米、建筑标砖年产2000万块。完成销售收入7512万元、纳税249.5万元，均较上年增长47.9%。

贵州招商港湾建材有限公司　是县政府招商引资引进的深圳市蛇口招商港湾集团有限公司下属建材企业，公司前身为贵州建业商品混凝土有限公司、控股股东为深圳市港创建材股份有限公司，2014年9月改为由深圳市招商港湾集团有限公司控股。公司以生产机制砂、碎石、商品混凝土等建筑材料为主营业务，商品混凝土年产规模为30万立方米。受房地产市场下行影响，完成销售收入1020万元、31.7万元，分别下降66%、50.2%。

贵州宏艺科技有限公司　位于龙里高新技术产业园区，隶属于山东宏艺科技股份有限公司，是一家为水泥和混凝土行业提供节能、减排、增效服务的高新技术企业，共有员工30人，产品主要用作水泥外加剂，可有效改善水泥质量、提高水泥使用性能、降低水泥使用数量和使用成本。受房地产市场下行影响，完成销售收入2300万元、纳税120万元，分别较上年下降17.8%、57.1%。

贵州龙里力博橡胶制品厂　位于冠山街道永安村，前身为中国人民解放军3537工厂劳动服务公司，企业成立初期主要目的是解决职工家属及子女就业、为3537工厂提供搬运劳务及后勤服务。3537工厂总部搬迁至贵阳后，企业先后成立橡胶成型车间、硫化车间，主要从事布面胶鞋、二硫鞋底生产。完成销售收入1.23亿元、纳税518万元，分别较上年增长7.0%、19.9%。

贵州恒力源林业科技有限公司　位于龙里高新技术产业园区，为高新技术企业和资源综合利用企业，系贵州省规模最大的中密度纤维板生产企业，拥有贵州省著名商标“恒力源”，已形成年产8万立方米中密度纤维板能力。生产中、高密度纤维板19.7万立方米，完成销售收入7124万元、纳税300万元，销售收入和税收分别下降24.5%、60.5%。

贵州威力洗涤用品有限公司　位于谷脚工业园区，是贵州最大的洗涤用品生产企业，已形成年产8万吨洗衣粉、5万吨洗洁精、4万吨洗衣液、1万吨沐浴露、8000吨十二烷基苯磺酸能力，拥有洗涤用品包装瓶、包装桶、包装袋外袋、包装内袋外观专利各1个。完成销售收入6973万元、纳税110万元，分别较上年增长53.6%、下降47.1%。

（县工信局）

2015年龙里县规模以上工业企业一览表

表5

序号	企业名称	序号	企业名称
1	贵州瑞和制药有限公司龙里药厂	54	贵州富仁混凝土构件有限公司
2	贵州柏强制药有限公司龙里药厂	55	贵州贵鑫建材有限公司
3	贵州弘康药业有限公司	56	贵州同达管业科技有限公司
4	贵州肾元制药有限公司	57	贵州龙仁科技有限公司

续上表

序号	企业名称	序号	企业名称
5	贵州神奇药业有限公司龙里分厂	58	贵州正方实业有限公司
6	贵州金桥药业有限公司龙里新资源部	59	贵州悦和科技有限公司
7	贵州富华药业有限责任公司	60	贵州龙里华龙建材有限公司
8	贵州润生制药有限公司	61	贵州龙里华平建材有限公司
9	贵州良济药业有限公司	62	贵州贵鑫达玻璃技术有限公司
10	贵州高澄医疗器械有限公司	63	贵州美龙辉建材有限公司
11	★强生健康产业（贵州）有限公司	64	贵州实德门窗建筑装饰工程有限公司
12	龙里供电局	65	贵州恒力源林业科技有限公司
13	华润雪花啤酒（黔南）有限公司	66	★贵州龙里金帝木业有限公司
14	★贵州龙里县邓氏食品有限责任公司	67	贵州力德地板有限公司
15	贵州龙缘盛豆业有限公司	68	贵州建涛木业科技有限公司
16	贵州龙里荣和酒业有限公司	69	贵州龙盛科技发展有限公司
17	★贵州神果饮料有限公司	70	★贵州瑞祥科技有限公司
18	★贵州黔之宝生物开发有限公司	71	★贵州科美瑞家具制品有限公司
19	★贵州嘉致包装材料有限责任公司	72	★贵州得力家具制造有限公司
20	★贵州明亮包装材料有限公司	73	贵州洪齐家具贸易有限公司
21	贵州东阳纸业有限公司	74	贵州鹏宇星消防科技有限公司
22	贵州昆泰纸业有限公司	75	★贵州龙里兴远防火门窗有限责任公司
23	★贵州万军包装产业园有限公司	76	★贵州占氏消防设备制造有限公司
24	★贵州顺鸿卫生用品有限公司	77	贵州瑞展环保有限公司
25	贵州玉宏实业有限公司	78	贵州龙里恒泰钢结构有限公司
26	贵州新三荣包装印务有限公司	79	贵州恒瑞达钢结构有限公司
27	★贵州龙里卓程装饰有限公司	80	贵州基业钢结构有限责任公司
28	贵州盛峰药用包装有限公司	81	★贵州新江南彩钢有限公司
29	贵州德铭印务有限公司	82	贵州丰达凯莱实业有限公司
30	贵州威力洗涤用品有限公司	83	贵州顺景实业有限责任公司
31	贵州龙里力博橡胶制品厂	84	贵州恒固机电设备有限公司
32	★贵州省川汇塑胶有限公司	85	★贵州四力精密机械制造有限公司
33	★贵州华晨海绵有限公司	86	贵州荣浩黔锐科技有限公司
34	龙里红狮水泥有限公司	87	贵州龙里建荣电子科技有限公司
35	贵州建业商品混凝土有限公司	88	贵州长通电力线路器材有限公司

续上表

序号	企业名称	序号	企业名称
36	★龙里铁建建筑材料有限公司	89	贵州新曙光电缆有限公司
37	★龙里红狮混凝土有限公司	90	贵州科美瑞博电气科技有限责任公司
38	贵州黔桂拓达黔龙商砼有限公司	91	★贵州龙里宏伟铝合金有限责任公司
39	贵州睿邦建材有限公司	92	贵州晟泰铝业有限公司
40	贵州恒科顶圣混凝土有限公司	93	贵州龙里创奇装备制造有限公司
41	贵州长泰源节能建材有限公司	94	贵州和润机械制造有限公司
42	贵州中材环保有限责任公司	95	贵州金州机械有限公司
43	贵州超亚纳米基材有限公司	96	贵州晨光机械制造有限公司
44	贵州科新应化工贸有限公司	97	贵州恒丰暖通科技有限公司
45	贵州科之杰新材料有限公司	98	贵州龙里中鼎消防设备制造有限公司
46	贵州宏艺科技有限公司	99	★贵州肯耐数控工具有限公司
47	贵州科宁丰建材有限公司	100	贵州聚财金属制品有限公司
48	贵州龙里蓝图新材料有限公司	101	贵州锦发金属制品有限公司
49	贵州柯维建材有限公司	102	贵州华佑金属制品有限公司
50	贵州祥务节能建材有限公司	103	中广核贵州龙里风力发电有限公司
51	贵州三山研磨有限公司	104	龙里县摆省乡栎木山煤矿
52	贵州福斯特磨具磨料有限公司	105	龙里县洗马镇落掌煤矿
53	贵州省鼎坚建材有限公司	—	—

说明：2015 年新增规模以上企业 32 户（带“★”）。其中，12 户为原 500 万元规模以上企业

2015 年龙里县新增规模以上企业一览表

表 6

序号	企业名称	序号	企业名称
1	★贵州肾元制药有限公司	17	★贵州福斯特磨具磨料有限公司
2	★强生健康产业（贵州）有限公司	18	★贵州龙里金帝木业有限公司
3	★贵州龙里县邓氏食品有限责任公司	19	★贵州瑞祥科技有限公司
4	★贵州神果饮料有限公司	20	贵州科美瑞家具制品有限公司
5	★贵州黔之宝生物开发有限公司	21	贵州得力家具制造有限公司
6	★贵州嘉致包装材料有限责任公司	22	贵州龙里兴远防火门窗有限责任公司
7	贵州明亮包装材料有限公司	23	贵州占氏消防设备制造有限公司
8	贵州万军包装产业园有限公司	24	★贵州新江南彩钢有限公司

续上表

序号	企业名称	序号	企业名称
9	贵州顺鸿卫生用品有限公司	25	★贵州四力精密机械制造有限公司
10	★贵州龙里卓程装饰有限公司	26	★贵州龙里宏伟铝合金有限责任公司
11	贵州省川汇塑胶有限公司	27	★贵州晟泰铝业有限公司
12	贵州华晨海绵有限公司	28	★贵州和润机械制造有限公司
13	★龙里铁建建筑材料有限公司	29	贵州晨光机械制造有限公司
14	龙里红狮混凝土有限公司	30	贵州恒丰暖通科技有限公司
15	★贵州恒科顶圣混凝土有限公司	31	贵州肯耐数控工具有限公司
16	贵州祥务节能建材有限公司	32	贵州良济医疗器械有限公司

医药产业

【概况】 2015年年末，全县医药工业企业共17户，制药企业12户，保健品、医疗器械生产企业各2户，中药饮片生产企业1户；注册药品品种178个、保健食品品种13个；其中中成药制剂126个、化学药制剂52个；178个药品品种中，国家级基本药物6个、贵州省基本药物增补品种29个。11户规模以上企业正常生产，中成药产量1.32万吨，实现工业总产值26.67亿元，同比增长19.8%；完成税收11089万元，同比增长0.8%。

【医药技改及新产品开发】 贵州瑞和制药有限公司龙里药厂综合固体制剂车间技改、贵州弘康药业有限公司中药材处理和提取车间技改项目备案，项目分别于10月、11月启动；贵州润生制药有限公司新版GMP中药提取车间技改项目完成并通过验收。11月，贵州润生制药有限公司收购山西迈迪制药有限公司，控股比例为55%，山西迈迪制药有限公司注册药品品种34个。

【重点骨干药企简介】 贵州瑞和制药有限公司龙里药厂　位于龙里高新技术产业园区。是专门从事中西药研究、开发、生产、销售一体化的省级高新技术企业；拥有发明专利2项、实用新型专利10项，有药品批准文号7个、国家基本药物品种3个，其中“舒肝宁注射液”、“川参通注射液”为全国独家品种；“舒肝宁注射液”获得国家制备工艺和处方双重专利保护，并在全国28个省、市、自治区销售。全年生产舒肝宁注射液2100万支，实现产值4.53亿元、纳税3313万元。

贵州神奇药业有限公司龙里分厂　位于谷脚工业园区。是贵州神奇药业有限公司主要的医药产品生产基地。设有中药前处理、原料药、颗粒剂、胶囊剂、糖浆剂、煎膏剂、头孢制剂、片剂、喷雾剂、膜剂（激素）、滴丸剂、软胶囊剂等药品生产车间；所有生产线均通过新版药品GMP认证。公司在药品制备检测方面拥有10项发明专利，4种中成药列入国家基本药物目录、24种药品产品列入贵州省基本药物目录增补品种。“枇杷止咳冲剂”“感冒炎咳灵糖浆”“枇杷止咳胶囊”为国家中药保护品种；枇杷止咳胶囊、强力枇杷露、小儿咽扁冲剂、感冒止咳冲剂4种产品进入国家医保目录。生产中成药1.18万吨，实现销售收入5.62亿元、纳税2843万元，税收同比下降16.0%。

贵州金桥药业有限公司龙里新资源部　贵州神奇集团收购贵阳金桥制药厂，并成功改制成立的有限责任公司；是贵州金桥药业有限公司的主要产品生产基地。新资源部生产8种剂型共27种国药准字号药品，9条生产线均通过国家新版GMP认证。主要产品丹香葡萄糖滴注液、斑蝥酸钠注射液、珊瑚癣净、洁阴灵洗剂、复方珊瑚姜溶液尿素咪康唑软膏复合制剂等；珊瑚癣净、助消膏、尿素咪康唑软膏、斑蝥酸钠注射液4种产品列入贵州省基本药物目录增补品种。生产中成药1035吨，完成产值4亿元、纳税1252万元，产值、税收分别增长2%、下降18%。

贵州良济药业有限公司　占地4万多平方米。拥有员工100余名。是一家符合GMP管理规范，以生产中药制剂为主，兼产化学制剂的综合性制药企业。公司现有的硬胶囊剂、软膏剂、颗粒剂、合剂、糖浆剂、喷雾剂生产线均已通过国家新版GMP认证。主要生产“宁心宝胶囊”“乙肝扶正胶囊”“猴耳环消炎胶囊”“罗布麻叶胶囊”“眠安宁颗粒”“利巴韦林颗粒”“生脉饮”“生乳汁”“复方木芙蓉涂鼻膏”“妇肤康喷雾剂”共10种产品。公司罗布麻叶胶囊、妇肤康喷雾剂、复方木芙蓉涂鼻膏3种产品获得国家发明专利；其中妇肤康喷雾剂、复方木芙蓉涂鼻膏为全国独家品种（苗药）并获得20年专利保护；生脉饮为国家基本药物品种，妇肤康喷雾剂、复方木芙蓉涂鼻膏列为贵州省基本药物目录增补品种。生产中成药51吨，实现销售收入2.37亿元、纳税854万元，产值、税收分别增长5.7%、25%。

贵州富华药业有限责任公司　为珠海经济特区富华集团股份有限公司下属企业，位于谷脚工业园区，占地面积41200平方米。拥有颗粒剂、胶囊剂、片剂及丸剂共4个剂型、15种药品生产线；公司拥有4项发明专利，其中，国家基本药物品种1个、贵州省基本药物目录增补品种3个。骨松宝颗粒、骨松宝胶囊属全国独家生产的国家中药保护品种并已进入国家医保目录。生产中成药144吨，完成产值2.02亿元，纳税795万元，产值、税收分别增长14.3%、下降19.6%。

贵州润生制药有限公司　是集中成药生产、研发、销售为一体的现代化制药企业。拥有技术先进的片剂、颗粒剂、外用洗剂和外用涂膜剂四种剂型的GMP生产线，并全部通过新版GMP认证。公司拥有安神足液、六味消痔片、四季草颗粒、儿脾醒颗粒、金果榄涂膜剂共5个全国独家品种，儿脾醒颗粒、四季草颗粒、金果榄涂膜剂共3种产品列入贵州省基本药物目录增补品种，四季草颗粒进入国家医保目录。完成对山西迈迪制药有限公司的控股，生产中成药51吨，实现销售收入1.01亿元、纳税634万元，产值、税收分别增长26.1%和1.42倍。

贵州弘康药业有限公司　位于龙里高新技术产业园区，2014年8月通过新版GMP认证，公司的“百慈”商标被评为“贵州省著名商标”；公司获得发明专利4项、实用新型专利3项。“哮喘片等26个贵州中药、民族药质量标准研究”获得贵州省科学技术进步三等奖。“麦味地黄口服制剂的制备方法”获得黔南州科学技术进步三等。公司主要生产有热淋清胶囊、花粉祛痒止痛酊、痛经宁胶囊、麦味地黄胶囊共4种中成药，其中热淋清胶囊、花粉祛痒止痛酊为贵州省基本药物目录增补品种。生产中成药51吨，实现销售收入2.86亿元、纳税438万元，产值、税收分别增长14.4%、5.0%。

贵州华安堂药业有限公司　前身为贵州关德兴宝芝林药业有限公司。是贵州省认定的高新技术企业。有颗粒剂、胶囊剂、片剂各2个。6个药品品种均进入国家医保目录。前列舒乐颗粒、附桂骨痛颗粒为贵州省基本药物目录增补品种，其中前列舒乐颗粒是全国独家剂型。

贵州肾元制药有限公司　隶属于河南朝歌集团，位于龙里高新技术产业园区，占地面积121006平方米。有片剂、胶囊剂两条生产线。拥有肾元胶囊、乙酰螺旋霉素片、复方磺胺甲恶唑片、阿莫西林胶囊、盐酸环丙沙星片、诺氟沙星胶囊、头孢氨苄胶囊、利福平胶囊8个医药品种；其中，肾元胶囊获得国家发明专利。

（县工信局）

食品加工

【概况】 2015年年末，全县食品生产企业23户，其中中型企业1户，其余为小微型企业；酒类生产企业5户，饮料生产企业5户，饮用水生产企业3户，豆制品生产企业2户，茶及代用茶制品企业2户，蜜饯、肉制品生产企业各1户；规模以上企业5户，完成销售收入1.6亿元、较上年增长21.3%。

【特色食品开发】 贵州龙缘盛豆业有限公司与贵州大学“发酵工程和生物制药重点实验室”签订合作协议，建立放心豆制品产业化研发中心，成功研发出纳豆豉、植物纤维面条、麻辣干丝、苗家香干、麻辣香片5类产品投放市场，取得较好效益。

【特色食品技术改造】 贵州龙里荣和酒业有限公司“年产白酒300吨技改”项目完成投资3000万元，新建酿造车间3000平方米，增加发酵池16个、贮酒桶3个，总容积18万升，企业白酒产能提高到2000吨/年。贵州晶田食品产业发展有限公司投资281万元，完成1280平方米生产厂房及无菌车间环境改造，改建五谷杂粮、贵州山珍、其他特色食品类共三个类产品生产线，产品出厂检验室增加农残、重金属和菌落检测等便携检测仪器设备20台。华润雪花啤酒（黔南）有限公司投资503万元新建煤气锅炉1台、取代公司原有10吨燃煤锅炉，贵州龙缘盛豆业有限公司投资40万元新建煤气锅炉1台、取代公司原有4吨燃煤锅炉，贵州省贵源生态食品有限公司投资35万元新建煤气锅炉1台、取代公司原有2吨燃煤锅炉，3个锅炉“煤改气”项目均在当年完成改造并通过验收。

【特色食品重点骨干企业简介】 贵州龙缘盛豆业有限公司　占地23亩，公司2014年8月在上海证券交易所股权托管交易中心成功挂牌（代码：201527），拥有国内一流豆制品生产线6条、日加工大豆原料20吨、生产各种豆制品50余种；公司拥有4个注册商标、5项实用新型专利，在贵阳市中心城区及黔南地区各农贸市场设70余个经销点。为“老干妈”“刘老四”“黔五福”等大型食品加工企业进行匹配产品生产。为中烟贵州公司、贵州省监狱系统单位的大型食堂提供产品。

贵州龙里邓氏食品有限责任公司　生产“龙哩邓氏”特色辣子鸡、调味品、肉制品。公司2011年至2013年连续三年获得贵州省“守合同、重信用”单位称号，“龙哩邓氏”注册商标2014年1月被评为“贵州省著名商标”；2015年，公司销售收入较上年增长34.2%。

贵州龙里荣和酒业有限公司　2012年5月入驻龙里县谷脚工业园区，公司建有酿酒车间3个，共计43个发酵坑、包装车间灌装线1条、储酒不锈钢罐12个、酒坛1000个。产品精选贵州糯性高粱为原料，采用原生态传统纯粮酿造工艺制成。全年生产白酒335.9吨。

贵州黔宝食品有限公司　是黔南州农业产业化龙头企业，主要生产“黔康”牌刺梨干、刺梨果糕和"御酥坊"糕点。有"黔康""御酥坊"两个贵州省著名商标，"黔康"牌刺梨干为贵州省名牌产品。公司产品远销北京、湖北、陕西、重庆、广东等省市，并进入沃尔玛、北京华联、家乐福等大中型超市。实现销售收入750万元、增长15.4%。

贵州奇昂生物科技有限公司　依托龙里丰富的刺梨资源，获得刺梨生产加工方面的发明专利4项，建有10万级洁净车间2256平方米，拥有"群康益"刺梨原汁、"神农"刺梨代用茶、刺梨颗粒生产线各1条，完成销售收入550万元、增长3.6倍。

贵州省贵源生态食品有限公司　占地面积8163.6平方米，公司主要生产"贵之源"刺梨汁饮料，生产车间面积达3000平方米，形成年产2万吨果汁饮料产能；实现销售收入650万元、增长41.3%。

贵州翰林天然饮品有限公司　占地面积18.7亩，3月获得饮用水食品生产许可证，4月投产。完成销售收入180万元。

贵州龙里卧云谷绿茶有限公司　地处龙里、贵定交界的云雾山脉主峰下，占地面积10余亩，除公司优质茶场外，采取"茶场+农户"的模式带动当地500多户农户种植绿茶；企业所产"卧云谷"特种绿茶气为原生态茶叶制品。

（县工信局）

冶金行业

【概况】2015年，龙里县冶金有色行业仅剩下3家企业，其中贵州龙里宏伟铝合金有限责任公司为规模以上企业，贵州龙里三元矿产开发有限责任公司、贵州九龙合金有限公司为规模以下企业。

【企业简介】贵州龙里宏伟铝合金有限责任公司主要通过收购废旧铝制品冶炼加工铝锭，铝锭熔铸能力为5万吨/年，产值从2014年的1200万元下降到2015年的700万元，降幅达41.7%，纳税13.2万元。贵州九龙合金有限公司主要进行磷铁合金的加工和出口，企业并无冶炼设备。公司磷铁合金经营规模位居全国第二，年出口量达1万吨，出口规模全国第一，产值从2014年的2400万元下降到2015年的1900万元，降幅达20.8%，纳税达100万元。贵州三元矿产开发有限公司主要生产硫酸镍制品；因环保不达标停产。

（县工信局）

民营企业

【概况】2015年年末，全县实有市场主体1.16万户（包含企业和个体工商户），新增民营经济主体注册资金83.15亿元，完成年度计划的166.6%。民间投资年度累计完成69.2亿元，完成年度计划数的101.8%，第一、第二、第三产业分别完成投资10.76亿元、15.69亿元、42.75亿元。新增就业6549人，完成年度计划数的103.9%；民营经济增加值完成50.48亿元，占全县GDP增加值的67.3%，完成年度计划数的107.4%，第一、第二、第三产业分别完成增加值16.62亿元、25.06亿元、8.8亿元。龙里红狮水泥有限公司、贵州瑞和制药有限公司、贵州科之杰新材料有限公司等3户民营企业被中共黔南州委、黔南州人民政府表彰为"黔南州优秀民营企业"，金钻豪门酒楼刘事金、晓顺供销饭店田晓顺、世纪华联购物广场李小琴、纪龙购物广场项海建等4户个体工商户被表彰为"黔南州优秀个体工商户"。在中国（贵州）第一届国际民族民间工艺品文化产品博览会黔南分赛区选拔大赛上，兰有江苗族农民画《快乐的节日》、张春红的农民画包装品获设计大赛优秀奖；罗福林的木雕作品《花开富贵》、罗朝富的根艺画《一帆风顺·锦上添花·幸福》获能工巧匠选拔大赛优秀奖。

【“民营经济服务年”活动】按照贵州省、黔南州关于开展“民营经济服务年”活动有关要求，龙里县出台《“民营经济服务年”活动实施方案》，建立“民营经济服务年”活动联席会议制度；“民营经济服务年”活动联席会议成员单位有龙里县人民政府办公室、龙里县督查督办局、发改局、工信局、公安局、环保局、市场监管局、总工会、工商联、谷脚镇、冠山街道等48家单位，联席会议办公室设在龙里县工信局。“民营经济服务年”活动以解决工业经济发展“十难”问题（准入难、融资难、政策落地难、审批难、盈利难、用工难、创业难、道路难、水电难、网络难）为主要任务，确定县四家班子领导“帮一批”“上一批”企业共53户、梳理存在的困难问题65项；活动启动后，另有57户民营企业反映存在困难和问题150项。通过县领导及各成员单位的专项服务、精准服务、贴身服务，110家企业反映的215项困难和问题得到解决，其中融资难问题93项、政策落实难问题3项、审批难问题7项、用工难问题15项、水电难问题14项、网络难问题18项，道路难问题20项，其他“十难”问题45项。县工信局帮助贵州龙里创奇装备制造有限公司、贵州英吉尔机械制造有限公司分别获得流动资金贷款贴息补助50万元、20万元；贵州龙里荣和酒业有限公司、贵州双龙现代贸易有限公司分别获得贵州省工业和信息化发展专项资金补助40万元、20万元；贵州瑞和制药有限公司、贵州恒力源林业科技有限公司、贵州红狮水泥有限责任公司等3户企业分别获得两化融合示范项目补助5万元；贵州兴亚磨料有限公司获得淘汰落后产能资金补助30万元，贵州三山研磨有限公司获得重点行业电价补贴（州级）35万元；7家民营企业通过“助保贷”平台获得短期流动资金贷款3357万元。

【民营企业选介】龙里红狮水泥有限公司 是红狮控股集团的全资子公司，位于谷脚工业园区，总投资16亿元，建设2条日产4000吨新型干法熟料水泥生产线并配套纯低温余热发电项目，水泥年产能达500万吨，解决本地居民就业700余人。生产水泥402万吨，较上年增长33.4%；完成产值7.15亿元、纳税7540万元，分别较上年下降18.0%、11.0%。

龙里红狮混凝土有限公司 位于谷脚工业园区，是红狮集团第一家商品混凝土开工建设项目，占地面积192亩，共建成1条年产200万吨骨料暨100万方混凝土生产线；商品混凝土生产采用2条中联重科270立方米每小时设备，骨料生产线主要采用瑞典山特维克立轴式破碎机、破碎能力为每小时500吨砂石；公司采用全程全封闭的干法工艺技术，拥有DCS集散控制系统，实行网络化全程控制，具有安全、环保、低能耗的优点。完成产值4665万元、纳税15.3万元，较上年分别增长5.1倍、2.1倍。

贵州三山研磨有限公司 位于龙山工业园区，主要生产各类高档磨料磨具，磨料磨具产能达6万吨/年，产品远销欧洲、韩国、日本及东南亚地区。公司自主产品“威力熊”系列切割片和角磨片，采用贵州优质磨料配合自动成型等工艺，产品质量稳定一流。完成产值6400万元、纳税160万元，分别增长48.8%、88.2%。

贵州龙里蓝图新材料有限公司 为高新技术企业，主要生产软式透水管、塑料盲沟（管）、渗水片材、土工布工膜、自粘聚合物改性沥青防水卷材、土工格栅、土工格室、止水带条、锚具、伸缩缝等土工合成材料和桥梁专用材料；拥有一流的生产和检测设备，设有独立的产品研发中心，在土工建筑材料领域共获得发明专利3项、实用新型专利13项。公司与四川大学高分子材料工程国家重点实验室、国家复合改性聚合物材料工程技术研究中心、重庆交通大学、贵州师范大学等建立起良好的战略合作关系或科研合作关系。完成产值5000万元、纳税273.3万元，分别下降24.4%、60.7%。

贵州柯维建材开发有限公司　位于龙里高新技术产业园区，为高新技术企业，是集节能保温材料、外墙装饰材料、防水涂料等建筑材料的研发、生产、销售、施工为一体的股份制企业；公司与武汉大学合作建立产学研基地，参加编制贵州省工程建设标准《绿色建筑评价标准》、贵州省工程建设地方标准《建筑反射隔热保温系统应用技术规程》。

贵州正方实业有限公司　是一家集节能门窗幕墙产品的研发设计、精密制造、安装施工以及建筑节能玻璃产品的加工、销售为一体的综合企业，企业拥有金属门窗专业承包资质、企业安全生产许可证、节能产品认证、玻璃CCC认证及4项节能产品发明专利，门窗年设计生产能力50万平方米、幕墙设计生产能力5万平方米、节能安全玻璃复合品年产60万平方米，是西南地区门窗领域的专业公司之一。完成产值2亿元、纳税165万元，分别增长50.6%、4.4%。

贵州长泰源节能建材股份有限公司　由贵州长通集团和贵州宏源集团联手共同投资成立，主要从事加气混凝土制品的研发、生产和销售，年生产能力30万立方米，是贵州省规模较大的加气混凝土制造基地。公司加气混凝土设备具有很高的机械化、自动化水平，采用先进的加气混凝土生产工艺，配备完善的原材料化验、检验仪器，有严格的质量检验制度，先后获得“贵州省资源综合利用示范企业”“贵州省新型墙体材料革新示范企业”等称号。完成销售收入4500万元、纳税214.9万元。

贵州中材环保建材有限公司　位于谷脚工业园区，占地63亩，有面积达3000平方米的现代化生产车间一座，年产蒸压加气混凝土砌块25万立方米。公司下属3个厂、矿及一个营销中心，形成从原材料开采到研发生产及销售“一条龙”的完整的产业链；公司生产设备国内一流，一线员工均经过岗前培训，管理层文化水平均在大专以上，中高层管理均在本科以上学历，有工程技术人员合计20余人、化验室及化验基地3个，能够对进厂原料、出厂产品品质及生产工艺技术流程进行严格把关。完成产值4831万元、纳税129.3万元，分别增长12.6%、3.1倍。

贵州富仁混凝土构件有限公司　位于龙里高新技术产业园区，占地33亩，为中国混凝土与水泥制品协会常务理事单位、贵州省建筑建材产业质量推进联盟成员单位，公司采用径向挤压和芯模振动两种国际、国内最先进的环保型机械自动化生产线，可生产平口、承插口、企口、双插口和钢承口5个品种、100多个规格产品，排水管、顶管产能达120多公里每年。

贵州龙里创奇装备制造有限公司　位于龙里高新技术产业园区，占地73亩，投资1.5亿元；由于市场变化，企业重点向环保设备和环保产品转型，已研发成功MBR污水一体化处理系统、SF双层储油罐、高效油烟净化器、脉冲除尘器等环保设备，获得专利11项。

贵州英吉尔机械制造有限公司　是以汽车配件（气缸盖）为主、液压件铸件为辅，集新产品开发生产、新工艺研制和新技术应用为一体的科、工、贸企业，2006年12月被评为“高新技术企业”，2007年至2010年连续3年被成都发动机（集团）有限公司评为“成都发动机集团优秀配套企业”，拥有1项发明专利、13项新型实用专利，产品畅销国内并出口到东南亚、中东地区、美洲。

贵州昆泰纸业有限公司　位于龙山工业园区，占地面积27.89亩，主要生产烟类、复烤烟箱包装物，同时也为电子、瓷砖、建材、饮料、酒类、食品等行业提供优质的产品包装印刷一体化解决方案。公司和贵州中烟、贵州富士康等大企业合作。完成销售收入5500万元、纳税150万元，分别增长14.6%、13.6%。

贵州新曙光电缆有限公司　位于谷脚工业园区，占地面积2万多平方米、建筑面积7000多平方米，现有铝大拉机、框绞机、笼绞机、叉绞机、挤塑机等先进的生产设备共20余台（套），直流电桥、分析天平、投影仪、高压试验设备拉力机等各种检测设备18台（套），主要产品为圆线同心绞架空导线（铝绞线和钢芯铝绞线）、35kV及以下电力电缆、10kV及以下架空绝缘电缆及控制电缆、450/750V及以下聚氯乙烯绝缘电线电缆、阻燃电缆等10多个系列，年生产能力为钢芯铝绞线2万吨、电缆1.2万千米、布电线20万千米，所有产品生产均取得相应的工业产品生产许可证或通过强制性产品认证；公司“黔冠”商标为贵州省著名商标，钢筋铝绞线为贵州省名牌产品。

（县工信局）

2015年龙里县民营企业一览表

表7

序号	企业名称	序号	企业名称
1	贵州瑞和制药有限公司龙里药厂	49	贵州富仁混凝土构件有限公司
2	贵州柏强制药有限公司龙里药厂	50	贵州贵鑫建材有限公司
3	贵州弘康药业有限公司	51	贵州同达管业科技有限公司
4	贵州肾元制药有限公司	52	贵州龙仁科技有限公司
5	贵州神奇药业有限公司龙里分厂	53	贵州正方实业有限公司
6	贵州金桥药业有限公司龙里新资源部	54	贵州悦和科技有限公司
7	贵州富华药业有限责任公司	55	贵州龙里华龙建材有限公司
8	贵州润生制药有限公司	56	贵州龙里华平建材有限公司
9	贵州良济药业有限公司	57	贵州贵鑫达玻璃技术有限公司
10	贵州高澄医疗器械有限公司	58	贵州美龙辉建材有限公司
11	强生健康产业（贵州）有限公司	59	贵州实德门窗建筑装饰工程有限公司
12	贵州龙里县邓氏食品有限责任公司	60	贵州恒力源林业科技有限公司
13	贵州龙缘盛豆业有限公司	61	贵州龙里金帝木业有限公司
14	贵州龙里荣和酒业有限公司	62	贵州力德地板有限公司
15	贵州神果饮料有限公司	63	贵州建涛木业科技有限公司
16	贵州黔之宝生物开发有限公司	64	贵州龙盛科技发展有限公司
17	贵州嘉致包装材料有限责任公司	65	贵州瑞祥科技有限公司

续上表

序号	企业名称	序号	企业名称
18	贵州明亮包装材料有限公司	66	贵州科美瑞家具制品有限公司
19	贵州东阳纸业有限公司	67	贵州得力家具制造有限公司
20	贵州昆泰纸业有限公司	68	贵州洪齐家具贸易有限公司
21	贵州万军包装产业园有限公司	69	贵州鹏宇星消防科技有限公司
22	贵州顺鸿卫生用品有限公司	70	贵州龙里兴远防火门窗有限责任公司
23	贵州玉宏实业有限公司	71	贵州占氏消防设备制造有限公司
24	贵州新三荣包装印务有限公司	72	贵州瑞展环保有限公司
25	贵州龙里卓程装饰有限公司	73	贵州龙里恒泰钢结构有限公司
26	贵州盛峰药用包装有限公司	74	贵州恒瑞达钢结构有限公司
27	贵州德铭印务有限公司	75	贵州基业钢结构有限责任公司
28	贵州威力洗涤用品有限公司	76	贵州新江南彩钢有限公司
29	贵州省川汇塑胶有限公司	77	贵州丰达凯莱实业有限公司
30	贵州华晨海绵有限公司	78	贵州顺景实业有限责任公司
31	龙里红狮水泥有限公司	79	贵州恒固机电设备有限公司
32	龙里红狮混凝土有限公司	80	贵州四力精密机械制造有限公司
33	贵州恒科顶圣混凝土有限公司	81	贵州荣浩黔锐科技有限公司
34	贵州长泰源节能建材有限公司	82	贵州龙里建荣电子科技有限公司
35	贵州中材环保有限责任公司	83	贵州长通电力线路器材有限公司
36	贵州超亚纳米基材有限公司	84	贵州新曙光电缆有限公司
37	贵州科新应化工贸有限公司	85	贵州科美瑞博电气科技有限责任公司
38	贵州科宁丰建材有限公司	86	贵州龙里宏伟铝合金有限责任公司
39	贵州龙里蓝图新材料有限公司	87	贵州晟泰铝业有限公司
40	贵州柯维建材有限公司	88	贵州龙里创奇装备制造有限公司
41	贵州祥务节能建材有限公司	89	贵州和润机械制造有限公司
42	贵州三山研磨有限公司	90	贵州金州机械有限公司
43	贵州福斯特磨具磨料有限公司	81	贵州晨光机械制造有限公司
44	贵州省鼎坚建材有限公司	82	贵州恒丰暖通科技有限公司
45	贵州锦发金属制品有限公司	83	贵州龙里中鼎消防设备制造有限公司
46	贵州华佑金属制品有限公司	94	贵州肯耐数控工具有限公司
47	龙里县摆省乡栎木山煤矿	95	贵州聚财金属制品有限公司
48	龙里县洗马镇落掌煤矿	—	—

信息产业

【概况】推进信息基础设施共建共享。切实贯彻落实国家信息基础设施共建共享的有关文件精神，积极推进信息基础设施共建共享。2015年，黔南铁塔龙里办事处在龙里县新建通信基站138个，共有基站共享改造164个，总投入达7000余万元。

【信息基础设施共建共享】实施信息基础三年会战，出台《龙里县信息基础设施建设三年会战实施方案》；新建通信基站92座，全县3G/LTE基站规模达到486个；实施光纤接入网建设，新建城区同步实现光纤到户，老旧城区推进光纤到楼入户改造，光纤到户覆盖家庭达到2万户；完成广电网络双向化改造1.83万户。推进小康讯息建设。全面完成2015年度小康讯息建设任务，全县100%的行政村和90%20户居民以上的自然寨，实现了通讯覆盖；实现“乡乡通宽带”“村村通电话”的目标，龙里境内基本实现高速公路和高速铁路3G/LTE村信号覆盖。为红狮水泥、恒力源、瑞和制药3家企业争取到省两化融合发展资金15万元，组织34家企业网上参与全省两化融合试点评估。完成《智慧龙里顶层设计建设规划纲要（2015—2020）》《智慧龙里顶层设计建设规划实施方案（2015—2020）》编制，策划“十三五”智慧城市项目50个。积极配合相关部门做好大数据应用中心建设工作，建成龙里县大数据应用中心；推进中铁生态城太阳谷的健康养生中心、贵龙中药材合作的绿金在线等项目建设，以大数据推动大健康产业发展，太阳谷养生项目是第一个由住建部授牌的“国家标准康养示范区”和“健康养生养老设施规划建设国家标准示范项目”，龙里县获批“中国最美健康养生旅游名县”。

【农村信息基础设施建设】“小康讯”基础设施建设累计投入2470万元，全县基本建成覆盖5个镇、1个街道167个行政村（社区）的通信及信息基础网络，全县光缆线路长度达到2850公里，3G/LTE基站规模486个，全县100%的行政村和90%的自然村（20户以上）实现通信覆盖，基本实现“乡乡通宽带”和行政村“村村通电话”目标。实施宽带乡村工程，全县行政村4G网络覆盖率达90%以上。

【“四同步”工作】对建设单位在办理施工许可证前下发《“宽带贵州”——龙里县新建小区和居住建筑宽带入户告知书》，要求建设单位必须完善建设项目的宽带网络配套设施建设，实现光纤到户要求，做到同步规划、同步设计、同步施工、同步验收。全年，住建部门共办理35个施工许可证，下发35份宽带入户告知书，建设项目均按要求同步完善宽带网络配套设施建设。

【“两高”沿线信息基础设施建设】厦蓉高速龙里段建有并投入运行的室外宏站33个，贵新高速龙里段共建有宏站43个，贵广高铁龙里段共建有宏站44个，实现全路段4G网络信号全覆盖。

【城区信息基础设施建设】各部门积极配合开展相关工作，共同推进市政道路、公共场所的基站、管道、线路等信息基础设施建设，有力保障公共服务场所的信息基础设施建设有序推进。2015年，县城区城区宽带用户20M速率可达率达90%以上，100%的城市网络实现光纤到楼，光纤到户覆盖家庭达到2万户，园区企业宽带逐步提升为20M，重点区域无线带宽达到50M，在全州率先建成全省“全光网达标先进县”。龙架山森林公园、中铁生态城等重要景区和龙里北站、龙里汽车站、兴龙广场等城市公共区域具备

WLAN、Wi-Fi 热点覆盖能力。

（县工信局）

电力工业

【概况】2015 年，龙里供电局设有 9 个职能部门（办公室、人力资源部、财务部、市场营销部、生产设备管理部、安全监察部、监察审计部、党群工作部和工会），10 个生产部门（客户服务中心、电力调度中心、物资仓储配送站、输电管理所、变电管理所、龙山供电所、谷脚供电所、洗马供电所、猫场供电所和湾寨供电所），至年底共有职工 331 人，其中副高级 1 人、中级 10 人、助理级 25 人、员级 6 人、高级工 53 人、中级工 53 人、初级工 2 人。

【变电站管理】运行管理 220 千伏变电站 1 座，主变压器 2 台，总容量 360 兆伏安；110 千伏变电站 4 座，主变压器 7 台，总容量 303 兆伏安；35 千伏变电站 3 座，主变压器 6 台、总容量 22.3 兆伏安；10 千伏开闭所 1 座，220 千伏及以下变电总容量 685.3 兆伏安；单线单主变变电站 1 座，其余变电站为双电源、双主变。110 千伏黑山变 1#、2#主变、35 千伏洗马变 1#主变、35 千伏湾寨变 1#主变、35 千伏猫场变 1#主变为无载调亚变。

【输电线路管理】管理 35 千伏输电线路 9 条，共 13538 公里；10 千伏线路 56 条，其中公用线路 43 回，总长度为 1152.630 公里（空线为 1130.099 公里，电缆为 22.551 公里），线路绝缘化率为 73.972%，电缆化率为 1.956%；0.4 千伏、0.22 千伏线路总长度为 1227.43 公里。10 千伏公用配变 1046 台，公用配变容量 11.57 万千伏安。10 千伏公用开关柜间隔数为 68 个（其中断路器 68 台，负荷开关 0 台）。10 千伏公用电缆分接箱共 26 台。箱式变电站 31 个，台架变压器 1015 台。10 千伏公用线路联络率为 69.8%，10 千伏公用线路“N-1”通过率为 46.51%。10 千伏公用线路平均配电变压器容量为 7081 千伏安，10 千伏公用线路平均负载率为 67.58%；用户线路为 13 条，专变 1066 台，容量 70.8036 万千伏安。

【安全管理】年度安全周期为 365 天，跨年度为 1460 天，未发生年度安全目标考核的事故和事件，未发生五级以上的人身安全事件及事故；未发生一般误操作和其他行为失误事件；未发生有人员责任的Ⅰ、Ⅱ、Ⅲ级信息安全事件。综合用户平均停电时间 13.50（时/户）、综合电压合格率 99.512%、D 类电压合格率 99.448%、35kV 输电线路可用系数 99.975%、变压器可用系数 100%、断路器可用系数 100%，紧急缺陷消缺及时率 100%、重大缺陷消缺及时率 100%。

【营销指标】截至 12 月 31 日，供电量 7.4144 亿千瓦时，售电量 7.1981 亿千瓦时，线损率 2.91%，电费回收率为 100%，平均电价为 612.67 元/千千瓦时，平均客户停电时间为 8.27 小时/户。截至到年底，有用电客户 79776 户，较 2010 年增加 21809 户。

【电力设施建设】在“十二五”期间完成 220kV 龙里变电站增容量改造，新增容量 180 兆伏安，110 千伏谷脚变二期扩建工程，新增容量 40 兆伏安，解决 110 千伏谷脚变单变单线问题；新建 110 千伏平地变，新增容量 50 兆伏安，确保龙里高新技术产业园用电保障。投入资金 17730 万元，新建及改造 10 千伏线路 609.8 公里，改造低压线路 262.2 公里，新建及改造配变 169 台，改造配变容量为 16.57 兆伏安。

【重点工程】在龙山镇莲花（新场）新建 110 千伏马朗变电站 1 座于 2013 年动工，涉及新建 110 千伏主变 1 台，容量 50 兆伏安，线路为

6.2公里。截至12月31日，变电部分完成总体工程的80%，线路部分在办理通道相关手续。在生态城负荷中心区新建110千伏继望变电站1座于2014年动工，主变最终规模为3×50兆伏安，本期工程实施1×50兆伏安。截至12月31日，变电部分完成总体工程的85%，线路部分完成总体工程的65%。龙里县35千伏湾寨第二电源工程，满足35千伏湾寨变n-1供电，截至12月31日，完成总体工程的95%。龙里7个项目年发电能力约6亿千瓦时电，能满足约30万户居民全年用电，与同等规模的燃煤电厂相比，相当于每年减少标准煤消耗约18万吨，减少二氧化碳排放57万吨。

【风力发电项目】 中广核贵州龙里风力发电有限公司　隶属于中广核集团旗下风电贵州分公司。有风电场3个（草原风电场1-4期、莲花风电场5期、上坝分散式风电场），总计装机容量322兆瓦，总投资约29亿元。

草原风电场　地处龙山镇草原社区，场址距县城约14公里，距黔南州都匀市约64公里，距贵阳市约29公里，风电场区海拔高度在1460~1680米之间。风电场总装机容量为192兆瓦，其中单机容量为2兆瓦，共安装96台风机，于2012年7月并网发电。龙里境内风电场生产监控办公主要集中在草原风电场。

莲花风电场　位于龙山镇新水村，场址区海拔高度1490~1620米之间，总装机容量为110兆瓦，其单机容量为2兆瓦，包含五期安装25台上电风机，该场仅配备2名安全保卫人员，于2014年12月并网发电；六期30台海装风机，于2015年7月并网发电。

上坝分散式风电场　位于龙里县上坝村，场址区海拔高度1490~1620米之间，属于贵州省首个分散式发电场，该站属于无人值守，优点是将所发出电能汇集后就近并入35千伏湾研线。总装机容量20兆瓦，共安装10台风机，于2015年3月21日并网发电。

（周晓园）

商　贸

商贸服务

【概况】3—5月，农村淘宝村级服务站网络交易额达2436万多元，总订单数7万余单。6月，交易额达1579万余元，在全省排名第一位，订单数1.73万单。完成62个村级服务站点装修工作，招募合伙人56名；通过“6·18”电器大促惠民活动，实现网络交易额1502万余元；完成本地企业入驻农村淘宝平台20家。

【县城超市】共有大型超市3家，分别是北京华联、世纪华联和纪龙超市，中小型超市若干，商品种类涵盖食品、百货、水果蔬菜、服装和金银饰品等生活必需品，县城超市销售单品2万多个，种类齐全。

北京华联超市　贵州华联综合超市有限公司龙里分公司成立于2015年5月26日、全店营业面积为3000平方米，在岗职工人数58人，年度营业额为1500万元左右，超市4个冷库，5个冻库，水箱8个，热柜3个，冷柜2个，制冷展示柜5个，都是用于低温商品的冷藏和冷冻，截至年底北京华联超市是全县产品最多，种类最齐全的超市。

世纪华联购物广场　成立于2010年8月，有员工85人，营业面积约3000平方米，年营运收入约1600万元，全商场商品种类包括食品、百货、水果蔬菜、服装和金银饰品等，共有单品2万多个，是成立较早，经营状况稳定、品种齐全的大型综合购物广场。

【物流业】以商贸、物流为龙头，以快递服务、电子商务为依托，大力发展园中园、产业带，着力将龙里打造成为“全省现代服务业集聚区”。贵龙大道的建成为龙里与贵阳的同城化发展奠定了坚实的基础，综合公路交通运输网基本建成，长昆高铁贵州段的建成使用，让贵州和东部发达省份步入高速连接时代，借助与贵阳的天然地理优势和便捷的交通，能够快速的与东部发达城市实现无缝连接，大大地促进龙里物流业的发展。

【物流园区建设】龙里·贵州快递物流园一期项目规划占地面积约1000亩，总投资37亿元，总建筑面积约30万平方米，是截至2015年底国内唯一一家聚集国内知名快递企业的专业快递物流园区。共签约入驻申通快递、中通快递、圆通快递、百世汇通、乡飞快递、天天快递、邮政EMS、星程宅配（黔峰物流）、万科物流、一均物流等16家快递物流企业。园区全面投产后，预计年产值可达4.05亿元，年创税3847万元，日吞吐快件量可达50万票，解决就业3000人以上，带动第三产业2万人，不仅对全县经济社会发展产生较大影响，带动地区内物流产业的发展，还将进一步带动区域内交通、房产、商务、餐饮等产业的发展。

【物流通道建设】龙里县作为贵州南下两广、东出三湘的重要交通枢纽，拥有得天独厚的区位优势，厦蓉高速公路，贵新高等级公路，210国道，湘黔、黔桂、珠六铁路复线，贵广快速铁路等从县内穿过，连接省会贵阳的贵龙城市大道投入使用，交通便利，是“南下经济通道”的重要窗口和门户。特别贵广和长昆等高铁的建成开通，让龙里迈入“高铁时代”。贵广高铁的便捷加速贵州和两广的联系，缩短了时间距离，有利于贵州的特产和“两广”的商品进行快速的流通，龙里贵州快递物流园区的建设，将成为全省快递分拨中心，这将是龙里县发展快递物流业前所未有的机遇。

【物流重点项目】*双龙商贸物流城* 项目规划总占地面积约1000亩，一期总投资约32.7亿元，建筑面积约100万平方米。项目以整合物流为龙头、商贸为主体、商务办公为配套、居住为保障，打造一个集专业市场经营、冷链物流、仓储快递、电子商务、配套商住楼于一体的超大型综合性商贸物流产业集群。截至年底，共初步建成蔬菜、水果、粮油及农副产品集散中心，冷链物流配送中心、物流仓储中心、信息物流港、市场管理及电子商务管理中心，并配套建设有600余个房间的平安酒店（总规划建设1600个房间），4万平方米的标准大型停车场（总规划建设10万平方米）及其他附属设施。项目建成运营后，可吸纳1000余家物流经营企业、800余户农产品经销商进场营业，可实现年交易额100亿元人民币，年上缴税金1.2亿元以上，可解决当地农民就业2000余人，带动第三产业新增就业5000人以上。

宏基商贸物流城 项目位于贵新高速龙里收费站旁，占地403亩，建筑面积36万平方米，项目总投资20亿元。是贵州唯一集中药培育、研发生产、展示交易、国际商贸、资本流通、电子商务、信息技术、仓储物流于一体的大型产业园，打造西南地区最大、最专业的电商交易市场。意向引进中药材生产企业79家，中药物流企业5家，金融服务企业2家，中药材经营户400余家。

苗都现代医药物流项目 项目位于县城东门街，占地35亩，是集医药运输、仓储服务为一体的专业化医药物流机构。项目投资近1亿元，已经获得国家GMP认证，建成贵州优质中药材资源陈列馆10000平方米、中药材初加工车间3000平方米、中药GMP饮片车间4000平方米、检测中心1000平方米。该项目于2014年10月投入运营，并聚集亳州商会近30家中药材贸易企业入驻经营，到2017年目标总产值突破800亿元，其中制造业产值突破600亿元，中药材产值突破200亿元。

深国际·贵州综合物流港 项目的战略定位是依托深国际全国物流网络，打造贵州现代物流基础服务平台节点，形成以集运分拨、甩挂运输、现代仓储为主体，集交易展示、物流总部、配套服务、信息服务为一体的综合物流港。成为立足贵阳，面向西南，沟通华南、华中、华东地区，辐射全国的公路物流枢纽中心，中国西南地

区最具影响力的物流服务平台。

贵州龙里万豪总部城　项目位于贵新高速龙里西站旁，占地1000亩，总投资50亿元，规划为企业品牌的总部直销，集办公、会议、酒店于一体的城市复合化综合体，集中打造成贵州最具特点的生态品牌项目产业园，创建现代家居建材批发及电商物流于一体的电商交易市场。

【餐饮业】美食餐饮业较发达，辣子鸡于2005年被贵州美食协会授予“黔南十大名菜”荣誉称号，其原料选用农家天然优质放养三黄鸡，配以辣椒、姜、葱、蒜、味精等调配而成，属纯天然食品，色、香、味俱全，肉质嫩脆、香辣可口；龙里大草原烤全羊选用天然放养的黑山羊，经过腌制、涂以特制香料、炭火慢烤等多道工序的深加工精制而成，具有传统蒙古特色的美食风味；龙里野生菌火锅汤底由筒子骨、老鸡、老鸭等熬制而成，再配以各种野生菌煮在火锅里，还可以根据顾客喜好做成炒菜，汤鲜美清爽而不腻，适合调和清胃之选。特色食品生产主要集中在高新技术园区内，吸引众多投资者前来投资设厂，得天独厚的气候，孕育众多优良的生物植被和动物品种，特色食品品种多，品质优良，得到广大销售者的认可。

【重点骨干企业】龙里邓氏食品有限责任公司　成立于2008年3月，注册资金510万元，企业员工20余人，位于贵州龙里高新技术产业园区，主要经营“龙哩邓氏”特色辣子鸡、调味品、肉制品等产品的加工和销售。经过几年的努力，共发展成为拥有占地20亩的生产基地，30亩的生鸡养殖基地并拥有两家“龙哩邓氏”辣子鸡火锅直营店及十多家加盟店，形成以食品、餐饮为主打的综合型发展态势。生产的辣子鸡、鸡辣椒等系列产品，源于龙里县运输饭店，有40多年历史，具有浓郁的民族特色、香辣可口、营养丰富、食用方便，在广大群众中获得好评，在全省范围内都具有一定的知名度，一直受到群众的喜爱和好评，并于2005年被黔南州美食协会评选为“黔南十大名菜”。

贵州龙缘盛豆业有限公司　成立于2013年1月，注册资金1000万元，占地面积23亩。“芳馨豆园”品牌豆制品是省内规模最大、品种最全、销售网点最多、品牌影响力最强（知名商标）、首家获得QS证的行业领军型豆制品企业。是农业产业化和省级扶贫龙头企业、放心豆制品生产基地，与贵州大学“发酵工程和生物制药重点实验室”签订合作协议，建立起放心豆制品产业化研发中心，并与贵州农科院油料研究所建立产研关系，大力开展黔豆种植基地建设，利用本地地理资源优势，发展黔豆套种，2013年黔豆种植基地面积达到25000亩。于2014年8月25日，在上海证券交易所股权托管交易中心成功挂牌（代码：201527）。拥有国内一流豆制品生产线6条，实际日处理大豆原料10~20吨，生产各种豆制品50余种，在贵阳市中心城区及黔南地区各农贸市场设经销点70余个，并在“北京华联”“沃尔玛”“星力百货”“永辉超市”等大型连锁超市及“宾隆连锁”“合力连锁”等中小型连锁超市设专柜销售。

贵州黔宝食品有限公司　是一家集贵州特色食品研发、生产加工、销售服务于一体的现代化股份制企业。生产厂黔宝食品龙里公司是黔南州农业产业化龙头企业。主营产品“黔康牌”刺梨系列产品和“御酥坊”糕点系列在贵州特色食品行业中享有很高知名度和美誉度。“黔康”被评为“贵州省著名商标”和“贵州省名牌产品”。产品进入沃尔玛、北京华联、家乐福等大中型超市销售，并远销北京、湖北、陕西、重庆、广东等省市。

【批发零售业】批发零售业限额以上企业累计23家，其中重点企业有：龙里县粮油购销有限责任公司、贵州亚冶铁合金有限责任公司、龙里县谷脚区供销合作社、龙里县盛达液化石油气有限责任公司、贵州天天向上现代办公科技有限公司、龙里县华群汽车商贸服务有限公司等。

【对外经济贸易】 共有5家外贸进出口企业，从事进口业务企业有贵州金合冶炼有限公司和贵州金合能达煤炭贸易有限公司，从事出口业务的企业有贵州旭生进出口贸易有限公司、贵州英吉尔机械制造有限公司和贵州九龙合金有限公司；外资企业有5家，分别是华润雪花啤酒（黔南）有限公司、贵州龙里维乐物流园有限公司、贵州泰聚明科技有限公司、强生健康产业（贵州）有限公司、贵州卡仕伯体育管理咨询有限公司。

（县商贸局）

供销合作

【概况】 龙里县供销合作社联合社为正科级参公管理事业单位，内设机构2个：办公室、财务审计科；另设直属事业单位1个：社有资产管理办公室。县供销社参公事业编制12人，实际在编12人，其中主任1名，副主任2人，纪检组长1人，财务审计科1人，办公室6人，长期病假1人。2015年12月，设立龙里县电子商务发展办公室，与县供销社合署办公，实行一个机构、两块牌子的行政管理体制。供销社有基层社6个，覆盖全县所有镇（街道）；社属企业2个：贵州龙里县日杂副食公司、贵州龙里恒丰农资贸易有限责任公司；农村综合服务社2个：龙里县羊场综合服务社、龙里县湾寨综合服务社；专业合作社6个：龙里民丰生专业合作社、龙里鑫农果蔬专业合作社、龙里县龙山镇五子登科养殖专业合作社、龙里县湾寨乡甲摆蔬菜种植专业合作社、龙里县醒狮镇佳奇刺梨专业合作社、龙里县洗马镇大坪绿诚种养殖专业合作社。

【业务指标】 全年，全县供销系统总营业额22440万元，完成任务数21500万元的104.37%。其中，销售总额4260万元，商品交易市场交易额18180万元，较2014年20101万元增长11.64%。利润总额69.3万元，完成任务数66万元的105%，较2014年53.1万元增长30.51%。所有者权益1391.9万元，完成任务数1340万元的103.87%。资产总额5756.9万元，完成任务数4909万元的117.27%。全年化肥供应12280吨，完成任务数11800吨的104.07%。获2015年度全州供销系统业务目标考核一等奖。

【电子商务及农村网络建设】 积极配合商务部门成功申报电子商务进农村综合示范县，并根据县委、县政府安排牵头实施电子商务进农村工作。成立电子商务进农村工作领导小组，开展全县农特产品信息收集工作，初步提出龙里县供销合作社联合社发展电子商务的“四个一”实施方案。制定《龙里县电子商务进农村工作方案》《龙里县农村淘宝项目建设实施方案》，对电子商务进农村工作目标任务、牵头部门和完成时限等作出详细安排。建成县级电商运营中心1个，建成村级电商服务站点62个，开展电商普及培训6期，培训2200人次。实现农村网购金额1260万元，农产品网络销售额170万元，工业品网络销售额500万元，农村旅游服务网络销售额300万元，全县共有网店69家，发展电商网民4168人。

【专业合作社和庄稼医院建设】 全年领办农民专业合作社1个（龙里县洗马镇大坪绿诚种养殖专业合作社），新建2个庄稼医院（龙里县醒狮镇庄稼医院、龙里县洗马镇庄稼医院），进一步夯实供销系统为农服务基础。

（赵声祝）

烟草专卖

【概况】2015年，龙里县烟草专卖局（分公司）上缴各项税金3803万元，同比增长33.09%，荣获2015年全县纳税十强企业称号。有编制人数91人，内设2个室、5个股、2个组，即综合办公室、烟叶基础设施办公室、专卖管理股、人事监察股、安监股、烟叶股（中心站）、财务股、内管派驻组和卷烟营销组。其中，烟叶股（中心站）下设洗马、摆省2个烟叶收购线。

【打假打私行动】始终保持专卖打假高压态势，市场净化率稳定在97%左右；持续开展“黔锋系列”专项打假打私行动，切断制假烟叶供应链；年内，全县共查处6起5万元以上的案件。查获卷烟63.41万支，案值40余万元，查获违法经营烟叶7吨，案值43万余元，1起达到省标网络案件，刑事拘留1人，批准逮捕1人。

【卷烟销售】通过市场取向化改革，有效挖掘市场潜力，品牌培育力度、重点骨干品牌的市场占有率得到有力提升。卷烟销售指标连续5年保持“量增价稳结构升”的良好状态。全年完成销售总量9153.738箱，较2014年增加50箱，增幅为0.55%，完成全年考核计划任务9140箱的100.15%，人均消费12.3条（全州第一）；单项均价29486.87元，较2014年同期增加2494元，增幅达9.24%，销售收入2.7亿元，较2014年同期增加2418万元，增幅达9.84%，单箱均价绝对值在全州排名第三，卷烟经营毛利率达27.8%。实现网上订货率100%、网上配货率3%、网上结算率30%的目标，网上营销效果显著。以发扬“好花红”服务品牌为抓手，突出抓好“8741”客户服务模式，零售户利润逐年增加，零售户经营毛利率达15%，客户满意度逐年提升；现代零售终端建设占比达20%。

【烟草专卖管理】结合龙里县商圈类型、人口数量、交通状况、经济发展水平实际，以及物质精神文明水平不断提高等情况，4月修改《龙里县卷烟零售店合理化布局规定》并举行听证。全年共受理零售许可126户，准予98户，不予28户，未发生因违反相关规定办理零售许可证的行政复议。清理人证不符户35户，取缔无证经营户32户。内管组织架构全面建成，省市县三级实行专卖内管委派制，真品卷烟非法流通专项治理成效明显，累计查获非法流通真品卷烟57.23万支，真品卷烟外流0.1万支。

（宋宜航、县“两烟”办）

石油销售管理

【概况】龙里石油公司隶属于中国石化销售有限公司贵州黔南石油分公司，是龙里县最大的成品油供应商，主要从事石油成品油、润滑油（脂）销售以及非油品业务。下辖麻芝加油站、九龙加油站、龙山加油站、厦蓉高速龙里停车区一站、龙里停车区二站。编制人数5人，实有4人，即经理（支部书记）、经理助理、非油品管理和财务各1人。技能操作岗编制49人，实有49人（加油站长5人，班长5人，营业员39人）。年内，获得“省公司先进县区公司”“分公司先进县区公司”“市场控制率先进单位”等称号。在省公司“双创一树”活动中，龙里停车区加油站还获得“便利店加油站标杆”称号。

【市场营销】以“一统”（统一营销策划）、“二提”（提升管理能力、提升服务水平）、“三宜”（宜零则零、宜直则直、宜送则送）、“四率”（站长住站率、县公司经理到站率、车辆加满率、持卡消费率）、“五增”（增站增量、配送增量、推卡增量、促销增量、管理增量）的战略，抓零售经营管理，通过“为民服务创先争优”“争创客户满意加油站”“创新创效树标杆”“加油站综合服务提升年”等活动，开展营销工作。结合“强化小站管理”活动，做实各加油站的组织领导、方案制定、宣传动员、风险排查、整改提高、建立长效等各阶段工作。结合分公司“一治一用一赛”专项活动，全面落实“卸油十步法”专项治理。全年，销售各类成品油45000余吨，上缴增值税及附加合计271.42万元。

【油品数量质量管理】以ISO 9000质量管理体系运行为主线，以“质优量足，客户满意”为目标，严格油品收发过程中的质量检验，抓成品油损耗管理。数量管理。培训合格在站计量人员10人。配合地方质检部门对县内加油机定期检查校验，对流量计不稳定的加油站进行调查核实并及时更换调校加油机。每月制定切合加油品数质量管理，各加油站每日做好日损溢分析，损溢出现异常情况，及时上报。每月根据损耗量和损耗率的综合排名下站进行指导和监控，发现问题及时解决。特别制作专门的计量工具存放箱和携带箱，特定制防盗计量口、安装电子狗和防爆报警灯等装置；创新“同液位盘点法”“站长更换法”“专人管理人员驻站调查法”等管理方法。质量管理。以顾客需求为关注焦点，提升服务水平，力求顾客满意。采取上门走访、电话回访、调查问卷、设立意见箱（簿）等方式开展满意度调查。对重点客户，组织公司客户经理至少走访50名客户、10名重点客户，并对走访结果进行分析。同时，公布客服电话，每天接听客户咨询、投诉电话，提供优质的客户服务。对客户在加油站现场遇到的油品质量问题，当即报告加油站站长处理，并在日志上如实记录，对无法立即答复或处理的问题，在稳定客户情绪的同时及时向公司经理汇报，并在12小时内给予答复；对接到的有关加油站油品质量投诉，接听率达到95%以上。把进、销、调、存各环节作为质量监控的重点。对运输到加油站的油品，进行及时取样观察，确保油品颜色、气味正常，且无水杂才能进行油品接卸；油品在加油站储存过程中，实施定期对罐内水高进行测量，在水位高度高于50毫米时及时对罐内积水进行抽排。同时按计划对各加油站的油品进行取样，送至化验室进行化验，确保销售油品的质量100%合格。

（高崇光）

物资管理

【概况】龙里县物资总公司前身为龙里物资管理局。1994年机构改革后，定名为龙里县物资总公司，属国有企业。2010年10月，组建贵州黔南化轻民爆器材有限责任公司龙里分公司，龙里分公司与龙里县物资总公司实行一个机构、两块牌子的运作管理模式。是县内唯一具有购销炸材资质的企业。有职工23人，其中在岗14人、分流1人、退休8人。12月3日，龙里县物资总公司、龙里县供排水总公司、龙里县粮油贸易公司及龙里县国有资本运营有限责任公司等13家实体或平台公司，共同组建成为贵州腾龙实业集团有限公司。

【销售管理】严格按照省经信委民爆器材与安全管理处颁发的“民用爆炸物品销售许可证”许可经营范围开展民爆销售工作，依法依规进行民爆物品工业炸药、工业雷管的销售管理。严格按照公安部门民用爆炸物品购买证所批准的项目及数量销售。严格执行销售规程。无转让、买卖、出租许可证行为。

【经营成效】加强与客户的联系和沟通，搞好民爆物品购销，确保项目建设正常施工和客户满意。全年共计购进和销售各类炸药374吨，销售雷管20万枚，超额完成年初预定目标。全年销售收入408万元，纯利润4.6万元，为职工交纳养老保险、工伤保险、生育保险、养老保险、住房公积金等“五险一金”共计32万元，达到年初预定目标。

（夏熙红）

盐务管理

【概况】贵州盐业（集团）龙里有限责任公司负责全县食盐、食品加工用盐、工业用盐的供应，维护食盐市场的稳定，整顿盐业市场秩序，打击制假贩私和把工业用盐冒充食盐销售等违法行为，保障食盐供应，让全县人民吃上健康放心盐。年内，有在岗职工7人。

【食盐购销】购进917吨，其中食品加工盐177吨，350克绿标盐90吨，海藻盐424吨，钙盐130吨，低钠盐127吨，工业盐118吨；多品种盐品5.7吨。全年食盐总销售为1349吨，其中；小袋盐销售882.69吨，完成计划98.20%（其中绿标盐192.12吨、海藻碘盐392吨、低钠盐152.28吨、钙盐129.72吨、650克15.57吨、其他品种1吨）。现金收入527万元，实现利润总额70万元。

【盐业法规宣传】在全县范围内开展食盐专项整治宣传检查，维护食盐专营程序，确保食盐供应和市场稳定。对全县5个镇、1个街道的学校食堂、幼儿园、餐馆、熟食店进行重点检查，分别检查学校3所、幼儿园3所、餐饮业75户、食品加工用盐7户。无涉盐案件。定期或不定期走访用户，召开销盐大户座谈会，及时解决经营中存在的问题和不足。在“3·15”全国消费日、“5·15”碘缺乏病防治宣传日和“食品宣传周”，开展盐业法律法规宣传活动。

（余丽煌）

财税 金融

财 政

【概况】全年财政收入累计完成16.93亿元，超年度任务2.24个百分点，同比增收2.9亿元，增长20.65%。其中，公共财政预算收入完成8.25亿元，超年度任务4.29个百分点，同比增收1.55亿元，增长23.07%。国税完成5.72亿元，同比增长6.53%，较年度任务数相差5011万元；地税完成9.7亿元，同比增长30.26%，超年度任务数5237万元；财政完成1.51亿元，同比增长24.15%，超年度任务数3490万元。全县政府性基金收入完成18.75亿元，占年初任务的115.55%，同比增长7.95%。全年财政总支出累计完成54.48亿元，同比增支19.59亿元，增长56.13%。其中，公共财政预算支出21.12亿元，占调整预算的110.06%，同比增长19.68%；国债转贷还本支出615万元；政府置换一般债券还本支出12.87亿元（2015年新增）；政府性基金支出19.24亿元，占年初预算的118.58%，同比增长11.57%；政府置换专项债券还本支出1.19亿元（2015年新增）。全县教育、社会保障和就业、医疗卫生、住房保障等九项重点支出达16.43亿元，同比增长16.34%。

【“三公”经费支出】一般公共预算财政拨款“三公”经费支出决算数3024.45万元。其中，因公出国（境）费用支出决算10.4万元，占“三公”经费的0.34%；同比增支8.11万元。公务接待费支出决算1123.35万元，占“三公”经费的37.14%；同比下降3.51%。公务用车运行维护费支出决算1640.39万元、占“三公”经费的54.24%，同比下降0.1%。公务用车购置支出决算250.31万元、占“三公”经费的8.28%，同比增支13.89万元。购置公务用车辆27辆，比2014年增加19辆。县政府办1人次参加州商务和粮食局组织的赴法国、德国、瑞士考察；工商业联合会1人次参加省工商联组织赴美国、加拿大进行商会交流、项目推介及经贸交流；投资促进局2人次，根据县政府与国际医疗集团对接，由州相关领导率队赴英国开展实地考察。贯彻落实中央八项规定、省委“十项规定”精神和厉行节约要求，压缩公务接待费。全年国内公务接待 9979 批次，22.73 万人次。

【国有资本经营收支预算】 根据全口径预算相关要求，初步编制县级国有资本经营收支预算，按县管国有企业上年度净利润的 8% 纳入县级统筹。国有资本经营预算收入 340 万元，国有资本经营预算支出 340 万元。实现当年收支平衡。

【财源建设】 全县 90 个重点建设项目完成投资 125 亿元。2014 年，小型农田水利建设、龙里县贾托山风电等 40 个项目基本建成投运；引进省外 3000 万元以上项目到位资金 95.72 万元；贵州卡布国际婴童用品产业园、龙里县雪花啤酒搬迁扩能建设等亿元项目顺利落地开工；获得中央及省预算内投资项目 32 个，项目总投资 8.63 亿元，获得上级补助资金 1.65 亿元；获得专项建设基金支持项目 15 个，总投资 64.73 亿元。在重点项目的强势带动下，全县完成固定资产投资 136.05 亿元，同比增长 25.3%，为财政增收奠定了良好基础。争取专项转移支付资金 5.68 亿元。其中，中央及省级资金 5.38 亿元，州级资金 3008 万元，特定方向的一般转移支付资金 2.02 亿元；争取财力性转移支付补助资金 5.33 亿元，保证了重点项目的顺利建设和民生政策落实。县本级预算资金投入 3627 万元用于支持企业发展，投入 2216 万元用于城镇基础设施建设，整合专项资金投入 1905 万元用于重点工业项目建设。

【财政体制改革】 围绕中央“一级政府一级财政一级预算”要求，按照“财随人走、相对独立、分灶吃饭、自求平衡”原则，于 1 月 1 日正式启动实施县镇（街道）财政管理体制改革。镇（街道）与县实行“划分收支范围、实行收入共享、核定收支基数、定额上解或补助、超收分档分成、适度转移支付”的财政管理体制，在财权下划的同时，将审批权、财政收入征管权、资金管理权等事权同步下放。年终，对各镇（街道）收支基数、超收分成补助、转移支付等进行测算并予以批复，完成镇（街道）2015 年财政体制结算试点工作。

【政府性债务管理】 根据政府性债务还本付息计划做好化解政府性债务融资方案，分析每笔债务还款资金来源，统筹财力积极化解债务。将债务分为一般债务和专项债务进行分类管理，并建立政府性债务预算管理制度。在编制部门预算时，从政府性基金中预留资金 2.99 亿元用于偿还到期债务。整合国有资产，利用国有资产经营收益偿债。向上级争取地方政府置换债券置换存量债务 14.06 亿元，用于偿还 2015 年到期债务本金。积极与金融机构协调，对到期的银行贷款申请展期，争取银行贷款延期 5.87 亿元。将融资到位资金 26.21 亿元进行统筹分配，确保及时偿还到期债务和全县重大项目资金需求。年末，县政府负有偿还责任的债务余额为 71.05 亿元，其中，一般债务 59.79 亿元，专项债务 11.26 亿元。

【国有资产管理】 按照“统筹规划、先易后难、分步推进”原则，开展行政事业单位经营性资产剥离工作，将该项工作职能由县财政局移交给县机关事务管理局。按照行政事业单位固定资产使用年限、报废条件、处置程序等相关规定办理国有资产处置。受理国有资产处置申请 90 件，对符合资产处置的下达批复 50 件，处置资产原值 1173.57 万元，处置收入共计 751.63 万元。其中，房屋构筑物类处置 6 件、17 处，资产原值 493.25 万元，处置收入 738.22 万元；通用设备类交通工具处置 11 件共计 19 辆，资产原值 223.28 万元，残值收入 9.56 万元；其他资产 33 笔 789 件，资产原值 457.05 万元，处置收入 3.85 万元。处置收入全部上缴国库。

【基层财政管理】 组织实施 2014 年度“一事一议”追加项目、2015 年度“一事一议”财政奖补普惠制项目、2014 年度“一事一议”美丽乡村小康寨项目，完成投资2251.46万元。完成110个自然村寨建设。其中，示范型4个，提升型25个，普及型81个。开展2015—2017年小康寨项目建设规划编制工作，完成州级示范镇龙山镇整镇推进小康寨建设规划编制，重点将龙山镇坝上村、莲花村建成“周末休闲旅游”小康示范寨，将谷脚镇茶香村、醒狮镇大岩村、湾滩河镇场坝村、甲摆村、毛栗村、走马村，冠山街道大新村、五里村，洗马镇台上村、羊昌村10个村作为县级整村推进示范村纳入规划重点。开展镇（街道）行政村（居）资产清理工作，重点清理各行政村（居）的所有流动资产、固定资产，将合并后的村级资产全部纳入村级“三资”委托管理中心管理。

【国库集中支付管理】全年累计办理国库集中支付1.2万笔，共计12.9亿元。其中，财政直接支付3212笔，支出11.4亿元，直接支付率达88.39%；财政授权支付8781笔，支出1.5亿元。办理归集户支付3855笔，共支付12.04亿元。

【政府采购管理】全年政府采购预算1.97亿元，实际采购1.82亿元，节约资金1473.57万元，资金节约率7.48%。其中，货物类8640.18万元，工程类7432.95万元，服务类2143.98万元。根据县农村工作局及县民政局的申请，将龙里县农村土地承包经营权确权登记颁证试点工作及开展第二次全国地名普查工作项目，通过公开招标方式向社会购买服务，中标金额分别为1293.24万元和75万元，共节约资金343.06万元。

【会计事务管理】完成会计从业资格考试报名工作，全县共103名会计人员报名参加考试；完成会计专业技术资格考试报名工作，全县共12人报名参加初级专业技术考试，6人报名参加中级专业技术考试；规范会计人员会计从业资格审批和中介机构从事代理记账审批，全年共办理审批事项19件；开展会计人员继续教育工作，全县共634名持证人员通过网络教育或财政部规定的其他继续教育方式参加继续教育，占应参加继续教育人员的90%。

【社保资金管理】全年共收入城乡居民养老保险金2565万元（其中，个人缴费761万元），支出2172万元，年终滚存结余3854万元；收入再就业资金796万元，支出1291万元，年终滚存结余345万元，全年享受社会保险补贴人数有472人、享受职业培训补贴人数有2209人、享受职业技能鉴定补贴人数466人、享受公益性岗位补贴人数401人、享受小额担保贷款贴息人数341人。根据冠山街道、谷脚镇、龙山镇、醒狮镇为辖区内失地农民办理养老保险的相关手续，及时拨付资金缴纳失地农民养老保险；农村最低生活保障标准提高到月人均162元，全年收入资金1193万元，支出1724万元，年末滚存结余888万元；城市居民最低生活保障标准提高到月人均340元，全年收入资金43万元，支出425万元，年末滚存结余402万元；收入城乡医疗救助资金449万元，支出249万元，年末滚存结余203万元，全年救助789人、资助参加城乡居民基本医疗保险7491人，住院救助286人次、门诊救助257人次；新型农村合作医疗保险是年人均筹资标准为450元（其中，个人缴费70元，中央268元，省级95.3元，州级5.18元，县级11.62元），参合18.55万人，筹资总额8348万元，使用7593万元，上划风险基金359万元，年末滚存结余2746万元。

【财政监督检查】开展县本级盘活财政存量资金专项检查工作，重点检查县民政局、县民族宗教事务局、县安全监督生产管理局、县妇女联合会等4家单位，盘活财政存量资金63.9万元，查处部门漏报存量资金46.44万元；开展各部门（单位）违规发放津补贴自查自纠工作，清退资金132.23万元，自查率达到100%，并联合县纪委、县审计局对县属17个部门（单位）进行重点检查；开展预决算公开专项检查，从及时性、完整性和详细程度三个方面对县本级2015年预算和2014年决算公开情况进行全面检查。

【农业综合开发】2014年，农业综合开发高标准农田建设示范工程项目完成，总投资1254.89万元；2014年，农业综合开发高标准农田建设第二批资金项目完成总工程量的80%，总投资354万元；完成年出栏20万只肉鸡养殖基地扩建项目，总投资222.74万元；2015年度国家农业综合开发高标准农田建设示范项目完成总工程量的50%，总投资2190万元；农发新型农业经营主体实施高标准农田建设项目完成总工程量的30%，总投资144万元；湾滩河生态农业示范园区无公害蔬菜推广种植示范项目完成总工程量的15%，总投资106万元；2013年，农业综合开发土地治理项目结余资金项目完成总工程量的30%，总投资90.05万元；2015年，农业综合开发自然灾害损毁修复项目完成总工程量的30%，总投资38.5万元。编制完成《龙里县农业综合开发扶持刺梨、蔬菜优势特色产业规划（2016—2018年）》，建立刺梨、蔬菜优势特色产业农业综合开发资金项目库；参加贵州省2016年度国家农业综合开发高标准农田建设项目竞争立项陈述会，成功入选2016年度国家农业综合开发高标准农田建设项目县；编报2016年度高标准农田建设示范工程项目1个，总投资1446万元；编报2016年度产业化经营财政补助项目1个，即年出栏1万头优质肉猪养殖基地扩建项目，总投资468.01万元。

【财政支农】兑现惠农补贴。按照水稻15元/亩、玉米10元/亩、小麦10元/亩、油菜10元/亩的补助标准，兑现2014年国家农作物良种补贴。其中，小麦良种补贴40万元，惠及农户3.49万户；油菜补贴60万元，惠及农户3.76万户。实施2015年中央财政农作物良种补贴项目，兑现2015年农业支持保护补贴资金293.8万元。其中，水稻补贴145.5万元，受益农户4.08万户；玉米补贴70万元，受益农户4.08万户；小麦补贴18.3万元，受益农户2.87万户；油菜补贴60万元，受益农户8.14万户；兑现2014年度中央农机具购置补贴资金179.76万元，补贴台数1341台，受益农户和专业合作社1253户；兑现中央农机具购置补贴115.64万元，用于补贴购置微耕机、大型犁田机等农机具830台，受益农户787户。

【扶贫资金乡级报账制】下发《关于财政专项扶贫资金乡级报账制工作的通知》，出台《龙里县专项扶贫资金管理办法》《龙里县乡级财政专项扶贫资金报账制工作流程》等，按照“财权、事权、权责下放”原则，核拨湾滩河镇、洗马镇、谷脚镇、冠山街道莲藕、蔬菜、富硒米、辣椒种植和蜜蜂养殖等25个扶贫项目资金1208万元。

【村级集体经济建设】申报省级财政资金80万元，用于冠山街道渔洞村冷水鱼养殖；申报资金60万元，用于无公害蔬菜产销对接建设项目；申报资金15万元，用于小草帽蔬菜配送示范社建设；申报资金20万元，用于洗马镇平坡水产养殖农民专业合作社建设；申报资金20万元，用于翠微兴农蔬菜种植合作社建设；申报资金30万元，用于洗马镇清发畜牧养殖专业合作社山羊养殖和徐氏养殖农民专业合作社家禽基地项目建设；申报资金95万元，用于湾滩河现代高效生态农业示范园区建设；成功申报贵州省2015年、2016年中央财政现代农业生产发展（精品果业）项目重点县，并获得项目资金1100万元用于脆红李种植。

（县财政局）

公共资源交易

【概况】2015年县公共资源交易中心共完成各类交易142宗，交易总额1.19亿元。其中，政府采购50宗，采购预算金额为4247.35万元，成交额为3323.97万元，节约资金923.38万元；建设工程交易79宗，交易额为8608.48万元；土地挂牌出让13宗，总面积1560平方米，成交价806.8万元。共收退保证金745笔，其中收取保证金427笔435.74万元。退还投标保证金318笔367.05万元。

【交易平台建设】将档案大楼的12层、13层作为龙里县公共资源交易中心办公场所，面积约1100平方米。在新址建设过程中，不断完善软硬件配套设施，优化服务环境。在评标室、开标室建设电子监控系统，将评标、开标和拍卖的全过程纳入电子监控系统的监管，实现多功能全方位的监控。为规范评审专家的抽取行为，建立开通龙里县评审专家库自动抽取系统。由代理机构或采购人在管理部门的监督下随机抽取，确保专家抽取的保密性和科学性。进一步细化《龙里县工程类项目竞争性谈判管理办法（暂行）》，明确工作要求和程序，增强可操作性，提升工作效率；建立健全内部管理制度，规范场内人员的交易行为。

（梁　芳）

国家税务

【概况】2015年，龙里县国家税务局有在职职工55人，设12个科室，分别为办公室、人事教育科、监察室、财务管理科、信息中心、征收管理科、政策法规科、收入核算科、税源管理科、稽查局、龙山税务分局、办税服务厅。全年纳税人登记户5575户，其中企业1457户，个体4118户，一般纳税人410户，较2014年增加纳税人登记1039户，其中企业430户，个体609户。组织收入57289万元，较2014年增长6.5%，其中，增值税33383万元，消费税4338万元，所得税6103万元，车辆购置税12283万元，教育费附加及地方教育附加1122万元。当年，被省直机关工委评为“五好基层党组织”。开展“寻找最美国税人”评选活动，评选最美敬业人、最美公德人、最美家庭共9人，其中1人被黔南州国税局评为最美敬业人。

【税收环境优化】通过加强与县政府各部门的沟通协调，探索出“国税开单、政府督办”的运行模式，由国税开出综合治税需求单，针对单项涉税事务，单独提出各部门配合需求，经县督查督办局以督办通知的形式进行督办，提高综合治税平台成员单位执行力。以综合治税平台为重要抓手，通过多方联合分析、联合行动等，持续优化纳税环境。加大稽查查处力度，打击税收违法行为。全年入库补税款、滞纳金及罚款共690万元。

【行业税种税收】商业批发业、非金属矿采选业、电力行业同比略有增长，其他行业同比下降。医药制造业：全县医药企业有14户，税收主要以贵州神奇分厂、金桥药业、贵州柏强药业、瑞和药业等几大企业为主，年内增值税、所得税累计完成8297万元，同比减收2283万元，下降21.6%。商业行业（批发业）：年累计入库税收9672万元，同比增收4285万元，增长79.5%。其中，烟草行业累计入库税收3071万元，同比增收930万元，增长30.3%。华润雪花销售分公司累计入库税收3875万元，同比增收2822万元，增长268%。电力行业：年增值税完成2162万元，同比增收66万元，增长3.1%。非金属矿物制品业：年累计入库税收7556万元，同比减收1570万元，下降17.2%。非金属矿采选业：年累计完成税收346万元，同比增收8万元，增长2.4%。酒、饮料和精制茶制造业：年累计完成税收6460万元，同比减收2668万元，下降29.2%。其中，啤酒生产行业增、消两税累计完成税收6446万元，同比减收2675万元，下降41.5%。化学原料及和化学制品制造业：年累计完成1748万元，同比减收1844万元，下降51.3%。橡胶和塑料制品和皮革、毛皮、羽毛及其制品和制鞋业：年累计入库税收2816万元，同比减收561万元，下降16.6%。此外，车辆购置税同比增长幅度较大。年内车辆购置税累计完成税收12283万元，同比增收8281万元，增长206.9%。依托地理优势，车辆购置税逐月增长，年累计在龙里缴纳车辆购置税车辆14361辆。

【三产税收结构】第一产业完成税收62万元，同比减收15万元，下降19.5%；第二产业完成税收31874万元，同比减收9651万元，下降23.2%。下降主要因素：经济下滑，工业增值税增速回落，其中降幅较大的是非金属矿物制品业、化学原料及化学制品业、酒制造业、橡胶制品。酒制造业下降29.2%、化学原料及化学制品业下降51.3%、非金属矿物制品业下降17.2%、橡胶制品下降16.6%。第三产业完成税收24170万元，同比增收13239万元，增长121.1%。三产中批发和零售业同比增长幅度较大，主要是烟草制品批发业较上年增长43.4%；雪花啤酒销售公司同比增长268%。另外，车购税增幅较大，同比增长206.9%。

【征管体制改革】涉税事项“网上审批”初见成效。2月，试行网上电子审批，年内共受理纳税人办理7大类审批业务、65户次，选择以“网上审批”方式办理业务的纳税人逐渐增多。实现小规模纳税人国、地税同步“月改季”。针对国、地税管辖的查账征收小规模纳税人，率先在全州实现同步按季纳税申报，有效避免仅仅国税改，纳税人实际进厅次数变化不明显的情况，提高受惠面。“月改季”后，该类纳税人每户每年国、地申报次数由原来的24次减少为4次，同时减轻税务机关和纳税人负担，实现双赢。优化“片区组长负责制”征管模式。建立分类分级的税源管理格局，实施“规模+行业+属地”的分行业、集约化管理模式。根据税源变化对片区一线税源管理力量进行动态调整，最大限度确保税收征管资源优化配置、高效利用。增值税发票系统升级。1月1日起，把新认定的增值税一般纳税人和新办的小规模纳税人及原增值税一般纳税人和小规模纳税人纳入升级范围，分季度开展3期集中培训。同时，对新办证纳税人加强日常管理辅导，及时升级增值税发票系统。共完成609户纳税人增值税发票系统的升级工作。完成办税服务厅增值税发票代开系统、货运发票代开系统的升级工作。实现该项工作的全面覆盖。

【信息化建设】“金税三期”工程顺利上线。全省“金税三期”“小双轨”“大双轨”均在龙里试点顺利运行。经过2个月试运行，9月1日，“金税三期”工程正式上线，整体工作推进平稳，效果显著。经测试统计，“金税三期”上线后，平均办税时间缩短20%。推出县级机关自主开发的涉税手机软件。率先在全省研发推出手机软件“纳税服务通”，该做法被贵州国税杂志誉为“为《规范》插上翅膀”。软件几乎涵盖《纳税服务规范》中所有涉及纳税人的涉税事项。纳税人可通过手机随时查阅办理业务时所需准备的资料、办理流程等内容，再进厅办理业务，有效避免“往返跑”和“重复办”。

【纳税服务】率先在全州建立起国、地税联合创办的“纳税人学校”，利用互联网媒体，发展远程教学。6月，实施工商营业执照、组织机构代码证和税务登记证“三证合一”登记制度改革。享受增值税优惠政策的企业78户，共减免增值税849万元，享受企业所得税优惠政策的企业94户，共减免企业所得税2790.41万元。全县符合小型微利企业所得税优惠条件企业811户，剔除零申报企业、亏损企业和享受其他优惠政策企业户数，实际符合小微企业所得税优惠条件企业680户，已享受小微企业所得税优惠政策企业131户，政策受惠面100%，减免税比率53.3%，共计优惠所得税80.41万元。

（骆 放）

地方税务

【概况】 年内共组织入库两项收入96994万元，占州计划82800万元的117.14%，同比增收22536万元，增幅30.27%；完成县政府下达计划91754万元的105.71%，超计划5240万元。

【分税种完成情况】 营业税 入库39268万元，同比增收4064万元，增幅11.54%，总量全州第二位，重在协调过境建筑营业税2940万元等。

企业所得税 入库13521万元，同比增收4879万元，增幅56.46%，总量全州第一。源于企业所得税存量、增量均有增收。其中，贵州神奇药业有限公司龙里分厂同比增收733.56万元；中铁贵州旅游文化发展有限公司同比增收281万元；龙里县铁五建置业有限责任公司同比增收1220.37万元；七冶贵龙公司同比增收1964.62万元等。

个人所得税 入库2872万元，同比增收379万元，增幅15.20%。主要是龙里信用社同比增收157.04万元等。

资源税 入库1442万元，同比增收332万元，增幅29.91%。主要是龙里红狮水泥有限公司等同比增收323.40万元。

城建税 入库3779万元，同比增收51万元，增幅1.37%。主要原因是增、消两税同比减收导致附征增幅不高。

房产税 入库749万元，同比增收168万元，增幅28.92%。

印花税 入库1005万元，同比增收151万元，增幅17.68%。

土地使用税 入库2138万元，同比增收935万元，增幅77.72%，主要是土地使用税征收范围扩大、等级调整，把中铁生态城、深高速等纳入征收范围。

土地增值税 入库13262万元，同比增收4250万元，增幅47.16%。

车船税 入库314万元，同比增收56万元，增幅21.71%。

契税 入库8512万元，同比增收343万元，增幅4.20%。

耕地占用税 入库8572万元，同比增收6876万元，增幅405.42%。主要是协调征收贵广线、沪昆线、白龙线临时耕地占用税2843万元，协调征收招商引资项目政府应缴耕地占用税2610万元，土地储备征收1538.82万元等。

教育费附加 入库1186万元，同比增收121万元，增幅11.36%。

【重点税种税收情况】 收入总额中重点税种占比：营业税完成39268万元（建筑业25757万元，总量全州第一位，同比增幅11.44%），占比40.48%；土地增值税完成13262万元，占比13.67%；企业所得税完成13521万元，占比13.94%；契税完成8512万元，占比8.79%；耕地占用税完成8572万元，占比8.84%。以上5个税种收入总额83135万元，占全年收入总额的85.71%，但营业税占收入总额比例同比下降6.8

个百分点。

【重点行业税收情况】建筑业税收：完成43622万元，总量全州第二位，同比增收7563万元，增幅20.97%，占全年总收入44.97%，但建筑业税收占总收入比例同比下降3.46个百分点。房地产业税收：完成32183万元，总量全州第一，同比增收13614万元，增幅73.32%，占全年总收入33.18%。以上两大行业收入总额为75805万元，占全年收入总额78.15%，比2014年提高4.78个百分点，说明地方税务部门税源主要依靠建筑业及房地产两大行业涉及的各地方税种，但建筑业税收2014年同比增幅是102.51%，2015年增幅只有20.97%，下降81.54个百分点。

【征管体制改革】继续深化税收征管改革，大力推进信息管税。做好"营改增"扩围改革，清理耕地占用税。截至12月31日，累计组织耕地占用税8512万元入库，同比增收6816万元，同比增长401.89%。加强建筑业、房地产业税收征管，截至12月31日收入59545万元。"金税三期"上线前对内对外参训1000多人次，正式上线运行当天即开出税票113份，代开发票93次，办理税务登记10户次，发售发票16户次，征收税款628229.81元。加强大企业税收管理工作，截至12月31日共组织企业所得税入库13521万元，同比增长56.46%，增收4879万元。启动"三证合一"登记制度改革，截至12月28日共办理"三证合一"业务302户次。

【税务环境建设】全面落实纳税信用管理办法与税收"黑名单"制度，开展纳税信用级别评价，向社会主动公开A级和"黑名单"纳税人，开展企业失信行为联合惩戒工作。9月3日，联合县国税局召开"纳税信用等级评定A级企业"授匾仪式暨座谈会，向全县16户被评为纳税信用等级A级企业颁发牌匾。搞好4月全国第24个税收宣传月活动，开支6000余元4次63天利用龙里电视台及广场LED进行宣传。系统软件修改升级，3月1日起按时施行纳税服务规范2.0版。完善"12366"纳税服务平台。加强联合办税，在2014年政府劳务派遣10名窗口人员的基础上，2015年又增加8名窗口服务人员。

（胡昌成）

银行业监督管理

【概况】2015年，龙里辖内银行业金融机构呈现稳中有进的良好形势，有力地支持了地方经济社会的发展。截至年底，全县共有金融机构9个，营业网点39个，比上年新增3个（其中，新增县级支行1个，即贵州银行龙里县支行；新增营业网点2个，即村镇银行环南路支行、联社北部工业园分社）；各项存款余额77.71亿元，比年初增长39.14%；各项贷款余额56.74亿元，比年初增长28.20%；不良贷款9921万元，占比1.75%，比年初减少0.24个百分点。

【机构管理】严格审核机构准入事项，督促落实机构建设规划，完成农村信用联社兴龙分社迁址及北部工业园区分社、双龙物流分社筹建申报的初审工作，完成村镇银行环南路新网点选址装修审核工作，新机构均如期开业运行。严格审核高管准入事项，完成石文芳、王斌的高管人员任职资格初审。完成各季度对龙里县联社风险评估分析报告，重点关注农信社票据业务风险；完成联社信用评级、案件防控评估，推进农商行的改制工作。

【现场检查】3月17日至4月7日，对邮政储蓄机构2014年度各项业务经营活动及管理情况进行现场检查，共投入工作日80个，查出问题29个。3月，协查"贵州丰达凯莱实业有限公司2014年10月31日贷款500万元流动贷款资金走向”问题。11月，检查贵州银行2015年新办理信贷业务。全年共检查银行机构26个，查出问题42个，提出整改意见42条，全年未发生案件。

（龙里银监办）

人民银行龙里县支行

【概况】2015年，中国人民银行龙里县支行贯彻落实稳健货币政策，加强再贷款管理，扩大“三农”和小微企业信贷投放。落实民贸民品政策，助推民贸民品企业健康发展。加强金融分析和监测，强化“两综合、两管理”，确保辖内金融稳定。开展征信宣传和反假货币工作，加强人民币流通管理和国库会计基础业务工作，确保辖内金融机构存贷款工作平稳有序，支持地方经济健康发展。12月月末，全县各项存款余额872272万元，占全州存款7.45%，同比增长51.5%，位列全州第二位；各项贷款余额571672万元，占全州存款7.12%，同比增长29.16%，位列全州第七位。

【农村支付服务建设】围绕人民银行贵阳中心支行提出的“五全”目标开展，制定《龙里县农村金融综合服务站建设工作方案》创新方案，指导各涉农金融机构进一步完善相关功能。12月月底，共设立助农取款服务点175个，县农村信用联社金融服务覆盖全县所有行政村。8月至9月，完成助农取款安全检查，并及时统计上报检查情况。

【信贷收支】为支持龙里县农业发展，促进农民增产、增收，共发放给国丰银行支农再贷款2500万元，全年收回支农再贷款13007万元。其中，国丰银行3007万元，信用社10000万元。再贷款余额2500万元。

【支付服务市场监管】审查各行、社送达的开户资料，对不符合开户条件的即时退回，确保资料真实、完整，对有疑难问题的及时请示上级答复和解决。年内，办理账户行政许可1614户。其中，开户1182户，撤销银行账户总数229户，变更银行账户203户。按照行业《执法检查程序》，对国丰银行支付结算进行检查并上报。

【国库管理】加强国库预算收入、退库管理，确保税款及时入库。截至12月31日，龙里支库发生预算收入凭证75613笔，收入合计36.39亿元。其中，中央级收入2.78亿元，省级1.99亿元，地级收入1.8亿元，县级收入29.82亿元；调拨收入40.68亿元；更正110笔，金额1.81亿元，按照审批权限，严格退库管理，杜绝不合规退库，共发生退库258笔，金额3527.54万元。加强集中支付系统工作。截至12月31日，直接支付2724笔，金额11.4亿元，授权支付2398笔，金额1.5亿元，实拨资金支出凭证1672笔，金额46.6亿元。调拨支出6.75亿元。加强税库银横向联网工作。截至12月月底，国税有1561户、地税有1128户纳税人可通过国库信息处理系统在网上申报纳税，龙里支库共办理电子税收入库45532笔，占总收入笔数的60.49%。加强龙里县税收协调工作。9月，与国、地税联系，及时准确提供报表，确保国、地税“金税三期”顺利上线。

【货币政策】针对农村信用社贷款投放出现过快并严重超合意贷款规模的情况，先后下发5次信贷调控通知，在6月份紧急约见法人代表进行2次诫勉谈话。落实“三个十五万”小微企业优惠政策，做好小微企业初审认定。督促和指导辖内银行业金融机构落实小额担保贷款优惠政策，截至11月月末，获得妇女小额担保贷款支持122户，余额961万元。推进利率市场化改革，督促指导辖内2家地方法人金融机构制定并出台《存款利率定价管理办法》。发挥"窗口"指导作用，引导辖内银行业金融机构不断创新金融产品和金融服务，抓存款和发放信贷资金，截至11月月末，存贷款余额分别为838954万元、567415万元，较年初分别增加263216万元、124822万元，同比增速分别为45.72%、28.2%。完成上半年龙里县农村信用社改革试点进展监测审查工作。

【再贷款管理】组织县财政局、县扶贫局、县农村工作局、县金融办和龙里县农村信用合作联社等6家单位完成2015年龙里县金融扶贫项目库更新。在再贷款"双加"运作模式的基础上，调整"双加"惠农贷资金匹配方式、利率定价方法和操作方式，重新制定《中国人民银行龙里县支行"双加"支农再贷款管理实施细则》，督促地方法人机构修改出台新的"双加"惠农贷管理办法，引导地方法人金融机构扩大涉农贷款和小微企业贷款投放，提高支农再贷款的资金效率。截至12月，共发放支农再贷款1笔，金额1000万元，收回5笔，金额10007万元。按季对使用支农再贷款资金的地方法人金融机构的支农再贷款的管理和使用情况进行贷后检查，全年共开展5次支农再贷款检查、2次法定存款准备金检查。

【落实民贸民品优惠政策】成立龙里县落实民贸民品企业优惠政策领导小组，建立联席会议制度，建立企业资质认定、承贷银行优惠利率贷款发放、财政贴息等工作责任制，协调联动落实。截至12月月末，全县共认定民贸民品企业109家，其中2015年新认定8家。其中有39家企业获优惠贷款支持，贷款余额5.15亿元，较年初增加0.37亿元，申请的贴息金额达872.68万元。将金融机构承贷民贸民品企业优惠利率贷款、信贷支持力度等纳入到金融机构综合考核评比，以合意贷款增量、支农再贷款等货币政策工具进行支持，有效激发承贷银行积极性，承贷银行数量增加到5家，占民贸民品企业开户金融机构的100%。

【人民币流通管理】2月6日，组织完成2015年贺岁普通纪念币发行兑换工作；组织辖内6家银行业金融机构完成"抗战胜利70周年纪念币"的二次发行兑换。10月，对辖内7家银行业金融机构开展现金收付业务、反假人民币工作的检查和评估。做好2015年新版100元发行准备工作。对辖内7家银行业金融机构的点验钞机、取款机、存取款一体机和清分机进行抽样验证，共抽样验证11台清分机、73台点验钞机、5台取款机、22台存取款一体机。11月，组织辖内7家银行业金融机构开展"2015年新版100元人民币"及反假币宣传月活动。

（左　昊）

建设银行龙里支行

【概况】2015年，建行龙里支行内设有营业部、综合部，职工18人。截至12月31日，支行全口径存款为80509万元，较年初新增3660万元。一般性存款为80504万元，较年初新增3660万元。其中，对公存款为40657万元，较年初新增2972万元；对私存款为39847万元，较年初新增688万元。同业存款为5万元，较年初新增为0。理财产品销售共计2185万元。经营性贷款投放8510万元，净利润为2786万元，实现中间业务收入632.6万元。

【新型业务开拓】在巩固储蓄存款、对公存款、个人金融贷款等传统业务的基础上，重点开拓新型业务市场空间，大力发展"快贷"、五贷一透、汽车分期贷款、装修分期贷款、网上银行、手机银行、微信银行、信用卡分期、ETC卡、居民健康卡等新型业务和服务。在了解龙里县移民安置贷款一直举步难行的情况后，与县移民局联系协商，争取上级行同意投放“龙里县移民安置区建设项目（一期）”楼盘项目个人按揭贷款额度7000万元，涉及移民800多户，一期共批准222户。

（胡光红）

农业银行龙里支行

【概况】 2015年，农行龙里支行内设综合管理部、客户部、营业部和金龙分理处，编制、实有39人。年内，发放贷款2.5亿元支持贵州弘康药业有限公司、贵州瑞和制药有限公司等一批制药企业的发展。发放农户小额信贷1392万元，覆盖全县5个镇、1个街道，支持农户种植业、养殖业和农产品加工业的发展。拓宽全县农村金融服务渠道，完成6镇（街道）7户合作商户的惠农通工作。扩大农户金融服务覆盖面，累计发放农户小额贷款1392万元。落实上级行2015年不良贷款重点治理和管控要求，清收不良贷款，年底不良贷款余额48.5万元，占比0.1%，在控制范围内。

【货币信贷】 截至年末，各项存款余额50922万元，较年初上升1723万元，完成年计划3950万元的43.62%，其中个人存款余额22133万元，较年初上升3060万元，完成年计划2650万元的115.47%；对公存款余额28784万元，较年初下降1342万元，完成年计划1000万元的-134.2%。各项贷款余额46902万元，较年初上升15794万元，不良贷款余额48.5万元，较年初上升30.52万元，不良贷款占比0.1%。实现中间业务收入765万元，完成年计划999万元的76.58%。实现拨备前利润1816万元，完成年计划1580万元的114.94%。

（罗发军）

工商银行龙里支行

【概况】 2015年年末，中国工商银行龙里支行共有员工22人，其中领导班子成员2人。内设部室3个，物理网点1个，离行式自助银行服务区2个（其中，县医院自助银行服务区为8月新建），存取款一体机8台、自动取款机1台。各项存款余额为89329万元，较年初减少461万元；各项贷款余额为68262万元，比年初减少10179万元。不良贷款余额7.2万元，贷款不良率为0.01%。逾期贷款余额136万元，违约率为0.28%；银行卡不良透支余额13万元，信贷资产质量良好。全年信用卡签发1649张、实现分期付款1817万元、新增POS特约商户24户、手机银行客户净增2375户，电子银行交易额达到161.62亿元。全年累计发放贷款25743万元。其中，小企业贷款16667万元；个人贷款9076万元。被中国工商银行总行评为“全国百家服务网点”“安全管理星级支行”，被贵州省总工会评为“贵州省模范职工之家”。

【网点运营标准化改革】 2015年，成为贵州省工行网点运营标准化改革试点单位。2015年年末与2014年末主要服务指标相比，中高端客户满意度由94.87%提升为99.99%；普通客户满意度由93.23%提升为99.97%；中高端客户超时等候占比由32.36%降至11.09%；普通客户超时等候占比由23.2%降至0.76%；柜面可分流率由24.84%降至21.91%。

（黄卫国）

龙里农村商业银行

【概况】 2015年，龙里县农村信用合作联社

（年底，更名为龙里农村商业银行）有在岗职工236人，内设9个部室，辖25个营业网点，其中营业部1个，信用社6个，分社16个，储蓄所2个；获得“2015年度贵州省农村信用社小微企业金融服务先进单位、龙里县2015年度县直机关目标管理考核先进单位、龙里县纳税明星企业”等荣誉。年末，各项存款余额41亿元，较年初增加11亿元，增幅38%；各项贷款余额25亿元，较年初上升5.5亿元，增幅达22%，县辖市场份额占比达43%，实现业务收入2.5亿元。科技建设方面，全县新增信合卡4.6万张，累计发放16万余张；新增网银2000余户；新增手机银行4000余户；新增POS机200余台；新增ATM自助机具30台。“诚者信合村村通”自助服务终端达159个，达到县内村级全覆盖。

【网点建设】 截至年末，联社共完成全县25个营业网点门头改造和内部VIS视觉识别标识建设，其中北部园区网点为近年新增网点；同时完成麻芝、三元、巴江等6个社区银行改造，并增加水场园区、县职校离行式ATM机。营业网点达到全县乡镇全覆盖。

【改革改制】 于2014年7月正式启动龙里联社改制工作。2015年5月12日，正式获得中国银监会关于筹建贵州龙里农村商业银行股份有限公司的批复；11月8日，召开农商银行创立大会；12月30日，获得省银监局开业批复，正式进入挂牌开业阶段，龙里联社正式更名为龙里农村商业银行。

【业务创新】 将票据业务作为资金组织的新增长点和缓解合意信贷规模的新手段。加快银行承兑汇票业务开展，大力引导客户使用承兑汇票进行资金结算，将开具承兑汇票作为拓展存款的新增长点。通过完善各类管理办法和审查审批流程，严格审查交易背景，做好风险环节控制，引导流动资金贷款类授信客户通过开具银行承兑汇票方式满足其信贷资金需求，逐步缓解合意贷款规模不足的困难。截至12月末，共承兑汇票余额13亿元，较年初增加7亿元，其中承兑汇票保证金7亿元，较年初增加3亿元。

【企业文化】 创办《龙里信合》内刊，全年发行4期，共印制1500余册；年初，举办银企联欢晚会，丰富员工的业余生活，促进银企友好合作关系；在11月黔南农信社举办的第一届“全民健身”职工运动会中，获得团体第三名和优秀组织奖；年内落实辖内网点标识统一，硬件设施统一，员工着装统一，展示全联社积极向上的文化氛围。

（龙里农商行）

农业发展银行龙里县支行

【概况】 2015年，农业发展银行龙里县支行内设信贷业务部、会计结算部和办公室，编制12人，实有12人。截至12月月底，各项贷款余额为106764万元，较年初增加44054万元，增幅70%，增加额在全州排名第二位；存款余额83646万元，较年初增加77995万元，增幅1380%，增加额位居全州第二位；日均存款余额30697万元，较年初增加17595万元，增幅134%，增幅全州排名第二位；全行实现中间业务收入78万元，账面利润1852万元，人均利润154.33万元，共完成年初下达利润计划120%。累放各项贷款61996万元，贷款余额106764万元，比年初增长70%。累计收回各类贷款17701万元，到期贷款本息收回率保持100%。完成辖区内5笔中长期贷款期限重置工作，涉及贷款余额38830万元，缓解地方政府集中还贷的压力。

【营销开展】 全面推行存款客户经理制，常态化开展“红五月行动”活动，持续对龙里、贵定两县政府、同业金融机构和有关企业开展营销工作。新营销企业开户数22户，存入低成本资金83646万元，较年初增加77995万元，增幅1380%；营销龙里县供排水总公司债券募集资金专项账户，营销债券资金28020万元；营销同业存款1笔5000万元；按要求收取中间业务收入78万元。加大对农业开发和农村基础设施建设的信贷投入力度，做好传统粮油业务。发放县级储备粮贷款100万元，支持200吨大米储备；发放省级储备粮贷款500万元和县级储备粮贷款166万元，支持新增省级20000吨小麦储备入库以及县级储备粮轮换工作。以农村水利、新农村建设、易地扶贫搬迁为营销重点。年内新审批项目5个，金额20.4亿元，实现投放5.45亿元，其中水利建设中长期贷款5000万元，新农村建设贷款21500万元，易地扶贫搬迁中长期贷款28000万元。

（郑天慧）

邮政储蓄银行龙里支行

【概况】邮政储蓄银行龙里支行于2014年6月24日挂牌成立。以人民币储蓄存款为主体，经营业务范围有转账、银行卡、代理保险及证券、代收代付、代理承销发行、兑付政府债券、代销开放式基金、提供个人存款证明及保管箱等，以及以债券投资、大额协议存款、银团贷款、小额信贷等为主渠道的资产业务，同时办理对公存款和对公结算。2015年，内设机构4个，营业网点1个，从业人员8人。各项存款余额27500万元，较年初增加1100万元；各项贷款结余6525.54万元，其中农户小额贷款结余136.91万元，个人经营贷款结余2870.39万元，综合消费贷款结余2518.23万元，小企业贷款结余1000万元。无不良贷款。

【业务开展】通过实地走访园区企业、农业龙头企业、家庭农场、种养殖大户、个体工商户等，详细了解客户经营情况，创新信贷产品，加快贷款审批速度，加大信贷投入，全年发放各类贷款4000多万元，较年初增加3004万元。年盈利140万元，上缴利税12万元。

（倪和琴）

龙里国丰村镇银行

【概况】龙里国丰村镇银行是贵州省第一家获批筹建，第二家开业的村镇银行，总部位于贵州省龙里县冠山街道兴龙路。以“立足地方，服务三农”为办行宗旨，市场定位为：辖内从事特色农产品种养殖、加工、运输、销售的农户、个体工商户、农村合作组织、农业产业化企业；农村旅游产业链中的乡村经营户、住宿餐饮经营者、特色旅游产品制造、加工、销售的商户；辖内其他从事第三产业的各类个体工商户、综合市场内的个体经营者；区域内创业经营者、处于成长期且具有良好发展前景或已具备一定市场竞争力、管理较为规范、就业带动效应明显的中、小、微型企业。2015年，内设综合预算部、市场营销部、金融同业部、信息科技部、风险管理部和综合办公室，实有职工48人。

【货币信贷】截至12月31日，龙里国丰村镇银行各项存款余额30996.68万元，比年初增加10483.72万元，增幅为51.11%；实现各项贷款余额24991.45万元，比年初增加4564.51万元，增幅为22.35%。

（杨远荣）

人寿保险龙里支公司

【概况】 人寿保险龙里支公司坐落于龙里县城兴龙路8号，是中国人寿保险股份有限公司贵州省黔南分公司下属的一个县支公司，内设6个部门：综合管理部、客户服务中心、个险销售部、团体业务部、银行保险部、健康保险部。经营范围涵盖寿险、人身意外险、健康险、年金险等人身保险的全部领域。公司有内勤及管理人员11人，外勤人员150余人。2015年，保费收入1989万元，公司的业务平均每年以18%以上速度快速增长，占龙里寿险市场份额的68%。

【业务开展】 中国人寿保险股份有限公司龙里支公司（以下简称人寿保险龙里支公司）在进一步优化完善IT治理结构的基础上，全面启动新一代综合业务处理系统建设。全面推广云助理、云标牌、云桌面、全网互联；创新移动互联销售模式，实现从产品宣传、投保、缴费到生成保单的全流程电子化；深入推进国寿e家、e门店在销售渠道的推广应用，强化运营服务创新，以网络版、手机APP版保单服务应用为核心的e宝账项目上线推广，开启公司“互联网+”服务新领域；“柜面通”系统全国推广，突破地域限制，实现跨省、异地的保单查询、受理、处理、收付的“四通”服务。

（人寿保险龙里支公司）

太保产险龙里支公司

【概况】 中国太平洋财产保险股份有限公司龙里支公司（以下简称太保产险龙里支公司）2015年业务涵盖全县城镇及农村，业务范围覆盖非寿险市场的所有领域。主要开办机动车辆保险、人身意外伤害保险、企业财产保险、家庭财产保险、责任保险、政策性农业保险等，险种多达20余个。公司位于冠山街道金龙路138号。在洗马镇、谷脚镇、醒狮镇、湾滩河镇下设保险服务站，服务农村客户。年内实现保费收入1212.91万元，同比增长33.8%。其中，车险1053.97万元、非车险130.71万元、政策性农险28.23万元。

【业务开展】 车险：机动车辆保险是太保产险龙里支公司的主要险种，年内承保机动车辆，实收保费1053.97万元，承保数量10289笔。非车险（人身意外伤害保险、家庭财产保险、企业财产保险、责任保险等）：年内承保非车险业务，收保费130.71万元。政策性水稻及森林保险：根据龙里县农村工作局出具的水稻种植面积，公司占种植面积的5%承保，水稻保险保费10.01万元，森林保险保费18.22万元。全年，共计赔款597.64万元。其中，车险586.42万元、非车险11.22万元。

（陈地霖）

人保财险龙里支公司

【概况】 中国人民财产保险股份有限公司龙里支公司（以下简称人保财险龙里支公司）2015年业务涵盖全县城镇及农村非寿险市场的所有领域。主要开办机动车辆保险、人身意外伤害保险、企业财产保险、家庭财产保险、责任保险、政策性农业保险等，险种多达20余个。公司位于龙里县冠山街道兴龙路8号。在洗马镇、谷脚镇、醒狮镇、弯滩河镇下设保险服务站，就近服务农村客户。全年实现保费收入2244.63万元（其中，车险1838.14万元、非车险101.88万元、政策性农险304.61万元），比上年增加283.36万元，增幅为14.45%。实现利润590.09万元，比上年增加355.75万元，增幅为251.81%。

【业务开展】车险：机动车辆保险是人保财险龙里支公司的主打品牌险种，年内承保机动车辆，收保费1838.14万元。非车险（人身意外伤害保险、家庭财产保险、企业财产保险、责任保险等）：年内承保非车险业务，收保费101.88万元。政策性水稻保险：年内根据龙里县农村工作局出具的水稻种植面积，以镇（街道）为最大出具保单单位承保基本保险（中央与省级财政补贴），基本保额325/亩，保费19.5/亩，收保费120.13万元。政策性能繁母猪、育肥猪保险：根据龙里县畜牧中心提供的全县符合条件的能繁母猪、育肥猪投保对象，人保财险龙里支公司到相关企业、村调查核实后全部承保，于2015年8月5日完成签单工作。承保能繁母猪业务，收保费7.85万元；承保育肥猪业务，收保费7.63万元。政策性农房保险：年内省级统保54633户、县级统保36280户，收保费33.94万元。政策性森林保险：龙里县公益林共计531902亩，2015年9月由多家保险公司承保，3元/亩。人保财险龙里支公司作为主要承保公司，承保其中450020亩，收保费135.06万元。共计赔款817.54万元。其中车险741.73万元、非车险8万元、政策性农业保险（含水稻保险、能繁母猪育肥猪保险、农房保险、森林保险）67.81万元。3月，贵州省强推摩托车办牌办证工作，龙里县交警落实省减征“新政”，为全县广大摩托车族上牌办证。人保财险龙里支公司全力配合“新政”，伴随龙里交警大队流动车管所走遍龙里县所有镇（社区），深入村寨，向广大人民群众宣传交通安全知识，为摩托车族提供就近服务，办理交通强制保险。

（王应忠）

住房公积金管理

【概况】龙里县住房公积金管理部属黔南州住房公积金管理中心派出机构，在黔南州住房公积金管理中心授权范围内负责龙里县住房公积金管理工作，全州住房公积金管理机构实行“统一制度，统一管理，统一核算，统一决策”。2015年龙里管理部有职工6人，其中临时聘用2人。在年度县直机关目标管理考核中获县委、县政府授予“先进单位”称号。

【公积金收缴】实现住房公积金归集11001.77万元，完成年度目标任务9300万元的118.29%，同比增长20.95%；新增缴存单位27个，新增缴存职工621人。

【公积金贷款】发放个人住房公积金贷款280户共计6492.6万元，完成年度目标任务5900万元的110.04%，支持职工购房建筑面积31798.58平方米。

【公积金增值收益】根据龙里县社会经济发展以及住房市场变化趋势，提前预测住房公积金资金运行情况，及时做好资金的筹集和使用预案，开拓融资渠道，充分发挥住房公积金使用效率，满足职工住房公积金提取和贷款的需求，合理化解资金紧缺矛盾，防范流动性风险，确保住房公积金的保值、增值和县住房公积金健康运行。实现增值收益754.34万元，同比增长112.24%。

（杨　治）

城建　城管

城镇规划

【概况】 2015年，采取经济社会发展规划、土地利用规划、城镇建设总体规划“三规合一”的方式编制各镇（街道）总体规划和“四在农家·美丽乡村”规划编制。调整完善经济开发区、产业园区、风景名胜区、旅游业发展等区域控制规划。协助完成《黔南州“一圈两翼”区域经济发展规划》《贵州双龙临空经济区总体规划》等跨区域规划的编制。编制完成《龙里县县城总体规划修编（2013—2030）》《贵龙城市经济带控制性详细规划》。启动龙山工业园区、冠山工业园区和各镇控制性详细规划等规划编制工作。召开全县依法打击违法违规建筑动员部署会，发布《关于依法打击违法违规建筑行为的通告》，出台《龙里县依法打击违法违规建筑的实施方案》及相关专项方案，保持依法惩治违法违规建筑的态势。

【行政审批】 共完成编制规划项目6项，其中，总体规划类4个（双龙航空港经济区总体规划、猴子沟风景名胜区总体规划、醒狮镇总体规划、洗马镇总体规划），控制规划类1个（贵龙城市经济带控制规划），专项规划1个（龙里县城风貌规划）。共办理行政审批单位选址意见书32份，用地规划许可证90份，用地面积259.67万平方米；单位工程规划许可证64份，建筑面积120.89万平方米；单位、企业及房开工程竣工认可证19份，竣工面积34.92万平方米；办理临时用地规划许可证2个，面积1140平方米。共办理私人用地规划许可证19份，用地面积2619平方米；私人工程规划许可证23份，建筑面积1.95万平方米；私人竣工认可证69份，竣工面积5.63万平方米。备案“乡村规划许可证”3个，建筑面积1592平方米。

【规划编制】 开展6个规划编制工作。

《贵州双龙航空港经济区总体规划（2015—2030）》　委托上海同济城市规划设计研究院和贵阳市城乡规划设计研究院共同编制完成，于12月23日经贵州省人民政府批复同意。规划区范围：东起黔南州龙里中铁大道，西至贵阳市南岳

山脉，南起贵阳市南明小碧，北至贵阳市南明永乐，总用地面积 148 平方公里；规划至 2030 年规划区总人口 50 万人，规划区城市建设用地规模 60 平方公里。

《龙里猴子沟风景名胜区总体规划（修编，2015—2030）》　委托云南西部智库规划设计研究院有限公司于 2013 年进行编制，于 2014 年 7 月通过州级评审，2015 年 4 月 12 日经贵州省住建厅组织专家审查通过。龙里县猴子沟风景名胜区是 1995 年经贵州省住建厅批复的省级风景名胜区，上版《龙里猴子沟风景名胜区总体规划（1996—2015）》完成于 1997 年，达到调整规划的年限。从 2013 年开始启动修编工作，该次规划猴子沟风景名胜区面积为 141.02 平方公里（其中景区面积 75.3 平方公里），是以高原台地草场草地风光和峡谷自然奇观为核心，融草原、峡谷和浓郁的苗、布依族等民族风情为一体的省级风景名胜区。本次规划在原有 53 个风景源的基础上增加 19 个、取消 8 个，共 64 个景源，规划目标在严格保护猴子沟水源点水质和自然资源、历史文化资源和生态系统的基础上，科学发挥猴子沟的风景美学、休闲旅游价值，建设成自然景观优美、文化特色鲜明、生态系统健全、环境优良、服务优质、人与自然和谐发展的省级风景名胜区。

《龙里县醒狮镇总体规划（2014—2030）》　委托黔南州城乡规划设计研究院于 2013 年开始编制，2015 年 10 月 20 日经县人民政府批复同意，规划总面积约 178 平方公里，中心镇区面积为 4.03 平方公里，规划到 2030 年全镇总人口 3.75 万人，城镇化率达到 61.33%。规划醒狮以发展山区特色生态农业和构建贵阳市后花园为主攻方向，打造龙里县特色优势农业新技术、新品种、新成果试验示范基地，并与发展观光旅游、休闲体验、康体健身相结合，构建山区特色生态示范农业园、贵阳市城郊康体休闲体验观光度假胜地。

《龙里县洗马镇总体规划（2014—2030）》　委托上海中晨工程设计有限公司于 2014 年开始编制，2015 年 10 月 8 日经县人民政府批复同意，规划总面积约 297 平方公里，中心镇区规划面积为 4.2 平方公里。规划到 2030 年总人口 5.1 万人，城镇化水平达到 37%。规划以自然文化资源为依托，以现代农业产业化发展为支撑，以养生休闲旅游为亮点，建设成经济发展、社会和谐、绿色生态的综合服务型城镇。

《龙里县湾滩河镇“三规合一”规划（2014—2030）》　委托贵州省建筑设计研究院于 2014 年 11 月编制完成，2015 年经县人民政府批复同意。规划概况：镇域总体规划范围与湾滩河镇镇域范围一致，总面积 243.7 平方公里，总人口为 41644 人。镇区建设规划范围，羊场—湾寨为核心发展区，面积约 10.24 平方公里；摆省集镇规划面积约 0.54 平方公里，总计规划面积约 10.78 平方公里。总体定位：依托生态高效示范产业园区及生态旅游城镇的建设，重点发展高效农业、产销加工、生态旅游、民族文化体验、商贸物流、商业服务，打造服务港、澳，连接贵阳、黔南，设施完善，宜居、宜业的黔南新型产业旅游重镇。城镇结构：羊场—湾寨核心发展区规划结构为“一轴拓展，双核驱动；绿带贯穿，两园增色，三区联动”，一轴：以改造升级后的青平线作为镇区发展的主轴线；双核：羊场城镇发展核心区、湾寨城镇发展核心区；绿带：以湾滩河及两侧的防护绿化带为主形成的滨水风情景观旅游带；两园：指孔雀布依风情园和毛栗布依风情园；三区：羊场城镇建设区、生态农业示范园区和湾寨城镇建设区。摆省集镇规划结构为“两轴一带，一心两区”，两轴：指新青平线功能发展轴和绿化景观轴；一带：指沿湾滩河支流打造形成的滨水景观带；一心：摆省城镇生活区内的集镇商贸中心；两区：摆省集镇北部城镇建设区和南部城镇建设区。摆省集镇南部城镇建设区为东西走向的绿化主轴以南区域，摆省集镇北部城镇建设区为绿化主轴以北，新青平线贯穿摆省集镇北部发展区。

《贵龙城市经济带控制性详细规划》　由上海禾木城市规划设计研究院编制完成，规划总面积18平方公里。

《龙里县县城风貌设计》　由贵州省建筑设计研究院编制完成，规划将县城中心风貌设计划分为5个片区——西城旅游度假风貌区、观音民族文化风貌区、老城风貌提升区、莲花湿地公园风貌区、冠山工业园风貌区。

【规划管理】 组织召开县城乡规划委员会会议4次，审查《龙里东方宏基中药材电商产业园河道景观方案深化设计》《龙里县第五小学修建性详细规划》《贵州万豪商贸总部一期修建性详细规划方案》《贵州快递物流园规划设计》《龙里县县城总体规划（2013—2030）》《洗马镇总体规划》等项目17个；组织召开10次专家评审会，审查《贵州国际旅游体育休闲度假中心白晶谷42组团总体规划及建筑方案设计》《龙里·贵龙时代广场》《龙里城区城市风貌导则》《贵州省老年养护实训培训基地老年养护苑设计方案》等项目42个加强技术把关。

【规划监管】 落实《黔南布依族苗族自治州人民代表大会常务委员会对州人民政府关于〈中华人民共和国城乡规划法〉和〈贵州省城乡规划条例〉贯彻实施情况的报告的审议意见》，针对在建项目，草拟《龙里县城乡规划执法年工作实施方案》，并实行严格细致的检查和管理。以“加强规划监管，加大执法力度”为主线，建立规划监管执法县、镇（街道）和部门的联动机制。规划局联合督查督办局印发《龙里县2015年度规划执法年实施督办意见》强化执法监督。建立规划执法管理新机制，提高规划执法效能，切实解决“执法难”等问题。全州2015年度城乡规划执法年活动现场推进会在龙里县召开，在全州2015年城乡规划执法年活动和老楼危楼大排查大整治规划执法情况全面检查中，龙里县规划执法年活动排全州第一。

【城市综合体】 制定落实《关于推进西南药都生态城城市综合体建设2015年工作实施方案》《关于推进中铁生态城城市综合体建设2015年工作实施方案》，保证综合体目标任务的顺利完成。西南药都综合体项目：年度目标任务为完成投资0.8亿元，完成施工建筑面积4.5万平方米，完成主导功能建筑1个，运营主导功能建筑1个。购物中心正在进行基础工程建设，酒店正在主体施工，医药市场已竣工，公寓已竣工验收完毕，其中，会议场馆和办公写字楼已投入运营，累计完成占年度目标任务数的100%。中铁生态城综合体项目：年度目标任务为完成投资1亿元，完成施工建筑面积1万平方米，完成主导功能建筑1个，运营主导功能建筑2个。目标任务已全面完成，办公写字楼和文娱设施投入运营。2015年中铁生态城城市综合体获得全省10个示范样板工程之一荣誉。

（张天宇）

城镇建设

【概况】 龙里县住房和城乡建设局（以下简称县住建局）属于县人民政府工作部门，内设机构有：办公室、建筑业管理科、行政审批服务科；下属事业单位有：龙里县建筑工程质量安全监督管理站、龙里县建设项目管理办公室、龙里县城乡建设管理站、龙里县城建档案室。2015年

12月，机关实有在岗人数7人，其中局长1人，副局长3人，纪检组长1人；直属事业单位实有在岗人员26人。

【城镇建设规划】围绕实施贵州山区新型城镇化，建设生态文明城镇要求，发挥处于黔中经济区和双龙临空经济区的核心区、贵阳城市经济圈东部走廊的桥头堡、黔南州“一圈两翼”环贵阳城市经济带的优势，加强与贵阳对接联系，协调搞好跨区域的各项规划，加快推进资源、产业、用地、交通、市政公用设施、生态环境保护等要素与贵阳同城化发展。加快贵龙城市经济带等新区开发建设，打造中铁生态城、西城区等城市综合体，把县城以西至贵阳的广大区域建成集商贸、物流、工业园区（空港产业）、现代服务业为一体，宜居、宜业、宜闲、宜游的现代化城市。以县城为中心，辐射带动全县小城镇发展；以“四在农家·美丽乡村”及新农村建设为抓手，不断完善乡村基础设施，改善农村人居环境，实现城乡统筹发展。

【建成项目】完成城镇基础设施建设投资33.03亿元，开工建设项目涉及交通、卫生、教育、水利等92个，建设完工交付使用项目65个。全年龙里县新增面积1.2平方公里，建成区面积达31.61平方公里，新增范围分别为：白晶谷安拉塔纳0.34平方公里，中铁生态城A区0.13平方公里，中铁生态城B区0.17平方公里，碧桂园天丽一号0.1平方公里，太阳谷5组团0.3平方公里，双龙小镇一期0.08平方公里，茵特拉根小镇一期0.08平方公里，新增建成区均通水、通电、通路。贵龙大道二期于7月16日建成通车，完成交通标线、街道树等相应设施，新增道路10.3公里。

【城市公园建设】莲花湿地公园项目于2014年委托深圳地格景观创意设计有限公司完成设计，项目位于龙架山国家森林公园西南面、贵都联络线坝上村旁，项目景观用地面积约775.3亩，建设工程概算投资约7569.8万元，分为生态湿地区、运动休闲区、农业观光区、风情体验区，打造“游、玩、观、闲”四位一体湿地公园。一期建设内容包括广场、停车场、自行车道、植物种植区，总投资2000余万元，2014年5月开工，2015年10月基本建成向市民开放，满足市民游览、休闲需要。

【创建国家级卫生城市】建成县体育馆、莲花城市湿地公园、贵都联络线扩建二期工程，完成水堤阁公园（三小广场）提质改造，完成贯城河、东门河、打草河、三小环岛河道清淤工程，完成腾龙路次干道整治、历家庄至天御山庄段道路沥青路面及标线工程、县城西区纬一线标线工程、纬一桥至雪花啤酒厂道路沥青路面工程、贵新高速联络线职校段边坡治理工程、雪花啤酒厂广告工程等，不断提高群众的出行条件，改善城市环境。向县内各建筑工地下发关于做好扬尘控制、工地食堂卫生防疫、消防安全、施工现场及周边环境整治等通知，要求各建筑工地严格按有关规范要求进行施工。施工现场主要场地及车辆出入口全部硬化，物料堆放整齐，场内沙土材料堆定时洒水或遮盖；工地出口统一设置净胎设施，有效杜绝车辆带泥上路；建筑垃圾全面实施渣土密闭装运、生活垃圾及时清运；不定期对辖区内的施工现场开展巡查，重点整顿施工现场围挡、出入口硬化、冲洗池等设施设置情况，共出动80余人次开展巡查30余次。同时按照开展“街头正能量”工作安排，督促各施工工地完善施工围墙公益性广告，发现工地围墙公益广告破损的及时通知施工企业进行更换，县城区域内修建施工围墙21处，施工围墙总长3900米，张贴公益性广告约550幅。

【在建重点项目】公共体育馆项目　位于县城环北路，占地1.1万平方米，建筑面积1.34

万平方米，馆内设有篮球场、网球场、羽毛球场等运动场地，馆内设672座，项目总投资6000万元，2014年开工建设，2015年完成主体施工，进入装饰装修。

莲花湿地公园建设　位于县城南部龙山镇莲花村、龙架山国家森林公园西南面、贵都联络线坝上村旁，项目于2014年委托深圳地格景观创意设计有限公司完成设计，项目景观用地面积约775.3亩，建设工程概算投资约7569.8万元，分为生态湿地区、运动休闲区、农业观光区、风情体验区，打造“游、玩、观、闲”四位一体湿地公园。一期建设面积为99047平方米，总投资约2500万元，自2014年5月开工建设以来，共完成投资约2000万元。公园内包含凤栖广场区（中心广场区）、入口广场区、生态停车场区、中心岛区、生态绿地区、生态湿地区6个功能分区。公园内规划商业建筑占地面积1547.1平方米，公厕2座、面积为260.1平方米面，总长为600米的自行车道贯穿整个湿地公园。公园内种植有杜英、香樟、女贞等常绿乔木925株，合欢、银杏等落叶乔木1000株，红枫、小叶紫薇、木槿等散植灌木1000株；种植有片植灌木及地被种植苗木21655平方米，铺设草坪16785平方米，种植水生植物7456平方米。公园内有投光灯3个，特色景观灯6个，柱头灯48个，射树灯19个，草坪灯63个，台阶灯94个，庭院灯101个。

水堤阁公园（三小广场）提质改造　位于县城兴龙广场旁。对水堤阁广场人行步道道牙进行安装、破损石材进行更换、树阵广场树池拆除、花池修建等工作，项目一期总投资100余万元，8月开工，10月完工投入使用。

贯城河景观桥　该桥设计为拱桥，全长56米、宽7米，共5跨，采用满堂架现浇的施工工艺，投资300万元。由住建局组织实施，贵州力创置业有限公司承建，10月完工。采用灯光和喷雾相结合，使景观桥更具现代艺术气息。灯光安装分为上下两个部分，上部安装于桥护栏两侧，能呈现桥上部景观；下部安装于桥孔拱形面上，使桥体更加通透，灯光颜色可以变换。喷雾安装于桥面内侧和桥下灯光外侧，在灯光作用下呈现朦胧美。在夜晚远观，感觉桥与水中的倒影浑然一体，形成一处城市景观。

贵都联络线扩建二期工程　县城草原路至贵都高速公路收费站。将原有永兴山庄至龙铁物流段2.5公里贵都联络线进行扩建，扩建路幅宽12米，其中涉及新建110米大桥1座，扩长涵洞1座，总投资约3800万元。7月开工建设，12月全部建成投入使用。

贵龙城市经济带纵二路及贵州快递物流园2号路　位于谷脚镇贵龙城市经济带。纵二路道路全长1632米，路基30宽米，设计时速40公里，最大纵坡5.3%，设计荷载为城市-A级，沥青砼路面；物流园2号路道路全长1014.88米，路基宽30米，设计时速40公里，最大纵坡5%，设计荷载为城市-A级，沥青砼路面。总投资1.3亿元，道路土建工程完工于8月26日，竣工验收移交县公用事业局管理。

贵龙城市经济带横六路　位于谷脚镇贵龙城市经济带。道路全长1658.84米，路基宽30米，设计时速40公里，最大纵坡2.2%，设计荷载为城市-A级，沥青砼路面。总投资0.62亿元，已完成投资0.38亿元，k0+36-k0+597沥青铺设完毕；k0+597段人行道左侧完成530米，右侧完成150米；k0+36-k0+597路段行道树及路灯安装完毕。

笋子塘供水（一期）工程　位于冠山街道大竹村。占地113.1亩，一期工程总投资1.3亿元，新建日处理能力2.5万吨水处理厂1座，敷设DN700球墨铸铁输水管9.54公里、DN1000球墨铸铁输水管18.27公里、DN100-DN800配水管52.55公里，水厂建设完工并通水运行。

谷远片区污水处理及再生水回用工程　位于谷脚镇谷远村。总投资：5221万元，建设规模为5000吨/日。敷设污水收集及输送管道总长4775米，其中，DN400污水收集管720米、DN600污水收集管4055米；新建DN400尾水排放管2150米；新建再生水输送管道总长6725米，其中，DN200管1480米、DN250管2545米、DN300管300米、DN400管2400米。配套建设高位水池4座，单池池容200立方米。工程2月正式投入使用。工程采用转盘滤布滤池深度处理工艺，污水处理达一级A标准排放。

高新技术产业园污水处理工程　位于冠山街道播箕村。总投资350万元，建设规模为1000吨/日，采用膜技术处理污水。建设内容包括基础场平、污水收集池修建、变压器安装、设备安装调试等，完成工程量的100%。

双龙物流园污水处理工程　位于谷脚镇贵龙城市经济带。总投资450万元，建设规模为1500吨/日，采用膜技术处理污水，建设内容包括基础场平、污水收集池修建、变压器安装、设备安装调试等，完成工程量的100%。

双龙镇污水处理工程　位于谷脚镇谷远村。总投资290万元，建设规模为500吨/日，采用膜技术处理污水，工程内容包括基础场平、污水收集池、变压器安装、设备调试等工作，完成工程量的100%。

醒狮污水处理工程　位于醒狮镇醒狮社区。总投资350万元，建设规模为1000吨/日，采用膜技术处理污水，建设内容包括基础场平、污水收集池修建、变压器安装、设备安装调试等，完成工程量的100%。

城市燃气管网建设项目　位于县城区。修建燃气加气站，配套管网130公里，日供气2022标准立方米。投资6000万元，完成LNG综合储配站、场站办公楼；贵龙大道D315燃气管道安装一期工程，正在进行通气前的试压；贵龙纵线敷设管道共6500米；贵龙大道二期D315、DN300燃气管道安装工程1.05万米；雪花啤酒厂工业用气已用LNG管道开通。

龙里县社会养老服务中心项目：　位于龙山镇厉家庄。建设面积9400平方米，设置床位200张，总投资约1800万元，2015年完成项目主体部分，开始进行内外装修。

龙里县综合档案馆项目　位于县城环北路。建筑面积8500平方米，项目总投资约1800万元，于2015年完工交付使用。

贵州省救灾物资储备中心（龙里）项目　位于龙山镇厉家庄。建设一个省级救灾物资储备中心，包括救灾物资仓库、直升机起降坪、办公楼等，项目位于龙山镇莲花片区，总投资约5000万元，2015年基本建设完成。

塘坊集中安置区　位于谷脚镇观音村。规模为占地面积约200亩，建筑面积25万平方米。第一期安置人口为500人，建设规模3万平方米，总投资0.6亿元，已完成投资0.36亿元。项目主体及二次结构均已完工、进入二次装修阶段，其中，5号、6号楼室内分户门完成90%、瓷粉完成90%、外墙漆面漆完成90%、玻璃安装30%；1号、2号楼保温完成90%，内抹灰完成90%；3号、4号楼外墙底漆完成，外架拆除5层。

贵州快递物流园　位于谷脚镇贵龙城市经济带。项目占地1000亩，建设快递平台及相关配套产业，入驻各类快递企业20家以上。总投资5亿元，共完成投资1.8亿元。场平及路网工程全部完工，2015年共签约入驻企业共11家，其中，申通快递、中通快递、万科物流1#4#库已投产；天天快递已完成设备安装调试工作，正在实施厂区道路硬化施工。

维乐贵州临空仓储物流园　位于谷脚镇贵龙城市经济带。规划占地面积200亩，建筑面积14.32万平方米，其中包括面积约为6.74万平方米综合仓库、5.5万平方米电子商贸园区，以及6552平方米办公及配套设施。总投资1.5亿元，共完成投资0.95亿元。截至年底1#库、4#库建成投产，2#库基础垫层完成、主构安装完成50%、3#库钢结构主体完成，屋面安装完成20%，室外地坪完成60%。

中通快递贵州分拨中心建设项目　位于谷脚镇贵龙城市经济带。规划占地面积约50亩，总建筑面积2.51万平方米。总投资1.08亿元，完成投资0.9亿元，于2015年8月全面完工并投产运营。

天天快递贵州分拨中心建设项目　位于谷脚镇贵龙城市经济带。规划占地面积约20亩，总建筑面积1.38万平方米，年处理快递件量约2万吨，年处理快件票量500万票。总投资0.57亿元，完成投资0.45亿元，于2015年12月中旬完工并进入试运营阶段。

贵州现代设施农业、农机电商产业园建设项目（浩然科技）　位于谷脚镇贵龙城市经济带。规划占地面积约27亩，建筑面积约2万平方米，建设现代设施农业、农机、农具仓储、销售中心。总投资1.2亿元，共完成投资0.55亿元，1号综合楼封顶、进行内装饰，消防设施及外墙同步进行中。

【“海绵城市”规划建设】海绵城市规划编制：提出龙里海绵城市建设框架和实施方案，因地制宜地改善城市水文环境，推进新老城融合发展。为此进行《龙里县海绵城市试点建设规划》编制，规划范围为龙里县中心城区及西区旧城棚户区，总面积约24平方公里，试点期为2016年至2018年共3年。截至年底规划编制工作基本完成，编制单位正在根据11月24日县海绵城市编制工作专题会议上县领导、各科局提出的意见及12月4日县各单位现场踏勘情况对规划文本进行最后补充、修改。

海绵城市项目储备　“十三五”期间，龙里县拟重点在建筑与小区、公园与广场、河道与湖泊、道路与管网4个方面进行建设，项目总投资51.05亿元，其中，建筑与小区项目建设18.4亿元，公园与广场项目建设7.52亿元，河道与湖泊项目建设12.61亿元，道路与管网项目建设12.52亿元。重点建设项目有：龙里县旅游集散中心建设，龙里县第五小学校建设，龙里县留守儿童学校，龙里中等职业学校升专科能力建设，龙里县龙家坡山地运动体育公园，龙里县城市游泳馆建设，龙里县中医院建设，龙里县“四馆”建设，龙里县城市棚户区改造，龙里县县城60万平方米绿化工程，龙里县冠山公园建设，龙里县夹山坡公园建设项目，贵州龙架山国家森林公园基础设施建设项目，龙里县现有广场公园改造项目，打草河治理及贯城河补水工程，东门河生态化改造项目，县城北门街、正大街、和平巷、东门街、胜利街、解放街、民主街、两高联络线、三林路、北环线、环城路、环南路等道路改造工程。

海绵城市建设进展　完成县城道路白改黑及近两年新修道路人行道均使用透水砖铺装，道路总长约10公里；采用草坪砖修建停车场3个，面积约1000平方米。

（县住房和城乡建设局）

龙里县海绵城市建设项目情况统计表

表 8

项目类别	项目名称	建设性质	主要建设内容	建设规模	建设起止年限（预计）	预计总投资（万元）	资金来源	工作进展情况
生态	2014 年度新增巩固退耕还林成果建设经济林项目	新建	实施人工造林刺梨种植 4000 亩	4000 亩	2015—2016	200	中央资金	正在实施
生态	2015 年度巩固退耕还林成果建设经济林项目	新建	实施人工造林刺梨种植 6144 亩、经果林 4856 亩	11000 亩	2015—2016	550	中央资金	正在实施
生态	2015 年度新增巩固退耕还林成果建设经济林项目	新建	实施人工造林刺梨种植 4000 亩	4000 亩	2016—2017	200	中央资金	方案已编制上报，未批复
生态	2015 年度县级植被恢复费建设项目	新建	实施人工造林马尾松 24171 亩	24171 亩	2015—2016	845.99	省级财政资金	正在实施
生态	2015 年度石漠化综合治理项目	新建	实施人工造林茶叶种植 5000 亩、封山育林 21700 亩	26700 亩	2015—2016	651.9	中央资金	正在实施
基础设施类	龙里县朵花河流域生态治理工程	新建	建设生态景观河道约 10 公里	约 10 公里	2016	50000	争取上级资金	正在规划
基础设施类	龙山镇示范小城镇生活污水收集管网与县城并网工程	新建	新建莲花、坝上、新场、余下的生活污水收集管网，与县城污水处理厂主管网合并	—	2017	6000	争取上级资金	正在规划
工业基地及产业聚集	华润雪花啤酒（黔南）有限公司 60 万吨搬迁建设项目	新建	年产 60 万吨啤酒	60 万吨	2015-2017	135000	135000	完成场平总工程量的 45%
工业基地及产业聚集	贵州卡布国际婴童用品产业园	新建	婴儿用品	—	2015—2016	12000	12000	规划设计
工业基地及产业聚集	广州产业园	新建	园中园	—	2016—2018	80000	80000	前期准备中

续上表

项目类别	项目名称	建设性质	主要建设内容	建设规模	建设起止年限（预计）	预计总投资（万元）	资金来源	工作进展情况
工业基地及产业聚集	龙山工业园汽贸综合服务项目	新建	汽车贸易综合服务及相关配套	—	2016—2018	65000	65000	前期准备中
城市基础设施	龙里高新技术产业园一号路、三号路、五号路延伸段道路建设及五号路排水沟建设项目	新建	新建道路约2.3千米、排水沟2.4千米	道路约2.3千米、排水沟2.4千米	2015—2017	15000	15000	施工图及预算编制中
环境保护	贵州省黔南州龙里县经济开发区综合工业锅炉煤改气项目	新建	将龙里经济开发区现有34台燃煤锅炉全部替换为燃气锅炉和完善相关的配套设施	—	2015—2017	23000	23000	已完成可研编制
环境保护	贵州省黔南州龙里县经济开发区2万吨污水处理及中水回用工程	新建	采用政企合作PPP模式，分别在龙里经济开发区高新技术园区和龙山工业园区建设日处理1万吨污水处理及中水回用工程及相关配套设施	—	2015—2017	26000	26000	已完成可研编制
城市基础设施	孟水大道	新建	道路规划等级为城市主干路，双向六车道，红线宽度60米，道路总长度3.475公里	3.475公里	2016—2017	38406	38406	已完成可研编制
城市基础设施	高新区至县城西区道路	新建	长1.5公里，双向四车道道路	1.5公里	2016—2017	5800	5800	方案已出
城市基础设施	高新区二期道路及场平工程	新建	道路总长约8611.052米，场平面积约2500亩	道路总长约8611.052米，场平面积约2500亩	2016—2018	45000	45000	已完成可研编制

续上表

项目类别	项目名称	建设性质	主要建设内容	建设规模	建设起止年限（预计）	预计总投资（万元）	资金来源	工作进展情况
移民安置	贵州龙里经济开发区冠山高高新技术产业园综合配套服务暨生态移民安置区	新建	项目占地面积约2300亩，其中可建设用地面积为1320亩，绿地、花园、道路、街道景观用地980亩	项目占地面积约2300亩，其中可建设用地面积为1320亩，绿地、花园、道路、街道景观用地980亩	2014—2018	300000	250000	修建性详细规划已出

说明：项目类别：城市基础设施、交通、水利、工业基地及产业聚集、电力、商贸物流、农业、生态、环境保护、教育、文化、卫计、体育、广播电视、旅游、社会保障、重大科技和战略性新兴产业、其他等。未列尽的按行业类别填写

2015年龙里县城乡建设重大工程和重点项目一览表

表9

序号	项目名称	建设地点	建设规模和内容	总投资（万元）	年内完成投资（万元）	当前进度	项目建设中存在的困难和问题	责任单位
—	90个项目小计	—	—	8784087	1203671	—	—	—
（一）	农林水利（8个）	—	—	80735	28787	—	—	—
1	龙里县窄冲水库	龙山镇	建设总库容1608万立方米水库1座，及输水管道、沟渠	30275	6600	基本建成，已将项目验收资料送省水利厅，即将下匝蓄水	中央资金尚有3137万元未下达	水务局
2	龙里县龙滩水库	龙山镇	该水库属新建IV等小（1）型水利工程，总库容480万立方米，兴利库容393万立方米，工程设计年供水能力725.42万立方米（1.98万立方米/天）	22838	9365	进场道路全线贯通，应急供水工程完成。其余正在施工建设中	—	水务局
3	综合展贸服务区建设	湾滩河镇	占地200亩，综合楼、数据中心4500平方米	6000	3000	完成展贸楼。数据中心主体验收	—	湾滩河镇

续上表

序号	项目名称	建设地点	建设规模和内容	总投资（万元）	年内完成投资（万元）	当前进度	项目建设中存在的困难和问题	责任单位
4	香港丰泰农产品有限公司供粤港澳蔬菜产业园建设项目	湾滩河镇	蔬菜基地 6000 亩，其中，核心基地 1500 亩，由乙方自建，辐射带动 4500 亩	11000	4100	完成项目验收	—	湾滩河镇
5	龙里县新民河河道治理工程	冠办	河道综合治理长度 5.275 千米，左右岸新建提防 10.412 千米，河道清淤 5.275 千米，确保农田 0.35 万亩	1420	520	完成河道治理 1.6 千米，同时两岸约 3 千米格宾网安装完成，格老湾段基本完工。	后续 3.6 公里河道 300 多万元县级配套征地资金没有落实，因此，在完成 0 + 00~1+600 段施工后，后续工程暂停施工	水务局
6	2014 年小型农田水利建设	湾滩河镇	新增节水灌溉面积 1.2 万亩	2998	2998	完工	—	水务局
7	贵州生产力促进中心农业科技园	龙山镇	科技特派员实训基地、农业技术培训交流示范种植、科普示范	5000	1000	完成项目土地平整工作；完成 A 地块 2000 株桃树苗种植；完成园区 A 地块 25000 平方米土地滴灌铺设工作；完成园区内机耕道铺设	因整体开发余下片区需要，商请生产力促进中心在龙里县范围内另行选址进行项目建设。已停工	科技局
8	龙里县 2014 年度国家农业综合开发高标准农田建设示范工程	湾滩河镇	支渠 6.192 公里；排灌沟渠 12.416 公里；田间渠 6.25 公里；排洪渠 0.882 公里；机耕道 1.104 公里等	1204	1204	完工	—	财政局

续上表

序号	项目名称	建设地点	建设规模和内容	总投资（万元）	年内完成投资（万元）	当前进度	项目建设中存在的困难和问题	责任单位
（二）	工业项目（27 个）	—	—	438306	211867	—	—	—
9	龙里县贾拓山风电项目	冠办	建设 48 兆瓦风力发电项目	47947	48000	运行发电	—	工信局
10	龙里县谷冰沟风电项目	洗马、谷脚	建设 48 兆瓦风力发电项目	39786	37000	进场道路施工	林地占用手续为最终办理成功，停工建设	工信局
11	中广核龙里上坝（分散式）风电场项目	湾滩河龙山	20 兆瓦风电场	17081	17100	运行发电	—	工信局
12	龙里县万钧包装	冠办	规划面积 6670 平方米。	50000	35000	投产	—	冠办
13	龙里县苦蒿坪风电场 110 千伏输出工程	龙山镇	全线按照单回架空+电缆混合设计，长约 33.7 千米	4792	4792	已运行	—	工信局
14	龙里县龙行制造一期	谷脚镇	占地 300 亩左右的中小企业标准化厂房及办公楼建设	30000	500	场平完成 70%	—	谷脚镇
15	贵州龙里烟草原料废弃物综合利用项目	高新区	处理烟草原料 2.4 万吨/年，产烟草提取物 1.05 万吨/年。废弃烟梗烟丝发酵后生产有机肥项目：年处理烟草废弃物 8 万吨，年产有机肥 8 万吨	18000	10000	办公楼主体基本完工，厂房进行基础浇筑	—	冠办
16	龙里县中小企业加工产业园 B 区	谷脚园区	占地 300 亩左右的中小企业标准化厂房及办公楼建设	30000	14715	入驻的博通塑胶公司已经开始试产，部分厂房主体已经完成，部分正在进行基础施工	—	谷脚镇

续上表

序号	项目名称	建设地点	建设规模和内容	总投资（万元）	年内完成投资（万元）	当前进度	项目建设中存在的困难和问题	责任单位
17	龙里红狮水泥窑协同处置一般工业固废项目	谷脚镇	一套200吨/天水泥窑协同处置一般工业固废处理系统，新建厂房800平方米	5200		未启动建设	企业地处二级水源保护区，正在省环保厅办理环评	谷脚镇
18	龙里红狮水泥窑协同处置危险工业废弃物项目	谷脚镇	一套10万吨/天水泥窑协同处置危险工业废弃物处理系统，新建厂房1050平方米	10500	0	未启动建设	企业地处二级水源保护区，正在省环保厅办理环评	谷脚镇
19	龙里县盛达液化石油气站建设	高新区	年生产液化石油气1000立方米；年生产二甲醚液化气500立方米；年生产醇基高清洁燃料5万吨	15000	8000	20个罐子进入管道安装阶段，堡坎已经砌完，办公楼主体施工	—	冠办
20	贵州金宇药业有限公司GMP改造项目	高新区	占地约50亩	10000	0	—	实际未落地建设	冠办
21	贵州颖峰汽车制动底板、弹性元件零部件生产机汽车配件物流维修项目	龙山园区	占地100亩	16000	1500	场平完成	停工	龙山镇
22	黔中产业园创意平台二期	高新区	占地10亩，修建公共商业配套、公寓楼、文化活动设施配套等	5000	4660	正在进行内装饰	—	冠办
23	黔中产业园开发公司标准化厂房建设项目	高新区	建筑面积60000平方米，厂房建设	4500	2000	厂房建成，正在招商中	—	冠办

续上表

序号	项目名称	建设地点	建设规模和内容	总投资（万元）	年内完成投资（万元）	当前进度	项目建设中存在的困难和问题	责任单位
24	龙里县黔鼎小型家用电器生产线建设项目	龙山园区	占地面积 6.45 亩，年产变压器及成套装置（含箱式变电站）50000kVA 及其他机电产品生产基地建设	3000	3000	投产	—	龙山镇
25	龙里县昆泰纸板生产线（二期）建设项目	龙山园区	新建纸板生产线，年产包装用硬纸板 4000 万平方米，及其附属设施完善	2600	2600	投产	—	龙山镇
26	龙里县新型建材生产线（二期）建设项目	龙山园区	新建新型建材生产线，年产新型商品混凝土 6800 吨，及其附属设施完善	5000	5000	投产	—	龙山镇
27	贵州华佑金属制品生产线（二期）项目	龙山园区	新建金属制品生产线，年产金属制品 1200 吨，及其附属设施完善	2800	2800	投产	—	龙山镇
28	龙里县弘恒茂苗木培育基地建设项目	龙山园区	新建苗木培育基地，建设苗木培育大棚、办公楼，及其附属设施完善	2800	2800	完工	—	龙山镇
29	龙里县兴谛塑料管材生产线建设项目	龙山园区	新建塑料管材生产线，及其附属设施完善	6000	4300	二期厂房主体基本完工	—	龙山镇
30	龙山工业园区污水处理厂	龙山园区	处理城镇生活污水及工业废水 3500 吨/日	3800		取消调度	未启动建设	龙山镇
31	贵州正杰电气有限公司	龙山园区	新型变压器生产线及配套设备	2800	300	地勘，设备订购	—	龙山镇
32	贵州鑫达贸易有限公司	龙山园区	1.5 万吨酒精仓储及办公场所	2500	300	地勘，设备订购	—	龙山镇

续上表

序号	项目名称	建设地点	建设规模和内容	总投资（万元）	年内完成投资（万元）	当前进度	项目建设中存在的困难和问题	责任单位
33	贵州晟庭香纸业有限公司	龙山园区	一次性卫生用品、纸品加工和销售	3200	2500	厂房基本建成	—	龙山镇
34	空港经济产业园A区二期	谷脚园区	标准厂房建设、道路修建	35000	0	征由于涉及基本农田	未启动建设	谷脚镇
35	龙里高新技术产业园区基础设施建设（二期）	高新区	完成高新区二期3500亩场平及二期路网、标准化厂房建设	65000	5000	完成360米路基及地块挖方23万立方米，填方19万立方米	资金紧缺，停工	冠办
（三）	商贸流通（10个）	—	—	1521050	339430	—	—	—
36	贵州万豪商贸总部	贵龙经济带	一期总规划用地面积42万平方米、总建筑面积66万平方米；建设集商贸、物流、仓储、商住、办公、星级酒店等于一体综合性总部经济城	300000	48000	项目展示区及办公区建成并投入使用，一期A组团已基本建成，正在进行装修扫尾施工，B组团正在基础及主体施工，项目入口广场已建设完成，并完成了园林景观绿化工程	—	双龙管委会
37	龙里宏基商贸物流城建设项目	冠办	规划用地约253亩，建筑面积约244330平方米，建设以中药材交易为主的综合性物流商贸城	91050	70260	A区：4栋主体完工，正在进行内外装饰，其余进行主体建设；B区：3栋主体完工，正在进行内外装饰；C区：正在进行主体施工；河道工程：基本完成进入最后的收尾工作，进行河道的清理工作	—	住建局

续上表

序号	项目名称	建设地点	建设规模和内容	总投资（万元）	年内完成投资（万元）	当前进度	项目建设中存在的困难和问题	责任单位
38	贵州龙里县双龙现代农副产品集散中心	贵龙经济带	贵州双龙现代农副产品集散中心一期、二期项目	200000	102510	项目展示厅建成并投入使用，农副产品集散中心一期已建成并投入运营，配套酒店及公寓已完成外部装修，酒店内外装修均已完成，正在完善配套设施，冷库等仓储设施基本完成；二期场平已完成 180 多万平方米，水果交易区场地硬化完成，信息中心建筑主体完成，基本完成装修，即将投入使用	—	双龙管委会
39	贵州龙里县快递物流园	贵龙经济带	项目占地 1000 亩，建设快递平台及相关配套产业，入驻各类快递企业 20 家以上	50000	46660	园区及路网工程已全部完工。入驻企业 11 家，6 家投运，其余正在建设中	—	城投公司
40	龙里县龙铁国际物流园	冠山街道办事处	规划占地 2000 亩，建设铁路专线、冷链仓储市场、农产品市场、建材市场、增值加工区、机械市场、商品批发市场、电子交易中心等	200000	5000	裙楼 A 主体封顶；裙楼 B 完成底板垫层砼；裙楼 C、D 完成所有孔桩；1#主体完成抗浮板砼；2#、3#、5#主楼完成抗浮板垫层砼；4#主楼完成砖胎膜、抗浮板垫层砼完成 60%。下穿线完成便道施工。D 区 150 亩用地开始场平工作	因资金问题，停工	投促局

续上表

序号	项目名称	建设地点	建设规模和内容	总投资（万元）	年内完成投资（万元）	当前进度	项目建设中存在的困难和问题	责任单位
41	龙里工业原料市场及物流建设项目	贵龙经济带	现代化工业原材料的信息、资源中心及物流	600000	32000	正在进行路基土石方施工及跨线桥前期准备，路基石方场平大部分已完成且同步跨线桥的基础施工	该项目用地不符合龙里县土地利用总体规划，项目暂不能启动施工	双龙管委会
42	维乐贵州临空仓储物流园建设项目	贵龙经济带	规划用地面积约200亩，建筑面积143192平方米	15000	15000	1#库、4#库运行，7#综合楼主体完工，正在进行设备房砌体施工；3#正在进行基础、围墙及道路施工	—	城投公司
43	中通快递贵州分拨中心建设项目	贵龙经济带	规划占地面积约50亩，总建筑面积25137平方米	10000	10000	已运行	—	城投公司
44	贵州龙里县一均物流产业园项目	贵龙经济带	占地约200亩，其中：一期150亩，二期50亩	50000	10000	1-4号地块累计完成挖方199万方，填方累计173万方，挡土墙砌体15.8万方，砼工程量4687.91方，隧道开挖完成786米	—	城投公司
45	贵州建祥物流有限公司	龙山园区	汽车配件仓储、运输	5000	0	未签约	未落地建设	龙山镇
（四）	城市建设（27个）	—	—	6359489	548076.8	—	—	
46	贵州南龙湾商贸城项目	龙山镇	商用汽车销售及汽车配件市场、安置房修建等	20000	0.0	未启动	未启动建设	龙山镇

续上表

序号	项目名称	建设地点	建设规模和内容	总投资（万元）	年内完成投资（万元）	当前进度	项目建设中存在的困难和问题	责任单位
47	中铁国际体育休闲度假中心（龙里县）	谷脚镇	1200万平方米，形成集旅游、避暑、休闲、度假、运动、娱乐、会议、会展、教育、培训、养生、养老、美食、购物等于一体的超大型旅游体育休闲度假区	5000000	335000	中铁生态城内路网、污水处理厂及处理站等基本建成，白晶谷商住房、双龙镇一期等子项目建成，其余子项目正在建设中	—	双龙管委会
48	贵龙城市经济带创意产业园（龙里县）	谷脚镇	占地面积约3000亩。创意产业园项目旨在建设高端生态商务中心、产业服务区、创意企业孵化区、文化产业教育基地、配套公寓及商住建筑等。	605700	130500	创意产业园总部基地及配套组团（茵特拉根小镇）项目展示中心、体验区及一期A组团房建工程已建成并对外开放，二期B组团正在进行场平与地勘施工、项目林地占用等相关手续也在办理中；贵州西南综合物流港项目现正在进行部分区域场平，同时开展规划设计及前期准备工作	无	双龙管委会
49	贵州龙里县国际生态养老健康城建设项目	谷脚镇	新建总建筑面积为119万平方米的养老居住区、生活服务区、健康活动区	390952	1500	项目用地征收完成，一期项目用地场平基本完成，修建性详细规划已编制完成提交县城规委待批；一期项目用地已勘界上报待批	该项目用地指标未解决，造成项目无法落地建设	双龙管委会

续上表

序号	项目名称	建设地点	建设规模和内容	总投资（万元）	年内完成投资（万元）	当前进度	项目建设中存在的困难和问题	责任单位
50	龙里县民族文化与乡村旅游发展研究基地暨生态旅游度假酒店	谷脚镇	文化研究基地会议中心；生态度假酒店；特色餐饮；生态养老；休闲娱乐；健身康复；生态居住；综合商业	138000	500	项目用地征收完成，已完成项目一期用地勘界上报，正在进行规划设计等前期工作。未进场施工	该项目用地指标未解决，造成项目无法落地建设	双龙管委会
51	龙里县洗马镇新城镇建设项目	洗马镇	主道路及支道约2.8公里，群众活动广场约2200平方米，河道治理约2.3公里，以及相关附属和配套设施	12000	10000	规划建设的主道路及支道路已完成约2.4公里，群众活动广场已完成基础平整，河道治理完成治理2.1公里，供电变压器安装已完成。客车站建设选址工作基本完成，已和县供销社洽谈完成。集中建房点建房动工70户，56户二、三层主体完工，新城镇建设工程总量已完成70%	—	洗马镇
52	龙里县贵龙城市经济带纵二路及贵州快递物流园2号路	谷脚镇	纵二路道路全长1632米，路基24米宽，物流园2号路道路全长1014.881米，路基30米宽，沥青砼路面	13000	15000	建成投入使用	—	城投公司
53	210国道倪儿关至龙里县城段改造项目	谷脚、冠山	道路总长16.32公里，二级公路标准，设计时速40公里	14282	13568.0	项目征地拆迁已基本完成，项目工程进度完成95%（部分路段正在进行扫尾，剩余未完工部分为安保设施安装）	—	交通局

续上表

序号	项目名称	建设地点	建设规模和内容	总投资（万元）	年内完成投资（万元）	当前进度	项目建设中存在的困难和问题	责任单位
54	城市燃气管网建设项目	冠办、谷脚镇	燃气加气站，配套管网 130 公里，日供气 2022 标准立方米	66000	5898.8	LNG 综合储配站，场站办公楼已施工完毕；贵龙大道 D315 燃气管道安装一期工程已完工，正在进行通气前的试压；贵龙纵线敷设管道共 6500 米左右；贵龙大道二期 D315、DN300 燃气管道安装工程 10456 米已完工；雪花啤酒厂工业用气已用 LNG 管道气进行开通	—	公用局
55	龙里县双龙物流（王关）片区污水处理工程	谷脚镇	新建日处理 1500 吨污水处理厂一座及配套管网	1800	1821	完工	—	供排水公司
56	龙里县高新技术产业园区生活污水处理工程	冠办	新建日处理 1000 吨污水处理厂一座及配套管网	1260	1287	完工	—	供排水公司
57	贵州省龙里县双龙镇污水处理工程	谷脚镇	新建日处理 500 吨污水处理厂一座及配套管网	1080	795	完工	—	供排水公司
58	贵州省龙里县空港工业园区生活污水处理工程	谷脚镇	新建日处理 500 吨污水处理厂一座及配套管网	1020	0	未落地建设	资金困难	供排水公司
59	龙里县醒狮镇污水处理工程	醒狮镇	新建日处理 800 吨污水处理厂一座及配套管网	1120	1132	完工	—	供排水公司
60	龙里县羊场污水处理工程	湾滩河镇	新建日处理 800 吨污水处理厂一座及配套管网	1140	0	未落地建设	资金困难	供排水公司

续上表

序号	项目名称	建设地点	建设规模和内容	总投资（万元）	年内完成投资（万元）	当前进度	项目建设中存在的困难和问题	责任单位
61	龙里县通村水泥路2014年第二批计划	各镇	78.223公里水泥路改造	5047	5047	完工	—	交通局
62	龙里县通村水泥路2015年计划项目	各镇	112.229公里水泥路改造	7998	7598	项目进度95%（剩余未完工部分为安保设施安装）	—	交通局
63	草原小区7#商住楼	草原路	建筑面积15600平方米	2486	2150	外墙仿真石漆完成60%，消防安装完成90%、电梯安装完成50%、水电完成70%、窗子安装完成60%、内墙抹灰完成、阳台栏杆完成、暖通完成、地坪完成、给排水完成、楼梯扶手完成	—	国资公司
64	塘坊集中安置区	谷脚镇	规模为25万平方米，占地总面积约200亩。第一期安置人口为500人	6000	5080	1-4#楼楼室内防水、刚性屋面完成；3-4#楼外架拆除五层、厨房、卫生间墙砖完成；5#、6#楼交付使用	—	城投公司
65	龙里县水盂大道改造工程建设项目	龙山园区	改造原有水盂大道，新建人行道及其附属设施完善	2200	2200	已经完工	—	龙山镇
66	余下村行政办公区小城镇建设	龙山镇	进行余下行政区小城镇的基础设施建设	20000	0	在设计阶段	未启动建设	龙山镇
67	永兴山庄至龙铁物流城匝道口道路扩建	龙山镇	永兴山庄到龙铁物流城匝道口的道路扩建	8000	4500	进行沥青铺设扫尾工作，基本投入使用	—	龙山镇

续上表

序号	项目名称	建设地点	建设规模和内容	总投资（万元）	年内完成投资（万元）	当前进度	项目建设中存在的困难和问题	责任单位
68	历家庄“美食一条街”项目建设	龙山镇	开发建设历家庄美食一条街	10000	0	未启动	未启动建设	龙山镇
69	2015年棚户区改造配套基础设施建设项目	冠办	1917套棚户区安置房建设和小区道路、供排水系统、绿化等配套基础设施建设	14904	—	该项目不再列入调度	—	房管局
70	龙里北站至高新技术产业园区道路	冠办	全长2.05公里，路幅宽度分别为32米及25米	3500	0	4月24日县政府召集项目各相关单位召开项目评审会，施工图设计修改完成，施工图预算编制完成，因项目涉及大量林业用地的征收，需上报贵州省林业厅办理林地征收手续	2015年6月18日县委常委会议定暂缓实施	住建局
71	龙羊立交桥三期建设	冠办	C匝道长251米，宽11.5米，E匝道长420米，宽9米	6000	0	由铁建办及拆迁指挥部开展项目前期征地拆迁摸底调查等准备工作	因龙羊立交桥三期建设项目建设所需拆迁房屋产权不明晰存在纠纷等原因，该项目暂缓实施	住建局
72	贵都联络线扩建二期工程	冠办	全长3.5公里，扩建路幅宽度为12米，有110米大桥一座，扩长涵洞一座	6000	4500	进行沥青铺设扫尾工作，基本投入使用	—	住建局
（五）	社会事业18个	—	—	384507	75510	—	—	—

续上表

序号	项目名称	建设地点	建设规模和内容	总投资（万元）	年内完成投资（万元）	当前进度	项目建设中存在的困难和问题	责任单位
73	龙里县高新产业园生活服务及生态移民安置	冠办	完成10万平方米生活服务与生态移民住宅，完成1.5公里道路建设	300000	25000	A区A1～A7、B区B1～B11到2015年11月26日分别完成如下：A1、A2孔桩浇筑完成，地梁钢筋安装施工；A3－A6室内装饰装修施工中；A3－A4外墙漆施工中，A7施工挖孔桩施工中；B1、B2砖砌筑施工完成，内墙抹灰施工；B3屋面施工完成，炮楼施工中；B4：屋面混凝土浇筑，炮楼施工中，砖砌体施工中；B5室、B6室内装饰装修施工；B7－B8抹灰施工中；B9内墙抹灰施工；B10－B11屋面层混凝土浇筑	—	冠办
74	贵州省救灾物资储备中心（龙里）	龙山镇	建设一个省级救灾物资储备中心，包括救灾物资仓库、直升机起降坪、办公楼等	5000	4000	基本完工	—	民政局
75	贵州省老年实训培训基地	龙山镇	养护综合楼、康复训练综合楼、办公楼等，规模为500床位	6000	5000	进行基础施工	—	民政局

续上表

序号	项目名称	建设地点	建设规模和内容	总投资（万元）	年内完成投资（万元）	当前进度	项目建设中存在的困难和问题	责任单位
76	龙里县公共体育馆项目	体育路	建筑面积 13393.96 平方米、馆内设有篮球场、网球场、羽毛球场等运动场地、室内馆内设坐 672 座	6000	4500	基本完工	—	住建局
77	龙里中学	龙山镇	学校规模 102 个班，在校学生 5100 人。总建筑面积约 90000 平方米	23000	500	开工建设	—	教育局
78	龙山镇廉租房配套基础设施建设项目	冠办	小区道路 428 米；小区城市规划道路 698.4 米，新设垃圾收集点 3 个，小区活动室 3 个，室外公共活动场地 14622 平方米，堡坎 790.4 立方米等	1891	1250	完成小区城市道路回填土夯实碾压，宽 20 米、长 1480 米，宽 18 米、长 90 米；宽 9 米、长 200 米；宽 7 米、长 100 米。完成毛片石碾压夯实，宽 20 米、长 550 米，8 米宽、80 米长。完成 C25 混凝土路基宽 9 米、长 550 米。安装 Φ1200 毫米排洪管 140 米	—	房管局
79	2015 年冠山街道办事处公共租赁住房项目	冠办	新建 200 套公租房，8500 平方米	1530	0	采取购买的方式，资料已上报，等待县政府批复	未启动实施	房管局
80	龙里县城西区旧城棚户区改造项目	龙里县	完成 1235 户城市棚户区改造协议的签订	22230	22230	已签订 1316 户房屋征收补偿协议	该项目资金缺口大	房管局
81	龙里县社会养老服务中心	龙山镇	建设面积 9400 平方米，设置床位 200 张	1775	1500	主体完工，装修完成 90%	—	民政局

续上表

序号	项目名称	建设地点	建设规模和内容	总投资（万元）	年内完成投资（万元）	当前进度	项目建设中存在的困难和问题	责任单位
82	湾滩河、谷脚、洗马敬老院	湾滩河镇	占地7500平方米，建筑占地面积1500平方米，总建筑面积3300平方米。建设室外蔬、果园3000平方米；室外活动场地、道路3000平方米	580	450	主体完工，装修完成91%	—	民政局
		谷脚镇	建筑面积约2200平方米，建筑占地面积1100平方米；建设室外蔬、果园2000平方米；禽、畜圈舍及场地1500平方米；室外活动场地2000平方米	430	350	主体完工，装修完成92%	—	民政局
		洗马镇	占地5918.06平方米，总建筑面积3352平方米，总建筑基底面积1404.67平方米，室外停车位8个，公寓27间，床位81张	580	450	主体完工，装修完成93%	—	民政局
83	龙里县救助站及儿童福利院	龙山镇	该项目占地面积15亩，拟建设救助大楼一座，总规模70张床位	490	245	正在进行基础施工	建设经费严重不足	民政局
		龙山镇	该项目拟建设大楼一座，总规模80个床位，占地15亩	672	0	正在进行项目申报	未启动建设	民政局
84	龙里县人民医院内科综合大楼	金龙西路	改扩建12000平方米业务用房，新增150张床位	3000	2600	主体完工，内外装饰	—	卫计局

续上表

序号	项目名称	建设地点	建设规模和内容	总投资（万元）	年内完成投资（万元）	当前进度	项目建设中存在的困难和问题	责任单位
85	龙里县公安局业务技术用房	环城北路	建筑面积 7678 平方米，其中业务用房 5543 平方米，地下停车场 2135 平方米	1612	1612	已完成大楼主体工程建设，内部隔断完成	—	公安局
86	龙里县综合档案馆	环城北路	建筑面积 8500 平方米	1800	1336	完工交付使用	—	国资公司
87	龙里县第五小学	水桥社区	新建校舍 7500 平方米，运动场 8000 平方米及相关附属设施	2600	370	正在进行基础施工	—	教育局
88	龙里中学改扩建	环城路	建筑面积 17278 平方米，其中：教学楼 8120 平方米，学生宿舍 9158 平方米	2317	2317	竣工验收	—	教育局
89	水堤阁公园（三小广场）提质改造	冠办	改造总面积 25460.5 平方米，其中铺装：10928.3 平方米，绿化：14532.2 平方米	1000	1000	建成投入使用	—	住建局
90	莲花城市湿地公园	龙山镇	项目景观用地面积约 775.3 亩，建设工程概算投资约 7569.8 万元，分为生态湿地区、运动休闲区、农业观光区、风情体验区，打造“游、玩、观、闲”四位一体湿地公园	2000	800	一期建成，二期正在进行初步设计阶段	—	住建局

【“十三五”城镇建设规划】按照新型城镇化建设的总体安排部署，坚持全面规划、合理布局、节约用地、因地制宜、量力而行、逐步建设的原则，进一步理清思路，从城镇实际情况出发，启动编制龙里县城镇建设“十三五”及新型城镇化专项规划，专项规划认真总结“十二五”期间城镇建设取得的成效、经验和存在的问题，提出“十三五”期间城镇发展思路、目标和采取的措施。共编制汇总全县城镇建设、规划编制、市政公用基础设施、房地产、农业产业支撑、保障房等项目143个，总投资574.71亿元。

【城建档案管理】龙里县城建档案室成立于2011年12月，为县住建局下属正股级事业单位，有在岗人员5人。主要职责是负责本行政区域内城建档案工作的监督管理并对行政区域内的城市勘测规划档案、城市建设工程档案、文物古迹保护档案和城市建设基础资料档案进行收集、鉴定、统计、保管和提供利用。现为城建档案室与建筑业管理科合署办公，兼管建筑业管理和招投标工作及招投标资料收集工作。2015年，加大对市政、道路等县重点建设项目工程档案和住建局重点股室档案的接收力度，完成县住建局负责实施建设的31个项目的城建档案收集管理工作，项目涉及水利、电力、交通、体育设施及绿化亮化等工程。

（县住房和城乡建设局）

村镇建设

【概况】2015年，完成全县危房改造3529户、小康房建设132户；完成全县155个行政村人居环境信息录入工作；村庄整治工作完成职校旁的居民楼立面改造技术指导工作；完成小规模房屋工程施工图设计，危改工作入户走访调查、核实、检查、设计等技术审查指导服务等工作；完成农村抗震房屋设计3套施工图及拟写龙里县农村抗震房屋的设防标准；督促醒狮镇示范小城镇建设工作；完成全县“第四批传统村落”的申报工作及推荐优秀的村规民约上报。

【小城镇基础设施建设】醒狮镇　自2012年被列为全省100个示范小城镇之一以来，整合各类资金1.25亿元用于实施“8个1”工程、“8+X”项目等基础设施建设，累计建设完成醒狮镇敬老院、社区服务中心、幼儿园、卫生院、市民广场、保障性安居住房等26个项目，群众养老、就医、出行、购物、休闲娱乐环境和条件日趋完善，公共服务能力得到极大改善，示范小城镇创建的基础进一步得到夯实。醒狮镇开工建设基础设施项目有：醒北路公共停车场，项目总投资50万元；龙谷路公共停车场，项目总投资25万元；醒狮镇污水处理工程，项目总投资750万元；公租房项目总投资460万元；镇区绿化项目总投资80万元；醒狮镇元宝幼儿园项目总投资180万元；醒狮镇至贵阳乌当区联络线工程项目总投资2784万元；醒狮镇到贵阳永乐交通联络线工程项目总投资280万元。

洗马镇　通过各种方式引进各类建设资金约2.2亿元投入城镇建设。洗马镇新城镇建设工程。项目设计道路总长2.2公里，计划总投资1.2亿元。通过多方洽谈和实地考察，最终与贵州森融城镇建设投资有限公司签订开发建设协议，通过土地置换方式对该道路工程进行开发建设。前期征地拆迁工作完成，规划建设的主道路及支道路约2.8公里共完成约2.4公里；群众活动广场完成基础平整；河道治理约2.3公里，共完成治理2.1公里；供电变压器安装已完成；客车站建设选址基本完成，共和县供销社洽谈相关事宜等待签订合同；集中建房点建房动工80户（60户2~3层主体完工）。建设工程总量共完成73%，共投资8000余万元。项目建成后可吸引并容纳

5000人至1万人到镇区居住发展生产。洗马镇敬老院建设项目。项目建设规模为4000平方米，占地约25亩，计划总投资600万元。于2014年2月月底开始动工建设，主体工程基本完成。洗马镇供销社片区旧城改造建设项目。项目于2014年6月月初启动房屋拆迁工作，拆迁工作全部完成，场地完成清理，进行基础平整工作。洗马镇老粮站片区开发项目。该片区规划拟开发面积近8000平方米，建筑面积近2万平方米。正在办理完善相关土地转让出让手续和开展原有住户搬迁动员工作。公租房建设项目。共实施各类公租房建设项目66套，建设面积近2250平方米，总投资约330万元，主体工程已完工，正完善相关配套设施。百乐路小区建设项目。小区开发面积约6000平方米，商品房共约1.8万平方米，总投资约3500万元，全部竣工，道路、绿化、路灯、排污（水）管沟等附属工程均全部建成并投入使用。下巴比水库建设。项目总投资1.3亿元，正在建设中。洗马镇污水处理厂建设项目。项目计划总投资1420万元，设计规模为900立方米/日，共完成可研文本编制，县级发改部门已立项，相关的国土、规划、环保、水利和供水、供电手续等均已办理完善，项目已移交县供排水总公司统一进行申报，待批复后实施。

龙山镇　投资500余万元启动龙山工业园区红岩大冲道路建设。启动总投资5亿元的龙里莲花湿地生态体验区项目、总投资1.35亿元的贵州省战时人口疏散指挥基地和人防（交战）专业队伍综合训练基地项目、总投资5200万元的龙里县坝上至新场城市干道工程建设，全面推进龙滩水库工程建设。共实施“一事一议”项目23个（其中通组道路硬化项目19个，人行步道硬化项目3个，太阳能路灯安装项目1个），项目总投资344.11万元，其中，群众投工投劳9530个、折资47.65万元，申请财政奖补资金296.46万元。投入资金210万元实施新场村栗木寨“美丽乡村”示范村寨项目。共协调水利项目资金70余万元，为羊蓬、朝阳等村110余户群众解决吃水难的问题；协调道路建设资金1000余万元，为摆谷六、纸厂等村新修道路30余公里，有效解决群众出行难的问题。筹资以及争取资金50余万元投入学校建设和改善学生营养。多方筹集、整合资金50余万元修建莲花公益性墓地（镇级）和新场村公益性墓地。

谷脚镇　完成工业园区环线道路提质改造工程，完成210国道谷脚园区段改造和快递物流园2号路支线辅道建设；投入100多万元用于园区垃圾填埋场的建设及垃圾清运车、公共环卫设施的购置；启动茶香刺梨产业园区山地自行车主题公园建设，将茶香村打造为农业观光、生态旅游、康体健身的示范园区；实施12个“一事一议”项目，覆盖4个村、12个村民组，直接受益群众634户、2866人，财政奖补资金172.03万元；投资40余万元建成贵龙智慧社区智能化综合信息服务管理平台，在多次省、州、县领导的参观考察中获得好评；通过广播、张贴宣传海报等方式宣传农村电子商务，配合县电商办开展村级服务站建设；启动农村集中建房规划、选址和基础设施建设等工作。

湾滩河镇　投资7000万元完成高效生态农业产业园区草原至湾寨、湾寨至羊场以及羊场至江比等50公里主要通道的提质改造工程；投资3000万元修建67公里农业生产便道、机耕道；投资5000万元完成110公里沟渠（管网）和67公里喷滴灌设施建设；投资6000余万元完成农产品加工物流区、综合展贸区等重点项目建设，完成展示厅、园区大门和有机肥加工厂等园区配套功能建设，完成农产品交易市场、农资交易中心、冷链物流、展贸中心和数据中心建设任务，逐步形成集农产品展示、高科技设施和农产品加工物流融为一体的国家级现代高效生态农业示范园区；完成4000平方米文格温室建设；完成丰盛养殖场标准圈舍36栋2万平方米和1000立方米沼气池建设。投资5000万元完成羊场径联合至木马甘未、果里至扁街、金星至团结等50公里通村油路（硬化）建设，全镇全部实现村村通油路（硬化路）的目标，开通农村客运线路8条。完成长萌村谷港水库提灌站建设，建成联合、刺昌冲、营屯等小型山塘3个，完成摆兰水库、察尔岩水库、摆绒水库等重点水库加固除险工程，完成摆绒水库引水工程；完成新龙、园区、岱林等18个村、51处人畜饮水工程；争取投入5000多万元实施中央第六批小型农田水利2014年度和2015年度项目。整合和捆绑扶贫开发、村庄整治和财政一事一议等项目资金，推进全镇“四在农家·美丽乡村”创建工作。5年来全镇共争取村级公益事业建设一事一议财政奖补奖励项目206个，示范村寨项目6个，项目奖补总资金2380万元。完成通组公路40公里，人行步道硬化15公里，活动场所20个，面积11200平方米；投资1260万元重点打造孔雀寨、毛栗寨、藕寨、赵家庄、龙窝寨等6个县级示范点。

【新农村规划建设】 指导村镇基础设施项目建设，指导镇（街道）改善人居生态环境工作；督促农村建房通用设计图的使用。指导协调镇村建设及相关工作；指导协调农村住房及农村危房改造、小康房（2015年小康房建设任务208户，计划投入资金3120万元，已全面完成）建设、村庄整治工作。指导受灾村镇及国家大型重点建设项目地区的村镇迁建（重建）建设工作。指导历史文化古城（镇、村）的保护和监督管理工作。承担县政府投资、社会投资的小工程施工图设计、工程概预算编制、技术审查、技术指导服务等工作。

【农村危房改造】 全县共完成农村危房改造3529户，完成投资1.06亿元，其中冠山街道完成改造285户，龙山镇完成改造430户，谷脚镇完成239户，洗马镇完成967户，湾滩河镇完成522户，醒狮镇完成1086户。

（县住房和城乡建设局）

龙里县2015年示范小城镇（醒狮镇）小康社会建设统计监测数据表

表10

监测指标	单位	目标值	权重	2014年		2015年	
				实现值	实现程度	实现值	实现程度
一、经济发展	—	—	8	—	29.63%	—	38.29%
1. 人均税收	元	≥1000	4	149.36	14.94%	57.82	5.78%
2. 城镇化率	%	≥45	4	20%	44.33%	31.86%	70.79%
二、社会和谐	—	—	6	—	100%	—	100%
3. 基本社会保险覆盖率	%	≥90	3	90.24%	100%	90%	100%
4. 社会安全指数	%	100	3	—	100%	—	100%
①万人刑事犯罪率	—	≤5.08	0.45	3.86	100%	3.24	100%
②人民群众对社会治安的满意度	—	≥90	1.2	100%	100%	100%	100%
③万人交通事故死亡率	—	≤0.74	0.45	0	100%	0	100%

续上表

监测指标	单位	目标值	权重	2014 年		2015 年	
				实现值	实现程度	实现值	实现程度
④万人火灾事故死亡率	—	≤0.02	0.45	0	100%	0	100%
⑤万人工伤事故死亡率	—	≤0.09	0.45	0	100%	0	100%
三、生活质量	—	—	64	—	95.31%	—	99.26%
5. 农村居民人均可支配收入	元	≥7000	6	7567	100%	9000	100%
6. "镇村联动"覆盖率	%	≥80	10	56%	70%	76.23%	95.28%
①行政村通油路（或水泥路）率	%	100	1.5	80%	80%	100%	100%
②行政村自来水（自流水）普及率	%	100	1	100%	100%	100%	100%
③农村供电可靠率	%	100	1	100%	100%	99.75%	99.75%
④农村危房改造率	%	100	1.5	100%	100%	100%	100%
⑤自然村通信信号覆盖率	%	100	0.5	60%	60%	100%	100%
⑥行政村通宽带普及率	%	100	0.5	20%	20%	100%	100%
⑦实施小康寨整治计划行政村普及率	%	100	1	5%	5%	13%	12.5%
⑧行政村设置物流快递配送点覆盖率	%	100	0.5	5%	5%	50%	50%
⑨行政村建设农村体育健身工程的覆盖率	%	100	0.5	55%	55%	100%	100%
⑩行政村建设生态污水处理设施覆盖率	%	100	1	0%	0%	25%	25%
⑪行政村设置垃圾收集清运系统的覆盖率	%	100	1	15%	15%	50%	50%
7. "8+X"项目建成达标率	%	≥90	48	100%	100%	100%	100%
四、文化教育卫生	—	—	8	—	99.44%	—	97.61%
8. 农村文化科普指数	%	100	3	—	98.5%	—	97.4%
①乡镇农技站拥有率	%	1	1.2	1	100%	1	100%
②行政村村级文化活动覆盖率	%	100	0.9	1	100%	100%	100%
③行政村农家书屋覆盖率	%	100	0.6	100%	100%	100%	100%
④人均公共图书拥有指数	%	100	0.3	1.7	85%	1.48	74%
9. 每千人拥有卫生技术人员数（人）	人	≥1	3	2.06	100%	2.11	100%
10. 九年义务教育巩固率	%	≥95	2	95.21%	100%	90%	94.34%
五、资源环境	—	—	14	—	85.47%	—	74.76%
11. 城镇安全饮水指数	%	≥95	3	100%	100%	100%	100%
12. 城镇污水处理率	%	≥85	3	91.67%	100%	91%	100%

续上表

监测指标	单位	目标值	权重	2014 年		2015 年	
				实现值	实现程度	实现值	实现程度
13. 城乡生活垃圾处理率	%	≥80	3	82%	100%	84%	100%
14. 建成区人均公园绿地面积	平方米	≥10	3	3. 22	32. 19%	0. 45	4. 45%
15. 新建公共建筑节能标准执行率	%	100	2	100%	100%	67%	66. 67%
总体实现程度	%	100	100	—	89. 29%	—	90. 87%

龙里县 2014 年、2015 年农村危房改造完成情况统计表

表 11

实施危房改造年度	小计（户）	一级危房（户）	二级危房（户）	三级危房（户）	家庭类别	一级补助标准（万元）	二级补助标准（万元）	三级补助标准（万元）
2014 年	1411	308	558	545	“五保”户	2. 23	0. 85	0. 7
2015 年	3529	1210	1595	724	低保户	2. 23	0. 7	0. 65
合计	4940	1518	2153	1269	困难户	1. 23	0. 7	0. 65
					一般户	0. 83	0. 7	0. 65

龙里县 2015 年度农村危房改造工程改造任务和补助资金分配表

表 12

单位：户、万元

镇、街道	农危房总数				各类危房情况												各级政府补助资金情况					任务数包含复员退伍军人危房数量
	小计	其中			“五保”户			低保户			困难户			一般户			所需政府补助资金	中央补助资金	省级补助资金	州级补助资金	县级补助资金	
		一级危房	二级危房	三级危房	一级危房	二级危房	三级危房	一级危房	二级危房	三级危房	一级危房	二级危房	三级危房	一级危房	二级危房	三级危房						
	户数	户数	户数	户数	户数	户数	户数	户数	户数	户数	户数	户数	户数	户数	户数	户数						
补助标准	—	—	—	—	2. 23	0. 85	0. 7	2. 23	0. 7	0. 65	1. 23	0. 7	0. 65	0. 83	0. 7	0. 65						
冠山	286	165	88	33	0	0	0	47	13	0	99	58	14	19	17	19	325. 40	182. 40	71. 50	28. 6	42. 9	0
龙山	430	106	181	143	0	0	0	31	39	0	70	135	142	5	7	1	379. 03	164. 03	107. 50	43. 0	64. 5	11
谷脚	239	150	64	25	0	0	0	34	0	0	108	27	5	8	37	20	276. 35	156. 85	59. 75	23. 9	35. 85	2
洗马	967	359	465	143	5	2	0	66	50	0	157	227	71	131	186	72	878. 92	395. 42	241. 75	96. 7	145. 05	5
湾滩河	521	186	236	99	3	1	0	59	106	1	95	93	50	29	36	48	508. 88	248. 38	130. 25	52. 1	78. 15	7
醒狮	1086	244	561	281	0	2	0	27	21	0	179	245	18	38	293	263	887. 57	344. 57	271. 50	108. 6	162. 9	19
全县合计	3529	1210	1595	724	8	5	0	264	229	1	708	785	300	230	576	423	3256. 15	1491. 65	882. 25	352. 9	529. 35	44

建筑业

【建筑市场秩序整顿】 强化建筑工程质量安全监督管理。共监督工程项目45个，监督过程中严格按照法律法规要求开展工作，对各方责任主体的资质、资格进行严格核查，对施工现场出现的问题督促施工单位进行及时整改；对违反相关法律法规的行为发出整改通知书141份，提出整改意见638条。处理用户质量投诉3起。建立健全并落实安全生产工作管理责任制，有效控制质量安全事故的发生。在汛期，严格执行值班制度，开展汛期安全隐患专项巡查和检查。共开展安全、质量等检查141次，出动人员327人次，查出一般隐患638条；共办理网上安全监督备案项目51个，建筑面积157.08万平方米；共办理质量监督备案44个，建筑面积为126.20万平方米；共办理竣工备案项目22个，竣工备案建筑面积40.39万平方米。

【建筑领域节能减排】 根据国家《“十二五”墙体材料革新指导意见》《贵州省新型墙体材料促进条例》，龙里县是贵州省第一批“禁黏”目标县。“十二五”以来，在新建建筑工程中严格按照《省财政厅、省住建厅关于印发〈贵州省新型墙体材料专项基金征收使用管理办法〉的通知》征收和和返还墙改基金；强制禁止使用烧结实心黏土砖和烧结实心页岩砖，并为此关停了生产烧结实心黏土砖的县建材厂，推广使用新型墙体材料加气混凝土砌块。全县所有商品住宅墙体均全部使用加气混凝土砌块，有力地推动了新型墙体材料企业的发展。境内有两家加气混凝土砌块生产企业（贵州长泰源节能建材股份有限公司和贵州中材环保建材有限公司），年生产规模达到70万立方米，其中贵州长泰源节能建材股份有限公司通过评选成为贵州省16家新型墙体材料示范企业之一。根据住建部《建设领域推广应用新技术管理规定》，深入推进建筑与节能环保、推行绿色建筑的大政方针，强化建筑节能工作，推广使用新型门、窗与玻璃幕墙，并确保应用安全。全县新建项目均采用符合规范要求的新型门、窗与玻璃幕墙，对不符合要求的项目不予验收和投入使用，有力促进龙里县节能门、窗企业的发展，年生产能力达到140万平方米。贯彻落实《国务院关于印发节能减排综合性工作方案的通知》，推进建筑节能，做好墙体保温、房屋墙体材料革新及科技成果推广应用工作，宣传新型建材、鼓励和推广使用新型建材。城镇新建建筑设计阶段节能标准执行率100%，施工及竣工验收阶段标准执行率98%以上。对未经建筑节能审查或审查不合格的建设工程项目，不予颁发施工许可证，对达不到建筑节能设计标准的工程，不予节能验收认定，施工阶段通过建筑节能分部工程验收，强力推进建筑节能工作的实施。全年，完成新建建筑节能工程面积有50.73万平方米，其中，居民建筑完成面积47.72万平方米，公建建筑完成面积3.01万平方米。

【新型建材生产】 “十二五”以来，淘汰落后产能、加快产业转型，加大建材产业招商引资，使建材产业取得长足发展。共有建材企业38家，其中，水泥生产企业1家，新型墙体材料企业2家，节能门、窗企业12家，钢结构企业3家，水泥及混凝土添加剂企业3家，室内外板材企业3家，外墙涂料企业1家，商品混凝土与预制品企业12家，新型管材企业1家。初步形成相对独立完整的新型建材产业体系。全年新型建材企业解决就业3056人，同比增长12.89%；完成产值68.6亿元，同比增长13.18%；缴纳税金1.68亿元，同比增长13.51%。

【新型建材使用】 推进建筑节能，做好墙体保温、房屋墙体材料革新及科技成果推广应用工作，每季度召集县内建筑承包商学习最新的新型建材相关政策主技术，并邀请县内建材企业进行企业技术、产品推广，实现县境内高层建筑全面推广应用贵州长泰源节能建材有限公司和贵州中材环保建材有限公司生产的蒸压加气混凝土砌块、贵州柯维建材开发有限公司生产的kV无机活性保温砂浆系统，建筑反射隔热涂料和墙体隔热保温厚层腻子在盛世龙城、龙城国际、恒力源等多个项目上使用，贵州详务节能建材有限公司生产的高分子节能模板已在龙城明珠等项目上使用，贵州科之杰新材料有限公司生产的混凝土添加剂——减水剂在铭财混凝土有限公司和港创建业建材有限公司等单位使用，生产的彩色混凝土已在贵都联络线扩建二期工程人行道等工地上使用。同时做到，龙里县新建项目均要求采用符合规范要求的新型门、窗与玻璃幕墙，对不符合要求的项目不予验收和投入使用。龙里县是贵州省第一批“禁粘”目标县，“十二五”以来在新建建筑工程中征收和返还墙改基金，全年共收取新型墙体专项基金421.77万元，共按要求核退新型墙体专项基金78.17万元；强制禁止使用烧结实心黏土砖和烧结实心页岩砖，并为此关停了生产烧结实心黏土砖的县建材厂，推广使用新型墙体材料加气混凝土砌块。所有商品住宅墙体均使用加气混凝土砌块，有力地推动全县新型墙体材料企业发展，两家企业加气混凝土砌块年生产规模达到70万立方米，其中贵州长泰源节能建材股份有限公司通过评选成为贵州省16家新型墙体材料示范企业之一。强化建筑节能工作，推广使用新型门、窗与玻璃幕墙，并确保应用安全促进节能门、窗企业的发展，年生产能力达到140万平方米。

【文明施工】 同辖区内24家施工单位签订《龙里县建设工程质量及安全文明施工责任书》《龙里县住建系统“多彩贵州、文明行动”专项工作责任书》，明确要求施工单位要严格遵守国家有关规定、标准、规范，要求施工现场实行封闭式管理；围挡醒目位置上悬挂“七牌一图”；工地出入口地面必须进行道路硬化，设置冲洗设备；建筑材料分类堆放；生活垃圾定期及时清运；需要夜间施工的项目，必须到环保局办理夜间施工批准手续，并予以公告。制定《龙里安全文明施工图集》并下发到各建筑工地，要求各施工单位按照图集内容做好文明施工，开展自查自纠。成立专项检查小组，对建筑工地进行文明施工大检查。全年共出动40余人次，开展巡查19次，共计检查132个建筑工地，下发132份《龙里县建设工程安全监督检查记录》整改通知单；督促各施工工地完善施工围墙公益性广告，全县城区域内修建施工围墙有21点，施工围墙总长3900米，公益性广告约550幅。

【建筑质量监管】 严格推行质量终身责任“两书一牌”制度，对于新开工工程在开工前，要求建设、勘察、设计、施工、监理单位法定代表人分别对项目负责人签署授权书，项目负责人签署工程质量终身责任承诺书。所有在建工程，建设单位都要建立“五方责任”负责人质量终身责任信息档案，工程竣工后统一交城建档案管理部门存档，同时在建筑物显著位置设置永久性责任标牌。突出工程日常监管与巡查，加强巡查监管，强化开展质量培训及施工技术交底活动，加强质量管理中最普遍、最突出、最容易出现的常见质量问题和施工过程中的重点部位、薄弱环节的监督管理。与此同时，加大对住宅工程的监督力度，加大质量巡查次数，突出质量通病的综合治理，通过强化工程质量事前控制和过程控制，确保工程建设质量。办理完结工程质量监督备案项目59个，总建筑面积为142.11万平方米，造价19.12亿元。在办理工程质量监督手续之前，均要求项目负责人签订工程质量终身责任承诺书，查验负责人相关职业资格证书原件，并在省住建厅及住建部网上验证项目负责人的执业注册情况。办理完结工程竣工备案项目26个，建筑面积为47.53万平方米，造价7.15亿元，竣工验收备案前，要求项目按文件落实工程永久性责任标牌，建立项目负责人信息档案。

【施工安全监管】 开展专项节后复工安全检查、消防、汛期、建筑起重机械、专项施工方案、“打非治违”专项行动、安全隐患大排查大整治专项行动等执法检查7次，同时不定期对县辖区内建筑工地进行安全生产隐患排查治理。共计下发《龙里县建设工程安全监督检查记录》整改通知单132份，提出整改意见479条；下发《建设工程安全隐患停工整改通知书》1份，提出整改意见10条；接受省厅质量安全检查1次，州住建局质量安全检查4次，州安委办考核4次，县安委办不定期考核检查10余次。2015年新开工建筑工地起重机械使用登记备案22台，受理网上安全监督备案登记工程50个，建筑面积约153万平方米，工程总造价约21.2亿元。

【拖欠农民工工资清理】 2014年至2015年，累计监督管理的项目共174个，总投资约464167.19万元。排查存在拖欠农民工工资或拖欠工程款的项目有24个，排查发现拖欠农民工工资共8654.14万元，涉及2587人。主要是由于建设单位和施工总承包单位以及劳务分包单位之间因工程款结算、工程材料款支付、工程量分歧、工程保证金退还等问题引发经济纠纷，各施工总承包单位、劳务分包单位将工程款拖欠或经济纠纷转嫁于农民工，从而引发农民工上访、群访、非访及部分工人采取过激行为讨要工资等不稳定因素。2015年，县住建局负责协调处理全县辖区内建筑工程项目拖欠农民工工资化解清欠工作，重点对森林溪畔项目、苗都大酒店项目、中铁生态城片区项目进行排查，发现拖欠农民工工资共1016万元，涉及473人。在安排人员介入协调化解后，通过组织相关单位召开10余次协调会，约谈各项目负责人等方式，于2016年春节前为473名农民工追讨发放工资600万元，其中森林溪畔项目工人工资300万元、苗都大酒店项目工人工资150万元、中铁生态城太阳谷项目工人工资150万元。同时在现场全程监督工资发放过程，保障农民工权益。

【建筑企业】 8月，制定出台《龙里县关于加快建筑业发展的实施意见》，从政策、资金、奖励等各方面给予支持，加大龙里县建筑业的市场份额。全县有施工总承包企业、专业施工承包资质企业、施工劳务企业、商品混凝土企业31家，有工程类技术人员300余人。

（县住房和城乡建设局）

龙里县注册建筑业企业一览表

表 13

序号	企业名称	法定代表人	地址	资质类型	资质等级	证书编号
1	七冶贵龙建设有限公司	刘林生	龙里县谷脚镇王关村	房屋建筑工程	二级	A2014052273003
				公路工程	二级	
				机电安装工程	二级	
				市政公用工程	二级	
				建筑装修装饰工程	二级	
2	龙里县建筑工程有限公司	何滔	龙里县冠山街道小街园龙瑞阁	房屋建筑工程	二级	A201452273002
				市政公用工程	二级	
				建筑装修装饰工程	二级	
3	贵州华兴建筑有限公司	汪华	龙里县冠山街道北门街	房屋建筑工程	二级	A2014052273001
				市政公用工程	三级	
				建筑装修装饰工程	三级	
				土石方工程	三级	
4	贵州森堡生态实业有限公司	蔡世强	贵州省贵阳市	水利水电工程	三级	A3054052273001
5	贵州福斯达爆破工程有限公司	杨深荣	龙里县龙山镇金龙路河边	爆破与拆除工程	三级	B3194052273002
				土石方工程	三级	
6	贵州华龙建筑工程有限公司	姚鸿亮	龙里县龙山镇西关坡(逸景苑)	土石方工程	三级	B3024052273001-2/2
7	贵州省龙里县铭峰装饰装潢有限公司	陈铭峰	龙里县腾龙路	建筑装修装饰工程	三级	B303405227300-2/2
8	龙里县桐纤装饰装潢服务有限公司	贺飞	贵州省黔南州龙里县	建筑装修装饰工程	二级	B3034052273001-1/4
9	龙里县鼎正装饰装修有限公司	温绍勇	龙里县环南路	建筑装修装饰工程	三级	B3034052273003-2/2
10	贵州正方实业有限公司	兰定国	贵州省贵阳市北京路银海元隆 1 号楼 1 单元 23 楼	金属门窗工程	二级	B2154052010301
11	贵州思创门窗有限公司	何开通	贵州省龙里县谷脚镇千家卡工业园	金属门窗工程	三级	B3154052273002-1/2
12	贵州省鼎坚建材有限公司	黄水生	贵州省龙里县北部工业园区 6 号厂	金属门窗工程	三级	B3154052273003
				建筑幕墙工程	三级	

续上表

序号	企业名称	法定代表人	地址	资质类型	资质等级	证书编号
13	贵州实德门窗建设装饰工程有限公司	欧碧兰	贵州省龙里县谷脚镇岩后村	金属门窗工程	二级	B2154052010202
				建筑幕墙工程	三级	
14	龙里县兴春建筑劳务有限公司	夏兴春	贵州省黔南布依族苗族自治州龙里县环城路	劳务分包	二级	C2024052273001
15	龙里县颖龙劳务有限责任公司	禹启贤	贵州省黔南布依族苗族自治州龙里县金龙路189号	劳务分包	二级	C2024052273002
16	贵州滕久劳务有限公司	陈辉	谷脚镇千家卡岩后村	劳务分包	不分等级	C3074052273004
17	贵州星城混凝土有限公司	刘刚	贵州省龙里县冠山街道穿洞口采石场	预拌商品混凝土	三级	B3054052273010
18	贵州瑞丰建材有限公司	张显玉	贵州省龙里县醒狮镇小箐村泡木冲	预拌商品混凝土	三级	B3054052273007-1/2
19	龙里红狮混凝土有限公司	章锦鸿	龙里县谷脚镇	预拌商品混凝土	三级	B3054052273009
20	贵州龙里铭财混凝土有限公司	安正友	贵州省龙里县龙山镇水桥210国道旁	预拌商品混凝土	三级	B3054052273008
21	贵州港创建业建材有限公司	江继全	龙山镇穿洞口温室旁	预拌商品混凝土	三级	B3054052273005
22	贵州鸿申天诚混凝土工程有限公司	田雨	贵州省黔南布依族苗族自治州龙里县谷脚镇大坡村泡木冲	预拌商品混凝土	三级	B3054052273004
23	贵州恒科顶圣混凝土有限公司	张本荣	龙里县水场工业园	预拌商品混凝土	三级	B3054052273006
24	贵州龙里联创新型建材有限公司	王昊	贵州省龙里县龙山镇西关坡	预拌商品混凝土	三级	B3054052273003
25	贵州黔桂拓达黔龙商砼有限公司	董齐胜	贵州省黔南州龙里县水场乡水场村	预拌商品混凝土	三级	B3054052273002
26	贵州睿邦建材有限公司	李武峰	贵州省 龙里县醒狮镇小箐村毛栗山柴狗坡	预拌商品混凝土	三级	B3054052273001
27	贵州金丰科技有限公司	陈明刚	贵州省龙里县水场工业园区	预拌商品混凝土	三级	77534564-5

续上表

序号	企业名称	法定代表人	地址	资质类型	资质等级	证书编号
28	贵州博达钢固件实业有限责任公司	胡小露	贵州省龙里县	模板脚手架专业承包	—	07849580-8
29	贵州黔弘工程质量检测有限公司	何艺平	贵州省黔南布依苗族自治州龙里县谷脚镇富源路	工程质量检测	—	91522730556607860N
30	贵州聚泰工程建设咨询有限公司	陈慧	龙里县龙山镇环南路	招标代理、工程造价	—	05084777-9
31	贵州龙里恒泰钢结构有限公司	程浪	龙里县龙山工业园区	钢结构工程专业承包三级	—	59635716-5

建筑施工管理

【概况】2015 年，加大项目工地巡查力度，重点检查项目各方参建主体是否按照标准配备现场项目部和管理人员，质量安全责任体系是否健全，质量保证措施是否落实到位。严抓工程实体质量突出问题治理，执行标准规范，对认定有违法发包、转包、违法分包及挂靠等违法行为和履行质量安全责任不到位的单位和个人依法给予相应行政处罚，并采取限期不准参加投标、不得担任施工企业项目负责人等行政管理措施。

【建筑市场管理】指导相关企业申报企业资质证书，新增 1 家总承包二级公司（七冶贵龙公司）和 1 家商品混凝土专业承包公司（贵州金丰科技有限公司），并取得上级主管部门核发的资质证书。共完成施工合同备案 88 个、监理合同备案 53 个，完成勘察合同备案 37 个、设计合同备案 40 个，完成工程直接发包备案 23 个；全年完成建筑劳务工培训 350 人次，并取得省住建厅颁发的上岗证。指导县内 30 家建筑企业按新的资质标准要求做好资质就位及旧证换新证工作，做好建筑市场监管与诚信化一体平台录入的指导工作。

【招投标管理】对全县 84 个项目进行了招投标备案，其中 60 个项目已完成招投标工作，投资约为 46.66 亿元。全年有 2 起招投标投诉，针对投诉事宜进行及时核查回复处理。

【重点施工企业概况】七冶贵龙建设有限公司　于 2015 年 2 月成立，注册资金 5000 万元，具有建筑、市政、公路、机电安装、装饰装修工程 5 项施工总承包二级资质和建筑安全生产许可证，有各类工程技术管理人员 112 人，其中，一级建造师 8 人，二级建造师 23 人，高级工程师 6 人。积极开拓市场，寻找建筑机会，在黔南地区承揽 10 余项工程项目，实现产值 10.44 亿元，实现利税总额 656 万元；新签合同总额 25 亿元。完成的工程质量合格率 100%，无安全事故，各项安全指标控制在指标范围内。

龙里县建筑工程有限公司　于 2002 年成立，具有房屋建筑施工总承包二级、市政公用工程施工总承包二级、建筑装修装饰工程专业承包二级资质，注册资金为 2200 万元。经过 10 多年发展，成为具有一定规模的企业，有资产 2253 万元，有各类注册、资格、技工共 253 人。承建的工程优良率达到40%，合格率达到100%，施工地点遍及全县。2015年承建的主要项目有龙里中学新校门及文化大道、龙里县西城社区服务站建设项目、龙里县湾滩河镇敬老院（光荣院）建设项目等，全年完成产值2.88亿元，纳税1536万元，获“龙里县2015年度纳税明星企业”荣誉称号。

贵州华兴建筑有限公司　于1995年成立，注册资金2018万元，具有建设工程施工总承包二级、机电设备安装工程专业承包二级、建筑装修装饰工程专业承包二级、市政公用工程施工总承包二级，以及环保工程、城市道路照明工程、地基与基础工程、建筑防水工程、河湖整治工程、钢结构工程、管道工程专业承包二级资质和土地开发整理项目建设施工资格。有各种工程技术和经济管理人员270余人，其中高级工程师10余人、工程师40余人、国家注册各类专业建造师50余人，其他各类专业技术人才150余人。在省内多个地区、县市均承接有建筑业务，20年来在驻地和外县市承建的工程项目未发生质量和安全事故，工程合格率为100%。连续多年被工商部门评为“重合同、守信用”先进施工企业，获得过贵州省住建厅的表彰。2015年，公司完成产值6000万元，上交各种税款323万元。

（县住房和城乡建设局）

龙里县2015年中央预算内投资项目一览表

表14　　　　（单位：万元）

序号	项目名称	总投资	其中				自筹
			合计	中央预算内投资	省配套资金	州级配套	
1	龙里县2015年第三中学公租房配套基础设施建设项目	854	650	650	—	—	204
2	龙里县醒狮镇公租房配套基础设施建设项目	142	100	100	—	—	42
3	龙里县2015年农村饮水安全工程	713.33	713.33	570.67	71.34	71.32	—
4	龙里县2015年农村饮水安全工程第二批	72	72	72	—	—	—
5	龙里县广播电视台基础设施建设	140	140	105	35	—	—
6	龙里县邮政局	5	5	1.5	0.5	3	—
7	龙里县农网改造升级工程	1895	379	379	—	—	1516
8	龙里县矿井水综合利用项目	3100	370	370	—	—	2730
9	贵州泰聚华科技有限公司烟草原料废弃物综合利用项目	21081.4	1000	1000	—	—	20081.4
10	龙里县洗马镇公租房配套基础设施建设项目	150	150	150	—	—	—
11	龙里县2014年度卫生公租房配套基础设施建设项目	213	170	170	—	—	43
12	龙里县高中教师联合公共租赁住房配套基础设施建设项目	927	580	580	—	—	347

续上表

序号	项目名称	总投资	其中				自筹
			合计	中央预算内投资	省配套资金	州级配套	
13	龙里中学扩建项目	3631	2905	2905	—	—	726
14	贵州龙里县窄冲水库	30275	3000	3000	—	—	15137
15	龙里县谷脚社区社区老年人日间照料中心	240	120	120	—	—	120
16	贵州省黔南州龙里县老年养护楼	1768	800	800	—	—	968
17	龙里县谷脚社区服务中心	240	100	100	—	—	140
18	贵州省黔南州龙里县妇幼保健院	1380	820	820	—	—	560
19	龙里县城污水处理二期工程项目	7101. 33	810	810	—	—	6291. 33
20	贵州省黔南州龙里县谷龙乡卫生院	40	40	40	—	—	—
21	贵州省黔南州龙里县湾寨乡卫生院周转宿舍	20	20	20	—	—	—
22	贵州省2015年农房抗震改造	995	995	995	—	—	—
23	龙里县天然林保护工程	720	200	200	—	—	520
24	2015年石漠化治理项目	990	945	900	—	45	45
25	冠山社区麻芝乡富洪村经果林道路硬化（以工代赈）	77	77	77	—	—	—
26	龙里县2014年棚户区改造（老公安局片区）配套基础设施建设	1620	262	262	—	—	1358

龙里县2015年常住人口城镇化率监测核算数据一览表

表15

编号	镇、街道名称	村（居）委会数量（个）	年末常住总人口（人）	城镇人口（人）	乡村人口（人）	常住人口城镇化率（%）	流动人口	
							流出人口（人）	流入人口（人）
1	冠山街道	30	62217	55415	6802	89. 07	4914	12530
2	龙山镇	27	32974	10594	22380	32. 13	6121	5089
3	谷脚镇	20	31856	23230	8626	72. 92	5096	6426
4	醒狮镇	21	24670	7859	16811	31. 86	6470	6252
5	湾滩河镇	35	40451	12041	28410	29. 77	10622	8582
6	洗马镇	34	43223	10840	32383	25. 08	9631	6989
合计		167	235391	119979	115412	50. 97	42854	45868

龙里县2015年常住人口城镇化率监测核算数据分项表

表16

序号	镇、街道名称	村（居）委会名称	年末常住总人口（人）	城乡性质划分	计算城镇人口（人）	流出人口（人）	流入人口（人）	备注
1	冠山街道办事处	三元社区	194	城镇	194	—	—	—
		光明社区	4374	城镇	4374	—	—	—
		龙坪社区	4355	城镇	4355	—	—	—
		城南社区	9504	城镇	9504	—	—	—
		大冲社区	2841	城镇	2841	—	—	—
		西城社区	2710	城镇	2710	—	—	—
		冠山社区	8910	城镇	8910	—	—	—
		西门社区	8369	城镇	8369	—	—	—
		水桥社区	2520	城镇	2520	—	—	—
		三合村委会	1589	城镇	1589	—	—	—
		高坪村委会	706	乡村	—	—	—	—
		新安村委会	462	乡村	—	—	—	—
		永安村委会	706	城镇	706	—	—	工矿区
		渔洞村委会	320	乡村	—	—	—	—
		硝兴村委会	245	乡村	—	—	—	—
		合安村委会	557	乡村	—	—	—	—
		西联村委会	672	乡村	—	—	—	—
		五里村委会	1496	城镇	1496	—	—	—
		新民村委会	557	乡村	—	—	—	—
		龙云村委会	1517	城镇	1517	—	—	—
		富洪村委会	445	乡村	—	—	—	—
		永合村委会	330	乡村	—	—	—	—
		乐阳村委会	167	乡村	—	—	—	—
		定水村委会	551	乡村	—	—	—	—
		大新村委会	511	乡村	—	—	—	—
		光坡村委会	773	乡村	—	—	—	—
		大竹村委会	1644	城镇	1644	—	—	—
		播箕村委会	2910	城镇	2910	—	—	工业园区
		平地村委会	1776	城镇	1776	—	—	工业园区
		凤凰村委会	506	乡村	—	—	—	—
合计		30个村（居）	62217	—	55415	4914	12530	—

续上表

序号	镇、街道名称	村（居）委会名称	年末常住总人口（人）	城乡性质划分	计算城镇人口（人）	流出人口（人）	流入人口（人）	备注
2	龙山镇	莲花村委会	2288	城镇	2288	—	—	—
		坝上村委会	1608	城镇	1608	—	—	—
		新场村委会	1922	城镇	1922	—	—	—
		新水村委会	717	乡村	—	—	—	—
		桥尾村委会	478	乡村	—	—	—	—
		纸厂村委会	310	乡村	—	—	—	—
		摆谷六村委会	675	乡村	—	—	—	—
		余下村委会	1994	乡村	—	—	—	—
		水场村委会	2440	城镇	2440	—	—	—
		高沟村委会	1195	乡村	—	—	—	—
		红岩村委会	1409	乡村	—	—	—	—
		鸡场村委会	875	乡村	—	—	—	—
		场坝村委会	1107	乡村	—	—	—	—
		三村村委会	630	乡村	—	—	—	—
		中坝村委会	1212	乡村	—	—	—	—
		朝阳村委会	1162	乡村	—	—	—	—
		金谷村委会	1858	乡村	—	—	—	—
		红星村委会	1002	乡村	—	—	—	—
		城兴村委会	1148	乡村	—	—	—	—
		塘兴村委会	1138	乡村	—	—	—	—
		朵花村委会	615	乡村	—	—	—	—
		羊蓬村委会	648	乡村	—	—	—	—
		高峰村委会	1004	乡村	—	—	—	—
		幸福村委会	1099	乡村	—	—	—	—
		前进村委会	936	乡村	—	—	—	—
		大谷村委会	1168	乡村	—	—	—	—
		草原村委会	2336	城镇	2336	—	—	—
合计		27个村（居）	32974	—	10594	6121	5089	—

续上表

序号	镇、街道名称	村（居）委会名称	年末常住总人口（人）	城乡性质划分	计算城镇人口（人）	流出人口（人）	流入人口（人）	备注
3	龙山镇	旧寨村委会	661	乡村	—	—	—	—
		顶水村委会	1093	乡村	—	—	—	—
		大岩村委会	1013	城镇	1013	—	—	—
		大坝村委会	1201	城镇	1201	—	—	—
		凉水村委会	1157	乡村	—	—	—	—
		元宝村委会	1988	乡村	—	—	—	—
		醒狮村委会	1780	城镇	1780	—	—	—
		进化村委会	1685	城镇	1685	—	—	—
		醒狮社区	417	城镇	417	—	—	—
		官庄村委会	653	乡村	—	—	—	—
		葫芦田村委会	764	乡村	—	—	—	—
		平寨村委会	1140	乡村	—	—	—	—
		龙滩村委会	951	乡村	—	—	—	—
		谷新村委会	1503	乡村	—	—	—	—
		谷汪村委会	534	乡村	—	—	—	—
		大谷龙村委会	1151	乡村	—	—	—	—
		林安村委会	959	乡村	—	—	—	—
		小谷龙村委会	1763	城镇	1763	—	—	—
		乐榨村委会	1810	乡村	—	—	—	—
		高吏目村委会	1453	乡村	—	—	—	—
		小坝村委会	994	乡村	—	—	—	—
合计		21 个村（居）	24670	—	7859	6470	6252	—
4	谷脚镇	谷脚村委会	2404	城镇	2404	—	—	—
		大坡村委会	3945	城镇	3945	—	—	—
		哨堡村委会	2389	城镇	2389	—	—	—
		观音村委会	2913	城镇	2913	—	—	—
		王关村委会	2041	城镇	2041	—	—	—
		谷远村委会	3647	城镇	3647	—	—	—
		岩后村委会	2959	城镇	2959	—	—	—
		茶香村委会	553	乡村	—	—	—	—

续上表

序号	镇、街道名称	村（居）委会名称	年末常住总人口（人）	城乡性质划分	计算城镇人口（人）	流出人口（人）	流入人口（人）	备注
4	谷脚镇	谷定村委会	404	乡村	—	—	—	—
		高堡村委会	550	乡村	—	—	—	—
		毛保村委会	515	乡村	—	—	—	—
		谷脚社区	1087	城镇	1087	—	—	—
		高枧村委会	638	乡村	—	—	—	—
		新坪村委会	958	乡村	—	—	—	—
		谷冰村委会	591	乡村	—	—	—	—
		大谷冰村委会	728	乡村	—	—	—	—
		三宝村委会	1172	乡村	—	—	—	—
		鸡场村委会	1876	乡村	—	—	—	—
		小箐村委会	1845	城镇	1845	—	—	—
		羊场司村委会	641	乡村	—	—	—	—
合计		20个村（居）	31856	—	23230	5096	6426	—
5	洗马镇	羊昌村委会	2327	城镇	2327	—	—	—
		新庄村委会	1986	城镇	1986	—	—	—
		拐哈村委会	1489	乡村	—	—	—	—
		岩底村委会	894	城镇	894	—	—	—
		洗马村委会	1286	城镇	1286	—	—	—
		白泥田村委会	520	乡村	—	—	—	—
		上石坎村委会	1243	乡村	—	—	—	—
		台上村委会	1376	乡村	—	—	—	—
		大坪村委会	1517	乡村	—	—	—	—
		落掌村委会	1624	城镇	1624	—	—	—
		花京村委会	2069	乡村	—	—	—	—
		牛场村委会	1759	乡村	—	—	—	—
		白果村委会	1365	乡村	—	—	—	—
		猫寨村委会	1295	乡村	—	—	—	—
		长沟村委会	1328	乡村	—	—	—	—
		大厂村委会	1320	乡村	—	—	—	—
		黄星村委会	1241	乡村	—	—	—	—

续上表

序号	镇、街道名称	村（居）委会名称	年末常住总人口（人）	城乡性质划分	计算城镇人口（人）	流出人口（人）	流入人口（人）	备注
5	洗马镇	洗马社区	929	城镇	929	—	—	—
		大路坪村委会	1590	乡村	—	—	—	—
		巴江村委会	949	城镇	949	—	—	—
		烂田湾村委会	1092	乡村	—	—	—	—
		落锅村委会	1563	乡村	—	—	—	—
		新寨村委会	858	乡村	—	—	—	—
		水尾村委会	834	乡村	—	—	—	—
		平坡村委会	1852	乡村	—	—	—	—
		乐宝村委会	1450	乡村	—	—	—	—
		二箐村委会	672	乡村	—	—	—	—
		田坝村委会	749	乡村	—	—	—	—
		长芽村委会	813	乡村	—	—	—	—
		顶溪村委会	557	乡村	—	—	—	—
		坞坭村委会	1199	乡村	—	—	—	—
		关口村委会	978	乡村	—	—	—	—
		狗场村委会	845	城镇	845	—	—	—
		石板滩村委会	1654	乡村	—	—	—	—
合计		34个村（居）	43223	—	10840	9631	6989	—
6	湾滩河镇	羊场社区	595	城镇	595	—	—	—
		走马村委会	2471	城镇	2471	—	—	—
		新营村委会	3108	城镇	3108	—	—	—
		和平村委会	1265	城镇	1265	—	—	—
		翠微村委会	1922	乡村	—	—	—	—
		金批村委会	2408	城镇	2408	—	—	—
		联合村委会	1199	乡村	—	—	—	
		岱林村委会	1136	乡村	—	—	—	—
		甲晃村委会	1248	乡村	—	—	—	—
		长寨村委会	964	乡村	—	—	—	—
		营屯村委会	1412	乡村	—	—	—	—
		木马村委会	1320	乡村	—	—	—	—

续上表

序号	镇、街道名称	村（居）委会名称	年末常住总人口（人）	城乡性质划分	计算城镇人口（人）	流出人口（人）	流入人口（人）	备注
6	湾滩河镇	新庄村委会	856	乡村	—	—	—	—
		摆省村委会	1099	乡村	—	—	—	—
		打夯村委会	861	乡村	—	—	—	—
		新龙村委会	842	城镇	842	—	—	—
		摆绒村委会	916	乡村	—	—	—	—
		摆主村委会	1243	乡村	—	—	—	—
		摆岑村委会	622	乡村	—	—	—	—
		谷孟村委会	1027	乡村	—	—	—	—
		果里村委会	1205	乡村	—	—	—	—
		新合村委会	539	乡村	—	—	—	—
		金星村委会	996	乡村	—	—	—	—
		渔洞村委会	991	乡村	—	—	—	—
		团结村委会	912	乡村	—	—	—	—
		石头村委会	960	乡村	—	—	—	—
		上坝村委会	786	乡村	—	—	—	—
		新华村委会	923	乡村	—	—	—	—
		长荫村委会	886	乡村	—	—	—	—
		凯卡村委会	498	乡村	—	—	—	—
		盘脚村委会	641	乡村	—	—	—	—
		摆勺村委会	1172	乡村	—	—	—	—
		场坝村委会	1352	城镇	1352	—	—	—
		毛栗村委会	1135	乡村	—	—	—	—
		甲摆村委会	941	乡村	—	—	—	—
合计		35个村（居）	40451	—	12041	10622	8582	—

城市管理

【概况】 2015年4月8日，设立龙里县城市管理局，内设2个机构（办公室、政策法规科），下设龙里县城市公用事业局（正科级）、龙里县园林绿化管理局（副科级）、龙里县城乡规划执法大队（副科级）、龙里县城市管理监察大队（副科级）、龙里县市场管理办公室、龙里县环境卫生管理站6个事业单位。

【道路维护】 对县城部分破损道路进行维修，

重点对贵新联络线、天佳花园、水桥桥面、龙羊立交桥（龙铁物流路口）、北环线等破损道路进行维修，共花费190万元；对兴龙路、环城路、金龙路模糊不清的标识标线进行补画，共补画斑马线1036.4平方米、停车位416平方米、中央分隔线105平方米；安装龙瑞隧道护栏共计956米、护栏立柱636根；完成对环城路、青龙路、腾龙路、金龙路、金龙西路、三林路、龙山大道、兴龙路、荷花路、北环线破损人行道的维修，共计维修道牙126米，人行步道213平方米；群众反映，圣公上路面损毁严重，影响附近居民出行安全，该段道路暂无明确管理单位，城管局主动向县政府申请7.4万元，于2015年7月将该段道路维修完毕。

【广场管理】城管局管理的广场主要有兴龙广场和三小广场，对两个广场均安排专人进行卫生、市政设施、园林绿化方面的日常维护管理，在与对方签订的合同中要求其做好广场的安全管理，并安排单位工作人员每日对广场的市政设施等进行巡查和维修，对广场管理人员的工作进行督察。为营造夜间热闹的城市氛围，在广场规划30个摊位用于摆放儿童娱乐设施，对每个摊点进行审批许可，并在卫生、秩序方面严格管理，使广场井然有序。

【亮丽工程】全年，共维修路灯178盏，更换LED节能灯81盏，灯泡113个，镇流器62个，触发器64个，路灯灯箱1套，灯罩18个。1月，安装完成厦蓉联络线绿化带内景观灯，2月14日完成厦蓉联络线出口右侧25盏路灯安装。

【违法建筑拆除】自11月21日起开展为期100天的查处取缔违法违章建筑专项行动。11月—12月，在县城区组织集中清理整治金龙路、腾龙路、教师新村片区影响市容市貌的乱搭乱建车库或厨房、擅自占用公共通道搭建消防楼梯、擅自占用公共场地安装地锁。两个月中整治乱搭乱建车库或厨房57户，整改擅自占用公共通道搭建的消防楼梯5户，拆除擅自占用公共场地安装的地锁300余个。同时，清除擅自占用公共绿地种植蔬菜4000余平方米。全县共查处违法违规建筑822户，面积22.22万平方米；拆除360户，拆除面积8.73万平方米。

【占道经营整治】清理城区超店面经营1300余户，占道经营2500余户，流动摊贩2000余户，与3000余户经营户签订《门前三包责任书》。农贸市场、场天市场占道经营实行“错时管理”，每天7时开始清理环城路早菜市场，日均清理占道经营约500余人。采取定点管控凯全农贸市场，定时巡查供销及冠山农贸市场的方式，日均清理流动摊贩200余户、清理超店面经营户40余户。4月，启动对环南路场天集贸市场的调研，并形成专项调研报告，开展对城南场天集贸市场的规划整治和规范管理。通过成立场天市场管理委员会，重新规划摊位，画定摊位线，喷摊位号，办理“城南场天临时占道经营管理证”，按规定收取摊位占道经营管理费和卫生管理费等手段，经过历时3个多月的规划整治，引导场天集贸市场固定摊主办理场天临时占道经营摊位共1028个（656户）入市经营（集市人数6万余人）。

【城区绿化建设与管理】完成贵都联络线中央绿化分隔带绿化（含贵龙收费站连接线绿化带）、水堤阁广场的提质改造，贵都联络线第二段改扩建工程苗木移植；为满足贵新高速收费站扩建需要，先后移植银杏、水杉等乔木90株，小叶女贞、红花继木等灌木2.5万株；为增加绿化苗木种植量，补植兴龙广场和县政府食堂周边绿地，共计种植桂花91株，龟甲冬青、大叶黄杨、红花继木等球状苗木680株。对城区空、乱、差绿地及道旁、建筑遗留空地等进行绿化种植，主要绿化地块有：东门210国道旁空地、龙瑞山隧道口两侧空地等。

【节庆活动环境装饰】 春节环境营造。2015年春节期间完成县城LED灯串和带电灯笼悬挂工作，并指导、协助伯爵、龙城国际、西南药都、宏基商贸物流有限公司对联络线、金龙路、兴龙广场等进行悬挂灯笼、LED灯串等。选用色彩亮丽的绢花镶嵌“祝全县人民新春快乐”字样，共摆放绢花1.28万朵、时令花卉三色堇7.5万盆、羽衣甘蓝2.5万盆，完成春节环境营造工作。黔南州第八届旅游业发展大会环境营造。安装火车北站高杆灯、桥上路灯、路口中杆灯及景观灯的电缆线铺设；对兴龙广场、厦蓉及贵新高速公路出入口、联络线、龙瑞山隧道灯公共区域用彩灯进行亮化；对龙羊立交桥、西关坡转盘、兴龙广场、金龙西路、贵都联络线、水井湾广场等主要路段进行绿化，共计摆放花卉22万余盆；对贵都联络线中分带、水井湾广场和龙瑞山隧道口两侧增加红花继木桩景布置；对贵新收费站灯光标语“龙里欢迎您”空缺苗木补植；对森林溪畔路口空地、中兴嘉园河道、火车北站道路中央绿化分隔带等地实施绿地建设；更换兴龙广场鲜花15万余盆，绢花4万余朵。

【河道治理】 对贯城河两侧随意排放污水的情况进行清理，发现公安局背面、小吃街等处河道两侧住宅区或商户随意将生活污水排入河道内的情况较为严重。立即对河道两边随意排放污水的商铺及单位进行统计，共涉及26户，并限时下达整改通知，要求所有排放污水的单位和个人将排水管接入沿河的排污管网。对未找到建设单位的管网由城管局利用工作经费进行整改，使贯城河两侧随意排放污水的情况得到解决。

【环境卫生管理】 2015年，全县纳入清扫保洁的县城主次干道（含贵龙大道、贵龙纵线、西城区等）面积约212万平方米，生活垃圾点多、面宽、量大，城管局采取人工与机械相结合的方式进行道路保洁。人工清扫保洁主要工作为街道及人行道；机械化作业车主要工作为每月对县城内主次干道的人行道进行清洗一次，每天对主要路段中的隔离护栏使用机械化清洗一次，县城主干道晴天每天洗扫作业两次以上，做到对县城主次干道的机械化清洗和洒水降尘工作常态化。生活垃圾清运车每天清运县城垃圾5次，从凌晨5时开始出动9辆车对县城区及城乡接合部的垃圾进行清运，中午1时清运保洁人员收集垃圾，下午6时派4辆车收集全城沿线垃圾，晚上8时增派1辆车收集人口密集路段沿线垃圾，9时再增派1辆车收集晚间倒出的垃圾。

【农村生活垃圾无害化处理】 将农村生活垃圾无害化处理工作列为“十项民生实事”之一，已完成50个行政村农村生活垃圾处理工作，逐步建立农村垃圾收集清运处理长效机制。购买6台压缩式垃圾车发放到各镇（街道），垃圾池、焚烧炉基本建成。同时，完成农村生活垃圾无害化处理项目的立项报告、科研评估报告、土地预审、规划选址意见、环境评价报告等工作，项目的可研报告通过专家评审，争取到项目资金1000万元，结合环保局申请2015年农村环境综合整治资金2000万元，共计3000万元投入项目建设。各镇（街道）均按照“养事不养人”的原则，按各行政村每30~50户农户配备1名环境保洁员的标准，结合各村（社区）实际情况，均完成环卫队组建：冠山街道办事处100人、龙山镇8人、谷脚镇11人、洗马镇10人、醒狮镇13人、湾滩河镇36人，其中醒狮镇率先成立公共事业管理站，除维护日常环境卫生外，还对街道车辆停放秩序进行管理，效果较为明显。

【“龙里”岩雕】 为提升城市品位，向外展示龙里良好城市形象，9月—10月在厦蓉高速匝道口对面山体上采用石刻工艺雕刻“龙里”两个繁体字，字体大小为10米×10米，深度50厘米，字体用红色反光漆填充，夜间采用彩色射灯点缀。

【燃气管道安装】贵龙大道D315燃气管道安装一期工程已完工；龙里县LNG综合储配站，场站办公楼施工完毕。累计完成1.3万户居民和60户企业燃气安装。

【城管经营】在公益广告设置工作中与广告公司商定特许经营合作方式，在迎接项目观摩会、旅发大会筹备中由广告公司分别设置9块大型公益广告牌，节约财政资金220万元。针对贵龙大道清扫保洁任务重的实际，采取向社会购买服务的劳务外包方式，环卫站配合以机械化作业为主、人工作业为铺进行保洁，大大提高工作效率和保洁效果。县城生活垃圾填埋场管理，实行向第三方购买服务的方式，将管理工作交由专业的环保公司负责管理运行，保证填埋场在最短时间内正常运转。

（县城管局）

房地产管理

【概况】2015年4月14日，落实职能转变和机构改革精神，保留龙里县房地产管理局，加挂龙里县房屋产业征收局牌子，调整为县人民政府直属正科级公益一类事业单位。主要负责全县房地产管理、棚户区改造工作及承担指导全县物业管理等责任。内设办公室、住房保障科、征收科、房地产管理科、政策法规科、财务科6个内设机构，共有职工17人。

【房地产开发】推动和促进房地产市场健康平稳发展。努力克服房地产市场大环境持续低迷影响，多管齐下进行“救市”，加大宣传推介，抢抓“双龙临空经济区”建设拆迁机遇，吸引贵阳小碧拆迁群众到龙里选房购房；积极协调资金1300万元帮助棚改房开企业完善抵押手续，争取银行信贷支持。全年实现房地产固定资产投资11.33亿元；共销售商品房2700套，销售面积36.17万平方米，同比增长58.43%；销售房款22.4亿元，同比增长76.94%。

【房地产登记】办理产权登记合计3003件，面积109.66万平方米。其中，初始登记1365件，面积92.42万平方米；转移登记1495件，面积17.22万平方米；变更登记138件，面积3.04万平方米；验换证登记5件，面积208平方米；办理注销登记911件，面积14万平方米；他项权利登记1926件，面积118.43万平方米；他项权利注销登记437件，面积8.75万平方米；其他登记1954件，面积26.17万平方米。

【商品房预售许可】按照法律法规要求进行商品房预售许可，针对房地产市场存在的不规范行为，多次召开房开企业座谈会，商讨解决办法，做到规范管理。共计发放“商品房预售许可证”46个，预售许可面积141.79万平方米，其中，住宅6256套，74.46万平方米；商业6090套，61.93万平方米。商品房销售合同备案登记2794份，预售面积37.54万平方米，其中：住宅2117套，28.81万平方米；商业618套，6.77万平方米。

【旧城改造】积极抢抓中央棚户区改造新政，大力推动龙里县旧城改造进程，累计实施旧城改造30万平方米，涉及群众2200户。先后启动大十字、太平寺、供销社、县城西区、老公安局等片区棚改项目拆迁；完成火车站、导航站、原神奇水厂、曲轴厂、龙山中学、正大街等片区旧城改造项目拆迁，完成东门河治理、西关坡道路改造、体育路、龙羊立交桥建设等公益性项目建设房屋征收工作 。

【住房保障】2015年，龙里县保障性安居工程建设目标任务为新建保障性住房320套，保障房分配任务为900套，保障房基本建成1200套，棚户区改造任务数为1265户。全年完成龙里县第三中学公租房120套；与贵州韦顺达房开公司签订购买200套公租房协议，解决冠山街道办事处公租房项目200套；完成9个项目共计1382套房屋分配入住；累计保障房基本建成1715套；完成棚户区改造1316户征收补偿协议的签订。并将原新建安置房调整为购买龙里县存量商品房进行安置，与相关企业签订购房协议。顺利完成全省保障性安居工程建设任务，获全州年度考核一等奖。累计争取上级保障性安居工程补助资金1亿元，新建公（廉）租房1588套，解决2465户困难群众住房问题；争取安置小区基础设施建设专项资金1200万元，对草原路、城墙上、环南路、黑山、西关坡、石头寨、铁龙路、行政办公区等安置区的水、电、路、照明等基础设施进行完善，惠及民众3000余人。租赁补贴发放新增任务为20户，2015年共计新增发放96户、6.25万元。

【公租房后期管理】经县政府专题会议确定公共租赁住房申请收入线划分标准为1840元。办理完毕2户廉租房退款业务，其中1户由购买转为租住。在贵州省城镇保障性安居工程管理信息系统内已对1024户保障户做保障方式变更业务；补录保障户档案72户至贵州省保障性安居工程信息管理系统。公共租赁住房年审完成，完成2015年公租房新申请户资料审核，并对符合条件的低收入和低保家庭核发租赁补贴。

【物业管理】2015年，龙里县共有物业服务企业21家（新备案物业服务企业6家），在管物业项目36个，其中一级资质有2家，二级资质的有1家，三级资质7家，三级暂定资质有11家。服务对象囊括住宅小区、办公楼及公共服务、商业服务设施等。指导天佳城市花园小区、金鹏花园小区、城南经济适用房小区等5个小区分别成立业主委员会。加大矛盾纠纷调处，共协调处理锦绣龙山花园小区配电箱损毁、锦绣龙山花园小区业主住房意外火灾等安全问题及物业管理问题40余件，有效推动小区和谐、环境整治和物业安全。

【老楼危楼整治】全县共排查存在安全隐患的老楼危楼4964栋，涉及住户5036户，面积45.9万平方米，查出各类安全隐患共计1.34万条。通过整合农村危房改造资金、社会可用资金和新农村建设资金及居民户自身出资等方式，集中安排用于农村老楼危楼整治和配套的基础设施建设。将县城区内的教师新村一期、新场坝、中医院等老楼危楼相对集中、隐患比较严重的地块，纳入2016年至2020年城市棚户区改造项目进行规划安排。

【征拆纠纷化解】全年，涉及征收项目有龙羊立交桥三期、火车北站至园区道路建设、导航站片区龙城国际项目等。其中，龙羊立交桥三期辅道建设项目所需拆迁房屋产权不明晰，存在纠纷，加上房开项目资金紧缺等原因，经县委常委会研究决定暂缓建设；完成火车北站至园区道路建设涉及的被征收户调查摸底；西关坡乾源商业开发项目已完成征收补偿方案的征求意见，待房开公司做好安置准备相关工作后正式启动征收工作；利恒商业步行街38号地块剩余拆迁户1户，草原路10栋楼项目剩余拆迁户1户；妥善处理导航站片区被征收户安置房办证事宜；积极协调榕锐房开与被征收户对安置经营性用房实际情况与安置图不符的争议。同时，组织6次强制性拆迁活动，有效解决了房屋征收拆迁中遇到的阻碍因素。共排查涉及房屋征收、安置、房产矛盾纠纷68件，其中已经化解50件；共解决群众反映问题60余人次。

【房地产分析】近年来龙里县房地产开发工

程规模逐年上升，2013年为57.71万平方米，2014年为68.68万平方米，2015年为124.74万平方米，年平均开发量为83.71万平方米。建筑工程施工成本呈上升趋势，处于1300元/平方米至1800元/平方米之间，成本增加的主要原因是建筑材料费和人员工资较以往有所增加。

（县房管局）

2015年龙里县房地产开发工程一览表

表17

序号	工程名称	建设单位	工程规模（平方米）	施工合同价（万元）
1	龙里县城供销社片区棚户区改造榕锐·龙城中央商住楼	都匀榕锐房地产开发有限公司龙里分公司	35737.71	3700
2	贵州国际旅游体育休闲度假中心太阳谷3组团建设项目	贵州太阳谷东方颐养置业有限公司	8894	3065
3	贵州国际旅游体育休闲度假中心白晶谷17组团建设项目	贵州中奥铂金房地产开发有限公司	31078	6800
4	利恒商业步行街B—38号地块5#楼建设项目	贵州利恒房地产开发有限公司	12060.7	904
5	中铁国际旅游度假区白晶九号二期	贵州中福达房地产开发有限公司	17531.82	13000
6	龙里香迪雅大酒店	贵州通利达集团电力建设投资有限公司	7976.07	610
7	龙里县龙山工业园综合配套服务生态移民安置区A3~A6栋	贵州韦顺达房地产开发有限公司	25882	2536.44
8	龙里县锦绣龙山花园二期3#、4#、5#楼建设项目	龙里县锦绣房地产开发有限公司	23000	3500
9	龙里水桥养生度假中心1#、2#、3#楼建设项目	贵州海鑫房地产开发有限公司	45411.76	4700
10	龙里县腾珑湾商业综合体建设项目	贵州龙里大福房地产开发有限公司	16662.23	1966.14
11	龙馨苑小区1#、2#商住楼	贵州宏衍房地产开发有限公司	26000	2340
12	龙里县锦绣龙山花园二期1#、2#楼	龙里县锦绣房地产开发有限公司	33779.21	5000
13	中铁贵龙新苑综合市场	贵州中铁吉达房地产开发有限公司	22736.87	3201.76
14	贵州万豪商贸总部A区1标段1—4#~1—12#楼建设项目	贵州万晋置业有限公司	92543.04	8866.6
15	西南药都龙泉佳园2#楼	贵州瑞翼房地产开发有限公司	12181.48	1400
16	龙里县大十字片区旧城棚户区改造项目（名门时代B、C栋）	贵州天成鑫鑫房地产开发有限公司	145403	17600
17	贵州国际旅游体育休闲度假中心白晶谷L组团二期建设项目	龙里县铁五建置业有限责任公司	844.6	255

续上表

序号	工程名称	建设单位	工程规模（平方米）	施工合同价（万元）
18	贵州国际旅游体育休闲度假中心云栖 27 组团一期（25、37、39、50—53、55—60 号楼建设项目	贵州中鼎云栖置业有限公司	26143.09	11940
19	洗马镇中心幼儿园	龙里县教育局	2565.66	283.8
20	东方宏基中药材电商产业园 07—10 栋	龙里宏基商贸物流开发有限公司	13662.08	1202.83
21	碧桂园·天麓 1 号	龙里碧桂园置业有限公司	67126.91	16115.68
22	龙里利恒商业步行街 B—38 地块 3#楼建设项目	贵州利恒房地产开发有限公司	24861.65	2361.86
23	龙里县太平寺片区旧城棚户区改造项目 A 地块（1#、2#、3#楼）	贵州裕泰房地产开发有限公司	57653.4	5800
24	贵州国际旅游体育休闲度假中心云栖谷 2 组团二期	贵州中鼎云栖置业有限公司	44178.37	5000
25	贵州国际旅游体育休闲度假中心白晶谷 19 组团建设项目	贵州中奥铂金房地产开发有限公司	61800	6800
26	贵州国际旅游体育休闲度假中心白晶谷 5 组团二期	龙里铁五建置业有限公司	4804.14	1600
27	龙城明珠建设项目	贵州奇匀置业有限公司	86427.41	7680
28	贵州万豪商贸总部 A 区 2—1 标段 2、3、6、7、9、10、11 栋建设项目	贵州万豪置业有限公司	63758.81	5486.8
29	东方宏基中药材电商产业园 A 区 01—18 栋建设项目	龙里宏基商贸物流开发有限公司	104469.26	8368.32
30	贵州国际旅游体育休闲度假中心白晶谷 1 组团 1 栋建设项目	贵州中育文化置业发展有限公司	3829	1600
31	黔中产业园创意服务平台	贵州黔中产业园开发有限公司	7167.76	800
32	老公安局、冠山公园片区旧城棚户区改造项目 A 区	贵州省龙里县福临房地产开发有限公司	83548.37	6300
33	醒狮镇公租房建设项目	龙里县醒狮镇人民政府	3134.34	453.61
34	贵州国际旅游体育休闲度假中心悦龙国际城天麓 1 号二期	龙里碧桂园置业有限公司	34569.9	7368
合计			1247422.64	168605.83

交通 邮政 通信

交通运输

【概况】2015年，龙里县在建交通项目共28个，其中国省道项目1个17公里，县乡道项目4个31.71公里，通村水泥路项目23个198.6公里，计划总投资约3.3亿元。全县159个行政村（社区）中通水泥路（沥青路）的行政村达141个，农村公路通畅达88.68%，行政村通车率达81.71%，实现100%建制村通沥青（水泥）路、100%建制村通客运的目标。

【国省道改造】实施的国省道改造项目为国道210倪儿关至龙里县城16.99公里，按二级公路标准进行改造，路基宽度8.5米，桥梁宽度9米，路面类型为沥青混凝土。项目计划总投资1.43亿元，其中中央车购税资金9223万元，地方配套资金5059万元（大部分为征拆费）。项目于2月开工建设，施工路段为12公里左右（因起点段3.3公里划归双龙临空经济区，与建设大道平行，故将此段进行大修）。从倪儿关至谷脚镇老加油站4.5公里段已完工；K13-K14约1.7公里穿越国家森林区，报至国家林业局及省林业厅，已获批准正在施工。路基成型约12公里，路面底基层完成7公里，总体形象进度约75%。

【县乡道改造】计划实施的县乡道油路改造项目有4个，总里程31.71公里，预算总投资4563万元。民主至高坡公路全长10.5公里，计划投资2033万元，是2014年12月省厅领导到龙里调研时同意列入“十三五”规划的项目，由于没有下达正式计划，采取“先建后补”的方式由施工单位垫资建设。施工队已于9月进场施工，工程总体形象进度完成45%。高枧至谷龙公路全长10.7公里，计划投资860万元，是2014年联合发改部门争取通村公路资金修建的项目。2014年12月进场施工，2015年8月全部完工，待验收。醒狮至大坝公路大修：全长2.7公里，项目投资193万元。5月动工，9月全部完工，待验收。洗马至牛场公路：全长7.8公里，计划投资1477万元。项目通过州发改委批复，由于牛场片区同时实施8条通村公路所需水泥、砂石等材料必须经洗马至牛场公路运输，决定先实施牛场片区通村公路，2016年春节后用3~4个月的时间集中力量完成洗马至牛场油路改造剩余的4.6公里。

【通村水泥路建设】 全面开工建设剩余的通村沥青（水泥）路项目，里程合计190.45公里，总投资1.49亿元，完成投资1.26亿元，总体形象进度约85%。除余下至朵花项目因窄冲水库建设运送物资、岩后至大关口因划归航空港经济区暂缓实施外，果里至扁街、甲摆至大金批、高堡至革苏等7条公路基本完工。

【农村公路管养】 加强公路养护，完善道路基础设施建设。为加快实现“四在农家·美丽乡村”生态文明示范路的建设目标，共计投入公路养护资金325万余元，修复挡土墙及路基缺口400余立方米，修复沥青路面2.6万余平方米，修复混凝土路面2200余平方米，清理边沟40余公里，修剪行道树200余棵；对县乡公路安保设施进行查缺补漏，共完成5块指路牌、4块弯道凸面镜、14块安全警示牌的制作和安装；完成增设混凝土盖板边沟10.2公里，人工绿化种树3600余株。抢修损毁路段，确保道路安全畅通。2015年，龙里县遭受持续大暴雨，全县县乡村道多处受灾，水毁严重。按照水毁应急预案开展抢险工作，其中，修复挡墙5400立方米，清理边坡塌方7000立方米，修复波形护栏200米，修复水毁路基1.07万立方米，共投入资金213万元。加强路政宣传，规范路政管理。通过组织形式多样的主题宣传活动，共发放宣传资料2000多份，宣传环保袋500多个，同时制作宣传横幅、宣传版画等，旨在通过活动提高人民群众爱路、护路的自觉性和主动性。共清理公路堆积物20处，制止不规范公路搭接4处，检测超限运输车辆375台次，收取公路赔（补）偿费2.22万元，办理行政许可5起，收取公路占（利）用费3.4万元，以及查处其他各类损坏公路设施和破坏公路的违法行为。

【道路运输安全监管】 年初与辖区14家道路运输企业签订责任状，做到“横向到边、纵向到底”，使道路运输安全生产工作深入企业、深入到每位道路运输经营者。加强道路运输安全监管工作，先后召开春节、“五一”、汛期等特殊时段的安全专题会议12次，成立检查组开展企业安全隐患督促检查180余次，发现隐患5处，整改5处，整改率100%。

【农村客运】 2015年，在农村客运班线、湾滩河区域专线的基础上，开通洗马片区经营专线，客运车辆（包括区域经营班线车）达到118辆，实现镇镇通客车100%，村村通客车91%。

【城市公交】 出让新增公交线路经营权，计划开通包括贵龙城际公交在内的6条公交线路，最终报州政府批复开通运营5条公交线路，分别通达厦蓉高速路口、森林溪畔、龙凤园、北部工业园区等县城周边区域，票价1元，惠及6万多名县城及周边乡镇群众。对低票价运营、特殊群体优惠乘车造成的亏损，由县财政给予补贴：对城乡公交运营车辆按照线路长度、客流量等情况，每年每标台给予相应4万元补贴。截至年底，全县共有城区内和城乡公交线路5条，由1家公交企业运营，共有公交车22辆，公交线路总长度100公里。

【交通运输市场整治】 与公安交警组成联合执法小组，不定期在火车站、火车北站、汽车站、县人民医院等重点场所进行检查，查处无牌无证、违法停车、非法营运等交通违法行为，共查处非法营运的“黑车”70余台，处理违规收费出租车30余辆。根据辖区运输市场现状和特点，积极开展对出租车、超限超载、非法营运等问题专项整治行动。共出动执法人员1500人次，出动执法车辆730辆次，查处各类违章车辆105起，其中，非法营运73起，危货运输违规运输5起，客运班车不按规定线路行驶6起，其他违章10余起。

（县交通运输局）

【贵广铁路建设】完成督促施工单位兑现拖欠农民工工资工作，涉及民工659人，共计兑现金额4800万元。完成贵广铁路第一、二批水改旱补偿兑现。完成省龙里林场老罗堡工区房屋安装隔音玻璃费用的兑现。督促中铁二局一项目部完成麻芝特大桥河道改移。协调贵广铁路相关道路还建，对吴家庄一号下穿的还建道路，通过政府分管领导多次到贵广公司协调，贵广公司、施工单位负责人及县住建局人员多次到现场，明确由中铁二院优化设计方案后由中铁二局一项目部实施。完成至雪花啤酒厂临时道路的协调，以及龙里北站垃圾处理和清运工作。完成贵广铁路建设资料档案的整理归档，并送第三方审价单位审价。完成贵南客专前期工作：根据实地踏勘，贵南铁路龙里县境内总长约14公里，其中桥梁3座长1.2公里，路基2.8公里，隧道2.5个长9.8公里。途经龙里县水桥村、大冲村和麻芝服务中心，将有关环保、水保、规划、气候等资料以及意见和建议等收集上报，地质勘查已经实施。

（县铁建办）

【沪昆铁路建设】3月进入联调联试阶段，途经谷脚镇高枧村引发省龙里林场与高枧村集体、个人的林地、林木纠纷。县铁建办组织于3月29日配合施工单位进行协商解决，于4月3日按分配协议兑付到位，沪昆高铁龙里段沿线树木补偿砍伐于4月22日全面完成。协调县资本营运公司及沪昆铁路沿线乡镇，对沿线拆迁房屋后剩余的空地进行规范测量。总共测量涉及的3个乡镇、5个村民组、22户、5190平方米的剩余空地，按程序移交给沪昆铁路涉及的沿线乡镇。

（县铁建办）

【市域铁路建设】按成都铁路局贵阳指挥部要求，配合审价单位——北京中路华丰工程造价咨询有限责任公司成都分公司完成县境内贵阳枢纽白云至龙里北联络线工程开工建设以来相关征地拆迁资金审价工作。完成水改旱前期工作，共丈量水改旱面积1.37公顷，协调资金落实。

（县铁建办）

【龙里北站】于2014年12月26日贵广客专正式投入运营的同时投入使用，位于冠山街道水桥社区境内，系贵广客专K45km+040m处，隶属于成都铁路局贵阳车站管辖。为龙里北车间所在地，协管贵定县站和龙洞堡站。候车室面积1180平方米，站场设有8股道（其中，4条正线和4条到发线），分别衔接老罗堡（贵阳普速方向），龙洞堡（贵阳北高铁方向）、贵定县（广州方向）和南宁方向（尚未开通）。客运设施方面，设有两个站台面（4个旅客乘降站台），固定售票窗口3个，全功能自动售票机1台，全功能非现金自动售票机1台，自动取票机1台。站内设有4台扶梯和2部直梯供旅客乘降使用。自2014年12月26日开通至2015年12月31日，共计发送旅客55965人次，完成运输收入808.5万元。

（汤志寅）

龙里北站旅客列车时刻表（2015 年）

表 18

序号	车次	运行区间	本站开车时刻	终到站到达时刻	终到站票价		停靠站
					一等座	二等座	
1	D2807	贵阳—广州南	11：17	16：26	304.5	254.0	龙里北、都匀东、从江、三江南等
2	D2806	广州南—贵阳北	14：40	15：05	19.5	16.0	龙里北、贵阳北
3	D2808	广州南—贵阳北	16：44	17：09	19.5	16.0	龙里北、贵阳北
4	D3525	贵阳北—南宁东	16：58	21：48	271.5	226.5	龙里北、都匀东、三江南、桂林北等
5	D5405	贵阳北—从江	18：23	19：50	86.0	71.5	龙里北、贵定县、都匀东、三都县
6	D2828	广州南—贵阳北	21：23	21：48	19.5	16.0	龙里北、贵阳北
7	D5406	从江—贵阳北	21：50	22：22	19.5	16.0	贵阳北

邮　政

【概况】2015 年，龙里邮政公司内设机构有办公室、市场部、代理业务部和邮政业务部，编制数 50 人，在岗员工 47 人。业务收入完成 1003.3 万元，绝对值增加 93.5 万元，同比增幅 10.3%，在全州排第一位。在新邮预订线上摇号竞赛活动中，超额完成州下达计划，总量在全州排第二位，成功开发形象年册 300 册。于 11 月开通“龙里邮政”微信公众号，通过 DM 单、网点宣传、有奖参与、人气王竞赛等形式，关注人数超过 4000 人。

【报刊业务】6 月，启动“德行龙里 · 书香龙城”全民阅读暨捐书助读活动。在报刊大收订中，克服互联网冲击、客户消费习惯改变等不利因素，分析报刊市场，在新增市场上做文章，12 月 15 日完成大收订工作。

【包裹快递业务】优化 5 人组成的揽投部，配备 1 辆面包车、4 辆电动三轮车、4 台 PDA，揽投部营业厅在 6 月投入使用，拓展 21 个代收代投点，开发 33 户协议客户。在服务地方驻军、武警部队的“军包揽收”中取得优异业绩。胡正贵在全省开展的“邮路营销我最棒”竞赛活动中获“揽收标兵”称号。王洪森获省公司“旺季投递标兵”称号。何涛在州邮政投递质量服务劳动竞赛中获“五星投递员”称号。

【电子商务业务】龙里环城路、醒狮、双龙镇电商旗舰店先后开业，其中醒狮电商旗舰店成为全州邮政第一家。双龙镇电商旗舰店成为全州旅发大会主会场所在地的亮点之一。此外，电商普及店建设完成 27 家，部分网点业务已开通。

【创新工作树形象】环城路支局获“黔南邮政 2015 年度收入增幅先进支局”城市组第一名。邮政金融业务成为邮政的支柱业务，其中环城路支局获“黔南邮政 2015 年度余额净增先进支局”称号，排第三名。成立全州邮政第一家、全省邮政第二家以员工个人姓名命名的“莫富元劳模工作室”，为业务交流、典型带路创新了模式，得到县总工会认可。张兴涛获“全州新闻宣传先进个人第一名”称号。营投班获全州“先进工会集体”称号。张维、刘绍琼、陆文娟3人获全州“先进生产（工作）者”称号。杨秀梅获全州“优秀工会会员”称号。

（张兴涛）

电 信

【概况】2015年，龙里电信公司内设2个部、1个室，下辖6个电信支局，有职工27人，其中技术人员18人。全年连续4个季度获省公司表彰为“强县”；获省公司表彰为“优胜全光网县”；获县委表彰为“黔南州第八届旅游产业发展大会（龙里）筹备工作先进集体”。完成全县48个大客户光纤接入工程。完成县城第一期35个4G基站建设，完成谷脚、洗马等21个4G基站接入、开通工程。完成龙城国际二期、云台芷岸、龙馨园、神龙花园4个驻地网小区接入工程。有城区专营店7家，代理点1家，服务便利店6家，农村专营店3家，服务便利点10家。

【市场营销】宽带放号净增260户，总用户达9881户；CDMA放号净增3050户，总用户达21059户。完成经营业务收入2120万元，拉动业务收入主要增长点是移动用户及ADSL用户，固网语音业务ARPU值呈下降趋势。

【光网改造】完成年内光改2期至5期工程，县城除FTTB光纤网线接入的用户外全部改造成FTTH；对谷脚镇、醒狮镇、洗马镇、羊场镇进行FTTH改造。启动第6期光改工程，对县城进行补点，同时对莲花、哪旁、麻芝等9个接入网点进行光改。

（高晓华）

移 动

【概况】中国移动通信集团贵州有限公司龙里分公司网络覆盖龙里所有的镇（街道）、园区、行政村、主要旅游景点，贵新、厦蓉高速及贵广、长昆高铁。龙里移动的网络规模、基站数量、光缆长度、管网建设已达到最大化，公司加快4G网络工程建设，为用户提供更便捷、更快速、更优质的网络服务。在县城及各镇（街道）、行政村等设立营业厅和代办网点。2015年年底，有员工43人，平均年龄32周岁，大专以上学历占90%。共有自办营业厅1个，合作厅21个，特许厅20个，MINI厅4个，空中营业厅124个，共计渠道170个。

【基础网络建设】2G基站总计252个，其中城区基站79个，镇（街道）及村通基站173个；3G基站总计66个，其中城区基站50个，镇（街道）基站16个。从2014年年初启动LTE项目以来，先后实施一期、二期、三期工程，共建设开通266个站点，主要分布在县城区、各镇（街道）及千家卡、生态城等人员密集区域。正在实施LTE四期工程，计划建设80个站点，在完善县城区、各镇（街道）信号覆盖的同时，对农村区域进行4G网络覆盖。截至7月13日，开通56个站点。年内4G基站规模数量达到497个。

【营销】截至6月，全县移动用户数为14万户，占全县通信用户数的85.71%。工作点在3家通信运营商中的占比为82.52%。各镇（街道）、行政村均有移动服务渠道。年内完成业务收入达到7100万元。

（徐永忠）

联　通

【概况】2015年，中国联通龙里县分公司内设3个销售中心及1个建维中心，共有职工18人。以移动业务发展为中心，突出宽带、E家、商话、固话、增值业务，做实网络建设、县域市场、新量激增、存量保有、增值发展、提升服务、强化管理，实现用户和收入的稳步增长。城区营销中心累计完成出账收入933.96万元，年度预算完成率87.9%；集团营销中心累计完成出账收入229.58万元，年度预算完成率90.2%；洗马镇销售中心累计完成出账收入167.69万元，年度预算完成率74.4%。

【网络工程建设】移动网：年内规划建设FDD站点37个、WCDMA基站75个、SDR2G站点41个。截至12月31日，开通FDD基站36个，开通率97.3%；WCDMA基站67个，开通率89.3%；SDR 2G基站13个，开通率34.15%。未开通基站主要原因是传输光缆建设赔补高，协调困难。沪昆高铁专网：覆盖经线外基站4个，共完成分组网及BBU建设开通，并配合完成红线内RRU联调开通。宽带网：共计完成开通22个片区；宽带快速扩容建设共计完成开通8片区；OLT新增3台；光改项目共计122个ONU，共完成70个ONU安装开通。大客户专线：共计建设43条。农商行网点新增5个，农商行网点扩容改造共计27个。经县公司组织协调、州公司支持及贵阳公司配合，完成龙里双龙经济区接入贵阳固话业务网络部署，实现龙里双龙经济区接入贵阳固话业务开通放号。

【网络维护】雨季发生多次暴洪灾害，莲花湿地公园、森林溪畔、水桥等处光缆传输线路被洪水冲毁，导致羊场片区基站大面积中断，灾后及时修复网络故障。为保障公司传输基础网络的稳定运行，落实州公司开展的重要传输线路纤芯修复工作。按照州公司要求，及时与铁塔公司协调对接，完成存量基站的清查及移交，共计清查站点73个，移交铁塔站点58个，保留站点15个。组织实施麻芝传输节点基站搬迁工作。

（王洪琳）

文化

WEN HUA

教育　科技

综　述

【九年义务教育】按照《龙里县中小学规划布局调整方案》，2015年8月，谷龙中学合并到醒狮中学，新民、新安、合安、台上、谷冰、鸡场、朵花、羊蓬、红岩、桥尾、摆绒、摆岑12所小学（教学点）向周边寄宿制学校或完小转移，优化学校布局调整，整合教育资源。撤除学校改造为幼儿园或农民工返乡创业使用，未使用的委托镇、村管理，教师向合并学校转移。年底，全县中小学校（点）113所。其中，幼儿园29所（公办21所，民办8所），小学校（点）74所，独立初级中学8所，普通高中1所，中等职业学校1所。全县在园幼儿数8214人，其中，在园幼儿6773人，在班幼儿1441人；中小学在校学生32053人，其中：小学16216人，初中8335人，普高3174人，职高4328人。小学辍学率为0，初中辍学率1.75%，九年义务教育巩固率为88.49%，中小学辍学率均控制在指标范围内。全县高中阶段毛入学率85.07%，高于省下达计划0.07个百分点。

【教育督导】建立教育督导机构，完善督导评估制度。县政府成立由主要领导担任主任的教育督导委员会，办公室设在教育局，并配备专职督导人员。任命专职督学，聘任了38名第二届兼职督学，全县建立6个督学责任区，实现中小学责任督学挂牌督导全覆盖。

【教育经费】全年教育经费财政总投入4.06亿元。其中，教育事业费2.53亿元，义务教育阶段中小学生均公用经费1927.55万元，基本建设项目经费7444万元，学生资助经费（含寄宿生生活补助、高中助学金、中职免学费资金、中职助学金、学前教育幼儿资助资金）1391.26万元，农村义务教育学校学生营养改善计划资金1285.49万元，教育费附加1385万元，地方教育费附加1303万元，城市维护建设税5%用于教育151.2万元，中央农村税改转移支付资金用于教育334万元。

【基建维修】共实施教育建设项目26个，建筑面积69145平方米，教育项目工程完成固定资产投资 11429 万元。学前教育项目共实施 15 个，其中，台上幼儿园、水场幼儿园、大岩幼儿园及永安幼儿园 4 个改造项目共改造完成并投入使用；新建幼儿园 11 所，总建筑面积 15450 平方米，完成投资 2565 万元。洗马镇中心幼儿园工程建设项目竣工投入使用；大新幼儿园、中排幼儿园、醒狮镇元宝幼儿园、湾滩河镇果里幼儿园、湾滩河镇木马幼儿园、谷脚镇鸡场社区幼儿园等完工；龙里县第四幼儿园、洗马镇平坡幼儿园、谷脚镇工业园区幼儿园建设项目、龙山镇董下幼儿园等正在进行内外装饰及室外工程。实施义务教育阶段建设项目 6 个，总建筑面积 21695 平方米，完成投资 3065 万元。其中，学生宿舍建设项目 1 个，总建筑面积 1000 平方米，完成投资 124 万元。岱林小学学生宿舍竣工。完成义务教育学校建设项目 5 个，洗马中学教学楼建筑面积 3540 平方米，计划投资 570 万元；洗马小学教学楼建筑面积 3349 平方米，计划投资 516 万元；谷脚小学教学楼建设面积 1500 平方米，计划投资 240 万元；第五小学计划建设面积 1300 平方米，计划投资 2600 万元，启动一标段教学楼建设面积 8630 平方米，投资 972 万元。新建运动场 5 个，建筑面积 32000 平方米，完成投资 1089 万元，均投入使用。维修项目基本情况：共投入资金 131.8 元，维修建设龙里县第三中学、羊场民族幼儿园、大新幼儿园等学校的堡坎、围墙、附属设施、校园绿化、美化等。

【健康教育】上好开学“四课”中的健康教育课，开齐开足体育与健康课程课时。联合县卫生部门开展艾滋病防控知识师资力量培训，高中阶段学校及各初级中学通过健康教育课、宣传栏、宣传手册等对学生开展艾滋病防控知识宣传。对“十二五”期间高中、初中学校艾滋病防控工作情况进行评估。县民族中学开展学生心理健康教育和心理健康教育特色学校争创工作，11 月，被省教育厅命名为“贵州省中小学心理健康教育特色学校”。

【语言文字工作】根据《贵州省实施〈国家中长期语言文字事业改革和发展规划纲要（2012—2020 年）〉意见》，龙里县中小学、幼儿园语言文字工作以创建语言文字工作规范化示范学校为主，创建工作于 2014 年启动。县实验幼儿园于 2014 年获得“省级示范校”称号，是龙里县第一所获得该荣誉的学校；2015 年，县第三小学经省语委办验收评为“省级语言文字示范校”。

【学生资助工作】办理大学生生源地信用助学贷款合同人数 941 人，贷款总金额 538.02 万元。惠民政策资助：学前教育幼儿资助中央和省级奖补资金 27 万元，受益学生 540 人；普通高中国家助学金 195.01 万元，受益学生 975 人；中等职业学校国家助学金 153.83 万元，受益学生 1005 人；中等职业学校免学费资助资金 325.6 万元，受益学生 1628 人；学生营养改善计划专项资金 1285.49 万元，受益学生 19310 人。国家督导委员会到龙里县检查营养餐实施工作，给以高度评价。县政府常务会通过“再穷不能穷教育，再苦不能苦孩子”决议，在国家补助 4 元钱的基础上每天每人再补助 1 元钱，纳入县财政预算。农村寄宿制学生生活费补助 821.45 万元，受益学生 6474 人。社会资助：深圳康成文化发展有限公司资助电脑、学生用品、现金等共计 12 万元；正心基金勋美项目资助金额 6.5 万元，资助人数 65 人，资助标准 0.1 万元/人；雨露计划资助金额 87 万元，资助人数 174 人，资助标准 0.5 万元/人；国酒茅台希望行动资助金额 10 万元，资助人数 20 人，资助标准 0.5 万元/人；润雨计划资助金额 1.9 万元，资助人数 19 人，资助标准 0.1 万元/人；县政协公益资助金额 2.52 万元，资助人数 84 人，资助标准 0.03 万元/人；

贵州人网公益资助金额 3.2 万元，资助人数 20 人，资助标准 0.16 万元/人；省关工委 2015 贫困家庭学生和品学兼优学生资助金额 2.5 万元，资助人数 50 人，资助标准 0.05 万元/人；省关工委 2015 贫困家庭学生和品学兼优学生资助金额 0.6 万元，资助人数 10 人，资助标准 0.06 万元/人；武汉理工大学研究生支教团资助金额 0.2 万元，资助人数 10 人，资助标准 0.02 万元/人；中国扶贫日教育系统捐赠 6 万元；《时事》贵州站李昌林资助金额 0.5 万元，资助人数 1 人，资助标准 0.5 万元/人。

【教育科研】 开展城区学校结对帮扶农村薄弱学校活动，到所帮扶的学校上示范课共计 107 节。开展初中学科优秀教师课堂教学展示及观摩研讨活动，遴选出政治、历史、数学、物理、语文、地理、生物、英语、化学 9 个学科的 18 名优秀教师上展示课，参加活动人员共计 279 人。开展 2015 年高中新课程学科优质课评选活动，物理、化学、生物、历史、地理 5 个学科的 30 名教师参赛。组织推荐 29 位中小学教师参加州优质课评选活动，共获得一等奖 8 名、二等奖 12 名、三等奖 9 名的好成绩，同时龙里县教研室获得 5 个学科的组织奖。组织选送 322 篇作品参加贵州省教科院、省教育学会开展的优秀教育教学科研论文、教学（活动）设计、教学案例的征集和评选活动，获一等奖 20 篇、二等奖 74 篇、三等奖 185 篇，鼓励奖 34 篇。组织选送 35 个课题申报州级课题，31 个获立项，组织选送 10 个课题申报贵州省教育科学规划课题，1 个课题获立项。召开省州立项课题开题暨龙里县校本研修培训会。

【教学改革】 组织召开龙里县初中教学质量分析暨中考复习研讨会，参会人员 120 人，开展推门听课活动，教育局相关人员到龙里三小、龙里四小、谷脚小学、谷龙小学、龙里三中、洗马中学等学校累计推门听课 300 余节，实现所到学校教师全覆盖听课。组织中小学教师观摩省优质课评选活动，参加小学数学、小学思品、初中英语 3 个学科优质课观摩的教师共 30 人。选派 12 人参加黔南州 2015 年年初高中课改、科研工作推进会，龙里中学获评为黔南州高中课改样本校，龙里县在黔南州“十二五”教师继续教育工程评估验收中名列第一，县教育局教研处被评为黔南州优秀教研室。

【卫体艺工作】 卫生：教育系统围绕创建国家卫生县城工作目标实施卫生教育，学校健康教育开课率达 100%，开设健康教育课做到了“八有”，即有教学内容，有计划，有教学时间，有教案，有作业，有试卷，有活动记录、有总结。体育：全县中小学体育工作以深入开展大课间活动、校园足球活动为主。2015 年黔南州（西片区）“未来之星”校园足球联赛于 7 月 22 日至 24 日在惠水县举行，龙里县组织第四小学、第三中学、龙里中学 3 支足球队参加比赛，第四小学获小学组冠军、龙里中学获高中组冠军、第三中学获初中组优秀奖。龙里县于 2015 年被评为州级“体育大课间示范县”，第四小学被评为“2015 年第一批全国体育工作示范学校”，第四小学和第三中学被评为“全国校园足球特色学校”。艺术：全县中小学开齐开足音乐、美术的课程，各小学利用“六一”国际儿童节举办文艺展演，羊场小学、第三小学、醒狮小学、草原小学等乡村学校少年宫利用各功能室开展书法、绘画、音乐、舞蹈、剪纸等艺术培训。龙里县民族完全中学举办为期 1 个月的第四届校园文化艺术节，学生通过书法、绘画、剪纸、器乐、舞蹈等形式展示艺术成果，全校近 600 名学生参加活动；龙里中学按照 50 人的标准组建交响乐团并于 11 月参加黔南州文艺展演获优秀奖，以“五月的天空”为主题在“五四”青年节期间开展校园艺术文化周活动，全校1000人参加。龙里县青少年校外活动中心开办了书法、绘画、钢琴、舞蹈等艺术培训班供学生在周末和寒暑假期间参加培训，全年共培训14500余人次。选派高中、初中音乐老师参加音乐优质课评选，选派中小学美术老师参加黔南州中小学美术教师技能大赛。高中音乐1人，三等奖，初中音乐2人，1人二等奖、1人三等奖；美术：高中1人获二等奖，初中1人获二等奖，小学1人获三等奖。

【信息化建设】 超前推进“班班通”建设：上半年投入资金275万元（其中县级配套补助94万元）完成“班班通”建设94套，主要针对村级以上学校，以提高各学校的信息化水平，共享教育资源。下半年，为合格学校配置“班班通”13套，金额24.5万元；由县教育局配套资金2万元及学校接受捐助建设村级小学“班班通”5套。共完成“班班通”建设112套，完成省州下达的任务。至2015年，累计建设“班班通”501套，使乡镇以上中小学的“班班通”覆盖学校41所，学生24081名、教师1734名，覆盖率达85%。宽带网络接入学校：自2012年来，由县教育局与通讯部门协商，以每月600元10M（原价1500元10M）的价格，为全县乡镇以上中小学接入网络。至年底，全县有74所学校接入互联网，而10个教学点4个安装“教学点教学资源全覆盖”项目。

【教育合作与交流】 7月13日至14日，在龙里中学、龙里四小开展广州市黄埔区对口帮扶龙里县2015年暑期中小学教师专业培训，龙里县幼儿园、小学、初中教师300人参加。10月26日至11月15日，选派6名中小学教导主任到广州大学学术交流中心，参加中小学教导主任跟岗培训。按照“企业办到学校来，教室搬到车间去、学生师傅同实践”专业建设理念，龙里县中等职业学校引进县域建荣电子进入校园建立实训基地；引进阳光服装厂管理技术，利用学校实训基地从事服装生产与培训；与创奇公司、长通集团公司合作办学建校外实训基地，为企业开展订单培训；与贵州省水利电力学校合作实施集团办学，引入该校400名学生、20名教师在龙里校区开展教育活动。教育系统建立完善县域内学校校长教师交流轮岗制度，龙里县“两办”印发《龙里县学区制教师管理实施方案（试行）》《龙里县校（园）长教师交流制度实施方案（试行）》两个交流方案。任命23名小学、幼儿园校（园）长，交流校长10名，任命80名校（园）长助理；在人事调整中，对177名教师交流使用，其中调动65人，交流学习15人，上挂学习57人，支教40人，教师交流轮岗的比例达到应交流总数的20.82%，优秀校长、教师到薄弱学校交流轮岗达到骨干教师总数10.3%。

（县教育局）

龙里县2015年中小学、幼儿园分布情况一览表

表19

项目 镇（街道）	所辖学校						
	高中	初级中学	完全小学	不完全小学	附设学前班的小学	幼儿园	
						公办	民办
合计	2	8	42	32	34校、39班	21所、104班	8所、62班
县直学校	龙里中学、龙里中职校	龙里民中 龙里三中	—	—	—	—	—
冠山街道	—	—	一小 二小 三小 四小 水桥 播箕 播箕桥 大新 三元	大竹 麻芝 光坡 高坪	播箕桥 播箕 大新 光坡	实验幼儿园 第二幼儿园 第三幼儿园 麻芝幼儿园 三元幼儿园 永安幼儿园	新蕾幼儿园 恒星幼儿园 新苗幼儿园 三三幼儿园 文明幼儿园 阳光幼儿园
龙山镇	—	—	董下小学 余下小学 中排小学 塘堡小学 金谷小学 大谷小学 草原小学 水场小学 比孟小学	平山小学 摆谷六 新场 红星 老鸦山 中坝 堡子	董下 余下 新场 平山 摆谷六中排 大谷 塘堡 金谷 红星 比孟 中坝 堡子	草原幼儿园 水场幼儿园	—
谷脚镇	—	—	谷脚 神奇 凉水井 观音 谷远 鸡场	高堡 歪寨 小箐 大谷冰 岩后	神奇 谷远 观音 凉水井 鸡场 小箐 高堡	谷脚幼儿园	博雅幼儿园
醒狮镇	—	醒狮中学	醒狮谷龙 元宝 平寨	谷新 山中间 小坝	元宝 平寨	醒狮幼儿园 谷龙幼儿园 大岩幼儿园	—

续上表

镇（街道）\项目	所辖学校						
	高中	初级中学	完全小学	不完全小学	附设学前班的小学	幼儿园	
						公办	民办
洗马镇	—	洗马中学 卫华民中	洗马新庄 落掌龙场 哪旁 巴江	平坡 大坪长沟	平坡	洗马幼儿园 哪旁幼儿园 巴江幼儿园 龙场幼儿园 台上幼儿园	同星幼儿园
湾滩河镇	—	羊场中学 湾寨中学 摆省中学	羊场 甲架 岱林 木马 湾寨 六广 摆省 渔洞	走马 藕寨 烟厂 石头 谷港 甲晃 摆主 果里 摆省 摆刀	甲架 木马 果里 六广 走马 藕寨 摆主	摆省幼儿园 湾寨幼儿园 羊场幼儿园 岱林幼儿园	—

教师队伍

【人员编制】2015年，全县在职教职工2551人。其中，幼儿园教职工376人（公办232人，民办144人）小学教职工1109人（行政76人，教辅6人，专任教师1027人）；初级中学教职工615人（行政14人，教辅和工勤人员25人，专任教师576人）；普通高中教职工218人（行政5人，教辅和工勤人员19人，专任教师194人）；中等职校教职工231人（行政4人，专任教师212人，教辅工勤人员15人）；教育局职工76人。

【队伍建设】招聘教师124名，其中，面向社会公开招聘教师68人，招聘特岗教师55人，招聘免费师范生1人，充实教师队伍。外县引进教师19人，返聘教师16名，补充到缺编学校。其中，通过引进、招考充实农村教师73人，含“特岗教师”55人，招聘的特岗教师中大部分是外语、音、体、美学科，从而使县域内农村中小学教师得到有效补充，教师资源中存在的结构性缺员情况得到缓解，基本满足音体美学科教学需要。农村义务教育师生比达到1∶13.2，学前教育基本满足“两教一保”。选派优秀教师开展支教活动。委派25名城区优秀教师到农村学校支教，组织45名农村教师到城区学校上挂学习。多渠道提升农村教师待遇。加大力度推行现行的“即称即聘”政策，107名农村学校教师享受“即评即聘”待遇，及时兑现职称聘任工资，有效提高农村教师边补待遇。实施乡村教师生活补助，针对任教学校所在地的条件艰苦程度及交通是否便利等因素，将乡村学校教师生活补助划分为四个档次，按200元、230元、270元、300元组织实施，全县全年共有1290人，计14199人次享受补助，审核发放乡村教师生活补助资金共计 332.048 万元。

【师德教育】 开展师德师风建设，建立健全违反师德行为的惩处制度，严格执行《龙里县教师“十不准”及处理办法》《龙里县教育局关于严禁国家公职人员参与赌博、违规操办酒席、工作日中午无例外饮酒和工作时间违反工作纪律的管理规定（试行）》，开展“三立三树育新人”“四有三者好老师”专题教育活动，全县教育系统开展“道德讲堂”312 次，参与人数达 10000 人次，制定并印发《龙里县教育系统教师师德建设规划和实施方案》《龙里县教育系统教师师德考核办法（试行）》，明确师德建设“10 条红线”。

【职称评聘】 城区中小学、幼儿园按照贵州省事业单位专业技术职务结构比例和最高职务档次设置方案进行核编（幼儿园按副高级不突破 5%，中级不突破 45%；小学按副高级不突破 10%，中级不突破 50%；中学按副高级不突破 30%，中级不突破 50%比例核编），采取空岗补缺方式竞聘到高一级专业技术职务，农村学校不受结构比例限制，实行“即评即聘”政策。全年竞聘到中级、高级专业技术职务教师为 333 名（其中，城区中小学、幼儿园 64 名，农村学校“即评即聘”106 名，基层认定中级、副高级 4 名，竞聘到八、九、十一级专业技术职务 159 名）。完成 125 名教师申报中级以上职称，130 名教师初聘晋升。

【教师培训】 组织召开龙里县 2015 年初中高效课堂模式培训，参训教师 156 人，暑期组织开展了校长培训，参训人员 156 人，暑期分两期开展了教师培训，第一期于 7 月 13—14 日，由广州市黄埔区专家团队对中小学语文学科、数学学科和班主任进行培训，参训教师 857 人次；第二期于 7 月 25—26 日，由本土优秀教师团队对中小学语文学科、数学学科、班主任和骨干教师进行培训，参训教师 798 人次。组织开展“十二五”中小学教师继续教育工程县级验收工作，在迎接黔南州“十二五”中小学教师继续教育工程评估验收中获得第一名的好成绩。

（县教育局）

基础教育

【小学教育】 共有小学 74 所。其中完全小学 42 所，不完全小学 32 所。共开设 473 个教学班，在校学生 16216 人，平均班额 34.3 人，辍学率为 0，小学毕业班 2586 人，毕业率为 99.69%。全县共有小学教师 1109 人，其中专任教师 1027 人，行政人员 76 人，教辅人员 6 人，师生比 1∶16。开办寄宿制学校 15 所，寄宿学生 4876 人，寄宿率达 30.07%。

【初级中学教育】 开办中学 8 所，共设教学班 168 个，在校学生 8335 人，平均班额 49.62 人，辍学学生 158 人，辍学率为 1.75%，毕业班 3127 人，毕业率为 100%。初级中学教师 615 人，其中专任教师 576 人，行政人员 14 人，教辅人员 22 人，师生比 1∶14。寄宿制学校 8 所，寄宿学生 5923 人，寄宿率达 71.06%。

【留守儿童入学】 截至 12 月，全县留守儿童 2996 人。其中：0～5 周岁 638 人，6～15 周岁 2096 人，16～18 周岁 262 人；其中，冠山街道 124 人，龙山镇 547 人，谷脚镇 113 人，醒狮镇 254 人，洗马镇 657 人，湾滩河镇 1271 人。学龄前未入园 99 人，在幼儿园 587 人，在小学就读 1546 人，在初中就读 764 人。

【高中教育】 高中阶段开办学校 2 所，其中省级示范性高中 1 所，中等职业学校 1 所。省级示范性高中开设 64 个教学班，在校学生 3174 人，平均班额 49.59 人，教职工总数 218 人，其中专任教师194人，行政人员5人，教辅人员12人，工勤人员7人，2015年县委县政府下达高中招生任务1250人，实际招生1256人。龙里县中等职业学校共有教职工231人，其中行政人员4人，专任教师212人，教辅13人，工勤人员2人。学校共开设酒店管理、物流信息服务与管理、客户信息服务、机械维修等13个专业。2015年，县委县政府下达中职招生任务1620人，实际招生1626人，高中阶段毛入学率为85.07%。

【课程改革】 课程改革以开发地方课程为主，谷脚镇《新八德教育学校校本教材师生读本》、洗马镇教育办公室《文明知识宣传手册》、县第四小学《校园童谣》、卫华民族初级中学《印苗文化》等校本教材先后在校内实施。

【素质教育】 课外活动：投入17.18万元用于音体美设备，配备美术、音乐、体育等学科教师23人。以活动为载体深化素质教育，开展校园啦啦操、校园足球比赛、大课间、龙里县中小学迎新年“我文明·城市美”手抄报暨书法作品展评等竞技活动。各中小学认真开展眼保健操、课间操、艺术节、运动会“两操一节一会”活动。德育工作：教育系统建成道德讲堂54个，开展“四在学校·幸福校园”“明礼知耻·崇德向善”系列德育活动。道德讲堂累计开讲314场次。青少年学生校外活动中心利用周末、寒暑假面向全县中小学生免费开放。12月，县委、县政府组织评选龙里县十佳“美德少年”10名。

【幼儿教育】 春季学期，全县附设幼儿班学校34所，开设班级37个，在班幼儿1357人；公办幼儿园18所，教职工193人，开设班级88个，在园幼儿3278人；民办幼儿园6所，教职工131人，开设班级50个，在园幼儿2188人。秋季全县附设幼儿班学校35所，开设班级39个，在班幼儿1441人；公办幼儿园21所，教职工232人，开设班级104个，在园幼儿4270人；民办幼儿园8所，教职工144人，开设班级62个，在园幼儿2503人。全县8所民办幼儿园中5所位于县城区，3所位于镇村。位于县城区的分别是城南社区的阳光幼儿园和新苗幼儿园、冠山社区的三三幼儿园和新蕾幼儿园、西门社区的恒星幼儿园；位于镇村的分别是永安片区的文明幼儿园、谷脚工业园区的博雅幼儿园、洗马镇东门街的同星幼儿园。全县民办幼儿园共有教职工144人，其中园长和副园长共14人，专任教师91人，保健医生3人，保育员30人，保安8人。经县人民政府教育督导室、县教育局办园水平督导组评估，县实验幼儿园、县第二幼儿园、县第三幼儿园评定为县级示范幼儿园。

【特殊教育】 龙里县因总人口少于30万人，未开设特殊教育学校，特殊教育采取随班就读形式实施。全县共有残疾儿童少年74人，残疾儿童少年中多重残疾21人，智力残疾10人，视力残疾4人，听力残疾1人，肢体残疾32人，精神残疾3人，言语残疾1人，未评定残疾类别2人，已入学26人，其中在特校就读2人，随班就读初中8人，小学18人，三残儿童入学率89.6%。

（县教育局）

招生考试

【高考招生】 龙里县委、县政府组织招生、教育、公安、保密、监察、卫生等部门建立起一支组织领导、招考实施、保驾护航的高考工作队伍。龙里县2015年招生考试工作从2014年8月底进行2015年高考第一次英语听力考试报名开始，到2015年9月成人高考报名、自考报名工作结束。龙里县2015年报名参加贵州省全国普通高校招生考试的考生有1446名（实考1443名，自主招生提前录取3人）。其中，理工类考生有590名，文史类考生有658名；艺术类考生共有99名（艺兼文91名、艺兼理8名）；体育类考生共有99名（体兼文77名、体兼理22名）；应届毕业生有1263名、往届毕业生有182名；少数民族考生有590名。根据贵州省2015年全国普通高校招生录取最低控制线，第一批本科上线153人，其中文史类46人、理工类107人，上线人数比2014年多26人；第二批本科上线309人，其中文史类132人、理工类177人。二本以上共上线462人（不含体育、艺术类考生）。被全国普通高校录取考生共1337人，录取率为92.72%，二本以上录取513人，录取率为35.58%。其中，特殊批次录取6人（高校自主招生：理工4人、文史1人、体育文1人）；提前批本科录取9人（理工类6人、文史类1人、艺文理综2人）；贫困地区专项计划录取57人（理工类42人、文史类15人）；第一批本科录取108人（理工类75人、文史类33人）；第二批本科录取333人（含体艺二本20人，理工类172人、文史类141人）；第三批本科录取106人（含体艺三本13人、理工类45人、文史类48人）；高职专科院校录取718人（理工类225人、文史类467人、艺文理综合26人）。龙里县中等职业学校参加中职单报高职（含中职推优）的考生共有75名，其中少数民族考生有44名。录取共55人。其中，中职推优录取24人，中职单报高职录取31人。参加成人自学考试考生共3人。参加成人高考报名人数共119人，其中，专升本91人，高升专24人，高升本4人，录取99人。

【小学升学】全县小学毕业生2594人（含外来务工人员的适龄儿童少年小学毕业生）。小学升学实行小学毕业生升初中整班移交制度，小学毕业学生全部免试进入初中就读。各初级中学录取学生名册由教育局采取划片、就近、免试、分配的形式确定［县民族中学招收户籍及居住地为城区冠山社区、城南社区、龙坪社区、西门社区、光明社区、大冲社区的小学毕业生及各镇部分少数民族小学毕业生；县第三中学招收除冠山社区、城南社区、龙坪社区、西门社区、光明社区、大冲社区以外的村（社区）及龙山镇、谷脚镇的小学毕业生；各镇初级中学原则上招收本服务片区的小学毕业生］。教育局将确定后的学生名单下达至学生毕业学校所在地教育办公室，由教育办公室填写《义务教育通知书》加盖当地政府公章送至学生家长或监护人，学生凭《义务教育通知书》按时到指定学校报名。

（县教育局）

龙里中学

【概况】龙里中学是省级示范高中，占地面积76000多平方米，校舍面积45000多平方米，分为教学区、运动区、生活区。设置理、化、生实验室，多媒体教室，阶梯教室，音乐教室，美术创作室，计算机教室，地理教室，图书室，阅览室，音乐舞蹈排练厅，体育场、馆，师生食堂，学生公寓，心理咨询室。全部班级都配备了现代教育信息技术设备。有教学班55个，在校学生3296人。2015年，招生1250人，毕业1261人。有教职工218人，专任教师210人，学历合格率100%；其中，特级教师1人，中高级教师126人；具有研究生学历教师6人，省级骨干教师6人、州级骨干教师40人。学校按规定开设语文、数学、英语、物理、化学、生物、政治、历史、地理、计算机、通用技术、音乐、美术、体育、研究性学习、综合实践活动、军训、国防教育共18个学科。

【学校管理】坚持教师教育、教学、服务、管理的主导作用，实施《龙里中学优化办学特色工作方案》《龙里中学教职工工作事故责任追究制度》，完善各项管理制度。确立“高一夯实基础，全面发展；高二凸显优势，自主发展；高三锁定目标，定向发展”的教学目标和育人模式。坚持无课案不得上课，备课除备教材外，还突出备学、备读、备学生和备教法，充分体现教学的三维目标。制定《龙里中学课堂教学评比方案》，实施个人、学生、教学组参与的课堂教学评比活动。大力推行“三制一管理”，即校长负责制、工作聘任制、岗位责任制和教育教学目标管理。此外，建立《龙里中学教学工作常规》《龙里中学课堂教学评比办法》《龙里中学高考奖励方案和统考奖励方案》等管理和激励机制。

【教师业务培训】进一步完善教师（班主任）老带新培育制度，落实教师（班主任）传、帮、带责任；实施“青蓝工程”，确立年轻教师3年立足岗位、5年适应循环教学、8年成为教学能手的培养目标；坚持实行35周岁以下青年教师参加高考适应性考试；继续实施“十二五”中继教工程，开展新课程新教材新理念全员培训。田文祥等10名教师分别到北京、广州、西安、武汉、苏州参加“国培计划”培训，邀请贵师大马骏骐教授为高三年级全体师生作高考复习备考、答题规范技巧及心理疏通调适等专题讲座。

【思想道德教育】组织学生收看《新闻联播》、重大活动和事件的直播。就时政热点问题、重大政策、重大决定等召开主题班会，出时政专刊，办手抄报等。创新德育工作思路，开展“用国学经典名句引导学生健康成长”主题教育等丰富多彩的德育活动。开展“德行龙里，一路有你”演讲、征文、书法、诵读比赛及广场文化、主题班会等活动。开办家长学校，成立年级、班家长委员会，让家长充分地参与学校、年级和班级的日常管理。征求社会各界办学的意见和建议，得到认可、关心、支持帮助，形成办学合力。其中，新生军训、开学典礼、校园文化艺术周、防暴防灾演练、学生成人礼都邀请家长和有关部门参加，校、社、家一体化教育模式得以巩固提升。

【素质教育】重视常态下的体育、艺术学科教学及其活动开展，积极探索艺术、体育特长生的培育模式和途径。为学生拓宽升学渠道，形成“普、专”结合的办学模式。学校在秋季招生宣传工作中，对生源学校学生的艺体特长进行摸底调查登记，并将学校对艺、体特长生培养的做法和成功的经验告知学生及家长，待新生进校后学校艺体教师按学校的培养方案有计划地实施培训工作，高一高二抓基础，高三集训抓高考。同时与四川师范大学艺术培训机构合作，引进借鉴发达地区的经验和做法提升学校艺术特长生的专业素养和应试能力。

【教学科研】学校的校本研修在教育改革的大背景下整合力量，创造宽松和谐的校本研修环境，积极务实开展校内培训、外出考察培训、课题研究、校际间的高考研讨交流等，其中，王剑平老师创立的在老师的引导下“自学、互教、互评”共同提高，淡化教师评讲权威，淡化学科知识权威，加强课堂互动，倡导课堂多样化活动，让课堂焕发生命活力的“3T”教学模式。在县内外的各种交流、示范教学中得到教师的好评和主管部门的肯定。王剑平老师编著的《走进高中英语新课堂——3T教学模式》《高中英语3T模式课堂教学》和《3T教学模式“脚手架”导读》使“3T”教学模式在全州推广运用，部分学校选为教辅资料。物理教师杨斌创立的课程优化，即课前优化、课中优化和课后优化；方法优化：教法优化、学法优化、用法优化；反馈优化：自学能力的优化、探究能力的优化、应用能力的优化的“3优”教学模式初步成型，在校际交流中获得好评。政治教师沈安秀组织开展的“用国学经典名句引导学生健康成长”主题教育活动，共成功申报为州级德育科研课题。有12人次获全国、省州科技创新成果竞赛一、二、三等奖；3个课题研究分别获省优秀课题评选二等奖，4个课题研究获州优秀课题评选一等奖；组织20名教师参加州级优质课比赛和学科技能大赛，6人获一等奖，10人获二等奖，4人获三等奖；被州教育局授予“黔南州课改样本校”称号。

【教学成绩】2015年一本录取159人，二本录取356人，一本、二本共计录取515人，龙里县首次突破高考本科录取500人，获州教学质量进步奖。

（黄孝军）

龙里中学2015年高考单科“状元”情况一览表

表20

科目	级别	姓名	分数	性别	民族	年龄	就读小学	就读初中	家庭住址
语文	县级	林青青	123	女	汉	18	岩后小学	醒狮中学	醒狮三宝林
数学（理）		罗　灏	129	男	苗	18	龙里一小	龙里民中	龙里县冠办
数学（文）		陈国新	130	男	汉	20	醒狮小学	醒狮中学	醒狮进化村
英语		钱　迅	143	男	汉	19	龙里一小	龙里民中	龙里中学
理综		徐启静	250	女	汉	18	谷龙山中间小学	谷龙中学	谷龙高吏目村
文综		林青青	261	女	汉	18	岩石小学	醒狮中学	醒狮镇三宝村
理科（总分）		徐启静	604	女	汉	18	谷龙山中间小学	谷龙中学	谷龙高吏目村
文科（总分）		郭锝豪	630	男	布依	18	龙里一小	龙里民中	冠山街道

龙里县中等职业学校

【概况】龙里县中等职业学校位于县城城北桃园（贵新高速公路出口处），是省教育“9+3”计划、“百校大战”50所重点建设的项目学校之一。完成教育“9+3”计划及中职“百校大战”工作任务，在全省率先实现普职1∶1的教育格局。在册学生数达到4236人。生源呈逐年增长的趋势，招生比例率先在全州实现与普高招生1∶1。2015年，招生任务数为1470人，实招生为2136人。校舍建筑面积达58147平方米，增地35亩。共有教职员工203人，外聘教师18人，专任教师141人，中学高级教师34人，占教师比例的23%，中学一级教师42人，占30%。学历达标率本科123人，占78.5%，“双师”型教师占专任教师的45.5%。学校是首批50个“贵州省校企共建实训基地”“贵州省教育扶贫百校基地”，贵州省第152国家职业技能鉴定所、黔南电大龙里工作站所在地。2015年，申报“省级示范性中职学校”，“省级示范性中职学校”评估验收专家组的两次莅临学校进行评估验收。11月，贵州省教育厅公布省级示范性中等职业学校时，龙里中职校成为全省27所省级示范性中等职业学校之一。在全省交叉检查中得到专家组的好评，考核成绩名列全州前茅。2015 年，被评为“全国科教兴农先进单位”“国家星火带头人培训基地”“全国德育工作先进单位”“贵州省普法依法治理先进单位”“贵州省安全文明单位”。

【专业设置】设置计算机，平面设计，计算机网络技术，酒店服务与管理，机械加工，机电技术应用，客户信息服务，现代文秘，物流服务与管理等专业。紧密结合县域经济社会发展的实际，积极整合共享资源，组建“客户信息服务”和“物流服务与管理”两大新增专业‘主动与县内物流部门开展合作，将物流实操引进校园，开办校园邮局，给学生提供了良好的学习环境；主动对接县电商办、扶贫局、人社局等部门开展电商培训，基地建设及相关的工作。

【教学与就业】以“转移工作重心，抓内涵建设，优化专业设置，突出专业优势，规范教学管理，提高教学质量”为中心，开展教学的常规工作，推进“三个六”(“六个一”，即一副好形象，一个好身体，一手好电脑，一门好技术，一口流利的普通话，一手规范字；“六大赛”，即技能大赛，运动会，经典诗文诵读演讲比赛，歌舞大赛，书画大赛，教师教学技能要求；“六证书”，即毕业证，技能证，德育证，军训证，普法证，实习证)。重点建设计算机平面设计和酒店服务与管理两个专业，新建客户信息服务和物流服务与管理两个专业。完成 12 级高职升学备考的复习与考试工作并考出好成绩。教学中加强校企深度合作，坚持产教融合发展，推进专业与产业对接，教学内容与职业标准对接。共选派四位教师参加国家级培训，3 名教师赴天津职业师范大学培训，8 名教师赴广州旅游商务职业学校学习。在 2015 年贵州省职业院校技能大赛暨全国院校技能大赛选拔赛中，有 27 名学生，3 名教师代表黔南州参加 17 个项目的省级比赛。

(县中职校)

龙里县民族完全中学

【概况】2015 年，全校有教职工 112 人，教师学历合格率为 100%。有专职教师 99 人，其中高级教师 29 人，占教师总数的 25. 89%；一级教师 53 人，占教师总数的 47. 32%；二级教师 22 人，占教师总数的 19. 36%。省级骨干教师 2 人，州级骨干教师 16 人，县级骨干教师 7 人，县级学科带头人 6 人。加强对年轻教师的培训工作，教科处启动”一对一“传、帮、带“青蓝工程”，给部分责任心强、工作经验丰富的党员教师颁发聘书，落实任务，要求指导教师不遗余力地培养自己的“徒弟”，关心“徒弟”的成长。为教师的成长搭建平台，3 月 31 日主办龙里县 2015 年中考交流会；9 月 25—26 日，代表龙里县通过黔南州“十二五”继续教育工程验收。有在校学生 1814 人，共 30 个教学班。11 月，学校在黔南州教育教学常规检查评比中获全州第一名的好成绩。

【教育教学科研】龙里民中是省教育厅授予的“贵州省校本研修示范校”，学校重视教研教改工作，教研教改课程效果明显。支持和鼓励教师参加各级各类教研活动，全年参加各级教研活动 1000 余人次，收到“心得体会”200 余篇，投入经费万余元；支持和鼓励教师撰写和发表教研教改论文，教师撰写论文 100 多篇，其中 18 篇在各级论文大赛中获奖。

【教学成绩】2015 年中考，学校 6 名考生名列全县前 6 名，黎敏同学以 742 分列全县第一名；学校 700 分以上的考生 19 名，600 分以上考生 131 名，普高上线人数 461 人，占学校参考总人数的 73%。另外，语文、数学、英语、文综、理综、体育中考成绩均名列全县前茅。因成绩突出，中考所有参考学科均获县政府奖励。全年有37人次教师获奖。1人荣获黔南州新课程课堂教学改革经验交流展示会二等奖；12人次获黔南州初中优质课一、二、三等奖；24人次获贵州省教育教学科研论文及教学设计评比活动二、三等奖；10月，学校的“中继教”工作顺利通过黔南州评估考核领导小组的验收，为龙里县在黔南州“中继教”评估考核验收中荣获全州第一的成绩做出贡献。9月被贵州省教育厅命名为省级心理健康教育特色学校；10月被黔南州教育局命名为州级依法治校示范学校。

（龙里民中）

龙里县第三中学

【概况】2014年9月，由水桥中学、谷脚中学、水场中学、草原中心学校初中部整合为龙里县第三中学，位于县城西城区。2015年有61个教学班，在校学生3251人，其中住校生2397人。发展新团员662人。有教职工209名，其中专任教师193名（中学高级教师24人，占12.5%；中学一级教师126人，占65.3%。省级骨干教师1人，州级骨干教师16人，县级骨干教师25人），专任教师学历合格率达100%。学校占地面积为84080平方米，校舍建筑面积36658平方米。有教学楼2栋，综合楼1栋，学生宿舍4栋，在建教师公租房180套。其中，教学及辅助用房17965平方米，行政办公用房1455平方米，生活用房24029平方米，其他用房200平方米。设有计算机教室、理化生标准实验室、图书室、阅览室、心理咨询室、留守儿童之家、卫生室以及音乐、美术、书法、舞蹈、象棋围棋、科技等各种专业功能教室。有计算机415台，图书103520册，配备“班班通”信息化教学设施77套，200米、250米环形塑胶运动场各一个，共17800平方米。

【教学环境营造】实现“国家课程地方化，地方课程校本化，校本课程特色化”。开设了足球课、阅读课。开发校本教材《走近足球》《经典朗诵》。开设“课程超市”，设有舞蹈、书法、美术、实验技能、围棋、象棋、足球、篮球、陀螺等20余门选修课程，让学生零距离选择喜欢的课程。学校开放61个教室“漂流图书角”，7个走廊“诚信悦读书吧”，开设“学生阅读银行存折”。以教师阅读工程，学生手抄报、书画、演讲、征文等活动为载体，增强校园文化氛围。2015年被评为贵州省“安全文明校园”示范校。

【教学科研】推行“校长点课制”。每天由教学校长随机点课，行政干部带领教研组深入课堂观课，课后评课、议课、磨课，使教研活动常态化。开辟“教师讲坛”。每双周五下午放学后，全体教职工汇聚一堂，由1名主讲教师主讲1个专题，教师全员互动，为教师搭建经验共享、思维共振、情感共鸣的平台。创办《教师讲坛》校园内部刊物。重视课题研究。5个科研课题在州立项。强化课题过程指导。创建校本课题4个。加强集体备课。组建教研组和年级学科备课组，从而实现“集体备课，资源共享，共同进步”的良好的教研氛围。开发印制《龙里县第三中学“5435”学教模式集体备课教学案》，共3个年级、22个学科。

【教学成绩】在2015年中考中，总分700分以上4人，600分以上39人，500分以上123人。302人被高中录取。在全省优质课大赛中，获得三等奖1名；在全州优质课、自制教具大赛、论文评比中，获一等奖3个、二等奖4个、三等奖2个。被评为全国青少年足球特色学校，贵州省“四在学校·幸福校园”示范校，贵州省第二届青少年科普知识竞赛“先进学校”，黔南州推进义务教育均衡发展“合格学校”，龙里县2015年度寄宿制学校管理“先进单位”，龙里县2015年度教育信息宣传“先进单位”，龙里县2015年度工会工作“先进单位”，龙里县“全县五四红旗团委”，龙里县2015年度“优秀留守儿童之家”，黔南州（西片区）2015年“未来之星”校园足球联赛（初中组）“体育道德风尚奖”。

（龙里三中）

龙里县第一小学

【概况】学校占地面积11606平方米。校舍建筑面积5830平方米。开设30个教学班，共有在校学生1672人，在职教师81人。其中一级教师61人，二级教师14人，医师1人，见习教师5人，省级骨干教师1人，州级骨干教师15人，县级骨干教师3人。

【基础设施】建立校园信息互联网，30个教室配备班班通，办公台式电脑24台，实验室2个、图书阅览室1个（师生图书室藏书3万余册）、舞蹈室一个，多媒体电教室1个，电脑室1个，提升教学手段信息化水平；安装安全监控系统5组，探头36个，全覆盖校园四周、重要活动场所和通道。

【教学科研】有语文、数学、综合3个教研组，定期开展“骨干教师引领课”“专任教师外出学习二次培训课”“中青年教师优质课”的三课活动。并由学校县级、州级、省级骨干教师结对帮扶刚参加工作的新老师，师徒对子相互听课，互助进步。组织研讨的课题《课外阅读与学科教学作用》的子课题于5月结题，获准立项为省级规划课题。2014年11月，学校组织研讨的课题《信息环境下学生合作学习能力提升的策略研究》正在如期进行中。

【教学成绩】先后荣获贵州省“安全文明校园”、黔南州“先进基层党组织”、贵州省第二届青少年科普知识竞赛先进学校、龙里县“五个好”先进基层党组织、龙里县“依法治校”示范学校、龙里县“三生、四爱、五心、五好”示范学校、龙里县2015年度“校本研修”示范学校等荣誉称号。

（龙里一小）

龙里县第二小学

【概况】龙里县第二小学位于县城西关坡，校园占地面积9498平方米，校舍建筑面积4450平方米。有24个教学班，在校生1353人，在编教职工66人，其中专任教师62人，专任教师中本科学历11人、专科学历45人、中师学历6人，专任教师学历合格率100%，获得小学高级教师职称48人（已聘48人），州级骨干教师7人，县级骨干教师2人，州级专家库成员1人。外出培训共计76人次，校内二级集中业务培训共31次，经验交流会议20次。

【教学科研】以集体备课的方式，集教师智慧攻克教学难题，形成有效的教学策略。语文组形成口语交际初步探索的阶段成果，数学组以数学广角为主题找到有效的教学捷径。12月4日，举办教学开放日活动，邀请学生家长、县教育督导室、教研处、谷脚小学、谷龙小学、播箕小学参与学校的活动。在县内开展5次校际教学研讨活动。

【教学成绩】龙里县节水型示范学校；省级职工书屋示范校；2015年度大课间先进集体。11月获黔南州第二批“依法治校示范校”称号；11月27日，代表龙里县教育系统接受省纪律检查委员会的示范点考核验收。

（龙里二小）

龙里县第三小学

【概况】龙里县第三小学位于县城东北面的桃园路“水堤阁”，北面距离贵新高速公路出口1000米，东邻贯城河，南接兴龙广场。有24个教学班，1133名学生。在编教职工63人，其中专业技术人员58人，学历均在中师以上，在专任教师中，大专学历有40人，本科学历有16人，中师学历有2人，专任教师学历合格率达到100%。专任教师高一级学历人数为56人，比例达到96.6%，远远超过小学专任教师高一级及以上学历比例不低于60%的指标要求。教师平均年龄40周岁，县级骨干教师7人，县级学科带头人1人，州级骨干教师7人。

【基础设施】学校占地面积18000平方米，校舍建筑面积5282平方米，建设有综合楼一幢，教学楼3栋，教室和功能教室36个，有35台微机的学生电脑室，近90平方米的室内舞蹈排练室，藏书26000册的图书室、雨露工程教室、微笑小屋亲情室、实验室、红领巾广播站，各教室实现多媒体班班通，为全面推进素质教育提供充足的硬件设施设备。能满足学校办学需要。建有供学生阅读、实训相关文化长廊，国学经典文化墙，气象观测场，休闲亭，假山喷泉，优美的校园环境让学生得到美的熏陶；5200余平方米的塑胶操场，200米的环形跑道，4个篮球场，2个排球场、2个羽毛球场，有学生活动舞台，完全满足学生室外活动的需求。

【办学特色】2013年9月，学校乡村学校少年宫正式开班，开展绘画、书法、体育、棋类、音乐、科技、其他共7大类，涉及23个项目；将优秀传统文化，民族民间文化引进校园，开发校本课程《苗族健身舞》，美术小组开设了传统文化绘画、剪纸、贴画、豆种画、纸藤画、香包制作等；大课间活动主要开展“减压操”“呼啦圈操”“功夫操”。少先队工作，创新推动“小记者”“广播站”“小礼仪”“文明卫生监督岗”“鼓号队”等工作的开展。

（龙里三小）

龙里县第四小学

【概况】龙里县第四小学位于县城古八景“东池夜月”的荷花井旁。学校总占地面积为12241平方米，总建筑面积11331.22平方米，主体工程包括教学楼、综合楼、办公楼、生活楼及运动场等，学校设计规划起点高、标准高，集现代化、网络化、园林化、人性化于一体。其中，教学楼建筑面积为5460.12平方米，内设普通教室36间，可容纳学生1620人，各楼层配套有教师办公室和卫生间；综合楼建筑面积为4514.10平方米，教师宿舍建筑面积为1357平方米，内设单身教师宿舍28套；活动场地8232平方米，规划有200米的环形跑道、小学生足球场、篮球场、羽毛球场等体育设施。学校拥有齐全的配套设施设备：会议室、计算机室、图书室、阅览室、阶梯教室、舞蹈室、琴房、书法室、画室、实验室、教务监控系统、学校广播系统和班班通教学设备。有32个教学班，在校生1480人。教职工92人，平均年龄在34.7周岁，县级骨干教师10人，州级骨干教师5人。

【德育工作】确立以荷花高贵品质为核心的德育方向；培养学生“出淤泥而不染，濯清涟而不妖”，做荷花一样的人。提炼“做人阳光，做事负责，交好朋友”的四小校训；营造“民主、和谐、求真、向上”的校风；“踏实、严谨、创新、进取”的教风；“乐学、静思、自主、合作”的学风。以“办人民满意的教育”为宗旨；以“领导放心，家长满意，社会认可，学生向往”为办学目标；牢固树立“为学生的终身学习奠基和为学生一生发展导航”的理念。走“出一流教师、育一流学生、塑一流学校”的可持续发展品牌战略之路，精心打造文化校园、书香校园、智慧校园、质量校园、和谐校园。

【教学成绩】被评为贵州省“校园文化育人基地”、全国体育示范校、全国校园足球示范学校、黔南州青少年科技特色学校；7月，学校足球队获得黔南州“未来之星”校园足球联赛西片区冠军；9月，获得黔南州“未来之星”校园足球联赛黔南州总决赛三等奖和体育道德风尚奖。

（龙里四小）

龙里县实验幼儿园

【概况】龙里县实验幼儿园位于县城北门街，占地面积3447平方米，拥有教学楼、午睡楼、综合活动楼和幼儿专用厕所各一幢，钢琴、电脑、电视、音响设备、投影仪、多媒体等教学设施齐全。全园开设教学班10个：小班4个，中班3个，大班3个。在编在岗教职工33人，行政领导2人，中层干部4人，后勤人员6人，专任教师20人（上挂学习6人），保健医生1人。幼教高级教师21名，一级教师4名，二级教师8名。县级教研员2名，县级骨干教师2名，州级骨干教师9名。

【教学科研】申报的省级科研课题《幼儿园户外体育活动的实践研究》2014年11月通过贵州省教育科学规划领导小组审核，正式立项，正在开展实践研究。对乡镇幼儿园进行指导、帮扶工作，开展送课下乡、邀请乡镇幼儿园来园参观学习等活动。

【教学成绩】1月被龙里县人民政府教育督导室、龙里县教育局评为“2014年度学前教育管理工作‘先进园’”，教师杨谢9月被龙里县人民政府评为“优秀教师”，教师参加贵州省教育科学院教育教学科研论文、教学设计评比，获二等奖2名，三等奖14名，鼓励奖5名。

（龙里实幼）

龙里县第二幼儿园

【概况】龙里县第二幼儿园位于太平寺，占地面积5402平方米，园舍建筑面积5015.45平方米，绿化用地面积1647.6平方米，运动场地面积2100.59平方米。共有教职工60人，其中专任教师26人，保健医生1人，行政、后勤人员10人，自聘保育员13人，保洁员2人，炊事员5人，校园保卫3人。入园幼儿539人，教学班13个。其中，小班6个、中班4个、大班3个。收费标准：每人每月收保教费180元，生活费160元。

【师资队伍】幼儿园教师队伍，平均年龄35岁，其中本科学历16人，专科学历12人，中师学历4人，通过公开招聘的方式，增加学前教育专业专任教师2人到乡镇支教学习，9月上挂学习教师5人。有6位老师参加学历提升，其中本科5人，专科1人。

【教学科研】9月，申报贵州省幼教学会课题研究《幼儿语言表达能力提升的课程资源开发》。12月10日、11日、14日举行为期三天的教师观摩教学暨骨干教师公开教学活动，特邀巴江幼儿园、洗马幼儿园、醒狮幼儿园、哪嗙幼儿园、谷龙幼儿园进行观摩及指导点评。

【教学成绩】6名教师论文在贵州省教育科学院、贵州省教育学会论文评选上荣获三等奖，

6名教师荣获鼓励奖；9月，副园长聂祥凤被评为优秀教育工作者；在县教育局举办的“明礼知耻。从德向善”演讲比赛活动中，王娟娟老师获得二等奖。

（龙里二幼）

龙里县第三幼儿园

【概况】 龙里县第三幼儿园位于龙里县河滨路，总占地面积4702平方米，建筑面积3556平方米，户外体育活动场地720平方米，绿化面积426平方米。开设有14个教学班，在园幼儿538名。全园在编教师共33名（包括行政），本科22名，占66%，大专10名，占30%，保健医生1名，中专学历。幼教高级13名，占39%；幼教一级3名，占9%；幼教二级8名，占24%；幼教三级及见习期教师共8名，占24%；保健医生1名，管理九级岗位。35周岁以下教师17名，占51%；36~45周岁教师11名，占33%；46~52周岁教师4名，占12%；平均年龄33.8周岁。另有在乡镇借用的年轻教师10名，在岗教师共43名。

【教育教学】 积极开展丰富的园本教研活动。按计划完成党员、骨干教师示范课工作，开展《苗族刺绣对学龄前儿童负性心理行为改善的研究》的教研课题。开展一次综合指导、一次送教下乡、一次观摩学习。

【教学成绩】 徐镔湄、韦静参加全县幼儿教师技能比赛分获第一名、第二名好成绩；简报工作落实力度强，能够及时报道幼儿园活动信息；教师积极撰写教育心得、小结、感悟等文章发表在《龙里教育》及各级刊物。

（龙里三幼）

科学技术

【概况】 2015年4月15日，龙里县科学技术局更名为龙里县科学技术和知识产权局，划入原县发展和改革局下属机构县地震办公室的职责，加强推进知识产权战略实施、知识产权运用与保护的职责，为县人民政府直属正科级公益一类事业单位。内设机构为办公室和业务科，核定事业编制10名，其中，局长1名，副局长2名，纪检组长1名，主任（科长）2名，监察室主任1名（由纪检组长担任），监察室副主任1名（正股级）。10月30日，获评为贵州省同步小康达标县工作“先进集体”；业务科科长郑辉获评为贵州省同步小康达标县工作“先进个人”；副局长钱洪帮获贵州省同步小康达标县工作“突出贡献奖”。

【科技政策】 5月13日，印发《龙里县防震减灾应急预案》。7月2日，印发《龙里县专利申请资助管理办法》规定：通过国家知识产权局申请的发明专利按分段资助，国家知识产权局受理的发明专利每件资助3000元、授权的发明专利每件资助1000元；授权的实用新型专利每件资助1500元。通过《专利合作条约》（PCT）或《巴黎公约》途径向国外申请发明专利，获得授权的，每件资助4000元。向我国香港、澳门、台湾地区申请的发明专利，获得授权的，每件资助4000元。

【科技进步】 综合科技进步水平指数（年度评估指标）由贵州省科学技术情报研究所统计监测评估，涉及全县10个部门，共27个指标，下年评估得出上年指标数。对增比进位和小康社会指标——科技进步贡献率（综合科技进步水平指数）工作进行布置，对涉及单位（部门）及各项统计指标作好任务分解。11月，承办黔南州综合科技进步水平指数监测和县级科技型企业备案暨综合科技进步水平指数监测培训会，邀请省科技厅情报研究所专家授课。据省统计局监测数据，2014年龙里县科技进步贡献率（综合科技进步水平）指标数为51.11%，超过创建同步小康达标县45%的目标任务12个百分点，位居全州第二，由全省的第21位上升到第15位，同比增长47.2%，2015年指数至年底未认定。

【科技项目申报】 成功申报黔南国家农业科技园区——龙里核心区：依托湾滩河生态农业科技示范园区（省级农业科技园区）和龙里现代高效农业园区（省级高效农业园区）开展申报国家级农业科技园区项目申报工作，成功认定为第六批国家农业科技园区之一，湾滩河农业园区和醒狮茶香村的刺梨种植园区被列为黔南国家农业科技园区——龙里核心区。为县域内企业开展科技项目申报、实施及验收进行全程跟踪服务，做好企业项目申报数据库，加快科技成果转化应用。共计为县域内企业申报各级科技项目30余个，争取上级科技资金4000余万元。完成国家科技富民强县专项行动计划——龙里县5000亩无公害精细蔬菜基地建设、甲摆蔬菜专业合作社《供粤港澳蔬菜标准化生产与产业化示范》、“龙里刺梨”地理标志产品产业化促进工程、县域经济知识产权战略推进工程等科技计划和知识产权类项目的验收。

【高新技术企业培育】 将培育高新技术企业纳入年度重点工作，筛选符合条件的企业申报高新技术企业，确定申报的重点培育对象。6月29日，邀请省州专家到龙里召开高新技术企业认定培育工作培训会。贵州恒力源林业科技有限公司、贵州柯维建材开发有限公司、贵州正方实业有限公司及贵州金桥药业有限公司4家企业成功被认定为高新技术企业，全县高新技术企业达到12家，占黔南州高新技术企业数70%以上。

【科技合作与交流】 7月7日，龙里县人民政府与贵州大学举行校地合作协议签署暨授牌仪式。贵州大学与龙里县人民政府及龙里县部分部门、企业代表签署合作协议，并向龙里县授牌为“贵州大学龙里县校地合作示范基地”和“贵州省大数据产业发展应用研究院贵大—龙里基地”。邀请贵州省大数据规划专家对龙里科技工作进行摸底调研，并与贵州省大数据产业发展应用研究院合作，推动龙里县“互联网+”产业的发展，建立龙里县大数据应用中心。全年，县域内企业与省内外高校和科研机构签订合作协议20余项。

【科技扶贫】 到湾滩河镇新龙村遍访贫困户，协调相关部门出资5万元，作为新龙村村级集体经济启动资金，帮助成立贵州赶超农业发展有限公司，通过“支部+公司”模式发展葛根种植300亩，村集体占10%股份，力争完成“脱壳”工作。

（县科学技术和知识产权局）

知识产权

【概况】 做好知识产权专利宣传申报工作，邀请多家省内外知名知识产权代理事务所到企业开展专利申报服务，修改完善《龙里县专利申请资助管理办法》。全县专利申请量400件，同比增长10.5%，其中发明专利申请277件，同比增长72.%，超额完成年度目标任务。2015年，龙里著名商标增至5家。

【知识产权保护】 8月，牵头实施的贵州省第一批县域经济知识产权战略推进工程顺利通过验收。全年共开展两次联合执法，出动执法人员15人次，检查北京华联生活超市等商业单位小家电和玩具等商品400余件。处理案件40起，其中专利标识不规范案件21起，专利权终止（失效）行为4起，涉嫌假冒专利行为15起。

（县科学技术和知识产权局）

防震减灾

【概况】 编制完成龙里县行政区划调整后的《龙里县防震减灾应急预案》。5月10日，组织开展了2015年“防震减灾宣传活动周”集中宣传活动，20余家单位（部门）参加。组织全县20余所中小学开展防震减灾应急疏散演练，参加学校及人数基本实现全覆盖。组织实施贵州省农村民居地震安全工程洗马项目建设，通过贵州省地震局验收。

【地质灾害隐患排查】 对全县滑坡12处、不稳定斜坡10处、崩塌5处、泥石流1处及地面塌陷10处等38处地质灾害隐患点进行排查，参与老楼、危楼安全隐患大排查、大整治工作，研究具体解决方案，彻底消除隐患。

（县科学技术和知识产权局）

文化 广电 体育 旅游

文 化

【概况】龙里县文化市场共有83家经营实体，其中文化娱乐市场48家（歌舞娱乐场所15家、网吧21家、游艺动漫城9家、电影放映1家、礼仪接待2家）；新闻出版物市场持有经营许可证35家（个体打字复印14家、图书零售5家、图书批发2家、音像出版7家、印刷7家）。具体由文化旅游市场综合执法大队负责市场管理与行政审批工作，按照批管分离原则，实行审批与管理分离办公，合并管理。文化旅游综合执法大队负责市场管理、行政许可审批现场勘验，人员3名；行政服务中心窗口（履行行政审批职能）人员2人。

【文化市场管理】开展法律法规宣传12次，发放文化市场娱乐场所管理相关法律法规宣传资料2万余份；开展文化市场营业场所经营单位业主法律法规培训4次，参训人员400余人次；开展文化市场义务监督员业务培训2期，参训人员90人次。审批新增文化市场经营户6家，其中，歌舞厅2家、互联网上网服务场所4家，内资性刊号审批3件，临时性演出审批4件，接访咨询业务50余起。开展日常经营情况检查1500余家次，开展各种专项整治行动14次，受理违法违规举报5起、查处5起，近百家监管企业未发生一起安全事故，全县文化市场实现安全生产零事故。加强服务指导，监督各文化市场经营单位规范建立一块安全生产宣传墙（要求一个行业做好1个安全生产宣传栏，一个单位建立1套安全生产管理制度，一个经营单位制定1套突发事件应急处置工作预案），建成一套安全生产管理台账，创建一个文化市场管理QQ群，上挂1块温馨提示警示屏。2014年12月28日，成立龙里县文化娱乐行业协会，下设5个分会，即歌舞娱乐场所分会、网吧行业分会、电子游艺动漫行业分会、新闻出版行业分会、旅游市场行业分会，共有会员单位100余家。

【互联网上网营业场所管理】由于过去近10年时间的暂停审批，上网服务行业缺乏优胜劣汰的竞争环境，活力严重不足，不少场所存在营业环境差、管理水平低等问题。互联网上网服务场所设立审批放开以来，上半年就新增审批互联网上网服务营业场所12家，总量增加到21家。对原来的9家网吧通过调整整合为5家，另外设备老化、装修布局不合理、改造升级空间不大的4家自然淘汰出局，退出市场。21家上网服务场所共提供就业岗位200余个，为全县上网消费人群提供公共上网服务空间。上网服务营业场所通过转型提质升级后，业务收入得到大幅提升。

【文化市场“扫黄打非”】全县有新闻出版物经营单位35家，“扫黄打非”工作主要围绕“固边、净网、清源、秋风、扶苗”五大专项整治行动组织开展。文化市场监管巡查2000余家次，组织开展联合检查10次，开展专项整治行动12次，办理群众举报件15件、处理领导信箱和转办3件，取缔黑游戏机室5家次、销毁黑游戏机设备100余台，取缔黑网吧3家次、收缴设备35台，收缴盗版光碟1.5万盘（盒）、盗版图书200余册。在市场上未发现反动政治性读物。

【文化馆建设】龙里县文化馆建于1951年3月，内设综合办公室、馆产办公室、文艺演出部、文化艺术培训中心、群文调研室、美术摄影部6个机构。馆舍面积2774平方米，包括主体办公楼、电教室、演员餐厅道具房、演出活动设备库房等，其中群众文化活动用房面积为2159.7平方米。设有文化馆活动厅室10个（音乐制作室77.8平方米、书画室51.1平方米、排练厅212.6平方米、民乐室43.3平方米、健身房59.4平方米、棋牌室38.9平方米、服装服装道具室36.8平方米、电子阅览室70平方米、多功厅和非遗展示厅共469.8平方米）；设有橱窗栏30米，LED屏3.31平方米（长2.53米，高为1.31米）。坚持做好“无障碍、零门槛”向群众免费开放，实施免费开放内容全部对外公布，针对上班和上学的群体白天没有时间享受到免费开放惠民政策的情况，每晚19：30至22：30多开放3小时，每周开放时间达到77小时。接受4年一次的全国文化馆评估定级工作，通过数月的工作整理了10本评估资料，被文化部命名为全国文化馆“三级馆”。

【群众文化活动】2006年以来，龙里县创新打造“龙跃黔中”广场文化这一城市“文化名片”。9年来，从最初邀请外地演艺人员与本土文艺表演者融汇式表演，到本土文化人才与本土艺术作品占据晚会舞台主角；从最初的不定期举办晚会发展到定期举办主题晚会，每年平均演出25场次。参与演出的人员均达百余人次，特殊节日时更是高达近千人次，观看演出的人数上万人次，活动图片数百万张，活动简报百余篇，活动水平逐年明显提高。开展以“龙跃黔中——盛世奏欢歌、龙城小康行”为主题的广场文化系列活动，共举办29场次，参与人数上万人，做到“每季有主题，每月有侧重，每周有亮点，每天有活动”。借助“幸福进万家——文化精品乡村行”文化惠民工程，鼓励各镇（街道）组建民间文化艺术团队，开展县级特色广场文化表演及健身活动队伍建设。全县共组建华舞龙狮团、沙桐树艺术团、俏夕阳舞蹈队、俏夕阳老年合唱团、秋姿舞蹈队、舞动健康健身队、兴龙广场健身队、好花红健身队、“恰恰合”交谊舞队、华太太极队、“西城社区”艺术表演队、龙瑞艺术团、南飞燕肚皮舞团等28支文化艺术团队，该类文艺团队以广场舞、健身舞、交谊舞、肚皮舞、太极等多门类的文化活动分布在广场的每一个片区，每天不少于500人参加。

（县文化和旅游局）

龙里县 2015 年“龙跃黔中”广场文化活动开展情况一览表

表 21

序号	时间	内容	地点
1	1 月 8 日	孔学堂艺术团送欢乐下基层杂技专场文艺晚会	猴子沟部队
2	1 月 22 日	“德行龙里，一路有你” 两会慰问演出	县政府
3	1 月 30 日	2014 年龙里县十大年度人物颁奖晚会	县政府
4	2 月 15 日	2015 年龙里县首届春节联欢晚会	西南药都
5	2 月 26 日	西城社区 2015 年春节文体活动	兴龙广场
6	2 月 27 日	“欢庆 2015 年春节文体活动”	大竹村
7	2 月 19 日	龙里县春节游艺活动	兴龙广场
8	2 月 20 日	龙里县春节游艺活动	兴龙广场
9	2 月 21 日	龙里县春节游艺活动	兴龙广场
10	2 月 22 日	迎新春文艺活动	兴龙广场
11	2 月 23 日	“盛世奏欢歌 龙城小康行” 专场文化展演活动	兴龙广场
12	2 月 24 日	“冠山一家亲 盛世小康行” 活动	兴龙广场
13	2 月 28 日	纪念三八国际劳动妇女节 105 周年	兴龙广场
14	3 月 1 日	民俗文化展演活动	兴龙广场
15	3 月 5 日	元宵焰火晚会	兴龙广场
16	4 月 27 日	旅发大会音乐节	森林公园
17	4 月 29 日	纪念 “五四” 运动 96 周年	兴龙广场
18	5 月 22 日	第四届社区邻里节暨 “四月八” 民族文化活动	思源小区
19	6 月 5 日	“树标兵 展时代风采 重环保 助小康建设” 活动	兴龙广场
20	6 月 13 日	“粽情六月 · 感恩父亲节” 亲子体验活动	兴龙广场
21	6 月 30 日	“庆七一 · 唱安全 · 奔小康” 文化活动	县体育场
22	7 月 5 日	“庆七一红歌会”	兴龙广场
23	7 月 31 日	龙里县纪念建军 88 周年拥军爱民文艺晚会	兴龙广场
24	9 月 10 日	庆祝第三十一个教师节活动	兴龙广场
25	9 月 23 日	“相约中秋 魅力谷脚” 文艺会演	兴龙广场
26	9 月 28 日	龙山镇专场文艺晚会	兴龙广场
27	10 月 15 日	旅发大会大型文艺节目 “彩韵龙山” 演出	双龙镇
28	10 月 23 日	“敬老爱老 盛世小康” 老年节晚会	兴龙广场
29	10 月 30 日	2015 年 “德行龙里” 十佳美德少年广场颁奖晚会	兴龙广场

【文化下乡活动】 在全县开展30场“送文化下乡”活动。在全县实施“幸福进万家——文化精品乡村行”文化惠民工程，采取“大文化、大宣传”方式，开展文体活动共166场次，其中馆办文艺团队参与演出共38场次，促进社会主义新农村精神文明建设。

【文艺创作】 组织县中职校40名学生参加“黔南州2015年特色广场舞大赛”获优秀奖。在黔南州“赶超跨越 圆梦小康”群众文艺创作展演中，县文化馆选送的男子群舞《大山之子》获舞蹈类一等奖，女子群舞《述阿岜》获舞蹈类二等奖，独唱《巫山神山》获优秀奖，县文化馆获综合一等奖。省委宣传部组织的“图说我们的价值观——美好黔图”征集活动中，兰开军创作的作品《图说我们的价值观——美好黔图》《村里来的干部》获银奖。12幅苗族农民画作品参加由中国文联、中国民协等单位组织的“中国精神中国梦”全国农民画展，其中，兰有江的《三月杀鱼节》获银奖，汪文美的作品《春节联欢》和兰廷英的作品《打粑粑》获优秀奖。平坡农民画参加国家民间文艺家协会、省文联主办的全国农民画展，入选3幅，其中1幅获全国优秀奖。黔南州“中国梦——生态之州、美丽黔南”森林与生态专题摄影比赛中，县文化馆马成钢的作品《刺头》《牵牛花》获优秀奖。在黔南州小戏小品大赛中，县文化馆选送的小品《生日快乐》获小品大赛一等奖和创作奖，小品《连心桥》获小品大赛二等奖。借黔南州第八届旅游产业发展大会契机，首次举全县内外艺术专家之力精心打造大型实景文艺精品剧目——《彩韵龙山》，成为龙里县文化发展史上的一次巨大突破，形成龙里特色旅游名片。《彩韵龙山》是由贵州省苗学研究会理事陈光荣、贵州大学艺术学院教授甘瑜共同编剧，甘瑜导演的一台大型实景精品剧目。音乐部分由贵州省音乐人海洋制作，舞蹈部分由贵州大学艺术学院专业老师编排，演员包含外请的专业舞蹈演员10人和县内具有舞蹈专长的教师和学生组成共78人。《彩韵龙山》作为黔南州旅游发展大会的重头戏，于10月15日在龙里县中铁生态城——巫山岩画峡谷内演出呈现。该次《彩韵龙山》是在前两次打造的文化精品《苗山·苗寨·人》和《丽湾依水》的基础上吸取精华进行加工提炼，将龙里最古朴、地道的民族文化展现给观众的同时，结合龙里未来发展方向，将生态、幸福的美丽龙里通过该次旅游发展大会展示给四方宾客，达到以文化促旅游的最终目的。

【文物管理】 依法开展文物巡查，每季度对全县文物保护单位巡查1次以上，及时消除隐患，确保文物安全。其中对冠山古建筑群每周巡查1次以上，巡查点做到“一点一档”。选派专人负责联系上级文物部门协调各方事宜，在冠山文化公园建设中，加强对省级文物保护单位管理，在不破坏文物的前提下积极为建设发展服务。全年无火灾、盗窃事故发生。省政府将龙里县的果里洞葬、巫山岩画列为第五批省级文物保护单位予以公布。10月，组织完成省级文物保护单位果里洞葬、巫山岩画、冠山3处维护保护标志的建立以及巴江惜字塔维修指导工作。完成广济桥、巫山岩画等6个州级文物保护单位项目的申报；完成《非物质文化遗产生产性保护调研报告》上报，并顺利通过州人大等检查；完成第四批省级非遗项目文本修改上报以及《龙里记忆》非遗篇编纂（征求意见稿）工作；完成省级保护名录《龙里苗族服饰》《苗族跳洞》《苗族古歌》项目保护专项资金及传承人补助资金的申报工作。可移动文物普查完成38件文物信息采集、数据审核、网上登录报送等任务，顺利通过州普查办的审核。

（县文化和旅游局）

【论语堂国学书院】龙里县论语堂国学书院创立于2015年3月，坐落于县城金龙路水堤阁河岸边，为全县第一家国学文化书院。书院以“弘扬国学，传承经典”为己任，致力于优秀传统文化的传承传播和交流学习，旨在培育和构建“崇德向善，明礼知耻”的公序良德和社会风尚。为贴近生活、贴近百姓，通过文化讲座和茶话会解读“诗词歌赋”，通过教学培训传承“琴棋书画”。先后开设少儿国学书法班、成人国学书法班、少儿象棋围棋班、古琴培训班4个专业班次，另外不定期开设茶艺班、学生作文辅导班、记忆法培训班等特色教育，常年招生，受教300多人次。联合县文旅局和“掌上龙城网”延请省内外专家学者举办“书香龙城”系列文化活动58期，其中文化讲座41期，茶话会16期，参与近2000人次。其间，应邀到机关、学校、部队等义务宣讲国学文化20多场次，独资举办“论语堂杯”全县书法大赛1次，义务送春联下乡两次，公益作文和古琴培训班3期，多次配合全县书画创作展出活动。

（姜 勇）

广播电视（新闻）

【广播电视网络】贵州广电网络股份有限公司龙里县分公司2015年有正式聘用职工18人，其中男职工14人、女职工4人。全县数字电视用户达17869户，宽带用户869户；完成权责收入986.8万元，现金收入945.4万元；主机累计新增233台，副机累计新增239台；主机基本包累计总收入453.5万元，副机基本包累计总收入10.8万元；数字电视新装用户安装工程累计完成140.8万元；付费节目累计总收入179万元；管道建设费收取85.9万元，代建工程完成2.4万元；宽带收入14.8万元，信息发布费21万元。促进“数字龙里”建设，配合棚户区改造，推进龙里县广播电视网络建设，提升广播电视传输质量，投入115万元，网络新建36千米，网络改造和优化121千米；加大乡镇广播电视网络建设力度，投入150万元对湾滩河、洗马、谷脚、醒狮等4个镇进行双向网改造，新增312个数据业务点，开通互动点播、宽带等业务，双向网络覆盖4100户。推进农村公益电影放映工作，落实县级电影配套资金24024元。在全县五镇一街道共放映故事片1848场，禁毒宣传、安全运输和科普科教片210场，观众人数达52422人次。

（李万彤）

【电视节目】共播出《龙里新闻》316期，播发电视新闻1801条，开办《凝聚正能量，同步奔小康》《德行龙里，一路有你》《学习习近平总书记系列重要讲话精神》《不文明行为曝光台》《我驻村，我承诺，我快乐》《龙城正能量》《迎旅发大会，展龙里风采》《决战贫困 全面小康》《精准扶贫，精准脱贫》《学习贯彻十八届五中全会精神》等26个专栏。外宣完成央级媒体9条、省级68条、州级200余条。

【广播节目】全年自办节目有《新闻早班车》《直播龙里》《直通982》《三农新闻》《Dear 頔儿音乐》《98.2朋友圈》等11个栏目，自办节目每天播出时长达180分钟，让听众在县城的每个角落、乡村的田间地头、农家闲庭小院就能了解国家大事、身边小事、生活趣事。4月，全州调频广播现场会在龙里召开，会上县电视台作交流发言。

【平面与新媒体】平面新媒体部开设有《新龙里》周报、政府网站新闻，新媒体微信公众号“今日龙里”、新浪微博“龙里之声”、手机APP“新龙里”5个发布平台。全年，编发《新龙里》报48期，平面新媒体完成对外宣传央级媒体23

条，多次在经济日报、中国县域经济报刊发龙里经济社会发展稿件，营造全县经济社会发展的良好氛围。组织完成省级媒体宣传169篇（其中贵州日报59篇），组织完成州级媒体宣传410篇，完成龙里专版6期。黔南州各县市在上级平面媒体刊登的新闻稿件，龙里县多年来一直在前三的位置。为了更好地发挥自办报的宣传功能，年6月，将《龙里周讯》改版为《新龙里》周刊，扩大至8个版面。

【重要节会宣传报道】 1月，举办龙里第一届“春节联欢晚会”并直播。3月，与贵州广播电台联合举办第二届绿丝带“绿韵双龙”植树活动。邀请“南方卫视”组团来龙里集中采访，报道龙里的旅游景点、人文景观，节目在南方卫视播出。5月，承担龙里形象宣传片制作任务，配合香港城市经营研究院拍摄宣传片。7月，对贵龙大道的开通惠及群众进行全方位报道。9月，圆满完成全省第二次项目观摩会的内外宣报道及解说任务，得到省州领导的一致好评。10月，借全州旅发大会在龙里召开契机加强对龙里的宣传，在中央、省、州电视、平面媒体用稿40余篇（条）次，完成旅发大会文艺演出（双龙镇）和焰火晚会（县城广场）首次两地直播任务。

（县新闻中心）

体　育

【体育设施建设】 龙里县体育馆与公共体育场毗邻而建，项目占地面积5396.82平方米，建筑面积1.34万平方米，建筑总高23.1米，共4层（一层高4.8米，二层至四层高均为6米），项目为桩基础、框架结构，投资6600万元，于年底建成。体育馆内设办公区、医务室、休息厅、商业区，设有篮球、羽毛球、网球运动场地，乒乓球、台球、健身房等活动室。配套设施有储藏室、设备间、卫生间等。争取到乡镇农民体育健身工程5个、村级农民体育健身工程18个、全民健身路径5条，项目被列入省、州“十大民生”工程内容。项目全部建成投入使用。

【体育教育管理】 体育教育与管理主要是在学校中进行。开足体育课小学74所、初中8所、高中（含中职）2所，落实每天一小时体育锻炼学校84所，组织大课间体育活动学校84所。有体育教师177人，其中，专职64人，兼职162人。小学体育教师缺额29人，初中体育教师缺额5人。体育教师参训65人，其中，小学33人，初中21人，高中（含中职）11人。体育教师受县级以上表彰共16人。全县有田径场23块，其中：200米16块，300～400米3块，400米4块。有篮球场102块，排球场31块，足球场10块；器械体操或游戏区面积2.8万平方米，体育馆1个，学生体质测试室6个。体育器材达标学校6所。体育工作等级评估：优秀学校17所，其中，小学9所，初中6所，高中（含中职）2所；良好学校31所，其中，小学30所，初中1所；及格学校25所，其中，小学24所，初中1所；不及格学校11所，均为小学。无体育专职教研员。全县学校体育经费支出142.3万元（小学65万元、初中64.3万元、高中和中职13万元），其中，体育场地费支出87.7万元（小学35.5万元、初中43.9万元、高中和中职8.3万元），体育专用器材经费支出34.73万元（小学19.83万元、初中12.3万元、高中和中职2.6万元），体育工作经费19.87万元（小学9.67万元、初中8.1万元、高中和中职2.1万元）。将体育中考全部纳入各初级中学中考测试，覆盖率为100%，占中考成绩50分，分值占总分的比例为6.7%。

【竞技体育】 8月，黔南州第四届运动会在瓮安县开幕，龙里县代表团共有103名运动员参加乒乓球、象棋、围棋、羽毛球、跆拳道等15个大项、99个小项比赛，共摘得两枚银牌，并获得组织奖。参加2015年“我爱足球”中国足球民间争霸赛（黔南赛区）晋级赛暨黔南州第一届足球“冠军杯”赛，龙里县代表队荣获亚军。9月4日，龙里县首届帐篷节在龙里大草原景区举办，是黔南州第八届旅游发展大会的系列活动之一。有来自广东、广西、湖南、四川、重庆、云南和省内游客2万余人观赏大草原。安营区内高峰期帐篷约有2000多顶。活动吸引亲子家庭、夫妻情侣、摄影家、旅行家等共3000多名游客参加。2015年“多彩贵州”山地户外体育休闲运动节龙里户外嘉年华，于10月15—18日在中铁国际旅游度假区举行。活动由贵州省体育局、黔南州委、州人民政府主办，黔南州体育局、龙里县委县政府承办。7月2—4日，由贵州省体育局、省老年人体育协会、省老龄委办公室主办，黔南州体育局和龙里县人民政府承办的第七届全省老年人运动会网球比赛在龙里县开幕，是近年来龙里县第一次承办省级重要赛事，参加这次全省老年人运动会的13支参赛队伍来自全省各个地州市、省直机关、省军区和高校等，共有148名运动员到场参赛。

【群众体育】全县共有国家级指导员1人，国家一级指导员13人，国家二级指导员40人，国家三级指导员50人。3月，举办了三级社会体育指导员暨排舞培训班学习。主要群众体育赛事有：春节期间开展以“盛世奏欢歌·龙城小康行”为主题的春节系列文体活动；2月28日庆“三八节”活动“我型、我秀、我健康”排舞大赛，共有25支代表队500余人参赛；5月组队在三都参加黔南州老年人气排球比赛荣获第二名；6月10日，由州体育局、州总工会、州直机关工委共同举办的黔南州2015年职工气排球比赛在都匀市青少年活动中心结束，龙里县组织男女各一支队伍共15人参赛，获男子组亚军，女子组第四名；9月19日，在县体育场举行“庆中秋、迎国庆”职工趣味篮球运动会，共有28个单位392人参加，比赛持续一周时间；9月25日至11月8日，由贵州省农村信用社黔南审计中心主办，都匀农商行、龙里县联社、长顺县联社承办的黔南州农村信用社第一届“全民健身”运动会开幕式在龙里县举行。

【全民健身活动调查】落实国家体育总局开展全国全民健身活动状况调查的决定，3月2日至4日，在元宵节前完成对龙里县抽样样本户全民健身活动状况问卷调查，其中包括湾滩河镇甲摆村、毛栗村，冠山街道的定水村、五里村、大冲村、光明社区。

（县文化和旅游局）

旅 游

【概况】2015年，围绕推进全域旅游，打造旅游战略性支柱产业的目标，抢抓全省打造100个旅游景区契机，依托龙里优越的区位交通、生态资源、民族文化、乡村旅游等优势，大力发展生态休闲、康体度假、乡村旅游产业，初步形成了集康体休闲、小镇风情、避暑度假为一体的中铁国际旅游度假区；集观光、休闲和民族风情体验为核心的龙里大草原旅游区；以林业文化体验、森林康体、休闲度假和会务培训为核心的贵州龙架山国家森林公园；以会务、拓展培训为主的龙里生态园等景区景点。此外，以购买、品尝野生菌为特色的谷脚镇塘坊新村乡村旅游点、以龙山镇莲花片区为中心的县城近郊农家乐、以湾滩河镇孔雀布依风情园为核心的湾滩河流域民族风情乡村旅游、谷脚镇茶香村十里刺梨沟生态乡村旅游点等也初具规模。截至年底，全县共建成AAA级旅游景区1家（龙架山国家森林公园），四星级酒店1家（伯爵钻石酒店）、三星级酒店2家（新纪龙大酒店、生态园锦绣宾馆）、二星级酒店4家（祥华酒店、馨豪宾馆、龙架山宾馆、黔海酒店），有注册的旅行社分社1家（贵州青旅龙里分公司），在建的超五星级酒店1家（安拉塔娜酒店）、四星级酒店1家（西苑锦润）。启动编制《龙里县生态文化旅游规划》，已完成中期稿；制作《中国刺梨之乡——龙里》旅游宣传折页、《中国最美健康旅游养生名县——龙里》旅游画册，全年共发放折页、画册8000余份；共组织2期农家乐厨师培训班，240名学员参加培训。全县共接待游客209万人次，同比增长21.5%，实现旅游总收入11.06亿元，同比增长27.1%。

【旅游招商引资】通过以商招商，4月中旬中铁贵州公司和中鼎云栖置业有限公司引进贵州黔乡子投资管理公司共同出资8.92亿元，合作开发巫山峡谷景区；6月上旬，中铁贵州公司引进上海励阳投资管理中心共同出资8.7亿元，合作开发中铁生态城·PPPG体育休闲运动中心项目；8月下旬，中鼎云栖置业有限公司引进广州海运集团投资8000万元兴建四星级“海员宾馆”。

【景区建设】贵州省100个景区重点项目之一的中铁国际户外休闲旅游综合体，完成年度投资7.04亿元，占年度计划的119.32%。基本完成项目建成区内旅游观光道路系统；旅游风情小镇云栖谷·双龙镇建成香湖、游客接待中心主体工程、观景吊桥、休闲烧烤区、马术俱乐部、大型综合停车场、游客集散广场、旅游步道、标牌、景观绿化等并对外开放；巫山峡谷景区完成岩画主题公园岩画保护制作、一期核心区旅游步道、景区主入口景观绿化、人工湖、叠水景观、石拱桥、旅游厕所、景观回廊、景观亭廊、木栈道、污水处理站等基础设施建设；太阳谷康体养生完成接待中心、道路交通建设；体育主题公园小球训练中心（中铁洛飞城）建成体育会所并对外开放，综合训练场正在施工建设；超五星级酒店（安拉塔娜酒店）外装修工程基本完成，完成3个客房样板间装修，进行设备安装。

【旅游基础设施建设】采取业主自筹、政府拨款、上级补助等方式投入资金1708.6万元，完成新建、改建A级以上标准旅游公厕19个（其中，新建15个，改建4个）、男女厕位总数1298个（其中，男厕位数562个、女厕位数688个、无障碍厕位48个），新建和改建旅游厕所总建筑面积7824.95平方米。在县内主要公路上建成旅游标识牌33块。

【旅游产品开发】主要开发了巴江平坡苗族农民画、醒狮大岩根雕、哪旁印苗挑花刺绣（服饰）、邓氏辣子鸡系列食品，刺梨汁、刺梨果脯、刺梨饮料等系列刺梨产品。

【乡村旅游】结合“四在农家·美丽乡村”建设，整合农业、林业等行业资源，发展乡村旅游。逐步形成以县城近郊龙山镇“美丽乡村”示范点——厉家庄为中心的莲花片区农家乐集群；以生态休闲、赏花品果为主的谷脚镇茶香十里刺梨沟乡村旅游点；以田园风光、现代农业和民族风情体验为主的湾滩河孔雀布依风情园；以购买、品尝野生菌为特色的谷脚镇塘坊新村乡村旅游点；以田园风光、民族文化体验为主的巴江平坡乡村旅游点；以观荷花、赏苗绣、品印苗歌舞为主的哪旁高寨乡村旅游点；以大岩根雕为主的大岩乡村旅游点。全年，乡村旅游接待游客96万人次，实现旅游总收入5.25亿元。

【承办黔南州旅游发展大会】10月15日至18日，黔南州第八届旅游产业发展大会在龙里举办。本届旅发大会的主题是“健康之旅·养生黔南——游风情小镇，品岩画神韵”，主要活动举办地点在中铁国际旅游度假区云栖谷·双龙镇。大会邀请省四家班子相关领导、省旅游局及相关部门领导，越南、泰国、老挝、柬埔寨、马来西亚等东南亚五国驻南宁（昆明）总领事及国家级媒体，广州市旅游局，国内外著名旅游专家、医药健康养生专家，国内知名旅行社、投资客商，国内主流媒体等800余名嘉宾和代表参会。会上，州委副书记、州长向红琼作“守底线、走新路、奔小康，把黔南打造成为国际知名的健康养生旅游目的地”为主题的主旨演讲。

大会邀请柬埔寨驻南宁总领事馆、泰国驻昆明总领事馆、老挝驻南宁总领事馆、越南驻南宁总领事馆、马来西亚驻南宁总领事馆、马来西亚驻广州总领事馆和柬埔寨国家电视台、泰国经济基础报等东南亚五国嘉宾媒体近30人参加。会上，马来西亚驻南宁总领事黄奕瑞代表东南亚就黔南与东南亚文化旅游合作作了发言；黔南州旅游局分别与柬埔寨、越南、老挝三国的代表签订旅游战略合作协议，开创黔南州利用旅发大会平台与国际开展旅游交流合作的先河。同时邀请柬埔寨、泰国、老挝、越南、马来西亚等国的40余位商家组织国外特色商品，携带原产地食材，在双龙镇现场烹制东南亚美食，让广大市民和游客不出国门便可品尝和购买到东南亚特色食品和旅游商品，体验异国风情，开创黔南州旅发大会举办史上国际商家组织商品参与大会活动的先河。

大会期间组织开展“多彩贵州·生态体育——第二届龙里户外嘉年华”活动策划的贵州首届山地半程马拉松比赛、攀岩比赛、自行车特技表演及XC场地赛、蜂巢高空体验、攀岩体验、大众版块山地户外活动、现场乐队表演助兴等活动成为旅发大会系列活动亮点之一，吸引众多户外运动爱好者和游客的参与。其中，贵州首届山地半程马拉松比赛是西南地区首次举办的山地马拉松赛事，吸引800余名省内外跑步爱好者的参与，中央电视台体育频道作现场报道。

大会期间举办的“‘大健康医药产业’国际高峰论坛”邀请中国科学院旅游研究与规划设计中心主任助理、北京中科博道旅游发展机构首席架构师齐晓波，国家旅游局原巡视员、中国旅游报原总编邵春，贵州省保健科技协会执行会长兼秘书长、易经养生大师、高级中医师巫佩霖等20余名国内著名旅游专家和医药保健专家为黔南和龙里新医药大健康产业发展献计献策。

大会将反映龙里浓郁的民族风情、多姿多彩文化和神奇秀美自然风光的大型音乐舞蹈诗——《彩韵龙山》安排在巫山峡谷演出，通过声、光、电等现代技术，将峡谷自然生态、天然崖壁、湖面水体、音乐舞美以及精彩绝伦的舞蹈有机融为一体，向与会嘉宾、代表和游客奉上一场震撼人心的视觉盛宴和文化大餐；在《彩韵龙山》演出的同时，在县城兴龙广场举办“龙跃黔中”舞龙舞狮焰火晚会，吸引县城市民、游客近3万人观看。采用两地现场信号切换的方式，通过LED屏将《彩韵龙山》、“舞龙舞狮”焰火晚会两场演出进行互动，并全程进行电视直播，让身处巫山峡谷的参会嘉宾、县城兴龙广场的市民、身在家中的电视观众都能同时欣赏到两场精彩演出，开创了旅发大会同时进行两场演出和互动直播的先河。

大会期间策划组织的黔南“20个景区”建设成果展暨黔南——东盟精品旅游线路展、特色民族工艺品（旅游商品）展销、大健康医药产业药品保健品展示、“文化黔南”中国名家书画展、非物质文化遗产代表性项目展、“2015黔南—东盟国际美食文化节”等活动，丰富旅发大会的活动内涵，促进黔南与东南亚文化旅游的交流，展示黔南和东南亚在文化旅游、健康养生产业方面的发展，吸引5万余名游客的参与。

10月9日，由州委宣传部组织在龙里县城召开黔南州第八届旅游产业发展大会新闻发布会。10月13日，贵州广播电视台旅游广播和龙里县政府在贵阳举办“2015黔南——东南亚国际文化节”新闻发布会。该两场新闻发布会均邀请20多家国内媒体参与，对旅发大会前期宣传造势发挥了积极的作用。旅发大会期间，中央电视台体育频道、新华社贵州分社、经济日报贵州记者站、香港商报、中央数字电视《书画频道》、贵州电视台、贵州日报、柬埔寨国家电视台、老挝国家电台、泰国经济基础报等媒体的80余名记者进行了全程跟踪采访报道，各类媒体、网站播报、转发旅发大会报道、信息3000余条次。

大会期间，还组织参会嘉宾、代表参观考察了茵特拉根异域风情小镇、小球体育主题公园、太阳谷·康养中心、云栖谷·双龙镇、巫山峡谷等景区景点。

该次大会共签约投资项目13个，签约总资金114.6亿元。项目涉及文化旅游、康体养生、休闲工业等领域。

【黔南州第八届旅发大会启动仪式暨2015年“绿韵双龙”绿丝带大型公益绿化活动】 3月21日，黔南州第八届旅发大会启动仪式暨2015年“绿韵双龙”绿丝带大型公益绿化活动在谷脚镇中铁国际旅游度假区双龙镇举行。黔南州旅游局局长王明亮，时任龙里县委书记胡志峰，龙里县委副书记、县长陈曦，中铁贵州旅游文化发展有限公司董事长张敏，贵阳广电传媒有限公司总经理吴槟参加启动仪式。贵阳、龙里两地绿丝带志愿者、县直机关干部职工3000余人，在中铁国际生态城巫山峡谷公园、中铁大道沿线、贵龙大道3个区域开展义务植树。新华网、网易新闻、贵州网、贵阳广播电视台等省内外数十家媒体对活动进行报道。此外，南方卫视“乘贵广高铁向龙里出发——美丽中国龙里行”栏目组还携鄢烈山等4名名博参与本次活动。

【户外生态休闲音乐节】 4月25日至26日，“我和龙架山有个约会”户外生态休闲音乐节在贵州龙架山国家级森林公园举办。贵州歌手欧桑、杨一方、阿娜丹参加活动。两天的活动中举行乐队表演、现场DJ、非洲鼓、草裙舞、肚皮舞等节目，有婚纱模特秀、旗袍秀、行为艺术展示西游记系列、卡通系列、人体雕塑等特色秀展示，开展了寻宝游戏、滑草、卡丁车、游乐场、“名师高徒风筝”DIY大赛、“梦想飞扬”风筝斗技等户外亲子活动。

【孔雀布依情歌节】 8月20日至21日，第七届孔雀布依情歌节在湾滩河镇孔雀寨举行。情歌节期间举办情歌擂台赛、布依族土歌比赛、情歌篝火晚会、水上拔河比赛、背媳妇过河比赛、抓鱼抓鸭比赛、划皮筏艇比赛、书画摄影展等活动，吸引来自广西和省内花溪、开阳、平塘、罗甸、贵定、惠水等各地千余名山歌爱好者参赛，近2万名游客和群众参加活动。

【龙里大草原帐篷节】 9月4日至5日，龙里大草原帐篷节在龙里大草原景区举办。活动吸引来自广东、广西、湖南、四川、重庆、云南等省内外驴友、游客2万余人参与。帐篷节以“感受草原魅力，畅想自然激情”为主题，两天活动举办水球大战、草原绿色有氧音乐会、篝火狂欢晚会、疯狂撕名牌、宝贝星际大逃亡、情侣夫妻齐心协力闯情关等户外活动。

【景区景点简介】 贵州龙架山国家森林公园位于县城西区，总面积6079公顷，是国家AAA级旅游景区，西南地区唯一的物种基因库。成立于2002年，2005年9月28日正式开放接待游客，2008年被评为国家AAA级旅游景区。先后获得“全国林业科普基地”“贵州省生态文明教育基地”“贵州高原濒危植物繁育中心”“贵州省中亚热带珍稀植物园”“贵州省科普教育基地”“贵州省青少年科技教育基地”“国家生态文明教育基地”等称号。先后引种培育珙桐、红豆杉等国家一级保护植物35种，桫椤、鹅掌楸等国家二级保护植物71种，贵州省级保护植物和特有树种54种。种植有郁金香、薰衣草、牡丹、海棠花、杜鹃、桃花、虞美人、茶花、樱花、玉兰、含笑、蔷薇、牡丹等品种的花卉和观赏种植。内设植物组织培养室、温室盆景园、观光果园、植物文化园、世界国花园、珍稀植物园、郁金香观赏基地、薰衣草观赏基地等，开设真人CS野战、滑草场、水上乐园、卡丁车、儿童游乐场、拓展场、溜索等娱乐场地和设施。园内的聚龙山庄、森林人家、迎宾楼3个餐厅可同时接待1000人就餐；接待中心客房床位200个，有5个多媒体会议室，其中大会议室1个，可满足150人开会需要；中型会议室2个，可满足60人开会需要；小会议室2个，可满足30人开会需要；停车场1万余平方米，能容纳近2000辆车。

龙里大草原　又名玛格诺吉（苗语，意为：美丽的姑娘居住的地方）大草原，是猴子沟风景名胜区高山台地草原景区部分。龙里大草原海拔在1500~1700米之间，由五里坪、亮山坪、谷鸟坪、王寨坪等十几个草原坪组成，总面积10万余亩。其中最大的亮山坪面积有1.2万亩，最长的五里坪有4.5公里。草原地势平坦，天际线分明，年均气温13℃，气候凉爽宜人是喀斯特台地草原的独特性和唯一性。龙里大草原除万亩草场均为原始草植被外，还生长着数百亩成片的白杜鹃（木盖莲）、大白杜鹃、红花木莲等珍贵品种。在草原的马郎坪上，可早观云海、看日出、赏佛光。龙里大草原上居住着万余苗族人。

龙里生态园　位于麻芝社区，距县城3公里，总占地面积12平方公里，其中羊鸡冲水库库容64万立方米，属于小（二）型水库。是贵州省水利厅下属的一处国家水利风景区，也是龙里县一家规模较大、设施齐全的风景区，于2003年5月开始营业，并于2005年被评为国家级水利风景区。生态园的锦绣园宾馆是三星级旅游饭店，园内有喀斯特溶洞——飞龙洞、盆景园、石林、经果林等景观景点。

龙里榕御温泉　位于县城西区，距龙架山国家森林公园500米，是集温泉疗养健身、休闲娱乐、特色美食品尝为一体的温泉度假旅游项目。建有露天温泉汤池、室内汤池、喀斯特溶洞汤池、儿童戏水池、恒温游泳池、SPA水疗馆、休息厅、棋牌室、健身房等，配套特色餐饮、高档住宿等项目，每日可接待游客2000人。

中铁国际旅游度假区　是中铁集团投资建设的大型旅游文化产业项目，位于贵阳、龙里空间一体化发展主轴线上，距县城13公里、贵阳市中心15公里、龙洞堡国际机场6公里，规划占地20平方公里，总投资500亿元。以主题公园、体育公园为主线，以康体休闲、养老养生为支撑，以“三谷一城”为载体，致力打造一座旅游、休闲、避暑、养老、会展、培训等“旅、居、业”一体化发展的综合性国际旅游度假区，通过差异化竞争打造成贵州个性化旅游、休闲、体育、度假的旗舰基地，成为全国乃至世界知名的避暑度假胜地。

双龙镇巫山峡谷景区　是全省“5个100”工程中100个城市综合体、100个旅游景区之一的中铁国际旅游度假区中的度假休闲板块，是中铁国际旅游度假区旅游功能的核心承载区，是贵州旅游产业转型升级的标杆项目。地处贵阳、龙里一体化发展主轴线上，紧邻双龙临空经济区与龙里经济开发区，距贵阳市10公里、龙洞堡国际机场6公里，贵龙大道、贵新高速穿境而过，是龙里融入贵阳城市经济圈的桥头堡，是贵州东线、南线旅游的第一站，是“省会贵阳的国际会客厅”。与8公里长的巫山峡谷景区共同构成中铁国际旅游度假区的云栖谷休闲度假板块，项目将传统古镇建筑与峡谷景观融为一体，用中国传统的院落式建筑来承载现代人时尚休闲度假慢生活；打造集中国古典文化与现代时尚元素为一体的度假目的地。项目的景观规划以“龙”为主线，“龙生九子”的建筑元素遍布于景区，同时以城门楼广场、香湖、鼓楼广场形成一条横向的景观轴线，以入口广场、香湖、情人索桥、花海梯田以及峡谷隘口形成纵向的景观轴线。项目建成后整个景区内将呈现中国院落式旅游休闲小镇、中式山地院落住宅区、山地花海景观区等功能板块。景区的建设打造将为贵州的旅游从观光型向分时度假型、候鸟型、休闲度假型转变探路，为探索具有贵州特色的山地城镇化出经验、做示范。

茶香自行车主题公园　位于谷脚镇茶香村，与贵阳市相距25公里，距龙洞堡机场15公里，距高铁龙里北站10公里。公园环绕茶香村“十里刺梨沟”，沟内绵延数千米集中连片人工水果刺梨，是贵州省规模最大的刺梨基地。刺梨沟核心区方圆数千米，森林覆盖率达90%。规划面积约为567公顷，以山地自行车赛事为亮点，以户外休闲旅游为主题，建设自行车主题公园。按照国际级标准建成山地自行车赛道5公里，休闲骑行赛道10公里，5000平方米活动广场和3000平方米文化广场各1个，自行车主题雕塑4座。通过赛事举办打造山地自行车运动基地，创建山地自行车品牌赛事，推动体旅结合，逐步形成旅店业、餐饮业、出租业、零售业等第三产业的产业结构，努力建设“贵州乡土特色的休闲旅游胜地”“国内户外体育运动休闲胜地”“具有国际影响力的山地自行车比赛胜地”。

湾滩河景区　湾滩河发源于龙里县境内摆省和贵阳花溪区高坡乡境内，流经湾寨羊场进入贵定县巩固，县境流域面积163.8平方公里。湾滩河位于龙里县南部，北接龙里大草原，西面与贵阳市高坡乡交界，南连惠水岗度乡，东面与贵定县云雾乡、巩固乡接壤，涉及摆省、湾寨、羊场等地。湾滩河湾寨、羊场一带素有“万亩大坝”之称，是龙里的“米粮仓”。主要资源有：擦耳岩水库、渔洞暗河天窗群、金星大裂谷、摆绒瀑布到云雾山、治江冲、羊场万亩大坝；摆省果里洞棺葬、“跳洞”、苗族古歌；木马营屯古营盘、安金寨布依书画艺术之乡、中华布依族生态歌谣创作基地的孔雀布依风情园、翠微寺。

【酒店简介】 伯爵钻石酒店　位于县城环城路（火车站旁），2013年12月25日正式营业，已申报四星级酒店。共有客房145间（套）、床位187个，大会议室1个可容纳220人会议、中会议室一个可容纳80人会议，5楼宴会厅可同时接待220人，3楼时尚餐厅可同时接待80人，包房餐位280个；酒店设有KTV及水汇。2015年，有员工85人，客房出租率50%。

新纪龙大酒店　位于县城兴龙路与正大街的交叉路口，由原三星级酒店纪龙大酒店改建而成，改建后2014年8月1日正式营业，共有88间客房、152个床位，包房7个，宴会厅150个餐位、包房90个餐位，1个会议室可容纳120人会议。2015年，共有员工32人，营业额360万元。

馨豪商务酒店　位于县城兴龙路东段，于2012年3月12日正式营业，是一家二星级酒店，共有33间客房、72个床位。2015年共有员工10人，客房出租率60%。

黔海酒店　位于县城三林路，于2014年4月1日正式营业，是一家二星级酒店，共48间客房、72个床位，餐厅可容纳50人同时就餐。2015年共有员工15人，客房出租率65%。

广来酒店　位于县城西南药都生态城，于2015年7月14日正式营业，共有106间客房、169个床位，餐厅可容纳80人同时就餐。2015年，共有员工25人，客房出租率75%。

佰利酒店　位于县城金龙路，于2010年5月1日正式营业，共86间客房、151个床位。2015年，共有员工20人，客房出租率66%。

成龙酒店　位于县城腾龙路，2010年4月正式营业，共56间客房、86个床位，餐厅可容纳100人同时就餐。2015年，共有员工18人，客房出租率67%。

君临大酒店　位于县城腾龙路，于2010年10月正式营业，共有43间客房、74个床位。2015年，共有员工12人，客房出租率52%。

祥华酒店（尚客优）　位于县城青龙路中段，于2010年5月正式营业，是一家二星级酒店，共54间客房、90个床位，包房6个，宴会厅200个餐位、包房100个餐位，1个会议室可容纳30人会议。2015年，共有员工13人，客房租住率56%。

时尚壹佰酒店　位于县城兴龙路，于2010年5月10日正式营业，共46间客房、75个床位。2015年，共有员工15人，客房出租率47%。

兴龙酒店　位于县城兴龙路，于2008年7月18日正式营业，共44间客房、70个床位。2015年，共有员工18人，客房出租率50%。

龙架山宾馆　位于县城三林路，于2013年11月18日正式营业，是一家二星级酒店，共96间客房、180个床位，包房6个，宴会厅200个餐位、包房60个餐位，4个会议室可容纳200人会议。2015年，共有员工85人，客房租住率66%。

生态园锦绣宾馆　位于冠山街道麻芝社区五里村，于2012年9月正式营业，是一家三星级酒店，共48间客房、100个床位，包房2个，宴会厅300个餐位、包房20个餐位，大会议室1个可容纳300人会议，酒店设有KTV、麻将室、网球场。2015年，酒店共有员工35人，客房出租率30%。

（县文化和旅游局）

社 会
SHE HUI

社会事务

人力资源和社会保障

【人才招引】 全年引进、招聘和招考各类人才共370人。其中，组织部门招考公务员和参照公务员法管理人员13人、选调生5人；政府部门招考公务员和参照公务员法管理人员9人、公开招聘事业单位工作人员305人、引进急需紧缺人才25人、安置随军家属1人、优秀基层服务人员转聘2人、安置县内2000届和2001届黔南农校等定向中专毕业生第二批次9人、聘用免费师范生1人。

【公职人员考核】 全县国家机关公务员和参照公务员法管理人员的考核按照干部管理权限由组织和人社两家负责，组织部门负责乡镇公务员和乡科级副职及以上人员（含非领导职务），人社部门负责政府部门国家公务员和参照公务员法管理人员。全县国家机关公务员和参照公务员法管理人员应参加考核人数为1350人（含机关工勤人员84人），实际考核人数为1350人；事业单位应参加考核人数4499人（含事业工勤人员108人），未参加考核人数1人，实际参加考核人数4498人（专业技术人员3188人，管理人员999人，工勤108人，见习期人员203人）。

【人员调配】 全县政府部门办理工作调动手续187人。其中，县外调入本县35人、本县调到外县17人、县内调动135人；实施学区制教师管理，县教育局在学区内交流调动并报人社局备案37人。

【专业技术人员管理】 报送申报中级专业技术职务86人，其中，一级教师79人、工程师4人、农艺师3人；报送申报高级专业技术职务53人，其中高级教师37人、高级工程师3人、高级兽医师1人、高级畜牧师1人、高级农艺师1人、正高级主任医师1人（本县第1人申报）、副主任医师8人、副主任护师1人；申报基层认定副高级专业技术职务11人，其中高级教师9人、高级兽医师1人、副主任医师1人。办理高、中、初专业技术职务和工勤技能岗位聘任手续共602人，其中，高、中、初专业技术职务聘任596人（五级岗位1人、七级岗位58人、八级岗位60人、九级岗位127人、十级岗位192人、十一级岗位48人、十二级岗位85人、十三级岗位25人）；工勤技能岗位聘任6人（二级1人、三级3人、四级2人）。办理2014年工程系列土建类考试通过和各系列评审通过初、中、高级及基层认定副高级专业技术职务资格证书共440人，其中，初级191人（初聘和评审通过初级185人、工程系列土建类考试通过6人）、中级179人（评审通过中级173人、工程系列土建类考试通过6人）、高级70人（评审通过高级45人、基层认定副高级25人）。

【工资调整】4月、6月、9月、12月，按季度集中审核工资基金。4月至6月按年度考核情况调整“两年晋档”“五年晋级”“一年一薪”工资。6月，根据《国务院办公厅转发人力资源和社会保障部财政部关于调整机关事业单位工作人员基本工资和增加机关事业单位离退休人员离退休费3个实施方案的通知》《国务院办公厅关于贵州省提高省直机关津贴补贴水平的复函》，及州财政、州人力资源和社会保障局工作会议精神，县财政和人社部门对工资调整进行前期测算后，结合实际借鉴贵阳市做法，在保证基本工资调整增资额和减少津贴额度，扣除缴纳养老保险金的基础上，全县人均增资水平达300元/月。9月，按调整后的工资进行发放。

【军转安置和工勤技能管理】发放退休企业军转干部慰问金共计4200元；发放困难企业退休军转干部职务补贴和生活困难补贴共计18.05万元。对全县机关事业单位在职在编在岗工勤人员进行摸底调研，涉及全县51个单位、13个工种、245人。统计全县49个单位参加车改人员134人。开班培训全县镇（办）股级干部暨公务员144人。同组织部开展全县企事业单位工作人员继续教育培训，按4期、8个班次共培训3324人次。

【人才交流服务】接收394卷个人人事档案托管，转出123卷个人人事档案，办理档案查阅3人次，出具流动人员档案托管证明10人次，开具调档函20人次。

【创业就业】创建充分就业工业园区1个（龙里县经济开发区），创业示范孵化园基地1个（龙里县高新技术园区创业孵化园）；创建冠山、西门、水桥、谷脚4个就业社区；创建返乡农民工创业园2个（龙里县返乡农民工创业园、龙里县谷脚镇返乡农民工创业园）；创建100个创业示范点（户），创业示范户达100余户。开发公益性岗位就业368人；落实灵活就业社会保险补贴政策，对2014年度符合条件的67人发放社会保险补贴，共补贴资金22.11万元。完成城镇新增就业4879人，增速全省排名第一位。开展“就业援助月”“春风行动招聘会”“民营企业招聘会”等现场活动，共有50余家企业提供2000个以上就业岗位，1200余名求职者现场初步与用人单位达成就业意向，促进3000余名人员实现就业。城镇登记失业率为3.21%，控制在4.2%的目标值以内。

【高校毕业生就业】对2015届高校毕业生进行实名制登记142人，实现就业127名，就业率达90%，完成年底就业率达80%以上的目标。派遣54名高校毕业生到县内各企、事业单位开展3—12个月的就业见习工作，高校毕业生“农村义务教育阶段学校教师特岗计划”27人，“大学生自愿服务西部计划”21人。

【社会保障】截至12月31日，企业职工、自由职业者基本养老保险参保1.3万人，占任务数8930人的145.41%，基金征缴1.44亿元，占任务数6980万元的206.55%；医疗保险参保3万人，占任务数2.94万人的101.89%，基金征缴5017万元，占任务数4330万元的113.25%；失业保险参保9222人，占任务数9220人的

100.02%，基金征缴797万元，占任务数690万元的115.51%；工伤保险参保12807人，占任务数12770人的100.29%，基金征缴548万元，占任务数438万元的125.11%；生育保险参保7491人，占任务数7490人的100.01%，基金征缴258万元，占任务数231万元的111.69%。城乡居民养老保险参保人数10.35万人，占任务数10.07万人的102.77%，基金征缴762万元，占任务数760万元的100.26%。办理县湘黔线及8733部队修建人员贷款入保188人，缴费并参保人员131人。其他类人员入保48人次。

【工伤认定】共受理工伤认定案件102起（其中，死亡3起，认定工伤88起，不予认定2起），工伤认定行政复议6起。

【退休审批】共办理200名参保企业职工退休审批手续，其中，按规定上报州人力资源和社会保障局审批39名特岗职工提前退休手续。办理并发放退休证153本。

【劳动人事争议仲裁】共接到劳动人事争议仲裁申请163件，依法不予受理105件，依法决定受理、立案58件。58件审理终结，其中调解29件，调解率为50%；裁决29件。涉案金额为230.22万元，在办案时限内结案率为100%。

【劳动保障执法】通过落实部门包保化解，全年共收到拖欠劳动者工资投诉案件875起，其中，不予受理237起，协调处理421起，正式登记受理217起，涉及劳动者4600余人次，追索到位拖欠的务工人员工资3000余万元（涉及134个重大项目），其中3起涉嫌犯罪。对128户用人单位进行劳动用工备案，涉及劳动者4500余人（其中，农民工人数1900余人），签订劳动合同人数为4478人，合同签订率为99.51%。主动监察用人单位150余户次，涉及劳动者4500人次，受理劳动关系纠纷投诉案件120余件，涉及劳动者150余人次，结案118件，立案查处率为98%；对县内涉及项目建设的建筑、交通、水利、电力、电信、市政、矿山等行业，推行缴纳务工人员工资支付保障金制度，同时督促建筑业依法参加工伤保险。全年共有85户施工企业存储务工人员工资支付保障金1400余万元，缴纳工伤保险费用420余万元。推动集体合同签订和工资协商制度。督促用工25人以上的企业签订集体合同和工资集体协商协议，全年累计有58家企业完善了集体合同和工资集体协商。全年累计处理信访案件22件，26人次。

（县人力资源和社会保障局）

民 政

【概况】2014年，机构改革，撤销龙里县民政局婚姻登记办公室，新增行政审批服务科（婚姻登记科）；撤销救助站、减灾中心、养老服务中心。在下属社会救助局，增设救助管理科、养老服务科（养老服务中心）。综合办公室更名为办公室，“双拥”优抚安置办公室更名为双拥优抚安置科，基层政权和社区建设办公室更名为基层政权和社区建设科（区划地名科），民间组织管理所更名为社会组织管理中心，殡葬管理所更名为殡葬管理中心。2015年，有在编干部35人。

【福利彩票发行】全县有福利彩票投注站22个（新建福利彩票销售场所5个，其中，福利彩票形象店4个），其中城区站点14个，乡镇站点8个，共计销售福利彩票1203.3万元，较2014年增长2.41%。其中，电脑票销售1106.11万元，即开型彩票销售97.18万元。创下全县福利彩票销售额的最高纪录。

【“五保”供养和孤儿救助】开展农村“五保”供养标准提高工作，集中供养标准为3500元/人·年，分散供养标准为2200元/人·年，

"五保"标准提高了20%以上。全县"五保"供养对象338户392人，其中集中供养170户195人，分散供养168户197人，发放"五保"供养金127.7万元。孤儿基本生活补助标准为：集中供养孤儿1000元/人·月，分散供养孤儿600元/人·月，发放孤儿基本生活费63.18万元，一次性生活补贴1.82万元，燃煤补助10.92万元。

【慈善募捐】收到社会各界爱心人士指定捐款共606.46万元，上年结余41.58万元；支出534.65万元，结余113.39万元。其中1月26日至2月10日在全县范围内开展"德行龙里·慈善情暖万家"募捐活动，共募捐到善款5.72万元；在全县范围开展"慈善一日捐"，共收到捐款35.44万元；与县红十字会共同开展向尼泊尔和西藏自治区地震灾区募捐活动，共募得善款4.49万元。

【慈善救助】按每户困难户200元、房屋火灾户1000元、大病户3000元的标准，共救助92户（其中，困难户68户、房屋火灾户14户、大病户10户），惠及群众320人。创维集团捐赠8台冰箱、8台自动洗衣机给镇（街道）敬老院。9月26日至27日，在青龙路荣兴家电商家以发放惠民补贴方式补助全县优抚对象、低保家庭、困难家庭购买创维电视、冰箱、洗衣机等家电产品。

【灾情与物资】全年主要受到洪涝等灾害8次，最大强降雨量达175.2毫米，累计受灾人口63651人，紧急转移人口6582人，损失达7362.025万元。救灾物资储备有棉被1007床、棉衣958件、绒衣804套、鞋1066双、保暖衣999套、军大衣875件、帐篷76顶以及面包、饼干等。新采购救灾物资，其中棉被2000床、运动鞋2000双、单衣2000套、儿童套装2000套、儿童棉衣1000件、电磁炉1000个、电饭煲1000个。

【救灾防灾】发放汛期洪涝灾害资金336.36万元和救济粮33.5万公斤到各镇（街道）救济受灾困难群众。开展农房灾害保险工作，发放政策性农房灾害保险明白卡和告知书6.4万余张，发送宣传短信8万条，全县共有3.73万户参加农房保险，53户农房受灾，理赔32户、理赔金额10.93万元，其余21户在理赔当中。开展灾后恢复重建，投入恢复重建资金6.4万元。对8户因灾倒损房屋户（含火灾户）进行灾后重建和维修；其中分散重建5户，维修恢复3户。开展避难场所和"平安养老社区"建设，投入15万元。与县公安消防大队共建位于县消防大队营区的应急避难场所，规划面积达6000平方米，可容纳避难避险人数5000人。投入资金5万元在麻芝社区开展"平安养老社区"建设，强化社区对儿童、老年人、病患者、残疾人等弱势群体的应急保护服务，设置有社区灾害分布图、避难示意图、避难场所建设、防灾减灾知识宣传资料、防灾减灾设备等。

【保障救助】发放冬春救助资金263.89万元、御寒物资4114件（床、套、双）、救济粮17万公斤；惠及困难群众2.49万人次。农村低保人员，保障标准达到2580元/年·人，与2014年相比增幅29.6%；城市低保人员，保障标准达到440元/月·人，与2014年相比增幅18.9%。12月，有城市低保人员547户，970人，有农村低保人员3683户7589人，全年累计发放城市低保金435.88万元，累计发放农村低保金1483.22万元。召开全县医疗救助"一站式"服务工作会，一站式服务除在县城区的县人民医院、县中医院、县妇幼保健院、民生医院、阳光医院开展外，还扩展到镇中心医院及分院。全年共对890人进行医疗救助，金额397.16万元。全面开展救急难工作，加大对因病因灾困难群众实施临时救助力度，共救助793人次，发放临时救助资金298.53万元。

【关爱救助】开展留守儿童、留守妇女、空巢老人关爱救助工作，救助留守儿童2362人次，累计发放救助金90.82万元；救助生活困难的空巢老人5802人次，发放救助金160.05万元，救助生活困难的留守妇女1423人次，发放救助金（含物资折款）122.72万元。开展特困弱势群体排查，填制登记表和汇总表，并做好帮扶救助工作，对“五保”对象、城镇“三无”人员每人发放一次性生活补贴200元，共发放314户，发放金额6.28万元。

【流浪人员救助】救助内容主要为流浪、乞讨人员主动求助、生活救助、医疗救治、教育矫治、返乡救助、临时安置以及未成年人社会保护等，救助求助人员1301人，支出救助资金83.81万元。

【困难对象慰问】春节共慰问困难群众72户，慰问金2.16万元，棉被72床，棉衣72件；到麻芝敬老院和醒狮敬老院慰问，为43位“五保”老人送去慰问金和年猪肉，县书法家协会和摄影家协会为敬老院老人免费照相及书写春联，共计慰问费3.01万元，其中慰问金1.29万元、年猪肉价值1.72万元；开展对优抚对象、驻县部队等的慰问，共走访慰问军属、烈属、因公牺牲军人家属、病故军人家属、无工作残疾军人、参战退役人员、带病回乡退伍军人、在乡老复员军人等优抚对象932户，发放慰问金18.64万元；慰问军队离退休干部及一至三级残疾军人11人，发放慰问金3300元；慰问县人武部、78409部队、武警中队、县公安消防大队、县武警四大队、预备役冠山街道办事处100迫击炮连、预备役谷脚镇85加农炮连，共发放慰问金9.5万元。“八一”期间，慰问县人武部、驻地78409部队、武警中队、武警大队等，向驻县部队送去慰问金共计9.5万元；慰问重点优抚对象567户，发放慰问金11.34万元；慰问军队离退休干部及一至三级残疾军人13人，发放慰问金3900元。

（县民政局）

老龄工作

【概况】2015年，全县共有60周岁以上老年人口2.79万人，其中空巢老人2152人，占老年人总数的7.70%，农村留守老人2141人，占老年人总数的7.62%。老龄工作主要有农村幸福院、居家养老服务、老年协会建设、老年人权益保护等。

【基础设施建设】洗马敬老院　位于洗马镇羊昌村，总投资580万元，其中申请上级项目资金380万元、县级配套资金200万元，项目占地约16亩，总建筑面积3500余平方米，活动场所2000平方米，项目建设完工。

社会养老服务中心（老年养护楼）　位于龙山镇余下村，资金筹措采取中央、省级补助、县级匹配的办法，投资1500万元（中央、省级资金1200万元，县级300万元），占地面积约20亩，总建筑面积9300平方米，为200床位规模，主体完工，进入室内外装修。

谷脚镇敬老院　占地10亩，属于中央彩票公益金规划项目，总投资400万元，100个床位，主体完工，进行室内外装修。

湾滩河敬老院　为2014—2015年规划建设项目，位于羊场社区新营村，总投资495万元（申请中央彩票公益金396万元，县级配套99万元），150个床位，项目用地面积7500平方米（11.25亩），建筑占地面积1500平方米，总建筑面积3300平方米；建设室外蔬、果园3000平方米；室外活动场地、道路3000平方米。项目主体完工，进行室内外装修。

龙里县救助站　项目在龙山镇余下村，总投资490万元，其中中央彩票公益金392万元、县级配套资金98万元，总规模70个床位，总建筑面积2450平方米，完成场平进入基础建设。

【项目协调和申报】协调推进贵州省救灾物资储备中心、贵州省老年养护实训培训示范基地项目建设，其中贵州省救灾物资储备中心项目建设完工；贵州老年养护实训培训基地进行基础施工，3号楼进行主体施工。积极申报新建项目，成功申请专项基金项目2个，第一批为龙里县社会养老服务中心，第二批为龙里县老年公寓；对水桥社区日间照料中心、龙里县儿童福利院等项目进行申报，并对申报项目进行规划，"十三五"规划项目49个，向上级民政和发改部门进行申报。

【高龄长寿补贴】落实高龄补贴制度，全县共有常住户口、非财政供养的80周岁以上老年人2512名，发放80岁以上高龄补贴43.55万元（其中80—89周岁高龄补贴为首次发放），为全县2551名80周岁以上非财政供养老年人交纳农村合作医疗个人缴费部分共22.96万元。

【敬老月活动】敬老月期间发放宣传资料200余份，解答群众政策咨询50余次；举办"敬老爱老·盛世小康"敬老月文艺晚会；组织全县老龄委成员单位、各镇（街道）开展为期1个月以法律服务和法律援助为主题的维护老年人合法权益宣传活动；由县相关领导率队开展特困老人、失能老人、空巢老人、百岁老人慰问活动，为64名老人送去慰问金和慰问品共计2.5万元。

【老龄事业】做好百岁老人统计申报，有百岁老人9人；为老年人免费办理老年证，共为898名老年人办老年证898本。开展居家养老服务，在全县13个社区、36个村开展居家养老服务，组织社区和农村志愿者307人为535名老年人提供无偿上门服务，创建冠山街道办事处水桥社区、三合村、谷脚镇贯龙社区3个居家养老服务示范点。建成农村幸福院10个，分别为谷脚镇观音村，龙山镇坝上村，醒狮镇旧寨村、元宝村、醒狮村、进化村，洗马镇洗马社区，湾滩河镇走马村、场坝村、新营村，投入30万元购置床30张、电炉10台、沙发20张、电脑10台、桌椅及床上用品、文体娱乐设施等农村幸福院设备。

（县民政局）

婚姻与收养

【婚姻登记】将婚姻登记服务下放到5个镇办理，对各镇婚姻登记办理员进行培训，1月10日，在各镇（街道）试开通婚姻登记网上办理，为群众提供便捷服务。全年办理结婚登记3158对，离婚登记553对，补发结婚登记346对，补发离婚登记32对，出具无婚姻登记记录证明1022次。

【收养登记】做好收养政策宣传，支持帮助无子女且有抚养教育能力等条件的人员及社会组织对需养育的弃婴和儿童进行收养，使丧失父母的孤儿、查找不到生父母的弃婴和儿童、生父母有特殊困难无力抚养的子女能及时得到收养教育和健康成长，全年共办理收养登记9例。

（县民政局）

殡葬改革

【概况】2015年全县遗体火化范围扩大至28个村3个社区，遗体接运时间由24小时调整为12小时。全年累计火化处置遗体426具（其中龙里籍遗体256具），集中治丧区域内集中治丧率达100%，火化率达100%。其中，扩大火化区域后，新的火化区域死亡137人，遗体火化137具，进入镇村农村公益性墓地41个，扩大火化区域后遗体火化率100%。

【殡葬管理】出台《2015年龙里县殡葬改革工作实施方案》《龙里县2015年农村公益性公墓建设管理实施方案》《龙里县殡葬改革突发事件

应急预案的通知》，召开全县殡葬改革推进会和殡葬改革风险分析会、调度会、培训会和现场会，印发《县人民政府办公室关于进一步明确全县殡葬改革工作有关问题的通知》《龙里县殡葬改革工作流程》。利用电视广播滚动播放、公交车和出租车车载广播全天候播放、流动宣传车在县城集中治丧区域及扩大火化区域流动广播、宣传资料发放到各家各户等形式开展殡葬政策宣传，印制宣传资料6.7万多份，发放宣传资料6.5万多份，共投入资料印制经费12万元。落实惠民政策，减免殡葬基本服务费32.25万元，减轻困难群众丧葬经济负担。

【殡葬建设】在龙凤园殡仪馆墓区开发公益性公墓100亩，建成墓穴413所；开发经营性公墓20亩，建成墓穴2320所；投入150万元支持镇（街道）建成农村公益性公墓14个，其中规范性公益性公墓6个，标志性公墓8个，覆盖101个村、13个社区，实现60%的村建成公益性公墓。投入11.76万元购置冰棺12盒，为各镇（街道）各配2盒。

【文明祭扫及生态安葬】倡导移风易俗新风尚，于4月3日在龙凤园爱国主义教育基地举办清明祭扫活动，450余名烈士家属和双拥单位代表参加；4月8日，举办2015龙凤园第二届“和园”生态节地葬公益活动，集体落葬16名龙里、贵阳户籍亡故居民，省州（市）县及多家新闻媒体共计100余家单位及上千名群众到场参加。

【龙凤园简介】龙凤园是企业投资建设的殡葬一体化项目，位于冠山街道老虎冲，距县城2公里。于2013年7月建成试营运，2013年8月正式投入使用，服务功能为集中治丧、火化及安葬一体化，是贵州省最大的殡葬一体化服务单位，殡殓服务能力达到每年4000具遗体。被民政部一〇一研究所设立为科研示范基地，挂牌为“民政部污染控制重点实验室（贵州）”，是北京社会管理职业学院及重庆城市管理职业学院的实习实训基地。

（县民政局）

2015年龙里县新扩大火化范围一览表

表22

序号	镇（街道）	新扩大火化的村	新扩大火化的社区	备注
1	冠山街道办事处	播箕村、平地村	—	2个村
2	龙山镇	莲花村、坝上村、余下村、新场村	—	4个村
3	谷脚镇	谷脚村、大坡村、岩后村、王关村、谷远村	谷脚社区	5个村1个社区
4	洗马镇	洗马村、落掌村、羊昌村、拐哈村、白泥田村、岩底村、上石坎村	洗马社区	7个村1个社区
5	湾滩河镇	新营村、和平村、翠微村、金批村、走马村、场坝村	新民社区	6个村1个社区
6	醒狮镇	醒狮村、进化村、大岩村、大坝村	—	4个村
合计				28个村3个社区

扩大火化区域：自2015年8月1日零时起，全县公民死亡遗体火化区域扩大至28个村、3个社区（如涉及村、社区撤并情况，以撤并前村、社区区域为准）

2015 年龙里县各镇（街道）农村公益性公墓一览表

表 23

序号	镇（街道）名称	墓地名称	墓地地址	备注
1	谷脚镇	龙凤山公墓	大坡村羊大凯李家山	标志型
2		谷脚村公益性墓地	谷脚村李家山	标志型
3		青佛陵园公墓	岩后村沙坡组	规范型
4	醒狮镇	大岩公墓	大岩	标志型
5		醒狮公墓	—	规范型
6	龙山镇	莲花村的贵龙园	—	规范型
7		新场村的龙凤山	—	标志型
8	湾滩河镇	金批村茶山公墓	—	标志型
9		摆勺村望郎冲	—	规范型
10	洗马镇	牛场村锦绣陵园	—	规范型
11		二宝山公墓	—	标志型
12	冠山街道	仙鹤居公益性公墓（地点大新村）	—	标志型
13		金凤园公益性公墓（凤凰村合安二组）	—	标志型
14		龙凤园公益性公墓	—	规范型

地名普查管理

【地名普查】 召开龙里县第二次全国地名普查工作动员会，对地名普查工作进行安排部署，培训地名普查联络员，细化分解任务到相关部门，编写地名普查目录。各成员单位完成地名普查目录及预填信息登记表。采取政府购买服务方式开展地名普查，完成政府购买服务招标。完成成员单位的信息登记表及地名普查目录预审，到成员单位进行工作指导，地名普查有序开展。

【城区门楼牌设置】 完成城区腾龙路、金龙路、铁龙路、青龙路、荷花路 5 条路的门楼牌编制设置和安装，共计为 6500 户居民进行楼门牌安装。其中，有 896 块正号牌、6643 块户号牌；63 块小区楼栋牌、115 块小区单元牌、162 块单元牌、49 块小区正号牌。开展城区道路牌及各镇街道政府驻地牌摸底工作，完成需要设置道路牌、政府驻地牌地点的图上标绘工作，制作并安装乡镇行政区划调整后五镇政府及冠山街道驻地牌共 21 块。开展高新区、贵龙城市经济带道路命名更名及道路指示牌制作安装，共命名道路 15 条、更名道路 1 条，制作安装道路指示牌 69 块。

（县地名普查办）

2015年龙里县新增道路命名一览表

表24

序号	标准地名	地名含义	地理实体描述	起点	止点	长度（米）	宽度（米）	路面性质	道路等级	始建时间	建成时间
1	科技路	因寓意园区科技蓬勃发展，故而得名科技路	科技路位于冠山街道辖区范围内，原平地堡葫芦坡	贵州科美瑞博电器有限公司	贵州贵龙中药材有限公司	970	12	沥青	支路	2014年	2015年
2	建材路	因该路贯穿多家建材公司，故而得名	建材路位于冠山街道辖区范围内	众鑫泡沫有限公司	龙里华平建材有限公司	1450	12	沥青	支路	2013年	2015年
3	广业路	因寓意园区前景广阔，广纳百业，故而得名	广业路位于冠山街道辖区范围内	贵州中磨雅美居家具有限公司	贵州龙里贵城道路设施有限公司	1350	25	沥青	支路	2013年	2015年
4	平西路	一是为纪念1991年撤区并乡被撤的平西乡；二是寓意园区平安顺利、老百姓与企业共筑和谐发展环境，故而得名	平西路位于冠山街道辖区范围内	贵城道路设施有限公司	贵州贵龙中药材有限公司	1220	25	沥青	支路	2013年	2015年
5	沁园路	因寓意园区发展环境优越，财富涌动，故而得名	沁园路位于冠山街道辖区范围内	贵州博达钢固件有限公司	贵州龙缘盛豆业有限公司	1160	12	沥青	支路	2013年	2015年
6	聚源路	因寓意兴旺发达园区、财富不断集聚，故而得名	聚源路位于冠山街道辖区范围内	贵州龙里恒瑞达钢结构有限公司	贵州英吉机械制造有限公司	1135	22	沥青	支路	2013年	2015年

续上表

序号	标准地名	地名含义	地理实体描述	起点	止点	长度（米）	宽度（米）	路面性质	道路等级	始建时间	建成时间
7	盛源路	因寓意园区财富丰盛、资源丰富而得名	盛源路位于冠山街道辖区范围内	贵州顺益家具有限公司	贵州英吉机械制造有限公司	1553	12	沥青	支路	2013年	2015年
8	嘉源路	因寓意园区发展要素齐备，发展前景美好，故而得名	嘉源路位于冠山街道辖区范围内	贵州中磨雅美居家具有限公司	恒力源科技有限公司二期用地	760	12	沥青	支路	2013年	2015年
9	万豪大道	因贵州万晋置业有限公司在此入驻，且出资冠名，故命名“万豪大道”	万豪大道位于谷脚镇贵龙城市经济带，全线重要构造物有立交桥2座、连拱涵洞3座、通道1座	王关村与贵龙大道相交处	谷脚工业园	6980	34	沥青	主干路	2012年	2015年
10	继望路	因寓意汇聚四方财源，民阜物丰，故而得名	继望路位于谷脚镇辖贵龙城市经济带	龙里西收费站处	210国道	1600	30	沥青	次干路	2014年	2015年
11	迅达路	快递物流园内交通主干道，为传达物流快捷的理念，故而得名	迅达路位于谷脚镇贵龙城市经济带	继望路	物源路	960	30	沥青	支路	2014年	2015年
12	王关路	因该路北侧为王关村安置区，故而得名	王关路位于谷脚镇贵龙城市经济带	继望路	万豪大道	700	30	沥青	次干路	2012年	2015年
13	物源路	因该路北侧为规划的物流园，南侧为多家快递物流企业，便于对外强化形象和记忆，同时传达贵龙城市经济带物流聚集、财源广进之意，故而得名	物源路位于谷脚镇贵龙城市经济带	210国道	万豪大道	1160	30	沥青	次干路	2014年	2015年

续上表

序号	标准地名	地名含义	地理实体描述	起点	止点	长度（米）	宽度（米）	路面性质	道路等级	始建时间	建成时间
14	高新大道	因该路为通往高新区的主干道，中轴线，并在道路原基础上加宽，提高路面质量，故命名	高新大道位于谷脚镇辖区范围内	小桥边	跑马场	4000	30	沥青	主干路	2012 年	2015 年
15	双龙路	因贵州双龙现代贸易有限公司在此入驻，且出资冠名。故命名为“双龙路”	双龙路位于谷脚镇辖区范围内	双龙物流商贸城	龙里西收费站处	1658.893	30	沥青	次干路	2014 年	2015 年
16	振兴路	因寓意振兴园区建设，故而得名振兴路	振兴路位于冠山街道辖区范围内	贵州英吉机械制造有限公司	贵龙中药材有限公司	600	10	沥青	支路	2013 年	2015 年

区划调整

【村居区域优化】 出台《龙里县行政村（居）区域调整优化工作的指导意见》，各镇（街道）制定行政村（居）区域调整优化工作实施方案。召开全县村（居）区域调整优化工作推进会、调度会，村（居）优化有序开展，全县从167个村（居）优化整合成81个村（居）。召开龙里县优化后新组建村（居）两委的选举培训会，新组建的55个村和8个社区完成村（居）两委选举，指导优化后村（居）“两委”进行挂牌。

（县民政局）

2015 年龙里县优化整合后的行政村一览表

表 25

序号	镇（街道）名称	行政村名称	村负责人姓名	地址
1	冠山街道（8 个村、8 个社区居委会）	平西村	李　林	平西村下坝五组
2		凤凰村	阳光华	凤凰村合安六组
3		三合村	汪少荣	三合村八组
4		高坪村	严装华	高坪村五组
5		鸿运村	张凤琴	鸿运村帮楼组
6		五新村	王万恒	五新村王家院一组
7		大新村	杨跃植	大新村定水四组
8		播箕村	张成喜	播箕村二组
9		西城社区	王国义	西城社区茅草冲组
10		龙坪社区	徐光华	大冲宏康安置小区
11		西门社区	周　丹	光明社区穿洞口
12		城南社区	陈堂镇	城南社区合花路幸福里小区
13		水桥社区	吴　慧	水桥社区林场宿舍
14		冠山社区	袁　琳	冠山社区铁龙路
15		大冲社区	付现明	大冲社区二组
16		光明社区	刘延刚	光明社区五组
17	龙山镇（10 个村、2 个社区居委会）	莲花村	余善云	龙山镇莲花村
18		余下村	唐先挂	龙山镇余下村
19		平山村	张才学	龙山镇平山村
20		中排村	岳虎成	龙山镇中排村（原幸福村）
21		水苔村	王明	龙山镇水苔村（原前进村）
22		团结村	唐帅	龙山镇团结村（原塘兴村）
23		金星村	王青金	龙山镇金星村（原红星村）
24		草原村	张顺平	龙山镇草原村
25		比孟村	陈文国	龙山镇比孟村（原鸡场村）
26		中坝村	罗时江	龙山镇中坝村
27		水场社区	王孝学	龙山镇水场社区（原红岩村）
28		龙山社区	韦开林	龙山镇龙山社区

续上表

序号	镇（街道）名称	行政村名称	村负责人姓名	地址
29	谷脚镇（5个村、5个社区居委会）	茶香村	兰江	谷脚镇茶香村指路碑组
30		高堡村	王华	谷脚镇高堡村上堡子组
31		高新村	向廷勇	谷脚镇高新村把场组
32		谷冰村	侯朝先	谷脚镇谷冰村大谷冰三组
33		观音村	李方文	谷脚镇观音村哨关田组
34		庆阳社区	罗先林	谷脚镇庆阳社区小箐组
35		贵龙社区	李发林	贵龙新苑二栋3单元
36		王关社区	刘显红	王关社区王关大寨
37		谷脚社区	张承华	谷脚社区谷脚三组
38		岩后社区	周友发	岩后社区泡木冲组
39	醒狮镇（8个村、1个社区居委会）	元宝村	国光祥	醒狮镇元宝村
40		醒狮村	杨瑞海	醒狮镇醒狮村场坝组
41		凉水村	罗顺玉	醒狮镇凉水村（原旧寨村）
42		高吏目村	赵文智	醒狮镇高吏目村（原乐榨村）
43		谷龙村	肖崇贵	醒狮镇谷龙村
44		谷新村	王洪廷	醒狮镇谷新村
45		平寨村	代恒友	醒狮镇平寨村
46		大岩村	罗朝富	醒狮镇大岩村小岩组
47		醒狮社区	杨朝辉	醒狮镇醒狮社区刘家湾组
48	洗马镇（14个村、1个社区居委会）	金溪村	罗忠廷	原坞泥村五组
49		哪嗙村	陈　平	原哪嗙乡政府
50		田箐村	李国军	原万厂小学
51		羊昌村	代启发	原老羊昌村羊昌1组
52		乐宝村	韦泽伦	乐宝大寨组
53		洗马河村	宋兴元	原洗马村洗马街上
54		落掌村	龙大红	原落掌村大寨组
55		台上村	宋培贵	原台上村台上组
56		巴江村	刘占珍	原巴江乡人民政府
57		龙场村	江如发	原牛场村牛场街上
58		猫寨村	杨　华	原猫寨村猫寨组
59		乐湾村	喻贞和	原烂田湾村烂田湾组
60		平坡村	兰廷虎	原平坡村大坪组
61		花京村	刘　瑛	原花京村光西路组
62		洗马社区	陈毕顺	洗马镇洗马河村西门街

续上表

序号	镇（街道）名称	行政村名称	村负责人姓名	地址
63	湾滩河镇（18个村、1个社区居委会）	摆主村	杨朝元	原摆绒村四组
64		新龙村	杨玉文	新龙村地坝组
65		果里村	吴倍文	果里村委会一组
66		摆省村	吴昌明	原新庄村高山庄组
67		金星村	王锡用	金星村摆龚组
68		渔洞村	王国兴	原团结村摆让组
69		湾寨村	罗有明	原摆勺村花椒寨
70		园区村	田庆丰	原毛栗村毛栗寨
71		桂花村	王恩福	原凯卡村二组
72		石头村	张文祥	石头村捞鱼冲
73		六广村	李泽明	原长萌村贵努组
74		羊场村	陈永荣	原新营村黄泥榜组
75		岱林村	王朝香	原长寨村委会角落组
76		云雾山村	杨华先	原甲晃村杉木桥组
77		营盘村	陈光华	原营屯村井边院组
78		金批村	莫尚周	金批村小坡脚组
79		翠微村	杨仕洲	翠微村甲摆勺组
80		走马村	余焕松	走马村甲摆同组
81		新民社区	罗庆云	新民社区政府机关组

冠山街道行政村（居）区域调整优化工作一览表

表 26

序号	原村名	合并后新建村及命名	新建村办公选址	合并后人口数	合并后面积（平方公里）	户数	组数	中共党员数	新建村命名缘由
1	西城社区 大竹村	西城社区	现西城社区办公室	4907	21.5	2663	18	79	将大竹村并入西城社区，故沿用西城社区命名
2	平地村 西联村	平西村	现平地村办公室	2405	21.5	516	18	59	平地村、西联村地理位置相连，属原平西乡，故取名平西村
3	凤凰村 合安村 硝兴村	凤凰村	现硝兴村办公室	2066	15.1	431	19	68	凤凰村、合安村，硝兴村3村地理位置相连，“凤凰”具有吉祥之意，故沿用凤凰村命名

续上表

序号	原村名	合并后新建村及命名	新建村办公选址	合并后人口数	合并后面积（平方公里）	户数	组数	中共党员数	新建村命名缘由
4	三元社区 三合村 渔洞村 永安村	三合村	原三元镇政府办公楼	3367	7.2	650	22	125	三合村、渔洞村，永安村、三元社区位于三元河流域，“三合”名称历来已久，故沿用三合村命名
5	高坪村 新安村	高坪村	现高坪村办公室	2764	32	567	19	72	新安村、高坪村地理位置相连，为便于发展高坪酥李品牌，故沿用高坪村命名
6	富洪村 龙云村	鸿运村	现龙云村办公室	2880	21	462	14	87	龙云村、富洪村地理位置相连，综合两村村名，寄予蒸蒸日上之意，故命名鸿运村
7	五里村 新民村	五新村	现五里村办公室	2753	20.2	694	22	112	五里村、新民村地理位置相连，综合两个村村名，寄予欣欣向荣之意，故命名五新村
8	大新村 光坡村 永合村 乐阳村 定水村	大新村	现定水村办公室	3483	40.9	672	28	134	大新村、光坡村，永合村，乐阳村，定水村属原大新乡，是苗族和布依族群众聚集区，在民族认同感、风俗习惯等方面具有统一性和相似性，故以大新村命名
9	冠山社区	冠山社区	不变	10119	2.3	3576	25	100	在区域、人口等方面符合区划调整优化要求，故保留冠山社区
10	城南社区	城南社区	不变	10482	5	3960	16	67	在区域、人口等方面符合区划调整优化要求，故保留城南社区
11	龙坪社区	龙坪社区	不变	4276	8.6	2236	19	58	在区域、人口等方面符合区划调整优化要求，故保留龙坪社区

续上表

序号	原村名	合并后新建村及命名	新建村办公选址	合并后人口数	合并后面积（平方公里）	户数	组数	中共党员数	新建村命名缘由
12	大冲社区	大冲社区	不变	2896	10	1760	11	38	在区域、人口等方面符合区划调整优化要求，故保留大冲社区
13	西门社区	西门社区	不变	9282	2.5	2658	18	48	在区域、人口等方面符合区划调整优化要求，故保留大冲社区
14	光明社区	光明社区	不变	4418	4.5	2103	16	75	在区域、人口等方面符合区划调整优化要求，故保留光明社区
15	水桥社区	水桥社区	不变	3075	4.5	979	10	27	在区域、人口等方面符合区划调整优化要求，故保留水桥社区
16	播箕村	播箕村	不变	2376	18.2	478	12	40	在区域、人口等方面符合区划调整优化要求，故保留播箕村
合计				71549	235	22405	287	1189	—

说明：由 30 个村（居）调整为 16 个村（居），即 8 个村、8 个社区

龙山镇行政村（居）区域调整优化工作一览表

表 27

序号	原村名	合并后新建村命名	新建村办公选址	合并后人口数	合并后地域面积（平方公里）	户数	组数	中共党员数	新建村命名缘由
1	莲花村 纸厂村	莲花村	现莲花村办公室	1955	37.51	711	12	51	以群众称呼习惯命名
2	朵花村 余下村	余下村	现余下村办公室	2886	12.21	779	17	56	以群众称呼习惯命名
3	坝上村 新场村	龙山社区	现坝上村办公室	2610	12.84	802	12	86	取镇名为社区名
4	摆谷六 新水村 桥尾村	平山村	现新水村办公室（桥尾村建议村委会选址在桥尾）	2172	43.52	527	19	59	以原平山乡之“平山”命名

续上表

序号	原村名	合并后新建村命名	新建村办公选址	合并后人口数	合并后地域面积（平方公里）	户数	组数	中共党员数	新建村命名缘由
5	高峰村 羊蓬村 幸福村	中排村	中排	3759	34.09	833	21	68	以群众称呼习惯命名
6	前进村 大谷村	水苔村	现前进村办公室	2574	30.5	477	13	39	以主要种植产业海花草之学名“水苔”命名
7	城兴村 塘兴村	团结村	现城兴村办公室	2996	15.68	568	15	52	现城兴村办公室
8	红星村 金谷村	金星村	水落洞	3210	34.21	660	17	46	水落洞
9	朝阳村 草原村	草原村	现草原村办公室	3693	54.83	942	21	50	现草原村办公室
10	高沟村 水场村 红岩村	水场社区	原水场乡政府	3794	35.7	1086	21	100	原水场乡政府
11	三村村 场坝村 鸡场村	比孟村	现场坝村办公室	2765	40	673	19	125	现场坝村办公室
12	中坝村	中坝村	现中坝村办公室	1045	17	262	9	52	现中坝村办公室
合计				33459	368.09	8320	196	784	

说明：由27个村调整为12个村（居），即10个村、2个社区

谷脚镇行政村（居）区域调整优化工作一览表

表28

序号	原村名	合并后新建村命名	新建村办公选址	合并后人口数	合并后区域面积（平方公里）	户数	组数	中共党员数	命名缘由
1	谷脚村七、八、九组，谷远村除上、下郭关组、巫山一、二组外的15个村民组	贵龙社区	谷远村委会办公室	4321	14	957	18	485	该社区处在贵龙经济带核心区

续上表

序号	原村名	合并后新建村命名	新建村办公选址	合并后人口数	合并后区域面积（平方公里）	户数	组数	中共党员数	命名缘由
2	小箐村、羊场司村，鸡场村的旧司组、双龙井组、下寨组、白岩坪组、落花洞组、沙朗坝组、四方土组	庆阳社区	羊场司村委会办公室	3732	31	1049	17	97	因小箐村、羊场司村为整村划转、鸡场村为部分划转，用“庆”是小箐村“箐”的谐音，“阳”是羊场司村“羊”的谐音，命名为庆阳村
3	大坡村托管的千家卡组、倪儿关组、泡木冲组，岩后村托管的大凹组、三王庙组、湾坡组、横房子组、岩背后组，三宝村托管的沙冲组、三宝组、关口组坪寨组	岩后社区	岩后村委会办公室	6095	34.3	975	12	51	因四个村部分合并，命名为大岩宝村
4	谷脚社区、哨堡村、谷脚村未托管的一、二、三、四、五、六组，大坡村未托管的新街一、二组、羊大凯组，大坡寨一、二、三、四组和岩后村未托管的白泥田组、沙坡组	谷脚社区	现大坡村委会	7059	14	2336	25	135	政府所在地，该区域紧靠镇政府
5	王关村，谷远村的上下郭关组、巫山一、二组	王关社区	王关安置区	2933	11.5	670	17	42	王关村整村未托管，人口占 80% 以上
6	茶香村、鸡场村的龙崩岩组、指路碑组、冷冲组、三宝村的黑石头组	茶香村	鸡场村委会办公室	1746	20.7	459	9	40	茶香有中国刺梨之乡的美称
7	高堡村、毛保村、谷定村	高堡村	高堡村委会办公室	1892	36.91	531	17	64	高堡作为原谷脚区高堡乡政府所在地，按照历史沿革，因此命名为高堡村

续上表

序号	原村名	合并后新建村命名	新建村办公选址	合并后人口数	合并后区域面积（平方公里）	户数	组数	中共党员数	命名缘由
8	新坪村、高枧村	高新村	高枧村委会办公室	1881	21.4	532	16	86	因为高枧和新坪都各具特色，将两村名整合，因此命名为高新村
9	谷冰村、大谷冰村	谷冰村	谷冰村委会办公室	1637	23	422	24	56	因谷冰为原谷冰乡政府所在地，因此命名为谷冰村
10	观音村	观音村	观音村委会办公室	2579	32	630	19	30	作为原谷脚区观音乡政府所在地，农家乐、特色农产品交易比较早，已形成一定的规模
合计				32064	242.41	8135	176	649	

说明：由原20个村（居）调整为10个村（居），即5个村、5个社区

醒狮镇行政村（居）区域调整优化工作一览表

表29

序号	原村名	合并后新建村及命名	新建村办公选址	合并后人口数（人）	合并后地域面积（平方公里）	户数	组数	中共党员数	命名缘由
1	元宝村 顶水村	元宝村	原元宝村	3034	19.1	864	18	80	以群众称呼习惯命名
2	醒狮村 进化村 大坝村	醒狮村	原进化村	4181	10.45	1270	27	117	以群众称呼习惯命名
3	小坝村 旧寨村 凉水村	凉水村	原旧寨村	2924	29.83	775	26	94	以群众称呼习惯命名
4	高吏目村 乐榨村	高吏目村	原高吏目村	3529	21.27	827	28	70	以群众称呼习惯命名
5	小谷龙村 大谷龙村 林安村	谷龙村	原小谷龙村	4082	26.52	1038	30	92	以原谷龙乡命名
6	谷新村 谷汪村	谷新村	原谷新村	2340	18.84	530	17	54	以群众称呼习惯命名

续上表

序号	原村名	合并后新建村及命名	新建村办公选址	合并后人口数（人）	合并后地域面积（平方公里）	户数	组数	中共党员数	命名缘由
7	龙滩村 葫芦田村 关庄村 平寨村	平寨村	原平寨村	4078	30. 84	986	34	112	以原老平寨公社命名
8	大岩村	大岩村	大岩村	975	7. 09	297	8	45	不变
9	醒狮社区	醒狮社区	醒狮社区	1260	—	—	—	18	不变
合计				26403	163. 94	6587	188	682	—

说明：由原21个村（居）调整为9个村（居），即8村1社区

洗马镇行政村（居）区域调整优化一览表

表30

序号	原村名	合并后新建村命名	新建村办公选址	合并后人口数	合并后地域面积（平方公里）	户数	组数	中共党员数	新建村命名缘由
1	顶溪村 坞坭村	金溪村	平定坝（沪昆高铁指挥部办公室）	1818	13. 47	391	16	58	以贯穿原两村的金溪命名
2	石板滩村 狗场村 关口村 长芽村	哪嗙村	哪嗙社区服务中心	4748	34. 24	1155	38	150	以原哪嗙乡驻地命名
3	田坝村 二箐村	田箐村	原二箐小学	1755	20. 07	423	20	50	各取合并前两村一字命名
4	新庄村 羊昌村 岩底村	羊昌村	现羊昌村办公室	5505	23. 44	1407	34	98	以群众称呼习惯命名
5	乐宝村	乐宝村	现乐宝村办公室	1552	17. 48	343	14	33	以群众称呼习惯命名
6	洗马村 拐哈村	洗马河村	现洗马村办公室	2865	9. 01	820	22	69	以贯穿两村的洗马河命名
7	白泥田 上石坎 落掌村	落掌村	现落掌村办公室	3314	19. 2	898	31	73	以原落掌公社命名

续上表

序号	原村名	合并后新建村命名	新建村办公选址	合并后人口数	合并后地域面积（平方公里）	户数	组数	中共党员数	新建村命名缘由
8	大坪村 台上村	台上村	现台上村办公室	3187	16	765	27	64	以群众称呼习惯命名
9	大路坪村 巴江村	巴江村	原巴江财政分局	2908	16	755	22	59	以原巴江乡驻地命名
10	大厂村 黄星村 牛场村	龙场村	原牛场公社办公楼	4856	35	1252	40	65	以原龙场公社命名
11	长沟村 猫寨村	猫寨村	现猫寨村办公室	3254	30.8	809	24	42	以原猫寨乡（1953年）驻地命名
12	落锅村 烂田湾村	乐湾村	现烂田湾村办公室	3028	21	704	30	79	各取合并前两村一字命名（“乐”取“落”谐音）
13	新寨村 水尾村 平坡村	平坡村	现平坡村办公室	4139	27.39	947	29	119	以群众称呼习惯命名
14	白果村 花京村	花京村	现花京村办公室	3808	15	957	27	66	两村以前曾为一村，村名即花京村
15	洗马社区居委会	洗马社区居委会	现洗马社区居委会	885				60	以群众称呼习惯命名
合计				47622	298.1	11626	374	1085	

说明：由34个村（居）调整为15个村（居），即14个村，1个社区

湾滩河镇行政村（居）区域调整优化工作一览表

表31

序号	原村名	合并后新建村命名	新建村办公选址	合并后人口数（人）	合并后地域面积（平方公里）	户数	组数	中共党员数	新建村名缘由
1	摆岑村、摆绒村、摆主村	摆主村	摆主寨	2833	13.2	501	15	111	历史以来三个村统称为摆主，且摆主寨地理位置居中

续上表

序号	原村名	合并后新建村命名	新建村办公选址	合并后人口数（人）	合并后地域面积（平方公里）	户数	组数	中共党员数	新建村名缘由
2	打夯村、新龙村	新龙村	龙窝寨	1618	12.53	319	9	46	新龙为原摆省乡政府驻地，群众易接受该称谓
3	谷孟村、果里村（含新合村的猴子场、糯米寨、中地坝）	果里村	果里寨	2398	15	480	14	70	果里这一称谓由来已久，且知名度较高，群众接受度高
4	新庄村、摆省村	摆省村	摆省寨	1859	11.6	370	9	64	沿用原摆省乡称谓，群众认同感高
5	新合村（除猴子场、糯米寨、中地坝）、金星村	金星村	原金星村村委会所在地	1602	17.1	357	12	66	该村以原金星村区域为主，因此沿用原金星村称谓
6	渔洞村、团结村	渔洞村	渔洞寨	1950	18	432	14	82	沿用历史上渔洞乡称谓，群众易接受
7	场坝村、摆勺村	湾寨村	湾寨街上	2720	8.2	866	18	77	沿用原湾寨乡称谓，群众认同度高
8	甲摆村、毛栗村	园区村	毛栗寨	2134	9.7	544	18	76	该区域处在农业园区核心区，且群众易接受
9	盘脚村、凯卡村	桂花村	原盘脚村烟厂组	1334	20.01	315	10	46	两村中间地带有座山叫桂花山，因此取名为桂花村
10	上坝村、石头村	石头村	原上坝村台上对面	1755	14.7	385	14	45	沿用石头村名，群众接受度较高
11	长萌村、新华村	六广村	原六广寨	1831	15.3	460	11	54	该区域隶属原六广乡，且小地名也称六广，群众接受度高

续上表

序号	原村名	合并后新建村命名	新建村办公选址	合并后人口数（人）	合并后地域面积（平方公里）	户数	组数	中共党员数	新建村名缘由
12	新营村、和平村	羊场村	羊场街上	4014	8.84	1078	16	72	沿用原羊场镇称谓，名气及影响力较大
13	岱林村、长寨村	岱林村	岱林寨	2246	17.63	443	16	67	沿用岱林乡称谓，群众接受度高
14	甲晃村、联合村	云雾山村	甲架	2619	19.49	539	16	57	地处云雾山地带，群众接受度高
15	木马村、营屯村	营盘村	木马小学所在地	2980	12.54	553	17	71	该区域地处营盘山脚，群众接受度高
16	金批村	金批村	—	2295	9.6	—	12	43	未撤并
17	翠微村	翠微村	—	2074	6.9	—	7	39	未撤并
18	走马村	走马村	—	2327	11.66		16	43	未撤并
19	新民社区	新民社区	原新民社区办公室	595	2	—	1	20	未撤并
合计				41184	244	7642	245	1149	—

说明：由35个村（居）调整为19个村（居），即18个村，1个居委会

社会组织管理

【概况】 社会组织管理实行网上申请登记、审核年检，全县应检社会组织47个，经年检合格34个、不合格12个、撤销登记1个，对各镇申请成立协会商会进行审查，共批复成立商会10个、农村专业技术类协会2个、民办幼儿园5个。

【基层民主自治】 建立村、镇（街道）、县级村（居）务监督委员会台账，指导冠山街道西城社区开展一户一档精细化建设管理。围绕“志愿服务进社区，志愿服务常态化；电子印章进社区，服务群众信息化；一户一档进社区，民情管理精细化；建立阁长负责制，治安管控网格化”等内容开展“四化社区”创建。全面指导社区开展“明礼知耻·崇德向善在社区”活动，各村（居）完成“讲文明树新风·图说我的价值观”公益广告张贴工作。承办黔南州城乡社区建设现场会。8月14日，全州城乡社区建设现场会在龙里召开。

（县民政局）

龙里县2015年社会组织一览表

表32

序号	单位名称	法定代表人	机构代码证号	登记证字号	地址
1	龙里县冠山街道新民村獭兔养殖协会	黄永康	—	—	龙里县冠山街道新民村
2	龙里县湾滩河镇老年协会	肖钦蓉	未办理	—	湾滩河镇新民社区
3	龙里县谷脚镇老年协会	文光志	未办理	—	龙里县谷脚镇谷脚社区
4	龙里县醒狮镇老年协会	袁凤波	未办理	—	龙里县醒狮镇醒狮村
5	龙里县龙山镇老年协会	王　敏	未办理	—	龙山镇社会事务办
6	龙里县冠山街道老年协会	陈　宇	—	—	龙里县冠山街道办事处大冲村
7	龙里县文化娱乐协会	郑明六	32223164-5	—	龙里县冠山街道大十字
8	龙里县谷脚镇观音社区特色餐饮协会	赵文林	—	—	龙里县谷脚镇观音村村委会
9	龙里县危爆管理协会	郭仕龙	—	—	龙里县环北路水利局物资公司三楼
10	龙里县洗马镇老年协会	陈贤芬	未办理	—	龙里县洗马镇政府
11	龙里县洗马镇运输协会	艾仁海（金德英）	艾仁海已退出未办理法人变更手续	—	龙里县洗马镇东门街
12	龙里县龙山镇坝上村农家乐协会	朱玉德	31436103-6	—	龙里县龙山镇坝上村村委会
13	龙里县谷脚镇观音社区民族民间体育协会	罗康华	—	—	龙里县谷脚镇观音村村委会
14	龙里县志愿者联合会	汪永丽	—	—	龙里县政府十楼
15	龙里县龙山镇桥尾村老年协会	唐诗高	—	—	龙里县龙山镇桥尾村村委会
16	龙里县墙体材料行业协会	王永顺	—	—	龙里县冠山街道环城路东关坡脚
17	龙里县经济开发研究促进会	黎兴发	082779172-2	1006-082	龙里县离退休干部局（县政府3楼）
18	龙里县谷龙乡瑞康肉牛养殖协会	王明红	—	—	龙里县谷龙乡乐榨村
19	龙里县湾寨乡甲摆蔬菜协会	刘志国	07386054-6		湾寨乡甲摆村村委会
20	龙里县见义勇为协会	赵　鹏	—	—	龙里县综治办（县政府2楼）
21	龙里县税务学会	莫伯涛	—	—	龙里县国税局
22	龙里县草原乡大谷村海花草（水苔）种植协会	王许刚	—	—	草原乡大谷村小谷朗村民组（王许刚家）

续上表

序号	单位名称	法定代表人	机构代码证号	登记证字号	地址
23	龙里县警察协会	梅可芳	—	—	龙里县兴龙路
24	龙里县砂石行业协会	王国民	—	—	龙里县三林路
25	龙里县草原乡六六种养殖协会	陆标云	—	—	草原乡幸福村陆家寨
26	龙里县谷脚镇茶香村刺梨产业协会	李明权	—	—	谷脚镇茶香村村委会
27	龙里县富农养殖协会	袁本忠	—	—	龙山镇大竹村老村委会
28	龙里县消费者协会	王吉良	—	—	龙里县工商局
29	龙里县太极拳协会	童学芬	—	—	龙里腾龙路
30	龙里县餐饮行业协会	田晓顺	—	—	龙里县三林路
31	龙里县房地产业协会	宋恒兴	—	—	龙里县房管局
32	龙里县弘龙斗牛协会	李富贵	—	—	龙山镇流音洞
33	龙里县农机安全协会	邹廷江	—	—	中山路农机局家属院
34	龙里县羽毛球协会	罗　勤	—		县五金公司
35	龙里县慈善总会	梁正江	—	黔社证字第1006-065号	龙里县民政局
36	龙里县无党派知识分子联谊会	陈光荣	—	—	龙里县统战部
37	谷脚镇龙平烟花爆竹协会	王辉泰	—	—	谷脚镇大坡村二组
38	龙里县围棋协会	杨　林	—	—	龙里县金龙路
39	龙里县龙山镇新场村五子登科养殖协会	冉　毅	07388631-6	—	龙山镇新场村五子登科水库管理站办公室
40	龙里县民乐种养殖协会	宋　靖	—	—	龙里县金龙路天佳花园A3-14号门面
41	龙里县实源种养殖协会	冯大权	—	—	龙山镇老场坝
42	龙里县谷脚镇谷脚社区中老年协会	李玉林	—	—	谷脚镇谷脚社区敬老院
43	龙里县草原乡养兔协会	余庆秀	—	—	草原村下麻若大寨组
44	龙里县兰花协会	岑德军	—	—	龙里县金龙路
45	龙里优丰果业协会	高传荣	—	—	谷龙乡
46	谷脚镇谷脚村香葱芫茜种植销售协会	张庆华	—	—	谷脚镇谷脚村
47	龙里县羊场镇新营村水稻种植销售协会	刘贤辉	—	—	羊场镇新营村

续上表

序号	单位名称	法定代表人	机构代码证号	登记证字号	地址
48	龙里县谷脚镇鸡场村旧司果蔬沼气协会	陈正祥	—	—	醒狮镇鸡场村旧司
49	龙里县苗学会	陈光荣	文化产业	—	龙里县民宗局
50	龙里县武术龙狮协会	张华普	—	—	龙里县洗马镇
51	龙里县个体劳动者协会	韦俊龙	—	黔社证字第1006-024号	龙里县工商局
52	龙里县私营企业协会	韦俊龙	—	黔社证字第1006-025号	龙里县工商局
53	龙里县谷龙乡高吏目蔬菜协会	周晓波	—	黔社证字第1006-022号	谷龙乡高吏目村
54	龙里县冬泳协会	范启祥	—	—	龙里县兴龙路
55	龙里县苗医药学会	曹礼鹏	未办理	—	龙里县穿洞口
56	龙里县信鸽协会	邬海燕法人已换成黎功成	09031861-X	—	体育场
57	龙里县体育总会	秦德发	—	—	文体广播电视局
58	龙里县财政学会	谢明元	—	—	财政局
59	龙里县珠算学会	韦玉春	—	—	财政局
60	龙里县会计学会	李泽平	—	—	财政局
61	龙里县老年人体育协会	秦德发	—	—	文体广播电视局
62	龙里县湾滩河镇红岩灌区用水户协会	罗永明	34700013-0	1006-100	龙里县水利局
63	龙里县阳光幼儿园	王定金	33733544-7	1005-010001	龙里县教育局
64	龙里县龙山商会	杨世平	35641484-5	1006-101	龙山镇龙山工业区
65	龙里县冠山商会	刘金荣		1006-106	龙里县环北街冠山街道办公楼
66	龙里县醒狮商会	付光益	35639042-5	1006-102	龙里县醒狮镇政府办公室
67	龙里县洗马商会	张玉龙	35359913-5	1006-103	龙里县洗马镇百乐路小区
68	龙里县谷脚商会	湛发胜	—	1006-104	龙里县谷脚镇司法所
69	龙里县湾滩河商会	李家贵	35632295-9	1006-105	龙里县湾滩河镇新营村办公室
70	龙里县红星之家商会	詹春江	35636728-4	1006-107	龙里县铁龙路五楼101号
71	龙里县刺梨产业商会	王仲一	35635731-8	1006-109	龙里县工商联
72	龙里县小微企业商会	江永明	35634585-1	1006-110	龙里县工商联

续上表

序号	单位名称	法定代表人	机构代码证号	登记证字号	地址
73	龙里县龙沅养老健康服务中心	蒙冷昱	35632982-7	1005-010002	龙里县民政局
74	龙里县双龙物流商会	刘雯玲	35635449-1	1006-108	龙里县工商联
75	龙里县豪薇竹鼠养殖协会	陈亚莉	35634708-0	1006-112	龙里县科技协会
76	龙里县新蕾幼儿园	何兰兰	35634667-8	1005-010003	龙里县教育局
77	龙里县三三幼儿园	罗 芬	35634669-4	1005-010004	龙里县教育局
78	龙里县恒星幼儿园	刘 俊	35634666-x	1005-010005	龙里县教育局
79	龙里县醒狮镇大坝村兴源种养殖协会	冯明金	34708259-4	1006-113	龙里县科协
80	龙里县新苗幼儿园	何瑾蓉	31436754-2	1005-010006 统一代码号： 52522730MJT137658T	龙里县教育局

民族事务

【概况】 2015年，共争取民族经费194万元、民族项目18个，获“全省民族团结进步创建示范县”称号，命名县级第四批民族团结进步示范创建单位20个，协调民贸民品企业获得优惠政策贷款5.5亿元。民族团结和睦指数实现率100%。

【民族经费项目】 获中央、省级、州级各项民族经费194万元。其中，中央少数民族发展资金123万元，安排项目8个（开工7个，竣工2个），共拨付金额89万元；省级少数民族发展资金25万元，安排项目2个（开工2个，竣工1个），共拨付金额25万元；省级民族工作专项经费14万元，安排项目5个（开工5个，竣工4个），共报账12万元；州级少数民族发展资金11万元，安排项目2个，共拨付10万元；民贸民品技改以奖代补资金20万元，项目1个，已完工。

【民族团结进步】 将县卫计局、县信用联社、羊场初级中学、冠山街道龙坪社区等20个单位命名为县级第四批民族团结进步示范创建单位，县卫计局、洗马中学等5家单位被命名为第四批黔南州民族团结进步创建活动州级示范点。同时，创建示范点开展民族政策“四项”教育和“六进”活动，投入5000元将《贵州省促进民族团结进步条例》印制成宣传手册2000余册，发送县四家班子、各部门、各镇（街道），使民族政策知识宣传覆盖面进一步扩大。

【民族节庆】 加大对少数民族节庆活动的扶持，丰富各族群众文化生活。着力打造湾滩河镇走马村孔雀寨“七夕”布依情歌节活动，补助活动经费4万元。积极支持少数民族群众开展“四月八”“六月六”等节庆活动，补助活动经费1万元。

【民贸民品企业优惠政策】 共申报认定8家企业为民族贸易企业，民贸企业总数达108家。共协调41家民贸企业办理基准利率贷款5.5亿元，累计贷款 11.3 亿元；争取中央财政贴息资金 3253.79 万元，共兑现贴息资金 1455.99 万元。为 2 家民贸民品企业争取到以奖代补资金 70 万元。落实民贸民品优惠政策的普惠率达 50%，位居全省第一。

（县民宗局）

宗教事务

【概况】 龙里县境内有佛教、天主教、基督教、道教 4 大宗教，有 6 个宗教活动场所和 2 个民间信仰点，分布在全县 3 个镇、1 个街道，信教群众 2000 余人。抓好宗教管理工作，建立法律顾问制度，聘请法律顾问；建立宗教普法宣传教育机制，组织开展以“国法与教规的关系”为主题的“宗教政策法规学习月”活动，并利用赶场天到信教群众较为集中乡镇向群众宣传宗教政策、法律法规。开展宗教活动场所“无邪教创建”活动；开展“捐资助学·慈爱人间——龙里宗教慈善周系列活动”，引导宗教人士进行慈善捐赠 3 万余元；开展以“教风”为主题的“和谐寺观教堂”创建活动，推进宗教场所规范建设及民主管理。

【宗教活动】 佛教　县境内共有佛教活动场所 6 处，其中冠山街道办事处 1 处（大冲村石头寨龙岭禅寺），谷脚镇 4 处（谷脚老街龙云寺、倪儿关天龙洞寺、羊场司村佛光寺和观音洞寺），湾滩河镇 1 处（翠微村翠微寺）。佛教活动场所占地面积共 1.2 万平方米，建筑面积共 7.29 万平方米；有教职人员 8 人（男 6 人，女 2 人），其中，本科文化程度 2 人、高中文化程度 1 人、初中文化程度 1 人、小学文化程度 4 人；年龄最大的 84 周岁，最小的 46 周岁，平均年龄 61 周岁。信教群众主要来自县内及贵阳地区，其中县境内人数约占 1/3，贵阳地区人数约占 2/3。

天主教　县城有天主教堂 1 所（位于青龙路中段，因长年失修不能使用），天主教信徒 101 人，主要分布在县城、龙山镇、醒狮镇、洗马镇和湾滩河镇。县内无天主教专职教职人员，天主教日常事务由天主教教管小组负责。天主教活动是在星期天进行早、晚功课和祈祷等，一般 5~8 人左右参加，以家庭聚会为主。

基督教　县境内无基督教教堂和基督教教职人员，有信徒 30 人，主要居住在湾滩河镇和醒狮镇。基督教主要节日有复活节和圣诞节，活动形式以诵经（圣经）、祷告为主，人数一般在 10 人以下，以家庭聚会为主。

道教　信徒主要分布在醒狮镇。醒狮镇原活动场所建有玉皇殿，“文化大革命”期间被拆毁，之后信教群众筹资在该镇小河口建有一道观，占地约 1000 平方米。全县有全真派道士 1 人，信教群众 109 人，主要活动是农历每年的二月十九、六月十九和九月十九 3 天举办慈航会。活动以家庭聚会为主，内容是学习《玄门》早、晚功课。

（县民宗局）

龙里县2015年民族宗教资金项目统计表

表33　　　　　　　　　　　　　　　　　　　　　　　　单位：万元

序号	项目名称	特色村寨	特色村寨、脱贫示范点	自主统筹	滚动产业	项目管理费	传统手工艺	生产补助	统计监测	民族团结	文化进校园	维稳	宗教专项	统计监测	项目补助
1	湾滩河镇走马村特色村寨建设（活动场）	10													
2	羊场镇走马村民族文化活动广场及道路硬化建设		30												
3	草原乡幸福村民族文化活动广场建设		40												
4	谷脚镇观音村芦菜塘至哨堡村通组公路硬化			15											
5	冠山街道大新村太阳能路灯			14											
6	洗马镇顶溪村烂山至楼梯岩通组公路			10											
7	洗马镇台上村台上太阳能路灯			6											
8	谷脚镇新坪村富硒食用菌培植				15										
9	项目管理费					3									
10	贵州省龙瑞文化传播有限责任公司龙里民族工艺品传承培训基地						5								
11	贵州良济药业有限公司300吨/年中药材提取工程（综合车间）							20							
12	统计监测补助								1						
13	民族团结进步创建六进活动补助									4					
14	民族完全中学民族文化进校园										2				
15	摆省小学民族文化进校园										2				

续上表

序号	项目名称	特色村寨	特色村寨、脱贫示范点	自主统筹	滚动产业	项目管理费	传统手工艺	生产补助	统计监测	民族团结	文化进校园	维稳	宗教专项	统计监测	项目补助
16	维稳工作补助											5			
17	宗教信息补助												1		
18	民族团结和睦指数和民族统计监测工作补助													1	

龙里县少数民族聚居行政村一览表

表 34

编号	镇（街道）	村（社区）	总人口（人）	少数民族人口（人）	少数民族人口比例（%）
1	龙山镇	龙山社区	3626	1550	42. 75%
2	龙山镇	莲花村	2939	1017	34. 60%
3	龙山镇	平山村	2614	1666	63. 73%
4	龙山镇	中排村	4427	2751	62. 14%
5	龙山镇	金星村	3830	2202	57. 49%
6	龙山镇	水苔村	3107	3071	98. 84%
7	龙山镇	团结村	3492	2984	85. 45%
8	龙山镇	比孟村	3697	1963	53. 10%
9	龙山镇	中坝村	1815	1198	66. 01%
10	洗马镇	猫寨村	3114	983	31. 57%
11	洗马镇	金溪村	1712	1523	88. 96%
12	洗马镇	哪嗙村	4528	2971	65. 61%
13	洗马镇	平坡村	3975	2073	52. 15%
14	洗马镇	乐宝村	1510	997	66. 03%
15	冠山街道	平西村	1926	1180	61. 30%
16	冠山街道	三合村	2890	2150	75. 00%
17	冠山街道	凤凰村	1748	602	34. 00%
18	冠山街道	鸿运村	2053	1105	53. 82%

续上表

编号	镇（街道）	村（社区）	总人口（人）	少数民族人口（人）	少数民族人口比例（%）
19	冠山街道	大新村	3042	2106	90.00%
20	冠山街道	五新村	2987	896	30.00%
21	湾滩河镇	走马村	2093	1816	86.77%
22	湾滩河镇	翠微村	2066	1726	83.54%
23	湾滩河镇	云雾山村	2732	2513	91.98%
24	湾滩河镇	园区村	2228	1671	75.00%
25	湾滩河镇	石头村	2044	1941	94.96%
26	湾滩河镇	桂花村	1285	1092	84.98%
27	湾滩河镇	新龙村	1781	1602	89.95%
28	湾滩河镇	摆省村	1807	1228	67.96%
29	湾滩河镇	摆主村	2711	2033	74.99%
30	湾滩河镇	果里村	2140	2033	95.00%
31	湾滩河镇	渔洞村	1912	1339	70.03%
32	湾滩河镇	金星村	1010	684	67.72%
33	湾滩河镇	营盘村	3100	3100	100.00%
34	湾滩河镇	岱林村	2355	2119	89.98%
35	湾滩河镇	湾寨村	2518	2015	80.02%
36	醒狮镇	谷新村	2225	1170	52%
37	醒狮镇	大岩村	835	762	91%
38	醒狮镇	凉水村	2904	2060	70%
39	谷脚镇	哨堡村	2852	915	32.08%
40	谷脚镇	观音村	3639	2083	57.24%
41	谷脚镇	高枧村	1122	615	54.81%
42	谷脚镇	新坪村	1573	792	50.35%
43	谷脚镇	大谷冰村	1117	1082	96.87%

医疗卫生

卫 生

【概况】 2015年年底，全县医疗机构达197个，每千人口拥有病床3.89张，每千人口拥有卫生技术人员4.7名，每千人员拥有执业医师1.58名，60%以上医生达到大专以上学历；全县共有村卫生室143个，其中，标准化、规范化村卫生室143个，占村卫生室总数的100%，村卫生室覆盖率达100%。妇幼卫生和疾病预防控制均完成“十二五”规划任务目标。中医药服务能力、卫生监督执法水平、卫生应急处置能力和卫生计生人才队伍整体素质显著提高。

【卫生监督执法】 重点监督检查公共场所经营单位共63户，其中住宿业12户、美容美发场所16户、公共浴室9户、舞厅3户、商场（超市）2户、饭馆3户、集中空调通风系统经营单位14户。检查顾客用品用具样品123份、空气样品102份，共225份，出动卫生监督执法员126人次，执法车辆65车次。对检查过程中发现的问题均下达卫生监督意见书责令限期整改，共下达卫生监督意见书63份。受理公共场所卫生许可证申请61个，办理公共场所卫生许可证61个。共计立案查办卫生违法立案604件，结案599件，罚款57.03万元。

【计划免疫】 开展常规免疫运转12次，疫苗接种均达国家免疫规划大于要求95%。

【卫生监测检验】 公共场所监测：全年对旅店社34家、文化娱乐场所8家、商场20家、理发美容业62家、公共浴室及沐浴场所23家、餐饮业240家、1家候车室七类场所进行委托性及卫生监督抽检共384家，合格262家，合格率68.2%；共检测样品2020份，合格1780份，合格率88.1%；检测项目2568项，合格2328项，合格率90.7%。开展饮用水卫生监测、监督监测抽检、县城区市政供水日常检测及其他委托检测四类水质共检水样183份，其中常规指标检测82份，微生物及感观指标检测101份。合格120份，合格率为65.57 %。对食品生产加工企业委托样品检验共2份。完成州级食品安全风险监测各类食品采样74份送检工作。受2家医疗机构委托对医疗机构开展消毒质量监测，共监测采样82份，合格65份，合格率为79.3%。

【医疗服务体系建设】2015年3月开工建设的龙里县人民医院内科住院综合楼建设项目，建设面积为1.22万平方米，建成后共计350张床位，进入室内外装饰工程。将妇幼保健院与计划生育妇幼保健中心建设项目合并后，建设面积达8500平方米，总投资约2600万元，已开工建设。湾滩河镇中心卫生院住院部业务用房1200平方米，投资180万元，其中中央资金80万元，省级资金98万元，已完工。

【农村卫生保健】实施农村环境卫生监测，从9月1日开始到10月22日结束，完成对龙山、谷脚、醒狮、洗马、湾滩河5个镇、20个行政村的基本情况调查和100户家庭的入户调查及现场监测。按照要求填写统一调查表格，并采集20个监测村的农田土壤送州疾控中心检测土壤蛔虫卵、pH（酸碱度）、铅、镉、铬含量，州疾控中心返回结果后已将结果及所有数据全部按要求录入完毕，州疾控中心审核通过。

【妇幼卫生保健】孕产妇保健管理：全县共有产妇2179人，活产数2200人，建卡1994人，建卡率91.51%；产前检查1998人，产前检查率90.82%；早孕检查1942人，早孕检查率88.27%；产后访视1989人，产后访视率90.41%；新法接生2183人，新法接生率99.23%；住院分娩2170人，住院分娩率98.64%；系统管理1934人，系统管理率87.91%。高危产妇219人，筛出率10.05%；高危管理217人，高危管理率99.09%；高危住院分娩219人，高危住院分娩率100%。抓好农村孕产妇住院分娩补助，全县完成农村孕产妇住院分娩补助共1426人，补助金额共66.93万元，其中县保健院完成215人，金额11.55万元。0~6周岁儿童系统保健管理：7周岁以下儿童共1.64万人；3周岁以下儿童8229人，3周岁以下儿童系统管理7310人，系统管理率88.83%；7周岁以下儿童保健覆盖1.52万人，保健覆盖率92.24%。

【新型农村合作医疗】全县参合人数达18.55万人，参合率96.32%，系统录入率100%。应到位资金8347.82万元，支出7256.6万元，补偿人数达20.86万人次。

【基本公共卫生服务】全县累计建纸质居民健康档案21.02万份，录入电子档案21.02万份；开展常规免疫运转9次，疫苗接种均达国家免疫规划要求的大于95%；与2014年同期相比，甲乙丙类传染病报告发病率下降29.84%。龙里县与贵州百灵携手腾讯共同发起“智能血糖仪+试纸公益发放”活动，共向龙里县的“糖友”首批免费赠送1200多台智能血糖仪和试纸。

【义务献血】组织开展3次“无偿献血献爱心”活动，共607人进入献血环节，献血量1.77万毫升。

【中医药事业发展】不断加大中医药事业发展力度，坚持中西医并重的方针，振兴中医药事业，加快中医事业的发展。加强中医医疗保健服务体系建设，发挥县中医院在农村中医药工作中的龙头作用。突出中医药特色优势，特别是民族医、民族药，加强中医专科专病建设，加强县中医院服务能力建设，加强中医药“治未病”中心及重点专科建设，实施名医、名科、名院战略。县中医院根据中医“不治已病治未病”的疗法，探索开展三伏天“冬病夏治”“三伏灸”疗法；启动中医药健康管理项目，对0~3周岁儿童和65周岁以上的老人建立中医健康档案，宣传中医药保健知识，提供中医药健康服务。

【爱国卫生运动】加强国家卫生县城创建工作，提升龙里城市形象和品位。醒狮镇申报创建国家卫生乡镇，湾滩河镇、洗马镇申报创建省级卫生乡镇，全县46个村申报创建省级卫生村。

【病媒生物监测】根据贵州省病媒生物监测方案要求及黔南州2015年媒生监测工作要求，制定龙里县病媒生物监测方案，全年1—12月按照方案要求在2月、4月、9月、11月对鼠密度各监测1次，全年共4次，实际完成4次，完成率为100.00%；蟑螂密度在2月、4—10月、12月各监测1次，全年实际完成9次，完成率为100.00%；蝇密度在5—9月各监测1次，全年共完成5次，完成率为100.00%；蚊虫密度每月监测1次，全年共实际完成12次，完成率为100.00%。全年对鼠密度、蟑螂密度、蝇密度、蚊虫密度共监测30次，完成率为100.00%。

【健康体检】对全县食品、公共场所、药品等各类从业人员进行预防性健康体检共5304人；对42家企业职工职业开展健康体检，岗前、在岗体检共1427人，查出职业禁忌症91人，疑似职业病54人。

【县级公立医院改革】全力推进县级公立医院综合改革，10月21日零时起，县人民医院、县中医院正式启动药品零差率销售，正式启动县级公立医院综合改革。实施药品零差率销售政策后，县人民医院取消药品加成749种，县中医院取消药品加成368种。强化人事制度改革，落实县级公立医院独立法人地位，以县中医院作为试点单位开展公立医院法人治理结构建设工作，在公立医院法人治理结构建设工作启动后实行院长任期目标管理及院长奖惩挂钩。组织制定县级公立医院绩效考核办法，推行岗位聘用制度，实行全员聘任、竞聘上岗。

【传染病防控】加强狂犬病、手足口病、流感、甲肝、伤寒等重点传染病防控。报告甲肝病例1例、报告伤寒病例1例（外报），县卫计局组织县疾控中心对报告病例开展个案调查，及时将个案表和调查报告报上级业务部门。

【健康教育】印制基本公共卫生服务项目工作宣传单（折页）共20种、16万余份（册），县级组织开展主题宣传活动共12次。各镇开展卫生主题宣传日活动351次，参加咨询人数2.74万人次，举办健康教育讲座1686次，参加讲座人数4.24万人次。通过电视台、网络、短信等多种方式进行卫生知识宣传，达到良好效果。

（县卫生和计划生育局）

计划生育

【概况】2015年，全县所有人口符合政策生育率为96.97%，与上年同期相比下降1.03个百分点；常住人口符合政策生育率为97.17%，与上年同期相比下降0.93个百分点；所有人口出生率为10.24‰，与上年同期相比下降0.29个千分点；常住人口出生率为9.75‰，与上年同期相比下降0.14个千分点；常住人口自然增长率为4.27‰，与上年同期相比上升了0.59个千分点（从报表数据看，人口出生率、自增率和符合政策生育率均达到年初预定指标数）。全县完成手术实名制3781例，完成总手术任务107.11%，与去年同期相比增加78例。全县出生人口性别比值为106.86，控制在103~107的正常值范围。

【人口计生管理机制创新】依托互联网背景移动手机终端，在冠山街道、龙山镇探索启用“三按月”手机管理助手，创新“三按月”管理服务机制。6月4日，全州人口计生“三按月”管理创新现场会在龙里召开，该创新做法和经验在全州推广，并被《中国人口报》头版、《贵州日报》《贵州新华手机报》和《贵州人口报》专题报道。在冠山街道启动了水桥、播箕两个村（社区）流动人口网格化服务管理试点及北部工业园区流动人口服务管理试点工作。

【计生技术服务】全县孕育完成 2230 人（1115 对），完成总任务数的 105.2 %；妇检完成 2.26 万人次，妇科病普查 1.38 万人；发放避孕套 17.14 万只，完成避孕药具使用人数 2903 人。

【计生行政执法】全县开展“关爱女孩”宣传活动 4 次，开展“两非”案件查处行动 7 次，“两非”案件立案 6 件、结案 6 件；全县全年共完成社会抚养费征收 641 万元。

【计生利益导向】全县共向 1.79 万人兑现利益导向资金 473.68 万元；完成计生“三结合”帮扶任务数 800 户，帮扶资金 80 万元。

（县卫生和计划生育局）

2015 年龙里县人口统计表

表 35　　　　单位：人

内容 \ 街道、镇		合计	冠山街道	龙山镇	醒狮镇	谷脚镇	湾滩河镇	洗马镇
年初人口	合计	226435	53186	32480	24361	29495	41483	45430
出生人口	合计	6546	1073	1594	714	973	1307	885
	男	3292	542	809	365	489	638	449
	女	3254	531	785	349	484	669	436
死亡人口	合计	1449	270	221	175	161	270	352
	男	900	173	137	103	100	169	218
	女	549	97	84	72	61	101	134
年末人口	合计	232377	54601	34006	24888	30526	42941	45865
	男	11907	27125	17533	13163	15583	22130	24273
	女	112570	27476	16473	11725	14943	20361	21592
	少数民族	99107	19343	17038	7947	8621	32603	13555
城镇人口		35645	27694	1081	1074	2280	1499	2017
农村人口		200117	35121	31001	23133	30261	40038	40563
常住人口		235391	62217	32974	24670	31856	40451	43223
户籍人口		235762	52952	34390	26033	30404	44148	47835

疾病预防控制

【概况】龙里县疾病预防控制中心 2015 年内设机构有应急办公室、财务科、流行病科、免疫规划科、慢性病科、公共卫生宣教科、卫生监测检验中心 7 个。取得贵州省“食品检验机构资质认定证书”“职业健康检查机构资质证书”和黔南州“实验室资质认定计量认证证书”。

【免疫规划】按要求上报运转报表，1—12 月各接种单位按月上报常规免疫接种应种 70611 剂次，实种 70426 剂次，接种率 99.73%。

2015 年龙里县免疫规划疫苗接种率汇总表

表 36

疫苗		合 计		
		应种数	实种数	接种率%
乙肝疫苗	1	2216	2215	99.95
	2	3105	3100	99.84
	3	3277	3266	99.66
卡介苗		2204	2203	99.95
脊灰疫苗	1	3334	3325	99.73
	2	3129	3126	99.9
	3	3095	3091	99.87
	4	3329	3306	99.31
百白破疫苗	1	3102	3097	99.84
	2	3090	3089	99.97
	3	3155	3147	99.75
	4	3430	3416	99.59
白破疫苗		3299	3291	99.76
含麻类疫苗	1	3267	3260	99.79
	2	3517	3506	99.69
A 群流脑疫苗	1	3177	3171	99.81
	2	3204	3194	99.69
A+C 群流脑疫苗	1	3908	3893	99.62
	2	3003	2993	99.67
乙脑疫苗（减毒）	1	3363	3355	99.76
	2	3682	3669	99.65
甲肝疫苗	1	3725	3713	99.68
合计		70611	70426	99.73

【麻疹查漏补种】 1—3 月在全县范围内开展 8 月龄至 6 周岁儿童麻疹疫苗查漏补种工作。印发《龙里县 2015 年麻疹疫苗查漏补种工作实施方案》，开展培训。对全县 15 个接种单位麻疹查漏补种工作进行了督导检查。全县 8 月龄至 6 周岁摸底儿童 19790 人，应补种麻疹类疫苗 1092 针次，实补种 1002 针次，补种率 91.76%，未补种原因为补种时生病或与上针次补种时间间隔未满 28 天，各接种单位均按工作要求安排了后续补种工作。

【疾病监测】按照《贵州省麻疹监测方案》《全国流行性脑脊髓膜炎监测方案》《全国流行性乙型脑炎监测方案》《流行性脑脊髓膜炎和流行性乙型脑炎专病/单病监测信息报告系统》《贵州省 AFP 监测方案》要求开展免疫规划针对疾病监测。共报告疑似麻疹病例 3 例，经麻疹实验室检测，排除麻疹病例 2 例、确诊病例 1 例，实验室确诊病例报告发病率 0.44/10 万，无死亡；报告 AFP 病例 1 例，对病例开展个案调查、标本采集送检、病例随访，AFP 病例监测指标完成率 100%；报告乙脑病例 1 例（外地报告）。每旬到县医院开展免疫规划针对疾病监测，并及时上报监测报表。无新生儿破伤风、流脑病例报告。

【二类疫苗接种】积极组织二类疫苗接种，全县共接种 HIB 疫苗 3340 剂次、水痘 1931 人份、轮状病毒疫苗 940 人次、23 价肺炎疫苗 668 剂次、狂犬疫苗 3426 人份、狂犬免疫球蛋白 129 人份。2 月、6 月、11 月，对全县 15 个接种单位进行麻疹疫苗查漏补种工作和常规免疫、入托入学查验接种证工作进行督导，6 月进行半年和年终免疫规划考评，开展培训 2 次。

【传染病预警信息查处】印发《龙里县 2015 年急性传染病防治工作安排意见》《龙里县 2015 年疫情管理和卫生应急工作安排意见》。

对各报告单位报告的传染病每天 4 次及时进行审核，对预警信息进行核查处理。共收到传染病自动预警短信 57 条，预警病例 7 种，其中疑似麻疹 4 条、痢疾 7 条、流行性腮腺炎 1 条、手足口病 41 条、戊肝 2 条、乙脑 1 条、其他感染性腹泻病 1 条。对收到预警立即开展核实，对接收预警信息及时进判定，排除疑似事件 34 条，判定为疑似事件 23 条，及时填报核实信息上报，对需现场调查的信息在规定时间内完成调查，将调查结果进行网络报告。收到省级发出预警信息 5 条，其中手足口病聚集性疫情 2 条、水痘疫情 1 条、戊肝 1 条、伤寒 1 条，对预警信息及时进行核实，对病例开展调查处置，及时反馈信息处置情况。

【督导检查】对 5 个镇 9 个服务区、14 个卫生院和冠山街道办事处卫生服务中心疫情报告开展常规督导，县医院、县中医院等县级医疗单位每月进行督导，对医疗机构的传染病报告卡、疫情网络报告、门诊日志填写、疫情漏报等进行督导检查，共计监测单位 116 次，监测覆盖率达 100%。

【疫情与传染病处置】全年共发生聚集性手足口病疫情 4 起、重症手足口病疫情 16 例、麻疹疫情 1 起、水痘疫情 1 起、戊肝疫情 1 起，对疫情及时开展调查处置，并按工作要求采集病例标本送检，使疫情在短期内得到控制，防止了疫情蔓延。开展狂犬病、手足口病、流感、甲肝、伤寒等重点传染病监测与防控。每月采集手足口病病例标本送州疾控中心检测，1 月至 12 月共送标本 49 份，其中监测标本 43 份，聚集性疫情标本 6 份；经州疾控中心实验室检验，检出阳性标本 28 份，其中 Cox A16 阳性标本 3 份、EV71 病毒 10 份、其他肠道病毒 15 份，县疾控中心收到检验报告后及时对病例进行订正报告。共报告传染病发病 681 例，报告发病率 425.89/10 万，报告死亡数 4 例，报告死亡率 2.50/10 万；其中，乙类传染病报告发病病种 9 种，报告发病数 435 例；丙类传染报告发病病种 6 种，报告发病数 246 例；无甲类传染病报告。传染发病居前 5 位的分别是：肺结核（227 例）、手足口病（191 例）、乙肝（56 例）、痢疾（46 例）、梅毒（41 例）。

【公共卫生事件】发生手足口病死亡病例 1 例，对疫情及时开展调查处置，并通过“突发公共卫生事件管理信息系统”上报疫情信息。调查处置食物中毒 5 起，经核实调查处理，未达到突发公共卫生事件标准。

【疾病防治】结核病　报告肺结核病人227例，接受治疗178例，其中初治涂阳病人67例，复治涂阳病人7例；涂阴病人104例（初治涂阴病人93例、重症涂阴初治病人11例）；痰检病人178例。

麻风病　根据中央补助地方麻风病项目，开展麻风病线索调查和10年内麻风病人家属及周围人群检查。存活麻风病受累者78例，现症病人3例（其中，惠水县迁入1例）。对全县上报线索42例进行排查、受累及现症病人家属及周围人群检查195人，均未发现新病例。对全县Ⅰ级、Ⅱ级畸残病例25例发放防护鞋22对。10月21日，通过州卫计委“十二五”终期评估。

疟疾防治　全县共涂制“三热”本地居民发热血片3043张，涂制流动人口发热血片464张，未发现阳性病例。对县、乡级疟疾防治管理专业技术人员进行3期培训，共计84人次。11月10日，州卫计委组成的疟疾考核评估专家小组通过查阅龙里县2010—2015疟疾防治工作资料，对镜检员镜检技能和临床医生疟疾诊断知识考试，复查阴性血片等各项考核，消灭疟疾工作以总分92.20分的成绩顺利通过州级考核验收。

艾滋病　全县共完成HIV检测30148人，其中疾控中心完成咨询HIV/梅毒抗体检测1070人，初筛HIV阳性2例，州CDC确证HIV 2例；县医院完成HIV抗体检测13652人，初筛HIV阳性18例，州CDC确证HIV18例；各镇卫生院及民营医院完成HIV抗体检测15426人，未发现初筛阳性。吸毒人群高危行为干预107人次，发放清洁注射器5420支、回收5400支、回收率99.63%，发放宣传材料63份，发放安全套80只，HIV检测9人，检测率90%；暗娼人群高危行为干预86人次，发放宣传材料86份，发放安全套4170只，HIV检测12人，检测率85.7%；对性病就诊患者HIV检测63人，检测率100%，发放宣传材料63份，发放安全套630只。全年报告HIV/AIDS 29例，死亡7例。至2015年全县累计报告HIV/AIDS病例81例，死亡24例。新增免费抗病毒治疗18例。全县累计免费抗病毒治疗存活42例，对能随访到在本县居住管理的42例HIV/AIDS按时进行随访，随访率为100%，累计免费CD4检测42例、50人次，CD4检测率达100%。在治一年以上HIV及AIDS 11例病毒载量检测32例，35人次，病毒载量检测率76.19%。

碘缺乏病　完成乡、村二级食用碘盐定期监测任务。共抽查了龙山、三元、谷脚、湾寨、草原5个原乡镇，每个乡镇4个村，每村15户共20个村、300户居民的碘盐。合格碘盐282份，不合格碘盐18份，合格率达94%。到5个镇、1个街道中心学校检查8~10周岁学生200人甲状腺肿情况，采集学生的尿样检测尿碘含量，采取100名孕产妇尿样送州检测尿碘含量等。7月8日，顺利通过州级地方病防治“十二五”规划终期评估。

【重性精神疾病管理】对全县14个乡镇卫生院举办培训班3期，共计372人次卫生人员参加培训。对各乡镇卫生院共上报可疑线索155例，邀请贵医三附院进行诊断，确诊91例，从2011年至2015年12月龙里县累计确诊病例734例。本年度进行家庭护理教育450人、900人次，免费服药治疗182人，免费化验122人、283人次，免费复诊185人、187人次，对高风险患者管理指导72人、168人次，对有肇事肇祸危险行为的患者免费应急处置72人。截至12月，患者管理率达97.68%，治疗率达62%。卫生与公安信息交换3~5级病例64例。

【死因监测】2015年，人口数据统计龙里县常住人口为181184人，人口死亡信息登记报告系统共报告死亡病例1195例，粗死亡率为

6.59‰，其中，男性死亡 767 人，女性死亡 428 人。循环系统疾病占据首位，为 458 人，占死亡人数 38.3%；其次是呼吸系统疾病 248 人，占死亡人数 20.7%；损伤及中毒 198 人，占死亡人数 16.6%；恶性肿瘤 165 人，占死亡人数 13.8%；消化系统疾病 71 人，占死亡人数 5.9%；内分泌代谢疾病 26 人，占死亡人数 2.1%；其他系统疾病 29 人，占死亡人数 2.42%。收集并录入 2013 年死亡名单 1340 例，漏报调查 234 例，2014 年死亡名单 1221 例，漏报调查 316 例，本次漏报调查死亡率 7.10‰，漏报率 24.2%。

【卫生服务】对全县 2015 年度国家基本公共卫生服务项目疾控部分工作情况进行督导 4 次。新增健康档案 9078 份（1 人 1 份）；到 12 月 31 日，累计建立健康档案 202021 份，健康档案完成率 112.48%；共录入居民电子健康档案 188541 份，电子健康档案建档率为 104.97%。建立老年人健康档案 17268 人，完成所有体格检查及实验室检查、B 超检查的老年人 11714 人，老年人健康管理率 65.50%。乡镇新发现高血压病人 1277 人，至 12 月 31 日累计管理高血压 18980 人，其中规范管理高血压患者 14551 人，高血压患者规范管理率 53.69%。年内管理糖尿病患者 1555 人，规范管理糖尿病患者 1474 人，糖尿病患者规范管理率 94.79%。慢性阻塞性肺疾病监测。根据国家和省项目实施方案要求，于 9 月 17 日开展慢阻肺项目启动会暨培训会，会议由县卫计局组织，参会人员有卫计局公卫科、县疾控中心、县医院、洗马镇卫生院、冠山社区卫生服务中心、麻芝分院、水场分院、草原分院等相关单位负责人及相关人员共 18 人。11—12 月完成项目抽样点洗马镇、冠山街道办和龙山镇 3 个镇（街道办），6 个村（居）委会的 40 周岁及以上居民 600 人肺功能监测。实际完成家庭问卷 653 人，个人问卷 645 人，身体测量 643 人，肺功能问卷 642 人，肺功能测量 545 人，符合慢阻肺摄片 69 人，并将 X 片送省疾控中心慢病所进行确诊。

【卫生科研】专业技术人员撰写科研论文在《中华地方病学杂志》《现代预防医学》《微量元素与健康研究》等核心医学期刊发表 9 篇。

（县疾控中心）

龙里县人民医院

【概况】县人民医院为国家二级甲等综合医院，全院在岗职工 366 人（医师 116 人，护士 157 人，其他人员 93 人），其中，卫生技术人员 312 人（占全院职工的 85%）；硕士研究生 3 人，本科 118 人，大专 181 人，中专 48 人；有高级职称 27 人，中级职称 42 人，初级职称 204 人。医院编制床位数 200 张，实际开放床位 300 张；设有住院部业务科室 9 个。是全县唯一一所综合性二甲医院、龙里县 120 急救中心和医疗预防保健技术指导中心，是城镇职工基本医疗保险、城镇居民基本医疗保险、新型农村合作医疗和交通事故救治定点医院，是省医院龙里分院、黔南民族医药高等专科学校教学实习基地。10 月 21 日，启动县级公立医院改革工作，实现药品“零差率”销售，打破了“以药养医”的旧体制。

【医疗卫生技术设备】县医院位于县城金龙西路，总占地面积 100 亩，房屋建筑面积 2.4 万平方米，具有中心供氧、中央负压、中央空调、双回路供电、二次供水和污水处理系统；有 1.5T 核磁共振、64 排 CT 机、DR 机、C 臂、彩超、全自动血液分析仪、全自动生化分析仪器等大型医疗设备。

【二甲医院建设】业务用房建设：5 月，启动内科综合大楼建设，建筑面积 1.2 万平方米，医院业务用房由原来的2.4万平方米增至1.7万平方米，病床增加150张，病区由原来的9个增加到11个。科室建设：内科大楼投入使用后增加血透室、中医康复科，增加内二科、儿科、重症医学科病床。进一步加强医院的规范化建设，为2016年迎接“二甲医院”复评做好准备工作。

【医疗卫生队伍建设】 组织专业技术人员参加各种学术活动、讲座、培训等共计132次，请上级专家讲学5次，外派省内外学习进修17人次，公开招考8名医务人员，引进2名实用型人才，充实技术队伍，提高医院的医疗服务水平。

【医保管理】 医保、新农合工作取得新成效，全年医保住院1600余人次，总医疗费647.4万元，报销医保基金544.64万元；新农合住院6226人次，总医疗费1865.36万元，报销新农合基金1183.3万元。

（县人民医院）

龙里县中医院

【概况】 县中医院成立于1992年10月，2008年县中医院、龙山镇卫生院整合为龙山社区卫生服务中心，并保留县中医院、龙山镇卫生院牌子。2012年，县中医院单独设置，成为县卫生和食品药品监督管理局下属的正科级事业单位。2013年8月，县中医院整体搬迁至县人民医院原旧址（县城小街园）。2013年12月，县中医院获得二级医院执业许可证，批准设床位200张。2015年，有在编在岗56人，临时聘用24人，共计80人；卫生技术人员65人（占全院职工的81%），其中，医师39人，护士18人，医技8人；本科44人、大专6人、中专6人；高级职称4人、中级职称6人、初级职称30人。设有9个临床科室、4个医技科室、7个部门科室。县中医院是全县唯一一所中医综合公立医院，是龙里县中医药适宜技术推广基地，是城镇职工基本医疗保险、城镇居民基本医疗保险、新型农村合作医疗定点医院，承担龙里县医疗机构中医药方面考核及指导工作。10月21日，启动县级公立医院改革工作，实现药品“零差率”销售，同时也是法人治理结构的试点单位。

【中医技术设备】 医院占地面积9305平方米，业务用房面积9400余平方米，固定资产3000余万元。有双排螺旋CT、全数字四维彩色多普勒超声机、X光机、心电图机、心电监护仪、电针仪、全自动生化分析仪、牙科椅、自动洗胃机、中药熏蒸机、骨科牵引床等医疗设备。

【中医院建设】 获“县级中医院中央改扩建、新建专项资金”项目，以二级甲等医院的标准进行建设，计划2018年完工并投入使用，总建筑面积1.7万余平方米。针灸科获“省级中医重点专科建设项目”，同时完成申报增加口腔科的相关事宜，并获批复同意。

【中医队伍建设】 专业技术人员参加各类学术活动、讲座、培训等共计108次，请进专家讲学3次，派省内外进修6人次，公开招考5名医务人员，进一步完善人才队伍，提高中医医疗服务水平。

【中医医保管理】 中医院的医保、新农合工作取得突破性进展。全年住院病人617人次。其中，医保515人次，新农合102人次；住院收入124.2万元，其中，医保基金支付75.5万元，新农合基金支付45万元。

（县中医院）

其他医院简介

【明惠医院】 成立于2004年5月1日，位于龙里县城民政局旁，是一所以内科诊疗项目为重点，集医疗、预防、保健、康复为一体的综合性民营医院，设有内科、外科、儿科、妇科、急诊医学科、医学检验科、医学影像科、超声诊断专业、心电诊断专业、中医科。医院有职工31人，其中，医生6人、护士10人，大学本科学历4人；有床位40余张，医疗用房1000平方米，固定资产55万元。近年来为提高医院统合竞争能力，先后购入全自动生化分析仪、体外短波治疗仪等一批先进设备，缩短患者候诊时间。

（明惠医院）

【阳光医院】 阳光医院是黔南州较早成立的一家私营医院，地处龙里县龙山镇穿洞口。该院于2005年8月经过州、县两级卫生局审批后开业应诊。有床位60张，副主任医师1人、主治医师6人、执业助理医师2人，护师3人，护士6人，药士2人，检验士1人，放射科医师1人。执业范围为内科、外科、妇科、儿科、医学检验科、医学影像、急诊科等科室。

（阳光医院）

【民生医院】 龙里民生医院位于县城环南路，是一所集临床、预防、保健为一体的综合医院，是龙里县城镇医保、新农合定点医疗机构。医院有员工40人，开设有内科、外科、妇科、中医科、中西医结合科、预防保健科、医学检验中心，设床位50张；病房标间、空调、卫生间齐全，24小时热水供应；配备有全自动生化仪、心电工作站、24小时动态心电图、彩超、自动生化分析仪、全自动血液分析仪、电子数码阴道镜、彩色多普勒超声诊断系统、Leep刀、前列腺汽化电切镜。坚持以平价为特色，以诚信为根本，所有医疗项目价格公示，坚持合理检查、合理用药，让平价医疗服务惠及更多患者。

（民生医院）

生 态
SHENG TAI

环境保护

生态创建

【概况】 围绕“守底线、走新路、奔小康”的工作总纲，坚持生态保护与经济发展并重方针，严守生态和发展两条底线，以主要污染物减排为核心，开展水、气、生态、声环境综合整治，持续加大环保执法监管力度、不断提高环境管理能力，着力解决涉及人民群众根本利益的突出环境问题。2015 年，县环保局获县委、县政府“2015 年目标管理考核先进单位”“创建‘贵州省同步小康达标县’工作先进集体”荣誉称号，环境监察大队荣获贵州省“六个一律”环保“利剑”执法专项行动联席会议办公室“先进集体”荣誉称号。

【国家级生态县创建】 启动国家级生态县创建工作，于 3 月上报醒狮镇、醒狮镇大岩村、冠山街道三合村、永安村、龙山镇余下村、坝上村、纸厂村共计 6 个村、1 个镇的相关资料到州环保局审核。4 月，经州环保局初审，将龙里县醒狮镇、醒狮镇大岩村、冠山街道三合村、永安村 3 个村、1 个镇申报材料上报省环保厅审核。11 月 26 日，《贵州省环境保护厅关于命名第六批省级生态乡镇和生态村的通知》，命名龙里县醒狮镇为第六批省级生态乡镇，醒狮镇大岩村为第六批省级生态村。

【绿色创建】 创建贵州创奇装备有限公司为“绿色企业”、冠山社区为“绿色社区”、龙里大草原景区为“绿色景区”、醒狮镇为“生态镇”、醒狮镇大岩村为“生态村”。

【环保资金争取】 争取农村环境综合整治整县推进项目，获项目资金 2265 万元。2015 年—2016 年对未进行农村环境综合整治的 53 个村（寨）生活垃圾、污水处理、水源地保护等进行整治，全面改善农村生态环境。

【环保法规宣教】 6 月 3 日，县委组织部等牵头举办以“践行绿色环保生活，助力龙里提前小康”为主题的“新环保法”知识竞赛活动；6 月 5 日晚，在县城兴龙广场举办主题为“树标兵 · 展时代风采，重环保 · 助小康建设”2015 年“龙跃黔中”广场文化活动暨庆祝“六五”世界环境日活动。全年，共向环保部、省环保厅、县委、县政府报送政务信息750条，其中被环保部网站采用16条、省环保厅网站采用571条，在县政府网站公开信息315条，在“贵州环保网站”编报信息中名列全省县（市）级环保局第一名。

（县环境保护局）

环境监测

【环境监管】2015年，全县集中式饮用水源地水质监测，主要包括县城集中式饮用水源地每月两次的监测和镇（街道）集中式饮用水源地每月1次监测；县境内河流水质现状监测，开展3期城市背景值水环境监测，开展1期镇（街道）主要河流水质监测，对6条河流开展水质监测；县内污染源监督性监测，开展各类环境监测采样、分析共计80次，有环境监测报告的自行监测工作；环境空气自动监测，主要负责抓好龙里县环境空气自动监测站的运行维护、数据上报工作。

【环境质量评估及预测】环境质量评估主要涉及的是环境现状评估，龙里县环境质量主要涉及水环境、环境空气和环境噪声。

水环境质量　主要包括县域内河流水环境质量状况、集中式饮用水源地水环境质量状况。龙里县境内主要河流有三元河、湾滩河、洗马河、三道河、大岩河、朵花河，属于地表水。县环境监测站对其进行监测，共设置7个监测断面。三元河的六〇二、三五三七厂断面监测项目监测结果达到《地表水环境质量标准》（GB 3838—2002）Ⅲ类标准，其中出境断面“三五三七厂”水质所监测项目监测结果达到《地表水环境质量标准》（GB 3838—2002）Ⅲ类标准；湾滩河的河贝大桥监测断面、洗马河的矿山脚监测断面、三道河的大南桥监测断面、大岩河的小岩头监测断面、朵花河的岩底监测断面，均达到《地表水环境质量标准》（GB 3838—2002）Ⅲ类水质标准。龙里县主要河流三元河、湾滩河、洗马河、三道河、大岩河、朵花河，水质状况良好，达到水环境功能区Ⅲ类功能区要求，水质达标率为100%。对12个集中式饮用水源地开展每月水质监测。经监测，县城集中式饮用水源地猴子沟拥军坝和小西堡水质均达标；镇（街道）集中式饮用水源地水质也全部达标。全年，饮用水源地取水水质达标量之和为898.31万吨，饮用水源地取水量为898.31万吨，集中式饮用水源地水质达标率100%。

环境空气质量　龙里县有两个城市环境空气自动监测子站，分别位于县环保局和龙里中学。根据1—11月监测数据分析，龙里中学监测子站共计监测181天（6月，该子站点未列入省级监测点，取消该站点监测），其中API小于100的天数为181天，占监测总天数的100%；环保局监测子站共计监测365天，其中API小于100的天数为365天，占监测总天数的100%。全年环境空气质量优良天数按照《环境空气质量标准》二级以上的天数达标率为100%，即城市环境空气质量达标率为100%。其中龙里中学监测子站的PM 10平均浓度为15微克/立方米，龙里环保局子站的PM 10平均浓度为13微克/立方米，全年龙里县PM 10平均浓度为14微克/立方米，城市环境空气达标率指数为100%。

环境噪声　根据《贵州省黔南（州）政府第六届环境保护目标责任书（2013—2017年）》的要求，县环境监测站于9月15日至9月30日对县城区域环境进行布点采样监测。该次监测按200米×200米的网格尺寸，共布设点位107个，并根据GB 3096—2008《声环境质量标准》的适用区域分类方法，将107个监测点位分成1类区域5个、2类区域85个、3类区域9个、4类区域8个，采样时段及监测采样方法均按照噪声监测技术规范的有关要求进行，共获有效噪声监测数据107个。县城区域环境噪声21个1类区域监测点平均等效声级为55.1 dB（A）；107个2类区域监测点平均等效声级为52.6 dB（A）；8个3类区域监测点平均等效声级为61.0 dB（A）；12个4类区域监测点平均等效声级为61.0 dB（A）。综合计算，环境噪声的年平均等效声级为56.2dB（A），龙里县城区域环境噪声监测点位总达标率为100%。根据《贵州省黔南（州）政府第六届环境保护目标责任书（2013—2017年）》要求，县环境监测站于9月28日至29日对县城区道路交通噪声进行布点采样监测。共布设点位21个，采样时段及监测采样方法均按照道路交通噪声监测技术规范的有关要求进行，共获有效数据21个。经监测结果显示，龙里县交通噪声的平均等效声级为67.9dB（A），达到《贵州省黔南（州）政府第六届环境保护目标责任书（2013—2017年）》的交通噪声平均值小于70 dB（A）的要求。

【环境监测网络维护】环境监测网络维护工作主要有环境空气自动监测的网络维护和重点污染源在线监测。在全年的监测数据中，环境空气质量API指数均小于100，环境空气质量优良达标率为100%。重点污染源监测主要是对龙里县污水处理厂、龙里红狮水泥有限公司、华润雪花啤酒（黔南）有限公司3家国控企业污染源在线监测的网络维护，对企业在线传送数据的审查，数据异常情况的排查及解决，对其在线传送数据的监督监察工作。3家国控重点污染源自动监控数据传输率90%以上，数据传输有效率90%以上，满足国家考核要求。推行黔南州重点污染源自动监控设施第三方专业化运营工作，3家国控重点污染源龙里县污水处理厂、龙里红狮水泥有限公司及华润雪花啤酒（黔南）有限公司移交污染源自动监控设施，签订第三方运营合同，积极配合自动监控设施第三方——聚光科技（杭州）股份有限公司开展运营管理工作。

【环境监测站建设】龙里县环境监测站在“十二五”期间完成三级环境监测站西部地区标准化建设工作。2014年11月，首次通过省计量认证审核验收，并获得监测资质；2015年1月，完成西部地区三级站标准化验收。通过水、气、声三大类的46个监测项目的计量认证，能够开展集中式饮用水28个常规项目的监测工作。在编在岗人员9人，有硕士研究生2名、本科生7名，有工程师1名、助理工程师6名，环境监测相关专业技术人员共8名。于2013年9月迁至县司法环保业务综合大楼，占地面积697平方米，总建筑面积1394平方米，实验楼建筑面积1000平方米；全站拥有离子色谱仪、原子吸收分光光度计、原子荧光光度计、紫外可见分光光度计、红外测油仪、环境空气自动监测仪等各类仪器设备近90台套，仪器设备总价值约350万元。

【辐射管理】龙里县辖区内有12家辐射单位，开展辐射安全培训会议，均取得辐射安全许可证，工作人员持证上岗率为100%。涉源、涉线单位档案基本完善，各项管理制度基本齐全，防护措施基本符合要求，所有放射源及涉线装置均处于安全生产状态。

（县环境保护局）

水环境质量管理

【水环境保护规划】入河排污口按照《贵州省入河排污口监督管理细则》对县域内入河排污管道口严格监管。实行入河排污口设置论证制度，2015年共完成入河排污口设置申请、登记7个，编制完成《龙里县水资源综合规划》，为水资源的开发利用提供了翔实依据。

【污水处理设施建设】全年，共建成投运污水处理厂（站）6座，处理规模达1.6万吨/日；在建污水处理厂1座，处理规模为1千吨/日。共建污水收集管网（主干管）82.29公里。共建成或在建的6个污水处理厂除县城污水处理厂执行一级B标外，其余5个污水处理厂均执行一级A标。

【水污染防治】根据州下达的2015年“河长制”任务，龙里县考核内容为三元河水质综合达标率和项目完成率。三元河水质达标率为100%，猴子沟环境综合整治项目完成、完成率为100%。完成摆省煤矿、栎木山煤矿的污水治理设施建设，摆省煤矿、摆省栎木山煤矿日处理矿井废水治理工程通过省环保厅验收。下达污染治理任务：龙里荣和酒厂、摆省煤矿、摆省栎木山煤矿污水处理设施完成率100%。

【饮用水源地保护】坚持把保护饮用水安全作为环境执法监督的首要任务，加强饮用水水源保护区警示牌、界桩等规范化建设，禁止在饮用水源地保护区内排放污染物。对全县6个镇（街道）辖区内20个集中式饮用水源地进行保护区划分，并形成报告报县政府，其中上报省的8个水源保护区进入评审阶段。对全县镇集中式饮用水源地及县城猴子沟拥军坝和小西堡集中式饮用水源地水质进行每月监测；完成猴子沟饮用水源地农村环境综合整治项目。全县主要河流水质优良率100%，集中式饮用水源地水质达标率100%。

【固体废物与危险废物处理】根据《危险废物规范化管理指标体系》相关要求，全县辖区内危险废物全部依法交由有处置资质的公司进行无害化处理，无被追究刑事责任的情况。州环保局对全县辖区内危险废物规范化管理工作进行抽查，抽查合格率为100%。

（县环境保护局）

环境执法

【建设项目环保审批】全年，共受理行政许可业务248件。其中，审批环境影响评价文件128件，办理“三同时”验收建设项目30个，办理排污许可证25件，核发建筑施工夜间作业许可证65件。组织召开《贵州万豪商贸总部建设项目环境影响报告书》《贵都高速郭关立交与贵龙大道连接线工程环境影响报告书》等项目环境影响报告书的专家评审会。同时，县环保局积极为辖区内的建设项目开展前期选址踏勘工作，共外出选址踏勘129人次，出具同意落地项目68个，否决37个，并为位于贵阳市汪家大井饮用水源保护区内的33个建设项目争取到省环保厅的同意，为项目顺利实施提供有力保障。

【城市环境综合整治】餐饮油烟整治　严格餐饮业环评审批，从源头控制新设餐饮单位的油烟噪声处理，对群众反映的餐饮单位一律严格要求安装油烟净化处理设施，利用专管高空排放。共处理油烟扰民案件20件，及时有效化解餐饮行业油烟噪声污染环境纠纷。

噪音污染整治　大力开展“宁静工程”活动，营造宁静祥和的城市生活环境。对城市各类噪声污染进行全面整顿，加强对建筑施工噪声污染检查，禁止夜间进行产生环境噪声污染的建筑施工作业；加强对文化娱乐场所噪声污染情况的监督检查，对超过国家噪声排放标准的，依法责令其限期整改；高考、中考期间，安排环保执法人员采取突击检查、夜查等方式，加大对建筑施工活动的巡查力度，严查违法施工行为。

大气污染整治　继续推进冠山高新技术产业

园区燃煤锅炉“煤改气”工程；要求运输煤炭、垃圾、渣土、砂石、土方、灰浆等散装、流体物料的车辆采取密闭或者其他措施防止物料遗撒造成扬尘污染，并按照规定路线行驶；装卸物料应当采取密闭或者喷淋等方式防治扬尘污染；严格要求生产经营活动中产生恶臭气体的单位设置合理的防护距离，并安装净化装置或者采取其他措施，防止排放恶臭气体；督促储油储气库、加油加气站和油罐车、气罐车按照国家有关规定安装并正常使用油气回收装置；加强对县城周边砂石场管理，要求正常使用大气污染防治设施，运输砂石车辆必须用篷布遮盖，加大对进出砂石场道路的洒水降尘力度。

废水污染整治 严厉查处施工工地向河道、生活污水管网等排放施工废水的行为。督促各施工单位建设沉淀池对施工废水进行处理，优先进行回用，对不能回用的须处理达标后方能排放，严禁未经处理直接向贯城河排放，要求施工工地产生的生活污水须接入城市下水管，进入城市生活污水处理厂进行处理。禁止排污单位将废油、潲水油以及其他含油废物排入下水道或者随地倾倒。城市环境面貌、人居环境进一步改善。

【环保执法】深入开展环境保护大检查工作，严厉打击各类破坏生态环境违法行为。全年，共出动监察执法人员800余人次，检查企业400余家次，下达《责令改正违法行为决定书》40份，下达整改通知142份，处罚企业29家，处罚金额86.2万元，停产整治1家，查封扣押1家，环境违法案件查处率100%，环境污染事故纠纷处理率100%，结案率100%。征收入库排污费278.5万元。3月26日，贵州省2015年环境监察高级研修班暨全省党风廉政建设工作会在贵阳召开，龙里县环保局代表龙里县作题为《做足功课，铆足功夫，环境执法方能有的放矢》的发言，得到省环境监察局领导和参会人员好评。

【建设项目环境管理】严格落实建设项目环保“三同时”制度，督促企业严格按照环评报告及审批要求落实污染防治设施，积极开展对项目环境管理检查工作，对于未批先建的项目将严肃查处，并向社会进行曝光；对在建和已建的项目将检查其环保“三同时”的落实情况，对不落实或是落实不到位的企业责令其限期整改并报县环保局备案，提高建设项目环保“三同时”合格率，杜绝刚验收的项目又变成新的污染源。建立建设项目审批总量置换台账，对每一个新增建设项目都严格把关，审批的涉及主要污染物总量排放的建设项目都按照每年的总量指标范围进行审核，都在控制的指标范围内，没有审批无总量排放指标的建设项目。全年，建设项目环评执行率100%，很“三同时”执行率100%。

（县环境保护局）

节能转型建设

【污染减排】全年，县化学需氧量和氨氮排放总量（含工业、生活、农业）分别控制在0.14万吨、166吨以内，比2010年的0.15万吨、199吨分别减少10.19%（其中，工业和生活排放量减少6.97%）、16.53%（其中，工业和生活排放量减少19.73%）；二氧化硫排放总量控制在0.25万吨，比2010年的0.29万吨减少12.55%；氮氧化物排放总量控制在0.06万吨以内，比2010年的0.10万吨减少36.25%，提前完成黔南州下达给龙里县“十二五”减排任务。县污水处理厂二期、中铁生态城（巫山风情小镇）生活污水处理厂、县双龙物流园污水处理工程、醒狮镇污水处理工程和龙里县高新技术产业园生活污水处理工程均完成建设并开始试运行。

【清洁生产】全面完成城区范围内燃煤锅炉

"煤改气""材改气"整治工作任务。对龙里县城区10家企业（单位）10吨/时以下燃煤锅炉完成"煤改气"、"材改气"改造任务；在高污染染料禁燃区、烟尘控制区范围内全面淘汰煤炭、重油、直接燃烧的生物质等高污染燃料，改用天然气、电等清洁能源，或采用集中供热等方式，华润雪花（黔南）啤酒有限公司、贵州华安堂药业有限公司已完成"煤改气"改造并将投入使用，其他企业处于设计等前期准备中。通过该措施，企业每年可减少使用1万吨燃煤，大大减少工业区内烟尘排放。

【节能转型】龙里红狮水泥有限公司在建设和生产中重视环境保护，将循环经济理念注入企业管理。在生产中大量掺入各种工业废渣作为混合材，全年消耗磷石膏、炉渣、铁合金渣、尾矿渣40余万吨；采用国内先进的静电收尘与脉冲布袋收尘技术，购置污染处理设施72套，分布在生产工艺各个产污节点，对产品制造中产生的粉尘全方位进行收集，收尘效率在99%以上，收集后的粉尘送回生产工段使用，减少固体废物对环境的污染；全面推进水泥窑纯低温余热发电技术，投资4500余万元配套建设9兆瓦纯低温余热发电项目，充分利用窑头、窑尾余热进行发电，年发电量在6000万千瓦时，年节约电费3000万元，减少环境污染，降低生产成本，提高企业经济和社会效益。

【节能减排措施】通过管理监督、工程治理和结构减排三大措施，鼓励宣传对新能源的使用等手段，"十二五"末化学需氧量（COD）、氨氮（NH3-N）、二氧化硫（SO_2）、氮氧化物等减排指标均控制在省、州下达指标范围内；强化机动车环保标志管理工作和黄标车淘汰工作，县公安局划定黄标车和老旧车辆禁行区域，逐步淘汰黄标车和老旧车辆；加快机动车尾气检测站建设，加强机动车环保管理和年度检验，对不达标车辆不得发放环保合格标志，不得上路行驶；县城市管理局加强施工扬尘监管，料堆实现封闭储存或建设防风抑尘设施，建设工程施工现场全封闭设置围挡墙，严禁敞开式作业，施工现场道路进行地面硬化；渣土运输车辆采取密闭措施，逐步安装卫星定位系统，每天对城区路面定时洒水；推进城市周边绿化建设，扩大城市建成区绿地规模，禁止焚烧垃圾。

（县环境保护局）

生态修复

林 业

【概况】龙里县有林业用地面积 10.16 万公顷，占国土总面积的 66.92%。其中，有林地面积 5.95 万公顷，疏林地面积 145.3 公顷，灌木林地面积 3.23 万公顷，未成林地 7772.35 公顷，无立木林地 914.51 公顷，宜林地面积 883.99 公顷，苗圃地 27.51 公顷，林业辅助生产用地 41.25 公顷。全县森林蓄积量 286.12 万立方米，其中：有林地蓄积量 280.19 万立方米，疏林地蓄积量 6.33 万立方米。截至 2015 年年底，森林覆盖率为 58.37%，林业产值达 9.85 亿元。森林植被以天然次生林为主；针叶树种主要有马尾松、杉木等；阔叶树种主要有梓木、楸树、桦木、樟科等常绿树种；经济树种主要有刺梨（灌）、桃、李、梨、核桃、樱桃、杨梅等。灌木树种主要有栎类、茅栗、蔷薇科灌木树种等。人工造林的乔木树种主要有马尾松、华山松、火炬松、湿地松、桦木等。县境内有银杏、南方红豆杉、榉木、香果树、紫薇、短叶黄杉等国家保护植物 10 余种。3 月 13 日，将林权登记职责由县林业局划入县国土资源局，并对县林业局相关职责进行调整，有办公室、林业产业科（行政审批服务科）2 个内设机构。

【林业行政审批】有行政审批事项 17 项，其中行政许可 15 项：林木种苗生产许可证核发，林木种子生产经营许可证核发，永久性征占用林地审批，临时占用林地审核审批，陆生野生动物驯养繁殖许可证初审，商品林林木采伐许可证核发，林区木材经营加工许可证审批，省内外木材运输证签发，“植物检疫证书”签发，狩猎非国家重点保护陆生野生动物种类和年度猎捕限额审批，陆生野生动物驯养繁殖许可证，国家重点保护野生动物及其产品出县境运输证明审批，进入省级以下森林和野生动物类型自然保护区从事科学研究、教学实习、参观考察、拍摄影片、登山等活动审批，因科学研究需要必须进入省级以下森林和野生动物类型自然保护区核心区从事科学研究观测、调查活动的批准，地方级自然保护区开展实验、参观、旅游的审批，采伐、移植古树、名木批准；服务事项 2 项：林权证核发，林权变更登记。

【营造林工作】完成2014年营造林建设任务3.85万亩及造林检查验收工作；完成2015年度3.63万亩造林任务的地块落实；完成“贵州省同步小康达标县”所要求的森林覆盖率指标，森林覆盖率达58.37%；举行龙里县“绿色贵州”建设三年行动计划启动仪式暨义务植树造林活动，5镇分会场与县级点（冠山街道办事处主会场）同时启动，全县参加人员1800余人，种植香樟、马尾松4.42万株，种植面积300亩。开展黔南州第八届旅发大会暨2015年“绿韵双龙”绿丝带大型公益绿化活动启动仪式、“牵手行动”进校园植树活动、县团委植树活动；开展全县机关党员及入党积极分子“助绿增辉”活动，义务植树40万株。开展林业科技推广宣传培训4次，培训林农3000人次。

【森林资源保护】严格执行采伐限额管理、凭证运输、加工许可等制度，全年办理林木采伐许可证30份，采伐面积137.75公顷，采伐林木蓄积1.16万立方米；办理木材运输证429份，林木材积量为4649.28立方米；完成2014年度木材加工许可证清理及年审工作，对23家持证木材经营加工企业不定期进行专项检查，实现“林业生产安全、企业收购加工木材合法”目标。办理林地手续10起，涉及面积48.08公顷，收缴森林植被恢复费495.11万元，为项目落地提供服务保障。完成全省第七次森林资源连续清查复查工作，按时保质完成47个样地点复查和2个植被样方调查任务，连续清查复查完成率100%，植被调查完成率100%。

【专项执法】开展森林资源保护“六个严禁”执法专项行动、“利剑行动”等，严厉惩治违法犯罪行为。侦破林业刑事案件18起，网上追逃7人，抓获犯罪嫌疑人13人；查处林业行政案件66起，处罚66人，罚款143.47万元，收缴木材151.47立方米、活体木10棵。同时获得全省森林保护“六个严禁”执法专项行动“表现突出集体”荣誉称号。完成2009—2014年森林生态效益补偿基金自查自纠工作，2014年度国家公益林森林生态效益补偿基金的到户兑现。聘请97名护林员和12名管理人员对全县森林进行管理和巡护。与县人民检察院联合印发《严厉打击非法占用林地专项行动工作方案》，于2015年8月至2016年1月在全县范围内开展为期半年的严厉惩治非法占用林地专项行动，强化对生态环境资源的司法保护。启动龙里县第四次森林资源规划设计调查（“二调”）工作，并完成“二调”工作方案、技术方案、人员组建方案、经费预算和筹集方案及调查工期时间安排表的制订。

【森林防火】修改完善森林防火工作应急预案，严格24小时领导带班值班制度，落实卫星热点核查零报告和有火必报制度。组建由城管执法局40位年轻干部组成的森林扑火第二应急梯队，各包保单位明确1~2名森林防火扑火预备队队员，由县森林防火指挥部统一进行调度。全县有森林扑火应急队7支，扑火队员250余名。县林业局、人民法院、人民检察院、公安局联合印发《关于依法打击森林火灾违法犯罪的联合公告》，明晰禁止野外用火规定，明确告知因违反规定野外用火造成森林火灾应承担的法律责任。全年全县共发生森林火情（火灾）6起，受害森林面积15.77公顷，森林火灾受害率为0.15‰，未超过上级业务部门0.68‰控制指标数。查处森林火灾刑事案件4起，抓获嫌疑人4人，林业行政案件3起，处罚3人。

【有害生物监测和检疫防治】完成2015年林业有害生物越冬调查，调查监测覆盖全县5个镇、1个街道，踏查监测面积61万亩。开展林业有害生物防治工作，在谷脚镇、洗马镇培训指导刺梨种植户防治刺梨病虫害面积2万亩，发放农药100公斤，发放刺梨病虫防治资料200多份；完成春季松材线虫病普查，实施龙里县2014—2015年度松褐天牛治理工作；开展苗木春季产地检疫及检疫调运，实施木材调运检疫2827.05立方米，调运检疫电缆线盘21个，苗木调运检疫53.1万株。

【种苗培育】全年共办理林木生产许可证、林木经营许可证15家，培育刺梨扦插苗3000余万株、营养袋马尾松苗300余万株、杉木苗100余万株，为今冬明春各项工程造林用苗提供强有力的保障。

【集体林权制度改革】加强林权流转管理，办理林权证35本、77宗，完成林地流转5宗、流转林地面积约70.30公顷；及时调解林权纠纷48起85公顷。扎实推进政策性森林保险工作，召开2015年度政策性森林保险工作推进会暨业务培训会，在各镇（街道）成立森林保险基层服务站，完成公益林投保金额159.57万元。

【林业产业建设】完成2014年刺梨种植示范基地的规划设计和建设、2014年全省刺梨推进会相关项目的验收、2014年中央财政现代农业生产发展资金精品果业（刺梨）项目的组织实施；成立龙里县刺梨产业商会并召开第一届会员代表大会；承办贵州刺梨产业发展研讨会暨2015年贵州省刺梨学会学术年会。龙里县茶香刺梨产业示范园区被评为“全州十佳美丽农业园区”；龙架山花卉苗木及生态旅游观光示范园区成功申报为省级现代高效农业园区，并被确定为全省民营现代高效农业综合体先行先改革试验示范区，是贵州省改革办首个改革工作联系点。启动转让、租赁、合作等方式进行对外招商，以贵州恒力源林业科技有限公司为龙头通过以商招商，引进项目44个，投产企业43家。协议总投资19.98亿元建设的黔中林板家具产业园，成为贵州最大的板材家具生产基地，产业链完整、产业聚集度最高的林板家具制造园。编制《龙里县“十三五”林业生态与产业发展规划》《龙里县推进林业产业发展实施方案》，做好服务企业工作，帮助恒力源林业科技、龙港生态资源发展、奇昂生物科技、黔宝食品4家板材和林副产品加工企业成功申报省级林业产业专项资金70万元，帮助林下经济大户申报贷款贴息0.54万元；组织奇昂生态科技、黔宝食品、建涛木业、金帝木业四家申报贵州省省级林业龙头企业。

（县林业局）

贵州省龙里林场

【概况】贵州省龙里林场是隶属于贵州省林业厅的正处级事业单位，被誉为省会贵阳市的“后花园”和“一叶肺”。经营面积1.36万公顷，其中公益林面积0.96万公顷，占总面积的70.3%，商品林面积0.40万公顷，占总面积的29.7%，全场森林覆盖率为93.21%，森林蓄积量为90万立方米。另在贵定县、岑巩县等造林2万多亩。林场致力于生态保护与发展、森林保护、珍稀植物繁育、生态文明建设、生态文化和科普宣传等工作，在珍稀植物引种繁育方面，有国家一级保护树种35种，国家二级保护树种71种，省级特有保护树种54种，被誉为西南地区较大的“植物物种基因库”。在生态文明建设与科普方面，先后荣获“全国生态文明教育基地”“全国林业科普教育基地”“贵州省生态文明教育基地”“贵州省直机关职工生态文明教育培训基地”“贵州省科普教育基地”以及“贵州省青少年科技教育基地”等称号。建成的贵州龙架山国家森林公园年接待游客量43万人次。2007年，被贵州省委、省政府定为“贵州生态旅游度假示范基地”。林场内设14个科室部门、1个林区派出所、1个珍稀植物研究所、1个卫生所（林场职工医院）、2个分场（其中之一为贵州龙架山国家森林公园）、4个营林工区。职工总人数569人，在职236人，离退休职工333人。在职职工中，管理人员52人，专业技术人员50人，高级林业工程师8人，高级政工师1人，林业工程师28人，下设7个党支部，党员137人，其中在职党员94人，退休中共党员43人。

【森林资源保护】共出动扑救森林火灾11次，出动扑救人员121人次，其中国有林发生7次，集体林4次，损失较大的有发生在2月20日响水工区黑山后面和4月16日和平小冲，过火面积分别为214.5亩、226.4亩，损失分别约为80%、90%，其他均未造成重大损失。全场各工区林木累计被盗伐142棵。其中一次性盗伐共计15起，其余均为零星盗伐，林木盗伐猖獗的地区仍然在比较偏僻的高枧村。

【森林保险】全年森林保险投保面积任务为20.24万亩，险种为森林综合保险，费率3‰，保费总金额60.73万元，保险保费来源中央和省级财政，保险金额20240万元。其中，公益林14.33万亩，保费43万元，商品林5.91万亩，保费17.73万元。年内共理赔2起火灾，损失面积375.36亩，理赔金额37.536万元。

【野生动植物保护】开展野生动植物专项行动，办理野生动物行政案件2起。对龙里县王学堂非法猎捕野生动物案，当场处罚50元；对龙里县金丽根非法贩卖野生动物案，没收并放生野生动物（貉子）1只。

【良种繁育基地建设】龙里林场早在1984年就着手珍稀濒危植物的引种和繁育工作，至2015年共建成珍稀植物引种培育基地3500亩，共建成珍稀植物区、能源植物区、百花园区、植物文化区等12个区。共繁育收集126个科、330属、705种植物10万余株。其中，国家Ⅰ级保护植物珙桐、掌叶木、南方红豆杉、银杉等35种；国家Ⅱ级保护植物华南五针松、连香树、凹叶厚朴、桫椤等71种；省级特有保护植物红花木莲、天女花、乐东拟单性木兰等57种。

【龙架山国家森林公园】2015年，公园经营收入1092万元，总计支出为808.1万元。11月，龙架山公园在全省森林公园监督检查评价中获得全省国家森林公园第一名。设施建设方面，对停车场长期使用过程中部分地方出现凹凸不平进行填平处理；增加聚龙山庄大厅、森林人家大厅监控设备，加大监控面积，对公园监控设备进行全面检查并及时维修；对高空拓展设施及其他金属护栏等设施进行除锈处理；对滑草场遮阴篷进行加宽来保护卡丁车等设施设备；对河边木楼及母树林亭子进行捡瓦工作；河边增加桌式烧烤灶20张；新增加电信宽带来保障开具发票的双保险；对滑草场卷扬机钢丝绳进行更换；迎宾楼餐厅2楼包房和聚龙山庄各购买电动桌1个；餐饮部门新增电子点菜系统并配套相关电子设备。宣传营销方面，2—11月在贵州交通广播电台FM95.2和贵阳市交通人民广播电台102.7频道根据公园赏花或活动情况分别发布专题广告；举办春季赏郁金香、秋季赏薰衣草、秋季观彩叶赏红豆杉果等各种活动，在电视及广播等媒体进行宣传报道；与多家企业合作开展“垃圾换水”等活动，通过倡导环保旅游的理念，使多家电视媒体对龙架山进行宣传报道；继续公园网站的更新及信息发布（www.gzljs.cn）；和同程网合作进行网上售票；4月，成功举办黔南州第八届旅发大会系列活动“我和龙架山有个约会”户外生态休闲音乐节；与多家拓展公司合作，成为省内十多家拓展公司的拓展培训基地；与贵州电视2台加强宣传合作，利用其影响力，增加微兔gogo的新型宣传方式。整脏治乱方面，增加2名保洁人员和相关卫生配套设施，并与龙里县城市管理局多次召开联席会议，现场办公，确定由龙里县城管局出面对园区商贩进行统一管理，并签订协议，确保公园有一个舒适的旅游环境。

（李雷、张崑）

街道 镇

JIE DAO ZHEN

街　道

冠山街道

【概况】冠山街道辖龙里县城区及城东片区，位于北纬26°26′~26°27′、东经106°58′~107°之间，东与贵定县相连，西与谷脚镇毗邻，南与龙山镇交界，北与洗马镇接壤，总面积235平方公里，是全县政治、经济、文化中心区域，街道办事处距省城贵阳33公里，距龙洞堡机场18公里，黔桂铁路、湘黔铁路、株六复线铁路、贵新高速公路、厦蓉高速及210国道穿越境内，贵龙大道直通贵阳。辖区内有龙里高新技术产业园区，驻有县委、县人大、县政府、县政协等行政、事业、国有企业等单位130余家。

【旅游资源】冠山街道生态环境优良，民俗文化浓郁，气候宜业宜居。境内打草河（三元河）绕城而过，水资源、旅游资源丰富。境内集生态、观光旅游为一体的羊鸡冲生态园旅游景区已初具规模，该景区以洞内奇石怪笋著称的飞龙洞旅游景点已全面开放；富洪休闲旅游度假村，三元百年石拱古桥三元桥、三元古迹惜字塔、三元古老花灯戏和农民画、高坪酥李和渔洞古藤，大新高原台地近万亩梯田景致，龙从经云顶关至洛安寨到新安、高坪出龙里县境的古驿道和云顶关古隘口，具有旅游开发价值。

【人口民族】2015年10月，街道实行村（居）优化调整后，辖8个行政村、266个村民组，8个社区居委会，居住有汉族、布依族、苗族、土家族等十余个民族，总户数18535户，总人口55536人，少数民族人口15002人、占人口总数的27%，农业人口34084人，非农业人口22803人，流动人口3580人。

【耕地矿产】耕地面积21799.5亩，主要粮食作物有玉米、水稻、小麦等，主要经济作物有油菜、蔬菜、刺梨、水果和花卉苗木等，三元的鸟田绿茶色味俱佳。境内矿产资源丰富，主要有煤、硫铁矿、赤铁矿等10余种矿产资源。

【经济指标完成情况】2015年，完成国税4660万元，较上年同期增长27%；完成地税7400万元，较上年同期增长14%；完成固定资产投资30.79亿元，占年初25亿元任务数的

123%；招商引资签约资金14.4337亿元，实际到位资金7.1337亿元。完成农村居民可支配收入11333元。

【高新技术产业园区建设】街道辖区内的龙里高新技术产业园区位于县城北部，距县城3.8公里，园区规划面积为16.21平方公里，核心区建设面积约5平方公里。依靠地理优势，抢抓发展机遇，不断加强园区水、电、排水、管网等基础设施，实行网格化优质服务，建设集机械装备、家居板材、食品加工、高新技术、新型建材等为一体的布局规范、分类合理的产业园区。至年底，园区已入驻企业85家，投产67家，规模以上企业38家，园区重点建设项目7个。园区3.6公里设计等级为城市III级次干道的园区大道与县城、铁路货运和贵新、厦蓉高速相连，同时连接已开通的贵龙大道；区内已建成市政道路10余公里；配套建成库容41.3万立方米石龙沟水库和日供水0.21万立方米的打水岩应急补水点；建成专供园区双回路黑山、平地2座110kV变电站；配有城北大型污水处理厂1个，日处理1000吨小型污水站1个；满足园区使用的天然气管道已正常供气；区内通信实现三网合一，且正在打造智慧园区，提供无障碍全覆盖大数据服务。

【农业产业化发展】先后实施5000亩脆红李、2000亩刺梨种植项目。围绕29∶71粮经比农业产业结构调整目标，因地制宜，合理布局，全年实现粮经种植比例23.5∶76.5。按党政班子与农调户1∶2模式，筹集10余万元对农调户进行帮扶，梳理发展思路34条，创办巩固畜牧水产示范点59个。实现农业总产值3.37亿元，其中种植业完成总产值1.98亿元，畜牧业完成总产值1.39亿元；实现农业增加值1.68亿元，非粮农业增加值1.52万元，同比增长8%；非粮农业增加值占第一产业增加值90%；粮食作物增加值0.16亿元，畜牧业总产值占农业总产值比重42%。完成农村居民可支配收入11333元，完成土地流转25000亩。全年实现街道创办巩固各种畜牧水产示范点59个，带动全街道农户发展畜牧水产养殖。全街道生猪存栏4777头；耕牛存栏1742头；羊存栏1157只；马存栏971匹；鸡存栏45633羽；鸭存栏1749羽；鹅存栏538羽；犬存栏1764条。全街道疫情稳定，没有发生重大疫情。

【林业安全】林业工作主抓森林防火，先后投入防火经费11万元，通过购买鲜花和设置街道防火卡点12个和48个村级卡点，并由各组组长带领党员深入重要林区、坟区进行巡查，严禁在林区祭祖焚香、化纸、点蜡烛、燃放礼花鞭炮、烧柴草、烧田埂茅草等野外用火。签订防火责任书233份，其中办事处与村签订29份，村与组签订192份，办事处与学校签订12份，发放禁火令5348张，张贴联合公告及禁火令12585张，各村以老村为单位落实了10人以上义务巡山队员。街道落实5370亩造林地块，完成义务植树50亩，调解林地纠纷3起，查处林政案件8起，处理7起，7人。

【基础设施建设】完成投资5000万元的龙里高新技术产业园播基桥——茅草冲道路工程前期工作，为打通冠山高新技术产业园播基桥至茅草冲通往西区贵龙大道的联络线奠定了基础，建成辖区通村公路10.5公里，实现村村通水泥硬化路目标。实施财政奖补“一事一议”项目和“四在农家·美丽乡村”建设，累计投入资金620余万元，项目涉及活动场所、排水排污工程、路灯安装、道路绿化等。配合县级其他部门做好县城大小十字、公安局片区棚户区改造、体育馆建设、龙架山山体公园道路建设、东门河治理及县城其他城市建设项目。路网现状：辖区范围内道路，分别是大竹至水桥、下洞至播箕、大新至乐阳、金龙路至大冲、五里桥至苹老湾、定水至五里桥、国营煤厂至麻芝、凉音洞至革老堡、新寨至黄泥哨、定水至光坡、乐阳至罗标、贵汽农场至三元、两格田至合安、高坪至新安、乌榨堡至合安、三合至凤凰等，共计80.9公里。投入5万元分别完成三元河高车坝和永安坝维修加固工程，为防洪和保证沿河群众生产生活用水起到关键性作用；先后投入10余万元对三合大坝、永安水坝进行加固维修，同时启动新民河人饮工程项目建设。完成新民河一期治理并启动二期征地工作，完善防汛抗旱工作预案，依托100炮团及民兵应急分队开展防汛应急处置。

【生态园区建设】龙架山花卉苗木及生态旅游观光示范园区规划核心区1.7万亩、拓展区10.7万亩和辐射区69.7万亩。功能分区为现代花卉苗木生产示范区、现代花卉苗木展示区、产品加工与交易区、管理服务区、高原原生态风情示范区、三元河旅游度假区共6个。年度完成投资3.86865亿元，较同期相比增加1.091亿元，其中基础设施投入2.6444亿元，生产性投资1.18815亿元。整合各级财政投入园区的资金3.9267亿元，其中各级财政资金0.9725亿元，整合部门资金1.7103亿元，园区企业自筹投入1.1794亿元，融资0.0645亿元。共维修建主干道48.3千米，维修（建设）机耕道62.8千米，生产便道42.5千米，改造拦水坝2座，新建30立方米水池12口，新建渠道52千米，铺设管道17.9千米。治理河道1.8千米；通信、电力实现全覆盖。拥有加工厂房建设10座、建筑面积1538平方米，正在建设2座1987平方米，建设温室大棚35间1640平方米。全年园区高标准种植花卉苗木达1.1148万亩（含复种），园区苗木质量安全水平为100%。

【工业主体指标】全年完成规模以上工业总产值59.25亿元，招商引资实际到位资金7.13亿元，实现固定资产投资30.79亿元，建成园区产城互动生态移民安置项目共计15栋10万平方米，建成园区污水处理站一个。210国道改扩建、中广核贾托山风力发电、雪花啤酒厂搬迁扩建、卡布国际等十个项目陆续启动，累计征地772亩，兑现资金3151万余元。

【义务教育】街道共有小学13所，教学班153个，在校学生6598人。幼儿园15所（其中民办6所），教学班79个，在园幼儿3799人。投资130余万元，先后为第四小学教室及楼梯间安装木质墙裙、第一小学维修塑胶运动场2000余平方米、大新小学更换铝合金窗户80平方米、三元小学硬化地面120平方米、实验幼儿园完成围墙改造、钢架楼梯建设、第二小学增加课桌会议桌等教学设施。实施农村义务教育学生营养改善计划，惠及街道所有农村学校学生。街道学前三年毛入园率达85.5%，小学入学率达100%，初中入学率达114.01%，三残儿童入学率达88.67%，初中毕业升学率达90.4%，高中阶段毛入学率89%，小学辍学率为0，初中辍学率为2.5%，义务教育巩固率92.26%。

【社会保障】街道年度共有城市低保户371户、716人，月发放低保金24万余元。农村低保户271户、556人，每季度发放低保金27.1万元。全面完成1040余人的全国残疾人基本服务状况调查工作。“五险”参保率、新型农村合作医疗参合率达100%。完成新增就业统计1490人、完成城乡居民社会养老保险缴费121.42万元；完成671人的失地农民养老保险工作。“一帮一”联系走访空巢老人300余次，有289位生活困难的老年人享受城乡低保，有100余名困难老年人获得医疗、粮食、衣被等临时救助。

【计划生育】街道平均常住人口60051人，新生536人（其中，计划外出生18人），死亡195人。人口出生率8.93‰，人口自然增长率5.68‰，符合政策生育率96.65%；现孕妇女统计 285 人，占前三年平均出生人数的 60.00%；共完成两术 833 例（其中，上环 511 例、结扎 322 例），完成社抚费征收 100.02 万元。

【城乡建设】 辖区范围内供排水工程基本达到全覆盖，供电达到全覆盖，邮政通信达到全覆盖。娱乐场所建设情况：存在娱乐场所共计 15 家，分别是玛索酒吧、尊龙汇 KTV、龙里壹号 KTV、幕哥会 KTV、好声音 KTV、盛世国际娱乐会所、珏峰御水洗浴中心、星球动漫城、富桥足浴城、天浴水会、楠泉宫洗浴中心、伯爵 KTV、伯爵水会、伯爵动漫城、巴黎之夜。对农村建房申请严格审核把关，及时到农户申请建房点实地查勘，共报送符合建房要求和条件的农户 41 户；依法查处违法违规建筑 56 户，强制拆除 37 户，责令停止违法违规建设行为 19 户；组织开展辖区内集中拆违专项行动 4 次，协同县城管局在辖区内开展拆违行动 30 余次，依法拆除辖区内违法违规建筑约 24800 平方米；调查涉嫌非法交易土地 6 例。

【基层党建】 以顺利通过小康创建达标工作为中心，确保创建目标的实现。街道分别被省小康办、县委、县政府表彰为小康创建示范街道。小康驻村干部、第一书记发挥自身优势，帮扶派驻村开展民生项目建设。三合村完成 1~5 村民组管网安装和高车灌溉水坝的维护，确保 700 余人、1000 余头牲口正常饮用水和 800 余亩农田灌溉，完成大堡窜寨公路等建设 7000 余平方米；光坡村争取水利项目资金 15 万元，对灌溉沟渠进行维修，解决上千亩农田灌溉困难，实施 20 万元财政扶贫大蒜种植项目，带动 53 户群众增收；大新村协调落实州委组织部 30 万元、扶贫局 180 万元专项扶贫资金，实施财政扶贫 20 万元花卉苗木种植及 80 万元竹鼠养殖项目帮助群众发展致富、集体经济增收。统筹 100 迫击炮连连部资源优势和区位交通优势，投入 20 余万元，创建龙里县爱国主义教育基地，打好“党性牌”。建设“网上党校”，在园区投入 15 万元，创建集政策理论宣传、党务知识培训、员工技能提升、流动党员无障碍沟通为一体的综合性服务平台，打好非公党员“教育牌”。

【精神文明建设】 将近 100 平方米的会议室腾出作为“道德讲堂”的主阵地，投入 10 万余元进行装修。结合村、社区、学校、企业及居民小区实际，建设微讲堂。相继邀请“德行龙里”十大人物“礼之星”黄正安、“爱之星”爱心妈妈巾帼志愿服务队等先进模范人物、县级德师队伍走进讲堂，围绕“诚爱礼孝仁”，针对机关、村、社区及企业开展 200 余场主题鲜明的宣讲。深入开展“明礼知耻·崇德向善——德行龙里·知行冠山”2015 主题实践活动，积极挖掘、发现身边的好人好事，开展“明礼知耻·崇德向善—德行龙里·知行冠山”身边好人评选活动，推进积德榜建设工作，加大好人好事先进事迹宣传力度。投入 20 余万元用于机关文化建设和宣传社会主义核心价值观，利用宣传栏、电子显示屏、宣传橱窗、楼体墙体、楼门展示牌等各种载体，制作“社会主义核心价值观”公益性广告 5000 余幅，积极将“街头正能量”工作向农村、居民小区、学校、园区横纵延伸，引导群众明理知耻，崇德向善。先后投入 40 余万元举办“冠山一家亲 养身又养心”“邻里和睦一家亲·文明和谐奔小康”等主题文化活动 10 余场次。

【脱贫攻坚】 街道采取整村推进、社会扶贫、精准扶贫、项目产业化扶贫等举措，创新精准扶贫开发“六个到村到户”工作，以解决贫困村道路、人畜饮水、生态移民搬迁、特色产业增收、农村危房改造为重点，精准识别贫困村 6 个。建档立卡：2014 年，扶贫系统内共有扶贫对象 785 户、2615 人，组建 9 个遍访工作组，对各村进行调查核实，上报系统数据 736 户、2356 人，减少

49户、259人，各村按照低保评议程序进行评议上报。扶贫生态移民安置：前期主要做好农户动员、申请、审核、审批工作，一期完成95户、415人生态移民户抽房工作。扶贫项目建设：完成大新竹鼠项目、花卉苗木种植项目、广州对口帮扶项目、大新富洪打井项目、新民河治理项目一期、光明社区村集体经济项目均已建设完毕；合安村竹鼠项目、光坡大蒜种植项目、五里村环保项目、大新定水机耕道项目、永和、定水土地整治项目、光坡村养鸡项目、绿壳蛋鸡养殖项目、渔洞村壮大集体经济项目正在建设中。

【新型服务模式】基于电子商务、基层便民服务、信息化党建理念，投入15万余元创建“红色未来城　互联网+”新型服务模式，搭建线上、线下生活运营架构（O2O模式），实现购物、活动组织、信息交流等功能，使群众的工作生活需求得到最大限度的补充和满足，促进城区商家和农村专业合作社商品流通及销售，促进农业增效、农民增收，便捷群众日常生活。

【行政村（居）优化调整】推进村（居）优化调整工作，成立8个工作领导小组和8个驻村居工作指导组，负责做好前期的摸底、宣传及指导工作。截至12月13日，新组建村（居）全部圆满完成选举工作，选举结束后，街道由原来的30个村（社区）调整为16个村（社区）。

【公益积分·爱心储蓄】依托民情一点通信息平台，结合党员管理服务年和州“三创一亮”活动，创新“公益积分·爱心储蓄”志愿服务平台，以街道党工委为纽带，在8个社区建立志愿服务站，按“九岗一平台一榜”管理模式，设立扶贫帮困、文化活动、便民服务等九类服务岗位，建立“爱心积分制”，为注册志愿者发放爱心存折，合理确定每项活动的不同分值，在“自愿、无偿、利他”前提下，营造传递街头正能量的良好氛围，增强公益群体的归属感和荣誉感。为让党员干部“工作在机关、生活在社区，奉献双岗位”，面对面、实打实地为社区群众办实事、做好事，实现“八小时党员”变成“全天候党员”，结合在职人员进社区报到活动，冠山街道创新打造“志愿服务网络”，成立爱心银行，依据不同活动内容，合理确定每项活动的不同分值，在志愿活动后进行积分，全力推进志愿服务精细化管理。截至年底，街道辖区内国家机关、事业单位、国有企业3686名在职人员到社区报到，帮助群众实现微心愿2950个，开展各种志愿服务活动200余场次。

【社区简介】水桥社区　水桥社区居委会位于县城西郊，辖区面积约3.7平方公里，东以正大路口为界，西至五里坡道班，南至饶钵山部队602基地，北至西城社区云苕芷岸小区，辖区企事业单位3个，中学1所，小学1所，医院1家。辖区人口共计1096户、3261人，农业人口681人，非农业人口2580人。社区辖贵州省龙里林场场部、化工厂、水桥、龙馨苑、森林溪畔5个片区，分10个居民小组。社区党员27人，其中预备党员1人，两委班子健全，有工作人员7名。

城南社区　位于县城东南面，东与五里村，南与莲花、新水村，北与龙坪社区，西与冠山社区相邻。管辖范围为大水塘、流阴洞、上下南门、圣公上、新场坝、西南药都、九条龙、小西堡、廉租房小区。辖区面积约5平方公里，地形平缓。非公企业27个，全社区共3960户、11880人，汉族、布依族、苗族等数个民族杂居，居民多以种植、务工和经商为生，有居民小组16个，社区工作者10人。社区总支部下设2个支部（连心支部和四民支部），共有中共党员68人。社区的主要交通要道有药都大道、环南路、铁龙路3条，另有210国道、黔桂、湘黔铁路从境内经过。辖区内有单位2个（房管局和农村工作局），学校2所（第四小学和龙里民族中学）。

大冲社区　位于县城东北面，于2013年9月30日因行政区划调整改为大冲社区。大冲社区南与龙坪社区、冠山社区、西门社区、光明社区接壤，东与五里村接壤，北与簸箕村、平地村接壤，西与西城社区接壤。人口18868人，其中农业人口1549人，辖区面积约10平方公里，有耕地450亩。贵广高铁、贵新高等级公路从辖区穿过。辖区内有县司法局、县环保局、县民宗局等县直部门19家单位，冠山街道办事处位于辖区内。社区居民以进城务工、个体经营、农业种养殖为主要经济来源，2015年，人均收入9480元。

冠山社区　于2005年1月成立，2013年10月“撤村建社区”规划调整区域后，社区主要位于县城东面中心，东与龙坪社区、南与城南社区、北与大冲社区、西与西门社区相邻。管辖范围为伯爵钻石房开、兴龙广场、体育活动中心、佰利酒店、教育局、小十字、金鹏花园、龙里中学、中兴嘉园、廉租房小区，辖区面积约1.3平方公里。调整后社区共有属地单位11家（建设银行、龙里中学、第一小学、实验幼儿园、教育局、气象局、公安局、供电局、太平洋财保公司、国丰村镇银行、联通公司），警务室1所，包片民警1名，社区配备1名综治专干，1支党员义务消防（抢险）队（共32人，兼社区治安巡逻员）。社区共有常住人口和流动人口约3576户14256人，社区党委下设奋进与志诚2个党支部，共有中共党员94名，根据辖区情况，将社区划分为25个居民小组，有城乡低保户116户198人。办公场所位于环南路，成立了社区文化活动中心。活动中心设社区书屋、电子阅览室、排练厅、乐器室等。

光明社区　地处县城西南面，全社区共辖16个居民小组，其中自然村寨有大水塘和老场坝，小区院落有锦绣花园、草原路安置区和张家湾安置区，面积约为4.5平方公里。东与西门社区、西与水桥社区相邻。管辖范围为老场坝、三林路、老西关坡、锦绣、草原路、张家湾、大水塘。全社区共有2281户，总人口7170人，其中流动人口1080人。有田土面积110余亩，社区集体管理林地12456亩。共有属地单位3家（龙里县城关二小、龙里县供排水公司、龙里县城市管理局），包片民警1名，社区配备1名综治专干，1支党员义务消防（抢险）队（共20人，兼社区治安巡逻员）。社区党总支下设光明实业、光明花卉、光明园艺3个党支部，共有中共党员81名（其中，男中共党员45名，女中共党员36名）。有城乡低保户61户、108人。办公场所位于环城路，设有卫生计生、就业创业及社会保障、民政救济、党建服务等窗口，设有计划生育、居委会、党支部、综治等办公室，会议室、党员活动室、道德讲堂、图书室等办事机构。光明社区地处县城中心区域，人口较为集中的住宅小区有6个，也有学校、集贸市场、生活超市、银行等。

龙坪社区　地处县城区东北面，东与五里村接壤，南以321国道线为界，西抵胜利街、北门街、体育路，北与大冲社区相邻。社区常住总户数2789户、常住人口共7986人，流动人口606人，党员65人，共9.6平方公里。境内有1路公交车通过。辖区内驻有县法院、县检察院、县武警中队、县消防队、农发行、县第三幼儿园。社区人口密集，完全失地达90%以上。至2015年，辖区内城上城房开商正在对老城区进行改造，天佳城市花园一期完工，智能停车场正在建设中，卫计大楼正在建设。

西城社区　前身是龙里县龙山镇水桥村，下辖茅草冲、吴家庄、斗蓬山、水桥4个自然村寨。2013年，水桥村拆村改名为龙山镇西城社区。2014 年 4 月，更名为冠山街道西城社区，2015 年 12 月，进行行政区域优化调整，西城社区兼并了原大竹村。西城社区地处龙里县城的西北角，东抵冠山街道大冲社区，南沿金龙西路、水桥右岸，210 国道以北，西至谷脚镇观音村、北靠播基村。有 8 个自然村寨、18 个居民组：斗蓬山、茅草冲、吴家庄、小竹、大竹、麦冲、石板、岔口，社区办公住址在吴家庄安置小区。有人口 3801 人，区域面积 21.5 平方公里。境内有 210 国道、沪昆高速、呼南高速公路、贵龙城市经济带（金龙西路延伸段）、贵阳至广州高速铁路。社区内的单位、企业有：龙里县人民医院、龙里县第四幼儿园、龙里北站、中国新型房屋集团（龙里县西城开发商）和龙里供电局 110kV 变电站、华润雪花啤酒厂（黔南公司）、龙里供排水总公司灰幺净水厂、龙里邓氏辣子鸡厂、贵州龙里榕御温泉、昌哥食品有限公司。西城社区农村低保 26 户，保障人口 54 人；城镇居民（非农）低保 11 户，保障人口 18 人，五保户 1 户 1 人，共计 73 人。

西门社区于 2005 年 1 月挂牌成立，2013 年行政区划调整后，辖区面积约 1.5 平方公里，居民 2658 户、7756 人，有机关、学校、企业 59 个，中共党员 45 人，工作人员 8 名。其中大专以上学历 3 人，中专 2 人，初中 3 人。

（冠山街道党政办）

镇

龙山镇

【概况】龙山镇位于龙里县西南部，东与冠山街道相接，西与贵阳市接壤，南与湾滩河镇毗邻，北临谷脚镇。镇政府驻地坝上村距县城2.5公里，距省城贵阳21公里，厦蓉高速公路、湘黔铁路、贵阳市域铁路穿境而过。镇内地势大多呈丘陵过渡的斜坡地带，南高北低，全镇最高海拔1680米，最低海拔970米，平均海拔1200米。属于北亚热带季风性湿润气候，年平均气温12.7℃，龙里大草原素有“天然氧吧”之称，是县内湾滩河、猴子沟水源和朵花河的重要发源地。境内自然资源丰富，已探明有储量丰富的煤、铝土、硅石和白云石等矿产资源。

【区划人口】全镇总面积319.5平方公里，辖27个行政村，共189个自然村寨，常住人口33772人。11月月底，完成行政村区域调整优化工作，由原来的27个村合并为12个村（社区），即龙山社区、水场社区、草原村、水苔村、团结村、中排村、金星村、比孟村、莲花村、余下村、平山村、中坝村。

【经济指标完成情况】完成固定资产投资8.4356亿元，完成年初既定目标任务（6亿元）的140.59%，同比增长234.24%。完成工业总产值15.5亿元，完成年初既定目标任务（12.01亿元）的129.05%，同比增长54.07%。招商引资签约资金3.442亿元，完成年初既定目标任务的114.73%；招商引资实际到位资金3.1136亿元，完成年初既定目标任务的114.73%，同比增长211.36%。农民人均纯收入达到8329元。

【重要会议】1月26日，召开财政管理体制改革启动大会；3月2日，召开龙山镇第一届人民代表大会第二次会议；5月11日，召开中国共产党龙山镇第一届代表大会第二次会议；5月14日，县委书记刘华龙到龙山镇调研座谈；8月7日，召开龙里县龙山商会成立大会；9月14日，召开龙山镇2015年新兵入伍欢送会；10月26日，召开行政村区域优化调整工作动员会。

【农林牧产业发展】全镇建立粮经作物种植示范点10个，全年共完成各类作物种植9.7549

万亩，其中种植粮食作物2.88万亩，总产量达到0.922万吨；种植各种经济作物6.8749万亩，粮经作物比达29.5∶70.5，全面完成2015年粮经比调整任务。全年完成植树造林9190亩，其中，马尾松5290亩、刺梨种植3300亩、植被恢复600亩。退耕还林通过县级验收并兑现补助资金10.32万元；顺利通过公益林管护检查验收并兑现管护资金165.3万元。全年存栏优质黑山羊2500余只，成立合作社进行统一销售，形成产业优势分担风险；在草原下麻若发展了一家养殖规模在1500只的特色兔养殖场。城兴村、塘兴村共引入种兔1600只开始饲养，幸福村、羊蓬村各点进行种兔招标工作，圈舍建设等基础工作已完成；在场坝村、高沟村继续实施竹鼠养殖项目，共完成项目采购，场坝村种鼠已进场开始饲养。共有各类养殖场51户，其中涉及优质黑山羊养殖30余户、特色兔养殖4户、竹鼠养殖3户、娃娃鱼养殖2户、鹌鹑养殖4户、家畜养殖4户（猪、牛各2户）、家禽养殖4户等，遍布全镇各村。

【工业园区建设】规模以下企业50家（含小微企业）完成产值9586万元，完成任务数（7337万元）的130.1%；完成工业固定资产投资3.226亿元，完成任务数（2.5亿元）的129%。成功申报民贸企业4家，新增微型企业10家。成立招商小分队，赴珠江三角洲等地区开展招商工作，与客商洽谈引资20余次，接待客商62人次，签约引进项目6个，成功引进贵州晟庭香纸业有限公司、龙里百江燃气有限公司等企业入驻园区。龙山工业园区入驻企业38家，建成投产26家，在建12家，产值500万元以上规规模企业2家，产值2000万元以上规模企业15家。新增规模以上企业8家，完成年初既定目标任务的200%。

【精准扶贫与村集体经济】完成2015年度贫困户精准识别工作，共甄别贫困户897户、3047人；8个村顺利脱贫。扶持村集体经济独立发展。根据11个“空壳村”自身特点，成立各种技术专业合作社，年底各项收入已超过30万元；实施村集体经济捆绑式发展。由龙山镇牵头组织实施，经与各单位对接达成“引进去”与“走出来”相结合的“1+1+N”多元化“抱团捆绑”发展共识。11月13日，由龙山工业园区管委会出资20万元，11个“空壳村”各出资5万元，聚合11个空壳村村级集体经济的龙头企业“贵州翼龙汽车服务有限责任公司”正式成立，注册资金75万元，有自购车辆3辆，接收社会私人挂靠车辆11辆。经营范围由汽车租赁向劳务输出拓展，最后逐渐延伸至电子商务、特色农产品开发、餐饮中介服务和住宿等方面。已经有3个村（社区）和1个协会意向性投资共计90万元入股。

【重大项目建设】启动莲花生态湿地休闲体验区项目建设工作，完成征收土地630余亩、坟墓迁移400余座、拆迁项目区内房屋及附属建筑约4000平方米，兑现征地拆迁款2000万元；规划布局村庄与集镇群众集中建房安置点建设工作，将农村新建住房集中安置纳入县城区总体规划，积极引导农村村民建房由村庄向集镇、一般村向中心村、小自然村向大自然村集聚。做好草原片区、水场片区、莲花片区共7个点的农村集中建房规划，打造莲花村50亩集中安置点的建设，通过“疏”“堵”结合的方式解决农村建房刚性需求的问题；投资4700万元建成贵都联络线道路的二期扩建工程并通车。

【基础设施建设】全镇共实施“一事一议”项目23个（其中通组道路硬化项目19个，人行步道硬化项目3个，太阳能路灯安装项目1个），项目总投资344.11万元，其中群众投工投劳9530个，折资47.65万元；申请财政奖补资金

296.46万元。投入资金210万元实施新场村栗木寨“美丽乡村”示范村寨项目。小康驻村干部协调水利项目资金70余万元，解决了羊蓬、朝阳等村110余户群众吃水难的问题，协调道路建设资金1000余万元，为摆谷六、纸厂等村新修道路30余公里；全镇范围内共实施11个村、35个自然寨的饮水工程，总投资200多万元，涉及人口6000多人；完成3000余亩的土地整治、全开发项目。

【旅游业】全年，累计接纳游客28万人次，收入1420余万元。其中：草原风景区累计接纳游客12万人次，收入720万元，近郊旅游收入700余万元。成功承办黔南州第八届旅游产业发展大会之龙里首届大草原帐篷节，吸引省内外游客2万余人齐聚大草原。

【社会民生事业】全镇总出生341人，人口出生率为10.61‰，人口自然增长率为4.39‰。6月成功举办州级人口计生三个按月现场会。建立流动人口“微信互动”平台，龙山镇计生办主动添加外出育龄妇女的手机号码为微信好友，在微信平台发布有关计生政策服务，告知育龄群众1年4次的环孕检服务和遵守相关的计生政策，随时掌握外出务工人员的计划生育落实情况，省时省力。新购入图书4500册，争取46万元资金在城兴村建成镇级农民体育健身场所1个，投资9万元在新场村、三村村建成农民体育健身场所各1个。举办广场文艺会演活动，共投入活动经费10余万元开展跳月、布依山歌赛等民俗活动12场。筹资以及争取资金50余万元，均投入到学校建设和改善学生营养餐中。实行干部包村的控辍保学责任制，建立起镇、村和校、班控辍保学网络。发放救济粮5.8万公斤，救助困难群众962户3476人。共计发放救济粮5745公斤，救助群众212户383人。对13户义务兵家属和“两户”“三属”发放优待奖励金8.48万元，为75名重点优抚对象发放“八一”慰问金共计1.5万元。对123户困难户、136人发放棉被69床，棉衣101件，绒衣61套，鞋7双。慰问五保户23户28人和7个孤儿，共计发放棉衣35件、棉被35床。完成2015年度新增就业录入1084人，同比增长120%。整合资金50余万元修建莲花公益性墓地（镇级）和新场村公益性墓地。两个公益性墓地各建成30个标准墓穴，墓区道路全部进行硬化，墓区进行绿化。

【安全维稳工作】共排查各类矛盾纠纷64起，共化解55起；开展重点时段、重点区域维稳工作8次，出动维稳人员100余人次；开展道路交通、农村消防、矿山安全等大检查8次，深入三山研磨、东洋纸厂等30余家工贸企业开展安全生产隐患排查工作，提出隐患整改意见30余条，未发生一起较大以上安全事故；发放5000余份禁毒宣传资料，书写20余条禁毒标语；发放3000余份反邪教宣传资料，签订5000余份“家庭远离邪教承诺书”。

【基层党建】完成片区（原坝上、莲花、余下、新场4个村）农家乐统计工作，并建立一户一档，进一步摸清各农家乐从业人数和党员情况。以“五星”农家乐（诚信之星、服务之星、文明之星、满意之星、带富之星）评比活动为基础，促使农家乐规范发展。开通“微·效龙山”公众微信平台，设置农家乐简介、农家乐动态、农家乐美食、农家乐设施、意见及投诉等版块，将全镇农家乐图文并茂进行介绍，通过网站游客可以了解、查询或者预订全镇农家乐，查询详细的交通路线图和具体联系方式，可直接在网上预订餐饮，并能进行意见反馈及投诉。12月，厉家庄5家农家乐作为试点，成立“舌尖上的爱心”公益服务队。在新场村推出孝道村规6条，即“老有所养、老有所医、老有所教、老有所学、老有所为、老有所乐”，向上级部门争取资金10

万元，打造村级幸福院 1 所，建立老年协会、居家养老服务站，组织志愿者对老年人开展志愿服务。

【关爱妇女儿童】 成立 3 支（龙山、草原、水场）关爱留守妇女工作队，由镇、村两级女干部组成，平均每名女干部对 2~3 名留守妇女进行结对关爱；成立 3 支“爱心妈妈”志愿服务队，均由镇内，教育女干部组成，“爱心妈妈”采取不同形式对留守儿童进行送温暖、教育辅导、生活关怀等，共计开展交流谈心 30 余次，组织开展户外活动 2 次，送去书包 52 个、文具 120 余份，折合人民币 5000 余元。

（龙山镇党政办）

谷脚镇

【概况】 谷脚镇位于龙里县西部，西与贵阳市毗邻，南与龙山镇接壤，东连冠山街道，北与醒狮镇、洗马镇相交。距县城 17 公里，离省城贵阳 16 公里，321 国道、贵新高等级公路、湘黔、黔桂铁路、贵（阳）龙（里）城市大道从境内穿过，具有交通便捷又紧邻贵阳的区位优势。2015 年，谷脚镇实行村（居）优化调整后，辖 5 个村、5 个社区，共 176 个村（居）民组，991 名中共党员，全镇总面积 224 平方公里，总人口 31856 人。居住有汉族、布依族、苗族等多个民族，少数民族人口 7672 人，占总人口的 25.5%。依托工业园区建设，积极促进农村劳动力就地转移，不断增加农民经济收入，全镇人均纯收入 8756 元，比上年增长 23.9%。

【自然资源】 谷脚镇属于典型的喀斯特地貌，以高原、丘陵为主，辖区范围内沟壑纵横，最高海拔 1760 米，全镇平均海拔 1320 米。全镇林地 83000 亩，牧地 30000 亩，耕地 25650.3 亩。镇境内水资源丰富，水域面积 1000 亩，有花马冲水库、马鞍山水库、暗山水库，建成日供水 6000 吨的水厂两座，耕地面积 16286 亩。投资 300 多万元的花马冲水库引水工程正在建设之中。属亚热带季风湿润气候，平均气温 13.9℃，最高 33.2℃，最低-2℃，年无霜期 280 天，年降雨量 1088 毫米，年均日照在 1060~1265 时。镇内土壤、气候适宜农作物生长，境内农作物及经济作物主要有水稻、玉米、油菜、蔬菜、水果、刺梨及各种中药材。境内农特产品主要有富硒红米、谷脚分葱、谷脚刺梨（果、干、脯、汁、酒）、土蜂蜜等

【企事业单位】 辖区内机关事业单位主要有谷脚镇人民政府、谷脚派出所、谷脚法院、谷脚镇卫生院、谷脚镇水管所、谷脚小学等。谷脚镇辖区内共有工业企业 116 家，其中规模以上企业 49 家。项目多以建材、医药、轻工为主。2015 年红狮水泥成为全县唯一的工业产值超过 10 亿元的企业，红狮水泥、神奇制药、科之杰等企业税收超千万，其中红狮水泥税收接近亿元，谷脚园区工业企业税收占龙里县工业企业税收的三分之二。

【旅游资源】 区域内蕴藏着丰富的煤、硅砂、硫铁等矿产资源及丰富的荒山荒坡资源。全镇旅游资源丰富，自然旅游景点有巫山古岩画等。加大旅游亮点打造，建成“双龙镇”景区景点、“茵特拉根”小镇景点，其中茶香村“自行车主题公园”正在建设中。古迹有云台山古寺遗址，红色旅游资源有红军观音山战斗遗址、王关、鸡场堡（混子场）红军集结、宿营地、千家卡抗日阵亡将士纪念碑等景点。辖区内有 5 座寺庙，分别为观音村观音庙、谷脚社区老街观音庙、庆阳社区佛光寺、庆阳社区观音洞、岩后社区（千家卡）倪儿关观音庙。

【新农村建设】 立足镇域特色，在全镇各村

（社区）推进新农村建设，基础设施不断完善，农业、旅游业等各项事业快速发展。不断调整农业产业结构，农业正向规模型、专业型和品牌型发展，形成以刺梨、水果和蔬菜为主的山地高效生态农业。建成全国最大的2万亩刺梨种植基地，获得“中国刺梨之乡”的美称。同时，依托贵阳市场，大力种植水果和精细蔬菜，发展起独具特色的都市郊区农业和“餐桌经济”。5月6日，谷脚镇茶香刺梨产业示范园区入选全州“十佳美丽农业园区”。

【园区建设】龙里县坚持大交通和特大城市带动发展思路，提出“接轨贵阳、多元开放、产业集聚及打造品牌、生态立县、统筹发展”的战略，使谷脚镇成为全县工业经济发展和城市经济带动战略实施的主阵地，创建了全省一流的工业园区——谷脚工业园，谷脚工业园规划面积50平方公里，结合贵龙城市经济带的产业布局，在谷脚片区建设民族医药产业园、快递物流产业园及产业研发、建材、金融、加工服务的创意产业区（总部经济区）。

【农业生产】2015年，谷脚镇农业生产总值为2.76亿元，增长38.35%，农民人均纯收入达10432元，农村居民人均可支配收入达到8595元。办好高枧、老凹山、谷定、小箐、羊场司的蔬菜种植产业园，种植面积达1.9658万亩。其中高枧村3500亩，谷定村500亩，小箐、羊场司4500亩，三宝、鸡场1000余亩，哨堡250亩，复种指数均在100%以上；在新坪村发展粮增工程高产示范玉米育苗定向移栽300余亩；在高新村落实县财政专项扶贫发展资金60万元开展富硒红米产业加工，同时建设红米种植基地3000余亩，其中红米种植示范350亩，开展红米新品种试验示范4个；在新坪村革苏发展海花草种植600亩，其中新增100亩；在观音村新街、鸡场村冷冲开展稻水象甲综合防治560亩，在谷定、毛保、高枧、观音、新坪等村开展病虫害综合防治1500亩，其中菜豆象综合防治150亩。春耕生产期间组织物资供应农户共计8.405吨，其中西洋复合肥7.5吨、农药0.5吨、种子0.405吨；全镇积极组织发展新增专业合作社2个，其中羊场司村1个、新坪村1个，通过组建发展专业合作社、种植大户、引进公司等发展刺梨、茶叶、海花草、花卉苗木、水果蔬菜以及畜牧养殖业等项目推动全镇土地流转1.61万亩，其中新增0.305万亩；对谷脚镇各示范点的蔬菜、水果、玉米、中药材等组织测产验收。创办高枧、羊场司、谷定、观音村的蔬菜种植示范点，面积2050亩。其中高枧村800亩，谷定村240亩，羊场司500亩，观音50亩。在新坪、高枧、茶香、观音创办1000亩绿肥种植示范点，其中新坪300亩、高枧400亩、观音200亩、茶香100亩。以茶香村为核心创办500亩刺梨苗圃扦插示范点，以谷冰村为核心创办200亩油菜种植示范点。

【畜牧业生产】全年常规防疫注射猪瘟疫苗9000头次，高致病性猪蓝耳病疫苗7000头次，鸡新城疫160000羽。禽流感预防注射鸡165000羽，鹅400羽，鸭1000羽。牲畜口蹄疫注射猪10600头，羊3000只，牛4000头，防疫反应死亡猪4头。防疫密度和耳标佩戴率100%。发放消毒药1000包，消毒面积50050平方米。加强对全镇规模养殖场监管力度，全年共检查规模养殖场11家，基本达标的有8家；加强检疫监督，确保畜产品质量安全，半年共实施产地检疫猪350头、羊258只、禽300020羽。配合县妇联在茶香、高枧、新坪实施蜜蜂养殖产业项目，发展蜜蜂养殖户30户，项目资金60万元。成立谷脚镇谷新动物防疫专业合作社和乡蜂土蜂蜜养殖专业合作社。

【林业生产】2015年，共发放森林禁火令3500份和防火宣传广播器材13套，并要求各村明确一辆专用车进行广播宣传，确保防火期间的值班正常，贮备防火应急物资灭火器10个，打火扫100把。做好全镇退耕还林育苗费和管护费的兑现工作。兑现退耕还林2600户，兑现款86万元，其中管护费51万元。实施茶香刺梨产业园区的刺梨种植以及种植面积的丈量和经费兑现工作，全镇新增刺梨种植0.7万亩。4月13日，谷脚镇茶香刺梨产业示范园区在黔南州50个州级以上高效农业示范园区建设2015年第一季度考评中排名第二。

【招商引资】 围绕新医药大健康、新材料、电子商务、快递物流、现代生态农业、教育文化及旅游等产业，优先发展快递物流、电子商务、总部经济等现代服务业，不断加大产业招商力度，全镇实现招商引资到位资金3亿元，签约资金3亿元。

【工业发展】 全年工业总产值完成89.6亿元(其中，规模以上企业完成83.8亿元，规下企业完成5.8亿元)，总体同比增长15%，固定资产投资完成26亿，同比增长130%。

【基础设施建设】 完成园区环线道路提质改造工程，完成210国道谷脚园区段改造和快递物流园2号路支线辅道建设，投入100多万元用于园区垃圾填埋场的建设及垃圾清运车、公共环卫设施的购置。投入40万元抓好贵龙新苑智慧社区平台建设，打造社区“一键式”快捷服务。实现数据信息在小区单位、小区住户、物业管理和周边商铺的共享共通。收录小区862户3197人的动态数据3万余条。

【社会事业发展】 投入220万元用于改造辖区内村（社区）群众公共基础设施，其中在哨堡村投资39.877万元，修建面积达665平方米的广场1个，项目投工1570个，惠及当地群众325户、850人。开展好“就业援助月”“春风行动”“企业招聘”等公共就业服务专项活动，为各类人群提供就业信息、职业介绍、就业指导、就业培训、维权等方面的服务。实现新增就业1250人，农村劳动力外出2908人，劳动力转移740人。全年辖区内城乡居民养老保险参保人数为11927人，其中60周岁以上3485人；办理龙里县失地农民养老保险共计867人，其中到龄领取养老保险金的（女55周岁，男60周岁）共计253人。完成村（居）优化工作，全镇由19个村、1个社区合并为5个村、5个社区。成立留守儿童之家和“爱心妈妈”帮扶队伍，对全镇144名留守儿童，45名空巢老人进行“一对一”的帮扶。全面启动5个村、1个社区的殡改工作。常住人口为31856人，已婚育龄妇女6062人，妇检对象2284人，新生人口376人，其中“一孩”202人，“二孩”170人，计划外14人。完成2015年度各项奖励扶助政策目标人群的确定，共发放各类奖扶金额106400元。共征收社会抚养费127万元，申报7户急需县计生协会生育关怀资金救助的计生户家庭，争取生育关怀资金53000元。县级单位到谷脚镇帮扶计生“两户”120户，帮扶资金12万元，利益导向核对并申报完成农村奖励扶助56户、基础养老金63户，农村少生快富奖励9户，节育奖励新增90人，新型农村养老保险427人，农村特别扶助7人，“二女”结扎一次性奖励8户。流出人口持证率达到90%以上，性别比“两非”专项查处药房10余家。

【乡村旅游业】 成立镇乡村旅游管理小组，在各村（社区）成立“乡村旅游管理委员会”，成员由村（社区）委员会人员组成，全年接待游客60万人次，实现经济收益200余万元。其中，在双龙小镇借助黔南州第八届旅发大会之机，同日接待游客就达10万人次；观音村充分挖掘“红色文化”旅游资源，建设农家乐30余家，为当地村民增加年收入平均5万元。谷冰村借助

3000 亩草场，开展“草原骑马 · 徒步 · 烧烤游”，为周边农户每户增加 1 万元收入。

【综治维稳】 对辖区内谷脚工业园区、中铁国际生态城、快递物流园、双龙物流园等重大项目内企业拖欠工人工资及工程款情况进行排查，协调解决拖欠工人工资及工程款 20 余起。加大违法建筑打击力度，拆除违法建筑 128 户，面积 4.8 万平方米。

【重要会议】 组织召开谷脚镇第一届人民代表大会第二次会议和中国共产党谷脚镇委员会第一届代表大会第二次会议。探索党代会年会做法。召开中国共产党谷脚镇第一届代表大会第二次会议，参加会议的代表 67 人，会议由镇党委会主持召开，不设大会主席团，会期为一天。会议听取和审议镇党委工作报告和镇纪委工作报告，审阅镇党委领导班子成员述职述廉报告并对党委班子及其成员进行民主评议；听取上届代表提案、提议和意见建议办理情况的报告，圆满答复 2 件提案；审议通过本年度代表提案审查情况报告；开展代表询问和质询工作；征集提案、提议并立案 4 件，审议通过提案审查情况报告；开展调研视察活动。

【基层党建】 贯彻《龙里县支持非公有制企业和社会组织开展党建工作“十二条措施”（试行）》。通过航空港经济区先锋示范城创建活动的开展，共走访调研 32 家非公企业和 9 家社会组织，走访企业管理者和中共党员达 100 余人次，成立“两新”党支部 10 个，成立双龙物流贸易园党支部。连续开展党建活动 10 余项，参与非公企业达 70 余家，企业员工 1000 余名。全镇 8 名“第一书记”共走访老党员、离任村干部、贫困农户 3000 余人次，为群众修建人行桥 1 座、车行桥 1 座、文化广场 4 个、安装太阳能路灯 123 盏，成立专业合作社 3 个，申报农产品商标 2 个，修建小康房 56 栋，建小康讯塔基（移动通信信号）基站 2 座。红狮水泥有限公司党支部获评为“全省五好基层党组织”，大坡村党支部、高堡村党支部获评为“州级五好基层党组织”。指导高枧村果蔬合作社加强农业招商引资，扩大蔬菜种植面积，实现产值 400 多万元，人均纯收入达 7850 元。高枧村被州委宣传部、州委统战部、州民宗委命名为“黔南州第四批民族团结进步创建活动州级示范村”。全年发展预备党员 43 名，转正党员 18 名。

（谷脚镇党政办）

湾滩河镇

【概况】 湾滩河镇是龙里县南部农业大镇，是南部片区政治经济文化中心，东、北与贵定县云雾镇、巩固乡接壤，南与惠水县岗度乡毗邻，西靠龙山镇，距县城 67 公里，2014 年实行村居优化调整后为 18 村、1 个社区（原辖 34 个行政村、1 个社区）。全镇总面积 242 平方公里。2015 年底，全镇总人口 42491 人，主要有汉族、苗族、布依族。耕地面积 47422 亩。

【气候物产】 湾滩河镇气候温和，雨量充沛，四季分明，无霜期长，具有明显的亚热带季风湿润气候特征，年平均气温 19℃，无霜期 271 天，年降雨量 1069.5 毫米，平均海拔 1280 米，全镇地貌以山地、丘陵为主，地形坡状起伏，适宜于发展立体观光农业和多种经营。植物品种繁多，林、牧、草和名贵中药材资源丰富。林灌覆盖率达 40%，生态环境优美，旅游资源开发潜力大。湾滩河过境 10 余公里，农业观光旅游及自然风光旅游资源丰富。地势平坦，土地肥沃，素称“龙里粮仓”“万亩大坝”“玉米之乡”，发展规划定位为以优质米、茶、农副产品批发为中心，发展生态农业，集休闲度假、购物为一体的物流集散地和人流接纳地。5月6日，湾滩河生态农业示范园区入选全州首批“十强农业园区”“十佳美丽农业园区”。

【活动开展】 8月20日，在走马村孔雀布依风情园举办第七届“七夕布依情歌节”。活动吸引了贵定县、花溪区、独山县、惠水县以及六盘水市六枝特区等周边县市的1万余名布依族、苗族群众前去参加。2015年8月21日，湾滩河镇第十三届“南阳杯”百牛争霸赛举办。吸引了云南、凯里、雷山、麻江、贵阳、龙里、广顺、开阳、惠水等地区百余头名牛前来角逐，万名斗牛爱好者到场。

【农业示范园区建设】 至年底，成功创建龙里县湾滩河农业示范园区，并升级为省级农业示范园区。投资7000万元完成园区草原至湾寨、湾寨至羊场以及羊场至江比等50千米主要交通通道的提质改造工程；投资3000万元修建67公里农业生产便道、机耕道；投资5000万元完成110千米沟渠（管网）和67千米喷滴灌设施建设。投资6000余万元完成农产品加工物流区、综合展贸区等重点项目建设，完成展示厅、园区大门和有机肥加工厂等园区配套功能建设，完成农产品交易市场、农资交易中心、冷链物流、展贸中心和数据中心建设任务，逐步形成农产品展示、高科技设施和农产品加工物流融为一体的国家级现代高效生态农业示范园区。完成4000平方米文格温室建设；完成丰盛养殖场标准圈舍36栋2万平方米和1000立方米沼气池建设。园区入驻企业18家，其中注册资金在500万元以上龙头企业7家，龙头企业实现产值3.01亿元。注册农民专业合作社19家，园区参加合作社农户达6796户，示范带动园区及周边农户共同发展主导产业的从业农民数为15472人，全镇农民人均可支配收入达8100元，园区核心区农民人均可支配收入达11965元。园区豌豆尖、番茄等5个农产品通过无公害产品认证，成功注册“湾滩河”系列农产品商标，蔬菜品牌产地认证达3万亩。引进和推广测土配方施肥、膜下滴灌和喷滴灌等技术，培育黔春辣1号和香辣3号等5个新品种。完成烤烟种植3900亩，烟农销售烟叶直接经济收入890万元，实现烟叶税收200万元。获黔南州“十强农业园区”“十佳美丽农业园区”称号。

【基础设施建设】 投资5000万元完成羊场至联合至木马甘未、果里至扁街、金星至团结等50公里通村油路（硬化路）建设，全镇全部实现村村通油路（硬化路）的目标，开通农村客运线路8条。完成长萌村谷港水库提灌站建设，完成摆兰水库、察尔岩水库、摆绒水库等重点水库加固除险工程，完成摆绒水库引水工程。完成新龙、园区、岱林等18个村、51处人畜饮水工程。率先在场坝、摆勺、甲摆、毛栗、新营、翠微、走马、金批、和平共9个村组建湾滩河红岩灌区和枧槽冲灌区用水户协会。成功列入贵州山区现代水利示范区。投入5000多万元实施完成中央第六批小型农田水利2014年度和2015年度项目。全面完成防汛、水土保持生态清洁型小流域项目。重点整合和捆绑扶贫开发、村庄整治和财政一事一议等项目资金，推进全镇“四在农家、美丽乡村”创建工作。全镇共争取村级公益事业建设一事一议财政奖补奖励项目206个，示范村寨项目6个，项目奖补总资金2380万元。完成通组公路40千米，人行步道硬化15千米，活动场所20个，面积11200平方米；投资1260万元重点打造孔雀寨、毛栗寨、藕寨、赵家庄、龙窝寨等6个县级示范点。完成农村危房改造2610户，兑现帮扶资金1150万元。

【社会民生事业】 全镇共发放农村低保金2750万元；发放冬春救助资金230万元，发放受灾农户和困难优抚对象危房改造补助资金55万元，发放残疾人补助资金2.5万元，发放救济粮8万公斤。湾寨和摆省顺利实现“脱贫摘帽”。全面实现农村新型合作医疗和养老保险全覆盖，新农合参合率均在96%以上。完成羊场、湾寨、摆省卫生院标准化建设任务，加强医疗卫生基础设施建设。加大对计生“两户”奖扶力度，兑现计生“两户”利益导向帮扶资金226.54万元。坚持以“双降”为目标，以人口计生“三个按月”为抓手，推行计划生育工作村为主工作模式，持续稳定低生育水平，符合政策生育率和人口出生率分别控制在97.4%和9.68‰以内。建成体育健身路径5条和村级体育活动场所50个，举办孔雀寨布依情歌节和民族斗牛活动。摆省果里跳洞、苗族古歌被列为省级非物质文化遗产，布依砍典例、海琶苗情语史诗被列为州级非物质文化遗产。启动摆省片区抵制“高彩礼”行动，启动龙里、惠水、花溪三县（区）抵制高彩礼联动机制，摆省片区“高彩礼”现象得到有效控制。在羊场、走马、湾寨等村试点开展殡葬改革工作，建成公益性墓地1个，启动园区、羊场等村的公益性墓地建设，逐步推进全镇殡改工作的开展。启动实施禁止滥办酒席工作，在全镇和各村分别成立制止违规滥办酒席综合督察队，取缔31起违规操办酒席事件。

【安全稳定工作】全镇完成摆主、摆岑、甲摆等村地质灾害应急预案编制工作，开展地质灾害点应急演练30场次，聘请兼职监测员，加强对地质灾害隐患点动态监测和信息上报。完成摆主小学、甲摆村甲摆赏等重点区域地址灾害治理工作。完成全镇农村消防应急预案编制工作，实现消防安全网格化构建，完成金星摆拱、岱林摆兰等重点自然村寨应急消防系统安装，开展消防应急演练20场次。选拔34名“村警”，建立健全考评制度，充实农村警力。成立60余人的反恐防恐工作队伍，开展辖区内排查暴力恐怖等不稳定性因素专项行动5次。完成羊场、湾寨、园区等重点区域、路口电子摄像头安装工作。

（湾滩河镇党政办）

洗马镇

【概况】洗马镇位于龙里县北部，西北紧邻贵阳市中心城区，北与开阳、贵定和福泉三县市交界，南与谷脚、冠山街道相连，西南与醒狮镇接壤，镇政府距龙里县城66公里，距贵阳市中心50余公里。境内千巴公路由南向北穿镇而过，交通便利。镇政府驻洗马河。全镇总面积298.1平方公里，辖14个行政村、1个社区居委会、374个村民组，总人口47622人。辖区居住有布依、汉、苗等多民族，少数民族人口占总人口13%。全镇平均海拔高度1200米，年平均气温14.6℃，年降雨量在1100毫米左右，属典型喀斯特地貌。总耕地面积2847.73公顷，其中田1067.63公顷，土1780.10公顷，主要粮食作物有玉米、水稻、小麦等，主要经济作物有烤烟、油菜、蔬菜等，是一个典型的农业镇。境内旅游资源主要有清水江自然风光景区，巴江平坡农民苗画等。2015年，完成固定资产投资3.19亿元，完成任务数的132.92%，同比增长87.65%；完成招商引资2.14亿元，完成任务数的107%；财政总收入952万元，完成任务数的101.06%，同比增长50.15%，财政总支出3100万元，同比增长24%；农民人均纯收入8100元。

【项目建设】全面启动967户农村危房改造工作并全部竣工；完成总投资374.43万元2015年度“一事一议”项目33个；“四在农家·美丽乡村”建设全面启动，其中洗马村新城镇1号路示范点基础场平完工，开工80户；建设总投资4690万元的茶场至田坝、哪唠至坞坭、鬼洞至顶溪、大山闹至黄星、下白果至白果、官庄至落双、大路坪至猫寨、牛场至猫寨、牛场至大厂等9条共62.829公里通村公路；争取投资1.03亿（元）、总库容181万立方米的下把比水库项目实施。

【城镇建设】启动《洗马镇建设总体规划》《洗马镇镇区控制性详细规划》《洗马镇镇区修建性详细规划》编制及原石板滩、乐宝、新庄、羊昌、落掌、台上、大坪等7个村庄整治规划工作。引进贵州森融城镇建设投资有限公司投资1.2亿元启动镇区城镇道路及配套设施项目（外一环线）建设，征地拆迁工作全部完成，完成1号、4号、5号路延伸段，7号、8号路建设合计1.44公里，河道治理完成1.2公里，1号路排污、排水安装完毕。盘活原供销社片区闲置资产，引进九龙恒泰公司实施中央金街建设项目，完成拆除和场平工作，进行基础部分建设，完成投资527万元。结合小城镇的建设开发，采取整组搬迁和零星搬迁相结合的方式争取2016年300户、1412人的易地扶贫搬迁工作在洗马实施，通过统规统建和统规自建的方式鼓励群众购房建房。

【农业农村工作】实施完成中药材（刺梨）产业化扶贫项目5000亩和石漠化刺梨1200亩种植任务，加上2014年完成的14700亩种植面积，目前全镇刺梨种植面积达4万余亩，未来2~3年，刺梨将进入盛果期。完成2015年财政专项扶贫发展资金莲藕种植任务2580亩。完成烤烟种植计划3900亩，完成收购37.558万公斤，超额完成37.5万公斤的收购任务。完成生态移民后期扶持项目300亩樱桃种植任务。完成蔬菜种植3.74万亩，其中白菜种植2万亩（含一年三季），辣椒种植1.23万亩（核心区面积2300亩），脱毒马铃薯菜用型1000亩，生姜600亩，豇豆、豌豆、胡豆、莴笋、大蒜等3500亩；完成2015年蔬菜冷链物流扶贫项目土地征拨及场平工作，并完成招投标工作。完成生态移民后期扶持黑山羊养殖项目和54万元竹鼠养殖项目。完成中药材（车前草）种植600余亩，争取中药材GAP示范种植基地加工项目在洗马落地，完成土地流转1000余亩。农业生态旅游观光项目正在进行土地流转，流转土地700余亩。

【精准扶贫】投入7万元组建扶贫工作总站办公室，组建33个工作组，严格按照省“四看”和县“五步法”开展入村入户核查工作，制定“洗马镇精准扶贫建档立卡贫困户信息表”，使扶贫对象信息“立体化”。经过多次入户核查，建议删除原有贫困户2037户、5811人中的96户268人，建议新增486户、1583人，核实认定全镇贫困户2427户、7126人。

【社会事业发展】完成936户、1611人城乡低保户核查工作；办理婚姻登记198对；发放救灾救济粮54000公斤、棉衣、棉被等物资300套；发放优抚军人慰问金31000元、军烈属优待金168908元，慰问军烈属157人次。完成25户因洪涝等自然灾害导致农房受损理赔工作。完成流浪乞讨人员排查工作，排查出的30余名精神病人送医治疗20人次，安葬死亡1人。完成对空巢老人641人、留守儿童714人、留守妇女95人的排查、建立台账工作，并落实帮扶人员和措施。全力推行殡葬改革，共投入80余万元完成原上石坎村标志型公益性墓地和原牛场村规范型公益性墓地建设，其中原上石坎村墓地财政投入10万元，村级自筹6万元；原牛场村公墓财政投入15万元，社会筹资60余万元。火化区火化率100%。完成新组建行政村村委会选举工作。进一步完善中小学教育教学质量综合考核评估办法，出台《洗马镇教育兴镇中小学教师奖惩若干规定》，出资49000元对考试取得优异成绩的学校、教师进行奖励；积极争取国家、省、州、县财政资金，加大对教育的投入。完成洗马中学3500平方米的教学综合大楼和洗马小学3800平方米教学楼主体工程；完成台上幼儿园教学楼内外改造及有关设施设备的购置；洗马中心幼儿园的新园修建完成并于3月投入使用；平坡幼儿园250平方米的教学楼正在建设中；完成洗马小学、龙场小学学生食堂“雨露计划”帮扶工程，全套食堂设施设备投入使用。完成城乡居民养老保险23747人，征收基金192.28万元，完成县下达任务的106.82%。积极推进新农合工作，确保全镇新农合参合率达96%以上。严格执行农村酒席备案制度，办酒审核实现常态化，全年未发生一起食品安全事故。全镇共出生465人，符合政策生育率97.76%，出生率为9.81‰，自然增长率2.49‰，出生人口综合性别比为113.43，征收社会抚养费85.5万元。

【安全生产】全面落实安全生产责任制，共排查各类隐患95处，现场整改75处，限期整改20处，检查覆盖率100%。加强对煤矿、非煤矿山、非法小煤窑、探矿点的监管力度，关停非法采煤窝点2个，取缔非法经营油品和烟花爆竹点2个。全面开展农村道路交通安全整治，强化“一站一点一队”交通安全劝导工作，对陡坡急弯、临崖临水危险路段，落实专人负责，排查道路交通隐患50余处。认真开展一车一证、一人一档的减征办牌办证工作，共办理摩托车上牌851辆，驾驶证照451个。

（洗马镇党政办）

醒狮镇

【概况】醒狮镇位于龙里县西北部，北纬26°27′~26°32′、东经106°48′~106°57′之间，西面和西南面与贵阳市乌当区南明区永乐乡和偏坡乡为邻，南接谷脚镇，东面与北面与洗马镇相连，国土面积178平方公里。全镇辖8个行政村和1个社区（居委会），分别为元宝村、醒狮村、凉水村、高吏目村、谷龙村、平寨村、谷新村、大岩村；1个社区即醒狮社区，共7175户，25462人。距龙里县城43公里，距省会贵阳市中心24公里，距离贵阳龙洞堡国际机场15公里，境内有千洗、把醒、醒偏、醒永、乌偏、谷洗等公路贯通，小尖高速穿境而过，区位优势明显。醒狮镇属喀斯特地貌，以高原丘陵洼地为主，海拔高度在1150~1300米之间，属亚热带季风湿润气候，平均气温13.9摄氏度，无霜期270~280天，年平均日照时数为1115~1226小时，年平均降水量为1088毫米。特色物产主要有大岩根雕、猫场豆腐、猫场包谷酒（猫酒）等。3月18日，被中央文明委授予“全国文明镇”荣誉称号。4月15日，经省爱卫会技术评估、综合评审等多项指标评定，获“贵州省卫生乡镇”称号。4月22日，在贵州省精神文明建设工作表彰大会上，醒狮镇大岩村获“全省文明村”称号。

【旅游业发展】围绕环贵阳市城郊打造康体休闲体验观光度假中心这一目标，通过在《龙城世界》栏目和网络媒介上播放专题片的形式，加大对渔洞峡水库、谷新燕子洞、大岩根雕、谷龙宋氏祠堂、关庄红色文化等景点宣传，同时全面统筹小城镇、康体休闲产业园以及农林牧业发展，进一步加快乡村旅社、农村特色旅游等系列项目建设，大力发展四季有花、四季有果的观光农业，拓宽村级集体经济创收渠道。

【经济指标完成情况】固定资产投资完成31710万元，同比增长190.92%；招商引资签约资金28000万元，到位资金20491万元，同比增长70.76%；财政税收142.65万元（其中地税92万元，国税45万元）。

【农业产业发展】围绕打造现代农业产业园

主题，投入资金40余万元，编制镇农业特色生态康体休闲产业园发展规划。修建护井工程5处，山塘1个，治理排水沟渠10公里，清淤灌溉沟渠20公里，开挖和疏通沟渠2条，组织群众整修生产道路19条。作为全县土地确权登记颁证试点镇，完成家庭人员、土地承包责任书等信息收录，完成大岩村确权工作。围绕种植业、养殖业、服务业，新成立农民专业合作社5家，建成“空壳村”经济实体9个。成功打造300亩以辣椒、莲花白、西红柿、小青瓜为主的醒狮村小马鞍山和大坝大土蔬菜示范点；打造20亩以莲花白为主的顶水示范点；打造150亩以辣椒为主的高吏目示范点；打造50亩西瓜种植为主的小坝示范点；打造80亩以西瓜、小白菜种植为主的小谷龙果蔬种植示范点；打造300亩大岩生姜种植示范点；打造50亩乐榨杨柳及粮竹草种植示范点；辐射带动1690户，8400亩。通过巩固退耕还林项目资金150万元，以及扶贫中药材项目资金150万元，发展刺梨种植4100亩，并进一步巩固了经果林种植示范点。高吏目、乐榨1000亩李子已投产；谷新1600亩樱桃已种植完毕，其中500亩已投产；凉水、大谷龙、乐榨的桃子、梨也已投产。完成大岩、醒狮、高吏目一线3000亩脆红李种植筹备工作。

【社会服务事业】 新农合参合率96%，比上年度有所提升。争取到投资5万元的农民文化家园项目1个、投资12万元的村级农民体育健身工程3个。投入资金180万元启动醒狮镇元宝村幼儿园建设项目，完成投资20万元的醒狮镇大岩村幼儿园改建项目。“六一”期间，为幼儿园、小学发放2万元慰问经费，并协调联系县相关慰问单位，爱心企业人士进行捐赠，共获得捐赠资金7.6万元，价值4.32万元的物资。奖励考上一本、二本学生4.3万元，另为学子争取到社会爱心人士捐赠2.55万元。全镇计生工作各项指标基本完成，其中常住人口出生率9.01‰，符合政策生育率96.41%，上环完成104.7%，结扎完成101.9%，在家妇检率100%，长效避孕措施落实率常住人口和所有人口分别为85.69%、85.77%；已婚育龄妇女应术未术率常住人口0.26%，户籍人口0.37%；常住人口妇检率95%，参加免费孕前优生健康检查135对，完成任务数的100%。

【基础设施建设】 通过国家卫生镇申报验收工作。投入14万元修建完成垃圾填埋场，投入6.5万元购买10个移动式垃圾箱，投入6.2万元购买洒水车1辆，投入40万元购买垃圾清运车1辆；投入2.4万元修建农村垃圾无害化处理试点村垃圾池。

（醒狮镇党政办）

附 录
FU LU

2015年龙里县国民经济和社会发展统计公报

龙里县统计局

2016年4月26日

2015年，在县委、县政府的正确领导下，全县按照协调推进“四个全面”战略布局要求，坚持“守底线、走新路、奔小康”的工作总纲，紧扣省委“两加一推”主基调和州委“一圈两翼”战略，坚持“三为”工作导向，狠抓小康创建、增比进位等重点工作，通过全县上下的共同努力，全县经济社会呈现出快速发展，社会和谐的良好态势。

一、综合

经济总量保持稳定增长，初步核算全年地区生产总值完成714947万元，按可比价格计算，比上年同期增长15.0%，其中：第一产业增加值完成88902万元，比上年同期增长6.70%；第二产业增加值完成448758万元，比上年同期增长14.7%；第三产业增加值完成177287万元，比上年同期增长18.4%。第一产业增加值占地区生产总值的比重为12.43%；第二产业增加值占地区生产总值的比重为62.77%；第三产业增加值占地区生产总值的比重为24.80%。人均地区生产总值（GDP）44640元，同比增长14.90%。

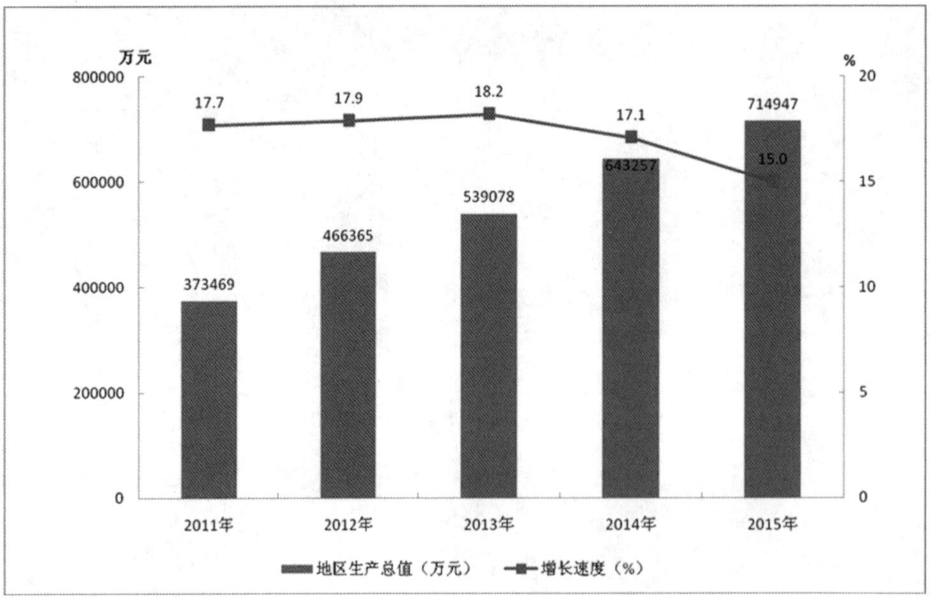

图1　2011—2015年全县地区生产总值及其增长速度

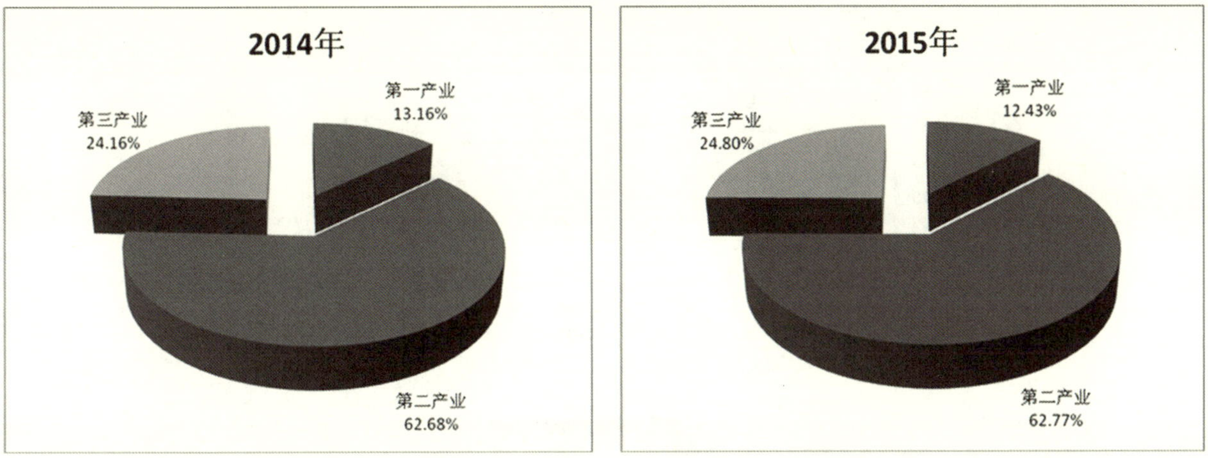

图 2 2014 年和 2015 年三次产业增加值构成

二、农业

农业生产稳步发展，全县农林牧渔业总产值完成 176321 万元，比上年同期增长 7.80%。其中：农业总产值完成 131307 万元，比上年同期增长 6.74%，牧业总产值完成 38792 万元，比上年同期增长 1.81%。全县农林牧渔业增加值比上年同期增长 6.7%。

粮食总产量 70890 吨，比上年同期增长 0.75%。

表 1：主要农作物产量、畜产品产量

品种	单位	2015 年	比上年同期（±%）
粮食	吨	70890	0.75
其中：稻谷	吨	37515	3.26
油菜籽	吨	6770	-0.07
烤烟	吨	755	-8.48
茶叶	吨	331	1.22
水果	吨	19896	107.55
出栏肉猪	头	98863	0.03
出栏羊	只	12179	4.28
肉类总产量	吨	9428	2.82

全县森林面积 10.23 万公顷，比上年同期增长 0.20%。森林覆盖率 60.42%，比上年同期提高 5.13 个百分点。

农业生产条件不断改善。年末全县拥有农业机械总动力 18.40 万千瓦，比上年同期增长 2.51%。年末农田有效灌溉面积 8.78 千公顷。

三、工业、建筑业

工业生产平稳运行。全县年主营业务收入在 2000 万元以上的工业企业 113 户，完成总产值 163.89 亿元，比上年同期增长 19.80%，其中：大中型企业完成 42.31 亿元，比上年同期增长 36.53%。

图3　2013—2015年全县规模以上工业企业增加值增长速度

表2：工业企业主要产品产量

品种	单位	2015年	比上年同期（±%）
中成药	万吨	1.32	9.3
合成洗衣粉	万吨	5.93	-1.4
啤　酒	万千升	11.98	-11.5
水　泥	万吨	401.97	33.4
人造板	万立方米	31.39	17.6
电力电缆	万千米	0.68	-5.6

全县2000万元以上规模工业企业增加值比上年同期增长14.50%。主营业务收入139.43亿元，比上年同期增长45.88%；实现利润总额8.70亿元，同比下降15.29%。

建筑业，全县有资质等级的建筑企业4个，完成建筑业产值63705.9万元，比上年同期增长271.68%。

四、固定资产投资

2015年，全县固定资产投资完成136.14亿元，比上年同期增长25.37%，其中：500万元以上固定资产投资完成95.32亿元，同比增长25.10%；基本建设投资56.43亿元，同比增长36.14%；更新改造投资55.28亿元，同比增长15.00%；房地产开发投资24.43亿元，比上年同期增长28.10%。

表3：固定资产投资

指标	单位	2015年	比上年同期（±%）
固定资产投资	亿元	136.14	25.37
其中：基本建设	亿元	56.43	36.14
更新改造	亿元	55.28	15.00
房地产开发	亿元	24.43	28.10

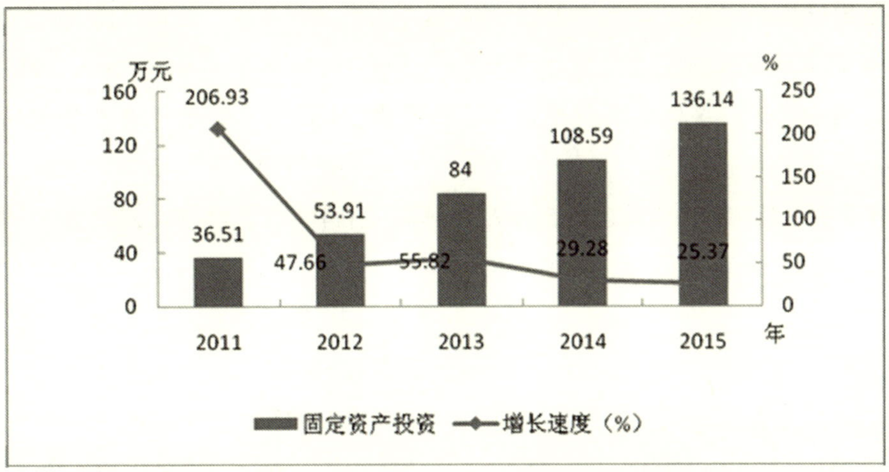

图4 2011—2015年固定资产投资及增长速度

五、交通运输和邮电通信业

全县公路通车里程1063公里。公路货运量827万吨，比上年同期增长66.40%；货物周转量273382万吨/公里，比上年同期增长36.15%。旅客发送量1495万人，比上年同期增长65.74%；旅客周转量85067万人/公里，比上年同期增长31.44%。

全县完成邮电业务总收入1.22亿元，比上年同期增长2.52%。

六、财政、金融

全县财政总收入169326万元，比上年同期增长20.65%，其中：公共财政预算收入82539万元，比上年同期增长23.07%。公共财政预算支出211218万元，比上年同期增长19.68%，其中：一般公共服务支出29789万元，比上年同期增长0.67%；教育支出40545万元，比上年同期增长17.02%；医疗卫生支出19772万元，比上年同期增长2.82%；节能环保支出8965万元，比上年同期增长22.64%；农林水事务支出41515万元，比上年同期增长7.42%；住房保障支出24936万元，比上年同期增长61.12%。

图5 2012—2015年财政收入及公共财政预算收入

年末全县金融机构各项存款余额872272万元，比年初增加绝对额296534万元，比上年同期增长51.5%，其中：住户存款余额346494万元，比年初增加绝对额4058万元，比上年同期增长1.18%。年末金融机构各项贷款余额571672万元，比年初减少绝对额5862万元，比上年同期增长29.2%。

七、商业贸易

全县社会消费品零售总额完成144894.6万元，比上年同期增长12.20%，其中：限额以上企业消费品零售总额58370.9万元，比上年同期增长13.27%。消费品零售按城乡分：城镇社会消费品零售总额完成110782.8万元，比上年同期增长11.62%；乡村社会消费品零售总额完成34111.8万元，比上年同期增长13.90%。消费品零售按行业分：批发业完成49122.7万元，比上年同期增长9.64%；零售业完成84363.3万元，比上年同期增长13.30%；住宿业完成4913.4万元，比上年同期增长13.78%；餐饮业完成6495.2万元，比上年同期增长15.66%。

八、招商引资、对外贸易

全县招商引资到位资金完成178.37万元，同比增长37.85%，其中：引进省外3000万元以上资金95.72万元，同比增长20.86%。

全年完成进出口贸易总额1189万美元，同比下降79.88%，其中：出口贸易总额340万美元，同比下降33.07%。

九、教育、卫生

全县基础教育有幼儿园29所，其中公办21所；小学校点74所，其中完全小学42所；初级中学8所，高级中学1所。基础教育在校（园）学生数35939人，其中：幼儿园（班）8214人，小学16216人，初中8335人；高级中学在校学生数3174人。基础教育专任教师2094人，其中：幼儿园297人，小学1027人，初中576人；高级中学专任教师194人。小学学龄儿童入学率99.86%，初中阶段毛入学率97.50%。

中等职业教育学校1所，在校生数4328人，专任教师212人。

全县拥有医疗卫生机构180个，其中：医院7个，基层医疗卫生机构164个，专业公共卫生机构9个。卫生机构床位数897张，其中：医院522张，乡镇卫生院283张。卫生技术人员734人，其中：执业医师324人，注册护士204人。

十、文化、旅游

全县拥有图书馆1个，图书藏量3.5万册；电影院1座；县广播电视台1个，电视覆盖人口20.42万人，比上年同期增长0.15%；广播覆盖人口22.45万人，比上年同期增长0.09%。

全县旅游总收入11.06亿元，比上年同期增长27.13%，接待游客209万人次，比上年同期增长21.51%。

十、人口与社会保障

2015年末户籍总人口23.24万人。

全县在岗职工人数16368人，其中：国有经济单位7580人，集体经济单位806人。在岗职工年平均工资54212元，比上年同期增长19.01%，其中：企业在岗职工年平均工资46742元，比上年同期增长6.52%。城镇居民人均可支配收入24155元，净增2295元，比上年同期增长10.50%；农村居民人均可支配收入8354元，净增841元，比上年同期增长11.20%。

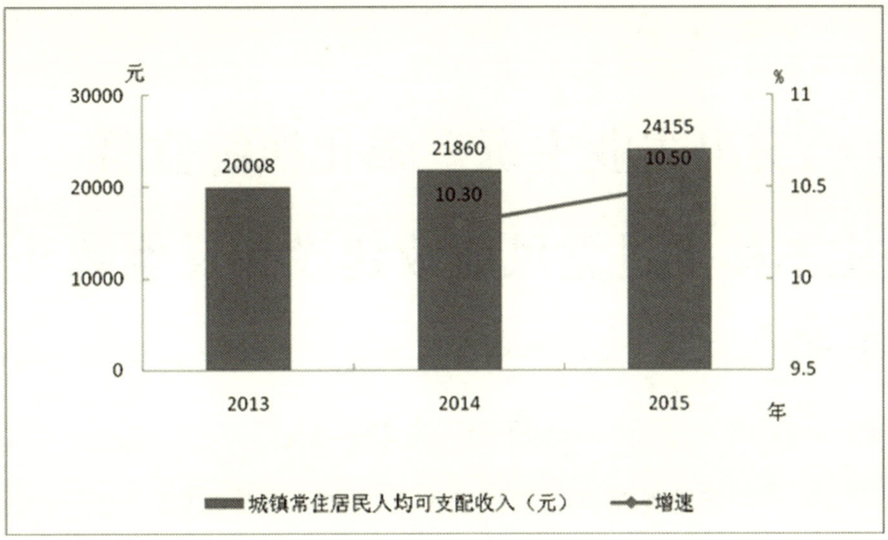

图6 城镇常住居民人均可支配收入及增长速度

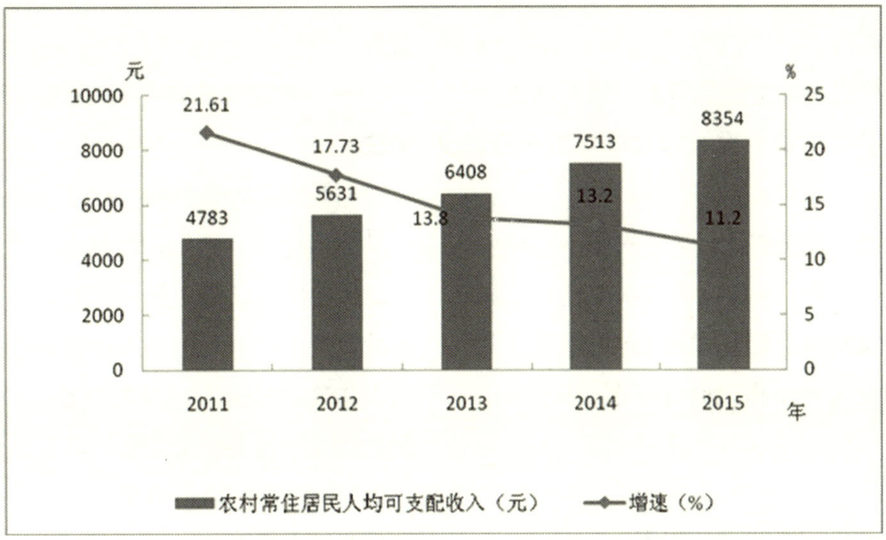

图7 2011—2015年农村常住居民人均可支配收入及增长速度

年末参加基本养老保险人数12985人，比上年同期增长9.38%；参加基本医疗保险人数29965人，比上期同期增长2.38%；参加农村合作医疗保险人数18.55万人，比上年同期增长1.09%；领取最低生活保障救济的人数0.86万人，比上年同期下降7.53%，其中：城镇0.10万人，比上年同期下降16.67%。城镇新增就业人数6588人，比上年同期增长15.58%；城镇登记失业人数383人，比上年同期下降4.73%，城镇登记失业率3.20%。

突出主业主责　强化执纪监督
坚定不移推进党风廉政建设和反腐败斗争

——在中共龙里县第十一届纪律检查委员会第五次全体会议上的工作报告

（2015 年 2 月 25 日）

中共龙里县纪律检查委员会书记　陈光煜

各位委员，同志们：

现在，我代表中共龙里县第十一届纪律检查委员会常务委员会向第五次全体会议报告工作，请予审议。

这次会议的主要任务是：学习贯彻十八届中央纪委五次全会、十一届省纪委四次全会、十届州纪委五次全会精神，回顾总结 2014 年全县党风廉政建设和反腐败工作，研究部署 2015 年工作任务。

2014 年工作回顾

过去的一年，县委率先垂范，带头落实党风廉政建设主体责任，督促各级党组织履行好从严抓班子带队伍的政治责任，坚决支持纪委履行监督责任，着力营造不敢腐、不能腐、不想腐的政治氛围。全县各级纪检监察机关在县委和州纪委的正确领导下，深入贯彻落实党的十八大、十八届四中全会和上级纪委全会精神以及习近平总书记系列重要讲话精神，认真履行党章和行政监察法赋予的职责，聚焦中心任务，强化监督执纪问责，全县党风廉政建设和反腐败工作取得新成效。

一、落实“三转”促监督，回归主业步伐加快

一是优化内设机构。在不增加机构、编制和人员的情况下，优化和调整内设机构，重新界定内设机构职责任务，强化执纪监督问责职能。调整后直接承担执纪监察工作的内设机构和人数分别占总数的 66. 67% 和 85. 71%。二是清理议事协调机构。清理县纪委监察局牵头或参与的议事协调机构 193 个，取消或退出 172 个，保留 21 个。三是开展专项督查。对全县 23 个纪检组驻在部门和 6 个镇（街道）落实“三转”情况开展督查，针对“转职能”不到位、不彻底的问题，约谈 1 名镇党委书记和 1 名部门党组书记。

二、查办案件促廉洁，反腐态势保持高压

一是创新信访工作。积极探索邀请举报人参与信访初核工作，使重复访同比下降 69%，匿名举报同比下降 75%，成案率大幅提高，此项工作被中纪委转发全国学习。二是强化依法依纪安全文明办案。切实加强办案队伍建设和管理，严格落实案件监督管理各项制度，不断提高案件质量。三是加大惩治力度。全年共受理信访举报

102件，初核102件。新立案50件50人，其中乡科级干部13件13人。给予党政纪处分44人，移送司法机关7人，收缴涉案金额368.76万元，挽回经济损失497.69万元。

三、惩防结合促廉政，源头治理持续深化

一是加强惩防体系建设。严格按照中央《惩治和预防腐败体系2013—2017工作规划》要求，制定年度工作计划，认真执行“签字背书”、“一案双查”等制度，坚持有错必究、有责必问。二是开展述责述廉述德工作。出台《龙里县党风廉政建设第一责任人述责述廉述德暂行办法》，60个单位“一把手”按照规定进行述责述廉述德，公开接受民主评议。对民主测评排位后三名的单位“一把手”进行提醒谈话。三是强化廉政教育。编制《龙里县损害群众利益典型案例》印发各级各部门，以“身边案”教育“身边人”；建成龙里县反腐倡廉警示教育基地，组织县四家班子领导及全县副科级以上干部到廉政警示教育基地和贵阳王武监狱等地接受警示教育。

四、民生监督促和谐，群众利益得到维护

一是组建民生项目监督机构。整合镇（街道）纪委、纪工委人员力量，组建6个民生项目监督特派组，下设15个社区服务中心监督举报点，聘请242名村级义务监督员，构建民生项目“四级监督”网络。二是开展反腐倡廉和民生监督大宣传。组建党风廉政宣讲团和6支民生项目监督文艺宣传队，以群众喜闻乐见的文艺形式宣传民生项目监督工作，开展文艺演出37场，观演群众2万余人，使民生项目监督工作家喻户晓。三是全面督查民生项目。民生项目监督特派组对教育、民政救济救灾和农村沼气池建设、新型农村合作医疗、农村危房改造、家电下乡补贴等开展专项检查，完成民生项目备案373个，涉及资金1.5亿元，发现问题433件，办结363件，正在核查43件，立案27件，给予党政纪处分18件19人，移送司法机关6件6人，涉及金额612.76万元。

五、转变作风促跨越，服务发展更加有力

一是深入开展“作风效能建设巩固拓展年”活动。通过媒体、网络向社会公布作风效能投诉举报电话，受理企业（群众）投诉40件，办结40件。开展明察暗访83次，通报批评违反规定21家单位、6名干部。评选出“十佳群众满意单位”报县委、县政府表彰奖励，全县通报5个“群众不满意单位”。二是整治“为官不为”。全年共查处“为官不为”案件7件7人，给予党政纪处分5人。三是纠正“四风”问题。共查处违反中央八项规定、省委十项规定、州委九项规定、县委七项规定精神80人，通报66人，给予党政纪处分14人。

六、提升素质促履职，自身建设明显加强

一是充实纪检监察力量。以乡镇行政区划调整、政府机构改革为契机，推动跨系统、跨部门干部交流，纪检监察系统内提拔干部6人（2人到系统外任职），系统外交流到纪检监察系统21人，纪检监察干部较2013年度增加14.28%。二是提升干部能力和素质。开展镇（街道）、部门纪检监察干部到委局机关跟班学习、业务知识集中学习、内部轮岗锻炼活动，使干部队伍政治素质和业务水平得到进一步提升。三是强化队伍廉洁自律。按照“打铁还需自身硬”和“信任不能代替监督”的要求，严格干部教育、管理和监督，使纪检监察干部带头遵守各项纪律、规矩，带头践行《廉政准则》，驾驭反腐倡廉工作的能力不断提高。

2014年，在州纪委对县纪委综合目标考核中龙里名列全州第一。我县党风廉政建设和反腐败工作取得的成绩，是县委和州纪委正确领导的结果，是全县各级各部门和社会各界大力支持的结果，是各位县纪委委员和全体纪检监察干部辛勤努力的结果。在此，我代表县纪委常委会向大家表示衷心的感谢！

在肯定成绩的同时，还要清醒地认识到，当前滋生腐败的土壤依然存在，反腐败斗争形势依然严峻复杂，一些不正之风和腐败问题影响恶劣，亟待解决。有的地方、部门和单位党委（党组）党风廉政建设主体责任的担当意识不强，主要负责同志履行“第一责任人”职责不够到位；一些单位和部门对落实中央八项规定精神的认识还不到位，“四风”问题在一些党员干部身上还不同程度地存在；个别纪检监察干部队伍素质，跟不上“三转”形势，履行职责办法不多，等等。对此，我们务必要高度重视，切实加以解决。

2015 年主要工作任务

2015 年是全面深化改革、全面推进依法治县、全面从严治党的关键之年，做好今年各项工作，具有十分重要的意义。总体要求是：深入贯彻党的十八大，十八届三中、四中全会和习近平总书记系列重要讲话精神，以及十八届中央纪委五次全会、十一届省纪委四次全会、十届州纪委五次全会和县委十一届七次全会精神，坚持“项目为纲、民生为本、实干为先”的“三为”工作导向，围绕全面从严治党、依规治党这条主线，贯彻落实两个责任、强化执纪监督问责三项职能，突出严格执行党的纪律、深化纪律检查体制改革、保持惩治腐败高压态势、巩固扩大作风整治成果、从严管理纪检监察干部队伍等五项重点工作，努力营造风清气正的政治生态环境。

一、严格执纪，强化纪律规矩约束力

从严治党关键在严格执纪，全县各级纪检监察机关要严格执行党规党纪，特别是政治纪律和政治规矩，以严的标准要求党员，以严的措施管住干部。加强党章和党纪教育，督促党员干部切实增强党员意识、组织意识、纪律意识、责任意识和民主集中制意识。重点监督检查党的十八届四中全会、省委十一届五次全会、州委十届六次全会和县委十一届七次全会精神的贯彻落实，确保全面建成小康社会、全面深化改革、全面推进从严治党等重大决策部署落到实处。紧紧围绕“一个坚持、四个突出”的总体工作思路和“项目为纲、民生为本、实干为先”的“三为”工作导向，强化监督执纪问责，采取交叉巡查、联合督查、专项检查等方式，切实加强对行政执法机关和党员干部履行职责的监督检查，确保政令畅通。

二、立行立改，加大体制改革落实力

认真落实省委赵克志书记、州委龙长春书记等领导关于深化“三转”的批示精神，认真履行党章和行政监察法规定的职责，深化巩固议事协调机构清理成果，把不该管的工作交还给主责部门，切实解决好职能发散、战线过长等问题，把更多力量集中到主责主业上来。要在巩固“两个责任”落实成果的基础上，加大监督检查力度，督促镇（街道）党（工）委、县直部门党委（党组）主体责任，纪（工）委、纪检组监督责任落实。制定切实可行的责任追究办法，细化责任追究情形和程序。对于管辖范围内违反政治纪律、政治规矩和组织纪律；“四风”问题突出，发生顶风违纪问题；发生问题不报告、压案不查、阻挠调查；出现区域性、系统性腐败案件的，要严格实行“一案双查”，既追究主体责任和纪委监督责任，又严肃追究领导责任，以追责倒逼负责。同时，进一步完善派驻机构统管，逐步实现县纪委向县级党和国家机关派驻机构全覆盖，强化部门领导班子及领导干部的监督。深化民生项目监督特派工作，在民生领域开展“整治铸廉三年行动”，不断扩大民生监督覆盖面，形成民生监督常态化，切实维护人民群众利益。

三、铁腕重拳，突出惩治腐败威慑力

以“零容忍”态度严惩腐败。注重从信访举报、执纪监督、网络舆情等多种途径发现问题线索，及时进行梳理、甄别、处置。充分发挥反腐败协调小组的作用，健全联席会议、案件移送、信息反馈、情况通报等制度，促进执纪执法机关的协作配合，增强惩治腐败的合力。落实快查快结机制，严格时限要求、缩短办案周期。推行派驻机构办案协作机制，强化派驻机构的办案职能。严惩转移赃款赃物、销毁证据，搞攻守同盟、对抗组织审查的行为。坚持用法治思维和法治方式反对腐败，严格办案纪律，落实办案安全责任制，依规依纪文明办案。通过加大案件查办工作力度，增强惩治腐败的威慑力，筑牢党纪国法防线，形成不敢腐的高压态势。

四、弘扬正气，保持纠正“四风”持续力

深入推进中央八项规定、省委十项规定、州委九项规定和县委七项规定精神和党员干部作风“十不准”的落实，坚决防止“四风”反弹。驰而不息纠正“四风”，紧盯重要时间节点，畅通社会监督渠道，坚决查处公款吃喝、旅游、送礼和大操大办婚丧喜庆等问题。深入开展领导干部收受红包、礼金、礼券、购物卡等专项整治。加强对厉行节约、公务接待、公车配备等规定执行情况的监督检查。盯紧研判“四风”新症状，对症下药，防范和整治“四风”隐身衣问题。要把违反中央八项规定及省州县相关规定精神的行为列入党的纪律审查重点，作为纪律处分的重要内容，发现一起，查处一起，绝不姑息。对顶风违纪者所在地方、部门和单位党委（党组）、纪委（纪检组）进行问责。发挥廉政教育、警示教育基地的作用，加强廉政文化精品工程建设，开展廉政文化创建活动，扬真抑假、扬善抑恶、扬美抑丑，培育良好民风社风。

五、勇于担当，增强干部队伍战斗力

广大纪检监察干部要带头践行“忠诚、干净、担当”的要求，锤炼党性、严格执纪，推进党的路线方针政策的落实，把与中央保持高度一致体现到实际行动中。全县各级纪检监察机关要深入开展“三严三实”教育实践活动，切实转变工作作风，做到严、细、深、实。对尸位素餐、碌碌无为的纪检监察干部，坚决采取组织措施，该撤换的撤换、该调整的调整；对不敢抓、不敢管，监督责任缺位的干部坚决问责，让责任意识深入人心，使担当精神蔚然成风。以建设学习型机关、提升履职能力为目标，着力完善个人自学、集中学习、调训参学制度，创新学习培训形式，加大纪检监察干部学习培训力度。鼓励、支持和引导纪检监察干部紧跟形势及时学、结合岗位干中学、针对“短板”重点学、养成习惯自己学，在学习中提高能力素质。健全完善内控机制，加强对重要岗位和关键环节的监督，严肃查处跑风漏气、以案谋私等行为，对办人情案、关系案、金钱案的，绝不姑息、绝不护短、绝不手软，严防“灯下黑”，用铁的纪律打造党和人民信赖的纪检监察干部队伍。

同志们，做好党风廉政建设和反腐败工作责任重大、使命光荣。我们要紧密团结在以习近平同志为总书记的党中央周围，按照县委和州纪委的要求，坚定信心、锐意进取，改革创新、真抓实干，不断开创党风廉政建设和反腐败斗争的新局面，为开启龙里基本现代化事业新征程提供坚强的纪律保障！

锐意进取　奋发作为
为开启龙里基本现代化事业新征程而努力奋斗

——在县委十一届七次全体（扩大）会暨全县经济工作会上的讲话

（2015年1月12日）

龙里县人民政府县长　陈　曦

同志们：

根据会议安排，我就2015年的经济工作讲两点意见。一会，志峰书记还要作重要讲话，我们一定要深刻领会，不折不扣地抓好贯彻落实。

一、2014年我县经济社会发展总体情况

过去一年，在县委的坚强领导下，我们坚持以改革统领各项工作，按照“一个坚持，四个突出”的总体工作思路，突出“三条”主线，坚持“三为”工作导向，坚守“两条底线”，以“九项重点工作”为抓手，紧紧依靠全县各族人民，大力弘扬新时期龙里精神，扎实开展党的群众路线教育实践活动，深入抓好五个方面的重点工作，全县经济社会呈现经济持续发展、转型升级加快、动力活力增强、民生不断改善、生活水平提高、社会和谐稳定的良好态势。

第一，经济总量不断做大。综合实力明显增强。2014年，综合测评在全省31个经济强县中预排名第13位，居全州经济强县之首。预计完成地区生产总值64.13亿元，同比增长17.1%；财政总收入14.03亿元，同比增长36.4%，其中，公共财政预算收入6.71亿元，同比增长24.87%。项目投资快速增长。预计完成全社会固定资产投资130亿元，同比增长27%，其中，固定资产投资112.15亿元，同比增长33.51%。完成106个重大工程和重点项目投资113亿元，同比增长6.13%。招商引资到位资金129.4亿元，同比增长23.24%。项目建设要素保障给力，争取上级转移支付资金（不含财力性转移支付）5.33亿元，政府融资到位资金7.4亿元，获批建设用地指标210公顷，招聘引进各类人才368人。工业经济平稳运行。规模工业企业（500万元以上）126户，新增38户，其中，2000万元以上规模工业企业73户，新增24户。全年预计完成规模工业总产值163亿元，同比增长34.7%；完成规模工业增加值32.33亿元，同比增长16.5%。在建工业产业项目109个，完成工业投资54.79亿元，同比增长27.78%。经济开发区入驻企业280家，完成税收6.17亿元。农业农村增产增效。完成农林牧渔业总产值15.9亿元，同比增长22.2%；农林牧渔业增加值8.46亿元，同比增长6.6%。农村居民人均可支配收入7532元，同比增长13.5%；城镇居民人均可支配收入21914元，同比增长10.6%。深入实施精准扶贫，减少贫困人口9000人，原草原乡和摆省乡实现“脱贫摘帽”。服务行业加快发展。完成商贸物流项目投资18.2亿元，贵州双龙农产品集散中心、申通快递2个物流项目建成投运。限上及重点服务企业新增19家，完成社会消费品零售总额8.35亿元，同比增长13.8%。全年共接待游客172万人（次），同比增长23.5%；实现旅游总收入8.7亿元，同比增长26.9%。

第二，生产生活基础不断夯实。基础设施明显改善。完成县乡公路升级改造56.8公里。建成通村水泥路165.1公里，全县通水泥路行政村达141个，行政村通畅率达88.68%，行政村客运通车率达81.71%。窄冲、龙滩等水利项目完成投资3.41亿元。建成高标准农田1万亩，新增灌溉面积0.55万亩，解决1.6万人安全饮水问题。完成经济开发区基础设施投资13.5亿元，高新区实现“七通一平”。城镇建设日新月异。完成《龙里县县城总体规划（2013—2030）》修编和《贵龙城市经济带控制性详细规划》编制，启动各镇总体规划编制。完成城镇基础设施投资23.15亿元，城镇建成区达30.41平方公里，城镇化率达48.95%。完成铁龙桥、厦蓉联络线景观工程。完成半边街、西关坡段、贵都联络线扩建一期工程等道路建设，西城区路网投入使用。贵龙大道、贵龙纵线（贵龙大道至谷脚工业园区段）全线贯通。贵广高铁龙里北站建成投运，龙里步入崭新的“高铁时代”。美丽乡村建设加快推进。投资5.27亿元完成“四在农家·美丽乡村”基础设施建设六项行动计划项目413个，格老湾、厉家庄等示范村寨面貌焕然一新。完成3350户农村危房改造、320户小康房建设和“两高”沿线549户房屋外观立面整治。生态环境持续改善。完成营造林和荒山绿化4万亩，森林覆盖率达55.57%。环境空气质量优良率达100%。城镇污水处理率达91.4%，城乡生活垃圾无害化处理率达88.9%。被列为水利部第二批水生态文明城市重点推进县。

第三，发展活力不断增强。各项改革稳步推进。完成乡（镇）行政区划调整和新一轮政府机构改革，实行“镇园合一”与大部门制。推进行政审批事项清理，取消非行政许可3项，明确社区服务中心审批服务事项97项。推进政务信息公开，开通政府微信公众平台。创新政务服务模式，畅通服务群众“最后一公里”。深化国库集中支付改革，全县预算单位实有资金纳入财政归集户管理。推进“先照后证”改革，不断壮大市场主体。开放合作不断深化。本着资源共享、优势互补、合作双赢的原则，与南明区签订战略合作框架协议，在基础设施、产业项目等方面切实加强合作。用好与广州黄埔区对口帮扶机遇，积极争取干部培养、社会民生、驻点招商等方面的支持。突出发展医药与大健康、新材料、电子商务、快递物流等产业，加大小分队招商和驻点招商引资力度，赴长三角、珠三角等地开展招商活动35次，签约项目27个，总投资136.61亿元。科技创新成果丰硕。良济药业、润生制药、盛峰包装获新技术企业认证，高新技术企业达10家。自主知识产权数量较快增长，新增专利申请139件。湾滩河生态农业示范园区进入省级农业科技园区行列。红狮水泥获“贵州省名牌产品”称号。综合科技进步水平指数达71.9%，预排位居全省第4位。

第四，群众生活不断改善。小康建设顺利推进。强化小康建设监测调度，加强核心指标和薄弱指标攻坚，全面建成小康社会实现程度达95.8%，人民群众对小康社会建设的认可度进一步提升。民生工程深入实施。实施民生实事项目16个，完成总投资18.85亿元。公共体育场、醒狮镇敬老院、第三幼儿园及哪嗙幼儿园投入使用，组建龙里县第三中学。新开通县城至高新产业园区和龙里北站两条公交专线。完成2468套保障性住房主体工程。启动冠山街道凤凰村地质灾害点群众搬迁安置工作。社会事业协调发展。高考二本以上录取率达42.38%，创历史新高。龙里中职校成功挤进全省“百校大战”50强。完成广播电视“村村通”工程2920套。新增2个省级和5个州级“非遗”保护项目。发放救助救济、优待抚恤资金4676.4万元，城乡低保金增长15%。完成5个镇中心卫生院标准化建设。全县新农合参合率达96.11%，惠及48.1万人（次）。人口计生实现“双降”目标。社会治理不断加强。成立县群众工作中心和镇（街道）、村（居）群众工作中心（站、室），创新“门诊法”开展矛盾纠纷调处。安全生产继续保持总体平稳。完成县城“天网工程”一期项目，推行城乡“四专一统一”、“一村一警”警务模式，刑事案件同比下降30.38%。

这些成绩的取得，得益于中央、省、州持续给力，得益于县委坚强有力，得益于县人大、县政协和社会各界积极助力，得益于全县干部群众艰苦努力。成绩属于过去，我们应该看到，当前的经济工作中也还存在一些不容忽视的问题，一是我县的经济总量比较小，经济结构还需优化；二是大项目、潜力项目不够多，财政税收增长乏力；三是交通、水利基础设施还比较薄弱，土地、资金、人才等要素供给不足；四是极少数部门和公职人员“四风”问题整治还不够彻底，工作不够主动，担当不够有力。针对这些问题，我们将采取有效措施，认真加以解决。

二、2015年经济工作的目标要求和具体任务

今年，是全面深化改革的关键之年，是全面推进依法治县的开局之年，也是全面完成“十二五”规划的收官之年和布局“十三五”规划的破题之年，抓好今年经济社会发展的各项工作显得尤为重要。总体要求是：认真贯彻落实党的十八届三中、四中全会，省委十一届四次、五次全会，州委十届四次、五次全会精神和中央、省、州经济工作会议精神，始终坚定“一个坚持，四个突出”的总体工作思路，坚持“三为”工作导向，主动适应新常态，积极抢抓新机遇，深入抓好“五个方面”重点工作，奋力开启龙里基本现代化事业新征程，为建设富庶、生态、幸福的新龙里奠定坚实的基础。

综合考虑，今年经济工作的预期目标是：地区生产总值增长15%以上，力争达到18.8%；规模工业增加值增长16.5%以上，力争达到18%；全社会固定资产投资增长20%以上，力争达到33.85%，其中，固定资产投资增长33.75%以上，力争达到50.69%；招商引资到位资金增长23.65%；财政总收入增长18%，其中，公共财政预算收入增长18%；社会消费品零售总额增长15%以上，力争达到25.75%；城镇居民人均可支配收入增长11%以上，力争达到13%；农村居民人均可支配收入增长14.05%以上，力争达到14.84%；人口自然增长率控制在5.46‰以内；城镇登记失业率控制在3.5%以内；节能减排目标控制在州下达指标范围内。

围绕上述目标任务，我们必须抢抓贵龙大道、贵广高铁交通区位的优势，抢抓贵州双龙临空经济区辐射带动的优势，抢抓经济强县、全国循环经济示范县、国家现代农业示范区政策支撑的优势，继续扩大投资规模，继续做大经济总量，继续做强服务业，努力促进经济总量、质量、均量“三量齐升”。今年要突出抓好七个方面的重点工作。

（一）着力抓好项目建设，继续扩大投资规模

牢固树立抓项目就是抓经济增长“牛鼻子”的理念，借力贵龙大道和“高铁时代”，上大项目扩大投资规模，上好项目优化投资结构，着力

在投资上取得新突破。一是狠抓重点平台建设。依托贵龙城市经济带发展平台，积极发展总部经济、体育休闲、养生养老、商贸物流等现代服务业，规划建设广东产业园区、双龙现代服务业园区和新医药产业园区。着力抓好经济开发区、湾滩河生态农业示范园区等省“5个100工程”和州“5个20工程”重点平台建设，完成投资60亿元以上。二是狠抓项目建设进度。深化项目推进督查机制和“特派员”制度，强化项目协调服务，全力推进重点项目建设。要分类快速推进续建项目、新建项目进度，加快推进拟建项目前期工作，实施重大工程和重点项目80个以上，完成投资120亿元以上，确保窄冲水库和贾拓山风电场等11个亿元以上项目建成投运。三是狠抓招商引资工作。围绕新医药大健康、新材料、电子商务、快递物流、现代生态农业、教育文化及旅游等产业，着力开展领导干部带头招商、小分队招商和驻点招商，积极探索委托招商模式，重点跟踪引进国药集团、华润制药、顺丰速运、普洛斯物流等企业入驻，力争实现新医药大健康产业签约资金30亿元以上。四是狠抓项目储备争取。立足全县国民经济和社会发展实际，科学制定“十三五”规划，把握好中央的投资方向，确保规划政策化、项目化和实物化。充分利用创建全国循环经济示范县和龙山镇全国第三批发展改革试点镇的机遇，认真研究国家政策，围绕保障性安居工程、城镇基础、重大水利、节能环保等重点领域，精心策划和包装项目，确保储备项目630个以上，总投资1300亿元以上。制定项目资金争取考核办法，鼓励镇（街道）、部门积极跑上争取项目资金，争取上级项目80个以上，到位资金2.6亿元以上；争取上级转移支付资金5亿元以上，完成民贸民品企业优惠贷款5亿元以上。五是要狠抓重大要素保障。突出抓好土地、资金、人才等要素供给，用足、用活、用好经济强县和省重点项目政策，着力争取年度建设用地指标。要积极探索融资租赁、PPP等融资模式，着力引入产业发展基金；加快融资平台公司向实体经营公司转型，支持条件成熟的投融资公司登录“新三板”；认真研究政策，主动谋划包装省级重大工程和重点项目，积极争取国外优惠贷款支持地方经济发展。加大人才队伍建设力度，招聘和引进各类人才300人以上。

（二）着力推进工业做优做强，继续做大工业经济总量

立足做大工业、做强企业，大力开展“双服务”大行动和实施工业“百千万”工程，着力培育工业经济新的增长点，推动传统产业生态化、特色产业规模化、新兴产业高端化。一是推进开发区基础设施建设。完成龙里高新技术产业园区和龙山工业园区控制性详细规划编制。完成经济开发区基础设施投资12亿元以上，实施龙里高新技术产业园扩区扩容，新增园区场平面积2000亩以上；建成高新技术产业园区二期路网和高新技术产业园区至西区道路。加快园区公共服务设施建设，着力提升园区承载能力和服务水平。加快贵龙城市经济带、经济开发区与贵阳通信同城化进程。建成高新技术产业园综合配套服务区暨生态移民安置区一期并启动二期建设，启动谷脚镇综合配套服务区建设，力争建成省级示范综合服务区；规划建设经济开发区成果展示厅、工业产品展示馆。二是加快重点工业项目建设进度。抓好龙行制造一期和空港产业园B区等20个在建重点项目建设，良济二期和润生二期等43个续建项目建成投产，完成工业重点项目投资70亿元以上。力争新开工20个5000万元以上、6个亿元以上工业项目。切实加大纳规工作力度，新增2000万元以上规模企业30户以上，实现规模工业总产值195亿元以上、规模工业增加值41亿元以上。三是强化工业企业调度服务。加强对

雪花啤酒、红狮水泥、瑞和制药、科之杰等产值超亿元重点企业的服务力度，促进企业发挥更大效益。积极推进恒力源、柏强等企业的技改扩能工作。加大项目招商力度，新增年产值亿元以上企业3家以上，新增年产值10亿元以上企业1家以上。着力创建全省民贸示范县，发展民贸企业达120家。推进规模以上企业的“两化”融合示范创建工作，积极申报国家智慧示范城市和国家级新型工业化示范基地。

（三）着力发展现代服务业，加快培育经济新的增长点

大力推进第三产业发展，提升第三产业在三产中的比重，促进经济结构进一步优化，努力实现三次产业结构调整为12.31∶60.26∶27.43。一是要大力抓好商贸物流产业发展。要以临空服务为中心，优先发展快递物流、电子商务、总部经济等现代服务业，新增限额以上商贸企业30家以上。加快双龙现代服务业园区建设，积极筹建商贸物流协会，开展国家级示范物流基地（城市）创建工作，申报全国物流节点示范城市，引导物流企业开展数字化信息体系建设，建设西南商贸物流转运枢纽。新增亿元以上商贸物流企业5家以上，中通快递、万科仓储物流、宏基中药材电商产业园一期等10家商贸物流企业投运，商贸物流产业产值突破100亿元。二是要大力抓好旅游产业发展。以承办全州第八届旅发大会为契机，精心编制《龙里县生态文化旅游产业发展规划》，引领全县文化旅游产业发展。围绕吃、住、行、游、购、娱，突出发展休闲、餐饮、娱乐等为主体的近郊生态旅游业。打造贵龙大道旅游经济带，加快发展文化休闲、康体度假、养生养老等旅游业态，着力推进巫山大峡谷景区、旅游风情小镇云栖谷·双龙镇建设，完成安娜塔纳五星级酒店建设；打造贵都联络线旅游经济带，大力发展特色餐饮、旅游购物、休闲养生等旅游产品，着力抓好厉家庄茶文化（美食文化）商业步行街、湿地公园等休闲旅游景点建设。抓好塘坊、孔雀寨、格老湾等“四在农家·美丽乡村”示范点乡村旅游发展。大力开发旅游商品、农特产品，完善旅游产业链。力争接待游客200万人（次）以上，旅游总收入11亿元以上，增速居全省前列。三是要大力发展其他服务业。充分发挥生态和气候优势，大力发展医疗健康、养生养老、休闲度假等产业。积极发展金融、研发设计、现代商务、节能环保等生产性服务业。加快发展餐饮、酒店、家政服务、健康服务等生活性服务业，大力引进省内外知名酒店管理公司集团，提升宾馆饭店、餐饮的接待档次和服务水平，鼓励餐饮龙头企业实施连锁经营，支持企业挖掘地方特色美食，打造地方特色餐饮。

（四）着力推进新型城镇化建设，改善城乡人居生活环境

坚持做优贵龙城市经济带、做强县城、做特城镇的思路，大力推进山地特色新型城镇化持续健康发展，打造黔中经济区的城乡统筹示范区。完成城镇基础设施投资18亿元以上，实现城镇化率50%以上。一是科学规划引领发展。按照打造贵阳城市副中心的思路，突出抓好城市规划顶层设计，根据贵州双龙临空经济区规划修改完善县城总体规划，以县城规划区“一带、两城、三园”为载体，启动县城规划区城市风貌设计，实现建筑风格、色彩、空间、尺度和道路交通等有机结合。完成洗马、醒狮、湾滩河镇“多规合一”总体规划和三元、麻芝、草原片区村镇建设总体规划，启动洗马镇、湾滩河镇控制性详细规划。二是完善城市基础设施。以贵龙城市经济带和县城西区开发建设为重点，突出完善城市道路交通及公共服务配套设施。实施横六路、物流园区纵二路及2号路建设，完成贵都联络线扩建二期工程，启动龙羊立交桥三期工程。规划建设观

音山、哨堡、悦龙城片区配套学校、医院、污水处理厂等公共服务设施。完善龙里北站广场及周边公共服务设施，开工建设汽车客运综合体。推动龙城佳园安置房、天竺雅苑综合体建设，完成大十字、太平寺片区旧城棚户区改造 1265 户。完成水堤阁广场景观提质改造工程。全面建成县体育馆和县综合档案馆，开工建设县游泳馆。抢抓水生态文明城市重点推进县的机遇，以自然、生态、亲水、宜游为设计理念，启动县城规划区河道景观工程设计，实施打草河、新民河等河道综合治理工程。三是精心打造特色集镇。要坚持以人的城镇化为中心，推进特色集镇建设，着力增强城镇要素集聚和辐射带动功能。按照“政府主导、企业参与、市场运作”的思路，坚持宜工则工、宜农则农、宜商则商、宜游则游，以城聚产、以产兴城、产城联动，把小城镇建设与旅游开发、民族文化、产业园区等有机结合起来，突出产业带动，传承传统文化，留住历史记忆，彰显民族特色。结合全国第三批发展改革试点镇建设，把龙山镇打造成为集特色餐饮、康体旅游、休闲养生的特色小镇；抢抓省“5 个 100 工程”示范小城镇建设的机遇，推进醒狮镇特色示范小城镇建设；结合交通和地缘优势，以现代服务业为支撑，启动谷脚镇临空小镇建设；抢抓全国现代农业示范区创建的机遇，着力把湾滩河镇建设成集生态旅游、农业观光、民俗风情、休闲度假于一体的特色小镇。四是强化城市经营管理。要牢固树立经营城市理念，建立健全城市管理长效机制，强化城市综合执法，进一步巩固省级文明城市创建成果。抓好绿化、亮化等市政设施建设，打造金龙路、贵都联络线绿化示范景观大道，采用 EMC 模式完成城区路灯节能改造，完成 3000 户居民和 20 户企业燃气安装。要加大违法建筑打击力度，坚决遏制乱搭乱建行为。启动各镇农村集中建房规划、选址和基础设施建设工作。

（五）着力加快现代农业示范区建设，不断提升农业效益

以农业产业园区为载体和平台，以发展现代农业、优化产业结构为核心，围绕“六型”农业，高起点、高标准创建具有山地特色的国家现代农业示范区，促进农业增产增效，农民增收致富。完成农林牧渔业总产值 18.1 亿元，同比增长 14%；农林牧渔业增加值 9.6 亿元，同比增长 6%。一是着力推进农业产业园区建设。推动农业“一区五园”协调发展，重点促进湾滩河生态农业示范园区的转型升级，加快综合展贸区、加工物流区建设，确保综合展贸中心、数据中心、农资交易中心投入运营；积极推动智慧农业建设，以湾滩河生态农业示范园区为示范推进园区科技化、智能化发展，投资 500 万元建成集环境信息与病虫信息感知监测系统、蔬菜产品质量安全追溯系统等为一体的园区农业物联网工程，覆盖核心区 1 万亩，实现农业生产环境的智能感知、智能预警、智能决策、智能分析、专家远程指导，为农业生产提供精准化种植、可视化管理、智能化决策；茶香刺梨产业园新增刺梨种植 2 万亩，着力打造谷脚至洗马“百里刺梨产业带”；在龙架山花卉苗木及生态农业旅游示范园区推进“创办民建农业园区示范项目”建设；启动洗马和醒狮农业园区规划。二是着力提升农业“五化”水平。推进农业特色化。培育壮大豌豆尖、刺梨等特色优势产业，着力打造龙山至湾滩河“万亩豌豆尖产业带”，全县豌豆尖种植达 2 万亩；创建特色渔业、竹鼠、肉鸽和富硒茶叶等特色种植养殖基地。推进农业标准化。建设 2000 亩豌豆尖和 2000 亩刺梨标准化种植示范区，培育创建绿色、有机农产品生产基地，做好“湾滩河”、“龙里刺梨”商标和地理标志品牌培育工作。加快高标准农田建设，提升耕地持续增长能

力。推进农业规模化。进一步优化粮经比例，非粮农业增加值占一产比重达85%以上。着力调优经济作物种类和品质，壮大蔬菜、刺梨两大主导产业规模，建设谷脚至洗马“万亩辣椒产业带”，新增蔬菜种植2万亩以上，稳定烤烟种植6000亩。推进农业市场化。充分用好双龙农产品交易中心平台，发挥产地市场带动产业发展的积极作用；支持香港丰泰公司、小草帽蔬菜配送专业合作社的建设和发展，培育和拓宽农特产品配送销售渠道。推进农业产业化。培育壮大一批综合实力强、科技含量高、市场辐射广的龙头企业入驻，引进农产品深加工、物流配送等企业10家以上，完成农业招商引资10亿元以上，完善农产品产业链，充分发挥一产“接二连三”的作用；着力提高农业机械装备水平，农作物耕种收综合机械化水平达45%以上。三是重点夯实交通水利基础设施。全面实施G210国道倪儿关至县城段改造，启动草原至高坡、洗马至牛场县道改造。建成190.45公里通村油路（水泥路），实现建制村油路（水泥路）和客运全覆盖。建成贵阳市域铁路白龙线龙里段。要继续推进水利建设“三大会战”，完成窄冲水库建设和大竹芒、枧槽冲水库前期工作，加快龙滩水库建设，争取下把比水库获国家烟草局复审立项并开工建设，完成湾滩河——云雾贵州山区现代水利示范园区规划并启动实施。完成笋子塘水厂一期及供水管网工程建设并投入使用，保障贵龙城市经济带日新增供水量2.5万吨。扎实抓好农村饮水安全工程，有效解决农村1.35万人饮水安全问题。

（六）着力推进民生工程建设，促进社会和谐稳定

更加注重保障基本民生，更加关注低收入群众生活，更加重视社会大局稳定。一是统筹社会事业协调发展。稳步推进教育“9+3”计划和“4+2”工程，启动第二轮学前教育三年行动计划和薄改项目，积极推进义务教育均衡发展，支持中职校申报省级示范性职业高中，启动龙里新高中建设，完成县第五小学建设。完成县医院内科综合楼建设，实施镇卫生院等级评审工作，支持醒狮镇创建全省卫生乡镇。加强新农合政策宣传，确保参合率96%以上。要以“双降”为核心，启动社会民生共享管理系统开发试点工作，努力提升人口计生工作管理服务水平。二是提升社会保障水平。建设廉租房、公租房等保障性安居工程住房1585套，完成农村危房改造2233户，建设小康房208户。城乡低保标准增长15%以上。实现各镇（街道）敬老院全覆盖。建成省救灾物资储备中心。省老年养护实训培训基地项目完成工程量50%以上。强化社会保险扩面征缴工作，开展职业技能培训和创业培训，促进各类群体创业就业。三是加强生态文明建设。牢固树立绿色“GDP”的理念，提升绿色发展内涵，着力实施国家循环经济示范县创建县项目、水生态文明城市重点推进县项目。大力推进城镇供水、供气、垃圾处置等领域对外开放建设，启动农村垃圾转运设施建设，城镇污水处理率达85%以上，城乡生活垃圾无害化处理率达88%以上。加强环境监管执法，继续深化“六个一律”环保“利剑”执法专项行动，开展黄标车及老旧车淘汰工作，确保环境信访案件查处率、环评执行率和环保“三同时”执行率95%以上。落实最严格的水资源管理制度，全县用水总量控制在1.27亿立方米以内。继续深入推进森林保护“六个严禁”执法专项行动，大力实施县乡村造林绿化，着力推进重大生态修复工程，完成林业工程营造林3.5万亩、综合治理石漠化20平方公里，全县森林覆盖率增长1个百分点以上。四是推进平安和谐龙里建设。认真落实安全生产“党政同责、一岗双责”责任，切实开展安全生产隐患排查治理和“打非治违”工作。着力打造犯罪实时

控制“龙里模式”升级版，启动“天网工程”二期，开展社区网格化管理工作，深入推进“一村一警”社会治安防控及“民情一点通”联系服务群众模式，加大矛盾纠纷排查化解力度，维护全县社会治安秩序稳定。

（七）着力推进改革创新，增强经济社会发展活力和动力

要认真落实中央、省、州关于深化改革的有关指示精神，加强观念创新、思路创新、方法创新、机制创新、载体创新，持续增强后发赶超的动力活力。一是继续深化体制改革。要继续推进扩权强镇改革，优先下放项目投资和民生保障的经济社会管理权限，增强镇（街道）自主发展能力和公共服务能力。认真落实预算改革相关政策，实行财政全口径预算管理，推进国有资产管理和县镇（街道）财政体制改革，探索政府向社会购买服务模式。深化“三证合一”登记制度改革。完成农信社改制农商行工作。要完成公车改革，启动户籍制度改革和县医院综合改革。以县第四小学为试点，探索建立事业单位法人治理结构。完成醒狮镇农村土地承包经营权确权登记颁证试点工作，积极开展农村集体建设用地、宅基地确权登记颁证。探索家庭农场直接对接市场新模式，制定《家庭农场申报认定管理办法》，培育家庭农场25家，建成规模示范农场2家。完善水利基层服务体系建设，启动小型水利工程产权制度改革。二是努力推进科技创新。按照培育一批、扶持一批、申报一批的原则，制定科技企业培育计划，抓好恒力源、瑞和、创奇等企业的高新认证，新增高新技术企业4家以上。要加快省生产力促进中心农业科技园和企业技术中心建设，推动科技成果的转化应用。加快企业专利申报工作，力争申请量达320件。

同志们，目前各项工作已进入首月首季。在这里我还要强调两点。一是要抓好春节期间相关工作。各镇（街道）和各有关部门要认真摸排，切实掌握困难群众的生产生活情况，安排好今冬明春困难群众的生活救助；要组织好节日期间的走访慰问，把党和政府的关怀和温暖送到群众中去；要按照有关要求，全面清理农民工工资情况，督促企业抓好农民工工资清欠发放。尤其要统筹抓好节日期间交通、消防、煤矿、非煤矿山、烟花爆竹和其他易燃易爆品、人员密集场所等重点行业和领域的安全生产工作，各行各业务必在节前安排一次安全大检查，把预案制订在节前，把隐患消除在节前，确保人民群众过一个安全祥和的春节。二是要抓好首月首季“开门红”。各镇（街道）、各部门要按照全州督查落实年的有关要求，切实转变工作作风，进一步增强执行力和落实力，狠抓工作推进、狠抓项目落地、狠抓实物量形成。各经济部门和行业主管部门要高度重视经济运行调度，紧紧围绕首月首季“开门红”的目标任务，制订配套措施，细化支撑项目，对主要经济指标进行逐一分解，明确工作进度，量化到部门，责任到个人；强化措施、分类指导，抓好节后项目复工、企业复产工作，尽快让项目上进度、企业满负荷，确保各项工作快速推进，确保顺利实现首月首季“开门红”。

同志们！让我们在县委的坚强领导下，认真贯彻落实中央、省、州以及县委的各项决策部署，凝心聚力、锐意创新、攻坚克难，全力以赴做好今年经济社会发展各项工作，为开启龙里基本现代化事业新征程，建设富庶、生态、幸福新龙里而努力奋斗！

抓发展　强产业　惠民生
加快推进龙里更高水平的小康社会建设

——在县委十一届八次全体（扩大）会议暨全县经济工作会议上的讲话

（2015 年 12 月 29 日）

龙里县人民政府县长　陈　曦

各位委员、同志们：

根据县委的安排，我先对 2015 年经济工作的运行情况和 2016 年经济工作的安排讲三点初步意见。下午，县委华龙书记还要作重要讲话，请大家务必认真学习领会，全力以赴抓好落实。同时，要对本次会议通过的《建议》进行系统梳理，拿出具体推进措施，确保圆满完成“十三五”既定的各项目标任务。

一、关于 2015 年全县经济社会发展的总体情况

2015 年，我们认真贯彻落实党的十八大，十八届三中、四中、五中全会，省委十一届五次、六次全会，州委十届六次、七次全会，县委十一届七次全体（扩大）会议和中央、省、州、县经济工作会议及习近平总书记系列重要讲话精神，按照协调推进“四个全面”战略布局要求，紧扣省委“两加一推”主基调和州委“一圈两翼”战略，坚持“守底线、走新路、奔小康”的工作总纲，在县委的坚强领导下，坚持“三为”工作导向，以小康创建、增比进位、项目观摩会、全州旅发大会四项工作为着力点，强化经济建设“三个一”调度机制，全县经济社会呈现持续健康协调发展的良好态势。主要表现在：

——综合实力进一步增强。坚持把抓发展作为工作重心，在加快发展中提高县域经济综合实力。2015 年，在全省 31 个经济强县增比进位综合考评中位列第 6 位，居全州经济强县之首。预计，完成地区生产总值 71.49 亿元，同比增长 15%；一般公共预算收入 8.31 亿元，同比增长 24%；社会消费品零售总额 14.49 亿元，同比增长 12.2%；金融机构存贷款余额增速分别为 62.7%和 31.8%。完成固定资产投资 136.05 亿元，同比增长 25.3%。引进省外 3000 万元以上项目到位资金 95.72 亿元。

——发展形象进一步提升。坚持围绕主基调、主战略，内强基础，外树形象，龙里的知名度、美誉度、认可度大幅提升。同步小康走前列，率先通过省级达标验收，42 项指标实现程度达 100%，总体实现程度达 97.3%，居全省第 11 位、全州第一位。全省第二次项目观摩会、全州第八届旅发大会的成功举办，进一步增强了广大干部群众干事创业的信心。成功申报“中国物流实验基地”，获得“中国最美健康养生旅游名县”“全国电子商务进农村综合示范县”等荣誉称号，“国字号”名片的政策红利和品牌效应逐步凸显。

——产业结构进一步优化。坚持立足优势、突出特色，努力推进传统产业转型升级和新兴产业培育壮大。三次产业比例调整为12.04：62.77：25.19。工业化强力推进，全县工业增加值36.17亿元，同比增长14.8%。2000万元以上规模工业企业达105家。深入实施民营经济“三年倍增计划”，民营经济占生产总值的比重逐步提高。省级高新技术企业达11家，专利申请达400件。全县综合科技进步水平指数达86.1%，居经济强县第5位。以商贸物流为重点的现代服务业加快发展，建成双龙现代农副产品集散中心一期工程、贵州快递物流园，第三产业增加值达18亿元，增长18.7%。依托国家现代农业示范区建设，切实发展现代高效农业，种植蔬菜30.5万亩、刺梨14.2万亩、花卉苗木1.66万亩，粮经比调整到30：70。

——城乡基础进一步夯实。坚持实施“东优西扩”战略，城镇化步伐加快，城市建成区达31.61平方公里，城镇化率达50.63%。贵龙纵线一期、贵龙大道建成通车。基本完成贵都联络线二期、县城公共体育馆建设。完成经开区基础设施投资10.22亿元，高新园区大道及龙山园区道路B段建成通车。基本完成210国道（千家卡至县城）改造，建成通村水泥路23条198公里。建成重点区域污水处理站5个，全县城镇污水处理率达98.1%，城乡生活垃圾无害化处理率达64.4%。窄冲水库下闸蓄水，结束了县城供水无调蓄保障能力的历史。实施“四在农家·美丽乡村”和“一事一议”项目197个，投资完成2349.41万元，荣获“全省小康寨建设优秀县”称号。

——改革开放进一步深化。坚持用改革的办法解决发展中的问题。不断完善政府决策机制，在政府工作中引入法律、规划和融资专家顾问制度，完善依法科学民主决策机制。积极筹建财政投资评审中心，启动财政投资评审改革工作。大力推进“扩权强镇”，镇（街道）财政体制管理改革全面铺开；以醒狮镇为试点，稳步推进195项行政权力下放。基本完成醒狮镇农村土地承包经营权确权登记颁证工作。以县第四小学为试点，建立事业单位法人治理结构。全县村居优化调整到81个村（社区）。开展“三证合一、一照一码”改革工作。认真落实经济建设重大项目、招商引资、经济运行“三个一”调度要求，完善项目企业“特派员”制度和项目推进督查机制。深化与贵州双龙航空港经济区、周边区（县）的友好合作。建立贵州高校创新联盟龙里基地，深入开展科技人才培养、科技创新方面的合作。加强校地合作，建成贵州大学校地合作示范基地。成功申报全国知识产权融资试点，建成全省首家县级院士创新工作站。

——社会民生进一步改善。坚持全心全意抓社会民生事业，人民群众的获得感、安全感和满意度不断提升。深入实施大扶贫战略，全力推进扶贫开发工作，争取专项扶贫资金3720万元，减少贫困人口5050人，原哪嗙乡实现“减贫摘帽”，20个贫困村出列。切实抓好“绿色贵州·美丽龙里”建设，完成营造林38480亩，森林覆盖率达55.29%。县城区环境空气质量优良达标率为100%，集中式饮用水源地水质达标率为100%。龙里中等职业学校成功申报省级示范中等职业学校，启动龙里新高中、县第五小学建设，新建、迁建和改扩建公办幼儿园16所。高考成绩再创历史新高，二本以上上线人数突破500人。建成县医院内科综合大楼。新农合参合人数达185507人，参合率达96.32%。城镇新增就业4879人，农村劳动力转移5542人。城镇、农村常住居民人均可支配收入分别达24177元和8392元，分别增长10.6%和11.7%。深入推进“平安龙里”建设，打造立体化社会治安防控体系，推行全方位、一体化防控警务模式，社会公共安全和安全生产持续向好。

在充分肯定成绩的同时，我们也清醒地看到当前经济工作中存在的困难和问题。一是经济下行压力还比较大，固定资产投资增长后劲不足，工业经济增速放缓，保持经济较快增长的任务还很艰巨。二是要素保障不足，资金、土地、人才等要素不能有力支撑经济社会发展，企业融资难、融资贵的问题仍然突出，生产经营中的困难和问题仍然较多，发展壮大产业的任务还很艰巨。三是财政收入增长放缓，民生刚性支出增多，保障和改善民生的任务还很艰巨。四是城市管理还有待加强，城市配套服务设施还需完善，群众精神文化生活还需进一步丰富。五是一些部门和单位工作不够主动、担当不够有力，服务园区、项目和企业等方面还有做得不到位的地方。针对这些问题，我们要坚持用发展的办法、改革的举措和扎实的作风努力加以解决。

二、关于2016年经济工作的预期目标和重点任务

2016年，是“十三五”规划的开局之年，做好全年的经济工作意义重大。根据中央、省、州精神和县委的总体安排，2016年经济工作的指导思想是：牢固树立创新、协调、绿色、开放、共享的发展理念，按照“守底线、走新路、奔小康”的工作总要求，以“小康提质、六化同步”为目标，大力实施“工业强县、四轮驱动、区域协调、城乡统筹”战略，协调推进“四个全面”战略布局，推动经济社会持续健康发展，为实现“十三五”良好开局，开启基本现代化事业新征程，把龙里建成更高水平的小康社会打下坚实的基础。

2016年经济工作的主要目标初步考虑是：地区生产总值增长15.5%，达86亿元；规模工业增加值增长15%，达47亿元；固定资产投资增长28.63%，达175亿元；公共财政预算收入增长15.04%，达9.1亿元；社会消费品零售总额增长13%，达17.2亿元；城镇常住居民人均可支配收入增长10.02%，达26600元；农村常住居民人均可支配收入增长12.01%，达9400元；城镇登记失业率控制在3.2%以内；节能减排目标控制在州下达指标范围内。

围绕上述目标任务，下步，我们将着重抓好七个方面的工作。

（一）坚定不移推进工业强县战略，促进工业经济转型提速

坚持以经济开发区为平台，以骨干企业为龙头，走出一条科技含量高、经济效益好、资源消耗低、环境污染少、人力资源得到充分发挥的新型工业化路子。一是要以科学规划引领园区发展。要强化规划的引领作用，加快构建“一区三园多点”产业发展空间格局，科学规划产业布局和发展重点，合理安排基础设施项目，夯实产业发展基础。实现工业园区控制性详细规划全覆盖，完善龙山、高新园区控规，启动谷脚园区——醒狮元宝片区控规。围绕集群发展、集聚发展、集约发展，完善水、电、路等基础设施。启动谷脚园区和龙山园区污水处理项目建设。完成水孟大道规划设计，建成龙山工业园区大冲公路及高新园区一、三、五、九号道路延伸段。完成高新园区（二期）、商业配套服务区（一期）场平和综合配套服务区及生态移民安置工程建设。园区内企业建设标准厂房16万平方米以上。争取园区发展资金1000万元以上，完成园区基础设施投资10亿元以上。二是要以招商引资扩大工业企业规模。招商引资仍然是扩大我县工业项目投资的重要抓手，要通过强化工业项目招商引资，夯实工业发展后劲。围绕生物制药业、特色轻工业、新型建材业、高端装备制造业，瞄准长三角、珠三角等发达地区，深入推进领导干部带头招商、以商招商，紧盯国内500强企业、大型

央企和民营巨头，主动承接东部发达地区产业转移，实现引资到位资金200亿元以上。要倾力服务工业项目建设，完成工业投资70亿元以上，新开工项目30个，新投产项目35个，新增规模工业企业20户。着力抓好卡布国际婴童用品产业园和黔中产业园区建设，加强对龙行制造、空港产业园、谷冰风电场等在建项目及良济、润生等技改续建项目的跟踪服务力度，确保尽快投产达效。三是要盘活存量培育增量做大总量。着力做大做强优势产业、改造提升传统产业、培育发展新兴产业，进一步壮大工业经济总量。引导企业整合重组盘活存量。加快推进弘康制药提取车间生产线改造、柏强制药GMP生产线改造、润生综合制剂生产线建设，积极支持神奇、瑞和制药和良济等有条件的企业上市融资。以弘康制药股权重组为先导，引进省内外优强医药企业对县内医药企业进行兼并重组，着力培育具有自主知识产权的中成药和现代医药产品，力争医药产业产值达30亿元。支持华润雪花啤酒年产60万吨生产线异地技改扩建、科之杰透水混凝土产品研发推广。着力加快食品加工业规模化、绿色化、品牌化发展，积极支持邓氏辣子鸡、龙缘盛豆制品、黔宝食品等一批成长性较好的企业做大规模。培育发展新兴产业做大增量。以红狮水泥、长通集团、中材环保等企业为龙头，加快推进建材产业转型升级，推广新型复合墙体材料、生态环境功能材料等新型绿色建材。启动新型建材产业示范基地创建工作，力争新型建材产业产值60亿元以上。积极推动创奇装备、晨光机械等制造企业向智能化、绿色化转型，鼓励英吉尔机械加工等企业加快技改扩能。以“中国刺梨之乡”品牌为依托，加大刺梨产品研发及食品精深加工的投入，力争食品加工业产值20亿元以上。四是要提高服务企业水平。要着力加强精准调度服务，深入推进“百千万”工程和“双服务”行动，加强园区管理，优化园区服务，探索建立企业化运作的开发区管理模式，推进园区公共服务市场化。加强园区闲置土地清理处置力度，积极争取用地指标“点供”政策，优先支持重大项目建设。加大金融支持工业项目的力度，帮助企业不断拓展债券、基金等方式多渠道融资，着力开展知识产权融资试点工作。设立政府引导、市场化运作的产业投资基金，吸引社会资本支持工业项目及园区基础设施建设。加强金融担保体系建设，增强县金融担保公司服务企业融资的能力；推动“银政通”“贵园信贷通”业务向园区企业倾斜。深入落实民贸民品企业优惠政策，力争民贸民品企业200家以上。

（二）突出重点抓现代服务业，培育新的经济增长点

抢抓国家、省、州政策机遇，立足交通、区位和生态优势，加快推进现代服务业发展。一是要大力发展商贸业。围绕全县“两核、多点”的商业布局体系（即贵龙城市经济带核心商圈、县城商业中心、乡镇商贸集散点的商贸流通发展格局），着力完善商贸基础设施，完成龙里现代服务业集聚区基础设施投资10亿元，其中，快递物流园总部经济服务平台完成投资1亿元以上。加快推动万豪总部城、中铁1%摩都、宏基中药材电商产业园等重大商贸项目建设。二是要大力发展现代物流业。围绕全县物流发展总体布局，大力发展现代物流业。加快推动双龙物流商贸城、贵州一均物流园和深国际综合物流港等项目建设。万科物流仓储全面建成并投入使用。加快推进世界500强普洛斯物流项目落户建设，逐步打造西南物流转运枢纽。着力推动贵州快递物流园形成规模，确保入驻企业达15家，圆通、韵达、EMS等10家以上企业建成投产，快递业务量占全省的80%以上。三是要大力发展大数据及电商产业。围绕省委关于大数据战略行动的发展

思路，结合龙里产业发展实际，大力推进传统产业数据化升级改造，着力推动深国际综合物流港信息化建设，建成公路物流大数据。依托贵州双龙农副产品集散中心信息平台，推进农业大数据应用，促进农产品产、供、销智能化管理。主动寻求与科研机构、院校合作，建设大数据产业科技支撑平台。加快中铁1%摩都项目电商体验商业中心和深国际电商孵化园建设。引进知名线上大宗商品交易平台“绿金在线”项目落户龙里，构建以农特产品、中药材交易网络平台、终端物流相结合的现代电子商务线上交易中心。依托快递物流企业仓储配送，加快仓配一体化项目建设。大力发展农村电商，以全国电子商务进农村综合示范县建设为契机，按照“黔货出山、网货下乡”的工作思路，建设全省最大的网货集散中心，打造全省县域电商总部基地。加快实施农村淘宝项目，新建县级农村电子商务服务中心1个，完成镇（街道）、村级农村电子商务综合服务网点60个以上，打造农村电子商务示范村3个以上，引进电商100家以上，开设网店300家以上，完成年度交易额1亿元以上、年度上行产品销售额500万元以上。培训电子商务实用人才2000名以上，电子商务从业人员500名以上。重点培育上行品牌，加快平坡苗族农民画、邓氏辣子鸡、苗族刺绣等旅游文化商品上线交易的策划包装。四是要大力发展山地特色旅游业。积极发挥“中国最美健康养生旅游名县”的品牌优势，发挥中铁生态城太阳谷的示范带动作用，着力推动生态健康养生养老休闲产业发展。推动双龙风情小镇加快建设，打造多元业态的4A级国际休闲度假中心，确保年内完成投资1亿元，巫山峡谷景区一期建成并对外开放。大力发展高端酒店业，安娜塔纳酒店建成营业。大力组织旅游节会活动，着力开展户外嘉年华活动，认真策划开展具有世界级影响的户外攀岩和蹦极等极限运动。加快发展十里刺梨沟、莲花片区等乡村旅游，创建乡村旅游示范点2个以上，完成茶香十里刺梨沟自行车主题公园投资900万元以上。力争接待游客245万人（次）以上，旅游总收入13.5亿元以上。

（三）千方百计抓农业增效，发展现代山地特色高效农业

依托国家现代农业示范区，完善农业“一区五园”发展条件，加快农业“接二连三”步伐，着力发展山地特色高效现代农业。一是要推进特色农产品规模化。立足优势，高标准、高质量建设蔬菜、刺梨、精品水果、中药材、花卉苗木生产基地，抢占高端农产品市场。做大特色农产品规模，完成种植蔬菜32万亩、刺梨2万亩、精品水果1.5万亩和中药材2万亩。同时，要以申报豌豆尖地理标志产品为示范，抓好农产品质量的标准化建设，强化“湾滩河”“绿鲜机”“黔康”“农三元”等农产品品牌建设。狠抓农业招商引资，力争到位资金3亿元。二是要加快农业“接二连三”步伐。加快醒狮镇质量安全农业公园一期、洗马镇中药材GAP示范种植基地、湾滩河镇福茶茶园等项目建设。着力引进深圳汇亚等农业产业化企业，积极发展蔬菜净菜加工、刺梨加工和特色养殖深加工。建成双龙农产品批发市场7000立方米冷库和湾滩河农业园区200立方米冷库，建成湾滩河园区综合展贸区、加工物流区、农资交易中心并投入使用。三是要推动智慧农业建设。完成1000平方米智能化育苗中心和1000亩水肥一体化喷滴灌设施，建成覆盖核心区1万亩的农业物联网工程和园区信息服务系统，逐步构建农业园区全方位的监测系统和农业生产全程信息化体系，实现农业生产的信息化和智能化。四是要提升农民组织化程度。加大新型职业农民培育力度，完成新型农民培育200人以上，新增农民专业合作社10家、家庭农场10家

以上。推进家庭农场备案联系服务制度，引导和鼓励规模种养大户向家庭农场转型升级。大力发展农业产业化龙头企业，培育州级龙头企业2家、县级龙头企业3家以上。五是要着力改善农村基础设施。启动210国道县城至龙丛段改造，实现投资9895万元；完成民主至高坡、洗马至牛场县乡道改造；建成关口至把比、城兴至金谷、摆勺至干未等9条连接周边区域公路。完善窄冲水库设施，下把比水库、龙滩水库、大竹芒水库完成投资2亿元。启动枧槽冲水库建设，完成投资5000万元。完成猴子沟水库、叫水冲水库、歪寨水库前期工作。莲花河生态堤防治理和新民河河道治理完成投资4000万元。完成谷脚镇、笋子塘等供排水工程和农村环境整治项目建设。大力实施"小康水"项目，完成投资6000万元，解决1万人农村饮水安全提质增效和6000亩耕地灌溉问题。积极推进"小康讯"建设，建设11个村级邮件接收场所，实现行政村互联网全覆盖。

（四）持之以恒抓山地特色城镇化，促进城乡统筹发展

按照建设贵阳副中心城市的思路，积极谋划实现与贵阳同城化的战略路径和具体举措，坚持做大县城、做优城镇、做美乡村的思路，推进城乡统筹协调发展。完成城镇基础设施投资33亿元以上，城镇化率51%以上。一是要继续完善城乡规划体系。充分发挥城乡规划的超前指导、宏观调控和综合协调作用，以完善的规划体系服务城乡建设。完善县城、镇（街道）总体规划和控制性详细规划，启动重点公路沿线、重点景区周边村庄规划，在规划中要充分考虑预留公共设施建设用地。围绕海绵城市和管廊城市理念，编制完善相关规划，把地上铺"海绵"和地下建"管廊"有机结合。加快海绵城市建设，增强城市在适应环境变化和应对自然灾害等方面的"弹性"；推动管廊城市建设，有效利用地下空间，美化城市景观。完善县域城市规划区风貌设计。加强规划管理，深入推进村庄和集镇个人建房、农村集中建房工作，各镇（街道）规划建设农村集中建房安置点1个以上。二是要加快贵龙城市经济带建设。以路网为骨架，拓展城市发展空间，推进贵龙城市经济带梯次开发建设。王关安置区三期完成投资6000万元。启动观音山片区集中安置区建设。贵龙纵线二期、纵三路建成通车，双龙北线道路工程完成投资6.3亿元，建设大道完成投资8.45亿元。加快贵龙港城市综合体和中铁国际商业综合体建设，实施茵特拉根小镇二期和双龙风情小镇二期工程，着力推进碧桂园一期工程建设。三是要继续实施"东优西扩"战略。按照海绵城市建设的有关要求，推进城区河道生态治理，实施贯城河补水工程。完成正大街（大小十字）道路提质改造。完成正大街、太平寺片区1330户棚户区改造。完成背街小巷路灯"扫盲"工程。完成县城区互联网20兆以上扩容改造，实现城区主要公共场所无线WIFI全覆盖。完成县城污水处理厂二期项目建设，城镇污水处理率98%以上，城乡生活垃圾无害化处理率95%以上。加快县城西区建设，完成三林路至龙山中学道路建设。启动贵都联络线（经森林溪畔）至西区道路和西区河滨大道建设。县综合客运枢纽站完成投资3000万元以上。莲花生态湿地休闲体验区完成投资1亿元以上。四是要加快小城镇建设。建立小城镇发展联席会议制度，整合项目资金改善城镇配套服务设施。坚持以产业为抓手，实现产城互动融合发展，大力推进醒狮、洗马、湾滩河产业强镇建设。启动醒狮对外连接主干道、镇区3.5公里路网、小城镇综合性文化体育中心等项目建设；加快洗马镇中央金街、百乐路二期、新城集中建房点建设；启动湾寨布依风情街建设。五是要加强城市精细化管

理。围绕争创“国家级文明卫生城市”的目标，深入推进“多彩贵州文明行动”。突出抓好城镇绿化、美化、亮化，建设金龙西路、贵龙大道、贵都联络线等交通主干道园林小品工程。注重疏堵结合，加大城区干道占道经营查处力度。加大城区停车场建设力度，逐步缓解城区停车难题。推进县城农贸市场、集市规范化管理。积极探索和推行市政设施服务管理劳务外包模式。加大对违法建筑的打击查处力度，坚决遏制违法违规行为。

（五）竭心聚力抓扶贫开发，坚决打赢脱贫攻坚战

着力实施大扶贫战略行动，按照科学治贫、精准扶贫、有效脱贫的要求，深入推进“六个精准”和“五个一批”工程，大力实施“33668”脱贫攻坚计划和“十项行动”，围绕县“1+12”配套文件，实现减少贫困人口6000人、20个贫困村出列的目标。一是要着力开展产业扶贫。以资源优势为依托，市场需求为导向，大力发展刺梨、续断、茶叶、蔬菜、核桃及特色养殖等产业，提高产业发展对农村贫困人口的扶持带动作用。推动农村电商扶贫发展，实现“山货出山、网货下乡”。发挥龙头企业、农民专业合作社和种养殖大户的带动作用，实现村有主导产业、户有增收门路、劳动力有增收技能的目标，实现80%以上的“空壳村”经营性集体经济收入5万元以上。二是要着力开展医疗扶贫。着力提高农村贫困人口医疗救助保障水平，贫困救助保障对象新农合参合率达100%，住院医药费用按相关规定整合资金补助，实现政策范围内费用报销比例90%以上。建档立卡贫困人口中的重大疾病患者、特困供养人员、最低生活保障对象中的长期保障户和80岁以上老年人，要通过整合基本医疗、大病保险、计生医疗救助、民政医疗救助、扶贫救济等，实现以上人员政策范围内医疗费用保障水平达100%。三是要着力开展易地脱贫搬迁。牢牢把握“建房、搬迁、就业、配套、保障、退出”六个关键环节，完成搬迁安置842人。以自然村寨整体搬迁为重点，采取“以集中安置为主，分散安置为辅”的方式进行安置，鼓励有一定经济基础的人员在城镇、产业园区安置。着力提高建档立卡贫困人口的建房补助标准，每人补助2万元。四是要着力开展保障兜底扶贫。要健全完善社会保障、社会救助制度，有效保障农村困难群众基本生活，着力推进“两无”贫困人员（无业可扶和无力脱贫贫困人口）和暂时不能脱贫人口稳步脱贫。对低保老年人、重度残疾人、重病患者、在校学生、单亲家庭成员等群体，增发低保标准10%—30%的特殊困难补助金。加强孤儿基本生活保障，散居、集中供养孤儿基本生活费每月不低于600元和1000元。完善农村五保供养设施，提高农村五保供养标准，增发30%的特殊困难补助金。五是要着力开展教育就业培训。县财政继续压减6%的行政经费开展教育精准扶贫，合理配置教育资源，不断改善义务教育薄弱学校基本办学条件，夯实教育基础。大力发展职业教育，深入实施职教扶贫“1户1人计划”和“雨露计划”，着力培养一批乡土种养大户、科技示范户和创业能手，实现“培训一人、就业一个、脱贫一家”的目标。

（六）心系群众抓民生保障，让人民群众共享发展成果

围绕共享发展理念，抓民生，促和谐。一是要大力发展教育文化事业。加快实施新“两基”，确保“义务教育初步均衡发展”工作通过验收。全面推进龙里新高中建设。继续推进第二轮“学前三年行动计划”，新建、改扩建公办幼儿园17所。完成县第五小学建设和5所义务教育薄弱学校改造项目。加大发展职业教育力度，合理增设特色专业，为县域经济发展提供实用型技术人才

支撑。大力开展“龙跃黔中”广场文化系列活动和送文化下乡活动，抓好全民健身路径和农民体育健身工程建设，切实丰富群众精神文化生活。启动文化艺术场馆建设，搭建交流平台，促进民间文化艺术产业发展。二是要大力抓好卫生计生事业。加强医疗机构信息化建设，推动远程诊疗工作，鼓励各级各类医院逐步开展以电子病历为核心的医院信息系统建设。完成县妇幼保健和计划生育中心建设。加大新型农村合作医疗工作宣传力度，确保参合率96%以上。认真落实国家二孩政策，强化计生优质服务工作，巩固“国家级计划生育优质服务先进县”成果。三是要大力推动创业就业。稳步推进城镇新增就业实名制管理，大力开展劳动技能培训，探索订单培训模式，鼓励扶持农村富余劳动力、返乡农民工、失业人员自主创业。充分依托工业园区、农业示范园区和闲置校舍，创建创业孵化园，城镇新增就业6700人，农村劳动力转移7200人。四是要大力提升社会保障水平。坚持应保尽保，分类施保，充分发挥民政兜底保障功能，农村和城市低保标准分别增长18%和10%以上。突出抓好空巢老人、五保老人、留守儿童的救助救济。探索建立农村幸福院与农村卫生医疗机构合作运行机制，鼓励和引导社会资金创办养老服务机构，分别建成县级农村互助幸福院、老年协会、居家养老服务示范站2个，建成县社会养老服务中心、县救助站和洗马、谷脚、湾滩河敬老院，建设冠山惠馨、双龙和草原养生养老服务中心。五是要大力加强生态环境保护。坚守发展和生态“两条底线”，严守“三个绝不”的原则，着力构建环境友好型、资源节约型的产业体系，像保护眼睛一样保护生态环境，像对待生命一样对待生态环境。要深化“六个一律”环保“利剑”执法专项行动，加强环境监管执法，以零容忍的态度严厉打击环境违法行为，环境信访案件查处率、环评执行率和环保“三同时”执行率达到100%。深入推进森林保护“六个严禁”执法专项行动，大力实施县乡村造林绿化，着力推进重大生态修复工程，完成营造林3.5万亩、石漠化综合治理18平方公里，森林覆盖率达59%。六是要大力推进平安和谐龙里建设。深入推进平安家庭、村（社区）、镇（街道）三级联创，加强社区网格化服务管理信息运用系统建设，完成“天网工程”三期建设。实现县、镇（街道）公共法律服务机构全覆盖。实施“阳光信访”工作制度，深入推进网上信访综合业务系统建设。着力打造犯罪实时控制“龙里模式”升级版，加强社会矛盾纠纷调处，维护社会和谐稳定。

（七）锲而不舍抓改革创新，激发经济发展动力活力

围绕改革开放和创新驱动，激发内生动力活力。大力推进“扩权强镇”，在前期试点的基础上，继续推进行政权力下放。深入推进政府法律、金融和规划顾问制度建设及财政投资评审改革工作。进一步推进事业单位分类改革，完善县第四小学事业单位法人治理结构，切实推进县中医院、洗马镇卫生院法人治理结构改革，探索建立分级诊疗模式和建立民营医疗机构行业协会。加快水利产权制度改革、水价改革、水利基层服务体系建设改革。深化农村改革，完成农村土地承包经营权确权登记颁证；大力抓好农村集体建设用地、宅基地确权登记颁证试点工作。稳步推进殡葬改革，火化区域扩大到全县80%的村（社区）。创新社区矫正管理模式，完成社区矫正信息化平台建设。继续实施“引银入龙”工程，引进1家以上银行入驻龙里。大力抓好高新技术企业的认证申报工作，专利申请450件以上。大力引入软件服务、教育培训、医药大健康等新兴产业项目。以云上贵州·大数据招商引智活动为契机，着力引进新医药大健康、大数据、电商物流

等方面的专业人才。

三、关于当前要抓好的几项重点工作

做好2016年的经济工作，要特别注意处理好当前与长远、局部与全局的关系，既要谋划好“十三五”期间的各项工作，又要确保一季度的“开门红”；既要聚焦经济社会总体发展，又要关注当前群众生产生活问题。

（一）全力以赴推进项目建设。项目是经济工作的抓手，各级各部门要认真梳理基础设施项目和重大产业项目，拟出任务清单，着力抓好续建项目和新开工项目的建设进度，确保续建项目竣工投产率60%以上，新建项目开工率80%以上。着力抓好重点工程和重大项目80个以上，完成投资140亿元以上，确保卡布国际婴童用品、雪花啤酒异地扩能改造、贵龙港等重大项目早日投产达产。要狠抓项目储备包装，认真研究国家、省的政策机遇和产业发展趋势，确保策划包装储备项目630个以上，总投资1350亿元以上。

（二）加大力度抓好增比进位。2016年，省将对增比进位考核办法进行调整。各牵头单位要抓紧与上级对接，掌握所涉及指标的测算关键，找准工作的切入点，早安排、早部署，着力攻坚薄弱指标，巩固优势指标。认真抓好指标监测、指标提升、数据上报、配合协调、沟通对接等各个环节的工作，确保新的考核办法实施后，我县的综合测评位次仍然靠前。

（三）精心谋划首月首季“开门红”。保证财税收入“开门红”，既是经济任务，更是政治任务。财税部门要克服节日期间财税组织的不利因素，对有关工作进行重点研究，充分调动各方面的积极性；要将目标任务及时分解落实到各个行业企业，实行“点对点”一线工作法，千方百计组织征收，确保实现财税收入首月首季“开门红”。

（四）妥善安排困难群体生产生活。要采取有效措施，多方位关心困难群众的生活。各镇（街道）、各部门要扎实摸排，掌握困难群众的生产生活状况，落实好城乡低保政策，安排好今冬明春困难群众的生活救助。要组织好节日期间的走访慰问，把党和政府的关怀送到群众中去。

（五）着力解决拖欠农民工工资问题。各级各部门务必引起高度重视，认真分析、加强排查、分类施策，切实维护农民工的合法权益。大力开展农民工工资支付情况专项检查，严肃查处恶意欠薪案件，让农民工按时足额拿到应得的报酬。同时，各有关单位要完善应急机制和农民工劳动权益保障的长效机制，从根本上解决拖欠农民工工资的问题。

（六）扎实抓好安全生产工作。近期，已进入安全生产的敏感期，各级都将陆续召开一些重要会议。各单位要把安全生产工作放在更加突出的位置，牢固树立安全生产红线意识和底线思维，深入开展安全生产大检查及打非治违专项行动，强化重点领域检查整治，坚决遏制较大及以上安全生产事故的发生。要安排好应急值守，严格落实岗位责任制。密切关注气候动态，完善应急预案，落实物资储备等工作。要抓好人员密集场所公共安全和森林防火工作，全力维护社会和谐稳定。

（七）切实抓好节日期间氛围的营造。要提前抓好“两节”期间物资的供应保障工作，加强市场监管，稳定市场价格，保证商品质量；要多层次地组织开展丰富多彩的文体活动，丰富节日文化生活，让各族群众过上欢乐祥和的节日。

同志们，新的形势催人奋进，新的使命艰巨光荣。我们要更加坚定地贯彻落实好中央、省委、州委和县委的各项决策部署，团结一致、奋勇向前，确保圆满完成各项目标任务，奋力开启基本现代化事业新征程，为把龙里建成更高水平的小康社会而努力奋斗！

谢谢大家！

凝聚妇女力量　助推科学发展
为实现全面建成小康社会而努力奋斗

——在龙里县妇女第十一次代表大会上的工作报告

（2015年2月6日）

龙里县妇联主席　李光采

各位代表、同志们：

现在我代表龙里县妇女第十届执行委员会向大会作工作报告，请予审议。

过去六年工作的回顾

龙里县妇女第十次代表大会以来的六年，是妇女发展环境不断优化，妇女儿童事业长足进步的六年；是全县妇女锐意进取、顽强拼搏，为经济社会发展做出突出贡献的六年；是全县妇女工作取得丰硕成果的六年。六年来，在县委的正确领导和州妇联的大力指导下，全县各级妇联组织坚持中国特色社会主义事业发展方向，凝心聚力、团结奋进、开拓创新、主动作为，圆满完成了县妇女第十次代表大会确定的目标任务，妇女工作实现了跨越发展，妇女儿童事业亮点纷呈，呈现出勃勃生机。

一、六年来，妇女儿童事业发展环境在解放思想、更新观念中得到优化。

各级党委、政府认真贯彻男女平等基本国策和儿童优先原则，社会各界大力支持妇女儿童事业，“党委领导、政府重视、妇联协调、各方参与”的社会化工作格局基本形成。

一是党委政府领导有力。县委、县政府始终把妇女儿童事业纳入经济社会发展重要内容，支持妇联依照法律和章程创造性地开展工作，定期听取妇联工作汇报，及时研究解决妇女发展和妇女工作中的重大问题，出席妇联各项活动，定期召开妇女儿童工作会议，安排部署、督促落实妇女儿童工作各项任务目标，保障妇女儿童事业健康发展。县人大加大对妇女儿童法律、法规实施的检查督导，县政协发挥界别作用，开展调研协商，妇女儿童发展的多项建议和提案得到有效落实

二是政策体系日臻完善。县委、县政府出台《关于深入开展党群共建创先争优活动的意见》、《关于建立党群联动共建机制的实施意见》、《关于进一步做好就业小额担保贷款工作意见》、《龙里县小额担保贷款实施办法》等政策性文件，不断完善促进妇女发展的政策制度保障体系。各级政府切实履行职责，认真制定和实施妇女儿童发展规划，并与各地经济社会发展纲要同步安排，预算工作经费，纳入目标管理。大力建设龙里县救助站、反家庭暴力避难机构，妇女儿童诉求表

达、矛盾调处和权益保障机制不断健全，促进了妇女儿童事业与经济社会的同步发展。

三是社会各界更加支持。县妇联积极探索妇联组织参与社会管理的新载体，凝聚社会力量打造社会化公共服务项目，推动妇联工作从活动型向服务型转变，从行政化向社会化转变，组织实施了“贫困患病母亲关爱项目”，启动了“圆梦计划”关爱留守儿童，启动“贫困母亲两癌救助”计划。得到全国妇联、贵州省妇联、广州市妇联、黔南州妇联、爱心企业等各级各部门的大力支持。社会各界各尽所能，鼎力支持，妇女儿童公益事业不断发展，大众传媒对男女平等基本国策和妇女工作的宣传更加深入，尊重妇女、儿童优先的社会氛围空前浓郁。

二、六年来，妇女儿童事业发展步伐在服务大局、构建和谐中得到提速。

全县广大妇女自立自强，奋力争先，学习新知识、创造新业绩、弘扬新风尚、建设新生活，为全县经济社会又好又快发展贡献聪明才智，展示了新时代巾帼风采。

一是在经济建设中大显身手。全县女性就业领域不断扩大，就业结构不断优化，一批创业女性在经济大潮中脱颖而出，女企业家队伍不断发展壮大。6 年来，全县广大妇女为建设龙里小康社会建功立业，奉献才华，涌现出全国、省、县“三八红旗手”19 人，城乡妇女岗位建功先进集体 36 个，创建“巾帼示范基地”2 个，妇女已成为经济建设的主力军。

二是在政治建设中施展才华。广大妇女以强烈的政治责任感和主人翁精神，积极参与民主政治建设，参政议政水平不断提升。县人大代表和政协委员中女性比例分别为 30 %、32 %。县、乡党代表中女性比例分别为 24.4 %、19.7 %。全县政府领导班子中女干部配备率为 14.3 %，政府工作部门领导班子中女干部配备率为 28.5 %，副县级及以上女领导干部比例为 13.5 %，正科级以上女干部比例为 15.6 %，所占比例逐步提高。全县女党员队伍不断壮大，现有女党员 2422 名，占党员总数的 24.6 %。各级女干部勤政为民，廉洁奉公，获得社会肯定。各民主党派、工商联中的女性成员积极参政议政，主动建言献策。各级党代会、人代会女代表和政协女委员积极履行职责，成效显著。

三是在文化建设中展现风采。广大妇女努力践行社会主义荣辱观，追求文明健康的生活方式，积极参与适应妇女特点的精神文明创建和文化体育活动。创建“平安家庭”、“无毒家庭”5.8 万户，表彰了 22 位孝顺好儿女，10 位魅力老人，12 位好婆婆，12 位好媳妇，26 对好妯娌。创建五好文明家庭 26 户，以德治家、勤俭持家观念深入人心。深入推进“廉政文化进家庭”活动，创建省级示范点 1 个。大力传承尊老爱幼、自强不息、诚实守信等传统美德，在抗震救灾、公益慈善、扶贫帮困等活动中，展示了妇女患难与共、无私奉献的高尚情怀。

三、六年来，妇女儿童事业发展成效在科学发展、追求一流中得到提升。

各级妇联组织深入贯彻落实科学发展观，牢牢把握党政所急、妇女所需、妇联所能的工作定位，充分发挥组织妇女、引导妇女、服务妇女和维护妇女儿童合法权益的作用，妇女儿童事业实现了跨越赶超。

一是统筹城乡妇女协调发展有新飞跃。大力实施妇女小额担保贴息贷款政策，2014 年累计发放妇女小贷资金 4318.4 万元，惠及 620 余名妇女实现创业就业。依托“黔灵女”家政品牌，帮助百余名下岗女工、农村妇女转移就业。丰富“双学双比”、“巾帼建功”活动内涵，开展“面·手·心”活动，举办各种实用技术培训分点 150 余期，提高了农村妇女的致富本领。开展

“春风送岗位”活动，鼓励广大城镇妇女立足本职，岗位建功。组织妇女参加贵州省乡村女大厨烹饪大赛等多项活动取得好成绩。开展免费健康体检、健康知识讲座50余场。

*二是争取项目服务基层有新作为。*争取“大地之爱·母亲水窖”项目资金54万元，帮助解决冠山街道办事处永安村、高坪村、新安村、三合村、渔洞5个村、冠山街道办事处第三小学，湾滩河镇羊场中学、湾寨中学三个学校7300余人的饮水安全问题。“贫困母亲两癌救助”项目为全县6位贫困两癌母亲共发放6万元救助金。招募爱心妈妈开展“恒爱行动”，为贫困、孤残、留守儿童编织毛衣300余件。争取音乐之声项目36万元，为哪旁中心校、麻芝中心校300名贫困学生解决了生活困难补助。争取儿纲项目11.46万元，筛查了4000余名学生的口腔、视力卫生保健，为154名学生做了窝沟封闭。

*三是未成年人思想道德建设有新成果。*构建“三位一体”关爱网络，大力实施“温暖”、“心理”和“平安”呵护，不断优化儿童健康成长环境。邀请儿童教育专家开展家庭教育、感恩教育公益巡回报告会25场，组织妇联干部、家庭教育工作者1000余人参加各种研修班学习，提高家庭教育工作水平。投入资金5万余元，创建示范性家长学校、投入10余万元建立“留守儿童之家”8个。

*五是维护妇女儿童权益工作有新进步。*建立19个法律服务工作站。不断扩大基层妇女维权服务站（点）、家庭暴力投诉站的覆盖面，在20个村（社）区挂牌成立“妇女之家”，依托“妇女之家”工作平台，发挥12338妇女维权公益热线作用，认真做好来信来访工作。6年来，全县妇联系统共办理家庭婚姻纠纷、家庭暴力等群众信访维权案件301件600余人次，大批社会矛盾被化解在萌芽状态，促进了社会稳定和谐。

*六是“两个规划”实施力度有新提高。*顺利开展妇女儿童工作《龙里县妇女儿童发展规划（2011—2015年）》监测评估，实施两个规划工作得到上级充分肯定。定期举办县直成员单位联络员培训，组织开展“六一”系列庆祝及慰问活动，加大对各单位妇委会人员的督促检查力度，促进了妇女儿童两个规划的顺利开展。

*七是关爱社会弱势群体有新招。*在我县，由于中青年大量外出务工，孩子在家由老人、亲友帮看或隔代抚养，这部分群体有一个辛酸的名字叫“留守儿童”。从2013年开始，我们启动了“关爱留守儿童圆梦计划”。按照“一年一镇（办）”的计划推进工作开展。在此计划中，我们发动社会爱心人士共汇集善款35.443万元。目前，已经为2个镇（办）1400余名的留守儿童根据孩子们的愿望购买了价值13万余元的心愿礼物。圆梦计划我们将每年走进一个镇（办）。将我县所有的留守儿童合理的心愿全覆盖。我们以上的信息被《中国妇女报》、贵州妇女网、中华女性网、全国妇女儿童工作委员会网站采用。2014年启动“被”送温暖，关爱留守儿童活动。同广州市妇联联合发起了 我有一个小小的心愿，这个冬天能加“被”温暖活动，发动社会关爱我县住校的缺衣少被的2500名贫寒学生。经过双方的共同努力，募集到37万余元，共购买了2500余床棉被送给了被子单薄的所有住校生。

各位代表，同志们，经过六年的不懈努力，全县妇女儿童事业和妇女工作在继承中进一步发展，在发展中进一步创新，多项工作得到上级妇联组织的表彰和妇女群众的好评，整体工作得到县委、县政府的充分肯定。县妇联2013年打造的谷脚镇茶香村刺梨基地被全国妇联、全国科技部、农业部表彰为全国巾帼科技农业示范基地。先后被省妇联表彰“争先创优”活动先进妇联组织，贵州省农村妇女岗位建功先进集体，贵州省妇女儿童工作委员会表彰为贵州省实施妇女儿童发展规划先进集体。2014年被贵州省纪委、贵州省监察厅联合表彰为“贵州省廉政文化进家庭示范点”。两年被县委县政府表彰为县直机关目标管理考核先进单位，被县委表彰为先进基层党组织，被县纪委表彰为全县党风廉政建设先进单位，被县委县政府表彰目标管理考核突出贡献奖。连续五年被州妇联年终目标考核评为优秀单位。

回顾六年的历程，我们深切地感受到：妇女儿童事业发展取得的每一点进步，都是县委、县政府正确领导，人大、政协重视关怀、省州妇联科学指导的结果；是社会各界大力支持，历届妇联老领导、老同志长期奋斗、扎实工作的结果；更是广大妇女和妇女工作者辛勤工作、不懈努力的结果。同志们，“位卑不敢忘忧国”，心有多大，舞台就有多大。凭栏回首，我们妇联人在有限的人生舞台上尽自己的能力做一点对妇女儿童群众有益的事，做了一点让姐妹们欣慰的事。一路走来，对我们工作支持的人太多太多，需要感激的话也太多太多，无法用语言来表达。在此，我代表县妇女第十届执行委员会，向始终关心重视妇女儿童事业的省、州妇联和县委、人大、政府、政协以及全县各级党政组织表示衷心的感谢！向为妇女儿童事业发展做出积极贡献的社会各界人士和全县广大妇女姐妹、妇女工作者致以崇高的敬意！

回顾过去，我们倍感欣慰和自豪！但我们也清醒地认识到，面对不断变化的新形势，妇女发展和妇女工作还面临很多困难和挑战，需要我们在今后的工作中引起高度重视并认真加以研究解决。

今后五年的工作目标和主要任务

未来五年，是我县建成全面小康社会的关键期，也是我县妇女儿童事业发展的战略机遇期。全县妇女工作的指导思想是：高举中国特色社会主义伟大旗帜，以邓小平理论、“三个代表”重要思想、科学发展观为指导，深入贯彻落实党的十八大、中国妇女十一大会议精神，按照县委“项目为纲、民生为本、实干为先”的总体要求，坚持一手抓发展、一手抓维权的工作方针，发挥优势，齐心协力、克难攻坚，团结动员全县广大妇女为建设富庶、生态、幸福新龙里，在全省率先实现全面小康而努力奋斗。

工作目标是：

——男女平等基本国策深入贯彻，妇女发展环境更加优化。妇女广泛参与政治、经济、文化、社会、生态文明建设，就业结构和职业层次更趋合理。

——妇女综合素质明显提高，发展水平不断提升。自主创业和科技创新能力得到增强，对经济持续健康发展的贡献率显著上升。

——妇女依法行使民主权利，广泛参与国家社会事务管理。参政比例不断加大，参与民主决策、民主管理的能力和水平进一步增强。

——妇女合法权益得到有效维护，社会地位不断提高。预防和惩治侵害妇女儿童权益的措施更加有力，依法维权意识和能力明显提高。

——妇联组织的社会凝聚力、号召力和影响力进一步扩大。全县各级妇联组织覆盖面更加广泛，影响力更加深远，妇联工作从活动型向发展型、服务型、社会型转变。

主要任务是：

一、凝聚妇女力量，在助推经济可持续发展中再创佳绩。

各级妇联组织要牢牢把握经济建设这个中心，紧紧围绕“三为”工作导向，紧扣新时期龙里精神，组织动员广大妇女在推动经济持续健康发展中创造新业绩。

——拓宽妇女创业就业致富奔小康途径。把促进妇女创业就业摆上重要位置，切实推进支持妇女发展特色手工产业“一号工程”，深入挖掘具有特色的妇女手工产业。继续实施“巾帼创业指导计划”，着力实施“黔灵女家政创业计划”，以统一规范的管理、专业的培训推进“黔灵女”家政服务规模化、规范化、标准化。着力实施“乡村女大厨小康计划”，助推农村妇女在乡村旅游创业发展。着力实施“农村妇女收入倍增计划”，通过资金扶持、教育培训、巾帼创业示范基地创建、妇女专业合作组织培育等形式，帮助农村妇女增收致富奔小康。

——推进妇女小额担保贴息贷款工作。继续稳步推进妇女小贷工作，协助做好项目申报、审批、申贷等各个环节的服务，帮助承贷妇女解决创业中遇到的困难和问题，为妇女提供项目推介、信息咨询、创业指导、资金扶持和跟踪服务为一体的全方位服务，推动妇女小贷政策向有创业愿望的中低收入妇女、就业困难女大学生等群体倾斜。加强对贷款使用与项目发展状况的跟踪督导，促进贷款良性运转，扶持更多城乡妇女创业就业。

——统筹城乡妇女协调发展加快小康建设进程。发挥“巾帼建功”传统工作品牌影响力，依托巾帼文明岗、巾帼文明标兵等窗口行业，提高妇女职业素养，展示妇女职业形象。丰富“双学双比”活动内涵，大力培育有文化、懂技术、会经营、能致富的“女能手”，引导广大农村妇女大力发展现代高效农业，成立农村合作经济组织，促进城乡妇女同步发展。在建设美丽、推进生态文明家乡建设中发挥更大作用。

二、融入社会管理，在促进社会和谐稳定中再立新功。

各级妇联组织要继续主动作为，完善机制，创新载体，在参与社会管理中促进社会和谐稳定。

——大力实施妇女儿童发展规划。充分发挥妇儿工委办议事协调作用，推动各级政府及相关职能部门，将妇女儿童发展目标纳入经济社会总体规划和全面建成小康社会相关指标体系同部署、同安排、同推进。做好《龙里县妇女儿童发展规划（2011—2015年）》终期评估工作。进一步抓好“母亲水窖”、“圆梦计划”、“被”送温暖、“贫困母亲两癌救助”等惠民项目的实施，促使改革成果惠及更多妇女儿童。广泛宣传两性和谐发展理念，推动将性别平等意识纳入决策主流，为妇女发展营造良好的政策环境。

——解决涉及妇女利益的重难点问题。充分发挥维权联席会议成员单位作用，完善妇女维权保障机制、法律援助和司法救助机制，切实解决妇女参政程度偏低、妇女就业性别歧视、侵害农村妇女土地承包权益和离婚妇女财产权益等重难点问题。全面开展妇女信访代理，发挥网络、微博等现代信息手段，拓展妇女的维权通道。健全妇女矛盾化解和情绪疏导机制，完善妇女信访接待、妇联干部担任人民陪审员、调解员等制度，加强对信访事项和严重侵害妇女儿童权益案件的跟踪督办，提升维权实效。进一步整合社会资源，强力推进县镇“反家庭暴力庇护站”建设，努力把问题解决在基层，将矛盾化解在萌芽状态，切实维护妇女权益，促进社会和谐稳定。

三、强化思想引领，在推进文明建设中再显身手。

各级妇联组织要用社会主义核心价值观引领妇女思想，积极投身社会文明建设，筑牢广大妇女的精神家园。

——丰富妇女思想文化建设载体。依托“面·手·心”活动载体、“妇女之家”活动阵地和妇联舆论宣传平台，向广大妇女宣传党的十八大、中国妇女十一大、龙里县2015年争创小康社会精神，引导妇女进一步坚定政治思想理念，自觉把思想和行动统一到我县2015年全面建设小康社会的精神上来。加强社会主义民主法治教育，广泛开展“四自”精神、社会公德、职业道德、家庭美德、个人品德教育，开展“现代女性大讲堂”、“和谐家庭大讲堂”活动，加大“道德模范”、“三八红旗手”、巾帼建功标兵等优秀女性典范的评选表彰力度，激励引导广大妇女弘扬中华传统美德和时代新风，自觉履行法定义务、社会责任、家庭责任，培育知荣辱、讲正气、作奉献、促和谐的良好风尚。

——深化文明和谐创建工作内涵。充分发挥广大妇女在弘扬文明新风、促进社会和谐中的生力军作用，组织妇女群众参与城镇社区创建，不断提高“文明型家庭”、“学习型家庭”等“五型”家庭创建水平。大力弘扬“奉献、友爱、互助、进步”的巾帼志愿服务精神，广泛宣传巾帼志愿服务理念，动员和引导广大妇女积极争当巾帼志愿者，深化巾帼志愿服务内涵，拓展志愿服务领域，形成服务特色，打造巾帼志愿服务品牌。积极开展“廉政文化进家庭”活动，发挥家庭在廉政文化建设中的重要作用。

——强化未成年人思想道德建设。继续开展“祖国好·家乡美”、“争做合格家长、培养合格人才”等系列活动，积极推进家庭教育进社区工作。利用家长学校、社区家庭教育工作站、网上家长学校、家庭教育大讲堂等工作平台，大力实施“母亲教育工程”，传播科学家教知识，努力培养德智体美全面发展的社会主义事业建设者和接班人。巩固深化留守儿童之家创建工作成果，开展未成年人拓展训练、“情系留守儿童．点亮心愿”关爱留守流动儿童活动，健全完善家庭、学校、社会“三位一体”儿童关爱体系。

四、转变工作作风，在强化组织建设中再展风采。

各级妇联组织要坚持党建带妇建原则，着力提升工作能力和水平，努力打造“坚强阵地”和“温暖之家”。

——加强组织建设提升凝聚力。进一步巩固妇联基层组织建设，强化镇（办）、村（社区）妇联组织建设，加大对各级机关妇委会建设的指导力度。探索在社区、开发园区、商贸集中区、新经济组织中建立妇女组织，打造覆盖领域更宽、服务渠道更多、社会联系更广、工作实效更强的新型妇女组织体系。积极推动县镇两级妇女儿童活动中心建设，继续建好、管好、用好“妇女之家”，促进“妇女之家”建设向实事化、常态化、规范化发展。进一步健全妇联组织与团体会员、民主党派妇女组织、女人大代表、女政协委员的联系制度，加强与各类社团组织、慈善组织的沟通合作，不断拓宽联系妇女、服务妇女的社会渠道。

——加强能力建设提升战斗力。加强基层妇联组织履职能力建设，积极为基层妇联开展工作创造条件、搭建平台、提供服务、尽力呼吁，努力形成全县妇联组织的整体工作合力。优化妇联干部成长机制，注重对干部的培养和交流，积极为干部成长搭建平台，力争使各级妇联组织成为培养优秀妇女人才和输送优秀妇女干部的重要基地。加强妇女干部的教育培训和实践锻炼，切实提高妇联干部履行职责的能力、狠抓落实的能力、理性思考的能力、探索创新的能力、服务妇女群众的能力，打造一支党和妇女群众信得过、靠得住的高素质妇联干部队伍。

——加强作风建设提升向心力。各级妇联组织要大力深化思想作风建设，切实加强对妇联干部的理想信念教育，以“项项工作争一流，整体工作走前列”为工作目标，认真贯彻落实中央、省、州、县关于改进工作作风、密切联系群众的有关规定，深化“下基层、访妇情、办实事”等工作，扎实开展党的群众路线教育实践活动，进一步密切干部与妇女群众的血肉联系。大力营造勤奋好学、心系妇女，真抓实干、勇于创新，顾全大局、团结共事，坚忍不拔、廉洁高效的良好风气，凝聚带领广大妇女群众同心共筑中国梦，全面奔小康。

各位代表，同志们，伟大事业离不开万众一心的奋斗，美好未来需要脚踏实地的行动，妇女儿童事业的明天，更需我们共同描绘！让我们在县委、县政府的坚强领导和州妇联的悉心指导下，以更加饱满的热情，更加昂扬的姿态，更加务实的作风，团结带领广大妇女与时俱进、开拓创新、锐意进取，奋力开创妇女儿童事业新局面，为实现中华民族伟大复兴的“中国梦”和建设富庶、生态、幸福的小康龙里做出新的更大贡献！

工作报告相关名词解释

1. “小康社会”：就是经济更加发展、民主更加健全、科教更加进步、文化更加繁荣、社会更加和谐、人民生活更加殷实。龙里县2015年申报同步小康创建达标县。

2. “巾帼建功”：是在全国城镇妇女中开展的“学政治、学文化、学科学、学技术、学管理，比思想、比质量、比服务、比成绩、比贡献”竞赛活动的简称。1991年，全国妇联和国家教育委员会、人事部、劳动部等12个部委，在全国城镇发起“巾帼建功”活动，号召广大城镇妇女发扬自尊、自信、自立、自强的“四自精神”，在各自的岗位建功立业。

3. “面·手·心”活动：贵州省妇联2007年创新的妇女工作机制，是“面对面宣传科学发展、手把手传授实用技术、心贴心维护妇女权益”的简称。

4. “双学双比”：1989年，全国妇联联合农业部、林业部、国家教委、国家科委、国务院扶贫开发领导小组等12个部委（后增加为14个部委），在全国农村妇女中开展的“学文化、学科技、比发展、比贡献”活动。

5. “母亲水窖”：是一项集中供水工程，是中国妇女发展基金会2001年开始实施的慈善项目，重点帮助西部地区老百姓特别是妇女摆脱因严重缺水带来的贫困和落后。

6. “恒爱行动”：由中国儿童少年基金会和恒源祥（集团）有限公司共同发起，各级妇联协同实施，旨在救助和关爱孤残儿童的公益项目。

7. “圆梦计划”：由龙里县妇联发起。旨在关爱在校的贫困留守儿童。组织社会力量满足孩子们的合理心愿。

8. “三为”工作导向：即项目为纲、民生为本、实干为先。

9. 两个规划：《龙里县妇女发展规划（2101—2015）》《龙里县儿童发展规划（2101—2015）》。

龙里县房地产及旧城棚户区改造调研材料

一、龙里县经济发展现状

（一）基本情况。全县总面积1521平方公里，辖5个镇1个街道办事处167个村（社区），居住着汉、布依、苗等20余个民族，总人口22.63万，少数民族占41%左右，城区面积约9.8平方公里，城市化率达50.97%。根据2015年统计数据表明，城区常住人口5.42万人。

（二）县城市棚户区改造现状。2011-2016年初，全县共实施棚户区改造4578户，总投资12.44亿元。截至目前，4578户棚户区改造协议已全部签订，累计改造面积51.81万平方米。

（三）房地产开发情况。目前，在龙里县登记注册的三级资质开发企业有7家。上半年，全县商品房销售面积23.82万平方米，销售金额14.49万元。其中住宅1395套，面积18.84万平方米，销售金额101547万元，商业569套，面积4.66万平方米，销售金额41450.66万元。近3年（2013年、2014年、2015年）龙里县商品房年平均开发量达81.6万平方米。其中：2013年开发量42.7万平方米；2014年开发量达38.5万平方米；2015年163.6万平方米；商品房销售面积4.74万平方米。截至目前，商品房库存量170.74万平方米，其中，住宅商品房82.90万平方米，商业商品房79.53万平方米，车库8.31万平方米。已竣工未售出库存46.32万平方米，批准预售未售出124.42万平方米。我县中铁生态城片区主要以休闲旅游度假住宅为主，库存95.37万平方米，县城区商品房库存75.37万平方米。

（三）房地产市场总体情况及特点。目前，全县备案的房开企业40家，受全国房地产业大环境的影响，房地产投资增幅减缓，商品房价格基本稳定，供需总量趋向平衡。中低价位住房是市场需求主流，住房需求以刚性需求和改善型住房需求为主，外来购房群体继续成为促动我县住房需求增长的重要力量。

（四）商品房销售及价格情况：2013年，龙里县商品房销售面积26.7万平方米，全县包括中铁生态城（主营高端别墅及商住区）在内，住宅均价4522元/平方米；2014年，龙里县商品房销售面积22.7万平方米，住宅均价5007元/平方米；2015年，龙里县商品房销售面积37.18万平方米，住宅均价5752元/平方米；今年来，龙里县商品房销售面积16.75万平方米，住宅均价5224元/平方米，城区普通住房均价为2998元/平方米，商业用房（门面）均价为11100元/平方米。

（五）市场需求情况1. 需求方面分析：一是进城经商者和外出打工族的安居性需求。随着城镇化的不断推进及农村富余劳动力的转移，不少农民进城先租房，做点小本生意，积累一定资金后，购买小面积居室或二手房，以稳定和改善生活；外出打工人员赚钱后回乡购房，这是欠发达地区大部分外出打工人员的中远期目标。二是居民改善居住条件的升级性需求。三是收入水平的提高使居民住房消费能力逐步提高。四是消费观念与时俱进，对住房的要求也由过去的居家过日子向追求高质量生活转变，住房升级需求强烈。五是储蓄存款利率走低，国债发行量小，股票投资风险大及房地产增值的作用逐步凸现的背景下，不少群众将资金投向房地产业。

2. *成本方面分析*：目前我县建筑工程施工成本呈上升趋势，基本基于1300元/平方米至1800元/平方米之间，造成房价成本上涨的主要原因：一是土地价格上涨直接导致房地产价格整体走高。近年来，政府加强土地总量控制，实行统一公开拍卖，土地交易价格节节攀升。二是税费增加推动成本上升。房地产方相关的税费多达10多种，且均有不同程度上涨，增加了成本。三是建材价格及人工费等也在上涨，也增加了商品房建筑成本。钢材、水泥等建筑材料价格不断上升，直接增加了商品房的建筑成本，是导致房价上涨的一个原因。四是现在的房地产项目都是成片开发，品质不断提高，环境改善了，售后服务、物业管理也跟进了，都相应增加了商品房开发成本，从而拉动住房价格的上涨。

二、龙里县推进城市棚户区改造的措施及取得的成效

（一）*回购商品房，筹集保障性住房及棚改安置房源房*。通过改变保障性住房房源筹集方式，购买存量商品房或让房开商直接建设保障性住房，以政府补助房租的方式来解决保障性住房需求，减少保障性住房新建量。一是借鉴外部经验，按照房源调查、拦标价控制、招标等方式采购房源。2015年建设的公共租赁住房320套中，冠山街道办事处200套公租房建设调整为向市场购买商品房。二是为切实解决西区房屋被征收户安置补偿及房开商资金不足问题，县城西区城市棚户区改造项目一期800户和二期465户共1265套安置住房项目建设调整为购买县内存量商品房进行安置，目前西区拆迁安置户已选定购买商品房648套，7.11万平方米，有效提高了我县商品房销售量，消化存量商品房。

（二）*吸引商品房消费，盘活市场购买力*。一是吸引外来务工人员回县城购房。在春节期间，组织县内房开企业到城乡开展各种宣传促销活动。二是以降低购房成本的优惠政策，吸引和刺激农村人口进城购房欲望，拉动住房消费等。三是加大营销力度，借助“双龙航空港”经济区的建设，吸引拆迁户到我县购房居住，目前订房12万平方米。

（三）*筹集社会化资本，松绑政府性债务*。一是以消化存量商品房为依托，调控县城中心区住宅建设，适当控制房地产楼房开发速度，优化社会资本配置，中心城区着重进行环境整治和公益性配套项目建设，以疏散县城中心居住区人口密度，减少城区交通压力。二是逐步控制安置房建设用地划拨，积极响应中央、省、州大力推进棚户区改造货币化安置政策，出台了《龙里县政府购买棚户区改造服务工作暂行办法》和《龙里县棚户区改造货币化安置工作暂行办法的通知》，节约棚改项目建设资金成本，有效降低、减轻了政府债务压力和财政资金支付压力，并引导多种所有制企业作为实施主体承接棚改任务，推进全县的棚户区改造工作。同时，对县国有资本营运公司进行改制，成立贵州腾龙实业（集团）发展公司，政府不再担保承担棚改建设债务，其债务实行市场化运作，增强棚改建设力度，同时，采取货币化安置补偿，最大限度满足群众住房需求，消化现有存量商品房。

三、面临的主要困难和问题

（一）*融资压力大*。自2015年以来，中央、省、州相继出台促进房地产健康发展的实施意见，但是收效有限，由于银行对房地产贷款的紧缩政策持续影响着房地产企业的融资，部分竞争力不强的企业，资金积累达不到银行放贷的标准，在融资方面存在一定的困难，甚至部分房开企业处于或正在处于资金链断裂的边沿。由于大部分房开商资金周转困难，项目投资和推进乏力。目前，全县房地产融资缺口达15亿元。

（二）总体规划滞后。在开发建设过程中，存在着盲目开发现象。占地混乱，没有统一划分区域，不少所谓的住宅小区建筑规模小、档次低、环境差。用地的规划布局不合理，商业区和生活区混杂，缺乏层次感。

（三）商品房库存量大。受国家宏观调控、房贷困难影响，同时受到省会贵阳房地产市场冲击，我县已无明显价格竞争优势，除中铁生态城之外，县城区（住房均价从2011年2438元/平方米涨至2015年2980元/平方米；商业均价从2011年7481元/平方米涨至2015年9823元/平方米），虽然2015年房产新政在推动房地产市场稳定发展方面起到了积极的效果，刺激了低迷住房消费，但短期内难以达到质的飞跃，全国大环境中房屋价格走势不明朗，县内群众在购房消费上心态处于观望徘徊之中。同时，对周边县市人群购房吸引力不强，造成部分企业开发的商品房空置的较多。2015年我县商品房空置率17.73%，住宅类商品房库存6367套，面积753292平方米，商业库存量为5127套，面积527972平方米。其中，县城区库存3563套，中铁生态城库存999套。通过采取房地产救市措施，全县商品房住宅库存量为8667套，1051251.18平方米；商业库存量为8466套，831575.33平方米，空置率9.58%。

（三）购买力不足。由于县内人口较少，本地人口受传统思维、生活观念、经济水平等方面影响，在房地产方面消费力不强。

（四）住房二级市场不够活跃。近年来，我县住房二级市场（二手房交易市场）的交易量较以往有所增加。但住房二级市场相对来说还是发展缓慢，对住房一级市场的调节作用不大。主要原因：一是房屋交易信息不畅，交易行为不够规范，相关服务发展滞后；二是对住房二级市场的宣传推广力度不够；三是消费者在购房观念上总想一步到位，二手房并不作为首选目标，对消费者的吸引力有限。

（五）物业管理滞后。我县现有的物业管理企业，普遍存在管理不到位、发展滞后的问题。大多物业公司是从开发公司派生出来的，处在“谁开发、谁管理”的阶段，房地产开发商注重开发、销售，忽视物业管理，物业管理市场化运营没有启动，缺乏竞争。各住宅小区的业主自治机制没有建立，关心小区、自觉参与的意识和氛围没有形成。

四、推进当前棚户区改造的措施建议

（一）制定科学合理的产业发展详规。把房地产业发展纳入县经济社会发展总体规划，作为保障和改善民生、推动经济发展的支柱产业来抓。围绕经济社会发展目标的总体建设布局，制定城区房地产业发展规划，落实建设项目和年度计划，确保房地产业有序推进。健全房地产开发投资机制，引导外来企业和资本投资开发，不断提高房地产业对经济增长的贡献率。结合修编全县总体规划、村镇规划，制定“十三五”住房建设规划，健全和完善住房建设片区详细规划，为打造宜居宜游城市、改善居民住房条件、全面提升县城建设品位提供有效保障。

（二）加大房地产融资政策倾斜。充分利用中央对棚户区改造的信贷政策，积极争取国家政策性银行对棚户区改造专项贷款的支持力度。并引导房开企业完善房产抵押和担保手续，帮助企业争取商业银行贷款，扩大信贷资金投入。如龙里县按照棚户区改造计划，未来5年改造总量将达到7000户，根据现行的棚改融资政策计算，预计最多可以融资18亿元。经初步统计，购买县城区现有存量商品房，安置因龙羊立交桥建设、县城西区开发拆迁的群众，需购买住宅10万平方米，商业用房2万平方米，一定程度上可消化部分存量商品房，有效缓解房开企业当前的资金困难问题。同时，将棚户区融资到位资金根据企业建设资金的30%借给企业，采取资产抵押方式支持企业加快建设，缓解因资金造成的停工现象，缩短过渡期，降低过渡费及建设成本。

（三）注重房地产开发梯次结构。一是要以保障性住房建设为重点，加快廉租房、启动经济适用房建设和普通商品住房建设步伐，适时规划建设一批现代化高层住宅小区，完善服务功能，提升城区住宅档次和现代化水准，满足不同层次住房需求。二是有计划性的控制普通商品房开发套型面积和价格，保持中低价位住房市场适度供应量，确保各类层次保证住房。三是引导、扶持物业管理行业的发展，提高物业管理水平及服务质量。

（四）保障低收入家庭住房需求。针对低收入家庭问题，相关部门加大廉租房的建设资金的筹集力度和启动公共租赁房、经济适用房建设，增加有效供给，完善廉租房的租住、退出、后期管理和公共服务制度，建立健全以经济适用房和廉租房制度为核心的住房保障体系，解决低收入困难家庭的住房问题。

（龙里县房地产管理局）

龙里县公共租赁住房运行实施细则
（暂行）

第一章　总　则

第一条　为完善龙里县多层次城镇住房保障体系，规范公共租赁住房（租赁型保障房：廉租住房和公共租赁住房）管理工作，逐步改善低收入家庭、城镇住房困难家庭、新就业职工、外来务工人员的住房条件，根据《公共租赁住房管理办法》、《国务院批转发展改革委关于2013年深化经济体制改革重点工作意见的通知》、《国务院办公厅关于保障性安居工程建设和管理的指导意见》和《住房城乡建设部 财政部国家发展改革委关于公共租赁住房和廉租住房并轨运行的通知》等文件精神，结合我县实际制定本细则。

第二条　本县行政区域内的公共租赁住房分配、运营、使用、退出和管理适用本细则。

第三条　本细则所称公共租赁住房，是指政府投资建设，或者政府提供政策支持，由企事业单位等各类主体投资建设在县城区域内的，交由行政主管部门管理的，限定建筑套型面积和租金标准，面向符合条件的低收入家庭、城镇住房困难家庭、新就业职工、外来务工人员，实行有限期承租和有偿居住的保障性住房。

教师、计生、卫生、园区公共租赁住房以及各镇、街道办事处建设的公共租赁住房由相应的行政主管部门和街道办事处、各镇参照本实施细则，结合实际进行分配、使用、管理、监督，并报县住房保障部门备案。

第四条　龙里县人民政府负责制定本行政区域内的公共租赁住房建设规划、年度建设计划，将其纳入城镇住房保障规划和年度建设计划；建立长期稳定的公共租赁住房保障资金筹措渠道；组织公共租赁住房建设；制定公共租赁住房建设支持政策、租赁管理政策，建立健全保障对象准入和退出机制。

第五条　龙里县住房和城乡建设部门负责全县公共租赁住房的指导、管理和监督工作。

县住房和城乡建设部门负责本行政区域内公共租赁住房的建设管理工作。

县发展改革、财政、国土资源、住建、规划、民政、工商、人力资源和社会保障、公安、监察等部门，按照各自职责做好公共租赁住房的有关工作。

街道办事处（各镇）人民政府应当做好管辖范围内公共租赁住房的有关工作。

第二章　规划、建设与房源筹集

第六条　县住房保障主管部门应当会同相关职能部门，编制公共租赁住房发展规划和年度建设计划，报县人民政府批准后公布实施。

公共租赁住房发展规划应当与城市总体规划和土地利用总体规划相协调，纳入国民经济和社会发展规划。

第七条 县人民政府建立保障性住房土地储备制度。列入保障性住房土地储备计划的用地，非经法定程序不得擅自改变用地性质。

公共租赁住房年度建设用地计划应当纳入县人民政府住房年度土地供应计划，用地指标单列，并优先保障。在符合城市规划的前提下，公共租赁住房项目可依法适当提高用地容积率。

第八条 公共租赁住房的房源包括：

（一）政府投资建设的公共租赁住房；

（二）政府提供政策支持由企业投资建设或在商品房开发项目和城市改造项目中配建的公共租赁住房；

（三）利用农村集体建设用地建设的公共租赁住房；

（四）政府购买、租赁的住房；

（五）政府廉租房转作公共租赁住房的住房；

（六）其他渠道筹集的住房。

第九条 政府可以通过划拨或出让等方式提供土地，委托国有企业投资建设、运营和管理公共租赁住房。

企业投资建设公共租赁住房应当按照政府批准的建设计划、规划方案和人员准入与退出、租金标准、租赁期限等要求进行建设和管理，接受政府相关部门的监督和管理，并在土地出让合同中予以明确。

鼓励和支持企业及其他机构投资、建设、营运和管理公共租赁住房。

第十条 新建普通商品住房项目或城市改造项目确需配建公共租赁住房的，配建面积不得低于规划住宅总建筑面积的10%。

国土资源管理部门在普通商品房开发项目土地出让前，应当征求规划管理部门和住房保障主管部门是否配建公共租赁住房的意见。如需配建，规划管理部门和住房保障主管部门应当将配建比例、面积、户型等材料及相关产权取得方式提供给国土资源管理部门，由国土资源管理部门作为出让条件予以明确。

城市改造项目配建公共租赁住房的，应当在批准文件中明确配建比例、面积、户型等要求。

配建的公共租赁住房应当与项目同步规划、同步建设、同步交付使用。

第十一条 政府或企业利用各类园区产业项目一定比例用地面积、一定比例建筑面积作为园区生活配套新建职工公寓和集体宿舍的，规划管理部门、国土资源管理部门在办理用地手续时，应当明确其公共租赁住房的性质及建设面积，并将相关批准文件抄送住房保障主管部门及税务部门。

第十二条 公共租赁住房项目规划应当遵循合理布局、完善配套、有利生产、方便生活的原则。

集中建设的公共租赁住房小区项目可以规划建设15%的配套商业服务设施，由产权单位统一管理经营。

第十三条 新建的公共租赁住房满足基本住房需求，每套建筑面积不得超过60平方米。

公共租赁住房按照经济适用的原则进行装修，满足基本居住要求，符合安全卫生标准和节能环保要求，严格控制建设标准和工程造价。

第十四条 公共租赁住房建设资金按下列渠道筹集：

（一）年度财政预算安排的专项建设资金；

（二）提取贷款风险准备金和管理费用后的住房公积金增值收益；

（三）土地出让金中一定比例的资金；

（四）中央、省、州安排的专项补助资金；

（五）公共租赁住房及配套设施租金收入；

（六）通过投融资方式筹集的资金。

（七）其他资金。

第十五条 公共租赁住房及其用地性质不得改变，只以栋为单位登记产权，不分户办理房屋产权证。

第十六条 公共租赁住房建设一律免收各项行政事业性收费和政府性基金，建设、购买、运营等环节涉及的地方税收按现行税收优惠政策办理。

享受政府扶持政策配建并纳入保障性住房统计的职工公寓和集体宿舍，水电费按民用住宅收取。

第三章 申请和审核

第十七条 公共租赁住房的申请人应年满 18 周岁，并具有民事行为能力及租金支付能力。

第十八条 城镇中等偏下收入住房困难家庭申请公共租赁住房需符合以下条件：

（一）家庭成员至少 1 人具有城镇范围内社区管辖下的常住户籍，并在当地实际居住，户籍性质不限；

（二）家庭人均月收入低于或等于当地城镇中等偏下收入标准；

（三）家庭在城镇范围内无住房或属住房困难家庭，且家庭无住房资助能力；

第十九条 在城镇范围内长期租住住房的外来灵活务工人员，申请公共租赁住房需符合以下条件：

（一）申请人在城镇范围内连续租住住房 3 年（含）以上；

（二）申请人及共同申请人人均月收入低于当地或等于当地公布的收入标准；

（三）申请人及共同申请人在城镇范围内无住房或人均住房建筑面积低于当地住房保障标准（15 平方米），且无住房资助能力。

在同等条件下，优先考虑农业户的独生子女户、二女绝育户、城镇居民户口生活困难的独生子女户及失独家庭。

第二十条 新就业无房职工和在城镇稳定就业的外来务工人员申请公共租赁住房需符合以下条件：

（一）申请人具有当地常住户籍，或取得当地公安部门签发的居住证或暂住证，并在当地实际居住；

（二）申请人与当地就业单位签订了 2 年（含）以上连续劳动合同；

（三）申请人及共同申请人人均月收入低于当地或等于当地公布的收入标准；

（四）申请人及共同申请人在城镇范围内无住房或人均住房建筑面积低于当地住房保障标准（15 平方米），且无住房资助能力。

第二十一条 单身人士及已组成家庭的人员按以下要求申请公共租赁住房：

（一）家庭申请的，需确定 1 名符合申请条件的家庭成员为申请人，其配偶和具有法定赡养、抚养、扶养关系的共同居住生活人员为共同申请人。

家庭人口	家庭构成	配租套型
2 人	夫妻	一室一厅
2 人	子女未满 10 周岁的单亲家庭	一室一厅

续上表

家庭人口	家庭构成	配租套型
2人	子女年满10周岁的同性单亲家庭	一室一厅
2人	子女年满10周岁的异性单亲家庭	两室一厅
3人（含）以上	夫妻及子女年满10周岁的家庭、代际关系三代（含）以上的家庭	两室一厅
注：隔代家庭参照以上家庭构成进行申请。		

（二）单身人士申请的，本人为申请人。未婚人员、不带子女的离婚或丧偶人员、独自进城务工或外地独自来龙里的工作人员均作为单身人士申请，配租套型为一室一厅。

第二十二条 城镇范围内指街道办事处管辖下的8个社区（冠山社区、西门社区、水桥社区、城南社区、大冲社区、光明社区、西城社区、龙坪社区）所属区域。

第二十三条 家庭人口数的认定。有法定的赡养、抚养或者扶养关系，且长期共同生活在一起的人员视为一个家庭，不论户籍是否在一起，均计算家庭人口数。家庭成员因工作、上学等原因，虽然经常不在一处居住（含经常住单位倒班宿舍），但其他日常生活均在一起的，视为一个家庭。正在服兵役、正在服刑的不计算家庭人口数。

第二十四条 住房情况的认定。住房情况的认定遵循实事求是的原则，有产权登记的，按产权登记认定；无产权登记的，按实际情况认定。

（一）无住房是指申请人和共同申请人在县城区无私有产权住房（包括已签订合同未达到入住条件的房屋），未承租公房或廉租住房，且申请之日前3年内在县城区未转让住房；

（二）在外地、县城区域外有房产，但在县城区域内无住房的视为无房；

（三）婚后借住已婚兄弟姐妹及其他亲戚住房的视为无住房；

（四）当地原住房拆迁，已安置尚未入住的，视为有房，并按拆迁安置协议的安置面积认定；已领取货币补偿未再买房的，自领取货币补偿之日起5年内视为有房，并按货币补偿面积认定；

（五）有安全隐患且不居住的危房，由当地房屋安全鉴定机构出具危房证明，可不计算住房面积；

（六）住房建筑面积按房屋权属证书记载的面积计算；有多处住房的，住房建筑面积合并计算；

（七）住房困难家庭是指人均住房建筑面积低于15平方米的城区家庭。计算方法为：人均住房建筑面积=住房建筑面积÷家庭户籍人口数。

（八）住房资助能力是指申请人父母、子女或申请人配偶的父母在城区拥有2套以上住房，且人均住房建筑面积达到35平方米以上。

第二十五条 有下列情形之一的，不能认定为公共租赁住房的保障对象：

（一）在法定劳动年龄内，身体健康，有劳动能力，但不主动寻找工作或无故不从事生产劳动的；

（二）饲养高级观赏性宠物或者经常出入于棋牌室、高档餐饮娱乐场所消费的；

（三）有赌博、吸毒、嫖娼等恶习，参与偷窃、卖淫、诈骗、非法组织等违法活动而造成家庭生活困难，经教育仍然未改正或拒不改正的；

（四）子女（或父母）不在当地，申请人在

当地无固定工作或经济来源的。

（五）家庭中拥有或长期使用四轮燃油汽车、购买价在一万元以上的高档摩托车的（残疾人代步车除外）；

（六）安排子女自费出国留学或选择高收费私立学校就读的；

（七）对住宅高标准装修或家庭中拥有高档家具、健身机、高级音响、钢琴、自动麻将机等3种以上高档消费品及非生活必需品等，家庭日常生活明显高于城镇低收入家庭生活标准的；

（八）家庭成员中有企业法人、雇佣他人从事各种经营性活动的；

（九）经县相关职能部门认定，其他不符合收入线标准的。

第二十六条 收入限制标准的界定。

县人民政府召集人社、发改、统计、民政等相关职能部门根据经济发展水平、人均可支配收入、物价指数等因素确定公共租赁住房保障的收入标准线，并定期作调整，向社会公布。全国、省部级劳模，全国英模，军烈属，荣立二等功以上的复转军人住房困难家庭不受收入限制。

第二十七条 申请方式

城镇中等偏下收入住房困难家庭及在城镇范围内长期租住住房的外来灵活务工人员，到所属社区申请；新就业无房职工和在城镇稳定就业的外来务工人员到所在单位申请。

第二十八条 申请需提交材料

（一）公共租赁住房申请书

（二）诚信承诺书

公共租赁住房申请坚持诚信原则，实行失信惩戒制度。

（三）身份证明

城镇中等偏下收入住房困难家庭提供申请人和共同申请人居民身份证和户口簿；在城镇范围内长期租住住房的外来灵活务工人员提供社区出具的居住证明、居民身份证和户口簿；新就业无房职工和在城镇稳定就业的外来务工人员提供经县人社部门备案的劳动合同、居民身份证和户口簿。

（四）婚姻状况证明

（五）工作、收入及住房公积金缴费的证明

1. 有工作单位的，单位出具收入证明和住房公积金缴费证明。

2. 灵活就业人员提供现居住所在地社区出具的就业情况证明。

共同申请人有工作的，应当按照上述规定提供收入证明；无工作的由户籍所在地社区及街道办事处出具证明。

（六）住房情况证明

（七）车辆登记证明、工商营业执照登记证明

（八）低保家庭提供低保证，低收入家庭提供低收入家庭认定表

（九）其他需提供的材料：

1. 省部级以上劳模、英模提供劳模、英模证书；

2. 荣立二等功以上的复转军人提供立功受奖证书。

以上规定材料属证明的提交原件，属证件、证书或合同的提交复印件，并提供原件核对。

第二十九条 申请流程

（一）初审

1. 城镇中等偏下收入住房困难家庭及在城镇范围内长期租住住房的外来灵活务工人员持申请资料到所属社区提出书面申请，申请人提交的申请材料齐全的，初审部门应当受理；申请材料不齐全的，应当一次性书面告知申请人需要补正的材料。

社区应当在受理申请之日起15个工作日内通过入户调查、邻里访问等方式对申请人的家

庭、收入情况进行调查。经初审符合条件的，加具初审意见。在社区申请的，将初审意见和全部资料报送街道办事处进行复核。不符合条件的，书面告知申请人并说明理由。

2. 新就业无房职工和在城镇稳定就业的外来务工人员持申请资料到所属单位提出书面申请，申请人提交的申请材料齐全的，初审部门应当受理；申请材料不齐全的，应当一次性书面告知申请人需要补正的材料。经初审符合条件的，申请人工作单位应将初审通过人员名单在其工作单位进行公示，公示期限为 7 日。对不符合申请条件的，书面告知申请人并说明理由。

在公示结束后 5 个工作日内对符合申请条件的加具初审意见，将初审意见和全部资料一并报送人社部门进行第二次复核。

（二）复核

1. 街道办事处应当自收到社区提交的申请材料之日起 15 个工作日内进行复核，复核时应将需要进行家庭经济状况认定的对象名单备案表及《龙里县救助家庭经济状况核查认定事实办法》规定的认定相关证明材料一并报县民政局，民政局自收到上报材料之日起 15 个工作日内将审核审批结果及意见回复街道办事处。

经复核符合条件的，街道办事处应将复核通过人员名单在所在社区公示，公示期限为 7 日。对不符合申请条件的，书面告知申请人并说明理由。

街道办事处在公示结束后 5 个工作日内对符合申请条件的加具复核意见，将复核意见和全部资料一并报送县住房保障主管部门进行最终审核。

2. 人社部门应当自收到单位提交的申请材料之日起 15 个工作日内对申请人收入、劳动合同真实性进行复核。对符合申请条件的加具复核意见，将复核意见和全部资料一并报送县住房保障主管部门进行最终审核。

（三）最终审核

县住房保障主管部门应当自收到街道办事处（人社部门）提交的申请材料之日起 15 个工作日内对申请人及共同申请人的住房情况进行核实；并将申请人名单提交税务部门进行缴税记录信息比对。

经审核不符合条件的，予以退回，并书面告知申请人并说明理由。申请人对最终审核意见存在异议的，在 7 个工作日内到县住房保障主管部门申请复核。

最终审核符合条件的，县住房保障主管部门在龙里县房地产信息网、龙里县人民政府网、公告栏上进行公示，公示期限为 7 日。经公示无异议或者异议不成立的，复核结果为最终审核意见；公示期间有异议且异议成立的，取消申请人的申请资格，书面告知申请人并说明理由。

在最终审核意见公示期满后，县住房保障主管部门应在龙里县房地产信息网公布。

县住房保障主管部门设立举报电话、举报箱，听取群众意见，接受社会监督。

第四章 轮候和配租

第三十条 县住房保障主管部门将公示后符合条件的公共租赁住房申请人确定为公共租赁住房的轮候对象。

第三十一条 公共租赁住房的分配实行分类轮候和公开配租制度。相关部门根据本年度可供分配的公共租赁住房房源及轮候到位申请人情况，制定公共租赁住房配租方案，报县政府批准后实施。配租方案及轮候规则应在龙里县房地产信息网公布。

配租方案应当包括房源的位置、数量、户型、面积，租金标准，供应对象范围等内容。

县住房保障主管部门应当根据本县经济发展水平和公共租赁住房需求，合理确定公共租赁住房轮候期，报县人民政府批准后向社会公布。轮候期一般不超过5年。

第三十二条 在轮候期间内，申请人家庭成员、收入、住房等情况发生变化，不再符合公共租赁住房保障条件的，应当主动向县住房保障主管部门报告，县住房保障主管部门应当进行审查。发生变化而未主动报告的，一经发现，取消公共租赁住房保障资格。

第三十三条 审核符合条件的轮候到位申请人，孤老病残人员，可以优先配租。

第三十四条 配租采取分类抽签或摇号等方式进行。参加配租的申请人经分类抽签或摇号等方式，选定公共租赁住房，并在30日内与公共租赁住房所有权人或者其委托的运营单位签订书面的租赁合同。县住房保障主管部门将分类抽签、摇号的过程和结果进行公示。

申请人选定公共租赁住房时，有下列情形之一的，视同放弃配租资格，重新轮候：

（一）未按要求参加选房；

（二）已选房但未在规定时间内签订租赁合同；

（三）签订租赁合同后60日内未办理入住手续；

（四）其他放弃配租资格的情形。

第五章 使用管理

第三十五条 配租对象选择公共租赁住房后，公共租赁住房所有权人或者其委托的运营单位与配租对象应当签订书面租赁合同。

租赁合同签订前，所有权人或者其委托的运营单位应当将租赁合同中涉及承租人责任的条款内容和应当退回公共租赁住房的情形向承租人明确说明。

公共租赁住房租赁合同租期为3年。合同期满，符合公共租赁住房保障条件的，申请人应与公共租赁住房所有权人或者其委托的运营单位续签租赁合同。因承租人情况变化造成租金变动或保障待遇取消的，应重新签订合同或终止合同。

第三十六条 公共租赁住房租赁合同一般应当包括以下内容：

（一）合同当事人的名称或姓名；

（二）房屋的位置、用途、面积、结构、室内设施和设备，以及使用要求；

（三）租赁期限、租金数额和支付方式；

（四）房屋维修责任；

（五）物业服务、水、电、燃气等相关费用的缴纳责任；

（六）退回公共租赁住房的情形；

（七）违约责任及争议解决办法；

（八）其他应当约定的事项。

合同签订后，公共租赁住房所有权人或者其委托的运营单位应当在30日内将合同报市、县级人民政府住房保障主管部门备案。

第三十七条 合同签订后，公共租赁住房所有权人或者其委托的运营单位应当在30日内将合同报县住房保障主管部门备案。

第三十八条 承租人应当按照公共租赁住房租赁合同的约定使用公共租赁住房。

第三十九条 公共租赁住房2014-2015年的基准租金标准为4.0元/平方米·每月，2016年开始根据经济社会发展状况每年进行递增，递增率为基准租金的12.5%。

城市低收入家庭租金按公共租赁住房同期租金的75%收取，低保家庭租金按公共租赁住房同期租金的50%收取。

第四十条 承租人应当根据合同约定，按时支付租金。对承租人拖欠租金和其他费用的，从逾期之日起每日按应付金额的千分之五支付违约金。

第四十一条 政府投资的公共租赁住房的租金收入按照政府有关规定缴入国库，实行收支两条线管理，专项用于偿还公共租赁住房贷款本息、公共租赁住房建设、物业管理费补贴及公共租赁住房的维护、管理。

第四十二条 承租人签订租赁合同之日，按3个月的租金标准一次性交纳履约保证金，以保证租赁合同的正常履行。租赁合同终止，无违约责任的退还保证金本金（无息）。违约的可从保证金中抵扣应承担的相关费用。

第四十三条 因就业、子女就学等原因需要调换公共租赁住房的，经公共租赁住房所有权人或者其委托的运营单位同意，承租人之间可以互换所承租的公共租赁住房。

第四十四条 公共租赁住房的所有权人及其委托的运营单位应当负责公共租赁住房及其配套设施公共部位的维修养护，确保公共租赁住房的正常使用。

政府投资的公共租赁住房维修养护费用主要通过公共租赁住房租金收入以及配套商业服务设施租金收入解决，不足部分由财政预算安排解决；社会力量投资建设的公共租赁住房维修养护费用由所有权人及其委托的运营单位承担。

第四十五条 公共租赁住房的所有权人及其委托的运营单位不得改变公共租赁住房的保障性住房性质、用途及其配套设施的规划用途。

第四十六条 承租人不得擅自装修所承租公共租赁住房。确需装修的，应当取得公共租赁住房的所有权人或其委托的运营单位同意。

第四十七条 承租人不缴纳租金及其他费用的，社区（工作单位）有义务催缴公共租赁住房租金及其他费用。

第四十八条 管理模式

（一）公共租赁住房所在地的街道办事处组建由社区、住房保障主管部门、派出所、物业服务公司、住户代表等组成的小区管理委员会，负责小区的社会管理工作。

（二）住房保障部门负责公共租赁住房的租金收取、房屋使用、维护和住房安全情况检查，并对物业服务部门工作进行指导监督。

（三）社区组建物业管理承担小区物业管理。具体收费标准由业主大会或者全体业主与物业管理服务企业或是物业管理办公室协商约定，报价格主管部门备案，并在小区范围内予以公示。

第六章 年度复核与退出制度

第四十九条 县住房保障部门会同有关部门对承租公共租赁住房的家庭和个人住房、收入、人口等情况每年进行一次复核。

第五十条 年度复核应按照下列程序办理：

（一）县住房保障主管部门拟定承租公共租赁住房的人员名单，发函至街道办事处、民政部门、人社部门、房屋产权管理机构、工商管理部门、税务部门、车辆管理部门、公积金管理中心等部门对承租人的情况进行信息比对。

（二）相关部门在收到信函15日内将承租人信息比对结果以书面形式回复县住房保障主管部门；

（三）县住房保障主管部门根据相关部门出具的信息比对结果，确定承租人相关情况是否发生变化，并填写《年度复核表》。

（四）经对材料、查档、现场的综合审核，承租人符合规定的，在《年度复核表》中签署“年度复核合格”的意见，并在龙里县房地产信息网、龙里县人民政府网、公告栏上进行公示，公示期限为7日。经公示无异议或者异议不成立的，年度复核结果为最终审核结果；公示期间有异议且异议成立的，取消申请人的申请资格，书面告知申请人并说明理由。不符合规定条件的，签署“年度复核不合格”的意见，写明不合格的原因，并将不合格的原因书面通知申请人。申请人对年度复核意见存在异议的，在7个工作日内到县住房保障主管部门申请再次复核。

第五十一条 年度复核不合格的，承租人应当腾退公共租赁住房。

第五十二条 承租人有下列情形之一的，县住房保障主管部门应当在发现之日起5日内向承租人下发书面通知，收回公共租赁住房：

（一）提供虚假证明材料等欺骗方式取得公共租赁住房的；

（二）转借、转租或者擅自调换所承租公共租赁住房的；

（三）改变所承租公共租赁住房用途的；

（四）破坏或擅自装修所承租公共租赁住房，拒不恢复原状的；

（五）在公共租赁住房内从事违法活动的；

（六）无正当理由连续6个月以上闲置公共租赁住房的；

（七）连续3个月不交纳租金、物业管理费用及其他费用的；

（八）租赁期内，通过各种方式获得其他住房，不再符合公共租赁住房配租条件的；

（九）租期届满，未到县住房保障主管部门续签租赁合同的；

（十）租赁期内，因工作或其他原因离开本县的；

（十一）年度复核不合格的。

（十二）其他不符合公共租赁住房保障的。

第五十三条 退出规定

（一）承租人腾退住房，应结清房屋租金、水、电、气、物业等相关费用；

（二）承租的公共租赁住房和设施有损坏、遗失的，承租人应恢复、修理和赔偿；

（三）腾退住房时，应将房屋内卫生打扫干净，并清除闲置物品及垃圾；

（四）县住房保障主管部门书面通知承租人腾退住房，给予60日的过渡期，过渡期租金按同期公共租赁住房租金标准的2倍收取。超过过渡期不腾退房屋的，县住房保障主管部门可以依法向人民法院提起诉讼，要求承租人腾退公共租赁住房。

第七章　法律责任

第五十四条 住房城乡建设（住房保障）主管部门及其他相关部门工作人员在公共租赁住房管理工作中不履行本办法规定的职责，或者滥用职权、玩忽职守、徇私舞弊的，对直接负责的主管人员和其他直接责任人员依法给予处分；构成犯罪的，依法追究刑事责任。

第五十五条 房地产经纪机构及其经纪人员不得提供公共租赁住房出租、转租、出售等经纪业务。

第五十六条 公共租赁住房的所有权人及其委托的运营单位违反本办法，有下列行为之一的，由县住房保障主管部门责令限期改正，并处以3万元以下罚款：

（一）向不符合条件的对象出租公共租赁住房的；

（二）未履行公共租赁住房及其配套设施维修养护义务的；

（三）改变公共租赁住房的保障性住房性质、用途，以及配套设施的规划用途的。

公共租赁住房的所有权人为行政机关的，按照本办法第五十四处理。

第五十七条 申请人隐瞒有关情况或者提供虚假材料申请公共租赁住房的，县住房保障主管部门不予受理，给予警告，并记入公共租赁住房管理档案。

以欺骗等不正当手段，登记为轮候对象或者承租公共租赁住房的，由县住房保障主管部门处以1000元以下罚款，记入公共租赁住房管理档案；登记为轮候对象的，取消其登记；已承租公共租赁住房的，责令限期退回所承租公共租赁住房，并按同期公共租赁住房租金标准的5倍补缴租金，逾期不退回的，可以依法申请人民法院强制执行，承租人自退回公共租赁住房之日起五年内不得再次申请公共租赁住房。

第五十八条 承租人有下列行为之一的，由县住房保障主管部门责令按同期公共租赁住房租金标准的5倍补缴从违法行为发生之日起的租金，记入公共租赁住房管理档案，处以1000元以下罚款；有违法所得的，处以违法所得3倍以下但不超过3万元的罚款：

（一）转借、转租或者擅自调换所承租公共租赁住房的；

（二）改变所承租公共租赁住房用途的；

（三）破坏或者擅自装修所承租公共租赁住房，拒不恢复原状的；

（四）在公共租赁住房内从事违法活动的；

（五）无正当理由连续6个月以上闲置公共租赁住房的。

有前款所列行为，承租人自退回公共租赁住房之日起五年内不得再次申请公共租赁住房；造成损失的，依法承担赔偿责任。

第五十九条 违反本办法第五十七条的，依照《房地产经纪管理办法》第三十七条，由县级以上地方人民政府住房城乡建设（房地产）主管部门责令限期改正，记入房地产经纪信用档案；对房地产经纪人员，处以1万元以下罚款；对房地产经纪机构，取消网上签约资格，处以3万元以下罚款。

第八章 附 则

第六十条 本实施细则由龙里县住房和城乡建设局会同有关部门负责解释。

第六十一条 本实施细则自颁布之日起施行。

重要文件

2015年中共龙里县委重要文件目录一览表

序号	文号	文件标题	发文时间
1	龙党发〔2015〕7号	中共龙里县委关于落实全面从严治党要求进一步加强党的建设的决定	2015.03.04
2	龙党发〔2015〕8号	中共龙里县委印发《关于认真落实党风廉政建设主体责任和监督责任“两个责任”的实施方案》的通知	2015.04.21
3	龙党发〔2015〕10号	中共龙里县委关于进一步支持人民检察院依法独立公正行使检察权的实施意见	2015.05.18
4	龙党发〔2015〕11号	中共龙里县委关于进一步支持人民检察院依法独立公正行使检察权的实施意见	2015.05.18
5	龙发〔2015〕10号	中共龙里县委龙里县人民政府关于加大改革创新力度加快农业现代化建设的实施意见	2015.06.09
6	龙党发〔2015〕15号	中共龙里县委印发《关于全面推进依法治县的实施方案》的通知	2015.06.29
7	龙党发〔2015〕17号	中共龙里县委关于建立经济建设“三个一”调度机制的通知	2015.08.12
8	龙发〔2015〕12号	中共龙里县委龙里县人民政府关于深化乡镇行政区划配套改革的实施意见	2015.08.29
9	龙党发〔2015〕19号	中共龙里县委关于加强镇（街道）人大工作的实施意见	2015.09.06
10	龙发〔2015〕13号	中共龙里县委龙里县人民政府关于印发《龙里县电子商务发展工作实施方案》的通知	2015.09.15
11	龙党发〔2015〕20号	中共龙里县委关于加强乡镇干部队伍建设的二十条意见	2015.09.28

2015年中共龙里县委办公室重要文件目录一览表

序号	文号	文件标题	发文时间
1	龙办发〔2015〕1号	中共龙里县委办公室龙里县人民政府办公室关于印发《龙里县“骨干人才”选拔管理暂行办法》的通知	2015.01.08
2	龙办发〔2015〕2号	中共龙里县委办公室龙里县人民政府办公室关于印发《龙里县实行安全生产党政同责一岗双责齐抓共管实施细则》的通知	2015.01.09
3	龙办发〔2015〕3号	中共龙里县委办公室龙里县人民政府办公室关于印发《龙里县科级领导班子和领导干部年度及日常考核评价办法（试行）》等办法和实施细则（试行）的通知	2015.01.14
4	龙办通〔2015〕1号	中共龙里县委办公室龙里县人民政府办公室关于继续做好县四家班子领导到县群众工作中心接处人民群众来访工作的通知	—

续上表

序号	文号	文件标题	发文时间
5	龙办通〔2015〕5号	中共龙里县委办公室龙里县人民政府办公室关于印发《龙里县优秀文艺作品评选奖励办法（暂行）》的通知	2015.01.20
6	龙办通〔2015〕8号	中共龙里县委办公室龙里县人民政府办公室关于印发《龙里县“四在农家·美丽乡村”基础设施建设六项行动计划调度办法（试行）》的通知	—
7	龙党办发〔2015〕1号	中共龙里县委办公室关于印发《龙里县强化落实力和执行力建立健全党和国家机关及其工作人员问责问效实施办法》的通知	2015.02.15
8	龙党办发〔2015〕2号	中共龙里县委办公室关于印发《龙里县深化党的建设制度改革实施方案》的通知	—
9	龙办发〔2015〕25号	中共龙里县委办公室龙里县人民政府办公室关于印发《龙里县“1+6”发展壮大村级集体经济三年推行计划》的通知	2015.05.25
10	龙党办通〔2015〕7号	中共龙里县委办公室关于印发《龙里县四家班子主要领导、县委常委和党员副县长与党外代表人士交友联谊制度》的通知	2015.06.22
11	龙办通〔2015〕21号	中共龙里县委办公室龙里县人民政府办公室关于印发《落实〈龙里县人民政府职能转变和机构改革方案〉的任务分工》的通知	—
12	龙办通〔2015〕24号	中共龙里县委办公室龙里县人民政府办公室关于印发《龙里县党和国家机关国内公务接待管理实施办法》的通知	—
13	龙办通〔2015〕45号	中共龙里县委办公室龙里县人民政府办公室关于印发《龙里县领导干部遍访贫困村贫困户工作方案》的通知	2015.07.01
14	龙办通〔2015〕49号	中共龙里县委办公室龙里县人民政府办公室关于印发《龙里县留守儿童、留守妇女和空巢老人关爱服务工作方案》的通知	2015.07.22
15	龙办通〔2015〕62号	关于印发《龙里县关爱问题青少年健康成长工作实施方案》的通知	—
16	龙办通〔2015〕63号	中共龙里县委办公室 龙里县人民政府办公室关于印发《龙里县永久基本农田划定工作方案》的通知	2015.09.09
17	龙办发〔2015〕31号	中共龙里县委办公室龙里县人民政府办公室关于印发《龙里县学区制教师管理实施方案（试行）》的通知	2015.09.16
18	龙办发〔2015〕34号	中共龙里县委办公室龙里县人民政府办公室关于印发《龙里县公共法律服务体系建设实施方案》的通知	—
19	龙办发〔2015〕37号	中共龙里县委办公室龙里县人民政府办公室印发《关于支持事业单位开展法人治理结构建设工作有关政策》的通知	2015.09.24
20	龙办通〔2015〕66号	中共龙里县委办公室龙里县人民政府办公室关于印发《黔南州第八届旅发大会（龙里）筹备工作方案》的通知	—
21	龙办通〔2015〕67号	中共龙里县委办公室龙里县人民政府办公室关于印发《龙里县提升人民群众安全感和满意度工作实施方案》的通知	—
22	龙办通〔2015〕76号	中共龙里县委办公室龙里县人民政府办公室关于印发《龙里县党员干部及国家公职人员收受礼品礼金登记上交管理实施细则》的通知	2015.11.04

续上表

序号	文号	文件标题	发文时间
23	龙党办通〔2015〕14号	中共龙里县委办公室关于印发《龙里县党风廉政建设约谈制度（试行）》的通知	2015.11.11
24	龙办发〔2015〕42号	中共龙里县委办公室龙里县人民政府办公室关于印发《龙里县国家现代农业示范区管理办法（试行）》的通知	2015.11.19
25	龙办通〔2015〕77号	中共龙里县委办公室龙里县人民政府办公室关于印发《"绿色龙里"建设三年行动计划实施方案（2015—2017年）》的通知	2015.11.19
26	龙办发〔2015〕43号	中共龙里县委办公室龙里县人民政府办公室关于印发《龙里县国家公职人员参与非法交易土地和违法违规建设责任追究暂行办法》的通知	2015.11.21
27	龙办发〔2015〕48号	中共龙里县委办公室龙里县人民政府办公室关于印发《龙里县农村淘宝项目建设实施方案》的通知	2015.12.05
28	龙办发〔2015〕50号	中共龙里县委办公室龙里县人民政府办公室印发《关于规范城乡村（居）民操办酒席工作的指导意见》的通知	—
29	龙办发〔2015〕51号	中共龙里县委办公室龙里县人民政府办公室印发《龙里县关于加强行政执法与刑事司法衔接工作的实施方案》的通知	2015.12.17
30	龙办发〔2015〕52号	中共龙里县委办公室龙里县人民政府办公室印发《龙里县关于贯彻落实"两个规定"的实施办法》的通知	2015.12.17
31	龙办发〔2015〕53号	中共龙里县委办公室龙里县人民政府办公室印发《关于落实龙里县国家级电子商务进农村综合示范县建设任务及责任分解的实施方案》的通知	—
32	龙办通〔2015〕80号	中共龙里县委办公室龙里县人民政府办公室关于进一步做好扶贫开发工作的通知	—
33	龙办通〔2015〕84号	中共龙里县委办公室龙里县人民政府办公室关于组建镇（街道）脱贫攻坚工作组的通知	—
34	龙办通〔2015〕87号	中共龙里县委办公室龙里县人民政府办公室关于进一步做好贫困村贫困户精准识别工作的通知	2015.12.21

县政府办2015年重要文件目录一览表

序号	文件标题	文号
1	关于印发《龙里县贯彻落实关于进一步做好复员退伍军人困难帮扶工作的十条意见实施方案》的通知	龙府办发〔2015〕9号
2	关于印发贵阳东北绕城高速公路尖坡至小碧段（龙里境内）建设项目炮损补偿指导标准的通知	龙府办发〔2015〕17号
3	关于印发龙里县鼓励金融机构支持地方经济发展考核奖励办法的通知	龙府办发〔2015〕54号
4	关于印发龙里县防震减灾应急预案的通知	龙府办发〔2015〕57号
5	关于印发龙里县道路交通违法行为举报奖励办法的通知	龙府办发〔2015〕58号

续上表

序号	文件标题	文号
6	关于印发龙里县2015年殡葬改革工作方案的通知	龙府办发〔2015〕61号
7	关于印发龙里县突发性地质灾害应急预案的通知	龙府办发〔2015〕60号
8	县人民政府办公室关于印发龙里县防汛工作细则（试行）的通知	龙府办发〔2015〕64号
9	关于印发龙里县加强医疗纠纷人民调解工作的意见（试行）的通知	龙府办发〔2015〕65号
10	关于龙里县特困人员政府供养工作方案的通知	龙府办发〔2015〕67号
11	关于龙里县专利申请资助管理办法的通知	龙府办发〔2015〕68号
12	关于印发龙里县2015-2017年农机购置补贴实施方案的通知	龙府办发〔2015〕73号
13	关于印发龙里县殡葬改革突发事件应急预案的通知	龙府办发〔2015〕75号
14	关于印发龙里县人民政府关于加快建筑业发展的实施意见的通知	龙府办发〔2015〕69号
15	关于印发龙里县推进农村集中建房试点工作实施方案（试行）的通知	龙府办发〔2015〕77号
16	关于印发龙里县加快新型建筑建材产业发展的实施意见的通知	龙府办发〔2015〕78号
17	关于印发《龙里县县级家庭农场申报认定管理办法（试行）》的通知	龙府办发〔2015〕79号
18	关于印发《龙里县新型职业农民培育认定及管理办法（试行）》的通知	龙府办发〔2015〕80号
19	关于印发《龙里县农村土地承包经营权流转管理暂行办法》的通知	龙府办发〔2015〕81号
20	关于印发龙里县推进简政放权放管结合转变政府职能工作方案的通知	龙府办发〔2015〕83号
21	关于印发《龙里县专项扶贫资金项目管理办法》的通知	龙府办发〔2015〕85号
22	关于印发龙里县行政审批“三集中、三到位”实施方案的通知	龙府办发〔2015〕87号
23	关于印发龙里县气象灾害应急预案的通知	龙府办发〔2015〕88号
24	关于印发龙里县县级公立医院综合改革实施方案的通知	龙府办发〔2015〕91号
25	关于印发2015年秋冬农业生产工作实施意见的通知	龙府办发〔2015〕93号
26	关于印发龙里县地质灾害三年综合治理行动计划（2015—2017年）的通知	龙府办发〔2015〕90号
27	关于印发龙里县促进贫困地区儿童发展工作实施方案（2015—2020年）的通知	龙府办发〔2015〕98号
28	关于印发龙里县依法打击非法买卖土地及违法建筑交易专项方案的通知	龙府办发〔2015〕100号
29	关于印发龙里县贯彻落实贵州省质量发展三年行动计划（2015—2017年）工作方案的通知	龙府办发〔2015〕104号
30	关于印发龙里县财政投资项目预算评审及结（决）算审计实施办法（试行）的通知	龙府办发〔2015〕106号
31	关于印发龙里县调整烟地规划对基本烟地实施保护意见的通知	龙府办函〔2015〕59号
32	关于印发龙里县信息基础设施建设三年会战行动方案的通知	龙府办函〔2015〕99号
33	关于印发龙里县打击传销规范直销工作联席会议制度的通知	龙府办函〔2015〕114号
34	关于印发龙里县工业经济综合测评考核办法的通知	龙府办函〔2015〕118号

续上表

序号	文件标题	文号
35	关于印发龙里县创建“无传销县”工作实施意见的通知	龙府办函〔2015〕131 号
36	关于印发龙里县重度残疾人护理补贴实施方案和龙里县残疾人创业贷款贴息实施方案的通知	龙府办函〔2015〕149 号
37	关于印发龙里县棚户区改造货币化安置工作暂行办法的通知	龙府办函〔2015〕277 号
38	关于印发龙里县政府购买棚户区改造服务工作暂行办法的通知	龙府办函〔2015〕278 号

辖区企业

龙里县辖区377家企业一览表

编号	企业名称	注册地址	法人代表
1	贵州英吉尔机械制造有限公司	省龙里县经济开发区高新技术产业园	陈晓雯
2	贵州金马包装材料有限公司龙里分公司	龙里县经济开发区高新技术产业园	姜　文
3	贵州鹏翔工贸有限公司	龙里县经济开发区龙山工业园	杨前龙
4	贵州嘉致包装材料有限责任公司	龙里县经济开发区龙山工业园	蔡云成
5	龙里县粤盛型材有限公司	龙里县经济开发区龙山工业园	李　广
6	贵州德铭印务有限公司	龙里县谷脚镇千家卡	罗学英
7	龙里红狮混凝土有限公司	龙里县谷脚镇	章锦鸿
8	龙里建业商品混凝土有限公司	龙里县播基村	沈建松
9	贵州盛泓消防科技有限公司	龙里县谷脚镇千家卡工业园区内	周玉华
10	贵州华辉特种门有限公司	龙里县经济开发区谷脚工业园	周玉华
11	贵州星威消防科技有限公司	龙里县谷脚镇千家卡	胡晓峰
12	贵州创鑫暖通消防设备有限公司	龙里县经济开发区谷脚工业园	姚伦乐
13	贵州裕豪实业有限公司	龙里工业园区内	肖裕平
14	贵州新江南彩钢有限公司	龙里县龙山工业园区	钟　民
15	贵州致盛彩钢结构工程有限公司	龙里县龙山工业园区	王佐刚
16	贵州龙里建达钢结构有限公司	龙里县经济开发区龙山工业园	顾建军
17	贵州博达钢固件实业有限责任公司	龙里县经济开发区龙山工业园	佘博顺
18	贵州群鑫钢构有限公司	龙里县麻芝乡	饶得国
19	贵州贵龙中药材科技有限公司	龙里县龙山镇东门	刘汝涛
20	贵州同圣堂中药饮片有限公司	龙里县龙山镇望城坡	张华东
21	贵州恒威新材料有限公司	龙里县经济开发区谷脚工业园	王漫红
22	贵州超亚纳米基材有限公司	龙里县谷脚镇岩后村	汪继超
23	贵州精工铝门窗有限公司	龙里县谷脚镇工业园区	李志江
24	贵州欧亚轩门业有限公司	龙里县经济开发区谷脚工业园	曾智辉
25	贵州众佳实业有限公司	龙里县谷脚镇大坡村	王崇梅
26	贵州鸿顶盛泰科技有限公司	龙里县谷脚镇千家卡医药工业园	王华彬
27	贵州子胤照粤建筑材料有限责任公司	龙里县谷脚镇千家卡工业园区	张子贵

续上表

编号	企业名称	注册地址	法人代表
28	龙里县聚鑫装饰材料厂	龙里县谷脚镇大坡村	王远忠
29	贵州省川汇塑胶有限公司	龙里县谷脚镇岩后村	赵志彬
30	贵州屹豪电器厂	龙里县谷脚镇岩后村	徐启东
31	贵州美电热势力电器有限公司	龙里谷脚工业园	牟　洁
32	贵州龙行投资发展有限公司	龙里县经济开发区谷脚工业园	徐　荣
33	贵州恒固机电设备有限公司	龙里县谷脚镇工业园区	迟青海
34	贵州隆鸿工贸有限公司	龙里县谷脚工业园区	支云清
35	贵州晨光机械制造有限公司	龙里县水场乡	孙晨富
36	贵州金州机械有限公司	龙里县水场乡	周顺生
37	贵州金贵星汽车机械配件有限公司	龙里县经济开发区水场工业园	金化瑞
38	贵州龙里龙顺钢结构有限公司	龙里县龙山镇工业园区黔中产业园	王元海
39	贵州恒丰暖通科技有限公司	龙里县水场工业园区	温文华
40	贵州肯耐数控工具有限公司	龙里县经济开发区水场工业园	张清龙
41	贵州龙里兴远防火门窗有限责任公司	龙里县经济开发区水场工业园	唐劲松
42	贵州贵龙兴远防火门窗有限责任公司	龙里县经济开发区水场工业园	丁应宽
43	贵州鑫安特种门业有限公司	龙里县经济开发区龙山工业园	刘　林
44	贵州省顺鸿卫生用品有限公司	龙里县水场乡	杨富林
45	贵州晟庭香纸业有限公司	龙里县龙山工业园	班士应
46	贵州华晨海棉有限公司	龙里县水场乡	冯济平
47	贵州三山研磨有限公司	龙里县经济开发区水场工业园	刘元举
48	贵州福斯特磨料磨具有限公司	龙里县水场工业园	夏剑峰
49	贵州昆泰纸业有限公司	龙里县水场乡	徐海良
50	贵州东阳纸业有限公司	龙里县水场乡	徐海霞
51	贵州东洋众源实业有限公司	龙里县经济开发区龙山工业园	谭　军
52	贵州恒科顶圣混凝土有限公司	龙里县水场工业园	张本荣
53	龙里红狮水泥有限公司	龙里县谷脚镇	章小华
54	贵州神奇药业有限公司龙里分厂	龙里县谷脚千家卡	张涛涛
55	贵州金桥药业有限公司龙里新资源部	龙里县谷脚镇	夏宇波
56	贵州一心兴邦药业有限公司	龙里县谷脚镇大坡村	刘付来
57	贵州富华药业有限责任公司	龙里县谷脚镇岩后村医药工业城	单海涛
58	贵州润生制药有限公司	龙里医药工业园	陈修仕

续上表

编号	企业名称	注册地址	法人代表
59	贵州瑞成药业有限公司	龙里县谷脚千家卡	邝建生
60	贵州良济药业有限公司	龙里县谷脚镇医药工业园	杨 星
61	贵州良济医疗器械有限公司	龙里县谷脚镇医药工业园区	杨 星
62	贵州瑞和制药有限公司龙里药厂	龙里县龙山镇望城坡	熊毅刚
63	贵州柏强制药有限公司龙里药厂	龙里县龙山镇大冲村望城坡	张 沛
64	贵州益佰女子大药厂有限责任公司龙里制药厂	龙里县龙山镇望城坡	冯卫东
65	贵州华安堂药业有限公司	龙里县龙山工业园区	丁 伟
66	贵州关德兴宝芝林药业有限公司	龙里县高新技术产业园	唐顺英
67	贵州肾元制药有限公司	龙里县医药工业园区内	葛 庆
68	贵州苗氏药业股份有限公司	龙里县高新技术产业园	陈 娟
69	强生健康产业（贵州）有限公司	龙里县龙山工业园	黄十六
70	贵州苗氏医药器械有限公司	龙里县龙山镇	李 忻
71	贵州威力洗涤用品有限公司	龙里县谷脚镇岩后村	陈劲宇
72	贵州华波日化有限公司	龙里县经济开发区谷脚工业园	李治华
73	贵州省龙里县霸龙水玻璃加工厂	龙里县谷脚镇羊大凯	肖文龙
74	龙里县千家喜石膏线条厂	龙里县谷脚镇大坡村羊大凯	邓成波
75	贵州龙缘盛豆业有限公司	龙里县高新科技产业园区	谭 华
76	龙里县兴溢诚豆制品有限公司	龙里县醒狮镇进化村	付光益
77	贵州晶田食品产业发展有限公司	龙里县龙山镇冠山村九条龙	邓燚春
78	贵州昌哥食品有限公司	龙里县经济开发区食品工业园	解厚昌
79	贵州鼎昌生物科技有限公司	龙里县冠山街道光明社区张兴塘	邓小春
80	贵州鹏宇星消防科技有限公司	龙里县谷脚镇大坡村泡木冲组	汪学平
81	龙里县文峰钢结构工程有限公司	龙里县谷脚镇哨堡村	李文全
82	贵州邦达耀辉钢结构有限公司	龙里县谷脚镇岩后村大凹	黄帮耀
83	贵州基业钢结构有限责任公司	龙里县谷脚工业园区	肖 华
84	龙里姚林钢结构工程有限公司	龙里县经济开发区谷脚工业园	姚 林
85	贵州欧神诺钢结构有限公司	龙里县经济开发区谷脚工业园	姜 文
86	贵州天鸿钢结构有限公司	龙里县经济开发区谷脚工业园	李其华
87	贵州西南重工科技有限公司	龙里县经济开发区谷脚工业园	苏延普
88	贵州龙里恒泰钢结构有限公司	龙里县龙山工业园区	陈黎建

续上表

编号	企业名称	注册地址	法人代表
89	贵州龙里恒瑞达钢结构有限公司	龙里县经济开发区龙山工业园	王平安
90	贵州瑞安达人防设备有限公司	龙里县经济开发区龙山工业园	李文辉
91	贵州金源实业发展有限公司	龙里经济开发区龙山工业园	候士侃
92	贵州科美瑞博电气科技有限责任公司	龙里经济开发区工业园内	蔡红平
93	贵州金鑫东和科技有限公司	龙里县经济开发区龙山工业园	蒲文奎
94	贵州三相电气实业有限公司	龙里县冠山街道西关坡	黄爱林
95	中广核贵州龙里风力发电有限公司	龙里县龙山镇中山路九龙花园龙瑞阁一单元六层一号	高　龙
96	贵州科之杰新材料有限公司	龙里县谷脚工业园区	麻秀星
97	贵州黔豫龙工程有限公司	龙里县谷脚镇	秦广江
98	贵州鑫城工程材料有限公司	龙里县经济开发区谷脚工业园	王振华
99	贵州长通电力线路器材有限公司	龙里县谷脚镇千家卡	张　晖
100	贵州新曙光电缆有限公司	龙里县谷脚镇千家卡工业园	张　钊
101	贵州丰达凯莱实业有限公司	龙里县谷脚镇工业园	李小帅
102	贵州天烁电力物资有限公司	龙里县谷脚镇千家卡	莫艳清
103	贵州瑞展环保科技有限公司	龙里县龙山工业园	李　艳
104	贵州同达管业科技有限公司	龙里县经济开发区龙山工业园	罗　宁
105	贵州富仁混凝土构件有限公司	龙里县经济开发区龙山工业园	王志玉
106	贵州龙里创奇装备制造有限公司	龙里县龙山工业园	李　彪
107	贵州赣丰农业机械有限公司	龙里县龙山工业园	敖小平
108	贵州嘉丰有机多元复合肥有限责任公司	龙里县冠山街道高坪村	叶跃春
109	龙里归真有机生物肥有限公司	龙里县麻芝乡	杨　进
110	贵州泰聚华科技有限公司	龙里县经济开发区龙山工业园	王光伟
111	贵州恒力源林业科技有限公司	龙里县北部工业园区	李国枝
112	华润雪花啤酒（黔南）有限公司	龙里县龙山镇水桥村吴家庄	王　群
113	贵州龙里金帝木业有限公司	龙里县北部工业园区	黄治惠
114	贵州龙盛科技发展有限公司	龙里县经济开发区龙山工业园	方　建
115	贵州建涛木业科技有限公司	龙里县经济开发区龙山工业园	吕三全
116	贵州恒贵木业有限公司	龙里县经济开发区龙山工业园	曹　奎
117	贵州福思睿木业有限公司	龙里县经济开发区龙山工业园（租赁瑞祥科技厂房生产）	郑晓云
118	龙里县雯芳油脂有限公司	龙里县高新技术产业园区	张从文

续上表

编号	企业名称	注册地址	法人代表
119	龙里县宏森油脂有限公司	龙里县高新技术产业园区	刘　洪
120	龙里浙宏林化有限责任公司	龙里县龙山镇何家庄	吴根林
121	贵州黔宝食品有限公司	龙里县龙山镇播箕桥	唐　昊
122	贵州省贵源生态食品有限公司	龙里县经济开发区龙山工业园	雷鲲鹏
123	贵州龙里县邓氏食品有限责任公司	龙里县龙山镇水桥村	邓思敏
124	龙里县美笛纸品厂	龙里县龙山镇三林路	肖华平
125	贵州奇昂生物科技有限公司	龙里县高新技术产业园	王仲一
126	贵州龙美生态科技发展有限公司	龙里县龙山镇腾龙路1单元2层1号	梁春华
127	贵州宇峰塑料制品科技有限公司	龙里县冠山街道播箕村毛栗寨	姚先福
128	贵州龙里力博橡胶制品厂	龙里县三元镇	李建平
129	贵州博通橡塑制品有限公司	龙里县经济开发区谷脚工业园	杨　勇
130	际华三五三七制鞋有限责任公司龙里分公司	龙里县三元镇	杜　江
131	贵州鑫路捷道路材料有限公司	龙里县三元镇高坪村（国储531处）	邢　凯
132	贵州龙里荣信织造有限公司	龙里县三元镇三五三七工厂内	许清钦
133	贵州省龙里县荣诚织造有限公司	龙里县三元镇	郭金荣
134	龙里县新盛线业有限公司	龙里县三元镇（3537工厂内）	娄碧新
135	龙里兴和线业有限公司	龙里县三元镇	童　梦
136	贵州龙里三元矿产开发有限责任公司	龙里县三元镇高坪村	张　勐
137	龙里县孝学矿业有限公司	龙里县龙山镇红岩村	王孝学
138	贵州龙里贵诚道路设施有限公司	龙里县经济开发区龙山工业园	赵建波
139	贵州弘康药业有限公司	龙里经济开发区	刘　涛
140	龙里县华瑞宝玉石工艺品有限公司	龙里县龙山镇西关坡	袁开华
141	贵州和润机械制造有限公司	龙里县谷脚镇大坡村	李永平
142	贵州永奥数控科技有限公司	龙里县谷脚镇岩后村	李永平
143	贵州四力精密机械制造有限公司	龙里县谷脚工业园	罗　翔
144	贵州龙盛工程机械有限公司	龙里县经济开发区谷脚工业园	曾连华
145	贵州西来泰阀门设备制造有限公司	龙里县谷脚镇花马冲水管所侧面	张兆钗
146	贵州彤鑫机械有限公司	龙里县谷脚镇工业园区	令狐克明
147	贵州福润达汽车配件有限公司	龙里县经济开发区谷脚工业园	王定福
148	贵州惠杨齐飞车辆配件有限公司	龙里县经济开发区谷脚工业园	杨保卫

续上表

编号	企业名称	注册地址	法人代表
149	贵州新域鼎力矿山物资有限公司	龙里县谷脚镇工业园	赵冠雷
150	贵州省珏石屋矿业投资开发有限公司	龙里县醒狮镇三宝村	王泽飞
151	贵州德星美建筑装饰材料有限公司	龙里县谷脚工业园区（C-2-1空港产业园）	胡华力
152	贵州龙里永蓝防水节能建材有限公司	龙里县谷脚工业园区（空港产业园）	陈　刚
153	贵州理想美标识工程有限公司龙里工厂	龙里县谷脚工业园区（空港产业园）	姚元勇
154	贵州创鑫暖通消防设备有限公司	龙里县谷脚工业园区（空港产业园）	姚伦乐
155	贵州正鑫暖通科技有限公司	龙里县经济开发区谷脚工业园	唐历德
156	龙里县金山建材有限公司	龙里县谷脚镇工业园区内	谭杰仁
157	贵州瑞丰建材有限公司	龙里县谷脚镇小箐村泡木冲	张显玉
158	贵州招商港湾建材有限公司	龙里县龙山镇穿洞口温室旁	戴玉祥
159	贵州港创建业建材有限公司	龙里县龙山镇穿洞口温室旁	马凌风
160	贵州贵鑫建材有限公司	龙里县龙山工业园区	陈晓成
161	龙里县永泰建材有限责任公司	龙里县龙山镇何家庄	王　勇
162	贵州威斯特建材有限公司	龙里县高新技术产业园（租赁九安门业厂房生产）	王维礼
163	贵州泰龙建材有限公司	龙里县高新技术产业园	石昔林
164	贵州华冠新型材料有限公司	龙里县冠山街道大冲社区大土组	徐　健
165	贵州龙鼎实业有限公司	龙里县冠山街道环城路	张维生
166	贵州百合臣科技有限公司	龙里县龙山镇流阴洞	熊治平
167	贵州鸿申建材有限公司	龙里县谷脚镇千家卡工业园区内	杜　丹
168	贵州鸿申天诚混凝土工程有限公司	龙里县谷脚镇大坡村泡木冲	田　雨
169	贵州天磊建材科技有限公司	龙里县谷脚镇千家卡	黄　毅
170	龙里县金山建材有限公司	龙里县谷脚镇工业园区内	谭杰仁
171	贵州久盛矿业有限责任公司瑞丰建材厂	龙里县谷脚镇小箐村	杨逢恩
172	龙里县鑫业建材有限公司	龙里县醒狮镇小箐村	韩跃杰
173	贵州详务节能建材有限公司	龙里县龙山工业园	赵小刚
174	贵州鑫建辉建材有限公司	龙里县经济开发区龙山工业园	薛国燕
175	贵州众鑫泡沫有限公司	龙里县经济开发区龙山工业园	何建平
176	贵州龙仁科技有限公司	龙里县龙山工业园区	洪家喜
177	贵州黔鑫门业有限公司	龙里县龙山镇（工业园区内）	黄克难
178	贵州合兴东安防科技有限公司	龙里县高新技术产业园	冯光涛
179	贵州九安门业有限公司	龙里县龙山工业园	罗祥伟

续上表

编号	企业名称	注册地址	法人代表
180	贵州省田忠暖通科技设备有限公司	龙里县高新技术产业园	林淦源
181	贵州鸿丰木业门窗有限责任公司	龙里县经济开发区龙山工业园	彭有庭
182	贵州恒贵木业有限公司	龙里县经济开发区龙山工业园	曹　奎
183	贵州龙里荣和酒业有限公司	龙里县谷脚工业园区	刘明荣
184	贵州王胎药业有限公司	龙里县谷脚镇	赵梦婷
185	贵州晟泰铝业有限公司	龙里县谷脚工业园	罗建红
186	贵州荣浩黔锐科技有限公司	龙里县龙山镇小竹芒	柴崇梅
187	贵州科宁丰建材有限公司	龙里县经济开发区龙山工业园	丁　绯
188	贵州涂艺博涂料科技有限公司	龙里县龙山镇工业园区	黎　阳
189	贵州圣诺邦新材料科技有限公司	龙里县龙山工业园	牛志勇
190	贵州睿邦建材有限公司	龙里县醒狮镇小箐村毛栗山柴狗坡	李武峰
191	贵州中材环保建材有限公司	龙里县谷脚工业园区	尹治朝
192	贵州长泰源节能建材股份有限公司	龙里县谷脚镇千家卡	张　钊
193	龙里县鑫龙汇环保页岩砖有限公司	龙里县龙山镇水场社区高沟	韩金美
194	贵州力鑫建材有限公司	龙里县经济开发区水场工业园	李明武
195	贵州黔晨精细化工有限公司	龙里县经济开发区龙山工业园	张连兵
196	龙里铁建建筑材料有限责任公司	龙里县谷脚镇（中铁安置区附近）	唐　政
197	贵州德星美建筑装饰材料有限公司	龙里县经济开发区谷脚工业园	胡华力
198	龙里长城防护设施有限公司	龙里县谷脚工业园区	刘助能
199	贵州琦珏五金制品有限公司	龙里县经济开发区谷脚工业园	覃泽湘
200	贵州省龙杰荣装饰材料有限公司	龙里县谷脚镇大坡村	张文蜀
201	贵州东山纸业有限公司	龙里县谷脚镇	吴小红
202	贵州新三荣包装印务有限公司	龙里县谷脚镇千家卡工业园区	陆　雄
203	贵州友亿包装有限公司	龙里县谷脚镇千家卡工业园区	张裕贵
204	贵州亿豪包装设计印务有限公司	龙里县谷脚镇大坡村	王培登
205	贵州黔春纸品包装有限公司	龙里县谷脚工业园区	董树萍
206	贵州宏业高科包装有限公司	龙里县经济开发区谷脚工业园	陈林林
207	龙里县谷脚镇远瑞包装加工厂	龙里县谷脚镇千家卡	孙建平
208	贵州腾瑞印铁制罐有限公司	龙里县龙里县谷脚镇	余　痕
209	贵州紫江新好玩具有限公司	龙里县经济开发区谷脚工业园	朱麒安航

续上表

编号	企业名称	注册地址	法人代表
210	贵州龙里贵乌泡沫塑料包装有限责任公司	龙里县水场乡水场村	杨　敏
211	贵州兰昕泡塑包装有限责任公司	龙里县水场乡牛打场	张　曙
212	贵州贵珠泡沫塑制品有限公司	龙里县谷脚镇哨堡村	张贤祝
213	龙里县龙旺板材有限公司	龙里县谷脚镇千家卡	梁小龙
214	贵州占氏消防设备制造有限公司	龙里县经济开发区龙山工业园	占丙余
215	贵州林美装饰材料有限公司	龙里县龙山镇（工业园区）	郭耀辉
216	贵州龙里卓程装饰材料有限公司	龙里县经济开发区龙山工业园	徐俊雄
217	贵州瑞祥科技有限公司	龙里县经济开发区龙山工业园	廖来容
218	贵州龙里宏伟铝合金有限责任公司	龙里县谷脚镇岩后村	黄　伟
219	贵州九龙合金有限公司	龙里县龙山镇水场工业园区	张勇毅
220	贵州实德门窗建筑装饰工程有限公司	龙里县谷脚镇岩后村	欧碧兰
221	贵州新明发安全玻璃有限公司	龙里县经济开发区谷脚工业园	徐明辉
222	贵州豪通节能门窗工程有限公司	龙里县谷脚镇岩后村	刘月阳
223	贵州宝龙节能门窗有限公司	龙里县谷脚镇工业园区	崔春杰
224	贵州众佳实业有限公司	龙里县谷脚镇大坡村	王崇梅
225	龙里县谷脚镇心怡金铝门厂	龙里县谷脚镇千家卡	叶　云
226	贵州思创门窗有限公司	龙里县谷脚镇千家卡工业园区	何开通
227	贵州鑫福耀节能门窗有限公司	龙里县经济开发区谷脚工业园	刘良才
228	贵州顶呱呱装饰工程有限公司	龙里工业园区内	熊国根
229	贵州时进建材有限公司	龙里县谷脚镇工业园区内	邱式林
230	贵州温龙建材有限公司	龙里县谷脚镇大坡村	高亨灵
231	贵州龙里宸宇涂装技术有限公司	龙里县谷脚镇千家卡	李宗刚
232	贵州省金点子建筑节能保温材料有限公司	龙里县谷脚镇千家卡	彭德喜
233	贵州博浩防水建材有限公司	龙里县经济开发区谷脚工业园	侯春梅
234	贵州奥阔防水材料有限公司	龙里县冠山街道播箕村	陈明辉
235	贵州林一建材有限责任公司	龙里县谷脚镇贵钢农场内	范智斌
236	龙里富鑫保温节能材料有限责任公司	龙里县谷脚镇岩后村	付现明
237	贵州龙里福鑫源环保材料有限公司	龙里县谷脚工业园区	樊汝禄
238	贵州子胤照粤建筑材料有限责任公司	龙里县谷脚镇千家卡工业园区	张子贵

续上表

编号	企业名称	注册地址	法人代表
239	贵州龙宸实业有限公司	龙里县谷脚工业园区	罗　智
240	贵州贵鑫建材有限公司	龙里县龙山工业园区	陈晓成
241	贵州省鼎坚建材有限公司	龙里县龙山工业园区	黄水生
242	贵州益万家门业工贸有限公司	北部工业园	艾化春
243	贵州富丽华门业有限公司	龙里县经济开发区龙山工业园	孔晓琴
244	贵州龙里立力门业有限公司	龙里县龙山工业园	曹邦军
245	贵州正方实业有限公司	龙里县经济开发区谷脚工业园	兰定国
246	贵州睿邦建材有限公司	龙里县醒狮镇小箐村毛栗山柴狗坡	李武峰
247	贵州龙里蓝图新材料有限公司	龙里县龙山镇大水塘	杨再华
248	龙里县龙山镇大土采石场	龙里县龙山镇大冲村	王定金
249	贵州龙里铭财混凝土有限公司	龙里县龙山镇水桥 210 国道旁	安正友
250	贵州锦发金属制品有限公司	龙里县谷脚镇岩后村	钟赟超
251	贵州鑫众旺不锈钢厨具制品有限公司	龙里县经济开发区谷脚工业园	郭　剑
252	贵州鑫艺美金属制品有限公司	龙里县经济开发区谷脚工业园	易才富
253	贵州聚财金属制品有限公司	龙里县谷脚镇岩后村	成求智
254	贵州德威金属制品有限公司	龙里县经济开发区谷脚工业园	董誉镁
255	贵州腾瑞印铁制罐有限公司	龙里县谷脚镇	余　痕
256	贵州顺景实业有限责任公司	龙里县谷脚工业园区	苏龙庆
257	贵州利健消毒制品有限公司	龙里县谷脚医药工业园	吴小武
258	贵州华佑金属制品有限公司	龙里县龙山镇水场工业园	李心华
259	贵州鸿典建材有限公司	龙里县龙山镇水场村	王　黎
260	贵州金州机械有限公司	龙里县水场乡	周顺生
261	贵州天顺双龙实业有限公司	龙里县龙山镇红岩村	陈　勇
262	贵州黔桂拓达黔龙商砼有限公司	龙里县龙山镇水场村	董齐胜
263	贵州龙里联创新型建材有限公司	龙里县冠山街道西关坡	王　昊
264	贵州龙里三和建材有限公司	龙里县冠山街道金龙路	宋险峰
265	贵州玉宏实业有限公司	龙里县谷脚医药工业园区	林存宏
266	贵州柯维建材开发有限公司	龙里县龙山工业园区	阳　旭
267	贵州力德地板有限公司	龙里县高新科技产业园	郑少华
268	贵州龙里逸彩科技有限公司	龙里县谷脚工业园区	曹毅彬
269	贵州龙里建荣电子科技有限公司	贵州省龙里县经济开发区龙山工业园	陈　健

续上表

编号	企业名称	注册地址	法人代表
270	贵州悦和科技有限公司	龙里县龙山工业园	刘　明
271	贵州贵鑫达玻璃技术有限公司	龙里县龙山工业园	易　敏
272	贵州信德玻璃钢科技有限公司	龙里县龙山工业园	范雪山
273	贵州睿信建材科技有限公司	龙里县高新技术产业园（租赁贵州九安门业公司厂房）	黄晓春
274	贵州大川实业有限公司	龙里县冠山街道北门街	何泳凭
275	贵州宏艺科技有限公司	龙里县高新技术产业园	罗书占
276	贵州详务节能建材有限公司	龙里县龙山工业园	赵小刚
277	昆明苏博特新型建材工业有限公司龙里分公司	龙里县经济开发区龙山工业园	张　慧
278	贵州高澄医疗器械有限公司	龙里高新技术产业园区	李　平
279	贵州龙里华平建材有限公司	龙里县龙山工业园	肖武平
280	贵州龙里华龙建材有限公司	龙里县龙山工业园区	涂洪彬
281	贵州美龙辉建材有限公司	龙里县龙山工业园区	徐海辉
282	贵州勤鑫节能科技有限公司	龙里县龙山工业园	许海东
283	贵州龙仁科技有限公司	龙里县龙山工业园区	洪家喜
284	贵州赖世纲酒业有限公司	龙里县谷脚镇千家卡	江　萍
285	贵州黑土庄园投资有限公司	龙里县龙山镇幸福村长舍坪	王　彦
286	贵州龙里县溪江食品有限公司	龙里县龙山镇何家庄	龚大军
287	贵州龙美生态科技发展有限公司	龙里县龙山镇腾龙路1单元2层1号	梁春华
288	龙里县兴溢诚豆制品有限公司	龙里县醒狮镇进化村	付光益
289	贵州省贵源生态食品有限公司	龙里县经济开发区龙山工业园	雷鲲鹏
290	贵州犇鑫食品有限公司	龙里县冠山街道城南社区九条龙	柳　毅
291	贵州翰林天然饮品有限公司	龙里县三元镇	邓　金
292	贵州省龙里龙珠泉有限责任公司	龙里县水场乡水场村	王宝权
293	贵州富康龙泉饮水有限责任公司	龙里县哪嗙乡高枧龙滩	程昌平
294	贵州龙里卧云谷绿茶有限公司	龙里县冠山街道太平寺18号	方　青
295	龙里美达装饰材料有限公司	龙里县九条龙	杨怀华
296	龙里县明阳磷石膏有限公司	龙里县龙山镇光明村张兴塘	骆　华
297	贵州科新应化工贸有限公司	龙里谷脚工业园	刘　勇
298	贵州易氏涂料有限公司	龙里谷脚工业园	易敏强
299	贵州亮丽多涂料有限公司	龙里县谷脚工业园区	黄仁远

续上表

编号	企业名称	注册地址	法人代表
300	贵州晨宇建材科技有限公司龙里分公司	龙里县谷脚工业园区	陈佳佳
301	贵州神果饮料有限公司	龙里县谷脚镇千家卡工业园区	张新建
302	龙里县喜多宝食品饮料厂	龙里县谷脚镇老街	许方镇
303	贵州龙港生态资源开发有限公司	龙里县谷脚镇鸡场村鸡场坝	张　楠
304	贵州得力家具有限公司	龙里县谷脚镇	谭世全
305	贵州爱家木业有限公司龙里工厂	贵阳市白云区麦架镇果园村	翁　波
306	贵州金维蒂生物科技有限公司	龙里县谷脚工业园区	郑鲁平
307	贵州成昆装饰材料有限公司	龙里县谷脚镇岩后村	段成昆
308	贵州桂华木业有限公司	龙里县谷脚镇千家卡工业园内	王中桂
309	贵州精卓木业有限公司	龙里县经济开发区谷脚工业园	杨国军
310	贵州林坤家居有限公司	龙里县经济开发区谷脚工业园	肖世林
311	贵州圆梦兴缘家具有限公司	龙里县经济开发区谷脚工业园	宁志鸿
312	贵州凯琳家具有限公司	龙里县经济开发区谷脚工业园	肖　波
313	贵州索莱客家居有限公司	龙里县经济开发区谷脚工业园	颜伯玲
314	贵州茂林勤洋家居有限公司	龙里县经济开发区谷脚工业园	刘　勤
315	贵州金滕玉龙家具有限公司	龙里县经济开发区谷脚工业园	刘清香
316	贵州合佳欢家居有限公司	龙里县经济开发区谷脚工业园	阳举留
317	贵州柯斯泰家具有限公司	龙里县经济开发区谷脚工业园	杨碧武
318	贵州精城银利家居有限公司	龙里县经济开发区谷脚工业园	吴　绪
319	贵州高米迪家居有限公司	龙里县经济开发区谷脚工业园	张玉华
320	贵州鑫润峰家私有限公司	龙里县经济开发区谷脚工业园	陶文君
321	贵州恒泽伟业家居有限公司	龙里县经济开发区谷脚工业园区内	周光培
322	贵州洪齐家具贸易有限公司	龙里县龙山工业园区	敖再强
323	贵州锦豪家具有限公司	龙里县经济开发区龙山工业园	江存财
324	龙里明旺家具有限公司	龙里县经济开发区龙山工业园	刘　枫
325	贵州省巧邦家具制造有限责任公司	龙里县龙山工业园	刘智阳
326	贵州科美瑞家居制品有限公司	龙里县经济开发区龙山工业园	刘　明
327	贵州纯派家居有限公司	龙里县经济开发区龙山工业园	周　华
328	贵州省龙里顺益家具有限公司	龙里县经济开发区龙山工业园	周光群
329	贵州法美兰克木业科技有限责任公司	龙里县经济开发区龙山工业园	陈发俊
330	贵州华湘商贸有限公司	龙里县龙山工业园	王桂华

续上表

编号	企业名称	注册地址	法人代表
331	贵州黔豫龙工程有限公司	龙里县谷脚镇	秦广江
332	贵州万军包装产业园有限公司	龙里县冠山街道光明社区张兴塘	傅万钧
333	贵州明亮包装材料有限公司	龙里县经济开发区龙山工业园	刘　亮
334	龙里县闽发新型墙体建筑材料厂	龙里县冠山街道富洪村	黄敏钢
335	贵州印象食品有限公司	龙里经济开发区	刘一霖
336	贵州京之源工贸有限公司	龙里县冠山街道（天佳花园）	何松义
337	贵州禹盛祥和弹簧制造有限公司	龙里县经济开发区谷脚工业园	彭平安
338	贵州联创标识工程有限公司	龙里县经济开发区谷脚镇千家卡工业园	况文元
339	贵州龙腾阳制冷设备有限公司	龙里县经济开发区谷脚工业园	袁砚廷
340	贵州龙里润妹生物科技有限公司	龙里县经济开发区谷脚工业园	徐润妹
341	贵州金贵星汽车机械配件有限公司	龙里县经济开发区水场工业园	金化瑞
342	贵州兴谛实业发展有限责任公司	龙里县经济开发区水场工业园	杨秀线
343	贵州金丰科技有限公司	龙里县龙山镇水场村红岩村	陈明刚
344	贵州黔鼎电气科技有限公司	龙里县经济开发区龙山工业园	辜祥文
345	贵州团达电气有限公司	龙里县龙山镇水场工业园	丁鹏仁
346	贵州富民电器有限公司	龙里县经济开发区水场工业园	何增志
347	龙里恒博电子有限公司	龙里县经济开发区谷脚工业园	罗淑媛
348	贵州龙溪电子有限公司	龙里县谷脚工业园区	柳忠德
349	贵州成丰达电气有限公司	龙里县经济开发区谷脚工业园	倪贤达
350	贵州正杰电气有限公司	龙里县经济开发区龙山工业园	张真松
351	贵州恒科顶圣混凝土有限公司	龙里县水场工业园	张本荣
352	贵州卡布国际生物科技有限公司	龙里县高新技术产业园	邓　攀
353	贵州三安纸业有限公司	龙里县龙山工业园	郑友彬
354	贵州骄子纸业有限公司	龙里县经济开发区龙山工业园	周理武
355	贵州倍特纸业有限公司	龙里县冠山街道光明社区（张兴塘）	陈正润
356	贵州玉宾科技材料有限公司	龙里县冠山街道光明社区（张兴塘）	谢玉宾
357	贵州贝奇乐卫生用品有限公司	龙里县经济开发区谷脚工业园（租用和润机械制造公司厂房）	吴锦宽
358	贵州兴立兴纸品有限公司	龙里县龙山工业园区内	王保平
359	贵州锦绣家纺有限公司	龙里县经济开发区龙山工业园	陈兴波
360	龙里县水场乡湘安烟道厂	龙里县水场乡水场村牛打场	谢明飞

续上表

编号	企业名称	注册地址	法人代表
361	贵州省龙里县兴阳建材有限公司	龙里县水场工业园区	玄忠兴
362	龙里顺煌硅节能保温建材有限公司	龙里县龙山镇水场村场坝组	张国均
363	贵州富乐邦教学设备有限责任公司	龙里县经济开发区谷脚工业园	万中明
364	贵州龙里新龙乙炔有限公司	龙里县谷脚镇	孙志敏
365	贵州天惠再生资源利用有限公司	龙里县经济开发区谷脚工业园	郭智罡
366	贵州鑫黔隆管业有限公司	龙里县经济开发区谷脚工业园	刘少林
367	贵州禾日香电器有限公司	龙里县经济开发区谷脚工业园	刘素梅
368	贵州赢力祥五金家电有限公司	龙里县经济开发区谷脚工业园区内	左利民
369	贵州兴祥和五金制品有限公司	龙里县经济开发区谷脚工业园	曾华军
370	贵州和观顺德塑料制品有限公司	龙里县经济开发区谷脚工业园	欧天文
371	贵州重源塑业有限责任公司	龙里县经济开发区谷脚工业园	周俊杰
372	贵州湘安劳保防护用品有限公司	龙里县经济开发区谷脚工业园	肖红刚
373	贵州同欣科技开发有限公司	龙里县谷脚镇工业园区	刘炜东
374	贵州兴和盛标识牌有限公司	龙里县经济开发区谷脚工业园	江卫彬
375	龙里供电局	龙里县冠山街道小街园 188 号	田林江
376	龙里县供排水总公司	龙里县龙山镇中山路 168 号	郭　静
377	贵州燃气（集团）龙里县燃气有限公司	龙里县龙山镇水桥 210 国道旁	吕　钢

光荣榜

2015年度龙里县获省级及以上表彰的单位和个人一览表

编号	获奖单位或个人	奖项、称号	获奖时间	颁奖单位
1	陈先兴	个人三等功	2015.02	贵州省人民检察院
2	尤玉艳	全国巾帼建功标兵	2015.03	中华全国妇女联合会
3	龙里县林业局	全省森林保护“六个严禁”执法专项行动表现突出集体	2015.12.15	贵州省森林保护“六个严禁”执法专项行动联席会议办公室
4	龙里县公安局（高清视频实战综合应用平台建设项目）	2014年度科技强警奖三等奖	2015	贵州省公安厅
5	徐灵波	2015年度“全省优秀人民警察”	2015	贵州省公安厅、贵州省人力资源和社会保障厅
6	龙里烟草公司 王仁华	“全省打假先进个人”	2015	贵州省烟草公司
7	宋朝顺、白昌奎	2015年度全省优秀社区民警、荣誉三等功1次	2015	贵州省公安厅

2015年度龙里县获州级表彰的单位和个人一览表

编号	获奖单位或个人	奖项、称号	获奖时间	颁奖单位
1	龙里县代表队（教育系统联队）	州“三八”节排舞比赛三等奖	2015.03	州妇联、州总工会、州体育局、州文化广电新闻局
2	龙里县妇联	“三八”红旗先进集体	2015.03	州妇联
3	杨仕明家庭（洗马镇）、王振丽家庭（谷脚镇）	“五好”文明家庭	2015.03	州妇联
4	罗兴玲（冠山街道）、岳素萍（县公安局）	“三八红旗手”	2015.03	州妇联
5	邹英	卷烟打假先进个人	2015.03	黔南州中级人民法院、黔南州人民检察院、黔南州公安局、黔南州烟草专卖局
6	龙里县妇联	文明礼仪知识竞赛三等奖	2015.04	州妇联
7	龙里县文明办、龙里县第三小学	“祖国好·家乡美”活动组织奖	2015.04	州妇联

续上表

编号	获奖单位或个人	奖项、称号	获奖时间	颁奖单位
8	县林业局党组	“全州党建工作先进党组”	2015. 6. 28	中共黔南州委党的建设工作领导小组
9	刘智娟	黔南州首届公诉人与辩护人辩论赛最佳辩手奖	2015. 08	黔南州人民检察院
10	县防范办	“百县千乡万村无邪教创建工作先进单位”	2015. 9. 17	州委政法委
11	龙山、醒狮、谷脚、洗马、湾滩河 5 个镇	“无毒害乡镇”	2015	中共黔南州委政法委
12	艾仁科	贵州茶叶发展大会暨都匀毛尖世博名茶百年品牌推荐活动筹办工作先进个人	2015	黔南州人民政府

2015 年度龙里县获县级表彰的单位和个人一览表

编号	获奖单位或个人	奖项、称号	获奖时间	颁奖单位
1	韩彩云	2015 年度“三争型”优秀共产党员	2015. 06	中共龙里县委党的建设工作领导小组
2	邹英	2015 年度龙里县“富民兴龙”标兵	2015. 06	中共龙里县委、龙里县人民政府
3	冠山街道黄明龙、洗马镇杨光勇	“见义勇为先进个人”，奖金各 5000 元	2015. 12. 7	龙里县人民政府
4	县林业局	建设“贵州省同步小康达标县”工作先进单位	2015. 10. 30	县委、县人民政府
5	蓬明连、贺宇宇、李毓梦、冯雅琪、吴龙燕、周红、朱海燕、吴桥洁、陈文海、倪贵英	“德行龙里”十佳美德少年	2015. 11	县委宣传部、县妇联

《龙里年鉴（2016）》承编组稿单位

（共121个）

1. 县“四家班子”办公室：县委办、县人大办、县政府办、县政协办（4个）

2. 党委部门：县纪委、县委组织部、县委宣传部、县委政法委、县人武部、县委统战部、县直属机关工委、县编委办、县离退休干部局、县保密局、县信访局、县督查督办局（12个）

3. 群团组织：县总工会、团县委、县妇联、县文联、县科协、县残联、县红十字会、县委党校、县工商联（9个）

4. 依法设立部门：县人民法院、县人民检察院（2个）

5. 政府部门：县发改局、县教育局、县工信局、县民宗局、县公安局、县监察局、县民政局、县司法局、县财政局、县人社局、县国土局、县环保局、县住建局、县交通局、县农工局、县水务局、县文旅局、县卫计局、县市场监管局、县审计局、县林业局、县安监局、县统计局、县城管局（24个）

6. 县政府直属事业单位：县档案史志局、县移民局、县机关事务局、县政府金融办、县扶贫开发局、县投资促进局、县科技局、县行政服务中心、县公共资源交易中心、县房管局（房屋征收局）、县供销社（11个）

7. 其他部门：县法制办、龙里双龙园区办公室、龙里经济开发区办公室、龙里高新区办公室（4个）

8. 部门管理机构：龙里广播电视台（县新闻中心）、县规划局、县商贸物流业发展局、县茶办、县规行办（5个）

9. 企事业单位：龙里中学、龙里职校、龙里三中、龙里民中、老年大学、县医院、县中医院、县疾控中心、县国资公司、龙里腾龙实业公司、贵龙实业公司、县物资公司（12个）

10. 临时机构：县铁建办、县“两烟”办（2个）

11. 驻县单位：省龙里林场、消防大队、武警中队、县国税局、县地税局、县烟草局、县气象局、龙里供电局、县电信局、县邮政局、龙里公积金管理部、县银监办、人行、工行、农行、农商行、建行、农发行、国丰银行、邮政储蓄银行、贵州银行龙里县支行、移动公司、联通公司、财保公司、人保公司、太平洋保险公司、龙里火车站、龙里北站、石油公司、广电网络公司（30个）

12. 镇（街道）：龙山镇、谷脚镇、洗马镇、醒狮镇、湾滩河镇、冠山街道（6个）

说明：因具体撰稿人名单收集不全，统略，望见谅